创新驱动创业系列丛书

本专著得到国家自然科学基金重大项目"创新驱动创业的重大理论与实践问题研究"（基金号：72091310）的资助

创新驱动创业的理论基础

蔡 莉　葛宝山　李雪灵　于晓宇　等◎著

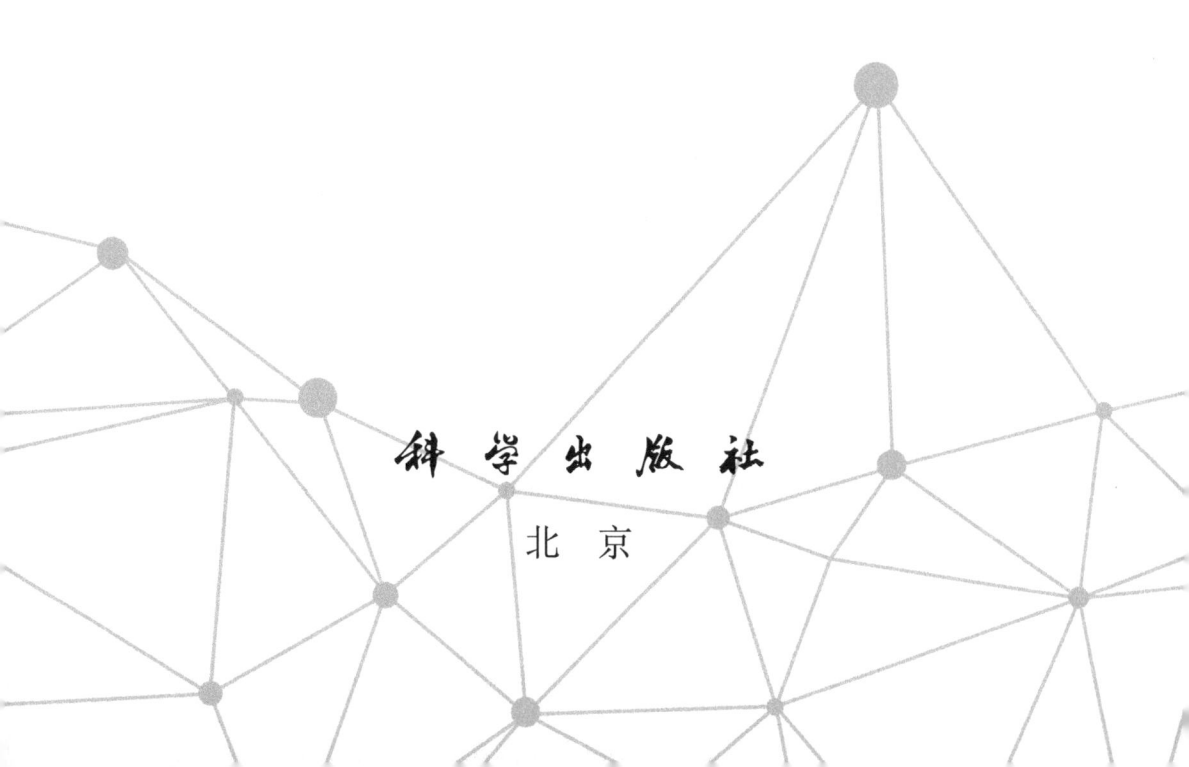

科学出版社

北　京

内 容 简 介

本书为创新驱动创业系列丛书之一，聚焦创新驱动创业的基础理论研究，精心选择 30 个与创新驱动创业研究相关的经典理论，分为根理论、干理论和枝理论三篇，揭示每个理论产生的背景、内涵、过程和主要观点，以及在创业领域的应用与发展，分析这些理论在创新驱动创业研究中的局限，并提出未来研究的科学问题。本书为思考创新驱动创业现象背后的理论逻辑提供洞见，为构建创新驱动创业的理论体系奠定基础，同时为丰富甚至重构已有理论做好铺垫，也为我国创新驱动创业实践提供指导。

本书可作为高校创新和创业管理类课程的教学参考书，可供相关领域专家学者及研究生、政府管理者、创业者及企业相关管理人员阅读参考。

图书在版编目（CIP）数据

创新驱动创业的理论基础 / 蔡莉等著. —北京：科学出版社，2023.11
ISBN 978-7-03-076419-5

Ⅰ. ①创⋯ Ⅱ. ①蔡⋯ Ⅲ. ①创业-研究-中国 Ⅳ. ①F279.232.2

中国国家版本馆 CIP 数据核字（2023）第 181654 号

责任编辑：陈会迎/责任校对：贾娜娜
责任印制：赵 博/封面设计：有道设计

科学出版社 出版
北京东黄城根北街 16 号
邮政编码：100717
http://www.sciencep.com

涿州市般润文化传播有限公司印刷
科学出版社发行 各地新华书店经销
*
2023 年 11 月第 一 版 开本：720×1000 1/16
2024 年 7 月第二次印刷 印张：31 1/2
字数：635 000
定价：298.00 元
（如有印装质量问题，我社负责调换）

序　一

受疫情影响，居家随手整理书架之时，发现收藏的几部管理学之父彼得·德鲁克在其不同年代的代表作，如《动荡年代的管理》《巨变时代的管理》《管理：任务、责任、实践》《21世纪的管理挑战》，现今重新拾起，颇有些感慨：这些最长已超过半个世纪的管理巨著冥冥之中像是早已预示到今日我们面临的这个充满变数的时代，人类似乎又踏进了那似曾相识的历史长河中；彼得·德鲁克那穿越时空的管理哲思和洞见，"动荡时代最大的危险不是动荡本身，而是仍然用过去的逻辑做事……"时至今日依然熠熠生辉。

是的，当今日人类经济社会生产生活的逻辑被数字技术所颠覆时，我们管理学界为此做好了准备吗？

"创新驱动创业"是几年前我和蔡莉教授等针对数字经济时代出现的创新创业新实践，经过多次交流与深入研讨所形成的初步学术构念。2020年由蔡莉教授牵头，联合南开大学张玉利教授团队、浙江大学魏江教授团队、北京大学路江涌教授团队和中南大学李大元教授团队申报国家自然科学基金重大项目"创新驱动创业的重大理论与实践问题研究"并获批立项，旨在基于创新创业实践前沿，结合数字化、生态化和新型全球化的新时代特点构建创新驱动创业的理论体系。

数字化是要加快发展数字经济，数字经济正在成为重组全球要素资源、重塑全球经济结构、改变全球竞争格局的关键力量。数字经济以"算据+算力+算法+算网"为支撑，通过强调数据流动、分析和增值，化解复杂经济社会的不确定性；通过促进数字经济与实体经济深度融合，数字技术创新驱动打造具有国际竞争力的新数字产业集群。

生态化是数字技术引发的传统产业模式变革，传统产业组织模式由"标准+集中"转变为数字经济时代的"定制+分布"，产业组织方式由产业链条式变为网络协同式，形成更开放的生态系统。

在新冠疫情全球暴发之际，新型全球化又增添了新的变量，对国际体系转型和国际秩序重构产生了重要影响，大国格局加快调整，全球治理面临挑战和重塑，世界不稳定性、不确定性空前上升。

上述种种，既是我们身处大变局时代的新特征，更是我们面临的时代挑战。在数字化、生态化和新型全球化不断赋能、催生、重塑创新创业实践活动的同时，也对传统的创新创业管理理论产生了极大冲击。

以蔡莉教授领衔、以承担国家自然科学基金重大项目的五所高校项目组成员为主体的 60 余人的写作团队适时推出了《创新驱动创业的理论基础》一书。作者团队不仅多次克服新冠疫情带来的挑战，组织会议进行深入的讨论，商榷该书的定位、编写体例，努力提高该书的品质，我本人也参与过研讨并提出意见，切身体会到作者团队的认真态度和精益求精的精神。

该书从近 100 个与创新创业相关的理论中，通过缜密、科学的筛查，最终遴选出 30 个兼具经典和前沿的理论，分析评价它们与创新驱动创业构念的相关性，以进一步发展创新驱动创业的理论。该书以根理论、干理论和枝理论的方式构建了形象、系统的"理论树"体系。书中的每个理论的演绎与评述既独立成篇，述评宜美；整部书又根脉相通、蔚为壮观。

该书既适用于深耕此领域的学者，作为完善和拓展其研究方向和领域前沿的专业读本，也适用于初涉创新创业领域的学术小白，作为其书桌案头常备的基础工具用书。

在此书将要与读者见面之时，作为前期策划者和见证者之一，倍感高兴的不仅是汇聚了创新创业领域众多学者智慧和汗水之果呈于眼前，更在于领域中学术共同体建设之花怒放于心中，是为此序。

中国工程院院士
湖南工商大学党委书记
2022 年 12 月于湖南长沙

序　　二

非常高兴为蔡莉教授领衔团队所著的《创新驱动创业的理论基础》一书作序，对此我深感荣幸。

我和蔡莉教授相识多年，并持续追踪她的研究进展。蔡莉教授在其30多年的学术与职业生涯中，致力于推动中国创新创业研究领域的发展，为该领域培养了一大批青年人才与中坚力量。以我几年前在中山大学岭南学院演讲的主题来说，蔡莉教授真正绽放了灿烂的"她"时代，实现了女性在学术界的角色突围，带领中国的创新创业研究取得了长足进步。

众所周知，近5年中国创新创业学者的研究经常刊发于国际顶级期刊，这是非常值得称道的成就。然而，仅仅提高论文发表数量是不够的。作为华人学者，我更期待看到的是，我们能够产出真正基于中国本土的创新创业实践而提炼与总结出的原创理论。因此，在2020年，当得知蔡莉教授牵头、五校联合申报的国家自然科学基金重大项目"创新驱动创业的重大理论与实践问题研究"获批立项，大洋彼岸的我既喜悦又激动。我深知，以此为契机，聚焦创新驱动创业的重大理论，必将产生诸多立足中国、影响全球的原创性成果，推动国内创新驱动创业实践的发展与升级。

阅读此著作之后，我更加坚定了这一想法。蔡莉教授以"理论树"这一创新性的比喻，将30个已有理论在创新驱动创业研究中的作用进行分类，分析了每一个理论的起源、发展、在创新驱动创业研究中的贡献与局限，并提出未来的研究问题。这本著作真正做到了"扎根过去，立足当下，面向未来"，必将对夯实创新创业研究的理论基础、拓展中国学者创新创业研究的新方向和新领地，以及指导中国本土的创新创业实践产生深远影响。

阅读此书，我个人觉得这本书兼具如下三大特征。

（1）科学性。该书从策划伊始就遵循了程序上的科学性。作者团队对管理和创业领域的知名期刊进行了系统搜索，在定量统计基础上又通过专家打分与研讨，遴选出30个理论。著作亦遵循了理论建构上的科学性。我非常欣赏"理论树"这个隐喻，枝繁叶茂的大树象征着领域的繁荣发展，蓬勃生长的枝干意味着创新创业研究的新希冀和新成长。

（2）系统性。该书将所遴选和回顾的 30 个理论分为根理论、干理论和枝理论。这三类理论分别对创新驱动创业研究发挥着基础支撑、直接支撑和部分支撑的作用，自根基而上，形成了一个完整的体系。其中，根理论从经济学、管理学和社会学这三大学科体系出发，对创新驱动创业研究中最常使用的制度理论、经济增长理论、资源基础观和合法性理论等进行回顾和展望；干理论和枝理论则从创新驱动创业的三阶段过程出发，既凸显了多层次、多主体互动的特征，又体现出创新驱动创业研究中所需要的宏微观结合、经济因素与社会伦理结合、传统与数字化情境结合等新范式。

（3）开放性。该书各章节不仅回顾了基础理论的演进和在创新创业研究中的应用，更是剖析了每一个理论的局限，并展望了其在创新驱动创业研究中应用的趋势和方向。最后这一部分的讨论非常具有开放性与前瞻性，为致力于这一领域研究的学者提供了新的研究思路与启示。一个真正欣欣向荣的研究领域，一定是要保持这种开放性，才能吸引更大范围的学术共同体来共创、共建与共享。

面对数字化、生态化和新型全球化的新情境，"创新驱动创业"在推动中国的"三创"（创新、创业、创造）事业的发展中发挥着引领作用。创业不再仅仅是创业企业发现或者创造机会的过程，而是各类市场主体在"绝对不确定"（absolute uncertainty）情境下破解各类社会问题的重要手段。尤其在中国本土，创业现象越发多样复杂，创新向创业转化，创业反哺创新的故事时有发生。这无疑为我们从事新情境下的创新创业研究、开发创新创业的本土理论提供了丰富的土壤。在此背景下，蔡莉教授所提出的基于中国情境的创新驱动创业的基础理论问题研究，为国内的创新创业学者，乃至国际上关心关注中国问题的研究者，指出了有启示的方向。

在阅读此书的过程中，我亦感受到蔡莉教授等的研究团队数十年如一日的坚持。只有这种坚持，才能形成国内顶尖、国际有影响的创新创业研究体系，并不断取得新的突破。结合个人的经历，我还想向国内的青年学者和博士生分享两点职业生涯成长与成功的经验。一是聚焦（focus），与其去做很多事，不如只做自己最想做、最擅长、最适合做的事情；二是尽力（try my best），一旦决定做一份事业，一定要全力以赴。我相信，蔡莉教授一定会赞同这两个建议。在其 30 多年的学术和职业生涯中，蔡莉教授就是这么做的。正因为有共同的理念与行为方式，蔡莉教授与我不仅仅是相互尊重的学者，而且是莫逆之交。

这是一本汇聚了国内五大知名院校、60 余名教授与研究生力量的著作，也是全国首个创业领域重大项目的阶段性代表成果。我诚挚地将其推荐给从事战略研究，尤其是创新创业研究的学者和研究生，以及对中国的创新驱动创业现象和理论感兴趣的管理学者。希望你们从中有所收获，为本土创新驱动创业的研究添砖加瓦，真正打造出有价值和有影响力的创新创业研究成果。

张燕（Anthea Y. Zhang）
莱斯大学琼斯商学院，战略管理讲席教授
战略管理协会主席
战略管理协会会士
2023 年 1 月于美国

序　　三

当我接到蔡莉教授、葛宝山教授、李雪灵教授和于晓宇教授的邀请为这本书作序时，深感荣幸。由于我的研究团队和蔡莉教授的研究团队合作承担过创业领域的国家自然科学基金重点项目，因此，我们之间的学术交流形成了常态化。我也经常关注和参与他们的研究工作，从中学习良多。2020年，由吉林大学牵头，联合南开大学、浙江大学、北京大学和中南大学申报的国家自然科学基金重大项目"创新驱动创业的重大理论与实践问题研究"获批立项。这个重大项目旨在数字化、生态化和新型全球化的背景下，聚焦创新驱动创业的重大理论与实践问题，构建原创性的创新驱动创业理论体系，这本书的编写成员都是这个重大项目的骨干研究人员，这本书也是这个重大项目的阶段性研究成果，其问世有助于构建原创性的创新驱动创业的理论体系。

从国内外现有的文献资料来看，这本书的写作和出版也是创业学领域的一件大事。作为他们的合作伙伴和朋友，我十分敬佩他们对创业领域发展持续的努力和所做出的卓越贡献。这本书凝聚了国内顶尖创业学者的智慧，无疑将对创业理论研究和创新产生深远的影响。

通读全书，受益匪浅，相信大家读后也会有自己的心得体会。我这里特别强调这本书的五大亮点。

第一，作者团队对国内和国际顶级期刊有关创业研究的文献做了细致的梳理、分类和排序，使用系统的选择过程和分类方法归纳总结出创新创业研究的30个经典理论，并用一棵树的"根—干—枝"来隐喻这个理论体系的结构和逻辑。具体而言，就是根据相关的30个理论对创新驱动创业的理论根基、理论核心与理论拓展进行归类，分为根理论、干理论和枝理论三篇。这三篇的经典理论作为创新驱动创业的理论体系，为读者了解创新驱动创业的基础理论和结构的版图提供了一个形象的框架。在此基础上，作者对每一个理论观点进行了深入的探究，揭示每个理论产生的背景、过程、内涵、主要观点和局限，最后，还基于相关理论，进一步凝练提升出创新驱动创业的典型科学问题，为进一步研究明确了方向。

第二，这本书融合了多个学科的理论和方法，并提供了启发创新驱动创业理论研究的方向、思路、研究设计与方法，这一点尤为难得。解决源于创业实践的科学问题，构建原创性的创新驱动创业理论，需要跳出固有的视野和框架，必须汲取多个学科的思想、理论与方法。这本书的写作不仅基于创业学视角，还特别关注经济学、社会学以及神经科学、信息科学等领域的相关理论和方法，这为开发新概念、新理论拓宽了视野，为跨学科交叉融合给出了方向。

第三，这本书突出了对经典文献的评价和借鉴，以及对创新驱动创业理论问题的研究趋势和未来前景的展望。两者的完美结合对创业研究非常重要。只有吃透经典，我们才能有坚实的基础和足够的洞察力为构建创新驱动创业研究新理论添砖加瓦。新的创业理论体系与已有的相关理论一定存在内在的密切关系，传承基础上的创新才符合理论创新的一般逻辑。

第四，这本书将经典理论和中国创新驱动创业问题紧密结合。正如蔡莉教授在该书的序言中所言："在数字化、生态化和新型全球化背景下，已有理论面临挑战，需要完善甚至重构。"基于中国制度文化等情境的企业创新创业行为与其他国家相比有其特殊性，现有的主流理论难以揭示我国本土实践的独特性，对中国企业创新创业行为规律的提炼需要超越现有理论的一般性框架，凸显中国的制度文化和经济发展特征，扎根我国创新驱动创业实践进行理论创新，为创新驱动创业的理论发展做出中国贡献。

第五，这本书是重大课题团队和同行共同努力的集体智慧结晶。本人作为重大课题团队的编外成员（顾问成员），有幸参加了多次课题团队的研讨会和成果交流会，从中获益匪浅。同时，非常赞叹重大课题在各课题组之间相互整合与交流合作上做出的许多努力以及制度上的创新。除了优秀的作者团队之外，还汇聚了吉林大学、南开大学、北京大学、浙江大学、中南大学等多所高校的 60 多名学者共同参与此书的创作。作者团队成员由在创业和其他相关研究领域颇有建树的资深专家、骨干学者或优秀青年学者等组成，他们经常在一线开展调研，理论基础深厚，学术思想活跃，具有敏锐的学术判断力和洞察力。可以说，这本书是重大课题团队之间紧密合作和集体行动而呈现出来的第一个重要成果。

基于以上这几个亮点，我向创业研究学者、学生以及管理实践者强烈推荐这本书。这本书将会帮助学者和学生充分理解创业的经典理论体系和结构，有助于其把握未来的研究方向和重大科学与实践问题。同时，它也可以帮助各个行业与领域的创新创业实践者更好地理解创业理论知识和思想，并将其应用于创业实践。

期待这本书的出版能够激发更多学者和学生基于中国创新驱动创业实践的理论探索，开展科学严谨的创业研究，为理论创新和管理实践做出贡献。

中山大学管理学院　教授
教育部长江学者特聘教授
复旦管理学杰出贡献奖获得者
2022 年 12 月于广州

前　　言

书稿完成，本应如释重负。然而夜阑人静，却思绪难平。六十余万字的书稿，凝聚着重大项目组六十余人写作团队的付出，倾注着诸位资深专家的拳拳之意，也承载着青年学者和新生代学子的凌云之志，故谨以此序聊表谢忱。

一、写作缘起

近年来通过对一汽、三一、美的、字节跳动等多家企业调研，观察到创新创业实践出现了新的现象，创新创业活动呈现出多主体互动、行为迭代和导向多元化等特征。尽管现象各异，但其背后是否存在相似的底层逻辑是众多学者所思考的问题。若时代为思想之端，则实践即为理论之源，伟大时代呼唤理论，而领先实践孕育理论。带着创新创业的时代之问，肩负满足国家需求之责，一群有情怀的学者感召而聚，开展基于中国创新创业实践的理论研究。陈晓红院士、李新春教授、张玉利教授、魏江教授、路江涌教授、李大元教授、葛宝山教授和我等多位志同道合的学者，还有一批充满活力的青年学者，多次自发组织研讨会，探寻揭示创新创业底层逻辑的金钥匙，其中启发颇深的是时任国家自然科学基金委员会管理科学部二处处长的吴刚研究员所组织的几次相关主题的学术研讨会。特别具有里程碑意义的是，在2019年国家自然科学基金委员会组织的双清论坛上，论坛主席陈晓红院士、王重鸣教授和李新春教授等与创新创业领域的众多专家学者深入研讨，使我们越来越清晰地聚焦"创新驱动创业的重大理论与实践问题研究"项目。2020年，由吉林大学牵头，联合南开大学、浙江大学、北京大学和中南大学申报了国家自然科学基金重大项目并获批立项，旨在基于创新创业实践前沿，结合新时代特点构建创新驱动创业的理论体系。

创新驱动创业是指在技术创新、制度创新、商业模式创新等的触发下，通过多要素迭代互动，实现多主体共同开发机会、创造价值的过程。创新驱动创业过程包括触发、催化和聚变三个阶段。触发阶段指技术创新、制度创新或商业模式创新等作用于某一要素（如创业者/团队/组织、资源、机会），进而带来创业机会开发的可能性。在该阶段，与资源、机会等客观要素相比，创业者/团队/组织要素因具有主观性与主动性而发挥着关键作用。催化阶段指被创新作用的某一要素进一步激发一个或多个要素并迭代互动，带来创业机会速率的提升、数量或范围等的增加或扩大。在该阶段，数据资源等能够作为使要素间作用发生化学变化的催化剂，促进发现型机会和创造型机会的快速开发以及两种类型机会的转化。聚变阶段指创业主体基于催化过程形成的机会与多主体互动，并反作用于创新，提升多主体的系统能力进而实现机会利用的过程，最终带来高质量产出。该阶段机会集的构建、共生关系的形成、价值的传递与转化是创新驱动创业系统实现高质量产出的关键。创新驱动创业具有跨层面、多主体和迭代性三个特征，呈现出创新创业新范式。

揭示新范式背后的逻辑关系需要理论基石。在数字化、生态化和新型全球化背景下，已有理论面临挑战，需要完善甚至重构。而基于中国的制度、文化、市场等情境的企业创新创业行为与西方国家相比有其特殊性。西方的主流理论难以揭示本土实践的独特性及本质，对中国企业创新创业行为规律的提炼需要弥补或跨越西方理论的盲区，扎根中国实践进行理论创新，甚至贡献原创理论。重大项目的任务之一就是构建原创性的创新驱动创业理论体系，特别是本土理论。那么，所构建的理论体系与已有相关理论存在何种内在关系，正是本书要回答的问题。

二、理论筛选

为筛选与创新驱动创业相关的理论，需要从创新和创业相关研究中所使用的已有理论出发，分析并评价它们与创新驱动创业概念的相关性，以进一步发展创新驱动创业的理论。理论筛选包含如下三个步骤。

首先，选取 EBSCO Business Source Complete 数据库进行文献检索，限定在 *Entrepreneurship Theory and Practice*（《创业理论与实践》，ETP）、*Journal of Business Venturing*（《商业风险期刊》，JBV）、*Small Business Economics*（《小企业经济学》，SBE）、*Strategic Entrepreneurship Journal*（《战略创业杂志》，SEJ）4 个创业领域知名期刊，以及 *Academy of Management Journal*（《美国管理学会期刊》，AMJ）、*Academy of Management Review*（《美国管理学会评论》，AMR）、*Administrative Science Quarterly*（《行政科学季刊》，ASQ）、*Journal of Management*（《管理学报》，JOM）、*Journal of Management Studies*（《管理学学报》，JMS）、*Management Science*（《管理科学》，MS）、*Organization Science*（《组织科学》，OS）、*Strategic Management Journal*（《战略管理杂志》，SMJ）8 个管理领域知名期刊，以关键词"entrepreneur*""new venture""emerging venture*""founder*""spin-off*""start-up*""venture initiation*""emerging business*""small business*"出现在文献的标题、摘要和关键词中为条件进行检索，筛选出 4000 余篇与创业相关的文献。在此基础上，对所有文献所使用的理论进行编码，最终提炼出应用理论的 1700 余篇文献。

其次，以"innovat*"出现在标题、摘要和关键词中为条件进行交叉检索，从上述使用理论的创业文献中挑选出与创新相关的文献，并对文献中涉及的理论进行频次统计及排序，频次的排序在一定程度上反映了创新创业学者的"关注度"，也意味着理论的"支撑度"。从统计结果看，创新和创业相融合的研究文献所涉及的理论共计 100 个，其中出现次数≥2 的理论有 45 个，次数≥4 的理论有 22 个。

最后，考虑到理论之间的从属关系，对100个理论进行归类合并后，初步确定94个理论并制作问卷，邀请25位创新创业领域的专家对这些理论进行评价与补充。回收问卷后，一方面根据专家对每个理论与创新驱动创业相关性的评分情况进行排序；另一方面，考虑到有少数理论出现的频次较低，但与创新驱动创业关系密切，能够为揭示创新驱动创业本质及构建创新驱动创业理论奠定基础，故根据受邀专家的反馈意见对理论进行了补充。最终，综合定量统计和专家判断遴选出30个理论，以其作为创新驱动创业的理论基础。

三、理论体系

本书以"理论树"做比喻，正如理论之树深深扎根于管理实践的沃土之中，根系坚韧，干系挺拔，枝叶扶疏（图0.1）。因此，根据30个理论对创新驱动创业的作用进行归类，分为根理论、干理论和枝理论三篇。这三篇的理论都是创新驱动创业的理论基础，只是各篇的理论在创新驱动创业研究中发挥的作用不同。

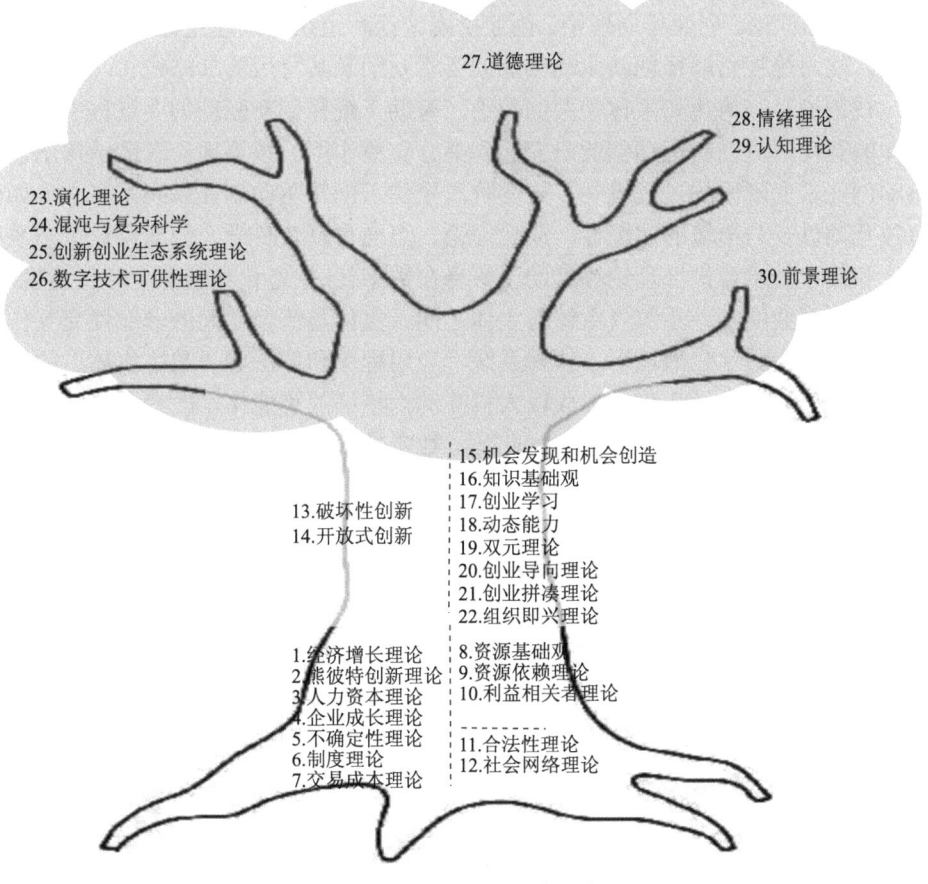

图 0.1　创新驱动创业相关理论图

根理论是对创新驱动创业发挥基础支撑作用的理论，是着重解释创新驱动创业"根"逻辑的理论。从经济学领域看，包括经济增长理论、熊彼特创新理论、人力资本理论、企业成长理论、不确定性理论、制度理论和交易成本理论；从管理学领域看，包括资源基础观、资源依赖理论和利益相关者理论；从社会学领域看，包括合法性理论和社会网络理论。这些理论对我们理解创新驱动的内生动力与成长逻辑，对分析主体与环境互动以及主体与主体互动，均具有较强的支撑作用，有助于解释创新驱动创业的过程机制。

干理论是与创新或创业直接相关的理论，对创新驱动创业研究起直接支撑作用。该篇理论有助于解释创新驱动创业触发和催化的过程机制。触发阶段强调技术创新、制度创新或商业模式创新等对某一要素（如创业者/团队/组织、资源、机会）的作用。破坏性创新、开放式创新等有助于理解不同类型创新的来源以及创新如何作用于某一要素的机理。催化阶段强调机会、资源、创业者/团队/组织等要素互动所产生的效应。机会发现和机会创造、知识基础观、创业学习、动态能力、双元理论、创业导向理论、创业拼凑理论和组织即兴理论等有助于从机会、知识、能力等视角解释创新驱动创业的要素互动及其背后的战略逻辑。

枝理论是与情境和主体相关的理论，有助于解释创新驱动创业过程中情境和主体的互动，对创新驱动创业研究起到部分支撑作用。该篇理论有助于揭示创新驱动创业聚变阶段的过程机制。聚变阶段聚焦于创新驱动创业系统内多主体如何有效互动以及与情境的适配性。演化理论、混沌与复杂科学、创新创业生态系统理论和数字技术可供性理论等有助于解释在数字化、生态化和新型全球化情境下，创新驱动创业的复杂系统内主体与主体之间、主体与情境之间的非线性交互作用问题。尤其在数字化情境下，软件系统、应用程序和算法等"数字实体"的出现使得主体属性发生了变化，形成以人机互动为特征的智能体，改变了传统以人为主体受情绪、认知等影响的特征。此外，数字技术的快速发展使得技术的外部性越来越大，科技伦理、社会责任等与道德相关的问题也随之凸显。道德理论、情绪理论、认知理论和前景理论等为从微观视角分析这些问题提供基础，但这些问题也突破了已有理论以人为主体对道德、情绪、认知和决策等的解释视角，需要理论创新，从而与数字化情境下主体属性的变化相匹配。

上述 30 个理论为构建创新驱动创业理论体系提供了重要支撑。本书从根理论、干理论和枝理论三篇分别阐述，所有理论均遵循如下结构，即首先回顾理论的演化脉络，其次综述该理论在创业领域的研究进展，最后分析该理论在创新驱动创业研究中的局限性并提出未来的科学研究问题。

四、写作团队

本书的写作团队以承担重大项目的五所高校项目组成员为主体，既包括领域内的资深专家、骨干青年学者，还包括新生代学生力量。

参与本书写作的教师（按姓氏拼音首字母排序）包括：蔡莉（吉林大学）、代栓平（吉林大学）、董保宝（吉林大学）、董佳敏（中南大学）、傅颖竹（中南大学）、葛宝山（吉林大学）、葛晶（长春工业大学）、关健（中南大学）、郭润萍（吉林大学）、胡望斌（南开大学）、姬俊抗（中国人民大学）、贾迎亚（上海大学）、金孟子（北京大学）、李大元（中南大学）、李拓宇（浙江大学）、李雪灵（吉林大学）、李政（吉林大学）、路江涌（北京大学）、马鸿佳（吉林大学）、单标安（吉林大学）、沈睿（浙江大学）、田莉（南开大学）、童立（北京大学）、王斌（上海大学）、王颂（浙江大学）、魏江（浙江大学）、谢绚丽（北京大学）、杨俊（浙江大学）、尹苗苗（吉林大学）、于晓宇（上海大学）、张鹏翔（北京大学）、张莹（西北工业大学）、张玉利（南开大学）、郑刚（浙江大学）、周文辉（中南大学）、朱秀梅（吉林大学）。

参与本书写作的学生（按姓氏拼音首字母排序）包括：蔡佳丽（中南大学）、曹琦（吉林大学）、陈姿颖（吉林大学）、邓宛如（浙江大学）、冯子晴（吉林大学）、黄陈（中南大学）、黄鹤[南开大学、北京大学（天津滨海）新一代信息技术研究院]、李玎玎（吉林大学）、李佳桐（吉林大学）、李欣（中南大学）、林晓玥（吉林大学）、刘肖（吉林大学）、刘晓菊（吉林大学）、陆鹏（吉林大学）、马铭泽（北京大学）、马晓书（上海大学）、牛明俊（南开大学）、彭星（吉林大学）、任洪鋆（吉林大学）、佘可欣（北京大学）、时勇梓（吉林大学）、孙诗涵（吉林大学）、田敬宇（中南大学）、王久奇（吉林大学）、肖彬（吉林大学）、杨亚倩（吉林大学）、虞曦凯（上海大学）、郁竹（南开大学）、张岳（上海大学）。

此外，韩小涵、李佳桐、李孟遥、李巍、卢珊、蒲怡、孙诗涵、王逊、王贞婷、詹天悦、张笑妍和赵润萱（按姓氏拼音首字母排序）为本书的理论筛选、校对等做了大量的工作。

五、致谢

感谢中国工程院院士、湖南工商大学党委书记陈晓红教授，莱斯大学琼斯商学院张燕教授，中山大学管理学院李新春教授对本书的大力推荐。感谢葛宝山教授、李雪灵教授、于晓宇教授为本书根理论、干理论、枝理论的架构梳理及文稿审阅等方面所做的大量细致的工作。感谢尹苗苗教授、单标安教授和郭润萍教授，分别多次协调各篇多位作者的写作任务，并在审阅部分文稿等默默无闻且事无巨细的工作中所付出的艰辛努力。感谢本书全部作者团队的辛勤付出，虽反复修改但无怨无悔，且精益求精！特别感谢重大项目各课题负责人张玉利教授、魏江教授、路江涌教授和李大元教授，他们不仅身为作者承担写作任务，还在组织与协调各自课题的作者团队写作工作中花费大量精力，发挥示范作用，真正体现了重大项目组的"传、帮、带"作风！还要感谢多位专家学者就本书的框架结构和内容设计所提出的宝贵意见与建议。本书的公开出版得益于国家自然科学基金重大项目（72091310）的资助和科学出版社的大力支持，在此一并表示衷心的感谢。

  本书的完成仅仅标志着创新驱动创业理论构建的开始。在每章的未来展望部分均基于已有理论的局限提出创新驱动创业新的研究问题。党的二十大提出"要以中国式现代化全面推进中华民族伟大复兴"[①]。而创新已成为现代化的第一动力，创新驱动创业是实现科学-技术-产业转化的必然路径。相信在创新驱动创业理论体系构建的进程中一定会吸引更多的学者，特别是年轻学者加入其中，因为我们所从事的是一项有意义、有价值并有幸福感的研究，在服务国家重大需求的同时也成就了学术社区中的一代又一代学者。

蔡 莉

2022 年 12 月于吉林大学前卫校区

[①] 引自2022 年 10 月 17 日《人民日报》第 2 版的文章：《高举中国特色社会主义伟大旗帜 为全面建设社会主义现代化国家而团结奋斗》。

目　录

第一篇　根　理　论

第 1 章　经济增长理论——从要素驱动到创新创业驱动的演变 ⋯⋯⋯⋯⋯ 3
　1.1　经济增长理论的发展 ⋯⋯⋯⋯⋯⋯⋯⋯⋯⋯⋯⋯⋯⋯⋯⋯⋯⋯⋯⋯⋯ 4
　1.2　经济增长理论在创业领域的应用与发展 ⋯⋯⋯⋯⋯⋯⋯⋯⋯⋯⋯⋯⋯ 6
　1.3　经济增长理论在创新驱动创业研究中的局限与未来展望 ⋯⋯⋯⋯⋯ 10
　参考文献 ⋯⋯⋯⋯⋯⋯⋯⋯⋯⋯⋯⋯⋯⋯⋯⋯⋯⋯⋯⋯⋯⋯⋯⋯⋯⋯⋯⋯ 13
　代表性学者简介 ⋯⋯⋯⋯⋯⋯⋯⋯⋯⋯⋯⋯⋯⋯⋯⋯⋯⋯⋯⋯⋯⋯⋯⋯ 16

第 2 章　熊彼特创新理论——揭示创新驱动创业的演化机理 ⋯⋯⋯⋯⋯ 18
　2.1　熊彼特创新理论的发展 ⋯⋯⋯⋯⋯⋯⋯⋯⋯⋯⋯⋯⋯⋯⋯⋯⋯⋯⋯ 18
　2.2　熊彼特创新理论在创业领域的应用与发展 ⋯⋯⋯⋯⋯⋯⋯⋯⋯⋯⋯ 21
　2.3　熊彼特创新理论在创新驱动创业研究中的局限与未来展望 ⋯⋯⋯⋯ 25
　参考文献 ⋯⋯⋯⋯⋯⋯⋯⋯⋯⋯⋯⋯⋯⋯⋯⋯⋯⋯⋯⋯⋯⋯⋯⋯⋯⋯⋯⋯ 29
　代表性学者简介 ⋯⋯⋯⋯⋯⋯⋯⋯⋯⋯⋯⋯⋯⋯⋯⋯⋯⋯⋯⋯⋯⋯⋯⋯ 32

第 3 章　人力资本理论——以人为核心的要素配置赋能创新驱动创业 ⋯ 34
　3.1　人力资本理论的发展 ⋯⋯⋯⋯⋯⋯⋯⋯⋯⋯⋯⋯⋯⋯⋯⋯⋯⋯⋯⋯⋯ 34
　3.2　人力资本理论在创业领域的应用与发展 ⋯⋯⋯⋯⋯⋯⋯⋯⋯⋯⋯⋯ 37
　3.3　人力资本理论在创新驱动创业研究中的局限与未来展望 ⋯⋯⋯⋯⋯ 42
　参考文献 ⋯⋯⋯⋯⋯⋯⋯⋯⋯⋯⋯⋯⋯⋯⋯⋯⋯⋯⋯⋯⋯⋯⋯⋯⋯⋯⋯⋯ 46
　代表性学者简介 ⋯⋯⋯⋯⋯⋯⋯⋯⋯⋯⋯⋯⋯⋯⋯⋯⋯⋯⋯⋯⋯⋯⋯⋯ 51

第 4 章　企业成长理论——创新驱动创业的企业内生机制 ⋯⋯⋯⋯⋯⋯ 53
　4.1　企业成长理论的发展 ⋯⋯⋯⋯⋯⋯⋯⋯⋯⋯⋯⋯⋯⋯⋯⋯⋯⋯⋯⋯⋯ 53
　4.2　企业成长理论在创业领域的应用与发展 ⋯⋯⋯⋯⋯⋯⋯⋯⋯⋯⋯⋯ 57
　4.3　企业成长理论在创新驱动创业研究中的局限与未来展望 ⋯⋯⋯⋯⋯ 60
　参考文献 ⋯⋯⋯⋯⋯⋯⋯⋯⋯⋯⋯⋯⋯⋯⋯⋯⋯⋯⋯⋯⋯⋯⋯⋯⋯⋯⋯⋯ 63
　代表性学者简介 ⋯⋯⋯⋯⋯⋯⋯⋯⋯⋯⋯⋯⋯⋯⋯⋯⋯⋯⋯⋯⋯⋯⋯⋯ 66

第 5 章　不确定性理论——复杂环境中创新驱动创业机制 ⋯⋯⋯⋯⋯⋯ 68
　5.1　不确定性理论的发展 ⋯⋯⋯⋯⋯⋯⋯⋯⋯⋯⋯⋯⋯⋯⋯⋯⋯⋯⋯⋯⋯ 68
　5.2　不确定性理论在创业领域的应用与发展 ⋯⋯⋯⋯⋯⋯⋯⋯⋯⋯⋯⋯ 71

5.3　不确定性理论在创新驱动创业研究中的局限与未来展望……………76
参考文献………………………………………………………………………79
代表性学者简介………………………………………………………………83

第6章　制度理论——解析创新驱动创业的底层结构…………………………84
6.1　制度理论的发展……………………………………………………………84
6.2　制度理论在创业领域的应用与发展………………………………………85
6.3　制度理论在创新驱动创业研究中的局限与未来展望……………………91
参考文献………………………………………………………………………94
代表性学者简介………………………………………………………………98

第7章　交易成本理论——创新驱动创业过程的交易情境分析与应用………100
7.1　交易成本理论的产生与发展………………………………………………100
7.2　交易成本理论在创业领域的应用与发展…………………………………102
7.3　交易成本理论在创新驱动创业研究中的局限与未来展望………………108
参考文献………………………………………………………………………111
代表性学者简介………………………………………………………………114

第8章　资源基础观——解析创新驱动创业核心要素的基础理论………………116
8.1　资源基础观的发展…………………………………………………………116
8.2　资源基础观在创业领域的应用与发展……………………………………119
8.3　资源基础观在创新驱动创业研究中的局限与未来展望…………………123
参考文献………………………………………………………………………127
代表性学者简介………………………………………………………………131

第9章　资源依赖理论——创新驱动创业活动中企业间互赖关系的拓展研究…132
9.1　资源依赖理论的发展………………………………………………………132
9.2　资源依赖理论在创业领域的应用与发展…………………………………135
9.3　资源依赖理论在创新驱动创业研究中的局限与未来展望………………139
参考文献………………………………………………………………………142
代表性学者简介………………………………………………………………146

第10章　利益相关者理论——解释创新驱动创业行动主体的基础理论………147
10.1　利益相关者理论的发展……………………………………………………147
10.2　利益相关者理论在创业领域的应用与发展………………………………150
10.3　利益相关者理论在创新驱动创业研究中的局限与未来展望……………154
参考文献………………………………………………………………………157
代表性学者简介………………………………………………………………161

第11章　合法性理论——创新驱动创业的制度情境分析………………………163
11.1　合法性理论的发展…………………………………………………………163

  11.2 合法性理论在创业领域的应用与发展 ·············· 165
  11.3 合法性理论在创新驱动创业研究中的挑战与未来展望 ····· 169
  参考文献 ··· 171
  代表性学者简介 ····································· 175
第12章 社会网络理论——创新驱动创业的关系网络编织 ·········· 177
  12.1 社会网络理论的发展 ···························· 177
  12.2 社会网络理论在创业领域的应用与发展 ················ 179
  12.3 社会网络理论在创新驱动创业研究中的局限与未来展望 ····· 184
  参考文献 ··· 186
  代表性学者简介 ····································· 191

第二篇 干 理 论

第13章 破坏性创新——创新驱动创业实现路径的基础理论 ········· 195
  13.1 破坏性创新理论的发展 ··························· 195
  13.2 破坏性创新理论在创业领域的应用与发展 ··············· 200
  13.3 破坏性创新理论在创新驱动创业研究中的局限与未来展望 ··· 203
  参考文献 ··· 207
  代表性学者简介 ····································· 210
第14章 开放式创新——阐释创新驱动创业核心要素流动的相关理论 ··· 212
  14.1 开放式创新理论的发展 ··························· 212
  14.2 开放式创新理论在创业领域的应用与发展 ··············· 215
  14.3 开放式创新理论在创新驱动创业研究中的理论前景与未来展望 · 219
  参考文献 ··· 222
  代表性学者简介 ····································· 225
第15章 机会发现和机会创造——解析创新驱动创业的理论假设 ····· 227
  15.1 机会发现和机会创造理论的发展脉络 ················· 228
  15.2 机会发现和机会创造理论在创业研究中的应用与发展 ······ 233
  15.3 机会发现和机会创造理论在创新驱动创业研究中的局限与未来
     展望 ·· 236
  参考文献 ··· 238
  代表性学者简介 ····································· 240
第16章 知识基础观——探索创新驱动创业知识机理的基础理论 ····· 242
  16.1 知识基础观的发展 ······························ 242
  16.2 知识基础观在创业研究中的应用与发展 ················ 245
  16.3 知识基础观在创新驱动创业研究中的局限与未来展望 ······ 249

参考文献 ··· 251
代表性学者简介 ··· 256

第17章 创业学习——揭示创新驱动创业的成长机制 ······················· 257
17.1 创业学习理论的发展 ··· 257
17.2 创业学习理论在创业研究中的应用 ································· 260
17.3 创业学习理论在创新驱动创业研究中的局限与未来展望 ··············· 264
参考文献 ··· 266
代表性学者简介 ··· 270

第18章 动态能力——不确定环境下创新驱动创业的支撑理论 ··············· 271
18.1 动态能力理论的发展脉络 ··· 271
18.2 动态能力理论在创业领域的应用与发展 ····························· 274
18.3 动态能力理论在创新驱动创业研究中的局限与未来展望 ··············· 277
参考文献 ··· 281
代表性学者简介 ··· 285

第19章 双元理论——创新驱动创业中的利用与探索 ······················· 287
19.1 双元理论的发展 ··· 287
19.2 双元理论在创业领域的应用与发展 ································· 292
19.3 双元理论在创新驱动创业研究中的局限与未来展望 ··················· 294
参考文献 ··· 297
代表性学者简介 ··· 303

第20章 创业导向理论——解构创新驱动创业微观基础的理论 ··············· 305
20.1 创业导向理论的发展 ··· 305
20.2 创业导向理论在创业领域的应用与发展 ····························· 308
20.3 创业导向理论在创新驱动创业研究中的局限与未来展望 ··············· 312
参考文献 ··· 316
代表性学者简介 ··· 319

第21章 创业拼凑理论——创新驱动创业实现路径的相关理论 ··············· 320
21.1 创业拼凑理论的发展 ··· 320
21.2 创业拼凑理论在创业领域的应用与发展 ····························· 323
21.3 创业拼凑理论在创新驱动创业研究中的局限与未来展望 ··············· 328
参考文献 ··· 331
代表性学者简介 ··· 335

第22章 组织即兴理论——探索不确定环境中新创企业应变的相关理论 ······· 337
22.1 组织即兴理论的发展 ··· 337
22.2 组织即兴理论在创业领域的应用与发展 ····························· 341

22.3 组织即兴理论在创新驱动创业研究中的局限与未来展望 ·············· 345
参考文献 ·············· 347
代表性学者简介 ·············· 350

第三篇 枝 理 论

第 23 章 演化理论——透视创新驱动创业过程的核心理论 ·············· 355
23.1 演化理论的发展 ·············· 355
23.2 演化理论在创业领域的应用与发展 ·············· 359
23.3 演化理论在创新驱动创业研究中的局限与未来展望 ·············· 363
参考文献 ·············· 367
代表性学者简介 ·············· 369

第 24 章 混沌与复杂科学——对创业的迁移解释和拓展研究 ·············· 371
24.1 混沌与复杂科学的核心观点 ·············· 371
24.2 混沌与复杂科学应用于创业领域的研究 ·············· 376
24.3 从混沌与复杂科学角度分析创新驱动创业研究的科学问题 ·············· 379
参考文献 ·············· 382
代表性学者简介 ·············· 385

第 25 章 创新创业生态系统理论——创新驱动创业理论的生态系统视角 ·············· 386
25.1 创新生态系统理论的发展 ·············· 386
25.2 创业生态系统理论的发展 ·············· 390
25.3 创新生态系统与创业生态系统的区分与融合 ·············· 393
25.4 创新创业生态系统理论在创新驱动创业研究中的应用、局限与展望·· 395
参考文献 ·············· 399
代表性学者简介 ·············· 402

第 26 章 数字技术可供性理论——解析创新驱动创业数字能动性的理论 ·············· 404
26.1 数字技术可供性理论的起源和发展 ·············· 404
26.2 数字技术可供性理论在创新创业领域的应用 ·············· 408
26.3 数字技术可供性理论在创新驱动创业研究中的局限与未来展望 ·············· 412
参考文献 ·············· 414
代表性学者简介 ·············· 419

第 27 章 道德理论——创新驱动创业机制的道德内涵 ·············· 420
27.1 道德理论的发展 ·············· 421
27.2 道德理论在创新创业领域的应用与发展 ·············· 424
27.3 道德理论在创新驱动创业研究中的局限与未来展望 ·············· 429
参考文献 ·············· 431

代表性学者简介 …………………………………………………………… 434
第28章　情绪理论——创新驱动创业过程机理的个体视角 …………………… 436
　28.1　情绪理论在组织和管理领域的发展脉络 ……………………………… 436
　28.2　情绪理论在创业研究中的应用 ………………………………………… 440
　28.3　情绪理论在创新驱动创业研究中的局限与应用展望 ………………… 444
　　参考文献 …………………………………………………………………… 446
　　代表性学者简介 …………………………………………………………… 450
第29章　认知理论——阐释创新驱动创业的思维模式 ………………………… 452
　29.1　认知理论及其在经济管理领域的发展 ………………………………… 452
　29.2　认知理论在创业领域的应用与发展 …………………………………… 453
　29.3　认知理论在创新驱动创业研究中的局限与未来展望 ………………… 459
　　参考文献 …………………………………………………………………… 463
　　代表性学者简介 …………………………………………………………… 466
第30章　前景理论——探索创新驱动创业微观决策的基础理论 ……………… 467
　30.1　前景理论的起源和发展 ………………………………………………… 467
　30.2　前景理论在创业领域的应用与发展 …………………………………… 473
　30.3　前景理论在创新驱动创业研究中的应用展望 ………………………… 475
　　参考文献 …………………………………………………………………… 478
　　代表性学者简介 …………………………………………………………… 482

第一篇 根 理 论

第1章 经济增长理论——从要素驱动到创新创业驱动的演变

党的二十大报告提出,"我们要坚持以推动高质量发展为主题,把实施扩大内需战略同深化供给侧结构性改革有机结合起来,增强国内大循环内生动力和可靠性,提升国际循环质量和水平,加快建设现代化经济体系……推动经济实现质的有效提升和量的合理增长"[①]。中国的GDP增长率从改革开放到2012年的9.88%下降到党的十八大后的7.3%再降到党的十九大后的5.94%。从产业政策来看,发达国家的"高端回流"和发展中国家的"低端分流"对中国产业形成了"双向挤压"(余东华和王梅娟,2022);从国际形势来看,中美贸易摩擦和美国的逆全球化政策仍将持续,中国发展面临的国际形势更加复杂多变,引入先进技术将遭遇更加严格的限制,实现科技创新也会更加困难,依靠科技创新实现国家经济增长的路径也将受到更大考验;同时,新冠疫情的肆虐,也使得以出口导向为主的中国在进出口贸易方面受到影响。

2022年9月7日召开国务院常务会议表示部署加力支持就业创业的政策,拓展就业空间,培育壮大市场主体和经济新动能,创业能催生更多市场主体带就业。党的二十大报告指出"弘扬企业家精神,加快建设世界一流企业。……完善促进创业带动就业的保障制度,支持和规范发展新就业形态"[①]。中国经济转向高质量发展的新常态下,创业已成为促进经济高质量发展、提高人民福祉和促进全社会繁荣的重要驱动力(余东华和王梅娟,2022)。

经济增长理论(theory of economic growth)是研究解释经济增长规律和影响制约因素的理论。经济增长理论在发展的历史过程中通过建立各种经济模型,考察在长期的经济增长的动态过程中,实现稳定状态的均衡增长所具备的均衡条件。一个经济体的经济增长可以表现为其生产产品和劳务总量的不断增加。经济增长理论研究影响经济增长的内在动力,一直是经济学理论的重要研究方向(宗良等,2022)。本章通过回顾经济增长理论的发展及其在创业领域,特别是创新驱动创业文献中的应用,试图厘清在当前复杂多变的环境下经济增长理论对创新驱动创业研究的影响。

---

① 引自2022年10月17日《人民日报》第2版的文章:《高举中国特色社会主义伟大旗帜 为全面建设社会主义现代化国家而团结奋斗》。

1.1 经济增长理论的发展

经济增长理论的发展走过了一条由外生增长向内生增长演进的路线，大致可以分为古典增长理论、新古典增长理论、新增长理论三个阶段（郭熙保和王翊，2001；佘时飞，2009；刘伟和范欣，2019）。

1.1.1 古典增长理论（1776~1938年）

经济增长问题研究中，最早的理论可以追溯到亚当·斯密（Adam Smith，1776年）在《国民财富的性质和原因的研究》（简称《国富论》）中提到的"分工促进经济增长"理论，斯密的财富增长理论中，重点强调了三方面的内容，即土地、劳动和资本，同时他认为土地作为一种特殊的固定要素对产出的贡献是恒定的，而劳动和资本却可以保持增值。大卫·李嘉图（David Ricardo，1817年）在《政治经济学及赋税原理》的税收理论将研究视角集中于收入分配对经济增长的作用，这一思想拓宽了经济增长分析的视角，李嘉图的要素份额主要指现代经济领域所表述的收入的功能性分配问题，他认为合理的收入分配制度是促进经济增长的关键。阿尔弗雷德·马歇尔（Alfred Marshall，1879年）则将经济增长的源泉从资本积累扩展到人口数量、资本数量及分工协作等多个微观要素上。他们打破了重商主义者对国民财富的货币幻觉，转向实际的物质产品生产领域去寻找增加一国国民财富的源泉，强调资本积累和生产率改进对经济增长的决定意义（何雨霖等，2020）。古典经济学是经济增长理论发展的第一个高峰，古典经济增长理论将经济增长的思想引入经济学的研究范式中，从此，经济增长问题逐渐走向经济学的核心，成为学者关注的热点问题。但理论侧重于分析经济增长的构成要素和形成过程，缺乏对经济增长的量化分析和相关模型的构建。

1.1.2 新古典增长理论（1939~1985年）

当代经济学家试图从资本主义发展过程中，特别二战以来的繁荣和滞胀，总结经济稳定增长的特征。为达到预测未来经济发展长期趋势的目的，Harrod（1939）试图把凯恩斯采用的短期和静态均衡分析的国民收入增长问题长期化、动态化，并于1948年在《动态经济》一书中提出了关于经济增长的模型，新古典经济增长模型是建立在 Harrod（1939）和 Domar（1946）的模型基础上，按照哈罗德-多马模型（Harrod-Domar model），影响经济增长率的因素主要有两个：储蓄率和资本-产出比。若以 s 代表储蓄率，C 代表资产-产出比，则哈罗德-多马模型可用公式简单表述为 $G=s/C$。因为在这一模型中 C 被假定不变，所以储蓄率即资本积累率 s 成为决定经济增长的唯一因素。因此，这一阶段又往往被称为"资本积累论"

阶段。

Solow（1956）提出了外生技术进步促进经济增长的模式，放松原有模型资本和劳动不可替代的假设，构建了 Solow（索洛）模型，在 Solow 模型中，外生变量是储蓄率、人口增长率、技术进步率，内生变量是产量。Solow（1957）又提出全要素生产率分析方法证明不能回归的 87.5%的"余值"（Solow residual）为技术进步。而后 Studenski（1958）进一步巩固了 Solow 的技术外生的观点，但却不能回答"没有给定外生技术进步"时人均产出长期增长的疑问，此外模型中的储蓄率也不是通过个人动态最优化行为内生决定的，更为紧要的是它能解决经济增长中的许多问题却不能解决经济增长本身。

1.1.3 新增长理论（1986 年至今）

新增长理论是经济学的一个分支，它全力解决经济科学中一个重要且令人困惑的主题：增长的根本原因。它的出现标志着新古典经济增长理论向经济发展理论的融合，这一融合的显著特点是，强调经济增长不是外部力量，而是经济体系的内部力量作用的产物，重视对知识外溢、人力资本投资、研究和开发、收益递增、劳动分工和专业化、边干边学、开放经济和垄断化等新问题的研究，重新阐释了经济增长率和人均收入的广泛的跨国差异，为长期经济增长提供了一幅全新的图景。

新古典增长模型中出现的外生"余值"引起大量经济学家的注意，于是经济学家开始用"余值"内生化的方法来解决经济增长"余值"的问题。Arrow（1962）指出生产中积累的经验也是生产过程的一种投入，是一种可以被指数化的要素，通过"干中学"可以形成递增收益，Arrow（阿罗）假定生产函数 $Y=F(K,AL)$ 为 C-D（Cobb-Douglas，柯布-道格拉斯）函数，将技术进步的作用内生化，这种增长模型下，产出不仅是要素投入的结果，也是学习和经验积累的结果。Uzawa（1965）则在新古典增长模型中引入教育部门，假定一定的资源分配到生产教育部门，教育部门则对技术进步起到间接影响。但两者都无法彻底解决 Solow 余值的问题，便出现了内生增长理论（endogenous growth theory）。内生增长理论起源于 Romer（罗默）在 1986 年将知识和人力资本融入经济增长理论的研究。Romer 在 Arrow 的研究思路基础上，通过内生技术进步试图克服"干中学"模型的缺陷，建立了 Arrow-Romer 模型。Romer（1990）拓展了外部性（spillovers）研究，提出了内生技术变化的垄断竞争经济增长模型（monopolistic competition economic growth model）。假定技术变化源于人们针对市场刺激而采用的有目的行动，技术的提高与人们对其投入的资源成比例，知识具有非竞争性和部分排他性等特点。

在促进经济增长的因素方面，新古典增长模型认为有两类：一类是知识积累是经济增长的原动力，认为资本积累不是增长的关键，但是与此前经济学家不同的是将劳动的有效性明确解释为知识，其中 R&D 模型是此类观点的代表模型；另一类是资本是经济增长的关键（Tamura，1991），内生增长理论扩展了资本的外延，认为应该把人力资本考虑进来，从而更好地解释经济持续增长的问题。Lucas（1988）假设在一个竞争性市场的封闭经济中有同质性的经济主体，物质资本积累满足新古典公式等，构建以人力资本的外在效应为核心的内生增长模型。研究发现人力资本增长率与人力资本投资的有效程度和贴现率有关，即使人力资本增长率为零，经济增长仍然存在。

尽管资本积累和人力资本现实存在，但是不足以支撑长期的经济增长。熊彼特（Schumpeter）提出"创造性破坏"（creative destruction）这一思想，强调创新在经济增长中的重要作用，认为资本主义发展的根本动力来自新的消费品、新生产模式、新市场，这些要素的出现不断摧毁旧的经济结构，并创造新的经济结构。但接下来的半个世纪内没有人继续关注创新对经济增长的影响，直到 Aghion 和 Howitt（1992）遵循熊彼特的创造性破坏思想，假定经济中存在着劳动、消费品和中间品三类可交易商品，有三种类型的劳动且不存在劳动供给的负效应，以此来考察以产品质量提高为主要内容的产业创新过程，构建了一个创造性破坏产生的内生增长模型。研究发现，经济增长的根本源泉是竞争性厂商的垂直产品创新。Galor（2005）也认为当经济收敛到稳定的均衡上时，纵向和横向的创新活动互相支持实现经济增长。但是由于科技水平、自然资源、政策制度等方面的限制，这种发展模式只能在理想环境进行实验，在发展中国家发展还有待研究。

1.2 经济增长理论在创业领域的应用与发展

20 世纪 90 年代以来，经济增长理论讨论了创新和新企业进入资本主义经济中的重要性，作为创造性破坏寡头垄断和创造新经济财富的手段（Norton，1992）。企业家精神（entrepreneurship）作为经济增长的要素之一，已经成为促进国家和地区创新创业驱动经济增长的原动力，企业家精神对创新创业和经济增长存在明显的促进作用（Bygrave，1998）。

本章以"entrepreneurial"和"economic growth"为关键词，在 4 个创业领域知名期刊 *ETP*、*JBV*、*SBE* 和 *SEJ* 以及 8 个管理领域知名期刊 *AMJ*、*AMR*、*JOM*、*MS*、*OS*、*SMJ*、*ASQ*、*JMS* 中联合搜索相关文献，发现最早与经济增长理论相关的创业研究发表于 1991 年。1991 年至 2022 年之间，与企业成长理论相关的创业文献共有 202 篇，将其划分为以下三个阶段，选取每个阶段的代表性文献来总结经济增长理论在创业领域的应用与发展。

1.2.1 第一阶段（1991~2002 年）：经济增长理论在创业研究中引入企业家精神

该阶段应用经济增长理论的创业研究主要集中在研究要素中引入企业家精神对创业企业的促进作用。

1. 企业家精神的研究

对于企业家精神的研究，经济学领域上一直将企业家精神视为一种重要的生产要素，但是并没有将其引入主流的经济增长理论中讨论。根据 Wennekers 和 Thurik（1999）的综述，对企业家精神的清晰定义分为三个流派：一是以熊彼特为代表强调企业家创新精神的德国学派（German School）；二是以奈特（Knight）为代表强调企业家的风险承担能力和冒险精神以及应对市场失衡的能力的芝加哥学派（Chicago School）；三是冯·米塞斯（von Mises）为代表强调企业家对市场机会的识别能力的奥地利学派（Austrian School）。

我们认为，企业家精神的本质是创业精神（business entrepreneurship）。创业精神和创新精神是分不开的，创新是创业的方式和手段，没有创新的创业是低层次的创业；创业则是创新的起点、目标和归宿，没有创业的创新难以长久，有创业支持的创新才可持续，因此创业也是创新的载体，也可以说企业家精神本质上就是一种创新创业精神（李政和刘丰硕，2019）。

2. 企业家精神对创业企业的促进作用

Norton（1992）认为科学 R&D 将成为大公司未来竞争的主要领域，如果企业家精神过时（obsolescence），那么必将导致财富日益集中在大公司和寡头之间，要发扬企业家精神，鼓励和保护初创企业的发展，才是促进企业挖掘创业机会的力量源泉；Gifford（1992）认为企业家有限的注意力是一种稀缺资源，特别是在创业企业的早期，可以把企业家的注意力分配的用途数量和注意力的机会成本内生化。这种分配对创新、企业规模和垄断利润之间的关系，对创业企业规模与创业企业发展之间的关系以及创业企业的组织有积极影响。Iyigun 和 Owen（1999）从人力资本的角度考察企业家和专业人才对企业发展和经济增长的作用，认为企业家在中等收入国家扮演着相对更重要的角色，那些最初拥有较少的创业或企业家精神的国家最终可能会陷入发展陷阱。Rosa 和 Scott（1999）通过对 1998 年竞争力白皮书（White paper on competitiveness）的研究，企业家精神能增加创办和发展创新型新企业，对现有商业基础的创业活力给予支持。

1.2.2 第二阶段（2003~2012 年）：经济增长理论与创业核心问题的匹配

随着企业家精神作为经济增长理论的要素之一引入创业研究中，该阶段经济增长理论更加侧重于对创业资源和创业机会的研究。

在前一阶段的研究中，多位学者指出单纯的企业家精神难以支撑整个企业的长期发展，要在发展企业家精神的同时强调政治公平、社会公平、税收政策和民族文化等多元因素的重要性（Light，2002；Suzuki et al.，2002；Davidsson and Henrekson，2002）。这些因素造成的经济增长波动会影响企业家在获取创业资源和寻找创业机会的难度。

1. 经济增长与创业资源的关系研究

经济增长会丰富创业资源，Smith（2004）发现牛津郡在20世纪90年代经济保持高速增长，通过研究其发展模式，重点关注英国国家政策和地方经济增长之间的相互作用，证明在产业政策的影响下，经济增长不仅会为创业带来技术资源，也同样会给创业带来资金资源的支持；Hackler和Mayer（2008）认为经济增长更为迅速的地区一般是得到政府在财政资源和促进市场准入的帮助、吸引创意人才、向新人开放、宽容不同人才的地区，也是有更多人承担创办公司风险的地区，研究表明在经济增长迅速的地方，获得投资的难度有所降低，初创企业也会更容易地获得资金支持。同样，Cooper和Park（2008）认为经济增长快的区域一般是支持新的、高增长的、高技术特点的企业发展的，当地政府对于这样的新企业会给予经济和宽松税收政策环境支持，帮助初创企业减少资金压力，并将此作为促进该区域未来企业创造就业机会的关键手段。而Chang（2011）从实证分析角度出发，探讨了宏观经济变量与初创活动之间因果关系的经济原理，发现总投资额、个人净储蓄率和贷款利率显著影响一个地区的初创活动，高总投资额、低个人净储蓄率和贷款利率是经济增长的特点，并且对初创活动有积极的正向效应。同样，Zivkovic等（2012）也认为投资对劳动力密集和出口导向型国家具有积极的外部效应，投资是经济增长的重要支撑力量，而经济的持续增长可以满足国家对财政和技术性企业资源的需求，能带来就业增长和新企业的出现。

2. 经济增长与创业机会的关系研究

当制度和面临的环境发生变革时，会出现大量创业机会（蔡莉和单标安，2013）。Chell和Allman（2003）发现进入21世纪以来经济增长迅猛，而这一切都来源于科技，他们认为经济迅猛增长，特别是依靠科技的经济增长模式会打破原有的商业模式，大批科技企业随之而来，必然创造大量创立新企业的机会。Mai和Gan（2007）通过对中国创业板数据建立模型分析，发现经济增长越快，政府越能够利用有限的资源开展创业活动，同时进一步帮助外国研究人员和投资者了解中国创业环境、创业机会和创业能力。Sanders（2007）发现21世纪经济增长伴随大量科技的出现，同时，经济增长越明显，创业机会越丰富，然而，创业机会出现的周期性又反作用于经济增长周期,结果显示经济增长和创业机会是高度相关的。Nijkamp 等(2010)认为移民文化是荷兰城市经济的重要一环,也是阿姆斯特丹经济增长的主要原因,虽然移民创业的限制条件很多,但为了保持长期稳定的经济增长,阿姆斯特丹选择放松移民限制条件,移民在新环境中发掘创业机会,也使阿姆斯特丹移民企业家数量呈指数增长。

1.2.3 第三阶段(2013年至今):发展创业教育构建创业型社会

经济增长理论与创业核心问题的匹配研究使得经济增长理论在创业领域已具雏形。本阶段研究聚焦在通过发展创业教育来构建创业型社会(entrepreneurial society)。

近十年里经济增长理论都在研究经济增长通过怎样的机制影响创业资源和创业机会,但是无论是创业的参与人数还是创业活动的成功率都表现得不理想,应该如何在经济增长状态下促进创业的可持续发展,直到 Kline 等(2013)呼吁重视创业教育,通过学习的方式构建生态系统,从生态系统的角度来看待创业问题。蔡莉等(2014)也强调创业学习(entrepreneurial learning)的重要性,在面临经济增长带来的变革和环境变化时,创业学习能使企业维持竞争优势,识别、利用新的机会,以及保持对资源进行管理的能力。

Audretsch(2014)认为随着经济增长从物质资本驱动向知识驱动,再到创业驱动,塑造经济增长和创业绩效的力量也受到大学的影响,大学的作用也随着时间的推移而演变。大学在创业社会中培育学生的企业家精神,专注于培养学生发现创业机会和获取创业资本的能力,从大学出发为构建具备创新创业精神的社会打下坚实基础。欧洲企业家认为,政府应通过普及与发展创业教育促进创业型社会的逐步建立(Economidou et al.,2018)。Klofsten 等(2019)认为经济增长和社会变革带来了创业型大学(entrepreneurial university)的出现,对大学生开设创业教育类课程有助于学生对创业型社会的提前适应,发现创业机会和扩展创业资源。Naderibeni 等(2020)发现经济增长已经发展到由创新和创业来主导,即使在疫情当下,经济增长越有活力的地方创业活动也表现得越显著,通过大学开展创业知识普及、创业技能培训、创业问题研究,普及创业文化的大学能够更好地帮助社会向创业型社会转型。

综上,其一,主流的经济增长理论重视对知识外溢、人力资本投资、收益递增、劳动分工和专业化、边干边学、开放经济和垄断化等问题的研究,缺少创新和创业相关的研究,所以在理论中需要引入企业家精神这一要素,而企业家精神本质上就是一种创新精神和创业精神,对创业有正向积极作用。其二,政治、文化、制度等多元因素的间接影响使经济增长理论作用于创业机会和创业资源,多项研究也证明了持续稳定的经济增长会为创业带来所需要的足够的科技资源、资金资源和劳动力资源，并为企业家带来足够的创业机会。其三，经济增长理论认为现在经济增长的主导力量从科技和知识转为创新和创业，通过创业型大学的方式来对大学生开设创业教育类课程有助于向学生普及创业知识、培训其创业技能、使其发现创业机会和扩展创业资源，更有助于构建创业型社会。

1.3 经济增长理论在创新驱动创业研究中的局限与未来展望

1.3.1 局限

创新驱动创业是在数字经济时代下提出的新范式（蔡莉等，2022），是在技术创新、制度创新、商业模式创新等触发和催化下，通过要素集聚，追求高质量、创造新价值的机会开发过程（蔡莉等，2021）。在创新驱动创业实践中，创业生态系统、政策环境都发生了剧烈变化，因此，主流的经济增长理论面临以下三方面局限。

第一，亟待丰富的主流经济增长理论，经济增长缺乏指导性。主流的经济增长理论仍然研究知识外溢、人力资本投资、研究与开发、收益递增、劳动分工和专业化、边干边学、开放经济和垄断化等问题对经济增长的影响。Dabić 等（2020）认为信息与政策壁垒的消除及制造、运输和通信领域的技术进步为中小企业进入全球市场创造了条件，中小企业日益成为经济增长的新动力，中小企业也在全球的竞争中占据更重要的位置，关于创业的经济理论研究应该被考虑。虽然现有研究表明创新和创业要素对经济增长具有促进作用，但是在经济增长理论架构中未形成完整的经济增长理论体系来指导复杂多变的情景下，特别是数字化和生态化情景下实现企业的创新驱动创业问题。

第二，政策环境亟待完善，经济增长缺乏稳定性。主流的经济增长理论视政策变量为外生因素，并没有重视政策对创新驱动创业的影响。Zhou（2014）研究强调了政治关系在中国早期改革时期（1978~1999 年）促进创业绩效方面的作用，有益于创业的政策促进了创业活动的发展，因此，政策在中国创业的发展中发挥了关键作用。政策关乎经济活动的政策成本，对人们的创新与创业行为影响极大，Wang 等（2019）认为将政治联系、创业资源的获取、政策环境和企业创业绩效纳入同一研究框架，外显性政治联系和隐性政治联系均通过获取创业知识资源和企业资产资源的中介作用，对企业再创业绩效产生积极影响。而国家完善利于创业经济发展的政策环境任重道远。

第三，待建设的创业生态系统，经济增长缺乏可持续性。Stam 和 van de Ven（2021）认为创业生态系统被视为区域经济发展战略关注的热点之一，创业生态系统能够为当地创业行为提供技术工人和科技人才等创业资源，拥有足够力量支撑经济高速增长，所以关于创业生态系统构建的研究问题应该被纳入理论框架中。

创业生态系统由所有相互依存的参与者和因素组成，这些因素在特定领域内促成和限制创业。Cao 和 Shi（2021）认为创业的生态系统是一个基于资源、交互和治理逻辑的动态系统。资源稀缺、结构性差距和制度空白是经济增长理论很少讨论的，同时也是目前限制发展中国家建立创业生态系统的三大因素，是各国亟待解决的问题。

综上，随着经济增长理论中的增长决定因素面临现实压力无法继续维持经济增长，而创新和创业活动日益成为经济增长的决定因素，应该考虑将创新和创业作为首要驱动因素加入经济增长理论研究中，现实政策和创业生态系统的构建是经济增长理论在面对创新驱动创业这一课题时的重要挑战。

1.3.2 未来展望

针对经济增长理论在解释创新驱动创业活动时所面临的挑战，结合创新驱动创业的内涵，未来可以从以下几个方面提出展望。

1. 创新驱动创业中经济增长模式的研究

主流的经济增长理论较少研究创新驱动创业模式下的经济增长模式，而引入创业型经济理论恰好能弥补经济增长理论在创新驱动创业研究方面的缺失。

创业型经济（entrepreneurial economy）是由彼得·F. 德鲁克（Peter F. Drucker）1985 年作为"新经济"发展模式提出的（李政和李玉玲，2005），以创新性创业活动作为经济增长的主要驱动因素，是创业者（企业家）及其创新与创业活动在经济社会中发挥作用的一种经济形态。创业型经济并不意味着大企业不重要，而是突出强调创业与创新的重要性，这里的创新不限于技术创新。创业型经济从制度结构、政策和战略上支持并保证经济体系的创新与创业功能，促进企业的不断创生，从本质上看是一种企业家经济、创新和创造性经济（Liu and Wei, 2013）。与主流经济增长模式相比，创业型经济具有较高的创业启动与退出率、较高的研发投入和人力资本投资、较高的经济增长等特征。如果说传统经济的增长模型为 $Q=\alpha K^\beta L^\phi$、新经济的经济增长模型为 $Q=\alpha K^\beta L^\phi R^\eta$，创业型经济的经济增长模型则为 $Q=\alpha K^\beta L^\phi R^\eta E^\varepsilon$，其中 E 表示企业家的创新与创业活动。也就是说创业型经济发展模型主要靠的不是传统资本、劳动，甚至不是科技研发，而是企业家的创意、创新与创业活动。创业型社会就是从政治、经济和文化等领域的制度结构、政策和战略上支持创新、创业活动与创业型经济的发展（李政和金晓彤，2008）。

创业型经济理论的出现在研究领域上丰富了经济增长理论，填补了经济增长理论关于创业研究方面的空白，但是目前创业型经济的研究相对较少，而且在数字化和生态化的情境中，创业型经济又是如何指导创业活动发展促进经济增长的，目前学术界还缺乏深入系统的学理阐释及理论与实证研究，这是起点和未来努力的方向。

2. 创新驱动创业中政策因素影响的研究

Murdock（2012）通过研究欧盟内部各成员国对创业政策的制定以及国家的经济发展现状，提出在发展创业经济和实现经济效益时创业政策是必不可少的一环，更多的政策支持会明显地促进创业活动开展和经济发展，欧盟内部对于创业政策的制定是中国目前需要学习和实施的地方。创新活动和创业活动驱动经济增长，还需要公共政策、金融政策和行政政策的支持，其中金融政策的支持可能直接决定初创企业的存货问题，现有的金融政策在覆盖面、可持续性、针对性和可用性方面都存在不足，那么为实现创业活动能长期促进经济可持续增长，金融政策是一个重要因素（Lin and Huang，2015）。

Akinyemi 和 Ojah（2018）通过研究南非和尼日利亚，发现给予创业特别关注的国家更有可能改善经济和工业化，对比两个国家不同创业时期的政策影响，寻求在每个创业阶段确定最有利的政府政策，如何在经济增长过程中制定最合适的政策促进创业活动是每个政府都应该思考的问题。考虑在经济增长理论中引入创业这一要素，那么如何衡量政府制度政策在创业活动中的表现是一个问题，而创业活动发展可以由创业绩效（entrepreneurial performance）来衡量，创业绩效是衡量政府政策和制度是否有效可参考的直观指标（Farinha et al.，2020），但是这一衡量体系并不完整，如何完善该评价体系是研究的方向之一。

3. 创新驱动创业中构建创业生态系统的研究

经济发展过程中教育起到重要作用，21世纪是经济大发展的时代，需要大批高素质的创业人才，大学生是最有活力和最具潜力的创业领袖，如何培养大学生的创业能力，培养创业人才，为创业经济发展提供坚实的智力支撑，是中国需要解决的问题，中国目前缺少成熟的创业课程教学体系，构建创业生态系统更是一大值得研究的难题（Jin and Ke，2015）。随着科技的发展，在新媒体发展的推动下，网红经济营销模式逐渐成为主流的网络营销模式之一。它引起了网络平台的热烈关注，为创业提供了新的突破口。那么在数字经济、平台经济的时代，如何规范创业行为，为参与创业的人树立正确的创业价值观（entrepreneurial values）是构建创业生态体系值得思考的。创业的生态系统不是静态不变的，而是不断吸纳新要素、不断完善的，是一个基于资源、交互和治理逻辑的动态系统，在这个系统中，丰富的资源、合理的经济结构和适合创业发展的制度要素是重要的基础，但是资源稀缺、结构性差距和制度空白是经济增长理论中难以涉及的因素，同时是目前限制发展中国家建立创业生态系统的三大因素（Cao and Shi，2021），而这也是中国构建创业生态系统所要面临和解决的问题。

参 考 文 献

蔡莉, 高欣, 王永正, 等. 2022. 数字经济下创新驱动创业的研究范式[J]. 吉林大学社会科学学报, 62(4): 5-20, 233.

蔡莉, 单标安. 2013. 中国情境下的创业研究: 回顾与展望[J]. 管理世界, (12): 160-169.

蔡莉, 汤淑琴, 马艳丽, 等. 2014. 创业学习、创业能力与新企业绩效的关系研究[J]. 科学学研究, 32(8): 1189-1197.

蔡莉, 张玉利, 蔡义茹, 等. 2021. 创新驱动创业: 新时期创新创业研究的核心学术概念[J]. 南开管理评论, 24(4): 217-226.

郭熙保, 王翊. 2001. 现代经济增长理论的演进历程[J]. 当代财经, (4): 18-21.

何雨霖, 陈宪, 何雄就. 2020. 本世纪以来的西方经济增长理论[J]. 上海经济研究, (4):118-127.

李政, 金晓彤. 2008. 发展创业型经济的路径模型与政策趋势[J]. 经济社会体制比较, (2):154-158.

李政, 李玉玲. 2005. 创业型经济的构成元素与发展途径[J]. 外国经济与管理, (10): 18-25.

李政, 刘丰硕. 2019. 最低工资标准与城市企业家精神[J]. 工业技术经济, 38(10): 107-119.

刘伟, 范欣. 2019. 现代经济增长理论的内在逻辑与实践路径[J]. 北京大学学报(哲学社会科学版), 56(3): 35-53.

佘时飞. 2009. 经济增长理论文献综述[J]. 科技经济市场, (8): 38-39.

余东华, 王梅娟. 2022. 数字经济、企业家精神与制造业高质量发展[J]. 改革, (7): 61-81.

宗良, 时圆, 赵廷辰. 2022. 现代经济增长理论的新思维: 基于传统模型的扩展与中国实践[J]. 国际金融研究, (8): 15-23.

Aghion P, Howitt P. 1992. A model of growth through creative destruction[J]. Econometrica, 60(2): 323-351.

Akinyemi F, Ojah K. 2018. Transition probabilities between entrepreneurship phases in Africa's emerging economies: the case of Nigeria and South Africa[J]. Journal of Developmental Entrepreneurship, 23(3): 1850016.1-1850016.20.

Arrow K J. 1962. The economic implications of learning by doing[J]. The Review of Economic Studies, 29(3): 155-173.

Audretsch D B. 2014. From the entrepreneurial university to the university for the entrepreneurial society[J]. The Journal of Technology Transfer, 39(3): 313-321.

Baumol W. 1968. Entrepreneurship in economic theory[J]. American Economic Review, 58(2): 64-71.

Bygrave B. 1998. Stockton lecture: building an entrepreneurial economy: lessons from the United States[J]. Business Strategy Review, 9(2): 11-18.

Cao Z, Shi X W. 2021. A systematic literature review of entrepreneurial ecosystems in advanced and emerging economies[J]. Small Business Economics, 57(1): 75-110.

Chang M C. 2011. A study on the growth model of start-up business based on the number of companies[J]. Journal of Distribution and Management Research,14(6): 143-169.

Chell E, Allman K. 2003. Mapping the motivations and intentions of technology orientated entrepreneurs[J]. R&D Management, 33(2): 117-134.

Cooper S Y, Park J S. 2008. The impact of "incubator" organizations on opportunity recognition and technology innovation in new, entrepreneurial high-technology ventures[J]. International Small Business Journal: Researching Entrepreneurship, 26(1): 27-56.

Dabić M, Maley J, Dana L P, et al. 2020. Pathways of SME internationalization: a bibliometric and systematic review[J]. Small Business Economics, 55: 705-725.

Davidsson P, Henrekson M. 2002. Determinants of the prevalance of start-ups and high-growth firms[J]. Small Business Economics, 19(2): 81-104.

Domar E D. 1946. Capital expansion, rate of growth, and employment[J]. Econometrica, 14(2): 137-147.

Economidou C, Grilli L, Henrekson M, et al. 2018. Financial and institutional reforms for an entrepreneurial society[J]. Small Business Economics, 51(2): 279-291.

Farinha L, Lopes J, Bagchi-Sen S, et al. 2020. Entrepreneurial dynamics and government policies to boost entrepreneurship performance[J]. Socio-Economic Planning Sciences, 72: 100950.

Galor O. 2005. From stagnation to growth: unified growth theory[C]//Aghion P, Durlauf S. Handbook of Economic Growth. Amsterdam: Elsevier: 171-293.

Gifford S. 1992. Allocation of entrepreneurial attention[J]. Journal of Economic Behavior & Organization, 19(3): 265-284.

Hackler D, Mayer H. 2008. Diversity, entrepreneurship, and the urban environment[J]. Journal of Urban Affairs, 30(3): 273-307.

Harrod R F. 1939. An essay in dynamic theory[J]. Economic Journal, 49: 14-33.

Iyigun M F, Owen A L. 1999. Entrepreneurs, professionals, and growth[J]. Journal of Economic Growth, 4(2): 213-232.

Jin C, Ke Z G. 2015. Research on the cultivation of college students' entrepreneurship under the perspective of entrepreneurial economy[R]. Phuket: International Conference on Automation, Mechanical and Electrical Engineering (AMEE).

Kline C, Gard McGehee N, Paterson S, et al. 2013. Using ecological systems theory and density of acquaintance to explore resident perception of entrepreneurial climate[J]. Journal of Travel Research, 52(3): 294-309.

Klofsten M, Fayolle A, Guerrero M, et al. 2019. The entrepreneurial university as driver for economic growth and social change: key strategic challenges[J]. Technological Forecasting and Social Change, 141: 149-158.

Light I. 2002. Immigrant place entrepreneurs in Los Angeles, 1970-99[J]. International Journal of Urban and Regional Research, 26(2): 215-228.

Lin Z, Huang Y. 2015. Fiscal and financial policy design on entrepreneurial economic development government supports[R]. Guangzhou: International conference on Engineering Management,

Engineering Education and Information Technology (EMEEIT).

Liu Y, Wei J A. 2013. Business modeling for entrepreneurial firms: four cases in China[J]. Chinese Management Studies, 7(3): 344-359.

Lucas R E. 1988. On the mechanics of economic development[J]. Journal of Monetary Economics, 22(1): 3-42.

Mai Y Y, Gan Z L. 2007. Entrepreneurial opportunities, capacities and entrepreneurial environments: evidence from Chinese gem data[J]. Chinese Management Studies, 1(4): 216-224.

Marshall A, Marshall M P. 1879. The Economics of Industry[M]. London: Macmillan and Company.

Murdock K A. 2012. Entrepreneurship policy: trade-offs and impact in the EU[J]. Entrepreneurship and Regional Development, 24(9/10): 879-893.

Naderibeni N, Salamzadeh A, Radović-Marković M. 2020. Providing an entrepreneurial research framework in an entrepreneurial university[J]. International Review, (1/2): 43-56.

Nijkamp P, Sahin M, Baycan-levent T. 2010. Migrant entrepreneurship and new urban economic opportunities: identification of critical success factors by means of qualitative pattern recognition analysis[J]. Tijdschrift voor Economische en Sociale Geografie, 101(4): 371-391.

Norton E. 1992. Evidence of creative destruction in the U.S. economy[J]. Small Business Economics, 4(2): 113-123.

Romer P M. 1986. Increasing returns and long-run growth[J]. Journal of Political Economy, 94(5): 1002-1037.

Romer P M. 1990. Endogenous technological change[J]. Journal of Political Economy, 98(5): S71-S102.

Rosa P, Scott M. 1999. Entrepreneurial diversification, business-cluster formation, and growth[R]. Belfast: 20th ISBA National Small Firms Policy and Research Conference.

Sanders M. 2007. Scientific paradigms, entrepreneurial opportunities and cycles in economic growth[J]. Small Business Economics, 28(4): 339-354.

Schultz T W. 1980. Investment in entrepreneurial ability[J]. The Scandinavian Journal of Economics, 82(4): 437-448.

Smith H L. 2004. The biotechnology industry in Oxfordshire: enterprise and innovation[J]. European Planning Studies, 12(7): 985-1001.

Solow R M. 1956. A contribution to the theory of economic growth[J]. Quarterly Journal of Economics, 70(1): 65-94.

Solow R M. 1957. Technical change and the aggregate production function[J]. The Review of Economics and Statistics, 39(3): 312-320.

Spigel B, Harrison R. 2018. Toward a process theory of entrepreneurial ecosystems[J]. Strategic Entrepreneurship Journal, 12(1): 151-168.

Stam E, van de Ven A. 2021. Entrepreneurial ecosystem elements[J]. Small Business Economics, 56(2): 809-832.

Studenski P. 1958. The Income of Nations: Theory, Measurement and Analysis, Past and Present: A

Study in Applied Economics and Statistics[M]. New York: New York University Press.

Suzuki K I, Kim S H, Bae Z T. 2002. Entrepreneurship in Japan and Silicon Valley: a comparative study[J]. Technovation, 22(10): 595-606.

Tamura R. 1991. Income convergence in an endogeneous growth model[J]. Journal of Political Economy, 99(3): 522-540.

Uzawa H. 1965. Optimum technical change in an aggregative model of economic growth[J]. International Economic Review, 6(1): 18-31.

Wang Z, Liu X B, Liu Q H. 2019. Study of the relationship between political connections and corporate re-entrepreneurial performance[J]. Sustainability, 11(15): 4027.

Wennekers S, Thurik R. 1999. Linking entrepreneurship and economic growth[J]. Small Business Economics, 13(1): 27-55.

Zhou W B. 2014. Regional institutional development, political connections, and entrepreneurial performance in China's transition economy[J]. Small Business Economics, 43(1): 161-181.

Zivkovic S, Karic D, Barjaktarovic M, et al. 2012. Analysis of trends in foreign direct investment in Serbia as a factor of the industrial development[J]. Technics Technologies Education Management, 7(4): 1847-1855.

代表性学者简介

罗伯特·M. 索洛（Robert M. Solow）

罗伯特·M. 索洛于 1924 年 8 月 23 日出生在纽约布鲁克林（Brooklyn），1942 年到 1945 年服兵役，1951 年获得哈佛大学（Harvard University）博士学位，索洛的主要著作有 Linear Programming and Economic Analysis（《线性规划与经济分析》）、Capital Theory and the Rate of Return（《资本理论及其收益率》）、Growth Theory: An Exposition（《经济增长理论：一种解说》）、Learning from "Learning by Doing": Lessons for Economic Growth（《从"在做中学习"中学习：经济增长的经验教训》）等。

20 世纪 50 年代发表的"A contribution to the theory of economic growth"（《对经济增长理论的贡献》）和"Technical change and the aggregate production function"（《技术变革与总量生产函数》），被认为是新古典经济增长理论的代表作。索洛的主要贡献是 1956 年用微分方程为新古典主义经济增长理论建立了一个理论框架，发展了哈罗德-多马模型，从而使得各种经济因素在经济增长中的作用既可在理论上，也可在实际度量上得到阐明。这引起了学术界对经济增长理论研究的持续兴趣，从而形成了一个新的研究学科——增长经济学。

约瑟夫·A. 熊彼特（Joseph A. Schumpeter）

约瑟夫·A. 熊彼特在维也纳大学（University of Vienna）获博士学位，一直任教于哈佛大学，被誉为"创新理论"的鼻祖。担任过经济计量学会会长、美国经济学会会长；代表作《经济发展理论》提出了"创新"及其在经济发展中的作用，轰动了当时的西方经济学界。一谈到创新，熊彼特的"五种创新"理念时常被人引用和提及，几乎到了"言创新必称熊彼特"的程度。熊彼特于1950年逝世。

彼得·F. 德鲁克（Peter F. Drucker）

彼得·F. 德鲁克，现代管理学之父，出版了 *Knowledge-worker Productivity: The Biggest Challenge*（《知识工作者生产力：最大挑战》）、*The Coming of the New Organization*（《新组织的到来》）、*The Discipline of Innovation*（《创新的纪律》）等著作，其中代表性著作 *The Practice of Management*（《管理实践》）提出了一个具有划时代意义的概念——目标管理。从此将管理学开创成为一门学科，从而奠定管理大师的地位；*Innovation and Entrepreneurship*（《创新与企业家精神》）被誉为 *The Practice of Management* 推出后德鲁克最重要的著作之一，全书强调当前的经济已由"管理的经济"转变为"创新的经济"。德鲁克于2005年逝世。

本章执笔人：李　政　时勇梓

第2章 熊彼特创新理论——揭示创新驱动创业的演化机理

数字化、生态化和新型全球化①背景下，创业正从要素驱动向创新驱动转变，创新创业活动深度融合，创新正成为世界各国提升国际竞争力、实现可持续发展的关键驱动力（蔡莉等，2022），创新是经济和社会发展的重要主题，是创业活动的重要触发因素，解析创新驱动创业的过程首先要理解创新。

创新经济学理论体系的核心是熊彼特的创新理论，强调创新是经济发展表现出动态和不均衡性的原因，认为创新是企业家的基本职能。熊彼特（Schumpeter，1942）的创新理论强调创造性破坏在经济发展中的作用，而企业家的想象力可以为创造性破坏提供可视化便利。创新经济学将技术变革视为市场上异质的经济主体之间相互作用的内生性结果，重视动态因素的影响，强调核心竞争优势的获取。通过回顾和梳理创新经济学的发展和应用，有助于理解经济发展过程中创新创业的作用，是构建创新驱动创业理论的重要基础。

2.1 熊彼特创新理论的发展

创新经济学的发展经历了萌芽（1911~1969年）、发展（1970~1989年）、成熟（1990年至今）三个阶段（Jenner，1998；Giersch，1984；Nelson and Winter，2002）。

2.1.1 萌芽阶段（1911~1969年）

创新理论起源于熊彼特的著作《经济发展理论》②，该著作中首次提出创新的思想，强调企业家（entrepreneur）在经济变革中的重要作用。这一时期，新古典主义经济学主张一般均衡分析（general equilibrium analysis），将企业家、公司

---

① 数字化指在数字经济背景下，随着数字技术的发展和使用所表现出以开放性和无边界性等为特征的环境（Teece，2010）；生态化指在数字经济背景下，鼓励创业者与其他主体参与创业活动，多主体相互依存、相互影响，实现可持续发展的环境（Cohen，2006）；新型全球化指在数字经济背景下，全球化进入调整期，国际分工和产业发展呈现出新变化和新特点，国家和企业以新的方式重新布局全球产业链和价值链的环境。

② 《经济发展理论》德文版于1911年出版，英文版于1934年出版。

和竞争排除在主流理论框架之外（Yay T and Yay G，2022）。但熊彼特（Schumpeter，1934）却认为稳定的状态并非经济体的最终目的，熊彼特式的一般均衡是用来对比和解释企业惯例通过创新变革带来的经济发展，而非对经济现实的反映（Hagedoorn，1996）。根据熊彼特（Schumpeter，1934）的理论，经济发展的原动力是经济体内部的创新，包括新产品、新生产方式、新市场、新要素来源和新组织。企业家是创新的实践者，在不确定、变革和技术动荡期打破经济平衡，他们引发了经济体内的变革。而普通的资源提供者并不是熊彼特式的企业家，他们仅仅提供资本并承担风险。

熊彼特另一部重要著作《资本主义、社会主义和民主》（1942年）根据资本主义国家的历史、组织和制度发展，更加鲜明地指出创新和大企业间的创新性竞争是资本主义社会动态发展的重要因素（Yay T and Yay G，2022），关注点从企业家转向了大企业，设有研发实验室的大型企业的创新产品供市场采用（Schumpeter，1942）。Nelson（1996）高度评价这一著作，认为当代资本主义动力研究的基础就是这本著作。由于撰写背景不同，《经济发展理论》写于20世纪初期的奥匈帝国，更加强调个人企业家与他们的新企业在推动经济发展中的重要作用，《资本主义、社会主义和民主》写于20世纪30年代后期的美国，更加强调大型企业的竞争优势。

这一阶段，对创新理论的研究本质上是基于经济学视角的研究，其重点是研究经济发展问题。尽管熊彼特（Schumpeter，1934，1942）提出了企业家、大企业作为创新主体在经济变革中的重要作用，但这一时期的其他经济学家还是忽视了企业家和组织（organization）对经济发展的作用。

2.1.2 发展阶段（1970~1989年）

20世纪70年代，传统的新古典增长模型难以解释现代经济增长问题，尤其是发达经济体中生产力下降的问题，因此经济理论开始越发关注经济增长机制的研究（Jenner，1998）。自此进入所谓的"熊彼特时代"（the age of Schumpeter）（Giersch，1984）或"熊彼特复兴"（Schumpeterian renaissance）（Nelson and Winter，2002）时期。1986年成立"国际熊彼特社团"（International Schumpeter Society）使熊彼特研究被更广泛传播，这个社团存在的重要的目的就是进一步研究西方发达国家的经济增长问题，尤其是结构变革动力问题（McCraw，2009）。对于熊彼特式竞争的核心问题，竞争是否有自我摧毁的趋势，从而让位于长期垄断，Nelson和Winter（1982）肯定了这一观点，并指出这种趋势是技术变革带来的。熊彼特的创造性破坏概念逐步成为"最广泛应用于经济学写作的标志"（the most widely used metaphor in contemporary economic writing）（McCraw，2009），熊彼特经济发展理论正是基于对创造性破坏的一系列研究。技术变革与经济发展的关系研究主要包括三个方面：创新过程的本质；技术变革方向；经济主体间创新活动差异（Dosi，1988）。

Abernathy和Clark（1985）扩充了熊彼特理论中对创新的定义，建立了一个分析创新的竞争性影响框架，根据创新影响现有生产系统与市场的能力，将创新分为四个类型：①结构型创新（architectural innovation），不同于原有生产体系的新技术，开创用户与市场新的连接，具有革新旧产业、建立新产业的特征，这类创新具有熊彼特式的创造性破坏特征；②市场利基型创新（market niche innovation），通过现有技术开创新的市场机会，能够保护和加强产品与工艺的现有设计；③常规型创新（regular innovation）是现有技术和生产能力上的改变并应用于现有市场与客户，这种改变能够巩固和加强现有技术与资源；④变革型创新（revolutionary innovation）是破坏和淘汰现有技术与生产能力并应用于现有市场与客户的创新。同时他们将产品（产业）的生命周期理论引入该框架，认为产品（产业）从出现、发展、定义到成熟是被创新主导的，伴随着从结构型创新到常规型创新的转化。发展阶段的研究主要围绕创造性破坏与技术变革展开，随后学者逐渐关注熊彼特理论从微观研究到宏观研究的转化过程，使得企业理论与企业家精神的相关研究得到重视。

2.1.3 成熟阶段（1990年至今）

不同于传统经济学的微观-宏观二分法，熊彼特的理论则探索出微观-中观-宏观的三重区分法（triple distinction）（Yay T and Yay G，2022）。对经济体中无差异代理人的分析无助于形成经济产业结构的概念，而熊彼特研究中的主角是精力充沛的企业家与配有研发中心的大企业，赋予微观独特的地位，构成宏观的基础。这一阶段，熊彼特的观点逐渐成为整合企业理论和企业家精神研究的来源（Langlois，2007）。

在企业家精神的研究方面，熊彼特将企业家视为创新活动的实践者，着重描绘了这些"创业英雄"（entrepreneur-hero）的心理特征（Witt，1995）。企业家是比较稀缺的，他们利用技术、人口统计和社会变革打破现有均衡，引进新产品、新服务和新的生产方式（Schumpeter，1934），他们富有高度的直觉力、创造力、克服批评和敌意等难以模仿的内在个性特征（Dutta and Crossan，2005）。熊彼特关于企业家的观点还使创业导向相关研究得到了很大的发展，包括创业导向本身、自发性、创新性、风险承担、主动性和竞争侵略性（Lumpkin and Dess，1996）。但是熊彼特的观点缺少信息与知识在触发创新时所起作用的论述，更多的是关注企业家的内在特征。Klepper和Sleeper（2005）研究了不同行业新进入者的背景，证实了与行业有关的先验知识的作用。并非所有的行业新进入者都带有这样的先验知识，但不具备先验知识的新进入者是处于劣势地位的（Nelson and Winter，

2002)。

这一阶段研究从单个经济代理人的企业家精神转向大型公司的创业活动,并关注创新能力为企业带来的独特优势。企业层面的创新研究,将基于隐性知识的创新能力的应用与完善的内部搜索程序、公司特有技能和组织学习相结合(Hagedoorn, 1996)。理解现代社会的要点是组织知识,理解社会运行与变革的基础是理解商业公司和其他组织如何发展、保持和提升能力(Dosi et al., 2000)。熊彼特学派探讨的组织知识是与能力相关的,如创造复杂产品、开发新产品或服务等。相关研究逐渐拓展到独特能力(distinctive competence)、核心能力(core competence)与动态能力(dynamic capabilities),以及旧能力转化成新能力的能力(Yay T and Yay G, 2022)。熊彼特范式奠定了现代创新与成长理论的基础,对构建新的创新与成长理论具有重要意义(Yay T and Yay G, 2022)。

2.2 熊彼特创新理论在创业领域的应用与发展

经济学、社会学、管理学的 13 本顶级期刊中[①],1935~2022 年,共计 639 篇论文引用了熊彼特的相关研究,各年份区间论文数量见图 2.1,最早与创新经济学相关的创业研究发表于 1968 年。我们以 20 年左右为一个阶段,将相关研究划分为 1968~1989 年、1990~2009 年和 2010 年至今三个阶段,选取每一个阶段的代表作来分析熊彼特创新理论在创业研究中的应用与发展。

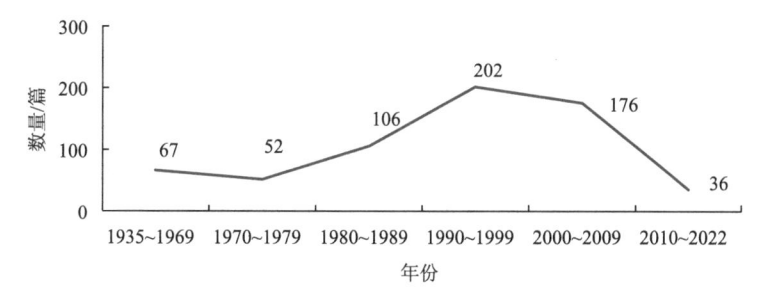

图 2.1 引用熊彼特相关论文数量

---

① 包括经济学期刊 *American Economic Review*(《美国经济评论》)、*Economic Journal*(《经济学杂志》)、*Econometrica*(《计量经济学》)、*Journal of Political Economy*(《政治经济学杂志》)和 *Quarterly Journal of Economics*(《经济学季刊》),管理学期刊 AMR、AMJ、ASQ、OS 和 SMJ,社会学期刊 *American Sociological Review*(《美国社会学评论》)、*American Journal of Sociology*(《美国社会学学刊》)和 *Social Forces*(《社会力量》)。

2.2.1 第一阶段（1968~1989年）

这一阶段是熊彼特创新思想在创业领域应用的初步探索阶段，相关研究文献聚焦于创新创业活动的发生、发展和对企业家特征的解析。

针对创新创业活动的决策与发生，熊彼特创造性破坏背后的主要动力是通过创新活动获取的预期收益，在熊彼特的观点里，大型企业在创新上具有优势，因此企业规模是创新成功与否的关键因素。Link（1980）建立了研发投资回报率与企业规模的函数，用实证的方法验证熊彼特的观点，研究表明有效的创新活动是公司规模的函数，大型企业的研发投资回报率显著高于小型企业。创新活动除了和企业规模有关外，与企业经营面临的市场环境也有关联。例如，Peterson和Berger（1975）利用流行音乐产业的数据研究了组织中的企业家精神，在大企业中企业家精神可以看作一种领导风格，动荡的环境或预期动荡的环境导致企业家精神的出现，并作为战略来应对动荡的市场环境。

为了研究和理解创业现象，Carland等（1984）扩展了熊彼特的理论，区分了两种概念：企业家和小企业主/经理；创业企业和小企业。具体来说，企业家的特点是偏好创新行为，表现为以营利为目的的资源创新组合，对企业家的错误描述会导致不能有效分析企业家对经济发展的贡献。另一些学者探究了企业创业研究框架，如Gartner（1985）基于创业视角构建了包含创业者、创业企业、创业环境和创业过程四个部分的新企业创业框架。其中，创业者特征除了熊彼特描述的个性特征外，还包括背景、经验和态度；创业过程除了商业机会落地、积累资源、产品与服务市场化、生产产品、建立企业外（Schumpeter，1934），还包括了对政府与社会的反应。

最后需要指出是，在有关企业家的研究上，奈特与熊彼特的观点不同，这一阶段的经典研究中，有一部分继承了奈特的观点。如Kihlstrom和Laffont（1979）构建的不确定下竞争均衡理论（competitive equilibrium theory under uncertainty）认为，个体拥有劳动力，他们既可以作为工人提供给劳动力市场，又可以作为企业家来经营公司，这取决于个人承担风险的能力——风险厌恶程度高的人成了工人，而风险厌恶程度低的人成了企业家，在此过程中，风险厌恶程度较低的企业家经营着更大的企业，整个经济中风险厌恶程度的增加降低了均衡工资。假设企业进入和退出的动态过程是稳定的，只有在所有企业家都是风险中性的情况下，这种均衡才是有效的，因此，企业数量和企业劳动力配置的低效可以追溯到风险交易的制度约束所造成的风险配置的低效。Jovanovic和Lach（1989）认为资本是创业的必要条件，由于流动性的限制，企业家需要承担企业的大部分风险，资金不足的企业难以创业。

2.2.2 第二阶段（1990~2009年）

随着对企业家精神在创业领域的广泛关注，该阶段学者主要聚焦于对企业家精神的拓展，并逐渐关注其与创业公司绩效、创业管理之间的关系。

1. 拓展企业家精神的研究

熊彼特的创新理论中，企业家从事包括新产品、新生产方式、新市场、新要素来源和新组织五种途径的创新，但并未回答如果五个任务同时进行，企业家投入将如何分配及这种分配受何种因素影响。Baumol（1990）则提出了企业家精神配置（allocation of entrepreneurship），认为企业家精神可以配置在创业活动中，也可以配置在非生产性活动（如寻租或犯罪等）中，政策（游戏规则）可以影响企业家精神的分配，最终使不同社会中创业活动的生产性贡献产生较大差异。虽然研究者对企业家精神的研究逐渐深入，但缺乏一个完整的框架，Shane 和 Venkataraman（2000）确认了企业家精神研究的范畴，即研究机会的来源，机会发现、评估与开发的过程，以及主导这一过程的个体，同时表明建立新组织并非创业研究的必选项。但是成熟的大型企业往往面临很多突破式创新方面的阻碍，它们通常倾向于使用熟悉的、成熟的和便利的手段、技术与资源来解决问题，Ahuja 和 Lampert（2001）利用化学工业的数据进行实证分析，认为通过尝试企业未使用过的、行业新型的、不以现有技术为依托的技术，可以克服这一阻碍，完成突破性创新。除了研究大型企业的企业家精神外，Birkinshaw（1997）研究了跨国企业中的企业家精神，跨国企业海外子公司层面的企业家精神能够强化企业在当地的响应能力、跨国学习和全球整合水平。

2. 创业企业绩效与创业企业管理

在研究创业企业绩效时，Lumpkin 和 Dess（1996）区分了企业家精神与创业导向（entrepreneurial orientation）两个概念，企业家精神主要关注"新进入"活动，而创业导向则关注可以导致"新进入"的过程、实践和决策，用自主性、创新性、风险承担性、主动性和竞争侵略性这五个维度体现创业过程，建立起创业导向与企业绩效的正向关系。这一研究与熊比特（Schumpeter，1942）的研究一致，将研究重点从个体企业家转向投入更多资源从事创新的公司，这些公司最终能在创业中占据优势。Zott 和 Amit（2007）则通过整合熊彼特创新理论（Schumpeter，1934）、交易成本理论和议价理论发现，以新颖性为中心的商业模式设计正向影响创业企业绩效，这种正向关系在不同时间、不同环境丰裕度的情况下都显著，但如果商业模式设计中同时兼顾新颖性与效率，那么对创业企业绩效未必有好的作用。这一研究将商业模式设计视为企业家的重要任务，是一种创新资源，拓展了熊彼特创新理论。

以往的研究虽然建立了企业家精神与企业绩效、经济增长、创新之间的关系，但很多学者将企业家精神研究排除在主流的企业管理之外。Stevenson 和 Jarillo（1990）建立了企业家精神研究与企业管理之间的联系，认为对创业机会的追求，无论是个体层面还是公司层面，都是企业家精神的核心组成部分。他们提出创业公司是忽略现有资源来追求机会的公司，而公司内的企业家精神水平取决于公司内个体的态度，创业行为与公司内个体付出的努力、培训和奖励机制有关，那些有意识地降低机会开发失败带来的负面影响的公司具有更高水平的创业行为，员工开发机会的能力体现在成功率与创业行为上，建立正式的内外部网络来配置和共享资源的组织能表现出更高水平的创业行为。基于这样的视角，关于企业家精神的研究既可以在个人层面又可以在公司层面展开。

2.2.3 第三阶段（2010年至今）

这一阶段，一方面继续在企业家精神的主体研究中挖掘微观主题，另一方面学者逐渐关注能够影响企业家精神的前因变量。

1. 继续拓展企业家精神主题的相关研究

Shane 和 Venkataraman（2000）确认创业的研究范畴后，引起了学术界对企业家精神或创业研究是否能成为一个独立的研究领域的争论。Shane（2012）在十多年后回应了这一争论，创业研究是否能成为一个独立的研究领域在于它是否能够解释一些战略管理研究中无法解释的现象与问题，并重新阐述了创业研究的范围。创业研究主要包括新企业、小企业、家族企业、企业家特征与企业家特殊问题，研究主题主要包括新企业创立想法与战略、生态环境对企业创立与消亡的影响、风险资本与团队的收购与管理、自主创业、自雇、管理层继任、创业与经济发展。

一些研究引入了企业家认知机制、企业家身份等，如 Kier 和 McMullen（2018）以及 Wood 等（2021）分别基于创造性问题解决理论与时间校准理论来研究创新创业活动。以往的研究通常将"想象力"视为一种可以被操控但不容易被衡量的能力或心态，Kier 和 McMullen（2018）基于创新性解决问题视角，通过准实验设计的方法识别并测量了三种不同类型（创造性、社交性和实践性）的想象力。在生成与选择创意时，不同的想象力与相关知识结合，在脑海中模拟相关场景。三种想象力在不同个体间存在差异，且能预测创业想法的数量与质量。Wood 等（2021）将时间维度引入创业研究，提出企业家通过构建时间校准的内部叙事来组织和塑造他们的创业愿景，这种内部叙事的认知机制包括初始化、速度和时间顺序，即行动开始的时间、从行动开始到结束的时间和行动的顺序都会对创业行为产生影响。

Navis 和 Glynn（2011）定义了企业家身份的概念，企业家身份是关于创始人、新企业和市场机会的主张的集合，企业家如何确保他们所获资源能为新企业投资成功服务，是投资者判断新企业合理性的依据。投资者追求优质的风险，而企业家则努力让新企业符合投资者的期待，因此，企业家面临的挑战就是在高度不确定性和模糊性的条件下完成这一任务。在这个过程中，企业家身份逐渐建立，市场环境与身份叙事能够影响企业家身份是否被受众接受。当企业家的身份具有合法性时，投资者更倾向于做出投资的决策。

2. 企业家精神的重要影响因素

熊彼特创新理论把企业家个人特征归为企业家精神的重要影响因素，学者在继承熊彼特关于企业家精神理论的精华外，还从个体层面和制度层面拓展了影响企业家精神的因素。

在个体层面，由于企业家精神需要承受不确定性，因此企业家需要用经济收益作为从事创新创业活动的动机。与商业型企业的收益归投资者所有不同，社会型企业寻求为客户创造价值，组织活动的剩余利益主要集中在目标受益人身上，那么经济激励无法解释社会型企业的企业家精神动机。Miller 等（2012）用同情心（compassion）来解释社会型企业家精神的动机来源，认为整合思维、亲社会成本效益分析和减轻他人痛苦的承诺（integrative thinking, prosocial cost-benefit analysis, and commitment to alleviating others' suffer）可以转化为社会型企业家精神，补充了以往创业研究中创业行为以亲社会情感为动机的理论缺失。

在制度层面，制度游戏规则能够影响企业家精神在生产性活动与非生产性活动方面的配置（Baumol，1990），企业家精神是否能够带来经济增长受制度环境内包含的游戏规则的影响。除此之外，对制度的信任程度也是影响企业家精神配置的重要外因（Eesley and Lee，2023）。Eesley 和 Lee（2023）以韩国总统弹劾事件为时间节点，时间节点前民众对制度的信任程度处于低水平，时间节点后民众提高了对制度的信任程度，对比前后两个时间段同一个被访者的创业意愿发现，对制度信任程度的增加能够提高个人在五年内的创业意愿。研究者还对顶尖大学的工科生进行调研，发现制度信任与创业意愿显著正相关。

2.3　熊彼特创新理论在创新驱动创业研究中的局限与未来展望

2.3.1　局限

蔡莉等（2021）认为创新驱动创业是指在技术创新、制度创新、商业模式创新等的触发下，通过多要素迭代互动，实现多主体共同开发机会、创造价值的过程，在当前的经济发展环境下，创新经济学在解释创新驱动创业活动时存在以下几个方面的局限。

第一，从理论前提来看，熊彼特创新理论认为创新是建立一种新的生产函数，熊彼特对技术发展、生产要素及政治形势的预测存在缺陷，过分强调生产技术的革新和生产方法的变革在经济发展过程中的作用，而大量的实证研究是从这种对技术进步和创新的关注演变而来的（Wong et al.，2005）。技术创新的专家化、惯例化（这是一个历史发展的事实）并不能消除技术创新活动内在的不确定性和市场需求的不确定性。尤其是数字技术的出现在很大程度上改变了创新和创业（Nambisan et al.，2019；Nambisan，2017），包括商业模式创新的方式（Ghezzi and Cavallo，2020）、数字创业生态系统（Sussan and Acs，2017）、数字化资源配置（Amit and Han，2017）等。受数字化和生态化的影响，技术、知识等的创新过程和管理过程更加具有不确定性和复杂性，正如Nambisan（2017）所说，数字技术改变了创业过程和结果中固有的不确定性，以及处理这种不确定性的方式。

第二，从环境条件来说，环境在多大程度上以及如何引发根本性变革的研究仍有不足，一方面是变革的触发因素；另一方面是谁的感知推动了变化。首先，创新与创业通常是多层次、多主体参与的非线性复杂过程，当更多的主体参与其中时，我们既不能断定是谁的感知驱动了随后的变化，也不能确定解释的方式如何影响行动的选择。创新驱动创业的提出背景是新一轮科技革命的到来，尤其是数字技术（蔡莉等，2022；张玉利等，2022）。创新者定义的多元化使得创新者也可能是客户或中间商，数字技术无疑促进了这些创新者之间更加高效的沟通，从而促进网络化、平台化的商业集群快速形成。

其次，创造性想法向新产品、流程和服务的转换是一个高度情境化的过程（Baer，2012；Sarooghi et al.，2015），但创新经济学的大部分理论研究以资本主义社会发展规律为背景，忽视了对特殊情境下新兴市场环境、技术环境等的考虑。早期中国经济的发展建立在大量的资源、劳动力等的投入上，在我国经济转型升级的需求下，企业面临着进一步国际化和市场化。

第三，从创新与创业的作用关系角度来说，创新是创业过程中的重要因素，是创业的本质与手段（Anderson et al.，2014；张玉利和谢巍，2018），企业家的创新活动助长了创造性破坏过程（Schumpeter，1942）。创新是行业竞争的关键因素，在许多将技术创新与经济增长联系起来的工作中，创业的作用被隐含为创新的根本原因（Wong et al.，2005），创新经济学对发展中经济体的创新驱动发展战略模式的解释是不足的。"驱动"强调创新与创业的融合，经济形势本身的高度不确定性决定了"驱动"过程受市场、资本、技术等的多重限制，因此关注创新在创业中的固有过程十分重要（周冬梅等，2020）。

但如今创新的形式早已不再局限于技术创新，创新的过程中存在着资本、知识、研发等环节的多重互动。熊彼特曾指出，新技术的研发要应用到市场并且快速实现商业化才能算作创新。而技术创新产生的新要素及其市场应用往往伴随要素成本的改变，成为技术创新无法驱动创业的重要限制因素。陈劲（2016）提出创新的本质是知识资本转化论，而创新就是将远见、知识和冒险精神转化为财富的能力。在数字化背景下，这种能力已经超出了熊彼特原有的从社会学角度的对制度创新的分析，更多地应该从组织行为学和心理学的角度引入意识形态（集体意识、集体效能感）等变量对创新行为的影响。

2.3.2 未来展望

针对创新经济学在解释创新驱动创业活动时所面临的挑战，结合创新驱动创业的内涵，未来可以从以下几方面开展研究。

1. 创新驱动创业生态系统的研究

首先，创新是从一个生态系统中长出来的（张维迎，2022），创新驱动具有主动性、动态性和系统性等特征（蔡莉等，2021），数字技术使这一系统更具开放性和复杂性，突破了时间和空间限制，数字创业生态系统（Sussan and Acs，2017）对企业家精神的影响尚未可知。因此，数字化情境下创新驱动创业生态系统应该区别于传统的创新经济学的系统观点，未来可以探索数字创业生态系统下的企业家精神及其配置，还可以考虑数字创新生态系统的绩效衡量标准在不同时间、范围跨度上的区别。

其次，微观上，创新经济学主要解释要素组合式创新[即熊彼特（Schumpeter，1934）所说的五类创新组合]，尤其是技术创新对于经济发展的主导价值和意义。而创新和技术环境的不确定性，使得中小企业通常寻求联盟以减少这种不确定性（Steensma et al.，2000）。熊彼特（Schumpeter，1934）所说的五类创新组合（引入一种新的产品或提供一种新的产品质量；采用一种新的生产方法；开辟一个新的市场；获得原料或半成品的一种新的供应来源；实行一种新的企业组织形式）在实际的创业活动中对创新过程的影响可以分为以下四个模块。①机会的识别和评价（identify and evaluate the opportunity）：包括机会的评估、机会的创造和机会窗的长度、机会的真实价值、机会的风险和回报，以及机会与个人能力和目标竞争环境。②创建商业计划（develop business plan）：商业计划描述、行业描述、技术计划、市场计划、财务计划、产品计划、组织计划、执行计划。③资源获取（resource acquisition）：确定资源的需求、确定现有资源、识别资源缺口和可能的供给、开发获得所需资源的途径。④管理新企业（manage a new enterprise）：创建新企业的管理模式、了解成功管理的关键、发现现有的问题和潜在的问题、执行控制系统、制订发展计划。宏观上，创新经济学主要解释企业家精神对宏观经济的价值。因此未来可以在微观上进一步探究资源、认知、能力、资本等对嵌入生态系统中的多主体互动模式的作用，并结合宏观层面的战略和政策以引导和促进不同主体的互动和资源流动。

最后，创新驱动创业中的"创业"是以多主体为核心的机会共创过程（蔡莉等，2021）。机会通过企业家的创造性想象与社会技能来实现（Suddaby et al.，2015），系统中企业家创新活动和企业家精神的聚集形成机会集，在机会集合中观察到的多样性与个体之间的感知、动机和行为的多样性，以及形成机会的环境的性质有关（de Jong and Marsili, 2015）。因此，未来研究可以深入探索创新生态系统中基于企业家创新活动的机会集的发展和创造。

2. 创新驱动创业的过程研究

数字化、生态化和新型全球化的高速发展，改变了创新创业固有过程的不确定性和复杂性，对经济增长提出了新的挑战，也形成了新的机会。

首先，熊彼特创新理论认为创新是生产过程中内生的，但数字技术的应用改善甚至重构了原有创新的流程框架（刘洋等，2020），在数字经济时代，创新创业活动的任何一个环节都可能被数字技术所颠覆。一个对累积因果关系给予适当重视的理论比主流理论更能揭示其过程，但累积因果关系的机制在相关研究的描述中是缺失的（Winter, 2016），而创新驱动创业过程的时间性（temporality）、整体性（wholeness）、作用性（force）、开放性（openness）和潜在性（potentiality）（蔡莉等，2021），决定着数字经济下的创新创业研究需要由一般性的系统视角转向因果循环作用不断迭代的复杂系统（蔡莉等，2022）。因此，可以关注不同组织层面上的直接和偶然因素的因果关系，以及多元化分析层面的特征及其相互作用关系，包括除技术创新外的制度创新、商业模式创新等方式对创业过程的影响。

其次，创新驱动创业的活动过程应该存在两种逻辑：一种是面向创业的创新活动，强调创业过程中的创新；另一种是基于创新的创业活动，强调创新的价值体现。在复杂和动态的技术、经济环境下，两种逻辑形成密不可分的闭环系统。在中国经济的发展过程中，早期的经济发展依赖于技术的学习、模仿，随着技术和经济的发展，技术创新和扩散已经成为现阶段的主要任务，而创新正在成为主导驱动因素。因此，未来研究需要深入探讨上述两种混合逻辑的作用机制，以制定可持续的创业战略。

3. 创新驱动创业的情境研究

传统企业正面临数字化和生态化转型，数字化不仅仅是创新和创业的背景，数字技术越来越多地作为操作性资源（operant resource）（Nambisan et al., 2019），强烈的"数字渗透"驱使企业的组织结构、组织边界、分工协作以及员工行为模式等方方面面均发生了重要变化（张玉利等，2022），表现出以开放性和无边界性等为特征的创业情境（蔡莉等，2022）。创新驱动创业是由不同层面多主体与情境相互作用构成的系统（蔡莉等，2021），区域、国家及其制度、技术情境存在的差异可能触发创新驱动创业活动或导致演化机制的差异，以国家创新系统（national innovation system）为例，国家创新系统没有好坏之分，只存在是否适合该国的经济发展情境的问题（Nelson，1993）。因此，未来研究一方面需要结合中国情境因素特征，另一方面需要结合数字化、生态化和新型全球化情境因素，探讨创新驱动创业过程与这些情境的动态互动，丰富创新经济学的情境因素，提升创新经济学在中国经济转型过程中的解释力。

参 考 文 献

蔡莉, 高欣, 王永正, 等. 2022. 数字经济下创新驱动创业的研究范式[J]. 吉林大学社会科学学报, 62(4): 5-20, 233.

蔡莉, 张玉利, 蔡义茹, 等. 2021. 创新驱动创业：新时期创新创业研究的核心学术概念[J]. 南开管理评论, 24(4): 217-226.

陈劲. 2016. 从创新经济学到创新的政治经济学：对熊彼特创新理论的再理解[J]. 演化与创新经济学评论, (2): 60-70.

哈默 G, 布林 B. 2008. 管理大未来[M]. 陈劲, 译. 北京：中信出版社.

刘洋, 董久钰, 魏江. 2020. 数字创新管理：理论框架与未来研究[J]. 管理世界, 36(7): 198-217, 219.

张维迎. 2022. 重新理解企业家精神[M]. 海口：海南出版社.

张玉利, 冯潇, 田莉. 2022. 大型企业数字创新驱动的创业：实践创新与理论挑战[J]. 科研管理, 43(5): 1-10.

张玉利, 谢巍. 2018. 改革开放、创业与企业家精神[J]. 南开管理评论, 21(5): 4-9.

周冬梅, 陈雪琳, 杨俊, 等. 2020. 创业研究回顾与展望[J]. 管理世界, 36(1): 206-225, 243.

Abernathy W J, Clark K B. 1985. Innovation: mapping the winds of creative destruction[J]. Research Policy, 14(1): 3-22.

Ahuja G, Lampert C M. 2001. Entrepreneurship in the large corporation: a longitudinal study of how established firms create breakthrough inventions[J]. Strategic Management Journal, 22(6/7): 521-543.

Amit R, Han X. 2017. Value creation through novel resource configurations in a digitally enabled world[J]. Strategic Entrepreneurship Journal, 11(3): 228-242.

Anderson N, Potočnik K, Zhou J. 2014. Innovation and creativity in organizations: a state-of-the-science review, prospective commentary, and guiding framework[J]. Journal of Management, 40(5): 1297-1333.

Baer M. 2012. Putting creativity to work: the implementation of creative ideas in organizations[J].

Academy of Management Journal, 55: 1102-1119.

Baumol W J. 1990. Entrepreneurship: productive, unproductive, and destructive[J]. Journal of Political Economy, 98(5): 893-921.

Birkinshaw J. 1997. Entrepreneurship in multinational corporations: the characteristics of subsidiary initiatives[J]. Strategic Management Journal, 18(3): 207-229.

Carland J W, Hoy F, Boulton W R, et al. 1984. Differentiating entrepreneurs from small business owners: a conceptualization[J]. Academy of Management Review, 9(2): 354-359.

Cohen B. 2006. Sustainable valley entrepreneurial ecosystems[J]. Business Strategy and the Environment, 15(1): 1-14.

de Jong J P J, Marsili O. 2015. The distribution of Schumpeterian and Kirznerian opportunities[J]. Small Business Economics, 44(1): 19-35.

Dosi G. 1988. Sources, procedures, and microeconomic effects of innovation[J]. Journal of Economic Literature, 26(3): 1120-1171.

Dosi G, Nelson R R, Winter S G. 2000. The Nature and Dynamics of Organizational Capabilities[M]. Oxford: Oxford University Press.

Dutta D K, Crossan M M. 2005. The nature of entrepreneurial opportunities: understanding the process using the 4I organizational learning framework[J]. Entrepreneurship Theory and Practice, 29(4): 425-449.

Eesley C, Lee Y S. 2023. In institutions we trust? Trust in government and the allocation of entrepreneurial intentions[J]. Organization Science, 34(2): 532-556.

Gartner W B. 1985. A conceptual framework for describing the phenomenon of new venture creation[J]. Academy of Management Review, 10(4): 696-706.

Ghezzi A, Cavallo A. 2020. Agile business model innovation in digital entrepreneurship: lean startup approaches[J]. Journal of Business Research, 110: 519-537.

Giersch H. 1984. The age of Schumpeter[J]. American Economic Review, 74(2): 103-109.

Hagedoorn J. 1996. Innovation and entrepreneurship: Schumpeter revisited[J]. Industrial and Corporate Change, 5(3): 883-896.

Jenner R A. 1998. Endogenous Schumpeterian growth, the productivity slowdown, and entrepreneurial dynamics[J]. Small Business Economics, 11(4): 343-351.

Jovanovic B, Lach S. 1989. Entry, exit, and diffusion with learning by doing[J]. American Economic Review, 79(4): 690-699.

Kier A S, McMullen J S. 2018. Entrepreneurial imaginativeness in new venture ideation[J]. Academy of Management Journal, 61(6): 2265-2295.

Kihlstrom R E, Laffont J J. 1979. A general equilibrium entrepreneurial theory of firm formation based on risk aversion[J]. Journal of Political Economy, 87(4): 719-748.

Klepper S, Sleeper S. 2005. Entry by spinoffs[J]. Management Science, 51(8): 1291-1306.

Langlois R N. 2007. The entrepreneurial theory of the firm and the theory of the entrepreneurial firm[J]. Journal of Management Studies, 44(7): 1107-1124.

Link A N. 1980. Firm size and efficient entrepreneurial activity: a reformulation of the Schumpeter hypothesis[J]. Journal of Political Economy, 88(4): 771-782.

Lumpkin G T, Dess G G. 1996. Clarifying the entrepreneurial orientation construct and linking it to performance[J]. Academy of Management Review, 21(1): 135-172.

McCraw T K. 2009. Prophet of Innovation: Joseph Schumpeter and Creative Destruction[M]. Boston: Harvard University Press.

Miller T L, Grimes M G, McMullen J S, et al. 2012. Venturing for others with heart and head: how compassion encourages social entrepreneurship[J]. Academy of Management Review, 37(4): 616-640.

Nambisan S. 2017. Digital entrepreneurship: toward a digital technology perspective of entrepreneurship[J]. Entrepreneurship Theory and Practice, 41(6): 1029-1055.

Nambisan S, Wright M, Feldman M. 2019. The digital transformation of innovation and entrepreneurship: progress, challenges and key themes[J]. Research Policy, 48(8): 103773.

Navis C, Glynn M A. 2011. Legitimate distinctiveness and the entrepreneurial identity: influence on investor judgments of new venture plausibility[J]. Academy of Management Review, 36(3): 479-499.

Nelson R R. 1993. National Innovation Systems: A Comparative Study[M]. New York: Oxford University Press.

Nelson R R. 1996. The Sources of Economic Growth[M]. Cambridge: Harvard University Press.

Nelson R R, Winter S G. 1982. The Schumpeterian tradeoff revisited[J]. American Economic Review, 72(1): 114-132.

Nelson R R, Winter S G. 2002. Evolutionary theorizing in economics[J]. Journal of Economic Perspectives, 16(2): 23-46.

Peterson R A, Berger D G. 1975. Cycles in symbol production: the case of popular music[J]. American Sociological Review, 40(2): 158-173.

Sarooghi H, Libaers D, Burkemper A. 2015. Examining the relationship between creativity and innovation: a meta-analysis of organizational, cultural, and environmental factors[J]. Journal of Business Venturing, 30(5): 714-731.

Schumpeter J A. 1934. The Theory of Economic Development[M]. Cambridge: Harvard University Press.

Schumpeter J A. 1942. Capitalism, Socialism and Democracy[M]. New York: Harper & Row.

Shane S. 2012. Reflections on the 2010 AMR decade award: delivering on the promise of entrepreneurship as a field of research[J]. Academy of Management Review, 37(1): 10-20.

Shane S, Venkataraman S. 2000. The promise of entrepreneurship as a field of research[J]. Academy of Management Review, 25(1): 217-226.

Steensma H K, Marino L, Weaver K M, et al. 2000. The influence of national culture on the formation of technology alliances by entrepreneurial firms[J]. Academy of Management Journal, 43(5): 951-973.

Stevenson H H, Jarillo J C. 1990. A paradigm of entrepreneurship: entrepreneurial management[J]. Strategic Management Journal, 11: 17-27.

Suddaby R, Bruton G D, Si S X. 2015. Entrepreneurship through a qualitative lens: insights on the construction and/or discovery of entrepreneurial opportunity[J]. Journal of Business Venturing, 30(1): 1-10.

Sussan F, Acs Z J. 2017. The digital entrepreneurial ecosystem[J]. Small Business Economics, 49(1): 55-73.

Teece D J. 2010. Business models, business strategy and innovation[J]. Long Range Planning, 43(2/3): 172-194.

Winter S G. 2016. The place of entrepreneurship in "the economics that might have been"[J]. Small Business Economics, 47(1): 15-34.

Witt U. 1995. Schumpeter vs. Hayek: two approaches to evolutionary economics[C]//Meijer G. New Perspectives on Austrian Economics. London: Routledge: 81-101.

Wong P K, Ho Y P, Autio E. 2005. Entrepreneurship, innovation and economic growth: evidence from GEM data[J]. Small Business Economics, 24(3): 335-350.

Wood M S, Bakker R M, Fisher G. 2021. Back to the future: a time-calibrated theory of entrepreneurial action[J]. Academy of Management Review, 46(1): 147-171.

Yay T, Yay G. 2022. Joseph A. Schumpeter and Schumpeterian paradigm on the dynamics of capitalism: entrepreneur, innovation, growth, and trade[J]. Panoeconomicus, 69(4): 579-607.

Zott C, Amit R. 2007. Business model design and the performance of entrepreneurial firms[J]. Organization Science, 18(2): 181-199.

代表性学者简介

约瑟夫·A. 熊彼特（Joseph A. Schumpeter）

约瑟夫·A. 熊彼特在维也纳大学获法学博士学位，曾任哈佛大学经济学教授、经济计量学会会长、美国经济学会会长等。出版了《经济发展理论》、《资本主义、社会主义和民主》、*Business Cycles*（《经济周期》）等，其中代表性著作《经济发展理论》提出了创新理论，将创新引入经济学。

克里斯托夫·弗里曼（Christopher Freeman）

克里斯托夫·弗里曼曾获得瑞典林雪平大学，英国萨塞克斯大学、伯明翰大学和布莱顿大学等多所大学的荣誉博士学位，曾任萨塞克斯大学教授，并建立了科学政策研究所（the Science Policy Research Unit，SPRU）。其 1987 年出版的《技术政策与经济绩效——日本国家创新系统的经验》一书首次明确提出了国家创新系统（national innovation system，NIS）的概念。

理查德·R. 纳尔逊（Richard R. Nelson）

理查德·R. 纳尔逊曾任教于奥柏林学院、卡内基梅隆大学、耶鲁大学、哥伦比亚大学等多所高校。现任哥伦比亚大学经济学教授。在 *American Economic Review*（《美国经济评论》）、*Strategic Management Journal*、*Research Policy*（《研究政策》）等期刊发表多篇论文。1982 年，其与悉尼·G. 温特（Sideny G. Winter）的著作《经济变迁的演化理论》标志着企业演化论（enterprise evolution theory）的基本理论框架开始逐步完善。

本章执笔人：葛　晶　孙诗涵

第 3 章 人力资本理论——以人为核心的要素配置赋能创新驱动创业

新一轮科技革命的到来，云计算、大数据和人工智能等一系列数字技术的涌现，给个人、企业、国家乃至人类社会带来系统性的变革，全球已经步入数字经济时代（陈晓红，2018；蔡莉等，2022）。数字技术赋能创新创业过程，形成开放、共享的数字生态系统，涌现出新模式、新业态、新产业，颠覆了传统创新创业的底层逻辑，催生了创新驱动创业的新实践（蔡莉等，2022）。顺丰等物流企业通过数字生态建设和技术创新搭建智慧大脑系统，让机器解放工人双手，让人工智能辅助管理决策，推动物流行业进入智能化、信息化、精细化的科技时代；一大批科学家、工程师依托新技术的发明和应用开展创业实践，带动产业升级，这种以高级专业能力和深度行业知识为特点的人力资本不断与创新创业活动结合，标志着高人力资本价值的科学家型企业家/创业者（scientific entrepreneur）正逐渐成为创新创业的新要素。

人力资本理论（human capital theory）是理解人对于创业过程和结果的重要基础（Marvel et al., 2016），是构建创新驱动创业理论，尤其是揭示创新驱动创业机制的核心理论。当前，随着数字化革命的到来，一方面，人工智能和数字化技术的发展使得"人"这一生产要素的作用发生变化，数字化时代工作内容的转变也对劳动力市场产生了潜在的威胁（陈冬梅等，2020）。另一方面，具有创新知识和创业活力的人力资本个体越来越成为企业重要的核心资源，在这种背景下，仅依靠传统的人力资本理论来解释创新驱动创业现象会面临许多挑战。因此，整体回顾人力资本和创业研究领域的进展，尤其是创新与创业结合的文献，有利于进一步推动人力资本视角下创新驱动创业理论的拓展与完善。

3.1 人力资本理论的发展

人力资本理论的发展经历了萌芽（17 世纪 60 年代至 20 世纪 50 年代）、成长（20 世纪 60 年代初至 20 世纪 80 年代）、成熟（20 世纪 90 年代至今）三个阶段（李新建等，2017）。

3.1.1 萌芽阶段（17世纪60年代至20世纪50年代）：发现人力资本价值

人力资本的思想最早可追溯到古典经济学时期（Machlup，1984）。当时经济学领域关注财富增长的来源与途径问题，探讨劳动投入与生产率对生产和经济发展的作用（Farr，1853；Petty，1899）。在此过程中，学者逐渐认识到人的经济价值和重要性，并开始从不同角度解析人力资本。其中，著名经济学家斯密在其著作《国富论》中，首次明确了人力资本的概念。斯密（Smith，1776）提出，人的能力及其差别是后天实践和开发的结果，而后天教育和生产实践获得的能力是固定在人身上的一种资本。基于该观点，斯密指出，相比于不需要人力资本投资的低技能职业，需要人力资本投资的高技能职业应当具有更高的工资回报（Smith，1776）。

此后，人力资本的概念和思想在新古典经济学发展的推动下得到了进一步发展，主要体现在两方面：一是采用经济核算方法对人的价值进行估算（Nicholson，1891；Dawson，1904；Dublin and Lotka，1930）；二是对人力资本概念及相关投资问题展开探讨（Walsh，1935；Walras，1954）。经过长时间的孕育和演化，人力资本理论初具雏形。

3.1.2 成长阶段（20世纪60年代初至20世纪80年代）：形成理论框架

20世纪60年代初，经过以Schultz（1961）和Becker（1964）为代表的经济学家共同努力，人力资本理论的体系框架基本形成，如图3.1所示。理论明确指出，人力资本是指通过投资活动开发形成的人的能力的总和。不同于土地等自然条件形成的生产要素，人力资本理论重新审视了人的能力形成和发展问题。人力资本理论的理论前提和核心假设如下。①理论前提：其一，人力资本兼具外生性和内生性，即人力资本受先天和后天因素共同影响，既包括外生的先天因素，如家庭、种族决定的原始能力，也包括内生于教育、生产实践等后天因素中培养、形成和提升的能力（Becker，1962，1964）；其二，人力资本的异质性，即受先天和后天因素的差异化影响，每个人拥有的人力资本是不同的（Schultz，1961）。②核心假设：人力资本是投资的产物，通过投资形成人力资本可以获得更大回报（Rosen，1977；舒尔茨，1990）。其中，人力资本投资的五个方面和人力资本形成的三个维度详见图3.1。

人力资本理论获得了国际学术界的高度认可，成为西方新经济理论体系的重要分支之一。坚持以人为本的经济发展思想和强调人本身生产能力的积累对经济发展的理念，弥补了传统经济学以物为主、忽视作为生产要素之一的劳动者的个体差异对经济影响研究的不足。作为人力资本理论的奠基者，Schultz（舒尔茨）和Becker（贝克尔）两位经济学家均凭借人力资本理论以及相关研究贡献获得了诺贝尔经济学奖。

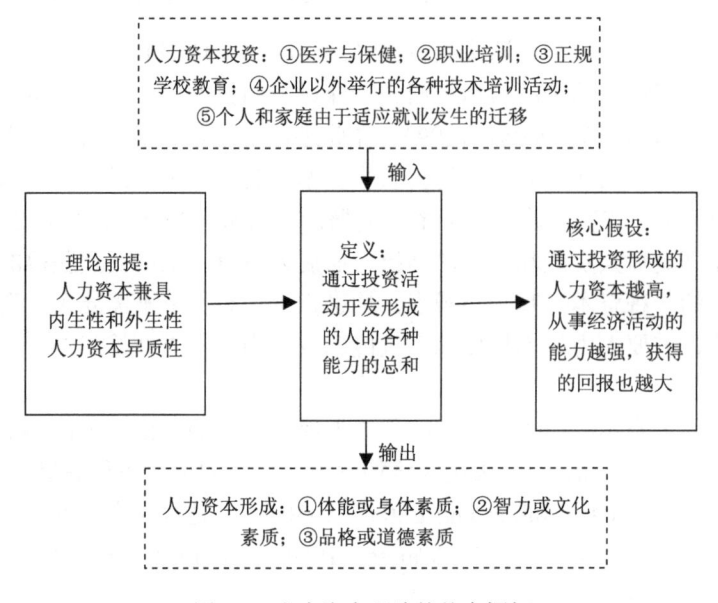

图 3.1　人力资本理论的基本框架

资料来源：根据 Becker（1964）、Schultz（1961）、舒尔茨（1990）的研究整理

3.1.3　成熟阶段（20世纪90年代至今）：理论的广泛应用与发展

20世纪90年代至今，人力资本理论逐渐被引入多个研究领域，得到了广泛运用和深入研究。首先，在心理学领域，学者进一步关注个体层面的差异，从微观视角对人力资本的测量方法和构成概念展开研究（Wright et al., 1995; Ployhart, 2012）。例如，构建个体认知能力与动机、偏好、自控能力等非认知技能的测量（Wright et al., 1995）；再如，从个体知识、技能、能力以及其他特征要素概括人力资本，即KSAO（knowledge, skill, ability, others，知识，技能，本领，其他）。其次，在人力资源管理领域，学者围绕人力资本特征来分析人员聘用、技能培训及薪酬制定等问题（Youndt and Snell, 2004; Coff and Kryscynski, 2011）。再次，在战略管理领域，人力资本理论呈现组织化特点，即考虑个体知识与能力向组织层面人力资本的聚集和转化。如学者关注人力资本的战略重要性（Wright et al., 2014）、战略人力资本管理等（林亚清和赵曙明，2013；Nyberg and Wright, 2015）。最后，在创业管理领域，学者围绕人力资本如何影响创业机会识别、创业活动、创业结果等一系列问题展开分析（Bradley et al., 2012; Marvel, 2013）。

总的来说，人力资本理论已成为分析人在组织管理中作用发挥的重要理论，吸引了来自经济学、心理学、战略管理与创业管理等不同领域学者的关注（Marvel et al., 2016)。尤其在创业研究中,人力资本的独特作用已得到普遍认可(Ardichvili et al., 2003; Shane, 2000), 逐渐成为揭示创业活动本质的重要理论。

3.2 人力资本理论在创业领域的应用与发展

人力资本作为企业的独特资源,受到创业学者的关注由来已久;而且随着人力资本理论研究的深入,其在创业领域的应用也越发深入。根据4个创业领域知名期刊 *ETP*、*JBV*、*SBE* 和 *SEJ* 以及 8 个管理领域知名期刊 *AMJ*、*AMR*、*JOM*、*MS*、*OS*、*SMJ*、*ASQ*、*JMS* 发表的创业研究,人力资本理论最早应用于创业领域是在 1993 年(Dolinsky et al., 1993)。随后, 1993 年至 2022 年的 30 年间, 12 个知名期刊上与人力资本理论相关的创业文献共 157 篇。按照发文趋势和阶段总量, 相关文献可划分为 1993~2008 年、2009~2016 年、2017 年至今三个阶段,如图 3.2 所示。

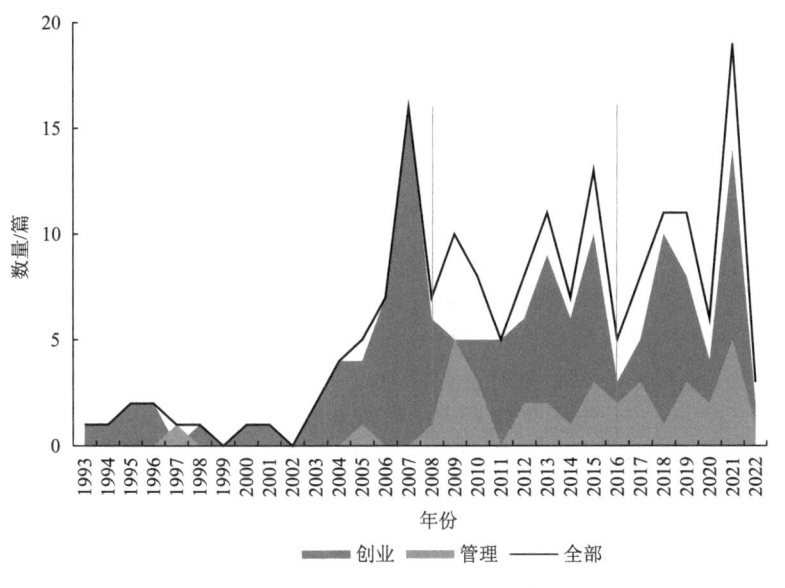

图 3.2 管理和创业领域知名期刊的人力资本理论相关研究

3.2.1 第一阶段(1993~2008 年)

该阶段文献主要包括人力资本构成要素的研究以及人力资本对早期创业过程与结果的影响两部分。

1. 个体层面人力资本构成要素的研究

人力资本构成要素的研究在该阶段呈现出层次较单一的特点，且聚焦在个体层面，主要围绕教育和工作经验、创业经验、人口统计学特征展开。首先，教育和工作经验是学者关注的主要构念（Davidsson and Honig, 2003; Kim et al., 2006）。其中，教育的衡量标准是教育年限，以及是否接受过大学、专业学位、留学等教育；工作经验的衡量标准是在某个行业的工作或以前担任的管理职位的数量（Gimeno et al., 1997）。其次，创业经验（entrepreneurial experience）是创业背景下特定类型的人力资本，通常以初创企业经验（start-up experience）或拥有企业所有权（business ownership）等来衡量（Davidsson and Honig, 2003）。最后，人口统计学特征，包括年龄、性别、收入、婚姻等（Forbes, 2005）。可见，创业领域的人力资本构成要素已被扩展和具体化，如出现了创业经验等特有的维度。

2. 人力资本对早期创业过程和结果的影响

最初，研究重点分析人力资本对创业的独特作用（Shane and Venkataraman, 2000; Ardichvili et al., 2003）。其一，人力资本能够帮助发现和创造创业机会（Alvarez and Barney, 2007）；其二，人力资本有助于获取外部财务资源，从而创立企业来利用机会（Bruns et al., 2008）；其三，人力资本水平是评估企业绩效时最常使用的选择标准（Zacharakis and Meyer, 2000）。

随后，学者逐渐关注人力资本对早期创业过程和创业绩效的影响。在创业过程方面，探讨了人力资本对机会识别、创业进入和创业选址的影响。第一，研究普遍认为人力资本能正向促进创业机会识别。如 Davidsson 和 Honig（2003）发现教育、工作经验和创业经验都对创业机会识别起积极作用，其中创业经验的影响尤为明显。第二，研究发现不同的人力资本要素对创业进入和创业选址有不同影响。如 Kim 等（2006）发现高学历和管理经验正向影响创业进入，而先前的创业经验则负向影响创业进入；Wright 等（2008）发现首次创业的海归创业者更可能选择在非大学园区创业，而拥有海外创业经验的再次创业者倾向于选择在大学科技园创业。在创业绩效方面，研究多围绕人力资本对创业企业财务绩效的影响展开。如 Haber 和 Reichel（2007）发现，企业家的人力资本是对创业企业财务绩效贡献最大的因素，其中管理技能的作用尤为突出。这些研究为人力资本如何影响创业提供了早期见解，并且研究多偏向于分析人力资本对创业过程与结果的直接影响，创业结果的衡量也相对单一，即以企业财务绩效为衡量标准。

3.2.2 第二阶段（2009~2016 年）

2009 年以来，人力资本理论在创业领域蓬勃发展。学者将人力资本构成要素从个体层面拓展到了团队与区域层面,并进一步探讨人力资本对创业决策过程、创业成功和创业失败的影响。此外,出现了人力资本与创业情境的匹配研究。

1. 团队与区域层面人力资本构成要素的拓展

该阶段,人力资本构成要素呈现出个体、团队多层次发展的趋势,并且区域层面人力资本要素开始受到关注。个体层面,人力资本构成要素不再局限于创始人的教育与创业经验,而是更多地关注创始人能力和性格特征,如创始人的创造力(Audretsch and Belitski,2013)、自我效能(Helfat and Martin,2015)和外向性特征(Gruber,2010)。团队层面,学者关注董事会经验(Vandenbroucke et al.,2016)和创始团队能力(Zhao et al.,2013)等。区域层面,人力资本构成要素拓展到了区域人口密度和区域教育程度(Lasch et al.,2013)。这些研究极大地丰富了人力资本构成要素,为人力资本理论在创业领域的深入应用奠定了基础。

2. 人力资本对创业决策过程与结果的影响

该阶段,学者将人力资本理论拓展到创业的多个活动(创业类型、竞争战略、组织学习)与多个结果(创业成功与失败)(Marvel et al.,2016)。

人力资本理论对创业活动的影响方面:第一,学者发现人力资本会影响创业类型,如创新型创业(innovative ventures)和模仿型创业(imitative ventures)(Samuelsson and Davidsson,2009)、生存型(necessity-based)和机会型(opportunity-based)创业(Baptista et al.,2014)。第二,学者探讨了创业者人力资本与竞争战略选择的关系。例如,Block 等(2015)发现竞争战略的选择与人力资本、创业项目特征有关,其中,生存型创业者通常年龄更大、受教育水平较低、行业经验丰富但创业经验缺乏,这些特征使得生存型创业者更可能采取成本领先战略而非差异化战略。第三,学者对创业过程中的组织学习越来越感兴趣。如 Kang 和 Snell(2009)认为公司的组织学习方法取决于它的智力资本架构,即人力、社会和组织资本的独特组合,研究发现专才型人力资本(specialist human capital)、合作型社会资本(cooperative social capital)与有机型组织资本(organic organizational capital)的组合,以及通才型人力资本(generalist human capital)、创业型社会资本(entrepreneurial social capital)与机械型组织资本(mechanistic organizational capital)的组合可以促进组织双元学习。这些研究探讨了人力资本对创业类型、竞争战略和组织学习等创业活动的作用机理,揭示了创业活动背后的理论逻辑。

人力资本理论对创业结果的影响方面:该阶段对创业结果的衡量从单一的企业财务绩效拓展到创业成功和创业失败等。一方面,学者发现人力资本是创业成功的关键。如 Unger 等(2011)利用元分析方法检验了人力资本对创业成功的积极影响。另一方面,人力资本与创业失败的关系被进一步挖掘。如 Rauch 和 Rijsdijk（2013）讨论了创始人一般/特殊人力资本对创业失败的影响路径,发现创始人缺乏一般人力资本（如教育和工作经验）将阻碍企业成长,继而增加创业失败的风险；而创始人缺乏特殊人力资本（如特定行业经验和自主创业经验）会直接增加创业失败的可能性。不同于早期研究对创业企业财务绩效的关注,这两项研究探讨了创业者人力资本对创业成功和创业失败的影响机制,为后续更深入、广泛地探讨人力资本对创业结果、创业决策的影响提供了启发。

3. 人力资本与创业情境的匹配研究：制度的影响

该阶段,学者开始关注人力资本与制度层面创业情境的匹配（Estrin et al., 2013）。例如, Estrin 等（2016）探究了创业者所处的制度环境对人力资本与创业关系的影响,发现法治程度较高的地方,拥有创业经验的个体更有可能选择商业创业而非社会创业。Eesley（2016）分析了中国两项制度改革对人力资本与创业倾向的影响。研究发现,当制度改革适当降低创业障碍时,人力资本较低的个体更有可能创业；当制度改革大幅降低创业障碍时,人力资本较高的个体更有可能创业。上述研究厘清了制度环境在人力资本与创业活动间的作用机制,揭示了人力资本理论对创业活动的作用边界。

3.2.3 第三阶段（2017 年至今）

近年来,人力资本构成要素的相关研究有了新的拓展,学者开始关注创始人个体人力资本构成要素的组合效应、创始人团队人力资本的分布以及非创始人团队成员的人力资本；同时,人力资本对创业过程与结果的研究呈现快速发展的新态势；此外,人力资本与创业情境的匹配研究也拓展到了个体、企业、区域多个层面。

1. 人力资本构成要素的多层面组合研究

该阶段,人力资本构成要素的研究呈现三个特点。其一,不同于以往研究对人力资本构成要素的独立考察,该阶段学者开始关注创始人个体人力资本构成要素的组合效应。例如, Hashai 和 Zahra（2022）发现,在初创企业发展早期,创始人从企业内部学习的经验和向同行学习的经验的组合对企业成长具有最强的正向影响；而随着企业发展,这一组合反而可能成为组织僵化的来源,对企业后期发展产生最强的负面影响。其二,不同于以往研究对人力资本存量的关注,该阶段研究开始关注人力资本在创始人团队中的分布情况。如 Reese 等（2021）认为,所有创始人团队成员都应具备一些创业技能,以便成员间更好地互动；但对于其他专业技能,如项目管理和客户关系管理,团队仅需要一个或几个这类专家。其三,学者关注了非创始人团队成员(如创始人配偶)的人力资本。如 Hatak 和 Zhou (2021)发现,创始人配偶的健康资本会显著影响创业成功。上述研究分别从不同视角对人力资本构成要素进行了延伸,极大地丰富与拓展了人力资本理论。

2. 人力资本对连续创业和创业融资的影响

一方面,具有不同人力资本的创业者如何影响连续创业引发了学者关注。如 Carbonara 等(2020)发现,较低或中等技术水平的创业者倾向选择组合创业,而高技术水平的创业者在遇到有利可图的新机会时,往往会选择连续创业。另一方面,人力资本对创业融资的信号作用得到重视。如 Ko 和 McKelvie(2018)指出,创始人的教育水平和创业经验可以传递有关企业未来前景的信号,创始人的教育水平越高、行业经验越丰富,企业越能吸引投资者投资。

3. 人力资本对区域层面创业结果的影响

在创业结果方面,学者关注人力资本流动对区域层面创业结果(如创业集群形成)的影响。如 Colombo 等(2017)发现,如果现有企业不能阻止核心员工离职等人力资本流动,那么离职的核心员工可利用自身的人力资本创建新公司,这一行为往往会推动本地集群的形成,而现有企业也能从本地集群的知识外部性中获益。上述研究揭示了人力资本在本地创业集群形成过程中的作用,为区域层面的创业结果研究做出了贡献。

4. 人力资本与多层次创业情境的匹配研究

该阶段,学者不仅探讨了个体、企业、区域多个层面的情境因素如何调节人力资本与创业的关系,还剖析了人力资本作为调节因素如何影响创业。个体层面,Guerrero 等(2021)指出代际群组正向调节员工人力资本与创业活动的关系,如千禧一代员工比其他代际群组员工更倾向于参与创业。企业层面,Tzabbar 和 Margolis(2017)指出公司生命周期和决策结构会调节创始团队人力资本对企业突破性创新的影响。区域层面,Shu 和 Simmons(2018)发现区域集中(regional concentration)削弱了创始人团队先前的行业经验对公司生存的积极影响。此外,学者发现创业者的人力资本会调节创业指导与企业绩效改进的关系。如 Assenova (2020)指出,拥有较少知识与经验的企业家会增强创业指导与企业绩效间的正向关系。这些研究关注了人力资本与多个层面创业情境的匹配,通过揭示创业情境在人力资本与创业活动中的作用机制,为人力资本理论在创业研究的应用与发展方面提供了新的视角。

综上,人力资本理论为揭示创业的本质做出了重要贡献,与此同时,创业研究的发展也在不断丰富和拓展人力资本理论。从人力资本理论对创业研究的贡献来看，第一，现有研究探讨创始人个体与团队层面的人力资本对创业机会识别、创业活动、创业结果等多个创业阶段的影响，深入分析了创业现象背后人力资本构成要素的作用关系，为从人力资本视角揭示创业现象背后的理论逻辑奠定了基础。第二，现有研究从个体、企业、区域等多个层面探讨人力资本与创业情境的匹配，深入剖析了每个层次创业情境与人力资本的协同作用，拓展了创业研究的环境条件，推动了创业理论的完善与发展。反过来看，创业研究也为人力资本理论的发展做出了贡献。第一，传统人力资本理论关注人所拥有的各种能力的总和，并强调通过投资形成人力资本。创业活动本身作为一种独特的人力资本投资形式，补充了传统的人力资本投资方式；同时，创业经验作为创业领域独有的人力资本，丰富和拓展了传统人力资本的构成要素。第二，个体异质性是人力资本理论的前提假设，而创业领域对人力资本的考察从两个维度拓展了个体异质性假设。一方面，创业领域的研究考察了团队层面人力资本的分布，将个体层面人力资本的异质性拓展到了团队层面；另一方面，创业领域的研究对人力资本构成要素进行了组合效应的分析，揭示了各要素间的相互作用，从而将单一层面的人力资本异质性拓展到了多要素组合层面。

3.3 人力资本理论在创新驱动创业研究中的局限与未来展望

3.3.1 局限

通过对人力资本理论在创业研究中的回顾，并结合当前多要素迭代、多主体机会共同开发的时代背景（蔡莉等，2021），从情境、要素、过程机理和中国本土化理论四个方面揭示人力资本理论在创新驱动创业研究中的局限。

第一，在数字化创新驱动创业的新情境下，人力资本理论的发展面临着时代考验。首先，数字时代对创业活动中的人力资本提出了新要求。在数字化经济时代，数字技术颠覆了传统的创新创业底层逻辑（Nambisan，2017），拥有数字化相关知识和技能的员工对企业越来越重要，而数字化人力资本（digital human capital）的缺乏常使企业在竞争中面临压力（Grimpe et al.，2023）。因此，对于初创企业来说，如何吸引并留住数字化人力资本，如何培育匹配自身竞争战略需求的数字化人力资本格外重要。然而，现有文献的研究还相对较少。其次，人工智能的快速发展对传统人力资本提出了新挑战。人工智能对人力资本的替代可分为两部分：一是对人工决策的替代，二是对部分工作岗位的替代（陈冬梅等，2020）。目前，已有研究多数关注人工智能在劳动力市场（Felten et al.，2019）和算法决策（Shrestha et al.，2019）等方面对人力资本的冲击，而对于人工智能如何冲击和替代创业方面人力资本的研究还十分有限。与此同时，平台经济对人力资本造成了新冲击。平台连接了两个或多个市场参与者（Cusumano et al.，2020），能够将大量个人和组织的知识、经验、技能聚合在一起，为人力资本的高效利用与扩充提供了契机。这冲击了传统企业依赖于培训、教育等方式的人力资本投资，为拓展人力资本的获取和培育路径提供了机遇。然而，现有研究对此关注较少。最后，多层次情境因素研究给人力资本提供了新的视角。学者已经意识到人力资本对创业的影响取决于其所处的情境（Estrin et al.，2013），这些情境包括个人、企业、区域多个层面。然而，现有研究大多只关注单一层面的情境如何调节人力资本对创业的影响，跨层面的研究相对较少，尤其缺乏多层次情境因素的共同调节和匹配研究。事实上，在产业变革、数字技术迅速扩张的今天，创新驱动创业显现出一种跨层面的特点（蔡莉等，2021），更需要深入探讨多层次情境因素与人力资本的匹配如何影响创新驱动创业。

第二，人力资本构成要素有待深入拓展。首先，现有研究从微观心理层面探讨了创始人及其相关个体的人力资本，但微观心理层面的人力资本通常处在不断变化中，且容易受到周围环境的影响，往往难以精准地测量，这在一定程度上削弱了现有人力资本理论对创新驱动创业活动的解释力。其次，虽然战略管理领域学者发现了个体名字、长相等特质因素对创始人风险偏好、企业估值、公司战略的影响（Kang et al.，2021；Colombo et al.，2022），但目前较少有研究从创始人自身特质的角度出发探究人力资本对创业活动的影响，这在一定程度上影响了人力资本构成要素的完整性。最后，多数研究仅考察单个人力资本构成要素的作用，如创业经验（Estrin et al.，2016）和行业经验（Block et al.，2015），仅有少数研究关注人力资本要素的组合效应，如 Hashai 和 Zahra（2022）探究创始人同公司工作经验和同行业工作经验的组合，为拓展人力资本构成要素提供了新方向。然而，现有研究对人力资本要素组合效应的讨论才刚起步，也仅局限在工作经验方面，未来需加强对多种人力资本要素组合效应的探索。

第三，人力资本对创新驱动创业过程影响机理的研究亟待深入。一方面，虽然研究普遍认可创业可以分为机会识别（opportunity identification）、创业涌现（venture emergence）、创业结果（venture outcomes）三个阶段（Ardichvili et al.，2003；Lumpkin et al.，2004；Shane and Venkataraman，2000；Marvel et al.，2016），但多数现有研究仅关注人力资本在某个单一创业阶段的影响，缺乏从人力资本视角对机会识别、企业生成、创业结果的创业全过程进行动态研究。尤其是，在创业的前、中、后期，人力资本不同构成要素的作用机制可能存在差异，亟须对这些潜在差异进行纵向对比和全过程演化路径探索。另一方面，现有研究主要关注单个个体或单个创始人团队对创业的影响，对多个主体的人力资本在创业过程中如何分布、聚合、互动的研究还较为不足。在创新驱动创业触发、催化、聚合三个阶段中，多主体人力资本如何协同开展创业活动，尤其是创新驱动创业活动尚未厘清，其内在演化路径和作用机制有待进一步研究。

第四，人力资本理论的中国本土化构建亟待加强。陈晓红等（2020）呼吁，不应把源于西方的理论直接应用在中国情境下。尤其是，中国情境下的制度、市场和文化传统与西方发达国家存在较大差异，这种差异使得中国创业活动面临着与成熟经济背景截然不同的创业环境，为此，更需加强对中国情境下人力资本影响创业活动的作用机理和路径的研究，从而为人力资本理论与创业研究的进一步完善以及本土化理论的构建做出贡献。

3.3.2 未来展望

针对上述局限并结合数字化创新驱动创业研究的发展，未来可以从以下几方面开展研究。

1. 数字化创新驱动创业的新情境

未来研究需要深入思考在数字化创新驱动创业的背景下，如何丰富和拓展人力资本理论。第一，数字化时代要求未来研究进一步思考数字化人力资本的内涵，并剖析初创企业该如何吸引、争夺、留住并培育数字化人力资本。例如，在 Grimpe 等（2023）发现数字专业知识有助于留住数字化人力资本的研究基础上，未来研究可围绕政府的数字化政策、企业的数字化培训等因素，展开对数字化人力资本形成机制及其对创新驱动创业作用机理的探索。第二，拓展人力资本在平台主导的创业生态系统中的应用。平台企业赋能了创新驱动创业的内在机制（魏江等，2023），也为人力资本的投资和利用提供了新的形式。因此，未来研究一方面可以探索平台应如何高效协调与配置参与主体的人力资本，并进一步剖析这一配置行为如何赋能创新与创业。另一方面，未来还可以关注平台参与者如何主动利用各方知识、技能等人力资本来获取竞争优势，找准创业最优定位点。第三，面对人工智能对人力资本的冲击，未来研究可围绕以下两点进行拓展。一方面，人工智能可以部分替代人力资本辅助创业决策，但其作用结果往往呈现"双刃剑"效应。大多数时候，人工智能可以做出更加精准且理性的创业决策；但面对未曾发生过的危机，尤其是"黑天鹅"事件时（李平和竺家哲，2021），人工智能往往会反应不及时或决策失误。因此，未来研究更应注重在不同创业情境（尤其是危机情境）下如何更好地平衡人工智能辅助创业决策的应用比例。另一方面，人工智能部分替代低人力资本需求的岗位，而随之给人力资本理论带来的挑战是，需要进一步剖析人力资本如何应对人工智能的冲击，探究从多个维度提升人力资本不可替代性的潜在路径，为丰富人力资本理论视角下创新驱动创业的作用机理做出贡献。第四，未来应致力于探讨个人、企业、区域等多个层面的创业情境因素如何协同作用于人力资本与创业活动。未来可根据创新驱动创业产生的跨层次、多主体和迭代性三大特征，进一步剖析多层次情境因素与人力资本的匹配如何影响创业尤其是创新驱动创业。例如，响应 Chowdhury 等（2019）的呼吁，从人力资本角度探讨跨国、跨区域层面上的正式与非正式制度如何影响创业数量和质量等。

2. 人力资本构成要素的拓展

第一，未来研究可对创始人特质如何补充人力资本构成维度、如何影响创新，并进一步驱动创业进行更深入的研究。例如，从人力资本理论视角分析创始人品德、价值观等特质因素对创业机会识别、企业进入、创业模式选择、创业成功等多个维度的作用效果与影响路径，以丰富人力资本理论内核，拓展创业诱发因素与作用机制研究。第二，未来研究可对人力资本的组合效应进行深入拓展，尤其是结合创新驱动创业研究中的"多要素迭代互动"这一背景（蔡莉等，2022），思考人力资本多维度构成要素如何在创新驱动创业过程中进行迭代与交互。例如，在 Hashai 和 Zahra（2022）提出组合创始人有不同工作经验的基础上，将创始人的创造力（Audretsch and Belitski，2013）、创始团队的营销能力、市场连接能力和服务设计能力（Zhao et al.，2013）乃至区域教育程度（Lasch et al.，2013）等更多维度进行组合，从而拓展人力资本构成要素，进一步完善人力资本理论。第三，未来研究可以对由软件系统、web 应用程序和算法为代表的"智能系统和智能机器人"（陈国青等，2020）等"新员工"的人力资本要素进行深入探究。随着数字化技术的发展，此类"新员工"在企业运营中承担着越来越多的行政协调和控制等常规性工作，并且作为决策主体，同其他主体共同产生决策行为（高山行和刘嘉慧，2018）。未来可以进一步分析此类"新员工"的人力资本要素在创新驱动创业中的应用，构建该要素在创新驱动创业过程中的作用机理模型。

3. 人力资本对创新驱动创业的过程机理揭示

第一，进一步探索人力资本对创新驱动创业全过程的动态作用路径。创业是一个多阶段、动态复杂的过程（Shane and Venkataraman，2000），而创新驱动创业是一个以创新为驱动力，对某一要素触发并进一步与其他要素迭代互动，产生价值的过程（蔡莉等，2021）。要想深入探索创新驱动创业的本质、揭示创新驱动创业活动的底层逻辑，需要对包括触发、催化、聚合在内的全过程进行长期纵向跟踪。一方面，未来研究可以揭示单一人力资本构成要素在创新驱动创业全过程的动态演化机制和作用路径的差异；另一方面，可以深入对比和剖析不同维度的人力资本构成要素及其组合在多个创新驱动创业阶段的侧重和协同作用机理。第二，未来研究可重点考察多主体与多团队的交互如何协同作用于创业活动。创业是一个机会开发的过程，尤其是在创新驱动创业的研究中，这一过程不仅是单一主体的机会开发，更多地表现为以多主体为核心的价值共创（蔡莉等，2021）。这里的多主体既包括多个创始人团队，也包括用户、大学、企业、政府等多个组织。未来研究可以进一步考察由多主体构成的人力资本的分布、聚合是如何影响创新并进一步驱动创业的，从而更深层次地揭示以人力资本理论为基础的创新驱动创业活动的本质。

4. 中国本土化理论发展

未来应致力于人力资本理论与创新驱动创业研究在中国情境下的应用和理论的本土化构建。例如，从文化、制度、市场三个方面（蔡莉和单标安，2013）着手，归纳分析中国情境下人力资本理论的特殊性，构建中国情境下人力资本在创新驱动创业中的作用模型。

文化方面，中国的地域情境如江浙沪等沿海地区的创业文化、以血缘为纽带的家族创业文化以及中国特有情境下形成的企业家精神，这些都是人力资本在中国传统文化下的优秀基因表达。未来可进一步研究这种带有文化和地域特征的人力资本对创业活动和创业结果的影响。制度方面，中国情境下的制度环境还面临着企业改制、公司法完善等难题（周冬梅等，2020），制度与政策的变更可能影响一个行业的整体发展，这对创业者的人力资本提出了更高的要求。未来需进一步研究人力资本在开发创业机会等方面与中国特有的制度环境的匹配，丰富中国本土化的人力资本理论和创新驱动创业理论。市场方面，当下我国市场需求变化迅速，技术波动剧烈，扫码支付、短视频、直播、元宇宙等"风口"层出不穷，为创新驱动创业中的人力资本发展提供了机遇的同时，也提出了新的挑战。同时，部分中国企业已由过去的市场换技术的跟跑模式进入到现在的多元化布局、制定技术标准的领跑模式（苏敬勤和高昕，2019）。在这种全新的无人领航、无既定规则、无人跟随的新情境下，如何培育具有科学家型的创业者/企业家的高价值的人力资本，并发挥其在创新驱动创业中的领跑作用，仍有待于进一步探索。

参 考 文 献

蔡莉, 高欣, 王永正, 等. 2022. 数字经济下创新驱动创业的研究范式[J]. 吉林大学社会科学学报, 62(4): 5-20, 233.

蔡莉, 单标安. 2013. 中国情境下的创业研究：回顾与展望[J]. 管理世界, (12): 160-169.

蔡莉, 张玉利, 蔡义茹, 等. 2021. 创新驱动创业：新时期创新创业研究的核心学术构念[J]. 南开管理评论, 24(4): 217-226.

陈冬梅, 王俐珍, 陈安霓. 2020. 数字化与战略管理理论：回顾、挑战与展望[J]. 管理世界, 36(5): 220-236, 20.

陈国青, 曾大军, 卫强, 等. 2020. 大数据环境下的决策范式转变与使能创新[J]. 管理世界, 36(2): 95-105, 220.

陈晓红. 2018. 数字经济时代的技术融合与应用创新趋势分析[J]. 中南大学学报(社会科学版), 24(5): 1-8.

陈晓红, 蔡莉, 王重鸣, 等. 2020. 创新驱动的重大创业理论与关键科学问题[J]. 中国科学基金, 34(2): 228-236.

高山行, 刘嘉慧. 2018. 人工智能对企业管理理论的冲击及应对[J]. 科学学研究, 36(11): 2004-2010.

李平, 竺家哲. 2021. 组织韧性: 最新文献评述[J]. 外国经济与管理, 43(3): 25-41.

李新建, 李懿, 魏海波. 2017. 组织化人力资本研究探析与展望: 基于战略管理的视角[J]. 外国经济与管理, 39(1): 42-55.

林亚清, 赵曙明. 2013. 构建高层管理团队社会网络的人力资源实践、战略柔性与企业绩效: 环境不确定性的调节作用[J]. 南开管理评论, 16(2): 4-15, 35.

舒尔茨 T W. 1990. 人力资本投资: 教育和研究的作用[M]. 蒋斌, 张蘅, 译. 北京: 商务印书馆: 22-40.

苏敬勤, 高昕. 2019. 情境视角下"中国式创新"的进路研究[J]. 管理学报, 16(1): 9-16.

魏江, 苏钟海, 路云飞, 等. 2023. 平台企业主导的创业生态系统研究: 回顾与展望[J]. 科学学研究, 41(8): 1433-1441, 1483.

周冬梅, 陈雪琳, 杨俊, 等. 2020. 创业研究回顾与展望[J]. 管理世界, 36(1): 206-225, 243.

Alvarez S A, Barney J B. 2007. Discovery and creation: alternative theories of entrepreneurial action[J]. Strategic Entrepreneurship Journal, 1(1/2): 11-26.

Ardichvili A, Cardozo R, Ray S. 2003. A theory of entrepreneurial opportunity identification and development[J]. Journal of Business Venturing, 18(1): 105-123.

Assenova V A. 2020. Early-stage venture incubation and mentoring promote learning, scaling, and profitability among disadvantaged entrepreneurs[J]. Organization Science, 31(6): 1560-1578.

Audretsch D B, Belitski M. 2013. The missing pillar: the creativity theory of knowledge spillover entrepreneurship[J]. Small Business Economics, 41(4): 819-836.

Baptista R, Karaöz M, Mendonça J. 2014. The impact of human capital on the early success of necessity versus opportunity-based entrepreneurs[J]. Small Business Economics, 42(4): 831-847.

Becker G S. 1962. Investment in human capital: a theoretical analysis[J]. Journal of Political Economy, 70(5): 9-49.

Becker G S. 1964. Human Capital: A Theoretical and Empirical Analysis, with Special Reference to Education[M]. New York: National Bureau of Economic Research: 1-4.

Block J H, Kohn K, Miller D, et al. 2015. Necessity entrepreneurship and competitive strategy[J]. Small Business Economics, 44(1): 37-54.

Bradley S W, McMullen J S, Artz K, et al. 2012. Capital is not enough: innovation in developing economies[J]. Journal of Management Studies, 49(4): 684-717.

Bruns V, Holland D V, Shepherd D A, et al. 2008. The role of human capital in loan officers' decision policies[J]. Entrepreneurship Theory and Practice, 32(3): 485-506.

Carbonara E, Tran H T, Santarelli E. 2020. Determinants of novice, portfolio, and serial entrepreneurship: an occupational choice approach[J]. Small Business Economics, 55(1): 123-151.

Chowdhury F, Audretsch D B, Belitski M. 2019. Institutions and entrepreneurship quality[J]. Entrepreneurship Theory and Practice, 43(1): 51-81.

Coff R, Kryscynski D. 2011. Drilling for micro-foundations of human capital-based competitive advantages[J]. Journal of Management, 37(5): 1429-1443.

Colombo L, Dawid H, Piva M, et al. 2017. Does easy start-up formation hamper incumbents' R&D investment?[J]. Small Business Economics, 49(3): 513-531.

Colombo M G, Fisch C, Momtaz P P, et al. 2022. The CEO beauty premium: founder CEO attractiveness and firm valuation in initial coin offerings[J]. Strategic Entrepreneurship Journal, 16(3): 491-521.

Cusumano M A, Yoffie D B, Gawer A. 2020. The future of platforms[J]. MIT Sloan Management Review, 61(3): 46-54.

Davidsson P, Honig B. 2003. The role of social and human capital among nascent entrepreneurs[J]. Journal of Business Venturing, 18(3): 301-331.

Dawson M H. 1904. Valuation in actions for damages for negligence of human life destroyed or impaired[C]//Proceedings 4th International Congress of Actuaries. New York: The Actuarial Society of America: 929-939.

Dolinsky A L, Caputo R K, Pasumarty K, et al. 1993. The effects of education on business ownership: a longitudinal study of women[J]. Entrepreneurship Theory and Practice, 18(1): 43-53.

Dublin L I, Lotka A J. 1930. The Money Value of a Man[M]. New York: Ronald Press: 167.

Eesley C. 2016. Institutional barriers to growth: entrepreneurship, human capital and institutional change[J]. Organization Science, 27(5): 1290-1306.

Estrin S, Korosteleva J, Mickiewicz T. 2013. Which institutions encourage entrepreneurial growth aspirations?[J]. Journal of Business Venturing, 28(4): 564-580.

Estrin S, Mickiewicz T, Stephan U. 2016. Human capital in social and commercial entrepreneurship[J]. Journal of Business Venturing, 31(4): 449-467.

Farr W. 1853. Equitable taxation of property[J]. Journal of Statistics Society, 16(1): 1-45.

Felten E, Raj M, Seamans R C. 2019. The effect of artificial intelligence on human labor: an ability-based approach[R]. Boston: In 79th Annual Meeting of the Academy of Management: Understanding the Inclusive Organization.

Forbes D P. 2005. Managerial determinants of decision speed in new ventures[J]. Strategic Management Journal, 26(4): 355-366.

Gimeno J, Folta T B, Cooper A C, et al. 1997. Survival of the fittest? Entrepreneurial human capital and the persistence of underperforming firms[J]. Administrative Science Quarterly, 42(4): 750-783.

Grimpe C, Sofka W, Kaiser U. 2023. Competing for digital human capital: the retention effect of digital expertise in MNC subsidiaries[J]. Journal of International Business Studies, 54: 657-685.

Gruber M. 2010. Exploring the origins of organizational paths: empirical evidence from newly founded firms[J]. Journal of Management, 36(5): 1143-1167.

Guerrero M, Amorós J E, Urbano D. 2021. Do employees' generational cohorts influence corporate venturing? A multilevel analysis[J]. Small Business Economics, 57(1): 47-74.

Haber S, Reichel A. 2007. The cumulative nature of the entrepreneurial process: the contribution of human capital, planning and environment resources to small venture performance[J]. Journal of Business Venturing, 22(1): 119-145.

Hashai N, Zahra S. 2022. Founder team prior work experience: an asset or a liability for startup growth?[J] Strategic Entrepreneurship Journal, 16(1): 155-184.

Hatak I, Zhou H B. 2021. Health as human capital in entrepreneurship: individual, extension, and substitution effects on entrepreneurial success[J]. Entrepreneurship Theory and Practice, 45(1): 18-42.

Helfat C E, Martin J A. 2015. Dynamic managerial capabilities: review and assessment of managerial impact on strategic change[J]. Journal of Management, 41(5): 1281-1312.

Kang S C, Snell S A. 2009. Intellectual capital architectures and ambidextrous learning: a framework for human resource management[J]. Journal of Management Studies, 46(1): 65-92.

Kang Y G, Zhu D H, Zhang Y A. 2021. Being extraordinary: how CEOS' uncommon names explain strategic distinctiveness[J]. Strategic Management Journal, 42(2): 462-488.

Kim P H, Aldrich H E, Keister L A. 2006. The impact of financial, human, and cultural capital on entrepreneurial entry in the United States[J]. Small Business Economics, 27(1): 5-22.

Ko E J, McKelvie A. 2018. Signaling for more money: the roles of founders' human capital and investor prominence in resource acquisition across different stages of firm development[J]. Journal of Business Venturing, 33(4): 438-454.

Lasch F, Robert F, Le Roy F. 2013. Regional determinants of ICT new firm formation[J]. Small Business Economics, 40(3): 671-686.

Lumpkin G, Hills G, Shrader R. 2004. Opportunity Recognition[M]. New York: Routledge: 73-90.

Machlup F. 1984. The Economics of Information and Human Capital[M]. Princeton: Princeton University Press: 300.

Marvel M R. 2013. Human capital and search–based discovery: a study of high-tech entrepreneurship[J]. Entrepreneurship Theory and Practice, 37(2): 403-419.

Marvel M R, Davis J L, Sproul C R. 2016. Human capital and entrepreneurship research: a critical review and future directions[J]. Entrepreneurship Theory and Practice, 40(3): 599-626.

Nambisan S. 2017. Digital entrepreneurship: toward a digital technology perspective of entrepreneurship[J]. Entrepreneurship Theory and Practice, 41(6): 1029-1055.

Nicholson J S. 1891. The living capital of the United Kingdom[J]. Economic Journal, 1(1): 95-107.

Nyberg A J, Wright P M. 2015. 50 years of human capital research: assessing what we know, exploring where we go[J]. Academy of Management Perspectives, 29(3): 287-295.

Petty W. 1899. The Economic Writings of Sir William Petty[M]. vol. 2. Cambridge: Cambridge University Press: 589-595.

Ployhart R E. 2012. The psychology of competitive advantage: an adjacent possibility[J]. Industrial and Organizational Psychology, 5(1): 62-81.

Rauch A, Rijsdijk S A. 2013. The effects of general and specific human capital on long term growth and failure of newly founded businesses[J]. Entrepreneurship Theory and Practice, 37(4): 923-941.

Reese D, Rieger V, Engelen A. 2021. Should competencies be broadly shared in new ventures' founding teams?[J] Strategic Entrepreneurship Journal, 15(4): 568-589.

Rosen S. 1977. Human capital: a survey of empirical research[J]. Research in Labor Economics, (1): 3-40.

Samuelsson M, Davidsson P. 2009. Does venture opportunity variation matter? Investigating systematic process differences between innovative and imitative new ventures[J]. Small Business Economics, 33(2): 229-255.

Schultz T W. 1961. Investment in human capital[J]. American Economic Review, 51(1): 1-17.

Shane S. 2000. Prior knowledge and the discovery of entrepreneurial opportunities[J]. Organization Science, 11(4): 448-469.

Shane S, Venkataraman S. 2000. The promise of entrepreneurship as a field of research[J]. Academy of Management Review, 25(1): 217-226.

Shrestha Y R, Ben-Menahem S M, von Krogh G. 2019. Organizational decision-making structures in the age of artificial intelligence[J]. California Management Review, 61(4): 66-83.

Shu C, Simmons S A. 2018. Firm survival in traded industries: does localization moderate the effects of founding team experience?[J]. Small Business Economics, 50(3): 643-655.

Smith A. 1776. An Inquiry Into the Nature and Causes of the Wealth of Nations[M]. London: W. Strahan and T. Cadell: 55-72.

Tzabbar D, Margolis J. 2017. Beyond the startup stage: the founding team's human capital, new venture's stage of life, founder-CEO duality, and breakthrough innovation[J]. Organization Science, 28(5): 857-872.

Unger J M, Rauch A, Frese M, et al. 2011. Human capital and entrepreneurial success: a meta-analytical review[J]. Journal of Business Venturing, 26(3): 341-358.

Vandenbroucke E, Knockaert M, Ucbasaran D. 2016. Outside board human capital and early stage high–tech firm performance[J]. Entrepreneurship Theory and Practice, 40(4): 759-779.

Walras L. 1954. Elements of Pure Economics[M]. Homewood Illinois: Richard D. Irwin, Inc: 216.

Walsh J R. 1935. Capital concept applied to man[J]. Quarterly Journal of Economics, 49(2): 255-285.

Wright P M, Coff R, Moliterno T P. 2014. Strategic human capital: crossing the great divide[J]. Journal of Management, 40(2): 353-370.

Wright P M, Liu X H, Buck T, et al. 2008. Returnee entrepreneurs, science park location choice and performance: an analysis of high-technology SMEs in China[J]. Entrepreneurship Theory and Practice, 32(1): 1042-2587.

Wright P M, Smart D L, McMahan G C. 1995. Matches between human resources and strategy among NCAA basketball teams[J]. Academy of Management Journal, 38(4): 1052-1074.

Youndt M A, Snell S A. 2004. Human resource configurations, intellectual capital, and organizational performance[J]. Journal of Managerial Issues, 16(3): 337-360.

Zacharakis A L, Meyer G D. 2000. The potential of actuarial decision models: can they improve the venture capital investment decision?[J] Journal of Business Venturing, 15(4): 323-346.

Zhao Y L, Song M, Storm G L. 2013. Founding team capabilities and new venture performance: the mediating role of strategic positional advantages[J]. Entrepreneurship Theory and Practice, 37(4): 789-814.

代表性学者简介

加里·S. 贝克尔（Gary S. Becker）

加里·S. 贝克尔在芝加哥大学（The University of Chicago）获得博士学位，是美国著名经济学家、芝加哥经济学派代表人物之一、芝加哥大学经济系教授等。由于将经济理论扩展到对人类行为的研究，获得巨大成就而荣膺1992年诺贝尔经济学奖，被誉为20世纪最杰出的经济学家和社会学家之一，代表性著作包括《歧视经济学》《人力资本》《人类行为的经济分析》等。其中，《人力资本》是西方人力资本理论的经典，是席卷20世纪60年代经济学界的"经济思想上的人力投资革命"的起点。贝克尔于2014年逝世。

西多奥·W. 舒尔茨（Theodore W. Schultz）

西多奥·W. 舒尔茨在威斯康星大学获得博士学位，是美国著名经济学家、芝加哥经济学派成员、芝加哥大学经济系教授等。长期专注于农业经济和以农业为基础的经济发展问题研究，从中提出并倡导人力资本论，被西方经济学界称为"人力资本概念之父"，代表性著作包括《改造传统农业》《人力资本的投资》等。由于舒尔茨在农业经济以及人力资本理论领域对经济发展研究做出了开创性贡献，于1979年获得诺贝尔经济学奖。舒尔茨于1998年逝世。

马修·R. 马弗尔（Matthew R. Marvel）

马修·R. 马弗尔在伊利诺伊大学厄巴纳-香槟分校（University of Illinois at Urbana-Champaign）获得博士学位，是鲍尔州立大学米勒商学院的杰出创业学教授。主要研究领域是高科技企业发展中的人力资本和学习。他的研究发表在 *Entrepreneurship Theory and Practice*(《创业理论与实践》)、*Journal of Management Studies*、*Journal of Small Business Management*(《小企业管理杂志》)和 *Small Business Economics*(《小企业经济学》)等多个期刊,在人力资本和创业领域受到广泛引用。

本章执笔人:关　健　董佳敏

第 4 章 企业成长理论——创新驱动创业的企业内生机制

近年来，随着数字经济的飞速发展，在新技术、新业态、新模式不断冲击的背景下，创新驱动创业活动层出不穷，其优势也日益明显。高科技企业华为通过内部市场化管理体制创新与全员持股制度，激活内部人才，盘活僵尸资源，实现可持续成长；大型国有制造企业一汽集团在领导者的更替中，不断进行资源组合和机会网络的开发与利用，推进机会与资源的交互迭代，实现再创业与持续成长（葛宝山和续媞特，2020）；新创高科技企业大疆集团以创新为本，通过持续的产品与技术创新，不断推出业内最前沿的无人机产品，远超竞争对手，成为行业龙头。快速成长是企业成功的标志（Barringer et al.，2005），因此，无论是国有企业还是民营企业，无论是成熟企业还是新创企业，无论是高科技企业还是传统制造企业，都需要不断地创新和持续地成长。

Penrose（彭罗斯）的企业成长理论（firm growth theory）是从内生视角探究企业成长因素、模式与过程机制的重要理论，是许多战略管理领域理论的起源与基础。创业是企业成长的过程，因此，企业成长理论是创业管理领域的基础理论，有助于解构创新驱动创业的过程机制，对构建创新驱动创业理论具有支撑作用。然而，在数字经济时代，大数据、云计算、平台化和人工智能等技术在各个行业的广泛应用不断推动技术变革，使企业成长环境的复杂性和不确定性加剧（Nambisan，2017），同时企业内部资源与机会特性发生改变。因此，Penrose 的企业成长理论在解释创新驱动创业过程时面临许多挑战。本章通过回顾企业成长理论及其在创业领域的应用，结合当前商业环境以及创新驱动创业特征，对创新驱动创业过程机制进行探究，进而丰富和发展企业成长理论。

4.1 企业成长理论的发展

企业成长理论的发展经历了提出（1776~1959 年）、成长（1960~1999 年）和成熟（2000 年至今）三个阶段。

4.1.1 提出阶段（1776~1959 年）：企业成长理论的溯源与提出

企业成长理论起源于经济学领域，最早可追溯到 1776 年。斯密在《国富论》中提出劳动分工理论，该理论指出，企业经济与企业成长通过劳动分工能够有机结合在一起。企业通过分工，将复杂的工作内容有效划分为不同的工作序列组，有效提升企业的劳动生产率和资源的利用率，使生产各环节得到优化，生产效率得以提高，从而使企业规模不断扩大，实现企业规模经济。该理论是 Penrose 的企业成长理论的萌芽。在此基础上，1890 年，Marshall（马歇尔）在《经济学原理》一书中进一步对企业成长规律进行探索，提出企业规模经济能够促进企业自身成长，认为企业规模由小变大、由散到聚、由弱变强的动态过程是企业成长内部机制的实质。这为 Penrose 企业成长理论的提出奠定了基础。Penrose 对企业成长的研究开始于其 1952 年发表在 *American Economic Review* 上的论文（Penrose，1952），论文中批判了对成长的生物类比方式的使用，重申了经济原则与人类动机对解释企业成长的重要性（Lockett et al.，2011）。随后，Penrose 于 1959 年出版 *The Theory of the Growth of the Firm*（《企业成长理论》）并正式提出企业成长理论，首次将企业作为一个独立的分析单元，对企业成长理论进行全面、系统的研究。她把企业定义为"行政组织"（administrative organization），即企业在利用资源的过程中不断释放"生产性服务"（productive service），从而为自身成长提供"生产性机会"（productive opportunity）。与古典经济学不同，Penrose 主张以"成长经济"代替传统的"规模经济"，提出"企业内部是否存在某种因素既能够促进企业成长，同时又限制企业成长速度与方向"。她认为企业成长是纯粹由内部特征引发的复杂动态过程，并提出"企业资源-企业能力-企业成长"的分析框架（具体观点如表 4.1 所示）。

表 4.1 Penrose 企业成长理论主要观点整理

Penrose 企业成长理论贡献	主要观点
提出企业的概念及其目的	企业是由人创造的机构，要为人的目的服务
	企业在不平衡的模式中运作，并努力协调多方利益相关者的利益与动机
企业是资源的集合体，管理者具有核心作用	企业是生产性资源的集合，这些资源提供的服务是企业独特性的驱动力
	管理者在企业资源-服务转换过程中起着核心作用——催化剂作用
	企业的管理者提供创业服务与管理服务。管理者创业服务的多样性是重要的，因为它们为企业塑造了有创造性的愿景
	具有专业经验的企业管理者在确定企业主观成长机会和进行成长活动方面具有至关重要的作用
	管理者对企业资源的经验知识和他们的创业想象力共同决定了企业如何看待需求以及将追求哪些机会

续表

Penrose 企业成长理论贡献	主要观点
未使用和未充分利用的资源是企业成长、多样化和创新的驱动力	未使用和未充分利用的生产性服务是企业扩张、学习、创新和盈利增长的关键来源
	专业化资源和资源的专业化使用导致企业的产品和服务多样化，这为企业在不断变化的竞争环境中实现长期生存和盈利增长提供了基础
企业和团队特定的管理经验是影响企业成长速度的关键瓶颈因素	Penrose 提出"企业最佳成长率是多少"的问题
	管理能力是限制企业成长的约束条件，即所谓的 Penrose 效应、Penrose 定理
	如果企业的成长速度超过了其成员获得经验的速度，而这种经验又是企业集团有效运作所必需的，那么企业的效率就会受到影响
收购和国际扩张作为企业成长机制的 Penrose 效应	通过收购的扩张模式，企业的成长速度是有限制的
	管理能力的可用性也是影响企业国际化扩张速度的一个瓶颈因素

资料来源：Kor 和 Mahoney（2000）

这一阶段，早期学者在经济学视角下对企业成长进行研究。Penrose 的企业成长理论将经济学与管理学相结合，把企业成长理论引入战略管理领域，关注企业成长的内生影响因素以及企业成长的过程机制，并为组织和整合关于企业成长的研究提供了一个框架，为后续研究奠定了基础。

4.1.2 成长阶段（1960~1999 年）：管理学视角下企业成长的内生因素

这一阶段，学者从管理学视角，拓展了 Penrose 的企业成长理论，企业成长的内生因素研究发展成为三个流派，分别为资源流派、能力流派和知识流派。具体而言：①资源流派。Marris（1963）继承了 Penrose 的观点，提出企业内部资源制约着企业成长的速度。Wernerfelt（1984）在 Penrose 的基础上提出"资源基础观"（resource-based view）理论（详见本书第 8 章的资源基础观），认为企业所拥有的独特资源是企业竞争优势和持续成长的来源。②能力流派。Prahalad 和 Hamel（1990）在 Penrose 的基础上，提出"核心能力"（core compentence）的概念，建立"核心能力-核心产品-企业成长"的分析框架，认为企业保持竞争优势的关键是企业拥有其他企业难以模仿又难以替代的核心竞争力，这种能力在本质上是一个企业特有的知识体系，企业可以有目的、有步骤地予以培育和构造。此后，Teece 等（1997）提出动态能力理论（dynamic capability theory）（详见本书第 18 章的动态能力），重点考察企业在适应外部环境快速变化的过程中，如何对现有资源、能力进行重新配置，使其拥有新的能力，创造和保持相对于其他企业的竞争优势。动态能力理论与核心能力理论都认可企业独特能力的重要性，不同的是，核心能力理论主要基于企业某一成长阶段来研究，而动态能力理论是基于企业成长的动态过程来研究的。③知识流派。Demsetz（1988）提出企业知识基础理论

(knowledge-based theory)（详见本书第16章的知识基础观），认为企业是知识的集合体，决定企业能力的是企业所掌握的知识，企业的知识存量决定了企业配置资源等创新活动的能力，这种知识带来的竞争优势决定了企业的可持续成长。Nonaka（1991）对知识进行分类，提出隐性知识和显性知识的概念及"知识的螺旋理论"（the spiral of knowledge theory），认为企业内的知识，尤其是隐性知识，是企业竞争优势的关键来源，决定了企业发现机会、配置资源的方式，并直接影响企业内各种资源效能的发挥。不同企业所能发现的市场机会不同，这是由于企业所掌握的知识结构以及认知能力不同，知识基础理论强调了知识对资源配置的重要作用，认为其甚至会对企业成长造成直接影响。

4.1.3 成熟阶段（2000年至今）：Penrose企业成长理论的争论与成长过程研究

这一阶段学者针对Penrose的企业成长理论进行了争论，并将研究重点转向如何实现企业成长，即企业成长的过程机制。第一，2000~2005年，学者针对Penrose的企业成长理论对资源基础观的贡献进行了一系列争论。具体说来，Kor和Mahoney（2000）对Penrose的思想进行综述，强调了Penrose的资源观点（Penrose's resources approach）与现代资源基础理论的相关性。Rugman和Verbeke（2002）则认为Penrose基于非均衡的新动态理论（disequilibrium-based new dynamic theory）与现代资源基础观的思想是不同的。随后，Kor和Mahoney（2004）对此提出异议，认为Rugman和Verbeke（2002）低估了Penrose的研究对现代资源基础观的贡献，提出Penrose的企业成长理论对现代战略管理的资源基础观的持续发展起到了重要作用，直接促进了我们对企业竞争优势内生创造性（endogenous creation）的认识，即企业成长和多样化的路径依赖性与企业独特的成长过程，以及企业通过特定的隔离机制（isolating mechanisms）保持竞争优势的过程。

第二，Gilbert等（2006）提出，尽管对企业成长这一主题进行了大量的实证研究，但这一领域存在着研究分裂和理论发展停滞（2000~2005年）的问题。学者逐渐认识到先前的研究过于关注Penrose对资源基础理论的贡献（Kor and Mahoney, 2004），而忽视了她的企业成长理论。企业成长研究发展比较缓慢的主要原因是，研究者在充分回答"如何"之前，过早地关注了"多少"的问题，因此应将研究重点转向企业成长模式（McKelvie and Wiklund, 2010）。与此呼应，Lockett等（2011）将关注点放在企业成长模式上，基于"未来成长的机会和限制是由过去成长所积累的资源产生的"这一观点，研究了企业有机成长和收购成长战略所产生的调整成本与生产机会集的不同，结果指出，先前的有机成长对当前的有机成长起到了约束作用，先前的收购成长对当前的有机成长起到了促进作用。研究还指出，有机成长和收购成长构成了企业面临的两种不同战略选择，它们对企业未来的有机成长产生了不同影响。

这一阶段学者争论 Penrose 企业成长理论的贡献，对该理论重新进行审视，并将研究重心转移到"企业如何成长"的问题上，而不仅仅关注"企业成长多少"的问题。这一阶段更全面地理解并拓展了企业成长理论。

4.2 企业成长理论在创业领域的应用与发展

企业成长被认为是连续创业（continued entrepreneurship）的标志（indication）（Davidsson，1991），是创业研究中的一个核心话题（McKelvie and Wiklund，2010）。本章以"entrepre*"和"growth"为关键词，在 4 个创业领域知名期刊 ETP、JBV、SBE 和 SEJ 以及 8 个管理领域知名期刊 AMJ、AMR、JOM、MS、OS、SMJ、ASQ、JMS 中搜索相关文献，发现最早与企业成长理论相关的创业研究发表于 1991 年。1991 年至 2022 年之间，与企业成长理论相关的创业文献共有 178 篇。根据相关研究将企业成长理论在创业领域的应用与发展划分为以下三个阶段，选取每个阶段代表性文献来总结企业成长理论在创业研究领域的应用与发展。

4.2.1 第一阶段（1991~2002 年）

这一阶段应用企业成长理论的创业研究主要聚焦于对企业成长影响因素的探索。企业成长受到不同层面因素的影响。①个体层面。例如，Basu 和 Goswami（1999）通过实证研究提出摆脱基于移民文化的管理风格对成长有积极影响，这需要将责任更多地下放给非家庭雇员。同时，加强与原籍国的联系对成长也有积极影响。虽然创业时努力工作的承诺是必不可少的，但在促进成长方面，创业者的教育程度和员工培训等人力资本因素似乎比财政资源更关键。这一研究响应了 Penrose 提出的授权与管理效率对企业成长的影响的观点。Lee 和 Tsang（2001）探索了创业者的性格特征、背景和网络活动对企业成长的影响，其中性格特征包括成就需要、内部控制权、自立和外向，背景包括教育和经验，网络活动包括交流网络的规模和频率。研究结果表明，在所有考虑的因素中，企业家的工业和管理经验是影响企业成长的主导因素；经验、网络活动和合作伙伴的数量以及内部控制权和成就需求都对企业成长有积极影响；创业者的自立与外向特征对合伙人数量有负面影响，对网络活动有正面影响。②团队层面。例如，Ensley 等（2002）结合高阶理论研究高管团队互动与企业绩效之间的关系，通过实证研究指出，高管团队的凝聚力与新企业成长呈正相关。③企业层面。例如，Thakur（1999）研究了资源、机会和能力在新企业成长中的相互作用。结果表明，机会选择本身首先受到资源获取障碍的制约。资源获取和机会选择一起作为两个基本的制约因素来运作，在管理能力的前提下，它们决定了企业的成长潜力。在这些约束条件下，管理能力在设计释放创业者作用的机制方面，成为新公司创建、生存和成长的整个过程的关键。Covin 等（2000）探究企业的竞争战略对企业成长的影响，不同市场进入顺序（开拓者/追随者）对这一过程有重要的调节作用。这一阶段的研究主要探索企业内部影响因素，为后续学者探索企业如何实现高成长奠定了基础。

4.2.2 第二阶段（2003~2012 年）

企业成长不是单维的，而是多维的现象（Delmar et al.，2003），这一阶段应用企业成长理论的创业研究聚焦于企业成长的多元影响因素研究与不同成长方式的探索。

1. 企业成长的多元影响因素研究

迅速成长企业受益于其创始人特征、企业属性、商业实践以及人力资源管理实践，将各变量进行整合，探索多个变量的共同作用，有助于推动企业成长研究的发展（Barringer et al.，2005）。例如，Kor（2003）构建并检验了一个基于多层面经验的高管团队能力模型及其对企业成长能力的影响。模型中包括了企业、团队和行业层面的管理经验的个体效应和叠加效应，以及多层经验的冲突效应。结果表明，创始人对高管团队的参与和管理者过去的行业经验有助于团队抓住新的成长机会；由于冲突效应的存在，创始人参与管理团队对成长速度的积极影响随着团队中共享的特定团队经验或特定行业管理经验的增加而减弱。Foss 等（2008）不仅关注个人的创造力、知识与期望的主观性（subjectivism），而且强调团队成员之间的社会和认知互动的异质性心理模型，关注管理团队认知和资源特性在企业成长中的重要作用，构建了主观主义与团队创业的理论模型，该研究强调持续的创业生产力需要团队内部因素与外部组织环境的共同作用，包括团队成员知识与认知的异质性，以及组织有效的治理环境等。这两项研究主要探索了多个因素相互作用对企业成长的影响，为后续将多元影响因素进行整合研究奠定了基础。

2. 不同成长方式的探索

企业成长是一个复杂的现象，有多种不同的成长方式与类型。Delmar 等（2003）认为企业所表现出的成长方式是高度异质性的，组织成长可以通过不同的方式实现，且随着时间的推移企业成长方式也有所不同。该研究通过使用多种标准来定义高成长企业的样本，确定了七种不同类型的企业成长模式，并提出这些模式与企业的年龄、规模以及行业类型密切相关。该研究有助于后续研究者认识到企业成长模式的差异，区分企业成长的衡量标准，进行更全面的研究。Kor 和 Sundaramurthy（2009）采用销售增长来衡量企业成长，销售增长是一个重要的成功指标，是衡量企业成功的有力标准，因为它反映了一种复杂的能力，涉及创新与商业化的连续性和速度（Eisenhardt and Martin，2000）。但销售增长不能反映企业控制成本和实现盈利的能力。这种能力显然与创造销售和商品化产品的能力同等重要，因为如果没有健康的回报，企业就无法维持其长期的市场存在。此外，还有研究采用绩效（Gruber et al.，2012）、规模变化（Cassar，2006）、就业增长（Henrekson and Johansson，2010）来衡量企业成长。这几项研究通过区分不同企业成长的衡量方式，为后续实证研究奠定了基础。

4.2.3 第三阶段（2013年至今）

这一阶段企业成长理论在创业研究领域的应用响应 McKelvie 和 Wiklund（2010）的呼吁，探索企业如何成长的问题，而不是企业成长多少的问题。因此，这一阶段，研究主要聚焦于企业成长机制和非线性成长模式。

1. 企业成长机制的探索

企业成长理论强调对生产机会集（productive opportunity set）的关注，但过去的战略管理研究没有探讨企业机会集的构建与利用。Gruber 等（2013）探究新企业创建过程中的市场环境选择问题，关注代理人的经验禀赋和外部知识来源如何系统地塑造企业管理者所识别机会的数量和种类，并形成可供利用的成长选择，弥补了以往文献中对机会集构建与利用研究的不足。该研究得出结论：团队行业经验/外部知识来源与新企业创建过程中发现的机会数量和种类之间存在正相关关系，创始人能够在多大程度上产生多样的市场机会，很大程度上取决于他们的技术专长，而技术专长与识别机会的数量关系不大。通过提供吸收市场相关知识的能力，创始人的技术专长可以被视为一个平台，创始团队中已有的行业知识和新获得的外部知识可以在企业的机会集中创造更大的多样性。Naldi 和 Davidsson（2014）在 Penrose 的企业成长理论和她所启发的研究流的基础上，研究了从国际市场获取知识对国内外创业成长的影响，结果发现，从国际市场获取知识会通过市场开发促进成长，而且这种效果对于国际扩张比国内扩张更强。此外，其研究还指出，企业年龄对国际知识获取和通过引进新产品或服务实现的创业成长之间的关系有负面调节作用。具体来说，国际知识的获取对年轻企业通过新产品/服务的开发实现成长有积极影响，但对成熟企业则有消极影响。该研究关注到了 Penrose 理论中被忽视的方面，同时响应了在企业成长研究中提高理论精确度的呼吁。An 等（2020）应用定性比较分析（qualitative comparative analysis，QCA）方法，探究了企业的决策逻辑和企业家的资源配置行为如何结合起来创造价值，认为企业的规模和发展阶段是影响企业决策逻辑与拼凑行为相结合方式的有效性的重要情境因素，并基于对不同企业规模和发展阶段的有效配置的比较提出了三条路径，早期的小企业可以沿着这些路径发展成为后期的大企业。这一阶段，中国学者葛宝山等（2015）整合了创业的机会与资源视角，首次提出"机会资源一体化开发行为"的概念，提出企业通过"机会利用-资源识取一体化"（外调整）与"机会识评-资源配用一体化"（内调整）两种成长方式，实现创业型企业的快速成长。后续学者基于此展开研究，通过多案例对比分析方法，比较内外两种成长方式的差异，揭示机会资源一体化的内在运行机理，构建"机会-资源一体化"的创业流程图（高洋和叶丹，2017）。蔡莉等（2019）基于过程视角构建了机会-资源、学习、能力与环境一体化的创业过程模型。这几项研究从成长机制与成长路径方面扩展了传统企业成长理论，为后续企业成长内在机理的探索奠定了基础。

2. 企业非线性成长模式的研究

Sternad 和 Mödritscher（2022）通过多案例研究提出创业飞跃（entrepreneurial leap）的概念，指出"创业飞跃"既可以由危机（困境）触发，也可以由出现的机会触发，这两者都可以影响企业的成长路径，而不一定遵循预定的顺序。该研究提出企业成长是一种非线性、多维度的现象，既不能简化为一系列预定的步骤，也不能简化为主要关注规模成长的纯量化视角。企业家使用各种不同的方法来改变企业的价值创造系统、价值主张和价值获取机制，以获得新的市场潜力，并通过将其意图、行动和（资源）承诺重新集中于新的机会来影响企业的成长模式。该研究从过程维度扩展了 Penrose 的成长理论，并提出基于复杂性科学的新方法来补充 Penrose 的理论，研究企业非线性成长现象。

综上，创业既是企业成长的促成因素，又是企业成长的结果（Eshima and Anderson，2017）。创业研究与企业成长理论相互促进、相互补充。早期创业研究多关注新创企业形成，而忽视了新创企业的后续成长。从企业成长理论对创业研究的贡献来看，在创业研究中应用企业成长理论，从企业内生资源、能力视角，揭示了新创企业成长的决定因素、过程和模式。此外，从创业研究对企业成长理论的贡献来看，企业成长理论是在成熟企业背景下提出的，成熟企业所面临的外部环境相对稳定，威胁与挑战较少，而创业企业所处环境通常具有高度动态性和不确定性。因此，将企业成长理论应用于创业研究中，能够拓展该理论的适用范围与情境。

4.3 企业成长理论在创新驱动创业研究中的局限与未来展望

4.3.1 局限

创新驱动创业是在数字经济时代下提出的新范式（蔡莉等，2022），创新驱动创业具有跨层面、多主体、迭代性的特征（蔡莉等，2021）。在创新驱动创业实践中，企业组织形式、经营活动特征、成长环境都发生了剧烈变化，因此，应用传统的企业成长理论面临以下几方面局限。

第一，从企业组织形式来看，传统企业成长理论主要对一般的工业企业进行分析，将企业看成一个独立的实体，认为企业高成长率主要来源于企业内部（Zeng et al.，2023），包括创始人的特质和知识、认知能力、团队构成、组织战略和文化以及财务和创新能力（DeSantola and Gulati，2017；Zeng et al.，2023）。然而，数字技术的应用，如人工智能、云计算、3D打印和物联网（internet of things，IoT），颠覆了传统的创新创业底层逻辑（Nambisan，2017；蔡莉等，2022）。在数字化情境下，企业不再是孤立或独立的实体，而是复杂关系网络中的一部分。例如，平台型创业企业是一个开放的、不断发展的系统（Zeng et al.，2023）。因此，传统企业内生成长理论在解释这类创新创业新的实践问题时具有一定局限性。

第二，从企业成长的环境来看，传统企业成长理论是在二战后经济稳定繁荣的时期提出的，因此，市场竞争和需求对企业成长前景几乎没有限制（Lockett et al.，2011）。然而，在数字化与逆全球化情境下，传统企业成长理论的应用受到了限制。具体说来，首先，在数字化情境下，数字技术快速发展，企业生存与成长的情境面临高度不确定性和难以预测性，在复杂和动态的新情境下，企业原有的生产要素迅速贬值，传统资源价值下降，万物互联迅速成长，企业管理者有更大的负担来构思机会和构筑新的资源用途，以推动生产机会集的扩张（Nason and Wiklund，2018）。在面对市场与技术之间界限模糊、竞争加剧的态势时，企业如何维持成长是理论界与实践界需要关注的问题，这需要研究者对企业成长理论重新进行思考。此外，应用数字技术的企业成长所需的核心要素特征发生剧烈变化。例如，企业内部需要管理的人力资本发生本质上的变化，具备数字技术和分析能力的员工可能取代已有的员工，企业应用数字技术开发线上系统，实现大量的人际互动与信息传递（陈冬梅等，2020）；数字平台企业的兴起，使得传统新创企业能克服所面临的资源约束，也规避了公司创业所面临的"资源冗余"（resource slack）和"组织惯性"（organizational routine）问题（周文辉和阙琴，2022）。在逆全球化情境下，企业关键技术发展受到限制，企业成长受到外部环境动荡的挑战。因此，传统企业成长理论不能很好地解释创业者在新情境下如何突破机会资源限制。

其次，在中国情境下，企业发展面临着独特的制度、市场和文化情境（蔡莉等，2021；蔡莉和单标安，2013）。创业环境复杂多变，使得企业内部资源和能力需要与外部环境相匹配才能发挥作用。绝大多数企业不可能不顾环境变化而独立选择成长战略，脱离环境因素而一味强调内部资源与能力的作用可能导致资源和能力刚性，从而失去持续成长的动力。因此，在中国情境下，仅关注内生资源与能力的传统企业成长理论具有一定局限性。

综上所述，在新情境下，企业性质和成长环境发生剧烈变化，企业逐渐平台化、网络化、联盟化，市场竞争性与动态性对企业成长的影响作用加剧，因此，应用传统企业成长理论来解释企业成长的决定因素、成长过程和成长模式面临着局限性。

4.3.2 未来展望

针对上述企业成长理论在创新驱动创业研究情境下所面临的挑战，结合创新驱动创业特征，未来研究可以从以下几方面展开。

1. 创新驱动创业实践中，企业成长的影响因素研究

从企业性质变化来看，创新驱动创业实践中，企业逐渐平台化、生态化，企业不再以个体形式实现独立成长，而是与客户、供应商、合作伙伴等主体进行互动和价值共创，实现共同成长。平台企业的价值主张主要基于用户的自主参与，即价值是地理上分散、多样化、不断发展的生态系统用户群体共同创造的（Nambisan et al.，2019）。基于平台企业独特的价值创造过程，理解平台企业规模扩大的关键是探索内部组织与外部组织如何密不可分地联系在一起（Zeng et al.，2023），这也符合创新驱动创业的多主体互动特征（蔡莉等，2021）。基于此，未来可以深入探究企业内部资源、能力与外部参与者的互动，以及企业对外部网络资源的依赖关系如何影响企业成长。

从情境变化来看，第一，在数字化情境下，区块链、人工智能等技术的应用使得企业外部环境与内部组织因素都发生剧烈变化。首先，创新驱动创业中，企业资源本质发生变化。例如，企业内部人机互动已经成为企业运作的主流方式，未来需要进一步探索企业高层管理者需要具备哪些能力来处理人机互动、人机关系，应用数字技术对企业资源进行创造性的重组与整合。其次，创新驱动创业不是单一个体层面的活动（蔡莉等，2021），因此，未来研究需要探索企业内部个体、团队、组织和生态系统层面的因素如何协同互动，促进企业成长。

第二，在中国情境下，创新驱动创业主体生存与成长的环境在制度、市场与文化方面，与西方国家有着巨大差异。创新驱动创业过程中，企业面临的市场竞争与需求是限制企业发展的关键因素。因此，企业内生因素需要与外部环境相匹配，才能驱动创新驱动创业行为，实现企业成长。例如，制度变革产生许多创业机会，创业者对制度变化做出战略性的回应（Wu et al.，2022）。未来研究需要探索企业内生因素如何与中国特有的制度、市场和文化环境相匹配，从而影响企业成长，为构建本土化的创新驱动创业理论奠定基础。

2. 创新驱动创业中企业成长模式研究

传统企业主要通过开发新产品、进入新市场、扩大企业规模等方式成长，因

此，早期企业成长的研究主要以市场份额、利润率、销售量等指标来衡量企业成长。而对于数字技术所催生出的许多高成长企业而言，企业成长模式更加多样化，对成长的衡量方式也应逐渐发生变化。具体而言，对互联网企业或平台企业来说，由于网络外部性（network externality）是推动平台价值创造的关键机制，所以企业成长的基本逻辑是扩大用户群体并掌握用户的数据，用户群规模成为平台创业企业能否快速扩张的核心（Zeng et al., 2023）。综上，随着企业成长模式的变化，未来研究需要探索新的企业成长衡量指标。

此外，传统企业呈现阶段性成长过程，成长过程模型通常假设企业会经历一些可预测的连续阶段（Sternad and Mödritscher, 2022；Levie and Lichtenstein, 2010），由具有劣势的新进入者逐渐向更成熟的稳定状态转变。而创新驱动创业中多数企业呈现高成长[如独角兽企业（unicorn ventures）、瞪羚企业（gazelles）、数字平台企业]，与传统企业不同，这些企业的成长具有非线性、多维度的特征，既不能简化为一系列既定的步骤，也不能简化为主要关注规模成长的纯量化视角。企业家使用各种不同的方式来改变企业的价值创造系统、价值主张和价值获取机制，以获得新的市场潜力，并通过将其意图、行为和资源重新集中于新的机会来影响企业的成长模式。因此，未来研究可以探索这类新企业的非线性成长模式（如网络化成长模式和飞跃模式），以及企业在不同发展阶段（规模与年龄）的不同成长模式，从而拓展传统企业成长理论。

参 考 文 献

蔡莉, 高欣, 王永正, 等. 2022. 数字经济下创新驱动创业的研究范式[J]. 吉林大学社会科学学报, 62(4): 5-20, 233.

蔡莉, 葛宝山, 蔡义茹. 2019. 中国转型经济背景下企业创业机会与资源开发行为研究[J]. 管理学季刊, 4(2): 44-62, 134.

蔡莉, 单标安. 2013. 中国情境下的创业研究：回顾与展望[J]. 管理世界, (12): 160-169.

蔡莉, 张玉利, 蔡义茹, 等. 2021. 创新驱动创业：新时期创新创业研究的核心学术构念[J]. 南开管理评论, 24(4): 217-226.

陈冬梅, 王俐珍, 陈安霓. 2020. 数字化与战略管理理论：回顾、挑战与展望[J]. 管理世界, 36(5): 220-236, 20.

高洋, 叶丹. 2017. 基于"机会-资源一体化"的创业成长方式研究[J]. 管理学报, 14(10): 1426-1434.

葛宝山, 高洋, 蒋大可, 等. 2015. 机会-资源一体化开发行为研究[J]. 科研管理, 36(5): 99-108.

葛宝山, 续媞特. 2020. 左右互搏：创业机会与资源共生演化机理研究[J]. 科学学研究, 38(8): 1417-1427.

陆亚东, 孙金云. 2013. 中国企业成长战略新视角：复合基础观的概念、内涵与方法[J]. 管理世界, (10): 106-117, 141, 187-188.

周文辉, 阙琴. 2022. 数字平台创业如何突破机会资源的双重约束？[J]. 科学学研究, 40(5): 896-905.

An W W, Rüling C C, Zheng X, et al. 2020. Configurations of effectuation, causation, and bricolage: implications for firm growth paths[J]. Small Business Economics, 54(3): 843-864.

Anderson B S, Eshima Y. 2013. The influence of firm age and intangible resources on the relationship between entrepreneurial orientation and firm growth among Japanese SMEs[J]. Journal of Business Venturing, 28(3): 413-429.

Barney J. 1991. Firm resources and sustained competitive advantage[J]. Journal of Management, 17(1): 99-120.

Barringer B R, Jones F F, Neubaum D O. 2005. A quantitative content analysis of the characteristics of rapid-growth firms and their founders[J]. Journal of Business Venturing, 20(5): 663-687.

Basu A, Goswami A. 1999. Determinants of South Asian entrepreneurial growth in Britain: a multivariate analysis[J]. Small Business Economics, 13(1): 57-70.

Bird M, Zellweger T. 2018. Relational embeddedness and firm growth: comparing spousal and sibling entrepreneurs[J]. Organization Science, 29(2): 264-283.

Cassar G. 2006. Entrepreneur opportunity costs and intended venture growth[J]. Journal of Business Venturing, 21(5): 610-632.

Covin J G, Slevin D P, Heeley M B. 2000. Pioneers and followers: competitive tactics, environment, and firm growth[J]. Journal of Business Venturing, 15(2): 175-210.

Davidsson P. 1991. Continued entrepreneurship: ability, need, and opportunity as determinants of small firm growth[J]. Journal of Business Venturing, 6(6): 405-429.

Delmar F, Davidsson P, Gartner W B. 2003. Arriving at the high-growth firm[J]. Journal of Business Venturing, 18(2): 189-216.

Demsetz H. 1988. The Organization of Economic Activity[M]. Hoboken: Blackwell.

DeSantola A, Gulati R. 2017. Scaling: organizing and growth in entrepreneurial ventures[J]. Academy of Management Annals, 11(2): 640-668.

Eisenhardt K M, Martin J A. 2000. Dynamic capabilities: what are they?[J]. Strategic Management Journal, 21: 1105-1121.

Ensley M D, Pearson A W, Amason A C. 2002. Understanding the dynamics of new venture top management teams: cohesion, conflict, and new venture performance[J]. Journal of Business Venturing, 17(4): 365-386.

Eshima Y, Anderson B S. 2017. Firm growth, adaptive capability, and entrepreneurial orientation[J]. Strategic Management Journal, 38(3): 770-779.

Foss N J, Klein P G, Kor Y Y, et al. 2008. Entrepreneurship, subjectivism, and the resource-based view: toward a new synthesis[J]. Strategic Entrepreneurship Journal, 2(1): 73-94.

Gilbert B A, McDougall P P, Audretsch D B. 2006. New venture growth: a review and extension[J]. Journal of Management, 32(6): 926-950.

Goedhuys M, Sleuwaegen L. 2010. High-growth entrepreneurial firms in Africa: a quantile regression approach[J]. Small Business Economics, 34(1): 31-51.

Gruber M, MacMillan I C, Thompson J D. 2012. From minds to markets: how human capital endowments shape market opportunity identification of technology start-ups[J]. Journal of Management, 38(5): 1421-1449.

Gruber M, MacMillan I C, Thompson J D. 2013. Escaping the prior knowledge corridor: what shapes the number and variety of market opportunities identified before market entry of technology start-ups?[J]. Organization Science, 24(1): 280-300.

Henrekson M, Johansson D. 2010. Gazelles as job creators: a survey and interpretation of the evidence[J]. Small Business Economics, 35(2): 227-244.

Kor Y Y. 2003. Experience-based top management team competence and sustained growth[J]. Organization Science, 14(6): 707-719.

Kor Y Y, Mahoney J T. 2000. Penrose's resource-based approach: the process and product of research creativity[J]. Journal of Management Studies, 37(1): 109-139.

Kor Y Y, Mahoney J T. 2004. Edith Penrose's (1959) contributions to the resource-based view of strategic management[J]. Journal of Management Studies, 41(1): 183-191.

Kor Y Y, Mahoney J T, Michael S C. 2007. Resources, capabilities and entrepreneurial perceptions[J]. Journal of Management Studies, 44(7): 1187-1212.

Kor Y Y, Mahoney J T, Siemsen E, et al. 2016. Penrose's the theory of the growth of the firm: an exemplar of engaged scholarship[J]. Production and Operations Management, 25(10): 1727-1744.

Kor Y Y, Sundaramurthy C. 2009. Experience-based human capital and social capital of outside directors[J]. Journal of Management, 35(4): 981-1006.

Lee D Y, Tsang E W K. 2001. The effects of entrepreneurial personality, background and network activities on venture growth[J]. Journal of Management Studies, 38(4): 583-602.

Levie J, Lichtenstein B B. 2010. A terminal assessment of stages theory: introducing a dynamic states approach to entrepreneurship[J]. Entrepreneurship Theory and Practice, 34(2): 317-350.

Lockett A, Thompson S. 2004. Edith Penrose's contributions to the resource-based view: an alternative perspective[J]. Journal of Management Studies, 41(1): 193-203.

Lockett A, Wiklund J, Davidsson P, et al. 2011. Organic and acquisitive growth: re-examining, testing and extending Penrose's growth theory[J]. Journal of Management Studies, 48(1): 48-74.

Marris R. 1963. A model of the "managerial" enterprise[J]. Quarterly Journal of Economics, 77(2): 185-209.

Marshall A. 1890. Principles of Economics[M]. London: Macmillan.

McKelvie A, Wiklund J. 2010. Advancing firm growth research: a focus on growth mode instead of growth rate[J]. Entrepreneurship Theory and Practice, 34(2): 261-288.

Naldi L, Davidsson P. 2014. Entrepreneurial growth: the role of international knowledge acquisition as moderated by firm age[J]. Journal of Business Venturing, 29(5): 687-703.

Nambisan S. 2017. Digital entrepreneurship: toward a digital technology perspective of entrepreneurship[J]. Entrepreneurship Theory and Practice, 41(6): 1029-1055.

Nambisan S, Zahra S A, Luo Y D. 2019. Global platforms and ecosystems: implications for international business theories[J]. Journal of International Business Studies, 50(9): 1464-1486.

Nason R S, Wiklund J. 2018. An assessment of resource-based theorizing on firm growth and suggestions for the future[J]. Journal of Management, 44(1): 32-60.

Nonaka I. 1991. The knowledge-creating company[J]. Harvard Business Review, 69(6): 96-104.

Penrose E T. 1952. Biological analogies in the theory of the firm[J]. American Economic Review, 42(5): 804-819.

Penrose E T. 1959. The Theory of the Growth of the Firm[M]. New York: Wiley.

Prahalad C, Hamel G. 1990. The core competence of the corporation[J]. Harvard Business Review, 68(3): 79-91.

Rugman A M, Verbeke A. 2002. Edith Penrose's contribution to the resource-based view of strategic management[J]. Strategic Management Journal, 23(8): 769-780.

Smith A. 1776. An Inquiry Into the Nature and Causes of the Wealth of Nations[M]. London: Strahan and Cadell.

Sternad D, Mödritscher G. 2022. Entrepreneurial leaps: growth processes in transition phases between dynamic states[J]. Entrepreneurship Theory and Practice, 46(4): 952-984.

Teece D J, Pisano G, Shuen A. 1997. Dynamic capabilities and strategic management[J]. Strategic Management Journal, 18(7): 509-533.

Thakur S P. 1999. Size of investment, opportunity choice and human resources in new venture growth: some typologies[J]. Journal of Business Venturing, 14(3): 283-309.

Wernerfelt B. 1984. A resource-based view of the firm[J]. Strategic Management Journal, 5(2): 171-180.

Wu Y, Eesley C E, Yang D L. 2022. Entrepreneurial strategies during institutional changes: evidence from China's economic transition[J]. Strategic Entrepreneurship Journal, 16(1): 185-206.

Zeng J, Yang Y L, Lee S H. 2023. Resource orchestration and scaling-up of platform-based entrepreneurial firms: the logic of dialectic tuning[J]. Journal of Management Studies, 60(3): 605-638.

代表性学者简介

伊迪丝·彭罗斯（Edith Penrose）

伊迪丝·彭罗斯在约翰斯·霍普金斯大学（Johns Hopkins University）获得博士学位，曾任欧洲工商管理学院政治经济学教授、英国社会科学研究理事会经济委员会主席等。代表性著作 *The Theory of the Growth of the Firm* 被誉为"二十世纪下半叶最有影响力的书"，将经济学与管理学联系起来，为管理研究与当代商业战略领域的研究奠定了基础，是企业成长理论的奠基之作。

罗宾·马里斯（Robin Marris）

罗宾·马里斯在剑桥大学（University of Cambridge）学习和教授经济学达 40 年之久。在 20 世纪 50 年代，他对多班制工作进行了创新研究。1964 年出版的《管理资本主义》一书中提出了一个正式的理论，即如果大公司的估值比率过低，经理人就会最大限度地提高其增长率，但也有被收购的风险，这使他闻名于世。在接下来的 15 年里，他进一步发展了这一理论及其实际意义。他于 1963 年发表"A model of the 'managerial' enterprise"（《"管理型"企业模式》）一文，承袭并发展了 Penrose 的企业成长理论。

亚瑟明·Y. 科尔（Yasemin Y. Kor）

亚瑟明·Y. 科尔在伊利诺伊大学厄巴纳-香槟分校获得工商管理硕士和博士学位，是剑桥大学法官商学院（Judge Business School）的管理研究教授。曾担任 *Journal of Management* 的副主编，是 *Strategic Management Journal*、*Journal of Management Studies* 的编委会成员，其代表作 "Edith Penrose's (1959) contributions to the resource-based view of strategic management"（《伊迪丝·彭罗斯（1959）对基于资源的战略管理观的贡献》）一文被列入 *Journal of Management Studies* 2006 年十大访问文章。

佩尔·戴维森（Per Davidsson）

佩尔·戴维森教授是昆士兰大学商学院（University of Queensland Business School）澳大利亚创业研究中心（Australian Centre for Entrepreneurship Research，ACE）的塔尔博特家庭基金会创业学主席。戴维森的主要研究方向是小企业成长与新企业创立。他在学术期刊上发表了 90 多篇文章，并出版了大量的书籍，撰写了大量报告。他的论文被引用超过 42 000 次（截至 2022 年 4 月谷歌学术统计），是全球创业研究领域被引用最多的学者之一。

本章执笔人：葛宝山　李佳桐

第5章 不确定性理论——复杂环境中创新驱动创业机制

2019年1月，习近平总书记在省部级主要领导干部专题研讨班上的讲话中指出："面对波谲云诡的国际形势、复杂敏感的周边环境、艰巨繁重的改革发展稳定任务，我们必须始终保持高度警惕，既要高度警惕'黑天鹅'事件，也要防范'灰犀牛'事件。"[①]2020年10月《中国共产党第十九届中央委员会第五次全体会议公报》进一步指出：当今世界正经历百年未有之大变局，新一轮科技革命和产业变革深入发展，国际力量对比深刻调整，和平与发展仍然是时代主题，人类命运共同体理念深入人心，同时国际环境日趋复杂，不稳定性不确定性明显增加。习近平总书记讲话中强调的"黑天鹅"和"灰犀牛"，以及中共十九届五中全会公报中提到的"不稳定性不确定性"，都是指的复杂多变的外部环境。从对应关系看，不确定性对应"黑天鹅"，不稳定性对应"灰犀牛"。

习近平总书记在2019年1月省部级主要领导干部专题研讨班上的讲话中还指出："既要有防范风险的先手，也要有应对和化解风险挑战的高招；既要打好防范和抵御风险的有准备之战，也要打好化险为夷、转危为机的战略主动战。"[①]因此，我们常说的企业要在不确定性中寻找确定性，就是要练好转危为机的本领；企业要在不连续性中创造连续性，就是要把握化险为夷的主动。

在新形势下，创业正在从资源驱动创业向创新驱动创业转变，不确定性理论（uncertainty theory）能够帮助我们理解初创企业如何在复杂环境中诞生、存活和发展，如何通过创新应对创业中的不确定性和不连续性。不确定性理论在创新驱动创业相关理论体系中起到基础和支撑的作用。本章通过回顾不确定性理论的发展，以及其在创业领域，特别是创新驱动创业文献中的应用，试图厘清不确定性理论在复杂环境下的创新创业中的作用。

5.1 不确定性理论的发展

不确定性理论的发展及其应用到创业领域的过程大致可以分为三个阶段：引

---

① 《习近平：提高防控能力着力防范化解重大风险 保持经济持续健康发展社会大局稳定》，http://www.qstheory.cn/yaowen/2019-01/21/c_1124021825.htm[2019-01-22]。

入阶段（1921~1973 年）、调整阶段（1974~2003 年）和发展阶段（2004 年至今）三个时期。

5.1.1 引入阶段（1921~1973 年）：不确定性理论的诞生

不确定性理论最早可追溯到奈特的经典著作 *Risk, Uncertainty and Profit*（《风险、不确定性与利润》）。奈特（Knight，1921）认为不确定性是一个与风险共存的相对概念。从经济学的角度出发，奈特在风险决定收益的基础上，提出挂钩不确定性（uncertainty）与经济利润（economic profits）的理论。风险指项目的可能结果多样但各个结果与其发生的概率都已知，而不确定性指可能结果与其发生的概率都未知。奈特提出的这一相对理论被后世称为奈特不确定性（Knightian uncertainty）。随后，Keynes（1937）指出，有效市场可以化解风险但无法消除不确定性，市场参与者通过承担不确定性，从而获得赢取超额利润的权利。

尽管不确定性理论建立的时间很早，但是对不确定性的定义却一直充满争论。学者对不确定性的研究主要是基于风险理论推导而来的，将所有无法用风险解释的现象全部放进不确定性的范畴中（March and Simon，1958）。由于不确定性理论本身的"不可知性"（unknowable），使不确定性理论看似可以用于解释现实中的任何现象，进而导致该理论可能被过度使用和解读（Shackle，1972）

在奈特不确定性理论提出之后，为了促进不确定性理论的科学发展，学者不断地反思不确定性被滥用的原因。例如，Shackle（1966）认为奈特不确定性忽略了行为人（human）的作用，而不确定恰恰需要由行为人来感知。因此，需要在奈特不确定性中引入行为人的因素，才能更全面地理解不确定性。

5.1.2 调整阶段（1974~2003 年）：来自决策行为人的不确定性

为了规范不确定性理论的运用，学者尝试将有限理性假设与不确定性理论相结合，从行为人的角度分析不确定性（Dosi and Egidi，1991）。有限理性假设认为行为者的认知存在局限性，无法处理所有已知信息（Tversky and Kahneman，1974）。

有限理性影响行为人决策的制定和执行。在决策制定方面，即使已有信息能充分反映海量项目的潜在结果及其可能性分布，决策者仍然难以选取最合适的项目，只能依靠自身经验和启发式行为（heuristic behavior）制定决策（Gollier and Treich，2003）。在决策执行方面，即使计划已是最优解，行为者的有限理性也可能导致既定目标无法被实现（Sapienza and Gupta，1994）。在以上两种情况下，理论上的预期风险都变为实际不确定的未知未来。

由此，学者开始围绕行为人分析不确定性的来源和影响，主要包括迁移视角（transition views）和过程视角（process views）。迁移视角认为不确定性源自环境与行为人本身，承认行为人不仅是不确定性的转译者（interpreter），也是不确定性的创造者（Galbraith，1973；Thompson，1967）。过程视角在迁移视角的基础上忽略源自环境的不确定性，着重分析行为人对不确定性的感知（perception），认为所谓源自环境的不确定性是行为人主观感知的环境不确定性（Duncan，1972；Tung，1979）。

结合上述两个视角，Jauch 和 Kraft（1986）提出基于客观环境不确定性和感知环境不确定性的行为人决策模型（图 5.1）。行为人的决策受所感知的环境不确定性影响，而感知不确定性受行为人的决策方式、自身优劣势、信息载体类型和实际客观环境不确定性等因素影响。同时，最终的决策行为又通过行为人自身优劣势和其他人的集体行为，反作用于上述的客观与感知环境不确定性。

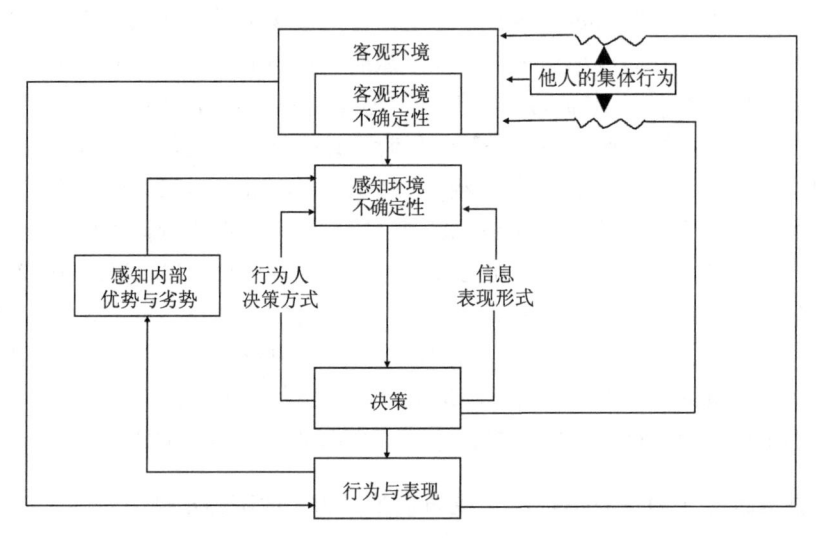

图 5.1　不确定环境下的行为人决策和行动模型

资料来源：Jauch 和 Kraft（1986）

5.1.3　发展阶段（2004 年至今）：决策过程中的不确定性

随着来自其他领域的概念和假设被不断引入，基于瞬时状态（state）下的不确定性理论日趋完善（Barr et al.，1992）。通过串联不同瞬时状态，学者开始侧重对不确定环境下决策行为的过程性进行研究（Ghemawat，1991）。决策过程不仅包括一系列时点，更强调时点间的演变与差异（Chia et al.，2004）。在不确定性理论的调整阶段，虽然存在如 Jauch 和 Kraft（1986）的不确定性决策模型，能够反映行为人与不确定性环境的共同演进过程，但是仍然缺乏对因果关系实现方式的解释。

为了理解不确定性环境中决策和行为的演变过程，学者尝试构建共生要素模型（co-construction model）（Laursen and Salter，2006）。其中，共生指决策与行为间存在的相互作用：随着行为人收集、理解和加工环境中的信息，其对不确定性的认知发生了改变，进而导致决策的改变，最终引发行为的转变；同时，收集和加工环境中信息又是行为人面临不确定性时产生的行为。

Rindova 和 Courtney（2020）将决策和行为视为共生要素，提出了奈特不确定情境下的"重塑-适应"战略态势（shaping and adapting strategic postures）决策行为模型（图 5.2）。他们认为行为人对不确定性的态度（适应或改变）影响其对不确定性现状和后果的认知，进而左右行为人在不确定情境下产生行为的目的。总之，认知和行为目的共同影响行为人的最终表现。

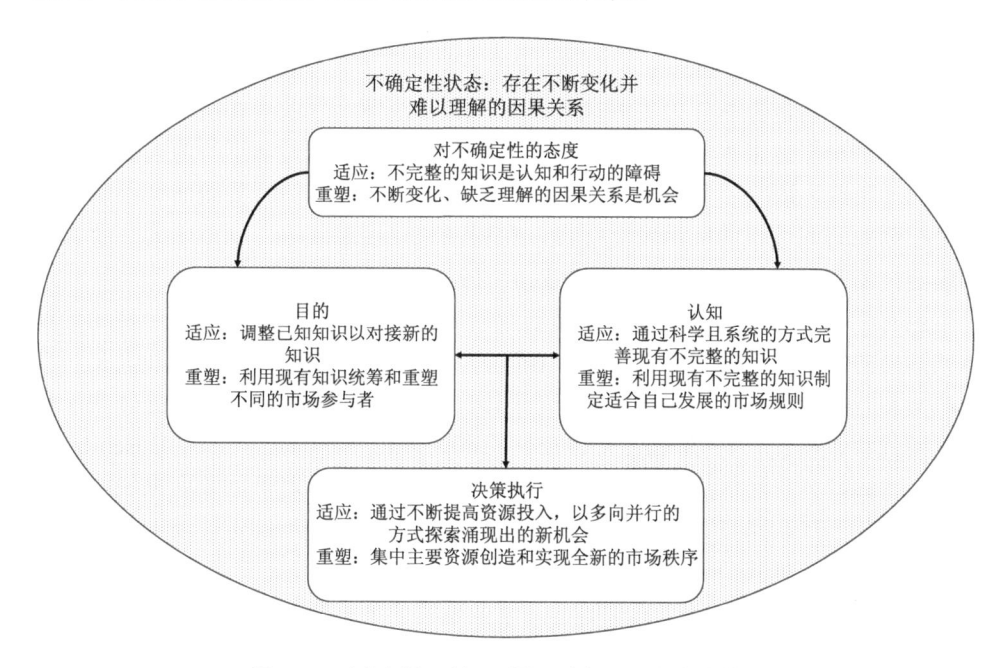

不确定性状态：存在不断变化并难以理解的因果关系

对不确定性的态度
适应：不完整的知识是认知和行动的障碍
重塑：不断变化、缺乏理解的因果关系是机会

目的
适应：调整已知知识以对接新的知识
重塑：利用现有知识统筹和重塑不同的市场参与者

认知
适应：通过科学且系统的方式完善现有不完整的知识
重塑：利用现有不完整的知识制定适合自己发展的市场规则

决策执行
适应：通过不断提高资源投入，以多向并行的方式探索涌现出的新机会
重塑：集中主要资源创造和实现全新的市场秩序

图 5.2　不确定性下的"重塑-适应"战略态势模型

资料来源：Rindova 和 Courtney（2020）

5.2　不确定性理论在创业领域的应用与发展

创业过程充满不确定因素。可以想象，如果一切因素都是确定的，商品完全按照竞争价格（competitively priced）定价，经济利润便不复存在，市场参与者将无所谓是成为追随者还是创新者，创业的意义也无从谈起（Alvarez et al.，2018）。

从一定意义上讲，正是不确定性的存在，赋予了市场参与者创新和创业的机会。

本章回顾 4 个创业领域知名期刊 ETP、JBV、SBE 和 SEJ 以及 8 个管理领域知名期刊 AMJ、AMR、JOM、MS、OS、SMJ、ASQ、JMS 发表的创业研究，相关文章共 286 篇，发现不确定性在创业领域的研究应用和不确定性理论本身发展的三个阶段大致吻合。本章同样将创业领域相关研究划分为三个阶段，并选取每一个阶段的代表作分析不确定性理论在创业研究领域的应用与发展。

5.2.1 第一阶段（1972~1999 年）：不确定性理论在创业研究中的确立

在这一阶段，应用不确定性的创业研究聚焦创业者如何理解不确定性，主要依赖行为经济学的相关理论，且该阶段最主要的争论是主观不确定性是否存在。Savage（1972）是把不确定性引入创业研究领域的早期文献，作者基于主观效用理论（subjective utility theory），认为不确定性意味着不可知。因此，创业者必须首先将客观不确定性转化为主观风险，进而进行决策。创业者在决定创业之前，脑海里已经设想过未来可能发生的结果，所有创业决策都是基于行为人主观认知风险的。因此，研究不确定性变得没有意义。这一观点的流行导致研究不确定性理论在创业研究领域的应用发展缓慢，在相当长一段时间内，创业研究主要聚焦不确定性的相近名词——风险（Milliken，1987）。

也有学者强调风险管控不能解释创业领域的所有决策，应当有另一种理论解释风险外的因素。例如，Busenitz 和 Barney（1997）通过对比创业者和大公司经理决策和行为差异发现，与大公司经理相比，创业者面对不确定性时更倾向于利用启发式决策模式。与 Savage（1972）的理论存在差异的是，虽然 Busenitz 和 Barney（1997）依然借用行为经济学理论，但是后者认为对于创业者来说，将不确定性转化为风险是低效的，创业研究应该强调在不改变不确定性质的前提下分析创业者的决策模式。

换句话说，在主观风险的前提下，创业者需要统筹所有未来可能产生的结果及其分布，做出有限理性下的决策。然而，Busenitz 和 Barney（1997）认为这个主动式的统筹和决策是不必要的，因为主动式的统筹决策依然花费时间，而机会却往往稍纵即逝。把握稍纵即逝的机会正是主观不确定性存在的价值。当认识到不确定性的存在时，创业者聚焦于"做"而非"想"。过度自信（overconfidence）会促使创业者在看准一条发展路径后立刻采取行动，在面对障碍时利用自身直觉采用惯性解决方式，不需要思考理性的风险控制手段。

5.2.2 第二阶段（2000~2014 年）：不确定性理论与创业核心理论的匹配

在这一阶段，主观不确定性的存在已被创业领域研究承认，学者更多关注不确定性与创业机会的关系、不确定性决策过程与创业过程的匹配。

1. 不确定性与创业机会的关系研究

行为人选择创业的基础是个体行为人在市场系统内发现了值得追求的创业机会（Shane，2000）。一部分学者的研究主要聚焦于个体层面创业者与不确定性的关系，强调个体行为人对不确定性的认知，但忽视了不确定性作为一个系统对创业者群体的影响（Smith and di Gregorio，2002）。另一部分学者则强调从系统层面将不确定性视为创业机会，并将创业者视为开发市场机会、维持市场有效性、调整市场平衡点的"有益要素"（good things）（Stevenson and Jarillo，1990）。

McMullen 和 Shepherd（2006）结合了上述的个人层面和系统层面对不确定性与创业机会的研究，提出了双层次视角下的不确定性与创业机会模型，凸显创业者在两个层次上的作用（图 5.3）。

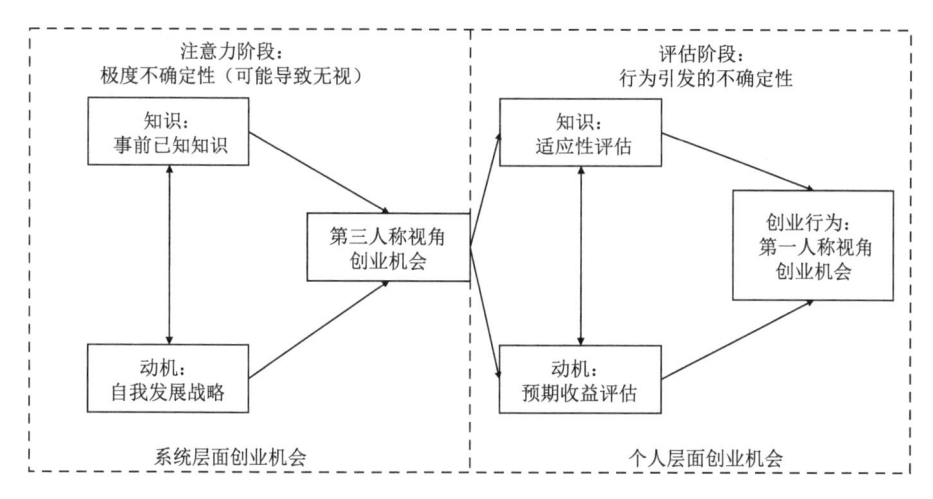

图 5.3　系统-个人双层次不确定性与创业机会关系模型

资料来源：McMullen 和 Shepherd（2006）

在创业领域中，面对不确定性，行为人的注意力被吸引，会问"发生了什么"，部分行为人会因为此阶段的高度不确定性而忽视可能的机会，而另一部分行为人会尝试用已有知识分析机会。当现有的知识无法解释突然出现的不确定性时，部分自我发展动机强烈的行为人会尝试探索不确定性中蕴藏的机会。此时的创业机会的表达使用的往往是第三人称视角，例如行为人可能说："那个机会看起来不错，好像值得试一试。"

随着部分行为人开始着手探索不确定性并成为创业者，创业者群体开始对该不确定性产生直观认识，一部分创业者在权衡预期收益与成本，以及自己已有知识的未来适应性后，决定抓住这一机会，并开始使用第一人称视角评价创业机会，认为"这是我的机遇"。此时，不确定性从环境不确定性转为行为不确定性，即创业者不知道群体中其他人是否也开始着手利用该创业机会，以及他们在追求这一机会时是否会影响机会对自己的价值。McMullen 和 Shepherd（2006）的研究启发后来学者分析创业者的行为在将不确定性转化为创业机会过程中的重要作用。

2. 不确定性决策过程与创业过程的匹配

发现创业机会后，创业者需要采取行动抓住机会。不确定性应用于创业领域的另一个重要研究话题是不确定性下的创业行为过程。创业是一种演进行为，其方向和路径受不确定性因素影响（Dencker et al.，2009）。创业者在不确定环境中的决策过程与初创公司的演进过程相辅相成。

Ambos 和 Birkinshaw（2010）基于对九家不同行业公司的跟踪访谈，研究初创企业的典型组织构型（organization archetype）。典型组织构型反映了企业中相互支持的组织要素模式，即将单一组织母系统拆分为多个子要素（表5.1）。不确定性理论发展第三阶段的在建过程理论（ongoing construction process theory）认为，任何事物的过程属性源自其内部要素与不同时期的错位发展（Gioia et al.，2013），就如人体血液无法在同一瞬间全部革新，而是如同同时需要新生细胞增殖和衰老细胞死亡以保持活力一般。因此，依托母系统与子要素特点契合的典型构型是在建过程理论的重要基石。

表5.1 在位企业与初创企业的构型对比

项目	在位企业	初创企业
构型定义	基于组织的核心设计元素（如结构、决策系统、人力资源）	基于组织的能力执行者（关键利益相关方、制定公司目标的领导者、掌握专业知识的员工）
	组织构型反映关键任务的运行过程（如我们需要中心市场还是细分市场？）	组织构型反映关键任务的出现/缺失（如我们需要市场做什么？）
构型平衡	通过联合相互支持的要素提升组织构型的稳定性（去中心化的资源与自给自足的管理职责）	通过组织各要素达成共同理解基础以提升组织构型的稳定性（组织能力、市场能力和发展愿景三个驱动因素存在互斥性）
构型演变	演变通常起始于组织表现未达到预期，或者是领导者对组织构型的实验性调整，进而引发组织全部要素的变动，最终达到新的平衡	时间因素对于经验和效率、学习优势的积累以及竞争优势的获取具有重要意义

资料来源：Ambos 和 Birkinshaw（2010）

5.2.3 第三阶段（2015年至今）：连接创业与社会价值的不确定性研究

在这一阶段，应用不确定性理论的创业研究越来越关注不确定情境下创业者与利益相关者之间的关系，包括创业者对利益相关者的贡献和利益相关者对创业者的支持。

1. 创业者对利益相关者的贡献

此前的创业主要研究创业者应对不确定性的方法,将不确定性视为因果关系中的因或果,忽略了创业者在应对不确定性过程中带来的社会价值(Ács et al., 2014)。随着创业者在各行各业的涌现,尤其是创新驱动创业的发展,学者开始以创业者为对象,研究不确定性与社会发展的关系。

早在 1921 年,奈特在分析不确定性时就认为创业行为会导致市场失效,因为创业行为具有内在新奇性,难以被市场资源占有者预测。后续学者从交易成本理论(transaction cost theory)进一步解释,说明创业者可能利用行为不确定蒙骗利益相关方,造成资源占有者与创业者的矛盾,使资源无法流向具有潜力的创业项目。延续这一讨论,Burns 等(2016)以创业者和利益相关者在不确定情境下的关系为切入点,分析创业者如何通过建立心理纽带(psychological bond)帮助资源占有者参与到创业决策中,促使资源占有者将资源预付(precommit)给创业者,降低交易成本,恢复市场能效。

不确定性除了导致市场失灵外,还可能创造行为规范的空白,使环境参与者行为混乱。此时,创业者可能依靠即兴行为(improvisation)(请参考本书第 22 章的即兴行为),实现行为规范从确定环境向不确定环境的迁移,为后续的政府立法、行业规范诞生确定标准(马鸿佳等,2021)。以上研究揭示了创业者如何成为帮助社会在未知领域中,将不确定性转变为确定性的重要媒介,回应了近年来学者对实现创业者与利益相关者在不确定环境下共创共享价值研究的呼吁(Hitt et al., 2021)。

2. 利益相关者对创业者的支持

随着利益相关者(stakeholder)和环境、社会及公司治理(environmental, social, and governance)概念在全球范围传播,公益创业、社会创业等现象兴起。创业者承担的责任不仅仅是赚钱,其还在向社会企业家转型,帮助政府解决贫困、资源分配不公等社会问题(刘志阳等,2018)。创业者要创造社会价值,离不开系统的支持,如必要的信任体系和基础设施等(李雪灵等,2010;杨洋等,2015)。

Nair 等(2022)梳理了 2007 年至 2020 年间关于孵化、加速和支持初创企业的研究,发现创业者群体近年来面对的环境更加开放(environment openness)、利益相关者之间的关系更加非线性(non-linear)、组织边界更加混沌(edge of chaos)(请参考本书第 24 章的混沌与复杂科学)。

综上,不确定性理论揭示了创业的两个关键要素——环境和行为人——的变化过程,创业研究也丰富了不确定性理论对企业管理、社会发展的价值。从不确定性理论对创业研究的贡献来看，第一，主观不确定性的存在确立了创业研究的一个重要方向，即不确定情境下的创业者决策过程，为向创业领域引入动态能力（dynamic capability）、涌现战略（emergent strategy）奠定基础。第二，以解决不确定性对社会发展的负面影响为目标，创业研究实现了与创造积极社会价值的正向目标相关联，突破了过去仅关注创业者个人利益的局限。

5.3 不确定性理论在创新驱动创业研究中的局限与未来展望

5.3.1 局限

蔡莉等（2021）认为创新驱动创业新范式需要关注"科技革命和技术变革的加速演进"。与传统创业领域研究相比，创新驱动创业重视改变，甚至需要加速改变，以创新为驱动力的创业将与不确定性长期共存。该情境下，现有创业领域不确定性研究在解释创新驱动创业活动时存在以下几方面的局限性。

第一，从不确定性的功能意义看，现有的不确定性研究更倾向关注不确定性的消极作用，将不确定性视为创业的阻力，是创业者必须控制、降低和解决的障碍（Klingebiel and de Meyer，2013）。但是，通过回顾相关文献可以发现，不确定性是创业机会诞生的源泉（Nair et al.，2022）。不确定性的内在不可知性能够激发行为人的好奇心，促使行为人产生探索、实验和学习行为（Arikan et al.，2020），而这些行为对于将创新视为企业活力来源的创业者来说是必不可少的。

此外，在中国情境下，基于计划经济体制的改革开放，本身就具有巨大不确定性，但是其结果却是促使中国经济的腾飞，让相当数量的中国初创民营企业在短短 40 年里进入《财富》世界 500 强行列（柳卸林等，2017；穆虹，2019）。因此，仅仅将不确定性视为初创企业发展的阻力是有局限的，这种局限性不仅阻碍了创业研究的发展，也无法解释中国企业在不确定性环境中腾飞的现象。

第二，从不确定性产生影响的动态过程看，现有不确定性研究认为虽然创业诞生于不确定情境中，并尝试用过程理论理解不确定性，但往往假定不确定性是暂时的。创业者可以等待不确定性减弱后谋求发展，初创企业应对不确定性的方法是培育萌芽市场（nascent market），在度过早期不确定性并随目标市场进入平稳期后加速发展（Packard et al.，2017）。然而在创新驱动创业的情境下，创新行为本身会创造不确定性，创业者在应对不确定性时又会给情境下的其他人带来新的不确定性。因此，现有创业研究缺乏从长期存续的视角理解不确定性对创新驱动创业的动态影响。

尤其在中国，社会主义初级阶段的新特点不断变化，改革开放更是一个持久的过程，"以公有制经济为主体的前提下形成的公有制经济与私有制经济并存的基本格局"放眼全世界也缺乏先例可循（何瑛和杨琳，2021）。这意味着，处于改革开放下的中国企业需要长期在变化的市场环境中发展。因此，单靠等待市场格局稳定，环境不确定性减弱后再发力的不确定性应对方式对于中国创业公司来说可能不适用。

第三，从创业不确定性的研究层次看，现有创业情境下的不确定性研究局限于关注创业者个人如何应对不确定性，忽略了不同层次的主体在应对和利用不确定性的系统性和整体性。例如，Alvarez等（2018）指出不确定性领域缺乏跨层次研究，如员工个体对组织整体的依赖关系在不确定情境下的波动；Townsend等（2018）发现创业研究往往关注单一创业者在萌芽市场的创业轨迹，缺乏理解不确定情境下创业者、创业群体与所在国家的多向交流。事实上，个体的决策和行为是嵌入（embeddedness）在组织和社会机构之中的，个体在应对不确定性过程中可能持续增强系统不确定性。仅从创业者层次分析不确定性的特质、影响和应对方式会阻碍创新驱动创业的理论发展。

在中国情境下，改革开放的红利不是仅依靠政府指导就能创造和分配的，更依赖具有"大众创业、万众创新"精神的创业者与具有"抓创新就是抓发展，谋创新就是谋未来"眼光的党政领导间的多层次互动（施建军等，2018）。因此，单纯强调创业者个体学习、决策能力的不确定性，会造成创业研究在解释某些本土创新创业实践时的局限。

5.3.2 未来展望

针对不确定性理论在解释创新驱动创业活动时所面临的挑战，结合创新驱动创业的内涵，未来可以从以下几方面对不确定性理论开展研究。

1. 创新驱动创业如何从不确定性中获益的研究

从将不确定性视为阻力到视为推力，管理学者可以借鉴物理学的受力原理。一个物体受到与当前运动方向相反的力是阻力，受到与当前运动方向相同的力就是推力。因此，同一个力对于朝不同方向运动的物体来说，既可能是阻力也可能是推力。同理，不确定性既可以是阻力也可以是推力。企业在抗拒不确定性时，不确定性就是阻力；企业在利用不确定性时，不确定性就是推力。因此，在基于创业领域研究行为人应对不确定性时，可以分析不同类型公司在不同情境下受到不确定性的积极影响。

例如，颠覆式创新（请参见本书第13章的破坏性创新）是初创企业挑战市场在位企业，攫取对手用户，获得发展前景的重要途径。面对颠覆性创新对已有商业模式的冲击和创造的未来不确定性，在位企业和初创企业往往持有不同的态度（Ansari and Krop，2012）。学者可以结合不确定性理论与颠覆式创新，理解创业者如何利用不确定性创造发展机遇。初创企业因为灵活的组织结构能够更快接受颠覆式创新，从而利用不确定环境获得发展机遇（周江华等，2012）。

同时，面对颠覆式创新造成的市场不确定性，在位企业可能产生更多样的反应。过去，学者认为在位企业可能会尝试阻止颠覆式创新带来的不确定性（Dougherty and Heller，1994）。李东红等（2021）基于百度 Apollo（阿波罗）自动驾驶开放平台的案例，发现大企业也可以通过内部创业，并借助平台网络利用不确定性实现大企业内部创业（intrapreneurship）。因此，为突破不确定性在创业研究中的局限性，学者一方面可以尝试研究初创公司中，创业者如何借助颠覆式创新带来的不确定性在市场中站稳脚跟，获得发展机遇；另一方面，也可以尝试研究市场在位企业如何利用颠覆性创新造成的不确定性重塑和精简组织模式，借助不确定性完成转型。

2. 创新驱动创业中不确定性的动态研究

研究不确定性益处的一个重要目标是帮助创业者实现与不确定性共存。创业行为因为其内在新颖性无时无刻不在创造不确定，因此以拥抱不确定性的态度探索其带来的积极价值对初创企业至关重要。与此同时，前人研究中发现的不确定性消极影响也是不容忽视的，企业依然需要采用必要的控制手段以应对不确定性带来的挑战。初创企业需要实施同时兼顾创造和控制不确定性的措施，在两者之间保持动态平衡的能力将是创新驱动创业情境下初创企业独特的竞争优势。学者可以基于能力理论（theory of capability）辩证分析创业者形成和使用两种看似矛盾的能力的过程（请参见本书第18章的动态能力）。

本章在这里提供一种分析对不确定性动态利用的思路——创业者为竞争对手创造不确定性并控制自身面临的不确定性。创新驱动创业以创新打破当前固化的商业模式，创造未来的不确定性，帮助创业者开辟生存空间（胡望斌等，2014）。创业者以创新给在位企业创造不确定性，但这不是创业者获得不确定性价值的完整路径，创业者还需要在为他人创造不确定性的同时为自己寻找确定性（路江涌，2020）。总之，创业者并不是单纯的市场破坏者，而是市场规则的再定义者（张玉利和谢巍，2018）。

以"创业者是规则的再定义者"为假设，学者有两种分析创业者利用不确定性的思路。首先，可以关注规则颠覆和规则重塑在时间维度上的先后顺序，研究创业者在跨越转折点时的思维、行动、组织结构和环境变化。其次，可以将规则颠覆和规则重塑视为同时发生，分析创业者给竞争对手带来的不确定性程度与创业者对自身所处不确定环境的掌控程度之间的动态关系。

3. 创新驱动创业中不确定性的层次研究

近年来创业研究对"创业者如何获得系统性支持"问题的讨论反映出创业领

域学者对跨层次研究的关注（Burtch et al.，2018）。扎根中国情境的创业研究应当将这一趋势应用在理解创业者与社区、产业和国际伙伴在不确定环境下的互动关系中。

第一，从创业者与其所在社区互动的层次分析不确定性，学者可以尝试从竞争思维转向合作思维，关注创业者群体在不确定情境下的知识共创。过去的研究受资源基础观的影响（请参见本书第8章的资源基础观），认为创业者应当确保自己的资源是稀缺的，关注创业者独立承担不确定性的过程，将创业者应对不确定性的能力视为一种独特的知识资源。而未来的研究需要分析创业者与他人合作利用不确定性、共享知识、共塑市场的过程。为此，学者可以关注中国的众创社群对创业者理解、控制、适应和利用不确定情境的影响。

第二，从创业者与其所在行业互动的层次分析不确定性，初创企业与在位企业的关系是焦点话题，因为在位企业往往就是其所在行业的领头人和形象代表。从个体层面上讲，在位企业厌恶初创企业技术创新带来的不确定性，但从行业发展的角度讲，在位企业需要初创企业的创新能力开拓行业边际，应对行业未来发展的不确定性。例如，随着"碳中和"思想的传播，能源产业开始艰难转型，传统化石能源巨头需要与初创企业合作，重新定义行业的发展路径；再比如，在移动互联网普及后，广播电台也开始与直播平台合作理解、挖掘公众全新的视频消费行为（Ansari et al.，2016）。

第三，从创业者与母国和东道国互动的层次分析不确定性，政府政策和导向既是创业者面对的不确定性之一，也是帮助创业者应对不确定性的助力之一。创业者与国家层面的互动关系是对上面两个层次的补充。无论是创业者社群内部还是与行业主体的互动都离不开政府的调节和规范。为此，学者可以从母国和东道国的层面分析政策对创业者、创业群体和所在行业在利用不确定性过程中的影响，如知识产权保护对初创企业之间和初创企业与在位企业之间知识共创、人才共享、资源交换的影响等。

参 考 文 献

蔡莉，张玉利，蔡义茹，等. 2021. 创新驱动创业：新时期创新创业研究的核心学术构念[J]. 南开管理评论，24: 217-226.

何瑛，杨琳. 2021. 改革开放以来国有企业混合所有制改革：历程、成效与展望[J]. 管理世界，(7): 4, 44-60.

胡望斌，张玉利，杨俊. 2014. 同质性还是异质性：创业导向对技术创业团队与新企业绩效关系的调节作用研究[J]. 管理世界，(6): 92-109,187.

李东红，陈昱蓉，周平录. 2021. 破解颠覆性技术创新的跨界网络治理路径：基于百度Apollo自动驾驶开放平台的案例研究[J]. 管理世界，(4): 130-159.

李雪灵, 姚一玮, 王利军. 2010. 新企业创业导向与创新绩效关系研究积极型市场导向的中介作用[J]. 中国工业经济, (6): 116-125.

刘志阳, 李斌, 陈和午. 2018. 企业家精神视角下的社会创业研究[J]. 管理世界, 34(11): 171-173.

柳卸林, 高雨辰, 丁雪辰. 2017. 寻找创新驱动发展的新理论思维：基于新熊彼特增长理论的思考[J]. 管理世界, (12): 8-19.

路江涌. 2020. 危机共存：后红利时代的管理法则[M]. 北京：机械工业出版社.

马鸿佳, 吴娟, 郭海, 等. 2021. 创业领域即兴行为研究：前因、结果及边界条件[J]. 管理世界, (5): 15, 211-229.

穆虹. 2019. 新时代改革开放的政治宣言和行动纲领：学习习近平总书记在庆祝改革开放40周年大会上的重要讲话精神[J]. 求是, (2): 34-40.

施建军, 夏传信, 赵青霞, 等. 2018. 中国开放型经济面临的挑战与创新[J]. 管理世界, (12): 13-18, 193.

杨洋, 魏江, 罗来军. 2015. 谁在利用政府补贴进行创新？——所有制和要素市场扭曲的联合调节效应[J]. 管理世界, (1): 75-86, 98, 188.

张玉利, 谢巍. 2018. 改革开放、创业与企业家精神[J]. 南开管理评论, 21: 4-9.

周江华, 仝允桓, 李纪珍. 2012. 基于金字塔底层(BoP)市场的破坏性创新：针对山寨手机行业的案例研究[J]. 管理世界, (2): 112-130.

Ács Z J, Autio E, Szerb L. 2014. National systems of entrepreneurship: measurement issues and policy implications[J]. Research Policy, 43: 476-494.

Alvarez S A, Afuah A, Gibson C. 2018. Editors' comments: should management theories take uncertainty seriously?[J]. Academy of Management Review, 43: 169-172.

Alvarez S A, Barney J B. 2005. How do entrepreneurs organize firms under conditions of uncertainty?[J]. Journal of Management, 31: 776-793.

Ambos T C, Birkinshaw J. 2010. How do new ventures evolve? An inductive study of archetype changes in science-based ventures[J]. Organization Science, 21: 1125-1140.

Ansari S, Garud R, Kumaraswamy A. 2016. The disruptor's dilemma: TiVo and the U.S. television ecosystem[J]. Strategic Management Journal, 37: 1829-1853.

Ansari S, Krop P. 2012. Incumbent performance in the face of a radical innovation: towards a framework for incumbent challenger dynamics[J]. Research Policy, 41: 1357-1374.

Arikan A M, Arikan I, Koparan I. 2020. Creation opportunities: entrepreneurial curiosity, generative cognition, and Knightian uncertainty[J]. Academy of Management Review, 45: 808-824.

Barr P S, Stimpert J L, Huff A S. 1992. Cognitive change, strategic action, and organizational renewal[J]. Strategic Management Journal, 13: 15-36.

Billinger S, Srikanth K, Stieglitz N, et al. 2021. Exploration and exploitation in complex search tasks: how feedback influences whether and where human agents search[J]. Strategic Management Journal, 42: 361-385.

Burns B L, Barney J B, Angus R W, et al. 2016. Enrolling stakeholders under conditions of risk and uncertainty[J]. Strategic Entrepreneurship Journal, 10: 97-106.

Burtch G, Carnahan S, Greenwood B N. 2018. Can you gig it? An empirical examination of the gig economy and entrepreneurial activity[J]. Management Science, 64: 5497-5520.

Busenitz L W, Barney J B. 1997. Differences between entrepreneurs and managers in large organizations: biases and heuristics in strategic decision-making[J]. Journal of Business Venturing, 12: 9-30.

Chia R, Langley A, van de Ven A. 2004. The first Organization Studies summer workshop on theorizing process in organizational research[J]. Organization Studies, 25: 1466-1468.

Dencker J C, Gruber M, Shah S K. 2009. Pre-entry knowledge, learning, and the survival of new firms[J]. Organization Science, 20: 516-537.

Dosi G, Egidi M. 1991. Substantive and procedural uncertainty: an exploration of economic behaviours in changing environments[J]. Journal of Evolutionary Economics, 1: 145-168.

Dougherty D, Heller T. 1994. The illegitimacy of successful product innovation in established firms[J]. Organization Science, 5: 200-218.

Duncan R B. 1972. Characteristics of organizational environments and perceived environmental uncertainty[J], Administrative Science Quarterly, 17: 313-327.

Ebbers J J, Wijnberg N M. 2019. The co-evolution of social networks and selection system orientations as core constituents of institutional logics of future entrepreneurs at school[J]. Journal of Business Venturing, 34: 558-577.

Galbraith J R. 1973. Designing Complex Organizations[M]. Reading: Addison-Wesley.

Ghemawat P. 1991. Commitment: The Dynamic of Strategy[M]. New York: Free Press.

Gioia D A, Patvardhan S D, Hamilton A L, et al. 2013. Organizational identity formation and change[J]. The Academy of Management Annals, 7: 123-193.

Gollier C, Treich N. 2003. Decision-making under scientific uncertainty: the economics of the precautionary principle[J]. Journal of Risk and Uncertainty, 27: 77-103.

Harmon D J. 2019. When the fed speaks: arguments, emotions, and the microfoundations of institutions[J]. Administrative Science Quarterly, 64: 542-575.

Hiatt S R, Carlos W C. 2019. From farms to fuel tanks: stakeholder framing contests and entrepreneurship in the emergent U.S. biodiesel market[J]. Strategic Management Journal, 40: 865-893.

Hitt M A, Arregle J L, Holmes Jr R M. 2021. Strategic management theory in a post-pandemic and non-ergodic world[J]. Journal of Management Studies, 58: 259-264.

Jauch L R, Kraft K L. 1986. Strategic management of uncertainty[J]. Academy of Management Review, 11: 777-790.

Keynes J M. 1937. General Theory of Employment, Interest and Money[M]. New York: A Harvest/HBJ Book.

Klingebiel R, de Meyer A. 2013. Becoming aware of the unknown: decision making during the implementation of a strategic initiative[J]. Organization Science, 24: 133-153.

Knight F H. 1921. Risk, Uncertainty and Profit[M]. New York: Hart, Schaffner and Marx.

Laursen K, Salter A. 2006. Open for innovation: the role of openness in explaining innovation performance among U.K. manufacturing firms[J]. Strategic Management Journal, 27: 131-150.

Leyden D P. 2016. Public-sector entrepreneurship and the creation of a sustainable innovative economy[J]. Small Business Economics, 46: 553-564.

March J G, Simon H A. 1958. Organizations[M]. Oxford: Wiley.

McMullen J S, Shepherd D A. 2006. Entrepreneurial action and the role of uncertainty in the theory of the entrepreneur[J]. Academy of Management Review, 31: 132-152.

Milliken F J. 1987. Three types of perceived uncertainty about the environment: state, effect, and response uncertainty[J]. Academy of Management Review, 12: 133-143.

Nair S, Gaim M, Dimov D. 2022. Toward the emergence of entrepreneurial opportunities: organizing early-phase new venture creation support systems[J]. Academy of Management Review, 47: 162-183.

Navis C, Glynn M A. 2010. How new market categories emerge: temporal dynamics of legitimacy, identity, and entrepreneurship in satellite radio, 1990–2005[J]. Administrative Science Quarterly, 55: 439-471.

Packard M D, Clark B B, Klein P G. 2017. Uncertainty types and transitions in the entrepreneurial process[J]. Organization Science, 28: 840-856.

Rindova V, Courtney H. 2020. To shape or adapt: knowledge problems, epistemologies, and strategic postures under Knightian uncertainty[J]. Academy of Management Review, 45: 787-807.

Sapienza H J, Gupta A K. 1994. Impact of agency risks and task uncertainty on venture capitalist-CEO interaction[J]. Academy of Management Journal, 37: 1618-1632.

Savage L J. 1972. The Foundations of Statistics[M]. New York: Courier Corporation.

Shackle G L S. 1966. Policy, poetry and success[J]. Economic Journal, 76: 755-767.

Shackle G L S. 1972. Epistemics and Economics: A Critique of Economic Doctrines[M]. Cambridge: Cambridge University Press.

Shane S. 2000. Prior knowledge and the discovery of entrepreneurial opportunities[J]. Organization Science, 11: 448-469.

Smith K G, di Gregorio D. 2002. Bisociation, discovery, and the role of entrepreneurial action[C]//Hitt M, Ireland R D, Camp S M, et al. Strategic Entrepreneurship: Creating A New Mindset. Malden: Blackwell: 127-150.

Sommer S C, Loch C H, Dong J. 2009. Managing complexity and unforeseeable uncertainty in startup companies: an empirical study[J]. Organization Science, 20: 118-133.

Spigel B, Harrison R. 2018. Toward a process theory of entrepreneurial ecosystems[J]. Strategic Entrepreneurship Journal, 12: 151-168.

Stevenson H H, Jarillo J C. 1990. A paradigm of entrepreneurship: entrepreneurial management[J]. Strategic Management Journal, 11: 17-27.

Thompson J D. 1967. Organizations in Action[M]. New York: McGraw-Hill.

Townsend D M, Hunt R A, McMullen J S, et al. 2018. Uncertainty, knowledge problems, and entrepreneurial action[J]. Academy of Management Annals, 12: 659-687.

Tung R L. 1979. Dimensions of organizational environments: an exploratory study of their impact on organization structure[J]. Academy of Management Journal, 22: 672-693.

Tversky A, Kahneman D. 1974. Judgment under uncertainty: heuristics and biases[J]. Science, 185: 1124-1131.

Zahra S A. 2021. The resource-based view, resourcefulness, and resource management in startup firms: a proposed research agenda[J]. Journal of Management, 47: 1841-1860.

Zuzul T, Tripsas M. 2020. Start-up inertia versus flexibility: the role of founder identity in a nascent industry[J]. Administrative Science Quarterly, 65: 395-433.

代表性学者简介

弗兰克·奈特（Frank Knight）

弗兰克·奈特在康奈尔大学（Cornell University）获得哲学博士学位，并于1927年成为芝加哥大学教授。他出版了 *Risk, Uncertainty and Profit*、*The Economic Organization*（《经济组织》）、*Freedom and Reform: Essays in Economics and Social Philosophy*（《自由与改革：经济学与社会哲学论文》）等代表性著作，在 *Risk, Uncertainty and Profit* 中对"风险"和"不确定性"做出了明确的区分，阐述了企业家在利润理论中的独特作用，并对生产理论中可变比例定律作了最早的陈述。

杰弗里·麦克马伦（Jeffery McMullen）

杰弗里·麦克马伦为印第安纳大学（Indiana University）凯利商学院创业学教授和 *Journal of Business Venturing* 主编，他在 *Academy of Management Annals*（《美国管理学会年鉴》）、*Academy of Management Journal*、*Academy of Management Review* 等期刊发表多篇论文。其文章曾屡次荣获美国管理学会（Academy of Management）创业分部、美国独立企业联合会嘉奖。

莎伦·阿尔瓦雷斯（Sharon Alvarez）

莎伦·阿尔瓦雷斯为匹兹堡大学（University of Pittsburgh）约瑟夫卡茨商学院创业研究托马斯·奥洛夫森讲席教授。现任 *Academy of Management Review* 的副主编，曾任 *Strategic Entrepreneurship Journal* 副主编。在 *Academy of Management Review*、*Organization Science*、*Strategic Management Journal* 等期刊发表多篇论文。阿尔瓦雷斯教授发表的"Discovery and creation: alternative theories of entrepreneurial action"（《发现与创造：创业行为的多种理论》）获得了美国管理学会创业分部2019年基础论文奖以及 *Strategic Entrepreneurship Journal* 最佳论文奖。

本章执笔人：路江涌　马铭泽

第6章 制度理论——解析创新驱动创业的底层结构

制度定义了社会经济活动的规则，创业也自然受其影响。从20世纪90年代开始，制度作为一个定义激励结构的要素出现在创业研究文献中（Aldrich and Fiol，1994；Baumol，1990，1993）。经过三十年的发展，研究议题不断丰富，分析层次也逐渐深入（Acs et al.，2018；Bruton et al.，2010；Shane and Foo，1999；Su et al.，2017）。创业研究通过引入制度要素，对创业过程、创业动机、机会识别及企业家认知、动机、目的和行动等经典的创业研究主题在中观层次上有了新的认识，突破了传统的企业微观分析框架。创新驱动创业不同于传统的机会创业与发现创业，是促进技术创新和社会增量进步的重要驱动力，也是制度创新的源泉之一。创业家既会受到制度约束，同时又是改造制度的经济主体。因此，制度理论成为创新驱动创业重要的基础理论之一。

6.1 制度理论的发展

制度主义（institutionalism）起源于19世纪末期，主要代表人物有托斯丹·凡勃伦（Thorstein Veblen）、约翰·R. 康芒斯（John R. Commons）等。凡勃伦（Veblen，1898）指出经济学应该回到演化传统，清晰地揭示了长期条件下经济制度所决定的累积性增长结果。制度是人类形成的具有普遍性的习惯（Veblen，1909）。例如，现代产权是人类经历长期的文明演化才形成的财产分配习惯，奴隶制、人身依附也曾是被广泛接受的习惯。制度形成与演化伴随着个体行动转变为集体行动，而个体与集体的互动体现了制度形成和发挥作用的基础逻辑。在实际经济活动中，个体经济行为和行动受到集体规则的组织、控制和保护。因此，制度经济学将经济学研究从经典经济交易关系的物质层次提升到人际关系和行为层次，个体经济行为变成经济分析的基础单元。随后，社会互动、价值观与制度逐渐成为制度经济学的核心概念（Bush，1987）。

20世纪中叶之后，制度经济学开始出现不同的流派，特别是受经济计量学和经济模型数学化的影响，传统的制度主义逐渐式微，进而产生了两支新制度主义（new/neo institutionalism），以区别于老制度主义[old institutionalism或者original institutionalism（经典制度主义）]。其中一支新制度主义的主要代表人物是罗纳德·科斯（Ronald Coase）、道格拉斯·诺思（Douglass North）和奥利弗·威廉姆森（Oliver Williamson）等学者，因为其采纳了更多新古典经济学的分析框架、概念和方法，影响力也较大。另一支新制度主义学派是沿袭了凡勃伦主义的演化制度经济学派，主要学者都与演化经济学会（the Association for Evolutionary Economics）和欧洲演化政治经济学会（the European Association of Evolutionary Political Economy）有深厚的学术渊源，例如，纲纳·缪达尔（Gunnar Myrdal）、约翰·K. 加尔布雷思（John K. Galbraith）等。该新制度主义更多地研究经济社会系统动态、制度形态多样化、制度演化、劳动关系等以真实世界社会经济为导向的问题。

以科斯为代表的新制度学派则发展了交易成本（transaction cost）、契约（contract）与产权（property rights）三个重要概念，结合新古典分析框架、少量数学推理、实证检验等方法，使得制度主义重新进入主流经济学范围。科斯（Coase，1937）认为企业替代了生产要素所有者的讨价还价，通过组织层级间的协调，可以降低交易成本，由此打开了企业内投入产出关系的黑箱。企业内部组织、生产协调、激励结构等问题都在新的概念框架下有了更鲜活的答案。诺思进一步将这些制度理论推广到国家长期发展与落后的原因探究上（North，1981）。诺思（North，1990）将制度定义为社会博弈规则，并将其划分为正式（formal）规则（如法律、合同等）和非正式（informal）约束（如社会习俗等），以及两类约束的实施特征（enforcement characteristics）。制度结构及其变迁的差异性最终成为国家发展和企业成长在长期维度上的重要解释变量。

以科斯和诺思为代表的新制度经济学不仅将抽象传统制度主义降维为产权、法律和规则等具体概念，抛弃了制度内生生成变迁等在广泛社会科学层面的制度主义原教旨范式，使得制度主义学说在新古典框架和量化分析流行的时代迅速获得了主流学术出版物的认可。尽管经典制度主义学者仍然在坚定地推动原有学术框架，但是影响力远不及科斯和诺思为代表的制度主义学派。因此，本章接下来主要选取的是在影响力较大的创业领域期刊所发表的文章，而未能涵盖经典制度主义所关注的制度与创业关系的研究。

6.2　制度理论在创业领域的应用与发展

制度定义了社会基本激励结构和运行框架。探讨制度对创业的影响，首先解决对二者概念的理解及其衡量问题。简单来讲，创业即开创企业。衡量创业可以从创业水平、创业过程、企业家行为、创业路径、创业质量、创业生态环境等方面展开。企业本身的经营活动和创业能力并不是创业活动的根本，制度和创业支持政策才是创业社会的基石（Audretsch，2021）。20 世纪 80 年代，拜杜法案（Bayh-Dole act）赋予了联邦政府资助的研究成果的发明人更大的自主权来推进科技成果转换。该法案显著地提升了基础科学研究知识溢出效应，促进了美国的科技创业水平。这个典型案例生动地展示了制度及其变迁对创业的重要意义。

通过梳理 20 世纪 90 年代以来在国际创新与创业领域期刊发表的学术文章，我们发现，对制度与创业关系的研究主要包括如下三个方面。①制度与创业的交互影响。例如，制度环境对总体创业水平、创业质量的影响；从长期的维度看，创业活动也会逐渐改变原有的制度框架和结构。②不同类型的制度对创业的影响机理。最常见的是从正式制度和非正式制度角度进行分类，探讨它们对创业水平和创业质量、创业行为等的影响。③比较制度分析。制度差异也是揭示创业与制度关系的有效维度，通过比较分析，我们可以从横向和纵向理解制度与创业的关系。从具体研究的层次看，上述主要思路和问题可以在国家、社会与组织层面分别展开，或者从系统化的视角切入探讨跨层次制度与创业的关系。

6.2.1 制度与总体创业水平

制度对创业最基础的影响是创业进入（entrepreneurial entry）问题，即制度条件影响一个社会或者经济体的总体创业水平。制度环境会影响创业的交易成本、创业机会。总体创业活跃度与市场环境、市场进入条件、工商登记程序、市场退出等制度直接相关。创业研究通常隐含着自由市场经济假设，因此，市场化程度通常也作为常见的制度表征在文献中出现。例如，政治清廉、高强度产权保护、低程度政府干预等是自由市场经济的代名词，也意味着该经济体创业活跃度较高（Estrin et al., 2013）。如果市场进入壁垒较高，工商手续烦琐复杂，信贷获得性低，以及市场退出渠道不畅，就意味着创业成本较高，创业活跃程度自然较低（Djankov et al., 2002；McAfee et al., 2004）。

非正式制度在研究中很难衡量，多以文化、习俗、认知、社会心态等来表达。非正式制度对总体创业水平的影响已被广泛证实（Ahlstrom and Bruton, 2006），甚至在解释国家间创业水平差异性时，非正式制度的解释力更强（Valdez and Richardson, 2013）。非正式制度对创业活跃度的影响，在很大程度上可从创业不确定性或者创业失败社会接受度等方面加以解释（Eberhart et al., 2017）。创业失败可以导致原有社会地位的丧失，在失败容忍程度较高的社会中，受教育程度高、社会关系良好的精英层次更愿意选择稳定的工作机会。非正式制度变迁速度很慢，所以从政策角度看，短期内很难从非正式维度入手来设计创业政策。因此，整体创业水平受正式制度的影响更为明显。

6.2.2 制度与创业质量

长期经济增长极大地依赖于基于创新的创业活动（Schumpeter, 1912）。创业有质量高低之分，在 Baumol（1990）的开创性工作中，他就阐释了不同制度环境会造就差异化的创业路径，即当产权保护、法制环境、契约执行等制度质量较高时，创业者更愿意从事生产性创业（productive entrepreneurship），创造更多私人财富，致力于新产品和技术的开发；而当制度质量较低时，非生产性创业（unproductive entrepreneurship）则利用政治和法律上的便利对社会财富进行转移，缺乏增量财富的创造。Baumol（1990，1993）指出，制度结构决定了创业活动是生产性、非生产性还是破坏性的。Acs 和 Lappi（2021）将饮酒偏好作为一种非正式制度，用于衡量欧洲国家的文化异同，他们发现喝啤酒的国家的生产性创业比例较高，红酒文化国家以非生产性创业为主，而喜欢烈性酒的国度的破坏性创业所占比重较高。这种偏好一方面是受当地传统、生产结构的影响，同时也可能与当地人的代表性基因相关。

创业之后，创业热情能否持续，同样也受到制度的影响。Estrin 等（2013）发现一个国家的腐败程度越高、知识产权保护程度越弱、政府干预程度越强会限制创业者的持续投入和企业成长空间。这些制度上的缺陷会让创业企业承受较大冲击力的不可预知性，企业家的惴惴不安带来的运营成本显然会降低创业热情。

6.2.3 制度与创业者行为

创业动机是否可以转化为实际的创业行为和行动受很多因素影响，制度就是其中之一（van Gelderen et al.，2015）。Bogatyreva 等（2019）选取文化作为影响创业动机转化为创业行动的制度因素进行了研究。他们发现社会平等、资源本地化、安全感、男性社会文化等可以显著提升总体创业水平。这类研究启发我们深度挖掘制度与创业的关系，重点要理解制度与创业行为的关系。

以"强"或"弱"来阐释政府经济活动参与程度对创业活动的影响通常因问题情景而异。从自由市场经济语境出发，政府干预程度越低，创业水平或创业热情保持得越好（Sobel，2008）；然而，在很多正式制度缺失的发展情形下，政府干预反而是对弱制度环境的补充，对创业形成保护和支撑（Chowdhury et al.，2019）。此外，政府参与也意味着增加创业资源的可能性。在很多国家和地区，政府通过创业补贴、劳动力培训等手段来促进创业，在一定程度上可以表述为"优化创业环境"或者"制度上的改进"。这样的"优化""改进"的努力会给创业者带来截然不同的激励效果，有些会利用好政府资源，进行生产性创业，提升创业质量（Sobel，2008）。此类的争论在一定程度上是意识形态上的分歧。在很多学者看来创业型国家是发展之道，并且从理论和事实上都给出了清晰的展示，例如 Chang（1994）以及 Mazzucato（2013）等的研究。Karlsson C 和 Karlsson M（2002）剖析了介于二者之间的瑞典经济模式的演进，指出强烈的国家干预主义在全球化时代也许不再适宜。虽然政府可为创业活动赋能，但是创业需要更多社会能力的支持。社会能力离不开一系列制度来确保知识和能力的供给，政府只是其中一个元素。特别是在快速的技术变革时代，政府最好是在教育培训、财富分配、失业等方面为创业保驾护航，而非直接支持创业。

在多数文献中，制度是静态变量。然而现实并非如此。制度受多种力量共同影响，创业也是其中之一（这正是后文的制度创业要研究的问题）。无论制度因何而变，对企业家来讲都要面对制度变迁带来的不确定性和商业机会。Welter 等（2018）指出，企业家行为研究通常都假设了制度是稳定的，因此有必要在持续资源约束和制度变动的情境下，对企业家解决资源约束的行动进行研究。他们以苏联解体（1991 年）和两次欧盟成员国扩容（2004 年和 2007 年）为制度变迁背景，研究了边境成员国特别是前苏联成员国的企业家如何处理资源约束和制度不稳定性，如何在"变"（change）与"不变"（continuity）的摇摆中开展创业活动。研究发现，即使制度环境一直处于不稳定的状态，创业者还是借助他们在苏联阶段积累的有形和无形资产、社会关系等进行资源拼凑，也就是说，创业者对制度之变的反应程度并不是资源谋划的核心；相反，创业的核心问题仍是资源本身。这一发现与 Alvarez 等（2015）将制度创业内生于利润实现的逻辑是一致的。

当制度环境较差时，政治网络对创业具有显著的正向影响（吴一平和王健，2015）。Wu 等（2022）以中国经济转型为背景，总体上考察了制度变迁下的创业策略。在市场化改革初期，创业企业的核心能力是政治关联，以便在创业过程中获得资源和信息的优势。而随着市场化进程的深入，企业的核心能力是差异化创新能力。从关系策略到创新策略转变的过程中，对企业来说，策略选择则具有了双元性（ambidexterity），需要有足够的变通和全面理解变革的能力。因此，Wu 等提出了一种避风港策略（cocoon-based strategy），即企业对新旧制度安排都要统筹考虑的策略，例如，在科技园区创办企业既可以享受政策上的优惠，又能获得高科技产业发展的便利。

Bylund 和 McCaffrey（2017）对制度不确定性与创业行为的关系研究更具有启发性。他们借用威廉姆森（Williamson，1985）经典的制度层次论，讨论了当制度不确定性发生在政治、经济、政策、社会文化层面时，企业家应该如何回应的问题。如果政治制度面临巨大的变革或者考虑社会文化因素，创业活动受到的影响都是长期的，企业家的短期决策受这些因素影响的程度是很小的；如果在某一个政策或经济景气出现不确定性时，企业家的期望就会受到这些层次的制度不确定性影响，进而调整自身行动。

制度环境还会影响企业家的判断。创业是在不确定条件下追求利润的商业实验过程，为了企业存活，企业家需要连续不断地对市场、消费者、竞争者、技术进步方向等做出自己的判断。特别是在讨论潜在创业者培育相关问题时，一个良好的制度环境会降低学习成本，创业活动更多取决于市场和对商业机会的判断，而无须投入过多精力来试图改变不利于企业成长的制度。Foss 等（2019）认为创业其实是企业家根据自己的判断将资源投入到一个商业项目，判断的基础是企业家个人的信念、行动以及结果，而非简单地抓住一个"商业机会"，因为某一个商业机会之所以被识别，是因为企业家认定了利润的存在。发起创业以及创业成功是主观现象，而非客观创业机会的识别与变现。制度环境是影响主观判断的关键要素，在Foss等（2019）看来，异质性创业资源的整合方式受要素替代弹性影响，良好的制度环境降低了整合中的交易成本，从而使企业家的行动集合具有更大的选择空间（Bjørnskov and Foss，2013）。

转型经济体内的创业活动通常要处理不断变化的制度环境，即创业与制度的共生演化（co-evolution）。创业企业不仅要处理制度性障碍，为企业扫清经营上的制度掣肘，进一步优化制度体系，而且要适应快速变迁的制度环境。Ahlstrom和Bruton（2010）深入考察了俄罗斯转型过程中的创业活动特征。在转型初期，由于正式制度的缺失和创业资源匮乏，企业家常通过汇集资源的方式形成大企业；而当制度不断完善之后，小企业开始逐渐涌现，企业家可以更快促进制度变迁。随着创业活动活跃，俄罗斯政府创业支持力度的加大，管制和税收政策逐渐放松。政府扶持激发了俄罗斯崇尚高科技的民族个性，高科技创业开始繁荣，企业家的学历背景和校友资源等社会认知层面因素也在创业体系内激活。这种快速的制度变迁在成熟市场经济体系下很难发生，相反，正是转型独特的需要催化了制度创业，促进了制度变迁。

6.2.4 创业研究中的比较制度分析

制度背景差异是解释各国创业活跃程度不同的重要变量（Audretsch，2012；Baumol and Strom，2007；Urbano and Alvarez，2014），通过比较分析各国制度，可以更深刻地揭示制度与创业活动之间的关系。

常见的研究视角主要是对发达国家内部、转型发展中经济体、发达国家与发展中国家等的对比分析；同时，考虑到制度细分类型的多样性，采用组合对比分析的研究也非常丰富。其中，比较制度分析的维度选择尤为关键，哪些制度可以精准反映国家间的标志性差异，如何进行比较分析，这需要巧妙的研究设计。例如，Gohmann（2012）发现欧洲国家间的创业偏好受制度影响，但是国家间没有明显差别。Urbano和Alvarez（2014）从规制维度（商业注册规制）、规范维度（职业选择、创业媒体关注度）、文化认知维度（创业技能认知、创业失败恐惧感、创业熟知度）三个维度对全球30个国家的创业进入进行分析，他们发现这三个解释维度都是显著的，但没有分析国家间的差异。

然而有的研究对制度和创业的关系进行了更深层次的剖析。例如，Dilli等（2018）追问了制度类型与创业形态的关系问题。依据金融监管强度、劳动市场保护、教育培训、组织间合作四个制度维度，他们将欧美22国划分为自由市场经济体、协调式市场经济体、地中海市场经济体和东欧市场经济体四种制度类型，研究表明以英美为代表的自由市场经济体系拥有宽松的金融环境、管制较低的劳动力市场、科学完整的知识技能培育体系和友好的组织合作制度，更容易催生高科技创业活动和高成长企业。再如，高学历创业的机会成本较高，可以解释教育水平与创业水平在多数国家所呈现的负相关关系。不过 Dheer 等（2017）发现对不确定性的规避程度在集体主义文化主导的经济体中表现得更为明显，对崇尚集体主义的受教育精英来讲，进入业已成熟的企业组织所获得的成就感和收益更高。对比上述几例，我们可以发现，比较制度分析从逻辑上很容易理解，但是如何有效地从制度变量选择、制度细分以及创业核心问题选取等方面开展研究，才是最具挑战的部分。

转型经济体、地理接近区域是比较制度分析的重点领域。对转型经济体来说，创业机会和资源缺乏，整体创业水平不高（Freytag and Thurik，2007），因此，政府支持在创业过程中的作用更明显一些（Tan and Zeng，2009），在正式制度安排较弱的转型经济体内，创业企业甚至要通过与政府或者非营利组织的合作来强化企业的合法性（Ahlstrom and Bruton，2006，2010）。创业质量也存在国家间的差异。例如，Iwasaki 等（2022）以中东欧转型国家的中小企业为研究对象，同样发现制度质量是影响企业存活的关键因素。

文化对创业影响的异质性比较在创业研究中一直备受关注，也可以反映出国家差异（Bogatyreva et al.，2019）。不同民族在习俗、语言、社会关系上的差异一方面可以形成独特的社会资本，服务于创业活动；另一方面也可能形成某种文化藩篱，影响创业发展。从研究设计角度看，如何衡量文化差异是一个关键问题。再进一步看，醉心于比较研究的重要意义是甄别提炼哪些文化要素更有利于吸引和促进企业家创业。例如，企业家对多元而生机勃勃的文化总是充满热情（Florida and Gates，2003；Thiel，2017）。

较早的 Manolova 等（2008）比较了拉脱维亚、匈牙利和保加利亚三个东欧新兴经济体中制度环境对创业的影响，研究发现三个国家创业支持制度环境都不够有效，但是背后的原因却各不相同。在拉脱维亚和保加利亚，正式制度限制是主要原因；而匈牙利不仅在政策方面欠缺，公众的创业态度也不够积极，创业文化也不及另外两个国家。

Audretsch 等（2021）则提出了亚文化（subculture）比主流文化能更好地吸引创业，并借助德国 69 个最大城市的创业、个人艺术家、自由公共从业者（freelance publicists）的数据，证明了亚文化与创业活跃水平的正相关关系。以上的相关性研究从人力资本、制度稳定性、文化吸引力、文化包容等方面都可以解释文化吸引创业的机制。虽然文化是一个抽象概念并难以衡量，但是其作为非正式制度可以为创业政策的制定提供很多有意义的借鉴。

各类制度之间的互动效果也会直接影响创业水平。例如，有研究发现，个人主义文化明显放大了有效产权保护和清廉政治环境对创业水平的促进作用（Dheer et al.，2017）。Churchill（2017）发现了民族多样性降低制度质量的证据，这也说明了制度系统内部的相互作用影响了创业的水平和质量。

6.3　制度理论在创新驱动创业研究中的局限与未来展望

6.3.1　局限

通过上述总结，本章认为制度理论在创新驱动创业研究方向存在以下局限可以突破。第一，正如本章开头所指出的，创业领域最有影响力的研究成果多遵循科斯和诺思为代表的新制度主义传统，缺乏经典制度经济学所倡导的演化、过程和互动等视角来洞察创新驱动创业这一社会经济活动。这样的静态分析限制了创业活动中所蕴含的制度与创业的互动关系，我们可以观察一定的制度框架对创业活动的影响，也可以甄别创业活动对制度生成和变迁的影响，但是二者的互动过程还是一个"黑箱"，有待从真实世界来挖掘。

第二，多数文献对制度的衡量主要从宏观和微观两个角度切入，并与正式制度和非正式制度进行对应。宏观层面的正式制度多从经济自由和政治透明角度入手。例如，政治决策结构、法制程序、规制、产权保护制度、契约执行、资源和知识的可及性等多用来衡量制度质量。非正式制度多从社会习俗、文化、认知、信念体系等角度加以解释，但是在经验研究领域，这些角度在度量上存在很大差异。对很多重要的议题，例如，正式与非正式制度的互动效应缺乏足够的关注。

6.3.2　未来展望

创新驱动创业是从发展的视角来看待创业活动的。创新驱动创业不仅创造新的工作岗位，扩大政府税基，而且创造更多新产品、新生产流程，甚至推动制度创新等。创业活动无论其是否在技术、产品和商业模式上产生了突破，我们仍然可以定义其具有创新性。例如，连锁商业加盟扩张，对最初创业者来说是不具备创新特征的市场扩张；而对于加盟商来讲，一次加盟可能是其个人商业上的重要突破，是一种创新。之所以从发展视角来看待创新驱动创业的本质特征，是特别强调创业活动受技术创新、商业模式创新、制度创新等创新性行为驱动，是不同于在欠发达和发展中国家常见的机会发现或者市场增长式的创业活动。非创新驱动创业更多地依赖于发展中自动涌现出来的创业机会，创业成功主要依赖于资源、能力等机会把握和挖掘方面的因素。通过总结制度理论与创业研究的基础文献，我们认为未来制度理论在创新驱动创业研究中至少可以在以下三方面有所作为。

第一，多主体参与式的制度与创新驱动创业的动态关系。

创业研究与制度主义有一个共同的学理特征，即二者都是多主体参与和互动的结果，但是既有研究鲜有考察多主体驱动创业活动对制度产生的影响。然而，现实创业活动和制度变迁过程是相互嵌套的，而且，更加有趣的想象是这两个活动中的多主体是重叠的。创业活动多主体建模通常考虑创业者、风险投资人、银行、政府等利益相关者，他们构成了创业生态系统的主体（Wurth et al.，2022）。在制度变迁多主体建模的研究中，企业（包括企业家）、政治家等又是促进制度变迁的最终助攻者。

创新驱动创业离不开创业主体、组织、制度之间的互动体系（Ács et al.，2014；Chen et al.，2020；Isenberg，2010）。具体来讲，创新驱动创业和制度理论共同的多主体参与的动态关系可通过案例研究等方法展开。首先，各类行为主体在创业过程中都是基于个体资源禀赋开展相应的活动，即使部分个体无法主动感知创业，但是为了成功创造新产品和服务，他们会主动或者被动地卷入到创业过程中，那么，在创新驱动创业研究中，我们要挖掘各类主体在这两个截然不同的过程中如何同时发挥作用。例如，政治家无法为创业者提供创业所需的技术和物质资源，但是作为创业生态系统中的重要组成部分，其能够在制度改变和执行上为创业企业和创业系统提供必要的帮助。这些有趣而生动的事实如能通过过程研究等方法得以恰当地呈现，势必会增加对创新驱动创业过程和发生机理的研究。

类型识别研究也是其中一个重要的研究方向。基于制度和创业两个过程共同的多主体系统化特征，创业研究可从主体角度分类切入，深入挖掘企业家、政府、科研机构、创业孵化器、风险投资、社会组织、慈善机构等在创新驱动创业与推动制度变迁中的独特作用，以及各自功能的发挥和系统化配合在创业过程中如何实现。同时，区域、产业、国家等异质性要素也是值得深入探讨的问题，例如，由于区域文化和产业基础的不同，上述多主体的系统性功能所发挥的空间和方式就会有一定的差异。

第二，制度创新驱动创业的机理研究。

创新驱动创业是长期经济增长和解决人类社会重大挑战的引擎。自 Baumol（1990）对创业活动的生产性和非生产性进行区分之后，生产性创业或者生产率提升创业的意义被广泛接受，那么如何使得创业活动增进社会整体福利是一个重大难题，制度创新是一个重要的策略选项（Bradley et al.，2021）。正如 Alvarez 等（2015）提出的，如果制度框定了社会活动范围，创业者又如何给市场带来新产品和新服务呢？因此，创业本身就是不断打破原有制度及其约束的过程。创新驱动创业与制度创新是一个双向互驱的过程：制度影响了创业，在连续创业和不断追求利润的过程中，制度被革新，制度革新又驱动了企业创业和成长。但是，新制度经济学的静态分析方法，导致制度创新所驱动的创业活动一直未获得足够的关注。

通常认为，创业资源、创业机会等都是创业成功的关键所在，但是如何获取资源、识别机会，以及在何种程度获取，都会受到经济社会运行规则的深刻影响。创业机会的识别是个人主观化的认知和判断，是否创业是企业家对创业过程中机会挖掘和结果计算之后做出的理性决策。在决策计算中，企业家可以将具体的制度作为外生给定的环境变量，甚至制度变迁会带来有意或无意的创业机会（Hwang and Powell，2005）。中国改革开放之后，众多的双向互驱创业活动一般都被从创业合法性获得角度给予关照（Nee，1992），而如果能从中国大规模的制度创新来重新审视创业活动，将是十分有意义的工作。例如，非正式创业（informal entrepreneurship）在中国发展进程中地位显著，其中也伴随着大量的中国特色制度创新，那么需要深入研究制度创新如何促进了创业活动。现有文献多从正式制度缺乏的角度对这些创业行为进行解释，未能理解制度创新所推动的企业家特质行为（Dai and Taube，2021）。例如，Dau 和 Cuervo-Cazurra（2014）发现，清晰自由的治理体系对非正式创业有一定的抑制作用，因为明确的合同执行和市场交易治理体系对非正式创业来说意味着游走制度空白边缘的成本上升。其实，包括中国在内的多数发展中国家和欠发达国家创业都有这样的游走于边缘制度创新的特性，这些特征事实需要更多研究来深入挖掘，并对发展中国家的指导意义将十分显著。

第三，创新驱动创业对制度变迁的影响。

当制度变迁有利于企业发展时，企业家与创业支持系统合作的意愿会更强，并因此推动创业成功和活跃创业生态系统，但是企业家不会简单接受某种制度。当制度限制创业企业发展时，企业家会试图改变或者构造新的制度（Hwang and Powell，2005）。制度影响创业主体的行为及其决策，创业反过来会在创新驱动创业过程中改变制度，并可能从制度变迁中获益。

中国山寨手机生产商从非正规创业转型为核心价值提供商的过程充分展示了创新驱动创业促进制度创新的意义。Lee 和 Hung（2014）梳理了山寨手机厂商在移动电话许可证控制条件下发展和突破制度性限制的过程，指出相关企业借助搭建框架（framing）、力量整合（aggregating）、资源桥接（bridging）三种策略与政府互动，并改变了既有的通信设备许可证体系。时至今日，这些制度创业对于中国手机产业繁荣发展的重要性不言而喻。

制度创业的意义不仅关乎企业合法性获得和创业成功，而且作为组织力量可以推动相关制度革新。在创新驱动创业情境下，我们无须假定企业家会主动寻求制度创新或者制度创业，而更多地将制度创业理解为一个"伴生"的过程。此外，在创新驱动创业情景下，创业活动的边界可能触发相应的金融、教育和社会保障制度等基础制度体系的变革，未来可以通过跨学科交叉研究，探索这一重要问题。

参 考 文 献

蔡莉, 单标安. 2013. 中国情境下的创业研究: 回顾与展望[J]. 管理世界, (12): 160-169.

吴一平, 王健. 2015. 制度环境、政治网络与创业: 来自转型国家的证据[J]. 经济研究, (8): 45-57.

Ács Z J, Autio E, Szerb L. 2014. National systems of entrepreneurship: measurement issues and policy implications[J]. Research Policy, 43(3): 476-494.

Acs Z J, Braunerhjelm P, Audretsch D B, et al. 2009. The knowledge spillover theory of entrepreneurship[J]. Small Business Economics, 32(1): 15-30.

Acs Z J, Estrin S, Mickiewicz T, et al. 2018. Entrepreneurship, institutional economics, and economic growth: an ecosystem perspective[J]. Small Business Economics, 51(2): 501-514.

Acs Z J, Lappi E. 2021. Entrepreneurship, culture, and the epigenetic revolution: a research note[J]. Small Business Economics, 56(4): 1287-1307.

Ahlstrom D, Bruton G D. 2006. Venture capital in emerging economies: networks and institutional change[J]. Entrepreneurship Theory and Practice, 30(2): 299-320.

Ahlstrom D, Bruton G D. 2010. Rapid institutional shifts and the co-evolution of entrepreneurial firms in transition economies[J]. Entrepreneurship Theory and Practice, 34(3): 531-554.

Aldrich H E, Fiol C M. 1994. Fools rush in? The institutional context of industry creation[J]. Academy of Management Review, 19(4): 645-670.

Alvarez S A, Young S L, Woolley J L. 2015. Opportunities and institutions: a co-creation story of the king crab industry[J]. Journal of Business Venturing, 30(1): 95-112.

Audretsch D B. 2012. Entrepreneurship research[J]. Management Decision, 50(5): 755-764.

Audretsch D B. 2021. Have we oversold the Silicon Valley model of entrepreneurship?[J]. Small Business Economics, 56(2): 849-856.

Audretsch D B, Keilbach M. 2008. Resolving the knowledge paradox: knowledge-spillover entrepreneurship and economic growth[J]. Research Policy, 37(10): 1697-1705.

Audretsch D B, Lehmann E E, Seitz N. 2021. Amenities, subcultures, and entrepreneurship[J]. Small Business Economics, 56(2): 571-591.

Baumol W J. 1990. Entrepreneurship: productive, unproductive and destructive[J]. Journal of Political Economy, 98(5): 893-921.

Baumol W J. 1993. Entrepreneurship, Management, and the Structure of Payoffs[M]. Cambridge: MIT Press.

Baumol W J, Strom R J. 2007. Entrepreneurship and economic growth[J]. Strategic Entrepreneurship Journal, 1(3/4): 233-237.

Bjørnskov C, Foss N. 2013. How strategic entrepreneurship and the institutional context drive economic growth[J]. Strategic Entrepreneurship Journal, 7(1): 50-69.

Bjørnskov C, Foss N J. 2016. Institutions, entrepreneurship, and economic growth: what do we know and what do we still need to know?[J]. Academy of Management Perspectives, 30(3): 292-315.

Bogatyreva K, Edelman L F, Manolova T S, et al. 2019. When do entrepreneurial intentions lead to actions? The role of national culture[J]. Journal of Business Research, 96: 309-321.

Bosma N, Content J, Sanders M, et al. 2018. Institutions, entrepreneurship, and economic growth in Europe[J]. Small Business Economics, 51(2): 483-499.

Boudreaux C J, Nikolaev B. 2019. Capital is not enough: opportunity entrepreneurship and formal institutions[J]. Small Business Economics, 53(3): 709-738.

Bradley S W, Kim P H, Klein P G, et al. 2021. Policy for innovative entrepreneurship: institutions, interventions, and societal challenges[J]. Strategic Entrepreneurship Journal, 15(2): 167-184.

Bruton G D, Ahlstrom D, Li H L. 2010. Institutional theory and entrepreneurship: where are we now and where do we need to move in the future?[J]. Entrepreneurship Theory and Practice, 34(3): 421-440.

Bush P D. 1987. The theory of institutional change[J]. Journal of Economic Issues, 21(3): 1075-1116.

Bylund P L, McCaffrey M. 2017. A theory of entrepreneurship and institutional uncertainty[J]. Journal of Business Venturing, 32: 461-475.

Chang H J. 1994. The Political Economy of Industrial Policy[M]. New York: Martin's Press.

Chen J Y, Cai L, Bruton G D, et al. 2020. Entrepreneurial ecosystems: what we know and where we move as we build an understanding of China[J]. Entrepreneurship and Regional Development, 32(5/6): 370-388.

Coase R H. 1937. The nature of the firm[J]. Economica, 4(16):386-405.

Chowdhury F, Audretsch D B, Belitski M. 2019. Institutions and entrepreneurship quality[J]. Entrepreneurship Theory and Practice, 43(1): 51-81.

Churchill S A. 2017. Fractionalization, entrepreneurship, and the institutional environment for entrepreneurship[J]. Small Business Economics, 48(3): 577-597.

Dai S P, Taube M. 2021. Strategic ambiguity in policy formulation: exploring the function of the term "township and village enterprises" in China's industrial ownership reforms[J]. Journal of Chinese Governance, 6(2): 232-256.

Dau L A, Cuervo-Cazurra A. 2014. To formalize or not to formalize: entrepreneurship and pro-market institutions[J]. Journal of Business Venturing, 29(5): 668-686.

Dheer R J S.2017. Cross-national differences in entrepreneurial activity: role of culture and institutional factors[J]. Small Business Economics, 48(4): 813-842.

Dilli S, Elert N, Herrmann A M. 2018. Varieties of entrepreneurship: exploring the institutional foundations of different entrepreneurship types through 'Varieties-of-Capitalism'arguments[J]. Small Business Economics, 51(2): 293-320.

Djankov S, La Porta R, Lopez-de-Silanes F, et al. 2002. The regulation of entry[J]. Quarterly Journal of Economics, 117(1): 1-37.

Eberhart R N, Eesley C E, Eisenhardt K M. 2017. Failure is an option: Institutional change, entrepreneurial risk, and new firm growth[J]. Organization Science, 28(1): 93-112.

Estrin S, Korosteleva J, Mickiewicz T. 2013. Which institutions encourage entrepreneurial growth aspirations?[J]. Journal of Business Venturing, 28(4): 564-580.

Florida R, Gates G. 2003. Technology and tolerance: the importance of diversity to high-technology growth[C]//Clark T N. Research in Urban Policy. Bingley: Emerald Group Publishing Limited: 199-219.

Foss N J, Klein P G, Bjørnskov C. 2019. The context of entrepreneurial judgment: organizations, markets, and institutions[J]. Journal of Management Studies, 56(6): 1197-1213.

Freytag A, Thurik R. 2007. Entrepreneurship and its determinants in a cross-country setting[J]. Journal of Evolutionary Economics, 17(2): 117-131.

Gohmann S F. 2012. Institutions, latent entrepreneurship, and self-employment: an international comparison[J]. Entrepreneurship Theory and Practice, 36(2): 295-321.

Herrmann A M. 2019. A plea for varieties of entrepreneurship[J]. Small Business Economics, 52(2): 331-343.

Hwang H, Powell W W. 2005. Institutions and entrepreneurship[C]//Acs Z J, Audretsch D B. Handbook of Entrepreneurship Research. Boston: Springer US: 201-232.

Isenberg D J. 2010. How to start an entrepreneurial revolution[J]. Harvard Business Review, 88(6): 40-50.

Iwasaki I, Kočenda E, Shida Y. 2022. Institutions, financial development, and small business survival: evidence from European emerging markets[J]. Small Business Economics, 58(3): 1261-1283.

Karlsson C, Karlsson M. 2002. Economic policy, institutions and entrepreneurship[J]. Small Business Economics, 19(2): 163-171.

Ledeneva A. 2008. Blat and Guanxi: informal practices in Russia and China[J]. Comparative Studies in Society and History, 50(1): 118-144.

Lee C K, Hung S C. 2014. Institutional entrepreneurship in the informal economy: China's shan-zhai mobile phones[J]. Strategic Entrepreneurship Journal, 8(1): 16-36.

Maguire S, Hardy C, Lawrence T B. 2004. Institutional entrepreneurship in emerging fields: HIV/AIDS treatment advocacy in Canada[J]. Academy of Management Journal, 47(5): 657-679.

Manolova T S, Eunni R V, Gyoshev B S. 2008. Institutional environments for entrepreneurship: evidence from emerging economies in Eastern Europe[J]. Entrepreneurship Theory and Practice, 32(1): 203-218.

Mazzucato M. 2013. The Entrepreneurial State: Debunking Public vs. Private Sector Myths[M]. New York: Public Affairs.

McAfee R P, Mialon H M, Williams M A. 2004. What is a barrier to entry?[J]. American Economic Review, 94(2): 461-465.

Nee V. 1992. Organizational dynamics of market transition: hybrid forms, property rights, and mixed economy in China[J]. Administrative Science Quarterly, (1): 1-27.

North D C. 1981. Structure and Change in Economic History[M]. Cambridge: Cambridge University Press.

North D C. 1990. Institutions, Institutional Change and Economic Performance[M]. Cambridge: Cambridge University Press.

Schumpeter J A. 1912. The Theory of Economic Development[M]. Cambridge: Harvard University Press.

Shane S, Foo M D. 1999. New firm survival: institutional explanations for new franchisor mortality[J]. Management Science, 45(2): 142-159.

Smets M, Morris T, Greenwood R. 2012. From practice to field: a multilevel model of practice-driven institutional change[J]. Academy of Management Journal, 55(4): 877-904.

Sobel R S. 2008. Testing Baumol: institutional quality and the productivity of entrepreneurship[J]. Journal of Business Venturing, 23(6): 641-655.

Su J, Zhai Q H, Karlsson T. 2017. Beyond red tape and fools: institutional theory in entrepreneurship research, 1992-2014[J]. Entrepreneurship Theory and Practice, 41(4): 505-531.

Tan J, Zeng Y. 2009. A stage-dependent model of resource utilization, strategic flexibility, and implications for performance over time: empirical evidence from a transitional environment[J]. Asia Pacific Journal of Management, 26: 563-588.

Thiel J. 2017. Creative cities and the reflexivity of the urban creative economy[J]. European Urban and Regional Studies, 24(1): 21-34.

Timofeyev Y, Yan H D. 2013. Predicaments of entrepreneurship in transitional Russia[J]. International Journal of Entrepreneurship and Small Business, 20(1): 70-95.

Urbano D, Alvarez C. 2014. Institutional dimensions and entrepreneurial activity: an international study[J]. Small Business Economics, 42(4): 703-716.

Urbano D, Aparicio S, Audretsch D. 2019. Twenty-five years of research on institutions, entrepreneurship, and economic growth: what has been learned?[J]. Small Business Economics, 53(1): 21-49.

Valdez M E, Richardson J. 2013. Institutional determinants of macro-level entrepreneurship[J]. Entrepreneurship Theory and Practice, 37(5): 1149-1175.

van Gelderen M, Kautonen T, Fink M. 2015. From entrepreneurial intentions to actions: self-control and action-related doubt, fear, and aversion[J]. Journal of Business Venturing, 30(5): 655-673.

van Stel A, Carree M, Thurik R. 2005. The effect of entrepreneurial activity on national economic growth[J]. Small Business Economics, 24(3): 311-321.

Veblen T. 1898. Why is economics not an evolutionary science?[J]. Quarterly Journal of Economics, 12(4): 373-397.

Veblen T. 1909. The limitations of marginal utility[J]. Journal of Political Economy, 17(9): 620-636.

Welter F, Xheneti M, Smallbone D. 2018. Entrepreneurial resourcefulness in unstable institutional contexts: the example of European Union borderlands[J]. Strategic Entrepreneurship Journal, 12(1): 23-53.

Williamson O E. 1985. The Economic Institutions of Capitalism[M]. New York: Free Press.

Wu Y, Eesley C E, Yang D L. 2022. Entrepreneurial strategies during institutional changes: evidence from China's economic transition[J]. Strategic Entrepreneurship Journal, 16(1): 185-206.

Wurth B, Stam E, Spigel B. 2022. Toward an entrepreneurial ecosystem research program[J]. Entrepreneurship Theory and Practice, 46(3): 729-778.

代表性学者简介

戴维·奥催兹（David Audretsch）

戴维·奥催兹是美国印第安纳大学特聘教授，发展战略研究所主任。同时担任德国奥托·拜斯海姆管理学院产业经济学和创业学名誉教授、奥地利克拉根福特大学创业学兼职教授。他主要研究企业家精神、政府政策、创新、经济发展和全球竞争力之间的联系。他创办并主编学术期刊 Small Business Economics。2011年他被德国伍珀塔尔大学授予"熊彼特学院奖"。奥催兹教授获得了2021年科睿唯安引文桂冠奖，以及瑞典创业论坛全球创业研究奖等荣誉。他被德国奥格斯堡大学、德国锡根大学、瑞典延雪平大学授予荣誉博士学位。他同时担任包括德国柏林经济分析所、欧洲经济研究中心在内的多家学术机构的顾问委员会成员。

盖瑞·D. 布鲁顿（Gary D. Bruton）

盖瑞·D. 布鲁顿是美国得克萨斯基督教大学尼利商学院教授。2018年荣获全球前1%高被引学者，两次获得富布赖特学者荣誉。担任学术期刊 Strategic Entrepreneurship Journal 副主编。他还曾任 Journal of Management Studies、Academy of Management Perspective（《美国管理学会展望》）主编，Asia Pacific Journal of Management（《亚太管理杂志》）资深主编，亚洲管理学会（The Asia Academy of Management，AAOM）主席等。布鲁顿教授专注于新兴经济体的创业研究，先后在国际顶级期刊 Academy of Management Journal、Strategic Management Journal、Journal of Business Venturing、Entrepreneurship Theory and Practice 等发表学术论文100余篇，并著有 A Framework for Success: Small Business Management（《小企业有效管理模式》）、The Management of Technology and Innovation: A Strategic Approach（《技术创新管理：一种战略方法》）、International Management: Strategies and Cultures（《战略与文化基础上的文化管理》）等专著和教材。

戴维·乌尔巴诺（David Urbano）

戴维·乌尔巴诺是西班牙巴塞罗那自治大学创业学教授，创业与社会创新研究中心副主任，兼任德国波恩中小企业研究所（Institut für Mittelstandsforschung，IfM）和巴斯客（Basque）创业观察研究员，美国加利福尼亚大学（University of California）伯克利分校哈斯商学院访问学者等。他主要应用制度分析框架分析不同情景下创业影响因素。乌尔巴诺教授在创业和中小企业研究领域成果卓著。现

担任 *Small Business Economics* 副编辑，*International Small Business Journal*（《国际小型企业杂志》）顾问编辑；欧洲创业与小企业理事会理事成员，西班牙管理学会创业分会主席。

本章执笔人：代栓平

第 7 章 交易成本理论——创新驱动创业过程的交易情境分析与应用

创新驱动创业过程的跨层面、迭代性、多主体等特征使得其中的价值交换活动——交易，变得更加复杂和难以预测，也催生出不同交易情境下的诸多交易难题。而经典的交易成本理论能帮助人们从资产专用性、契约治理、交易成本等方面，更好地理解和剖析不同交易情境下的创新驱动创业问题，进而在一定程度上缓解甚至克服不断涌现的交易难题，促进创新驱动创业新范式的进一步发展。

交易成本理论在创新驱动创业相关理论体系中起到了重要的支撑作用。本章通过回顾交易成本理论的发展脉络，以及其在创业领域中的应用与发展，试图厘清交易成本理论在解决不同交易情境下创新驱动创业问题以及交易难题中的重要作用。在此基础上，本章提出该理论在创新驱动创业研究中的不足和未来研究方向，以期为后继研究者提供一定的思路和方向。

7.1 交易成本理论的产生与发展

交易成本理论的发展过程大致可分为三个阶段：产生阶段（1937~1984 年）、发展阶段（1985~2001 年）、深化阶段（2002 年至今）。

7.1.1 产生阶段（1937~1984 年）：交易成本理论的提出

交易成本理论起源于 Coase 在 1937 年的文章 "The nature of the firm"（《企业的本质》）。Coase（1937）认为，利用价格机制会产生成本（即交易成本，包括市场信息搜寻、签约、履约成本等），而企业的出现是作为价格机制的替代物。通过利用企业家来组织资源，减少市场交易者数量以及价格不确定性、信息不对称性等不利因素，企业可以达到降低交易成本的目的（Coase，1937）。

同时，Coase（1937）指出企业规模的扩张存在界限。鉴于扩张可能伴随更高的内部组织和管理成本、生产要素供给价格和最优配置难度，以及资源浪费亏损，当企业内部组织交易的边际成本等于企业外部组织这笔交易的边际成本时，企业规模便会停止扩张（Coase，1937）。

交易成本理论的提出，打开了过往新古典经济学研究所忽视的组织黑箱。此后，学者从交易过程涉及的契约关系、产权配置、内部监督、企业活动类型等方面，进一步拓展交易成本理论的讨论范围（Coase，1960，1972；Demsetz，1967；

Alchian and Demsetz，1972；Williamson，1981，1983）。同时，关注企业边界的交易成本理论研究也逐渐发展，例如 Klein 等（1978）和 Williamson（1971）等学者开始基于交易成本理论探讨企业纵向一体化及其关联的不完全契约、市场失灵等一系列问题。

然而，这一阶段的研究仅仅明确了交易成本的内涵，以及交易成本与企业边界和企业活动的关系，却并未对交易成本产生的原因以及交易间成本差异的内在根源进行解释。同时，在此阶段，交易成本的量化难题也使得交易成本理论研究难以深入推进。

7.1.2 发展阶段（1985~2001 年）：成熟的交易成本理论分析框架

在前人研究的基础上，Williamson 于 1985 年出版著作 *The Economic Institutions of Capitalism*（《资本主义经济制度》），正式提出一个较为成熟的交易成本理论分析框架。

Williamson（1985）首先引入两则假设：一是个人行为假设，强调交易中个人行为的有限理性与机会主义；二是资产专用性假设，强调交易中场地、实物、人力等方面的专用性问题。其次，Williamson（1985）将交易作为分析的基本单位，并强调契约与交易的紧密关联，以及契约过程的属性（表 7.1）。进而，Williamson（1985）指出不同的交易意味着不同的契约，也意味着不同的治理结构（governance structure）。每一种治理结构都有相应的交易成本，治理结构达到最优便能使交易成本处于最低，而治理结构类型及其交易成本的高低，则取决于交易属性的三个维度——资产专用性、交易不确定性、交易频率（Williamson，1985）。此外，Williamson（1985）还将交易成本划分为事前、事后两大类，前者包含搜寻、签约、谈判等成本，后者包含监督、管理等成本，进一步完善了交易成本维度的分析框架。

表 7.1 契约过程的属性

行为假设		资产专用性	隐含契约过程
有限理性	机会主义		
0	+	+	计划
+	0	+	承诺
+	+	0	竞争
+	+	+	治理

资料来源：Williamson（1985）
注：+表示属性存在，0 表示属性不存在

Williamson（1985）提出的交易成本理论分析框架，在明确交易成本理论的基础假设、分析对象和概念关系的同时，细化了交易及交易成本的维度与类别，为交易成本的量化提供依据，并通过引入比较制度分析（comparative institutional analysis），帮助厘清交易成本产生以及交易间成本差异的原因，拓展交易成本理论发展实证研究的可能。

7.1.3 深化阶段（2002年至今）：交易成本理论解释力的提升

尽管交易成本理论得到 Williamson（1985）等的有力发展，但理论在解释组织模式以及企业间差异时仍存在局限，学者呼吁将资源与能力视角作为交易成本理论的补充（Williamson，1999）。基于此，Madhok（2002）融合交易成本理论与资源基础理论的核心观点，构建了由资源细节（resource particulars）、交易细节（transaction particulars）、治理结构细节（governance structure particulars）组成的三角联合模型（图7.1）。该模型指出，资源细节在企业获取竞争优势的过程中发挥核心作用，治理结构细节和交易细节则决定企业如何将特定资源属性应用于交易，并发挥特定资源属性的价值（Madhok，2002）。

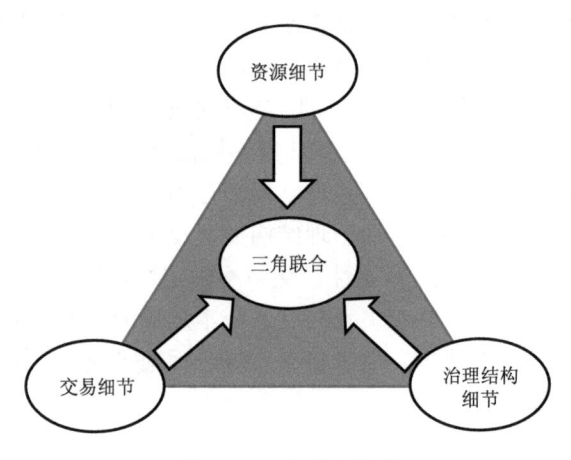

图 7.1　三角联合模型
资料来源：Madhok（2002）

Madhok（2002）在关注交易成本理论基础的交易和治理结构要素的同时，引入资源这一关键要素，探讨三种要素的相互关系，将理论关注点由交易成本拓展到资源与能力方面，极大提高了交易成本理论对企业战略与决策以及竞争优势等研究问题的解释力。

7.2　交易成本理论在创业领域的应用与发展

创业过程涉及各类价值交换活动，即交易活动（Commons，1934），而不同交易情境下的成本、契约等问题，正是交易成本理论关注的核心内容。在创业研究中运用交易成本理论对不同交易情境进行分析，对于解决创业实践的诸多问题具有重要作用。

本章以 UTD24 和 FT50 期刊目录作为初步搜索基础，并依据初步所得文献向前向后追溯，整理得到相关文献 76 篇，将研究发展划分为三个阶段，选取每一阶段的代表作对交易成本理论在创业研究领域的应用与发展进行介绍。

7.2.1 第一阶段（1969~2006 年）：早期应用阶段

早期关注和应用交易成本理论的创业研究受该理论围绕风险和契约选择的相关讨论启发（Cheung，1969），在农业契约与租赁的交易情境下，探讨了风险、不确定性、契约选择等要素对创业范围及创业决策的影响（Rao，1971；Huang，1973）。但受限于当时交易成本理论体系的不完善，理论与创业研究的结合还相对有限。

而后，随着 Williamson（1985）搭建起一个较为成熟的交易成本理论分析框架，该理论在创业研究中的应用性得到提升。一些研究继续关注交易成本理论中一系列基本要素——机会主义行为、资产专用性、治理结构、环境不确定性等，并基于企业国外市场进入问题下的交易情境，探讨要素对于进入战略及模式选择的影响（Zacharakis，1997；Brouthers and Nakos，2004）。另一些研究则从区域政策、市场环境、制度等视角出发，关注围绕创业环境问题的交易情境，呼应 Williamson（1985）所反映的社会因素、政策、法律和规范等外部因素对经济组织及个人的影响。

具体而言，关注企业国外市场进入问题下交易情境的创业研究表明，企业在进入国外市场的过程中，通常需要考虑市场成熟度、竞争激烈程度等市场因素，以及目标市场的政治不稳定性、社会动荡、法律法规等制度因素，以实现对交易成本的权衡和对治理结构、机会主义行为等方面的决策（Zacharakis，1997）。随着研究的深入，学者将企业划分为大型跨国企业（multinational enterprise，MNE）与中小企业（small and medium sized enterprise，SME）两种类型，并产生不同的研究分析侧重点。就大型跨国企业而言，其强大的资源与信息网络使其能应对大多数风险，相关研究侧重对不同进入战略的优劣比较（Zacharakis，1997）。就中小企业而言，其企业规模、资源条件不足，风险应对水平较低（Erramilli and D'Souza，1993；Zacharakis，1997），研究则侧重于探究进入动机和进入成功因素（Brush，1995），以及交易成本要素对进入模式选择的影响（Brouthers and Nakos，2004）。

在围绕创业环境问题的交易情境下，针对经济组织的创业研究则主要关注了中小企业。原因在于：一方面，中小企业相较大企业而言，对于商业服务提供商具有更好的市场增长性,但由于交易成本的规模效应,商业服务提供商为中小企业提供定制服务的成本也更高(Nooteboom et al., 1992)。因此,两难的境况需要政府作为第三方予以协调支持,通过政策引导与扶持降低交易成本及标准化成本(Nooteboom et al., 1992),反映了交易成本理论所强调的制度环境对于市场交易活动及交易成本的影响(Williamson, 1991)。另一方面,中小企业极大可能进入具有比较优势和高附加值的领域,拥有更高的市场活力,但其经常面临经济、制度等障碍,被迫承受较高的交易成本(Pissarides, 1999),进而遭受资金及发展压力。该现象背后反映了交易成本理论所关注的市场失灵问题(Williamson, 1971),解决方法便是通过制度环境的塑造,优化市场资源的有效配置,从而降低交易成本并提高市场效率。

同时,在围绕创业环境问题的交易情境下,研究也关注到制度因素对个体创业者的影响。例如,Shane(2002)指出当专利是有效的创新收益分配机制时,专利制度降低了技术转移的交易成本,发明更有可能获得许可。而当专利不再有效时,发明者通过自主创业实现商业化,能够减轻逆向选择、道德风险等问题,取而代之成为降低交易成本的有效途径(Shane, 2002)。

在这一阶段,交易成本理论为创业研究提供了新的分析框架,一方面从企业内部视角,提供资产专用性和治理结构等基础分析要素;另一方面从企业外部视角,强调环境不确定性和制度因素等的重要影响。然而,受限于交易成本理论的发展进程与解释力,该阶段的创业研究停留于区域或市场层面以及企业层面的基础分析,而对基于企业资源与能力的更深入和广泛的交易情境探讨相对缺乏。

7.2.2 第二阶段(2007~2013 年):不同管理理论的融合阶段

在这一阶段,交易成本理论充分融合了资源基础理论的核心观点,创业研究开始更多地关注企业层面并做深入分析,研究内容主要体现在创业效果与创业过程两个方面。

1. 创业效果研究

创业蕴含着企业通过寻求机会和优势的活动来追求卓越绩效的目的(Ketchen et al., 2007)。随着交易成本理论解释力的极大提升,创业研究深入探索了不同交易情境下创业效果的表现形式及其具体实现机制。

创业效果首先表现为企业的机会发现与竞争优势构建,研究主要在围绕创业团队的内部交易情境下进行探讨。其中,交易成本被认为与机会发现存在两种关联机制(Foss K and Foss N J, 2008)。一方面,交易成本决定了资源属性的产权定义和执行程度,进而影响创业资源所有者的价值预期以及参与机会发现的动机(Shepherd and DeTienne, 2005; Foss K and Foss N J, 2008)。另一方面,交易成本——如衡量员工生产潜力的成本——是创业者对资源属性进行学习所需要付出的代价（Foss K and Foss N J，2008）。这种资源学习（resource learning）帮助创业者积累经验，进而影响后续基于经验判断的机会发现（Mahoney，1995；Shane，2000）。对竞争优势而言，创业者或创业团队付出必要的交易成本进行资源学习，能够形成有助于在特定领域中更快或更一致识别机会的知识结构，从而实现企业的先发优势并最终转化为持续竞争优势（Foss K and Foss N J，2008）。

其次，在发掘机会和构建竞争优势的基础上，创业进一步带来企业绩效的提升，研究关注的交易情境也随之转向与绩效联系紧密的公司风险投资（corporate venture capital）方面。企业能够通过最小化交易成本来提高绩效，资产专用性则在决定交易成本方面具有关键作用（Williamson，1985，1991）。对创业企业而言，对有特定用途的专门补充资产存在需求时，其获得的公司风险投资将更有利于自身绩效，原因在于企业和投资者的紧密关系有利于企业获得专门补充资产，同时这种关系能够减少企业和投资者之间的潜在机会主义行为（Park and Steensma，2012）。此外，随着企业间的联系日益密切，创业网络（entrepreneurial network）的形成带来交易成本理论应用的新情境。创业企业能够借助有效的治理机制协调网络关系，在构建专门补充资产获取渠道的同时减少网络间机会主义行为，进而降低交易成本、增加战略价值、提升企业绩效（Windsperger et al.，2018）。

最后，创业效果由企业层面向国家层面扩大，带来国家经济的增长，交易情境转向战略创业（strategic entrepreneurship）。Bjørnskov 和 Foss（2013）指出，国家经济增长的实现，是基于更好的资源配置，以及引进提高生产力的创新。战略创业作为将创业与战略管理相结合的动态过程（Kuratko and Audretsch，2009），便是通过在不确定性条件下，不断发掘和尝试新的资源组合，并创造更多利润，从而在促进国家经济增长中发挥关键作用（Bjørnskov and Foss，2013）。同时，Bjørnskov 和 Foss（2013）从交易成本的角度强调了制度环境对战略创业活动的影响。具有较低的税收、宽松的监管、较少的政府经济干预、较高的司法质量等特征的制度环境，能够为战略创业的实施提供较低的交易成本，并提高创业活动的发生率，最终促进战略创业对全要素生产率的积极影响（Bjørnskov and Foss，2013）。

2. 创业过程研究

围绕创业过程的研究主要探讨了企业内部和企业间两类交易情境。对于企业内部的交易情境，研究关注于企业治理问题的探讨。例如，Verwaal 等（2010）聚焦于风险投资企业，基于交易成本理论中治理结构的概念，划分了层级治理（hierarchical governance）与混合治理（hybrid governance）两种治理类型，并将其与交易成本理论中另一关键概念——企业规模相结合进行讨论，探究资源访问需求和资源访问能力在企业规模和企业联合之间的关系。

同时，创业研究跳脱固有的企业边界，积极探索围绕企业间合作行为的跨边界研究问题，研究所关注的交易情境由企业内部转向企业间。例如，Aggarwal 和 Hsu（2009）基于创新生物技术初创企业样本，检验了异质性的企业层面合作研发商业化战略的决定因素，包括拨款环境和治理能力。一方面，研究借助交易成本理论的传统观点，指出创新以及商业化的实现是基于企业的内部生产或者与外部实体的契约关系，活动在很大程度上受到拨款环境的制度影响（Teece，1986；Gans and Stern，2003；Aggarwal and Hsu，2009）。另一方面，研究将交易成本理论融合资源与能力观点加以应用，指出企业通过运用治理能力达成股权联盟或公平许可协议，能够以较低的交易成本实现合作研发商业化（Aggarwal and Hsu，2009）。

除了上述两类交易情境，跨越国家边界的国际创业问题也得到创业学者关注，成为交易成本理论应用与解释的新情境之一。对创业企业而言，其国际化途径被划分为两种类型：一是"生于全球"（born global），从成立最初就直接进行国际化经营；二是"生于本土"（born local），由最初的本土经营间接转向国际化经营（Acs and Terjesen，2013）。类似于交易成本理论的观点，研究指出当国际化涉及的国家和价值链活动越多，单独经营的成本大于使用中介机构的成本时，创业企业越倾向于选择利用跨国企业作为中介机构的间接途径，而可能的成本包括产权保护成本、交易/代理契约成本、租金提取成本等（Acs and Terjesen，2013）。

7.2.3　第三阶段（2014年至今）：不同新情境的嵌入阶段

随着企业、产业乃至国家的边界逐渐模糊，各主体间得以实现充分的互动，生态系统（ecosystem）的重要性在基于交易成本理论的创业研究中得到广泛认同。在这一阶段，创业研究开始强调企业与生态系统中众多主体的合作伙伴关系，价值创造逐渐走向基于多生态主体的价值共创（value co-creation），通过生态治理降低交易成本成为共识，生态情境成为创业研究关注的重点（Teece，2014；Acs et al.，2017）。

伴随生态系统理念的不断发展，创业研究陆续提出了创业生态系统（entrepreneurial ecosystem）和数字创业生态系统（digital entrepreneurial ecosystem）的生态概念。首先被提出的是创业生态系统，其被定义为一组相互依存的行为体和因素，其协调方式使其能够在特定区域内实现生产性创业（Stam and Spigel，2017）。因而，创业被视为创业生态系统的产出（Acs et al.，2017）。基于交易成本理论的视角，创业生态系统的协调能够带来搜寻、谈判和监督成本的降低（Roundy and Fayard，2020）。对于搜寻成本，创业生态系统的协调促使创业企业、投资机构、创业支持组织等主体形成紧密关联，降低查找、获取信息和学习的难度以及试错成本，减少用于搜索和组织人力及社会资本的时间（Roundy and Fayard，2020）。对于谈判成本，创业生态系统的协调使主体间形成共享的文化和制度规范，以及驱动协同建设与发展的价值观，从而借助正式尤其是非正式机制降低谈判成本（Roundy and Fayard，2020）。对于监督成本，创业生态系统的协调促使多主体形成基于共同认可的正式契约和非正式监管制度的创业社区，以社区形式阻止和制裁"搭便车"、违约等不良行为，进而降低监督成本（Feld，2020；Roundy and Fayard，2020）。此外，创业生态系统的特点之一是能将得到增强且持续的经济绩效带给所有的行为者（Sussan and Acs，2017），因此，创业生态系统研究将讨论由交易成本基础要素以及企业资源与能力转向生态主体间的协同交互，进一步拓展了围绕创业效果与过程的探讨中交易成本理论的应用场景。有关创业生态系统方法与相关的战略管理、区域发展的比较如表 7.2 所示。

表 7.2　创业生态系统方法的谱系

项目	战略管理	区域发展	创业生态系统方法
价值	通过企业进行价值创造和获取	由竞争和协作驱动的相关行业中的企业进行价值创造	通过创业个体进行价值创造，如具备高影响创业成就的独角兽企业
背景	全球	区域	城市、区域、国家
协调	通过焦点企业来进行治理和管理	企业竞争与合作、政府政策	公-私治理

资料来源：Acs 等（2017）

随着数字时代到来，数字技术极大颠覆原有的创业情境，为交易成本理论在创业研究中应用与发展的崛起提供良好契机，创业生态系统的概念进一步拓展。Sussan 和 Acs（2017）将创业生态系统与数字化情境相结合，引入数字创业生态系统的概念框架（图 7.2）。框架包括四个概念：数字基础设施治理（digital infrastructure governance）、数字用户公民（digital user citizenship）、数字创业（digital entrepreneurship）和数字市场（digital marketplace），并将数字创业生态系统定义为，通过创造性地使用数字生态系统治理和商业生态系统管理，在数字空间的平台上匹配数字客户（用户和代理人），通过降低交易成本创造匹配者价值和社会效用（Sussan and Acs，2017）。数字创业生态系统一方面将用户与企业、用户与用户以更为实时、高效和动态的方式连接在一起，形成数字时代特有的用户密集型商业模式，彻底改变过往基于交易成本的商业模式（Sussan and Acs，2017）。另一方面，由于生态内多边平台（multisided platform）的出现，交易成本理论对于通过内部化组织活动来降低交易成本的讨论获得了全新的应用情境，组织的概念由企业转向平台，这蕴含了交易成本理论的经典论述在数字时代极大的发展空间。

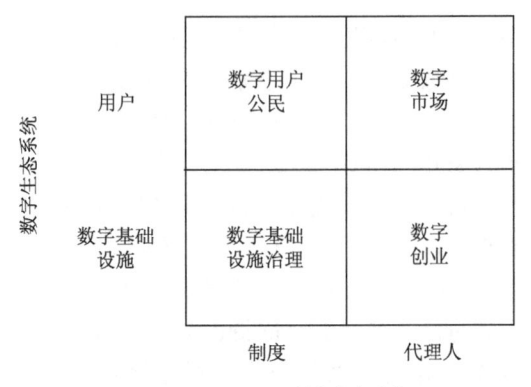

图 7.2　数字创业生态系统的概念框架

资料来源：Sussan 和 Acs（2017）

7.3　交易成本理论在创新驱动创业研究中的局限与未来展望

7.3.1　局限

通过对现有研究的梳理，可以发现交易成本理论在应用于创新驱动创业过程时，仍存在以下三个方面的局限性。

第一，从研究情境来说，交易成本理论缺乏在企业内创业这一新情境下的应用。创业学者目前主要将交易成本理论应用于常规创业情境（Aggarwal and Hsu, 2009；Acs and Terjesen, 2013），对于理论在企业内创业情境下的应用尚关注不足。事实上，创业既能发生于企业家与其创业团队，也能从成熟企业的内部发生。并且，相比于通常创业活动不稳定地从外部搜寻所需资源，内创业由于能够得到来自企业在人才、资金、场地等诸多方面的资源支持，因而更具交易成本经济优势。这便为交易成本理论在内创业研究中的应用提供了落脚点。此外，内创业主要由企业内部员工产生创业动机，再通过专门的孵化流程促使创业落地，整个过程更具效率，减少了创业活动因通过市场渠道汇集资源而产生的大量交易成本，与交易成本理论所提倡的通过组织活动内部化降低交易成本的思想不谋而合。在传统创业行为转向内创业行为的过程中，取而代之的，企业一方面通过鼓励内创业，激起内部员工更高的工作和创业积极性，帮助企业留住优秀人才，为企业带来新的市场机会，促进企业的长远发展；另一方面，企业借助内创业行为突破原有组织惯性，能够塑造和拓展围绕新业务的资源储备，强化自身市场竞争优势（Dunlap-Hinkler et al., 2010）。因此，内创业所带来的积极效应将为交易成本理论应用的管理贡献拓宽边界。

第二，从应用视角来说，交易成本理论存在应用视角动态性不足的问题。创新驱动创业过程基于创新的持续驱动，保持着不断的动态演化（蔡莉等，2021）。随着数字技术的快速发展和迭代，传统创新逐渐转向数字化创新，创新也因此获得自生长性，会主动随数字化趋势的变化而适应性、创造性地变化，实现更好的创新迭代与循环，获得相较传统创新模式更高的效率和动态性（余江等，2017）。因此，新背景下创新驱动创业过程的动态性得到进一步突显。然而，由于交易成本理论是置于比较静态（comparative statics）的分析框架之下（Williamson，1989），并且是在均衡的契约设置下工作（Langlois，1992），其应用视角不可避免地表现出动态性的缺乏。但交易成本理论并非唯一的"静态"理论，资源基础理论也曾被诟病对于动态情境解释力匮乏，而资源基础理论后续衍生出的动态能力理论则对此做出了很好的回应，这意味着交易成本理论也有望通过进一步发展突破动态性不足的局限。

第三，从理论假设来说，交易成本理论的研究假设面临新情境下的挑战。围绕多主体交互的生态情境研究，拓展了交易成本理论的应用边界，也为交易成本理论的研究假设带来新的挑战。数字时代的来临，则使得挑战进一步严峻。具体而言，挑战包含以下两个方面。一方面，交易成本理论遵循机会主义假设（Williamson，1985），强调行为主体的自私动机，而忽视了其社会属性（Granovetter，1985）。实际上，交易可能基于相互信任、共同的信念甚至社会责任感而构建，典型的例子便是共享经济的平台交易情境。平台通过信用和声誉机制连接起多边主体实现交易，并有效降低由闲置、搜寻信息等带来的成本。并且，随着平台规模的不断扩大，容纳的主体也越来越多，信用和声誉机制进一步被巩固，反而更能抑制主体的机会主义行为动机。另一方面，交易成本理论假设企业规模由企业内部交易成本与企业外部市场交易成本孰高孰低决定（Coase，1937）。伴随数字技术进步带来的市场交易成本大幅降低（Acs et al.，2017；Sussan and Acs，2017），企业规模可以不断缩小，数字时代的"零工经济"便是一个例子。然而相反的例子是，数字时代背景下企业由传统形态向平台型企业的新形态转变（白景坤等，2020），其往往具有更多的交易主体和交易活动，内部交易成本将增加，但平台规模却在市场交易成本降低的同时仍呈现不断扩大乃至垄断的趋势，努力将尽可能多的业务内容和群体纳入平台内。这意味着，交易成本理论围绕企业规模的假设在新的数字化情境与新的企业内涵下，需要进行适应性的新拓展。

7.3.2 未来展望

针对以上三方面的局限，结合创新驱动创业过程的触发、催化、聚变三个阶段以及跨层面、迭代性、多主体三大特征（蔡莉等，2021），立足中国情境下企业活跃的创新创业实践，未来研究可以从以下三个方面展开。

第一，针对创新驱动创业的触发阶段，开展创新驱动企业内创业的新情境研究。触发阶段具有跨层面的典型特征（蔡莉等，2021），在该阶段来自个体层面的创业认知将实现向组织层面的跨越，进而带来创业行为的产生。企业内创业正是在触发阶段中，区别于由企业家与其创业团队产生的创业，且具有跨层面特征的独特创业行为。近年来涌现了大量如海尔、思科等内创业的典型企业，它们拥有丰富的创新积累，并通过创新驱动员工内创业行为延续自身原有优势，形成独特的技术能力、溢价能力以及竞争优势，实现企业持续创新与开拓新增长点（李宇和马征远，2020）。因此，在丰富的实践背景下，未来可以结合内创业的交易成本经济优势，以及交易成本理论中资源、交易、治理结构的三角分析框架，通过定性研究的方法探究企业内创业如何降低交易成本并高效孵化，以及内创业活动如何对企业原有资源进行重新编排与配置，并通过其独特治理结构的构建，形成资源与交易的匹配和发挥资源价值。从而，为我国企业在新的国际竞争格局下通过内创业开发竞争优势提供启示。同时，未来可以借助定量研究方法，探究国际创业、创业网络和创业团队等交易情境下创新驱动企业内创业战略选择的具体机制，以及资产专用性等交易成本要素对企业内创业的绩效影响，帮助揭示企业内创业背后蕴藏的潜在机制路径，最终形成普适性经验并向企业间渗透。此外，借鉴内创业情境下创业起点由企业家转向员工的改变，未来研究还可将对创业起点的关注进一步转向科学家、工程师等特殊群体，探究科学家创业和工程师创业等新情境在创业资源积累、治理结构设计和交易关系网络等方面的特殊性，以及由此带来的创业孵化机制、交易成本构成、创业战略选择和创业绩效影响机制的不同。

第二，针对创新驱动创业的催化阶段，开展基于交易成本理论的动态化视角研究。催化阶段表现为创新激发单个或多要素的迭代与互动（蔡莉等，2021），突出体现了创新驱动创业的迭代性和多主体特征。当前，市场环境的日益动态化，以及国际局势的不确定性，促使创业企业一方面通过生态系统内更加频繁的主体间互动，敏锐地感知外部变化，不断调整和重构与其他主体的生态关系，以及重新确定自身的生态定位；另一方面，通过保持组织内部架构的动态性，及时实现组织战略调整和自有资源配置以及组织能力迭代升级，以灵活应对市场竞争的不确定性。因此，交易成本理论在创新驱动创业中的应用，也应转向与当下背景更为匹配的动态化视角，适应情境的迭代性和多主体特征。结合当前数字时代背景下创业环境变化，以及由此衍生出的新的数字平台和数字生态下的交易情境，未来研究可以关注数据资源特性、平台及生态治理结构和多边交易主体互动关系影响下的交易成本问题，平台型企业的创业行为与商业模式演化，以及数字创业生态系统内多主体的动态交互机制等。此外，还可引入时间维度，探索创新驱动创业过程中不同交易成本随时间推移发生的变化，以及由此对创新驱动创业过程的影响与具体机制。更重要的是归纳凝练交易成本理论可发展的动态属性，构建出类似于动态能力理论的，适用于创新驱动创业等动态化情境分析的交易成本理论分支和理论体系架构。

第三，针对创新驱动创业的聚变阶段，结合新情境拓展交易成本理论假设及理论体系。聚变阶段是多主体集聚和互动下创业机会的实现及价值创造过程（蔡莉等，2021），具有多主体典型特征。针对交易成本理论的研究假设在新情境下所面临的挑战，交易成本理论假设的拓展可遵循以下两个方面。一方面，借鉴Madhok（2002）融合交易成本理论与资源基础理论核心观点的经验，积极将交易成本理论下的机会主义假设与社会网络理论的社会属性假设相结合，以更加综合性的假设及理论体系，探究和解释创新驱动创业过程中广泛的多主体交互情境，以及情境下的主体行为决策与行为动机。例如，探究数字平台创业的交易情境下，如何构建多创业主体间和创业主体与平台主间在交易属性、资源配置和治理结构方面的协调平衡，以及探讨数据壁垒、平台垄断、数据安全等诸多平台问题引致的，多创业主体间和创业主体与用户间的均衡与动态博弈。另一方面，考虑到部分交易成本在数字技术和数据特性的加持下将不复存在，同时"企业"的内涵也从企业家领导下的个体企业拓展到平台主领导的数字平台乃至生态系统，传统的交易特性和企业边界等问题在数字时代背景下将得到颠覆（张玉利等，2022）。因此，未来研究既需要重新思考数字时代背景下交易成本的维度划分及具体构成，也需要结合平台和生态扩张等新兴市场活动的特殊规律，进一步探讨交易成本对"企业"边界的决定作用，以及二者之间可能存在的互动关系。从而，实现交易成本理论的假设及理论体系在新兴时代背景下的延伸与拓展，进一步增强交易成本理论对新兴交易情境的解释力，提高交易成本理论对创新驱动创业实践的应用价值。

参 考 文 献

白景坤, 张雅, 李思晗. 2020. 平台型企业知识治理与价值共创关系研究[J]. 科学学研究, 38(12): 2193-2201.

蔡莉, 张玉利, 蔡义茹, 等. 2021. 创新驱动创业：新时期创新创业研究的核心学术构念[J]. 南开管理评论, 24(4): 217-226.

李宇, 马征远. 2020. 大企业内部创业"裂生式"与"创生式"战略路径：基于海尔和思科的双案例研究[J]. 中国工业经济, (11): 99-117.

余江, 孟庆时, 张越, 等. 2017. 数字创新：创新研究新视角的探索及启示[J]. 科学学研究, 35(7): 1103-1111.

张玉利, 冯潇, 田莉. 2022. 大型企业数字创新驱动的创业：实践创新与理论挑战[J]. 科研管理, 43(5): 1-10.

Acs Z J, Stam E, Audretsch D B, et al. 2017. The lineages of the entrepreneurial ecosystem approach[J]. Small Business Economics, 49(1): 1-10.

Acs Z J, Terjesen S. 2013. Born local: toward a theory of new venture's choice of internationalization[J]. Small Business Economics, 41(3): 521-535.

Aggarwal V A, Hsu D H. 2009. Modes of cooperative R&D commercialization by start-ups[J]. Strategic Management Journal, 30(8): 835-864.

Alchian A A, Demsetz H. 1972. Production, information costs, and economic organization[J]. American Economic Review, 62(5): 777-795.

Bjørnskov C, Foss N. 2013. How strategic entrepreneurship and the institutional context drive economic growth[J]. Strategic Entrepreneurship Journal, 7(1): 50-69.

Brouthers K D, Nakos G. 2004. SME entry mode choice and performance: a transaction cost perspective[J]. Entrepreneurship Theory and Practice, 28(3): 229-247.

Brush C G. 1995. International Entrepreneurship: The Effect of Firm Age on Motives for Internationalization[M]. New York: Garland Publishing.

Cheung S. 1969. Transaction costs, risk aversion, and the choice of contractual arrangements[J]. The Journal of Law and Economics, 12(1): 23-42.

Coase R H. 1937. The nature of the firm[J]. Economica, 4(16): 386-405.

Coase R H. 1960. The problem of social cost[J]. Journal of Law and Economics, 3: 1-44.

Coase R H. 1972. Durability and monopoly[J]. The Journal of Law and Economics, 15(1): 143-149.

Commons J R. 1934. Institutional Economics[M]. Madison: University of Wisconsin Press.

David R J, Han S K. 2004. A systematic assessment of the empirical support for transaction cost economics[J]. Strategic Management Journal, 25(1): 39-58.

Demsetz H. 1967. Towards a theory of property rights[J]. American Economic Review, 57(2): 347-359.

Dunlap-Hinkler D, Kotabe M, Mudambi R. 2010. A story of breakthrough versus incremental innovation: corporate entrepreneurship in the global pharmaceutical industry[J]. Strategic Entrepreneurship Journal, 4(2): 106-127.

Erramilli M K, D'Souza D E. 1993. Venturing into foreign markets: the case of the small service firm[J]. Entrepreneurship Theory and Practice, 17(4): 29-41.

Feld B. 2020. Startup Communities: Building an Entrepreneurial Ecosystem in Your City[M]. New York: John Wiley & Sons.

Foss K, Foss N J. 2008. Understanding opportunity discovery and sustainable advantage: the role of transaction costs and property rights[J]. Strategic Entrepreneurship Journal, 2(3): 191-207.

Gans J S, Stern S. 2003. The product market and the market for "ideas": commercialization strategies for technology entrepreneurs[J]. Research Policy, 32(2): 333-350.

Granovetter M. 1985. Economic action and social structure: the problem of embeddedness[J]. American Journal of Sociology, 91(3): 481-510.

Huang Y. 1973. Risk, entrepreneurship, and tenancy[J]. Journal of Political Economy, 81(5): 1241-1244.

Ketchen D J, Jr, Ireland R D, Snow C C. 2007. Strategic entrepreneurship, collaborative innovation, and wealth creation[J]. Strategic Entrepreneurship Journal, 1(3/4): 371-385.

Klein B, Crawford R G, Alchian A A. 1978. Vertical integration, appropriable rents, and the competitive contracting process[J]. The Journal of Law and Economics, 21(2): 297-326.

Kuratko D F, Audretsch D B. 2009. Strategic entrepreneurship: exploring different perspectives of an emerging concept[J]. Entrepreneurship Theory and Practice, 33(1): 1-17.

Langlois R N. 1992. Transaction-cost economics in real time[J]. Industrial and Corporate Change, 1(1): 99-127.

Madhok A. 2002. Reassessing the fundamentals and beyond: Ronald Coase, the transaction cost and resource-based theories of the firm and the institutional structure of production[J]. Strategic Management Journal, 23(6): 535-550.

Mahoney J T. 1995. The management of resources and the resource of management[J]. Journal of Business Research, 33(2): 91-101.

Nooteboom B, Zwart P, Bijmolt T. 1992. Transaction costs and standardisation in professional services to small business[J]. Small Business Economics, 4(2): 141-151.

Park H D, Steensma H K. 2012. When does corporate venture capital add value for new ventures?[J]. Strategic Management Journal, 33(1): 1-22.

Pissarides F. 1999. Is lack of funds the main obstacle to growth? EBRD's experience with small-and medium-sized businesses in Central and Eastern Europe[J]. Journal of Business Venturing, 14(5/6): 519-539.

Rao C H H. 1971. Uncertainty, entrepreneurship, and sharecropping in India[J]. Journal of Political Economy, 79(3): 578-595.

Roundy P T, Fayard D. 2020. Place-based advantages in entrepreneurship: how entrepreneurial ecosystem coordination reduces transaction costs[J]. Journal of Behavioral and Applied Management, 20(2): 115-136.

Shane S. 2000. Prior knowledge and the discovery of entrepreneurial opportunities[J]. Organization Science, 11(4): 448-469.

Shane S. 2002. Selling university technology: patterns from MIT[J]. Management Science, 48(1): 122-137.

Shepherd D A, DeTienne D R. 2005. Prior knowledge, potential financial reward, and opportunity identification[J]. Entrepreneurship Theory and Practice, 29(1): 91-112.

Stam E, Spigel B. 2017. Entrepreneurial ecosystems[C]//Blackburn R, de Clercq D, Heinonen J. The SAGE Handbook of Small Business and Entrepreneurship. London: SAGE: 407-421.

Sussan F, Acs Z J. 2017. The digital entrepreneurial ecosystem[J]. Small Business Economics, 49(1): 55-73.

Teece D J. 1986. Profiting from technological innovation: implications for integration, collaboration, licensing and public policy[J]. Research Policy, 15(6): 285-305.

Teece D J. 2014. A dynamic capabilities-based entrepreneurial theory of the multinational enterprise[J]. Journal of International Business Studies, 45(1): 8-37.

Verwaal E, Bruining H, Wright M, et al. 2010. Resources access needs and capabilities as mediators of the relationship between VC firm size and syndication[J]. Small Business Economics, 34(3): 277-291.

Williamson O E. 1971. The vertical integration of production: market failure considerations[J]. American Economic Review, 61: 112-123.

Williamson O E. 1981. The economics of organization: the transaction cost approach[J]. American Journal of Sociology, 87(3): 548-577.

Williamson O E. 1983. Credible commitments: using hostages to support exchange[J]. American Economic Review, 73: 519-540.

Williamson O E. 1985. The Economic Institutions of Capitalism[M]. New York: Free Press.

Williamson O E. 1989. Transaction cost economics[C]//Schmalensee R, Willig R. Handbook of Industrial Organization. Amsterdam: Elsevier: 135-182.

Williamson O E. 1991. Comparative economic organization: the analysis of discrete structural alternatives[J]. Administrative Science Quarterly, 36(2): 269-296.

Williamson O E. 1999. Strategy research: governance and competence perspectives[J]. Strategic Management Journal, 20(12): 1087-1108.

Windsperger J, Hendrikse G W J, Cliquet G, et al. 2018. Governance and strategy of entrepreneurial networks: an introduction[J]. Small Business Economics, 50(4): 671-676.

Zacharakis A L. 1997. Entrepreneurial entry into foreign markets: a transaction cost perspective[J]. Entrepreneurship Theory and Practice, 21(3): 23-40.

代表性学者简介

罗纳德·H. 科斯（Ronald H. Coase）

罗纳德·H. 科斯曾任弗吉尼亚大学、芝加哥大学教授，"科斯定理"的提出者，1991年获得诺贝尔经济学奖。科斯发表了"The nature of the firm"（1937年）、"The problem of social cost"（《社会成本问题》）（1960年）等文章，其中代表性文章"*The nature of the firm*"明确了企业作为价格机制的替代物而存在，并指出企业规模扩张的边界条件，奠定了交易成本理论研究的重要基础。科斯于2013年去世。

奥利弗·E. 威廉姆森（Oliver E. Williamson）

奥利弗·E. 威廉姆森曾任加利福尼亚大学伯克利分校教授，美国政治学与社会学学院、美国国家科学院、美国艺术与科学院院士，2009年获得诺贝尔经济学奖。威廉姆森出版/发表了 *The Economic Institutions of Capitalism*（《资本主义经济制度》)（1985年）、"The economics of organization: the transaction cost approach"（《组织经济学：交易成本法》)（1981年）等著作和文章。其中代表性著作 *The Economic Institutions of Capitalism* 明确了交易成本理论的基本假设、维度划分和研究问题等重要内容，构建了较为成熟的交易成本理论分析框架。威廉姆森于2020年去世。

本章执笔人：胡望斌　郁　竹

第8章 资源基础观——解析创新驱动创业核心要素的基础理论

数字化、生态化和新型全球化背景下，具有跨层面、多主体和迭代性特征的创新驱动创业实践不断涌现（蔡莉等，2021）。字节跳动等天生数字企业基于商业模式创新集聚海量用户，利用数字平台及自身资源创作内容，实现与用户共创价值；三一集团等制造业企业基于技术创新和商业模式创新搭建工业互联网平台，通过与在孵企业共享互补性资源，推动工程机械行业数字化转型；海尔等跨国企业基于技术创新和商业模式创新整合全球资源在欧洲等地建设智能制造平台，重塑全球价值链生态格局。对于各类创新驱动创业主体而言，资源都是创造价值的核心要素。

资源基础观是理解资源对企业竞争与发展意义的重要理论，是构建创新驱动创业理论，尤其是揭示创新驱动创业机制的基础理论。然而，环境的高度不确定等特征（Nambisan，2017）颠覆了资源基础观强调的相对稳定的环境条件，仅仅依靠资源基础观难以充分解释创新驱动创业现象面临的诸多挑战。通过回顾资源基础观尤其是其在创业研究领域的进展，结合资源视角下创新驱动创业理论探索，将进一步丰富甚至重构资源基础观。

8.1 资源基础观的发展

资源基础观的发展经历了萌芽（1959~1990年）、成长（1991~2000年）、成熟（2001年至今）三个阶段（Barney et al.，2011；张琳等，2021；D'Oria et al.，2021）。

8.1.1 萌芽阶段（1959~1990年）

资源基础观的思想最早可追溯到 Penrose（1959）的著作 *The Theory of the Growth of the Firm*，她认为企业是资源的集合体，内部资源决定了企业成长。Rubin（1973）等随后也洞察到资源对企业成长的重要作用。然而，在20世纪80年代，战略管理研究仍以产业组织理论为基础，关注外部环境对企业发展的作用，内部资源相关研究并未受到学界重视。

伴随工业经济向知识经济的转型以及信息技术快速发展，企业间的竞争日趋激烈，战略管理研究者也认识到仅仅关注外部环境无法解释同一行业内企业间的绩效差异（Barney，1986）。Wernerfelt（1984）承袭 Penrose 等学者的观点提出"资源基础观"这一新概念，将资源定义为能够为企业带来优势或劣势的各种有形和无形资产（assets），并提出企业可以通过识别和获取能够带来较高利润、具有吸引力的资源，建立资源壁垒，从而获取竞争优势。Barney（1986）进一步构建了战略要素市场理论框架，指出企业应该从战略生产要素的成本与回报角度分析竞争优势。Dierickx 和 Cool（1989）等认为，某些资产无法在战略要素市场上买卖，战略要素市场理论框架无法用于分析持续竞争优势。Barney（1989）则回应，针对资产性质的讨论仅仅是对战略要素市场理论框架的一种补充，而不是否定该框架。

8.1.2 成长阶段（1991~2000 年）

在学术争论的基础上，Barney（1991）将有关资源的研究进行系统的梳理，首次形成了完整的理论框架，如图 8.1 所示，资源基础观正式形成（D'Oria et al.，2021）。

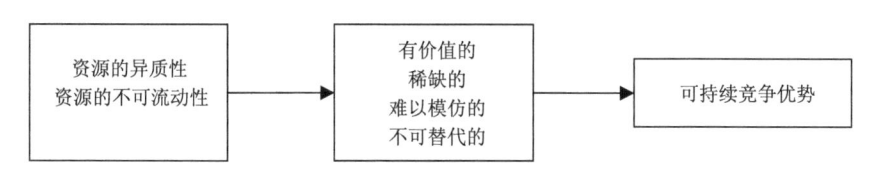

图 8.1　资源基础观的理论框架

资料来源：Barney（1991）

Barney（1991）认为资源是指企业控制的、能用来提高效率和效益的所有资产、能力、组织流程、信息和知识等的综合，并提出资源基础观成立的环境条件、理论前提和核心假设。①环境条件：外部环境相对稳定。管理者能够在稳定的外部环境中基于理性推理对资源价值进行预测（Kraaijenbrink et al.，2010）。②理论前提：企业资源的异质性（heterogeneity），即同一行业内企业就它们所控制的战略资源而言是具有异质性的；企业资源的不可流动性（immobility），即资源在企业之间是难以流动的，因此资源异质性会持续较长时间。③核心假设：企业若要获取和维持竞争优势，其所拥有或控制的各类资源必须是有价值的（valuable）、稀缺的（rare）、难以模仿的（imperfectly imitable）和不可替代的（non-substitutable），如表 8.1 所示。

表 8.1　资源属性与竞争优势之间的关系

资源属性	资源属性与竞争优势之间的关系
有价值的	当企业利用资源能够提高其效率和效益时，资源是有价值的。资源具有价值时才能成为企业获取竞争优势的来源
稀缺的	当企业所拥有的某一特定有价值的资源在行业内不是广泛存在的，才可能产生竞争优势
难以模仿的	虽然有价值和稀缺的资源可能是竞争优势的来源，但这些资源只有在其他企业无法获得，即难以模仿时，才能成为获取持续竞争优势的来源
不可替代的	当其他企业无法拥有等效的（equivalent）替代资源以实施相同的战略时，有价值、稀缺和难以模仿的资源才会带来可持续的竞争优势

资料来源：Barney（1991）

学者进一步探究不同类型资源与企业竞争优势的关系（D'Oria et al.，2021），如有研究从知识这类特殊资源出发，强调知识资源对企业获取和维持竞争优势的重要作用（Grant，1996；DeCarolis and Deeds，1999），并衍生出知识基础理论（knowledge based theory），其将知识作为企业战略性资源，强调知识获取、转移和整合对于企业获取竞争优势的重要性（Grant，1996；Eisenhardt and Santos，2002）。此外，有研究从资源和能力关系视角出发探究企业如何塑造竞争优势（Teece et al.，1997；Eisenhardt and Martin，2000），如 Teece 等（1997）提出动态能力框架，强调企业如何通过整合、构建和重新配置内外部资源和能力来适应快速变化的环境，弥补了基于静态视角的资源基础观的局限（Teece，2007）。

8.1.3　成熟阶段（2001 年至今）

进入 21 世纪，信息技术快速发展使得行业边界模糊，市场竞争更加激烈，环境不确定水平大幅提高（Sirmon et al.，2007），研究者逐渐意识到资源基础观在解释动态环境下的竞争优势问题时存在局限。因此，资源开发相关研究逐步发展，弥补了资源基础观静态视角的局限（D'Oria et al.，2021）。他们认为仅拥有资源并不能保证竞争优势的获取，资源必须被积累、整合和利用，即资源得到有效管理时，创造竞争优势的资源的全部价值才能实现（Sirmon et al.，2007），衍生出了资源拼凑（resource bricolage）、资源编排（resource orchestration）等理论。资源拼凑理论强调了为突破资源约束，对手头既有资源进行创造性配置的行动过程（Baker and Nelson，2005）；资源编排理论强调了企业在构建资源集合的基础上，整合资源提升能力，进而通过能力的配置实现资源价值的行动过程（Sirmon et al.，2011）。

资源基础观已经成为分析资源在企业创造和维持竞争优势的一种有影响力的成熟理论（Zahra，2021），吸引了创业、国际商务等各个领域学者的关注（Barney，2001），并将其应用于各类组织和行业情境研究中（Crook et al.，2008；Nason and

Wiklund，2018）。

8.2 资源基础观在创业领域的应用与发展

资源是决定创业成败的关键因素。许多学者将资源基础观应用于创业研究中（Zahra，2021）。根据4个创业领域知名期刊 *ETP*、*JBV*、*SBE* 和 *SEJ* 以及8个管理领域知名期刊 *AMJ*、*AMR*、*JOM*、*MS*、*OS*、*SMJ*、*ASQ*、*JMS* 发表的创业研究，最早与资源基础观相关的创业研究发表于1993年，1993年至2022年（共30年）与资源基础观相关的创业文献共105篇。我们以十年为一个阶段，将相关研究划分为三个阶段，选取每一个阶段的代表作来分析创业研究对资源基础观这一理论的应用与发展。

8.2.1 第一阶段（1993~2002年）

该阶段应用资源基础观的创业研究主要聚焦于创业资源对创业企业竞争优势的作用[①]，如针对早期研究大多仅描述创业现象的局限，Alvarez 和 Busenitz（2001）从资源基础观的视角分析了创业过程中的独特资源如何影响企业持续竞争优势的获取。具体而言，第一，创业认知、创业警觉性、创业知识、协调资源的能力是创业者的异质性资源。在高度不确定的情境下，创业者基于启发式的认知逻辑能够促使其发现新机会，并且快速学习以获取和整合市场信息、知识等资源，有利于获取持续的竞争优势。第二，创业者或创业企业特有的社会互动关系能促使其获取不同寻常的资源，有利于维持资源异质性。第三，创业者或创业企业拥有大量技术、管理知识，并且具备吸收能力，有助于提高创业资源和持续竞争优势之间的因果模糊性。这项研究强调了创业独特资源，特别是创业认知这一独特资源的重要作用，为资源基础观在创业领域的应用做出了重要贡献（Barney，2001；Barney et al.，2011）。

8.2.2 第二阶段（2003~2012年）

随着资源基础观在创业领域的广泛应用，该阶段学者更多关注创业资源与创业机会决策的关系、创业资源与创业者/创业企业的匹配[②]。

1. 创业资源与创业机会决策的关系研究

创业领域独特之处在于机会，自 Shane 和 Venkataraman（2000）系统提出机

[①] 该阶段文献共11篇，其中7篇聚焦创业资源对创业企业竞争优势的作用。
[②] 该阶段文献共45篇，其中25篇关注创业资源与创业机会决策的关系、创业资源与创业者/创业企业的匹配。

会的研究框架之后，多数学者围绕创业资源与创业机会的关系进行探究，如 Choi 和 Shepherd（2004）探究了创业者如何基于对创业机会及创业所需资源和能力的感知，做出利用机会的决策，发现当创业者感知到其拥有高水平的创业资源和能力时，创业者感知的创业风险会降低，从而更可能做出利用机会的决策。Haynie 等（2009）探究了创业资源对创业机会评估决策的影响，发现创业机会与创业者现有知识、技能等资源的相关性越高，机会对创业者的吸引力越大，并且与现有资源相关的创业机会的价值更高时，机会对创业者的吸引力进一步提高。此外，对"年轻"企业而言，以上效应更加明显。以上两项研究利用资源基础观探究创业资源以及创业者对创业资源的认知对机会评估和利用决策的影响机制，揭示了创业机会决策的资源逻辑，这为后续关于资源-机会一体化研究（蔡莉等，2019）提供了理论线索。不仅如此，资源基础观的相关研究很少考虑资源性质与个体对资源性质的主观认知之间的差异，Choi 和 Shepherd（2004）研究的一个启发是提醒后续研究不仅关注资源的客观属性，还应关注个体或组织对资源性质的主观认知对于资源绩效价值的重要性。

2. 创业资源与创业者/创业企业的匹配研究

学者对不同类型创业资源与创业者/创业企业的匹配进行了理论探索和实证检验，如 Wiklund 和 Shepherd（2003）实证检验了创业企业创业导向与知识资源的匹配对企业绩效的影响，发现拥有大量知识资源的创业企业能够精确识别机会并创造更高的经济价值，并且当这类企业有高水平的创业导向时，知识资源对企业绩效有更大的边际影响。Godwin 等（2006）针对女性领导的新企业的资源获取问题进行了理论性研究，指出由于社会对性别的刻板形象，在男性主导的行业中女性创建的新企业通常在获取资源方面遇到障碍，女性创业者通过与男性合作创业，能获取更多的资金、知识及合法性等资源，从而解决新企业的资源难题并获取竞争优势。以上两项研究挖掘了不同类型创业资源与创业者/创业企业之间的匹配关系，均从资源视角深层次解释了为什么有的创业者/创业企业较其他创业者/创业企业能够成功创业并创造更大的价值。这为后续学者更广泛、深入地开展不同类型创业资源（如人力资源、网络资源）在不同类型创业（如新企业创业、公司创业、国际创业）中所起作用的研究（蔡莉等，2011；姚先国等，2008；刘帮成和王重鸣，2007）奠定了基础。

8.2.3 第三阶段（2013年至今）

近十年应用资源基础观的创业研究越来越关注创业资源与情境的匹配以及

创业资源的开发过程[①]。

1. 创业资源与情境的匹配研究

创业具有情境依赖性特征（Zahra et al., 2014），学者越来越意识到创业资源的作用效果取决于其所处的情境，如 Hernández-Carrión 等（2017）从市场环境视角出发，探究了行业竞争强度对创业者不同类型网络资源与企业绩效间关系的调节机制，指出当行业竞争强度较高时，制度网络资源与企业绩效的正向关系被削弱，而由于个人网络能为企业提供独特信息，个人网络资源与企业绩效的关系转变为正向。Verbeke 和 Yuan（2013）从环境特性入手，探究了资源和环境因素对创业主动性的影响。结论指出当人力资源冗余水平高、下游能力强时，高环境动态性或低环境敌对性促使企业将冗余的人力资源部署到利用下游能力的创业行动中，积极影响创业主动性；当人力资源冗余水平高、下游能力弱时，高环境动态性或低环境敌对性导致冗余的人力资源失去积极性，消极影响创业主动性。Hernández-Carrión 等（2017）及 Verbeke 和 Yuan（2013）的研究均回应了近年来创业学者对情境化研究的呼吁，研究贡献在于一方面通过挖掘资源与情境的协同作用，丰富了资源基础观的研究；另一方面通过揭示情境在创业资源与企业绩效/创业主动性关系中的作用机制，拓展了创业研究的环境条件。

2. 创业资源的开发过程研究

为从过程视角揭示以资源为基础的创业活动的本质，一些学者探究了创业资源开发过程某个阶段的机理，如 Desa 和 Basu（2013）分析了社会创业的资源调动过程机制，提出社会创业通常采用优化和拼凑（包括生存型拼凑和构想型拼凑）两种资源调动方式，组织知名度/环境丰裕度与企业选择优化、拼凑方式进行资源调动之间分别呈现正相关关系、"U"形关系。该研究识别两种类型的拼凑且揭示企业做出不同选择的异质性动机，拓展了资源拼凑研究，且基于对组织内外部因素的考虑探究不同类型社会创业资源调动方式的选择机制，丰富了社会创业研究。另一些学者探究了创业资源开发的全过程，如 Zahra（2021）在明确已有创业研究中资源管理过程基本假设的基础上，深入分析了新企业资源管理过程的独特性并提出基本假设（表 8.2），在此基础上，围绕新企业资源管理过程的假设和本质、时间因素、资源基础观与其他理论的整合等方面提出未来研究方向。该研究重构了新企业资源管理过程的关键假设，并从更广泛的视角看待资源管理过程，对于我们全面认识新企业资源管理过程具有重要的理论价值。此外，通过将资源基础观与其他理论联系起来，为未来资源基础观在创业研究的应用指明了方向。

---

① 2013~2022 年文献共 49 篇，其中 12 篇关注创业资源与情境的匹配，13 篇关注创业资源的开发过程。

表 8.2 重构新企业资源管理过程的 RBV 研究假设

项目	创业情境下的主流假设	新企业情境下的假设
焦点	资源选择、评估、分配	资源管理过程(即资源定义、集合、评估、选择、编排和部署)
优势来源	效率	智谋(resourcefulness)、学习优势
资源管理	线性的过程	非线性、迭代的过程
资源相关假设	已知,但需整合	并不总是事先知道,可能需要开发和创造
要素市场准入	相对容易	新企业受到限制;一些甚至被屏蔽
可替代供应来源的可用性	存在多个来源	很少或根本不存在;即使有,某些群体也无法获得
资源估值	市场价值	市场价值,但也与创业者的偏好和认知有关
时间	Barney(2001)意识到时间的重要性,但使用 VRIO(valuable, rare, inimitable, organizationally,有价值的、稀缺的、不可模仿的、组织地)的研究忽略了它	时间因素对于经验和效率、学习优势的积累以及竞争优势的获取具有重要意义

资料来源:Zahra(2021)

注:RBV 为资源基础观(resource-based view)

综上,资源基础观为从资源视角深层次揭示创业本质做出了重要贡献,而创业研究的发展也不断丰富和拓展资源基础观。从资源基础观对创业研究的贡献来看,第一,早期创业研究侧重于描述现象,而基于资源基础观审视创业独特资源的内涵及作用,为从资源视角揭示创业现象背后的理论逻辑奠定了基础。第二,以往创业研究更多从静态视角关注单一创业要素对企业绩效的作用,且缺乏对情境因素的考虑。而通过探究创业资源与创业机会、创业者/创业企业、创业情境等的作用/匹配机制,以及创业资源开发的过程机理,深入揭示创业活动中复杂的要素作用关系,并明确创业资源发挥作用的环境条件,为构建创业理论奠定了基础。反过来看,第一,资源基础观通常关注相对稳定环境下成熟企业的竞争优势问题。通过探究高度不确定性创业情境下创业者/创业企业异质性资源的内涵及作用,拓展了资源基础观的应用情境。第二,资源基础观主要强调具有有价值、稀缺、难以模仿和不可替代属性的资源对企业竞争优势的重要性,忽视了对资源开发过程及资源转化为价值的路径与机理的揭示。而通过探究创业资源与创业机会、创业者/创业企业的作用/匹配关系对企业绩效/竞争优势的影响机制,以及创业资源开发的过程机理,拓展和完善了资源基础观的研究假设。

8.3 资源基础观在创新驱动创业研究中的局限与未来展望

8.3.1 局限

创新驱动创业是在数字化、生态化和新型全球化的情境下提出的。该情境下资源基础观在解释创新驱动创业活动时存在以下几个方面的局限性。

第一，从环境条件来说，资源基础观适用于具有持续性（continuity）和可预测性特征的市场环境（即外部环境相对稳定），管理者在此环境下基于理性推理可以对资源的价值进行预测（Kraaijenbrink et al.，2010）。而在数字化、生态化和新型全球化情境下，环境变得高度易变、不确定、复杂和模糊（Nambisan，2017；Han et al.，2021；杨海龙等，2021），使得资源的价值可以快速发生变化（Kraaijenbrink et al.，2010；陈冬梅等，2020），创新驱动创业的主体很难对资源的价值进行预测，挑战了资源基础观所适用的相对稳定的环境条件。此外，在中国情境下，环境的重要特征是高度的不确定性（市场的快速变革、技术的快速变化等）（蔡莉和单标安，2013），这会加剧资源价值变化的程度，资源价值更加难以预测，使资源基础观对企业竞争优势的解释力受到限制（Kraaijenbrink et al.，2010）。

第二，从理论前提来说，资源基础观认为资源在企业之间是不完全流动的，因此由有价值、稀缺、难以模仿和不可替代的资源所带来的异质性会持续较长时间，有利于企业竞争优势的维持（Barney，1991）。而在数字化情境下，由于数字技术的高度连通性等特征（Nambisan et al.，2018），知识、数据和人力等资源在创新驱动创业主体之间具有高度的流动性（Amit and Zott，2001）；在生态化情境下，共生关系的存在有利于主体间通过资源的高度流动实现资源的高效组合，从而促进多主体竞争优势的获取（Thomas and Autio，2014），如树根互联利用工业互联网技术促使知识、数据等资源在根云平台内主体间高度流动，从而提升平台内多个主体在研发、生产和销售等价值链上的运营效率，并促进根云平台技术的不断优化与创新，这些均使得基于资源在主体间的不可流动性来获取竞争优势的资源基础观在解释创新驱动创业活动时面临局限。

第三，从核心假设来说，传统资源基础观认为企业若要获取和维持竞争优势，必须拥有/控制有价值、稀缺、难以模仿和不可替代的资源。然而在创新驱动创业活动中，首先，在数字化情境下，由于数字技术的作用，具有海量性、可再生性、共享性、价值密度低等特征的数据资源成为创新驱动创业主体获取竞争优势的重要战略性资源（McAfee and Brynjolfsson，2012；杨善林和周开乐，2015；Obschonka and Audretsch，2020），如美的基于设备数据和用户数据打造数字化的产品创新路径，围绕产品全生命周期提供决策辅助，提高新产品开发的效率，挑战了资源基础观关于资源稀缺性、难以模仿性和具有价值的研究假设。

其次，在数字化情境下，由于数字技术的可供性，创新驱动创业企业能够协调多样化的主体参与到平台中，将平台共享的资源与未被充分利用的、分散的资源高效结合，实现更多机会的发现/创造，进而获取和维持竞争优势。如字节跳动搭建抖音平台，通过一系列激励政策，鼓励多样化的内容创作者结合自身拥有的优势资源与平台共享的技术资源，不断开发关联性产品/服务，促进平台快速成长；在新型全球化情境下，国际分工和产业发展呈现出新变化和新特点，创新驱动创业主体需要在对外部新颖的、互补性资源进行配置的基础上不断创新，进而实现价值链的重构（奉小斌等，2021）。创新驱动创业实践中的资源共享和配置行为挑战了强调对资源静态拥有/控制的资源基础观（Fréry et al.，2015；Alexy et al.，2018）。

再次，在生态化情境下，企业/平台之间由竞争逻辑转化为共生逻辑（陈冬梅等，2020），颠覆了战略管理研究的底层逻辑（即关注企业层面的竞争优势问题）（Ireland et al.，2003），企业/平台更可能通过与其他主体互动实现价值共创，进而有利于竞争优势的获取，如小米协同生态链企业共同构建以手机为核心的智能家居生态圈，使传统手机、零售等多个行业发生颠覆性变革，而强调企业单一主体作用的资源基础观无法完全揭示创新驱动创业多主体互动的现象（Amit and Han，2017；魏江等，2021）。

最后，在中国情境下，经济的快速发展、制度环境的不完善、庞大中低端客户群体的存在等因素为不具有资源/能力优势的企业带来了大量的机会以及稳定的市场基础，使得一些本土的创新创业企业通过对自身拥有或从外部获取的普通资源（即不具有价值、稀缺、难以模仿和不可替代属性的资源）进行创造性的整合，能够快速抓住市场机遇，实现对外部环境的快速反应，促进竞争优势的获取，这使得强调资源的有价值、稀缺、难以模仿和不可替代属性的资源基础观在解释某些本土创新创业实践时存在局限（陆亚东和孙金云，2013）。

8.3.2 未来展望

针对以上资源基础观在解释创新驱动创业活动时所面临的挑战，结合创新驱动创业的内涵，未来可以从以下几方面开展研究。

1. 创新驱动创业的资源研究

首先，考虑到数据是创新驱动创业的关键资源，其与资源基础观中所强调的具有稀缺性、难以模仿性等特征的传统资源存在本质不同。未来需要探究数据资源与传统资源在内涵、特征等方面的差异以及两者在创新驱动创业中所发挥的作用。

其次，数据资源本身很难产生价值，其需要与传统资源结合才能实现价值的创造（谢康等，2020）。在创新驱动创业过程中，数据资源与传统资源存在协同关系，如数字技术的渗透性有利于其与传统技术、知识等资源融合，实现传统资源数字化，促进数据资源产生（Chalmers et al.，2021）；同时通过对数据资源的分析和利用，也有利于技术、人力等传统资源的高效匹配（Amit and Han，2017）。这种协同关系有利于优化资源配置，促进资源价值的最大化创造。因此，未来还需深入剖析数据资源与人力、知识、技术等传统资源的协同机制，以深入揭示数据资源转化为价值的内在机理。

最后，考虑到数字化、生态化情境下创新驱动创业主体之间知识、数据和人力等资源高度流动的新现象，以及其对资源基础观关于资源不可流动性观点的挑战，未来还需要关注创新驱动创业主体间数据、知识和人力等资源流动的诱发因素、作用机制及边界条件。

通过以上研究，能够在资源基础观的基础上，一方面基于创新驱动创业情境拓展数据资源类型以及数据资源与传统资源的作用，完善为企业带来竞争优势的资源内涵和特征研究；另一方面基于创新驱动创业情境构建资源高度流动的理论前提，以及数据资源特征与竞争优势关系、数据资源与传统资源协同等方面的核心假设，丰富和拓展资源基础观。

2. 创新驱动创业的资源与多主体、机会集关系研究

要素的迭代互动是创新驱动创业的核心（蔡莉等，2021），突破了传统创业研究中要素之间线性作用关系的局限。考虑到资源基础观仅关注企业内部如何通过资源优势来获取竞争优势，以及在生态化情境下，创新驱动创业主体由传统创业研究中强调的单主体转变为多主体，机会也相应由传统创业研究中强调的单一机会转变为机会集[①]，未来可以从以下几方面展开研究。

首先，在资源（包括数据资源与其他资源）与多主体的互动关系方面，从数据资源与多主体关系来看，多主体基于平台互动有利于产生和高效分享数据资源（McAfee and Brynjolfsson，2012）；而随着对平台数据资源的深入分析，多主体能围绕平台发现或创造新需求，实现主体的不断集聚（钱雨等，2021）。从传统资源与多主体关系来看，数字技术驱动新企业以较低成本在全球配置传统资源，能够聚集与连接具有相似市场需求的消费者和互补性主体，实现规模效应（Autio，2017）；而数字技术能够降低市场上的不对称和摩擦程度，减少多主体协调与交易成本，实现更有效的沟通并增强主体间透明度，提高传统资源配置效率（Skinner，2008；Amit and Han，2017）。因此，未来可以进一步探究资源（包括数据资源与

---

① 机会集指以资源为基础，多种参与主体互动所开发的一系列机会的有机集合（蔡莉等，2018）。

传统资源）与多主体认知、能力等要素的作用机制，以及这种作用机制对多主体竞争优势的影响机理，从而突破资源基础观从单一主体视角分析资源问题的局限，从多主体视角构建关于多种互补性资源协同与竞争优势关系的核心假设，进一步完善资源基础观的理论内核。

其次，在资源（包括数据资源与其他资源）与机会集的互动关系方面，从数据资源与机会集关系来看，对数据资源的开发有利于不断精准识别与现有产品/服务相关联的机会，促进机会集形成（Eesley and Wu，2020）；机会集的形成也有利于主体间数据、知识等资源的高效配置（Autio，2017；Coviello et al.，2017）。从传统资源与机会集关系来看，数字技术的渗透性有利于其与传统资源融合，降低传统企业数字化的技术壁垒和相关市场风险，使其快速开发关联性产品/服务（Nambisan et al.，2018），形成机会集；同时机会集的形成能为系统内主体的发展指明方向，有利于指导多主体基于数字技术实现人力、技术等传统资源的高效配置。基于此，未来可以深入探究资源（包括数据资源与传统资源）与机会集的互动机理，以及这种互动对竞争优势的作用机制，进而从机会集角度深层次揭示多主体利用资源获取/维持竞争优势的路径与机理，丰富资源基础观的研究。

3. 资源视角下的创新驱动创业过程研究

针对资源基础观静态视角的局限，以及考虑到创新驱动创业是一个过程（蔡莉等，2021），未来还需对资源视角下的创新驱动创业过程进行探索，以从深层次揭示以资源为基础的创新驱动创业活动的本质。

首先，从资源及其与机会集、多主体的关系来看，一方面，针对资源要素本身，未来可以探究数据资源的开发过程，组织间资源（包括数据资源与传统资源）的共享与配置过程，以及数据资源与传统资源在创新驱动创业三阶段（触发、催化和聚变）发展过程中的跨层面协同演化机理。另一方面，针对资源与机会集、多主体的关系，未来可以探究在创新驱动创业实现高质量产出的过程中，资源（包括数据资源与传统资源）与多主体、机会集等要素互动关系的演化机制。通过以上研究，能够突破资源基础观静态视角的局限，构建基于过程视角的创新驱动创业资源及其与多主体、机会集关系的研究假设，进而拓展资源基础观的动态研究。

其次，过程研究反对封闭性的、定论性的解释过程，强调要将过程与之所处的情境联系起来（Helin et al.，2014），因此还需要将情境纳入资源视角下的创新驱动创业过程研究中。具体来说，一方面，考虑到创新驱动创业脱胎于数字化、生态化和新型全球化三大情境与资源基础观所适用的稳定环境存在差异，未来还需在深入挖掘这三个情境内涵的基础上，深入探究这些情境及其交互对资源视角下创新驱动创业过程的影响机制，进而拓展资源基础观所适用的环境条件。另一方面，考虑到资源基础观在解释中国情境下创新驱动创业活动的局限性，未来可以深入探究数字化、生态化和新型全球化三大情境与中国情境结合形成的新情境的内涵，揭示该情境下创新驱动创业主体通过对传统资源的创造性整合进而获取/维持竞争优势的过程机理，以及该情境对数据资源与传统资源的协同过程，资源与多主体、机会集等要素互动过程等的影响机制，从而在拓展资源基础观所适用环境的基础上，构建基于中国情境的资源视角下的创新驱动创业过程模型，为资源基础观的进一步拓展和完善以及本土理论的构建做出贡献。

参 考 文 献

蔡莉, 葛宝山, 蔡义茹. 2019. 中国转型经济背景下企业创业机会与资源开发行为研究[J]. 管理学季刊, (2): 44-62, 134.

蔡莉, 鲁喜凤, 单标安, 等. 2018. 发现型机会和创造型机会能够相互转化吗？——基于多主体视角的研究[J]. 管理世界, 34(12): 81-94, 194.

蔡莉, 单标安. 2013. 中国情境下的创业研究: 回顾与展望[J]. 管理世界, (12): 160-169.

蔡莉, 杨阳, 单标安, 等. 2011. 基于网络视角的新企业资源整合过程模型[J]. 吉林大学社会科学学报, 51(3): 124-129.

蔡莉, 张玉利, 蔡义茹, 等. 2021. 创新驱动创业: 新时期创新创业研究的核心学术构念[J]. 南开管理评论, 24(4): 217-226.

陈冬梅, 王俐珍, 陈安霓. 2020. 数字化与战略管理理论: 回顾、挑战与展望[J]. 管理世界, 36(5): 20, 220-236.

奉小斌, 苏佳涵, 马晓书. 2021. 逆向国际化企业跨界搜索如何影响商业模式创新？——制度嵌入的非线性调节作用[J]. 研究与发展管理, 33(2): 67-82.

刘帮成, 王重鸣. 2007. 跨国创业导向与创新能力关系研究: 基于知识的视角[J]. 科学学与科学技术管理, (1): 90-96.

陆亚东, 孙金云. 2013. 中国企业成长战略新视角: 复合基础观的概念、内涵与方法[J]. 管理世界, (10): 106-117, 141, 187.

钱雨, 孙新波, 苏钟海, 等. 2021. 传统企业动态能力与数字平台商业模式创新机制的案例研究[J]. 研究与发展管理, 33(1): 175-188.

魏江, 刘嘉玲, 刘洋. 2021. 新组织情境下创新战略理论新趋势和新问题[J]. 管理世界, 37(7): 13, 182-197.

谢康, 夏正豪, 肖静华. 2020. 大数据成为现实生产要素的企业实现机制: 产品创新视角[J]. 中国工业经济, (5): 42-60.

杨海龙, 郭国庆, 张晓亮. 2021. 互动视角下商业模拟对创新能力的影响研究[J]. 科研管理, 42(7): 91-99.

杨善林, 周开乐. 2015. 大数据中的管理问题: 基于大数据的资源观[J]. 管理科学学报, 18(5): 1-8.

姚先国, 温伟祥, 任洲麒. 2008. 企业集群环境下的公司创业研究: 网络资源与创业导向对集群企业绩效的影响[J]. 中国工业经济, (3): 84-92.

张琳, 席酉民, 杨敏. 2021. 资源基础理论 60 年: 国外研究脉络与热点演变[J]. 经济管理, 43(9):

189-208.

Alexy O, West J, Klapper H, et al. 2018. Surrendering control to gain advantage: reconciling openness and the resource-based view of the firm[J]. Strategic Management Journal, 39(6): 1704-1727.

Alvarez S A, Busenitz L W. 2001. The entrepreneurship of resource-based theory[J]. Journal of Management, 27(6): 755-775.

Amit R, Han X. 2017. Value creation through novel resource configurations in a digitally enabled world[J]. Strategic Entrepreneurship Journal, 11: 228-242.

Amit R, Zott C. 2001. Value creation in E-business[J]. Strategic Management Journal, 22(6/7): 493-520.

Autio E. 2017. Strategic entrepreneurial internationalization: a normative framework[J]. Strategic Entrepreneurship Journal, 11(3): 211-227.

Baker T, Nelson R E. 2005. Creating something from nothing: resource construction through entrepreneurial bricolage[J]. Administrative Science Quarterly, 50(3): 329-366.

Barney J B. 1986. Strategic factor markets: expectations, luck, and business strategy[J]. Management Science, 32(10): 1231-1241.

Barney J B. 1989. Asset stocks and sustained competitive advantage: a comment[J]. Management Science, 35(12): 1511-1513.

Barney J B. 1991. Firm resources and sustained competitive advantage[J]. Journal of Management, 17(1): 99-120.

Barney J B. 2001. Resource-based theories of competitive advantage: a ten-year retrospective on the resource-based view[J]. Journal of Management, 27(6): 643-650.

Barney J B, Ketchen D J,Jr, Wright M. 2011. The future of resource-based theory: revitalization or decline?[J]. Journal of Management, 37(5): 1299-1315.

Chalmers D, MacKenzie N G, Carter S. 2021. Artificial intelligence and entrepreneurship: implications for venture creation in the fourth industrial revolution[J]. Entrepreneurship Theory and Practice, 45(5): 1028-1053.

Choi Y R, Shepherd D A. 2004. Entrepreneurs' decisions to exploit opportunities[J]. Journal of Management, 30(3): 377-395.

Cohen B. 2006. Sustainable valley entrepreneurial ecosystems[J]. Business Strategy and the Environment, 15(1): 1-14.

Coviello N, Kano L, Liesch P W. 2017. Adapting the Uppsala model to a modern world: macro-context and microfoundations[J]. Journal of International Business Studies, 48(9): 1151-1164.

Crook T R, Ketchen D J,Jr, Combs J G, et al. 2008. Strategic resources and performance: a meta-analysis[J]. Strategic Management Journal, 29(11): 1141-1154.

D'Oria L, Crook T R, Ketchen D J,Jr, et al. 2021. The evolution of resource-based inquiry: a review and meta-analytic integration of the strategic resources-actions-performance pathway[J]. Journal of Management, 47(6): 1383-1429.

DeCarolis D M, Deeds D L. 1999. The impact of stocks and flows of organizational knowledge on firm performance: an empirical investigation of the biotechnology industry[J]. Strategic Management Journal, 20(10): 953-968.

Desa G, Basu S. 2013. Optimization or bricolage? Overcoming resource constraints in global social entrepreneurship[J]. Strategic Entrepreneurship Journal, 7(1): 26-49.

Dierickx I, Cool K. 1989. Asset stock accumulation and sustainability of competitive advantage[J]. Management Science, 35(12): 1504-1511.

Eesley C, Wu L. 2020. For startups, adaptability and mentor network diversity can be pivotal: evidence from a randomized experiment on a MOOC platform[J]. MIS Quarterly, 44(2): 661-697.

Eisenhardt K M, Martin J A. 2000. Dynamic capabilities: what are they?[J]. Strategic Management Journal, 21(10/11): 1105-1121.

Eisenhardt K M, Santos F M. 2002. Knowledge-based view: a new theory of strategy?[C]//Pettigrew A, Thomas H, Whittington R. Handbook of Strategy and Management. London: SAGE Publications Ltd: 139-164.

Fréry F, Lecocq X, Warnier V. 2015. Competing with ordinary resources[J]. MIT Sloan Management Review, 56(3): 69-77.

Godwin L N, Stevens C E, Brenner N L. 2006. Forced to play by the rules? Theorizing how mixed-sex founding teams benefit women entrepreneurs in male-dominated contexts[J]. Entrepreneurship Theory and Practice, 30(5): 623-642.

Grant R M. 1996. Toward a knowledge-based theory of the firm[J]. Strategic Management Journal, 17(S2): 109-122.

Han J, Ruan Y, Wang Y M, et al. 2021. Toward a complex adaptive system: the case of the Zhongguancun entrepreneurship ecosystem[J]. Journal of Business Research, 128: 537-550.

Haynie J M, Shepherd D A, McMullen J S. 2009. An opportunity for me? The role of resources in opportunity evaluation decisions[J]. Journal of Management Studies, 46(3): 337-361.

Helin J, Hernes T, Hjorth D, et al. 2014. The Oxford Handbook of Process Philosophy and Organization Studies[M]. Oxford: Oxford University Press.

Hernández-Carrión C, Camarero-Izquierdo C, Gutiérrez-Cillán J. 2017. Entrepreneurs' social capital and the economic performance of small businesses: the moderating role of competitive intensity and entrepreneurs' experience[J]. Strategic Entrepreneurship Journal, 11(1): 61-89.

Ireland R D, Hitt M A, Sirmon D G. 2003. A model of strategic entrepreneurship: the construct and its dimensions[J]. Journal of Management, 29(6): 963-989.

Kraaijenbrink J, Spender J C, Groen A J. 2010. The resource-based view: a review and assessment of its critiques[J]. Journal of Management, 36(1): 349-372.

McAfee A, Brynjolfsson E. 2012. Big data: the management revolution[J]. Harvard Business Review, 90(10): 60-66, 68, 128.

Nambisan S. 2017. Digital entrepreneurship: toward a digital technology perspective of entrepreneurship[J]. Entrepreneurship Theory and Practice, 41(6): 1029-1055.

Nambisan S, Siegel D, Kenney M. 2018. On open innovation, platforms, and entrepreneurship[J]. Strategic Entrepreneurship Journal, 12(3): 354-368.

Nason R S, Wiklund J. 2018. An assessment of resource-based theorizing on firm growth and suggestions for the future[J]. Journal of Management, 44(1): 32-60.

Obschonka M, Audretsch D B. 2020. Artificial intelligence and big data in entrepreneurship: a new era has begun[J]. Small Business Economics, 55(3): 529-539.

Penrose E G. 1959. The Theory of the Growth of the Firm[M]. New York: Wiley.

Rubin P H. 1973. The expansion of firms[J]. Journal of Political Economy, 81(4): 936-949.

Shane S, Venkataraman S. 2000. The promise of entrepreneurship as a field of research[J]. Academy of Management Review, 25(1): 217-226.

Sirmon D G, Hitt M A, Ireland R D. 2007. Managing firm resources in dynamic environments to create value: looking inside the black box[J]. Academy of Management Review, 32(1): 273-292.

Sirmon D G, Hitt M A, Ireland R D, et al. 2011. Resource orchestration to create competitive advantage: breadth, depth, and life cycle effects[J]. Journal of Management, 37(5): 1390-1412.

Skinner D J. 2008. The evolving relation between earnings, dividends, and stock repurchases[J]. Journal of Financial Economics, 87(3): 582-609.

Teece D J. 2007. Explicating dynamic capabilities: the nature and microfoundations of (sustainable) enterprise performance[J]. Strategic Management Journal, 28(13): 1319-1350.

Teece D J. 2010. Business models, business strategy and innovation[J]. Long Range Planning, 43(2/3): 172-194.

Teece D J, Pisano G, Shuen A. 1997. Dynamic capabilities and strategic management[J]. Strategic Management Journal, 18(7): 509-533.

Thomas L D W, Autio E. 2014. The fifth facet: the ecosystem as an organizational field[J]. Academy of Management Proceedings, 2014(1): 10306.

Verbeke A, Yuan W L. 2013. The drivers of multinational enterprise subsidiary entrepreneurship in China: a new resource-based view perspective[J]. Journal of Management Studies, 50(2): 236-258.

Wernerfelt B. 1984. A resource-based view of the firm[J]. Strategic Management Journal, 5(2): 171-180.

Wiklund J, Shepherd D. 2003. Knowledge-based resources, entrepreneurial orientation, and the performance of small and medium-sized businesses[J]. Strategic Management Journal, 24(13): 1307-1314.

Zahra S A. 2021. The resource-based view, resourcefulness, and resource management in startup firms: a proposed research agenda[J]. Journal of Management, 47(7): 1841-1860.

Zahra S A, Wright M, Abdelgawad S G. 2014. Contextualization and the advancement of entrepreneurship research[J]. International Small Business Journal, 32(5): 479-500.

代表性学者简介

伊迪丝·彭罗斯（Edith Penrose）

伊迪丝·彭罗斯在约翰斯·霍普金斯大学获得博士学位，曾任欧洲工商管理学院政治经济学教授、英国社会科学研究理事会经济委员会主席等。出版了 *The Large International Firm in Developing Countries: The International Petroleum Industry*（《发展中国家的大型国际公司：国际石油工业》）、*The Theory of the Growth of the Firm* 等著作，其中代表性著作 *The Theory of the Growth of the Firm* 从资源视角开创了思考企业竞争优势的新方法。

伯格·沃纳菲尔特（Birger Wernerfelt）

伯格·沃纳菲尔特在哈佛大学获得博士学位，现任麻省理工学院斯隆管理学院管理学教授和营销学教授。在 *Strategic Management Journal*、*Journal of Management*、*Academy of Management Journal* 等期刊发表多篇论文，其中1984年发表的"A resource-based view of the firm"（《基于资源的企业观》）一文是社会科学中被引用最多的论文之一。

杰恩·巴尼（Jay Barney）

杰恩·巴尼现为犹他大学（The University of Utah）大卫·埃克尔斯（David Eccles）商学院的战略管理学首席教授。曾任 *Journal of Management* 的副主编、*Organization Science* 的高级主编和 *Strategic Entrepreneurship Journal* 的联合主编。巴尼的研究聚焦于难以复制的企业技能和能力与持续竞争优势之间的关系，在 *Academy of Management Review*、*Academy of Management Journal*、*Management Science* 等期刊发表多篇论文，是战略管理和创业领域被引用最多的学者之一。

本章执笔人：蔡　莉　杨亚倩　陈姿颖　于晓宇

第9章 资源依赖理论——创新驱动创业活动中企业间互赖关系的拓展研究

资源依赖理论的核心观点是降低企业对外部因素的依赖。资源依赖理论认识到外部因素对组织行为的影响，尽管受到环境的限制，但管理者可以采取行动减少环境的不确定性和依赖性。这些行动的核心是权力（power）概念，即对重要资源的控制（Ulrich and Barney，1984）。组织往往试图降低他人对他们的权力，增加自己对他人的权力。而由于新创企业早期具有新进入者缺陷（liability of newness）的特点，通常对外部环境有更大的依赖。因此，学者通常采用资源依赖理论，探究新创企业如何应对外部环境的依赖和不确定性，以获取自身所需的资源。数字技术的发展加快了新企业和数字初创企业的创建速度，在新企业的创建过程中，创新驱动型创业（指以新兴技术开发或应用为基础、以制度创新为条件、以创造新价值或探索价值创造新方法为基本逻辑的创业活动）起到了核心作用（陈晓红等，2020）。

资源依赖理论（resource dependence theory）是理解创业企业应对外部环境依赖的重要理论。从资源依赖视角出发，能够更好地理解创业企业通过建立组织间关系以应对不确定性和外部环境依赖。但当企业考虑建立组织间关系时，会面临着根本性的矛盾。一方面，它们通过依赖他人获得所需资源而形成关系；另一方面，由于担心合作伙伴可能破坏性地侵吞自己的资源，也会疏远关系。因此，组织间关系的形成丰富了创业理论（entrepreneurship theory）。通过回顾资源依赖理论，尤其是在创业领域的研究进展，结合资源依赖视角下创新驱动创业的理论探索，将进一步丰富甚至重构资源依赖理论。

9.1 资源依赖理论的发展

资源依赖理论的发展经历了萌芽（1972~2002年）、发展（2003~2010年）和成熟（2011年至今）三个阶段。

9.1.1 萌芽阶段（1972~2002年）

1972年，Pfeffer（普费弗）关于资源依赖理论开拓性的研究证实了组织内部资源交换和权力关系的重要性（Pfeffer，1972）。资源依赖理论强调组织权力，把组织视为一个政治行动者（political actor），认为组织的策略无不与组织试图获取资源，试图控制其他组织的权力行为有关。

随后，Pfeffer（1976）提出了组织可能参与并购的三个原因：第一，通过并购一个重要的竞争组织来减少竞争；第二，通过并购来管理与投入来源或产出购买者的相互依赖；第三，并购使企业运营实行多样化管理，从而减少对现有组织的依赖。Pfeffer 的研究发现，通过行业间经济交易衡量的资源依赖解释了并购模式。至此，资源依赖理论已成为解释企业为何参与并购的主要理论基础之一（Haunschild，1993），为企业参与并购活动提供了一个外部视角。1978 年，Pfeffer 和 Salancik 出版了 *The External Control of Organizations: A Resource Dependence Perspective*（《组织的外部控制：资源依赖视角》）一书，该书关注的是推动企业形成组织间关系的资源依赖，并分析了组织间关系中权力的来源和后果，权力和依赖来自何处，以及管理组织的人如何使用权力并管理他们的依赖。全书都是讲企业与环境之间的关系，企业是由外部环境控制的，外部控制来自企业对外部环境的一种依赖。这本书有五个主要内容：兼并与购买（mergers and acquisitions）、合资或联盟（joint ventures or alliances）、董事会（boards of directors）、政治行为（political action）以及高管继任（executive succession）。自出版以来，资源依赖理论已成为组织和战略管理领域中最具影响力的理论之一。

在 Pfeffer 的研究基础之上，诸多学者开始关注资源依赖的研究议题。Ulrich 和 Barney（1984）认为，获取组织所需的外部资源是通过减少组织对他人的依赖或通过增加他人对组织的依赖，即改变组织与其他组织的权力关系。Finkelstein（1997）扩展检验了 Pfeffer 的研究，结果表明，虽然观察到资源依赖效应的显著性，当使用更精细的分析方法处理数据后，资源依赖对行业间并购的解释力大大降低。

9.1.2 发展阶段（2003~2010 年）

这一阶段，资源依赖理论在组织层面提出了权力的概念，是组织研究的分水岭。信息和通信技术（information and communication technology，ICT）的普及、金融市场的兴起和贸易全球化，改变了权力和资源依赖的概况以及管理组织环境的方法（Davis and Cobb，2010）。Pfeffer（2003）认为资源依赖最初是为了给并购和连锁董事的经济理论提供一个替代视角，将权力问题置于组织研究的前沿。代理理论和资源依赖理论表明，董事会参与监督和建议任务（Hillman and Dalziel，2003）构成了董事会参与的核心活动。

由于以往关于资源依赖理论的文章大多是理论性的，很少有实证研究。而该阶段对资源依赖理论的研究兴趣正在复苏，并为该理论的发展方向提供了一些线索。这些研究中的一个共同点是，它们对 *The External Control of Organizations: A Resource Dependence Perspective* 一书中提出的基本原则提出了一些挑战。例如，Casciaro 和 Piskorski（2005）从资源依赖角度对并购进行研究是资源依赖理论发展的当代范例。他们批判资源依赖理论：①缺乏对权力失衡和相互依赖的区分；②混淆规范性对策和理论预测；③边界条件的模糊性；④大多数实证研究侧重于一个行动者对另一个行动者的依赖，而不是相互依赖。他们的研究确定了资源依赖两个不同的理论维度：权力不平衡和相互依赖。将权力不平衡定义为"两个组织之间的权力差异"，而相互依赖则是"两个组织依赖关系的总和"，这表明这些不同的相互依赖维度通过独特的机制影响并购，从而可以审查相互依赖的连接交互性。他们发现，权力失衡和相互依赖对企业进行并购的倾向有相反的影响。相互依赖促进了并购活动，而权力不平衡减少了企业的并购活动。

在 Pfeffer（2003）的研究基础之上，Hillman 等（2009）进行了第一项评述资源依赖理论的研究，他们基于 Pfeffer 和 Salancik（2003）的研究内容，探讨了通过五种战略行动来减少企业对环境的依赖，即并购和纵向一体化、合资和其他跨组织间关系、董事会、政治行动和高管继任。

Davis 和 Cobb（2010）则关注 Pfeffer 和 Salancik（1978，2003）在资源依赖理论领域的影响力，介绍了组织外部控制对社会学科的影响，并回顾了资源依赖理论的起源、主要论点和基本概念，如权力和依赖。他们认为，资源依赖理论有三个核心思想：①社会背景问题；②各组织有增强其自主性和追求利益的战略；③权力（不仅仅是理性或效率）对于理解组织的内部和外部行为很重要。

9.1.3 成熟阶段（2011 年至今）

政策环境、商业环境的快速变化，推动学术界对资源依赖理论的研究转向战略管理层面（Drees and Heugens，2013），将研究转向动态视角，研究逐渐趋于成熟。例如，Rogan 和 Greve（2015）基于动态视角的资源依赖理论，研究合作伙伴对组织并购行为的反应机制，以探讨权力动态问题。

这一阶段，诸多学者将资源依赖理论与代理理论或其他视角相结合进行研究。Dalziel 等（2011）通过扩展代理理论和资源依赖理论，研究了董事的人力资本和关系资本（如教育、创业融资经验、技术经验等）对研发支出有显著影响。结果表明，董事独立性（即外部与内部地位）影响董事使用人力资本和关系资本的程度，以及他们如何利用这些资源来影响研发活动，从而导致创新和相关创业行动。

Wry 等（2013）的研究批评了资源依赖框架对战略行动的限制。该研究解决了以下问题：①管理领域的研究人员主要如何使用该理论，②资源依赖理论在当代组织理论中占据了什么位置？研究结果表明，尽管与其他组织理论相比，*The*

External Control of Organizations: A Resource Dependence Perspective 一书被引率持续攀升，但绝大多数的引用都是形式上的。Wry 等（2013）的研究结果还表明在不断增长的引文数量下，学者的主要研究兴趣是管理组织依赖性的具体战略选择。

资源依赖理论还认为，企业可以通过连锁董事制度获得许多好处。企业实施连锁董事策略使组织能够获得关键资源，尤其是，连锁董事策略是公司减少环境不确定性和依赖的机制。这些组织间联系还提供了获取各种独特信息的途径，以及学习新企业实践的能力。最后，连锁董事会可以作为公司质量的信号。就绩效而言，能够更好地将连锁董事会与环境需求相匹配的公司可能会获得更大的绩效收益。如 Zona 等（2018）的研究融合了代理理论和资源依赖理论，并将其应用于连锁董事会的研究。研究表明，连锁董事会对后续公司绩效产生积极还是消极影响，将取决于公司的相对资源、权力失衡、所有权集中和 CEO 所有权。

9.2 资源依赖理论在创业领域的应用与发展

资源依赖理论在创业研究中解释了企业如何应对外部环境的依赖和不确定性（Steensma et al., 2000）。根据 4 个创业领域知名期刊 *ETP*、*JBV*、*SBE* 和 *SEJ* 以及 8 个管理领域知名期刊 *AMJ*、*AMR*、*JOM*、*MS*、*OS*、*SMJ*、*ASQ*、*JMS* 发表的创业研究，最早与资源依赖理论相关的创业研究发表于 1995 年，与资源依赖理论相关的创业文献共 34 篇。由于文献数量较少，因此我们按照研究主题将其划分为以下三个阶段。

9.2.1 第一阶段（1995~2000 年）：企业间联盟形成的资源依赖

这一阶段资源依赖理论在创业领域的应用研究聚焦于企业间联盟形成的资源依赖。企业应对外部环境依赖和不确定性的一种策略是建立组织间联系，如联盟、合资企业和少数股权控股。Gulati（1995）利用资源依赖理论探讨了社会结构如何影响企业间联盟的形成模式。该研究利用 1970 年至 1989 年期间企业间战略联盟形成的综合纵向多行业数据，实证检验了企业之间的直接联系及其整体网络的作用。研究结果与联盟形成的战略相互依赖性和社会结构性的解释是一致的，战略依赖和社会结构之间的相互作用也得到了支持。研究还发现，对外部资源的依赖导致企业寻求与外部资源之间的联系，以减少不确定性。Steensma 等（2000）探讨了民族文化特征对技术联盟的影响。该研究认为环境依赖和组织间联系对小型创业企业尤为重要。研究结果表明，中小企业技术联盟形成的资源依赖解释最适用于对不确定性容忍度低、女性价值观高的社会。

9.2.2 第二阶段（2001~2015年）：组织间关系及对外部资源的依赖

研究资源依赖理论的学者往往关注推动企业形成组织间关系的资源需求，而不是潜在的资源挪用行为，因此强调了合作，通过建立联盟以应对外部资源依赖和不确定性。但他们忽略了企业能够预期资源被破坏性占用的可能性，没有研究竞争优势。因此，这一阶段的研究聚焦于资源需求对新企业组织间关系的影响、资源/权力依赖与制度创业以及对外部利益相关者的依赖等。

1. 资源需求对新企业组织间关系的影响研究

当企业建立组织间关系时，它们能够灵活地选择潜在的合作伙伴，或者简单地避免有太多可能被挪用或资源价值太少的关系。因此，满足资源需求的合作与可能造成资源挪用的竞争之间的矛盾是组织间关系形成的核心，可能是新企业是否选择建立联系的主要决定因素。而鉴于新企业通常必须在盈利之前进行投资，它们需要企业外部的大量金融资源，但它们的业务资源往往太少。同时，老牌企业往往拥有过剩的运营资源，包括无法充分利用的制造或销售能力，以及大量的财务资源。因此，新企业往往会寻求公司投资的关系。然而，公司投资关系也可能涉及合伙人之间的错位，这会增加潜在的挪用问题，并迫使新公司远离这些组织关系。Katila 等（2008）关注高科技企业对合作伙伴的资源需求和对自身资源的潜在破坏性挪用之间的紧张关系。该研究认为当新公司考虑是否进入公司投资关系时，它们往往面临合作伙伴的资源依赖和竞争对手的资源挪用问题之间的矛盾，合作伙伴的资源依赖将他们推向关系，竞争对手的资源挪用使他们疏远关系。研究结果表明，组织间关系的形成取决于资源需求、防御机制和可替代的合作伙伴。

2. 资源/权力依赖与制度创业

资源依赖理论表明面临资源短缺的组织在寻求获取资源方面更具竞争力，或以允许其利用替代资源的方式进行创新。Sherer 和 Lee（2002）将资源依赖与制度理论相结合，引入合法性的概念，使用资源依赖理论来解释资源稀缺会促使组织以获取替代资源为目标进行创新。并结合制度理论来证明，有声望的组织能够通过其合法性的标准进行创新，并且这些最初的创新者和早期采用者能够为后期采用者的变革合法化。通过整合资源依赖和制度理论，该研究认为资源稀缺推动制度变革，合法性促成制度变革，探讨了这些竞争和制度过程的相互作用如何更全面地解释制度变迁。

Santos 和 Eisenhardt（2009）则从权力依赖和制度创业的研究视角，探讨了企业家如何塑造组织边界来构建市场。他们将权力看作新兴市场形成边界的主导逻辑，认为权力使边界逻辑统一化。研究框架指出，成功的企业家通过使用主张（claiming）、划界（demarcating）和控制（controlling）这三个过程共同构建组织边界和市场利基来试图主导新兴市场。该研究将权力重新纳入战略和组织的讨论中，特别是对于新兴市场中的创业公司。还扩展了制度创业和资源依赖理论的见解，强调在现有制度领域中处于边缘（而非中心）的个体（而非集体）创业企业如何利用广泛的边界机制来构建新市场，并成为主导（而不仅仅是合法）企业。

3. 对外部利益相关者的依赖

创业公司有多种外部利益相关者，包括客户、供应商、投资者、大学和其他组织。对关键客户的依赖可能会促进高科技初创企业开发新产品，客户可能会分担研发成本和风险，或为高科技初创企业提供互补技术。同样，与关键客户的紧密联系可以提高公司的信誉，但也有可能疏远其他客户，影响其声誉在行业内的传播。已有研究开始关注这些关系的管理如何影响创业公司的结果，如 Yli-Renko 等（2001）关注创业企业对关键客户的依赖。其利用英国 195 家高科技初创企业的数据来研究高科技初创企业与其客户之间的交易关系的治理，并讨论了交易关系中的资源依赖程度及其对企业绩效和发展的影响。该研究为理解交易关系及其对创业企业发展的影响做出了三项贡献。首先，通过关注资源依赖的性质和程度，考察了组织间关系的机制和过程。其次，不仅考察了关系中的资源依赖程度，还探讨了如何管理这种关系。最后，研究通过实证调查这些关系的结果，扩展了早期关于新企业关系构建（即创业公司试图利用与客户、买家、投资者和其他外部利益相关者的关系所带来的潜在好处和弊端）的研究（Deeds and Hill，1996；Eisenhardt and Schoonhoven，1996；Christensen，1997），对创业领域的研究具有重要意义。

提供资源和获取资源突出了新企业对其环境的依赖。因此，初创企业的管理层将试图获取或开发战略性或稀缺的资源。由于初创企业的资源基础有限，学者通常采用资源依赖逻辑，探究外部利益相关者在获取外部资源方面发挥的作用。代理理论表明，外部董事会成员可能存在外部利益相关者，如风险投资公司和公共研究机构（包括大学）等，这些外部利益相关者在参与创建初创企业时发挥重要的监督作用。Lynall 等（2003）整合资源依赖理论和代理理论进行研究，认为选择外部董事会成员，有可能会向公司提供战略或稀缺资源。资源依赖逻辑致使企业选择外部董事会成员，为公司带来互补的资源。Clarysse 等（2007）使用代理理论、资源依赖理论和社会网络理论，研究了外部董事会成员的存在及其人力资本对创始团队的互补性或替代性程度。研究结果表明，如果外部董事会成员的人力资本与创始团队成员相似（即替代性），则获得额外外部资源的机会有限。

如前所述，从外部来源获得充足的金融、物质和人力资本等资源是一项至关重要且具有挑战性的创业任务，尤其是对新创企业而言。新创企业所需的资源往往由大公司控制，因此，新创企业需要与这些大公司建立关系，以获得资源。但参与这些关系会使新创企业面临这些强势方的机会主义行为的风险。基于此，学者开始关注新创企业与有权力的参与者之间的依赖关系。如 Villanueva 等（2012）探究了新创企业如何与有权力的参与创造价值的各方参与者建立联系，以获取外部资源；检验了权力和社会嵌入对新创企业和其他组织之间调动资源的相对影响。研究表明，新创企业与其交易所合作伙伴之间的联合依赖程度越高，新创企业在保持自身贡献不变的情况下能够获得的资源就越多。结果还表明，与资源提供者建立互补、共生关系，将有助于新创企业持续获得外部资源。Biniari 等（2015）从整合资源依赖理论和制度视角，探讨了母公司、企业创投计划和外部环境之间的依赖关系，其如何影响风险投资逻辑的构建和选择的机制，以及如何获取外部关键资源。这项研究提出的八种风险投资逻辑为企业制订风投计划提供了理论指导。

9.2.3 第三阶段（2016 年至今）：资源与权力的关系

第三阶段的研究聚焦于资源依赖对创始人控制权力的影响、资源与权力的权衡关系。

1. 资源依赖对创始人控制权力的影响

资源依赖理论关注的是通过获取资源来减少组织的不确定性，但在很大程度上忽略了如何"控制不确定性"，即公司领导是否会因获取资源而失去对决策的控制。Wasserman（2017）认为创业者的资源依赖破坏了创业企业的价值和创始人控制之间的关系，并探究了创始人控制创业公司的程度对公司价值的影响。这项研究还提出了互补的资源依赖效应：将关键资源吸引到创业公司有助于创造其价值，可以抵消创始人放弃控制权时代理成本的增加。此外，许多创业学者认为，社会联系越多，创业者就越有机会获得应对机遇所需的资源，但却忽略了创业者实际获得这些资源的能力。

2. 资源与权力的权衡关系

Pfeffer 和 Salancik（1978）的研究表明，当个人建立关系以获得他们所缺乏的资源时，他们之间会产生不对称的依赖，一个人对另一个人的依赖越大，他们之间的权力失衡就越大。由于风险投资往往受到资源限制，首席执行官依赖董事会提供资金、战略建议和社会关系等资源（Beckman et al., 2014; Hallen and Eisenhardt, 2012）。Garg 和 Eisenhardt（2017）研究了风投企业 CEO 如何有效地参与董事会的战略制定，阐明了风投企业 CEO 与董事会关系的核心——资源与权力的权衡。研究发现风投企业 CEO 最终从董事会获得有用建议和其他资源,并平衡资源与权力之间的关系,该研究为应用资源依赖理论探讨风险 CEO 与董事会关系提供了新的视角。

综上,资源依赖理论为创业研究做出了重要贡献。第一,资源依赖理论视角下,探索创业企业如何应对外部环境依赖,关注推动企业形成组织间关系的资源需求,为从资源依赖视角揭示创业企业发展的理论逻辑奠定了基础。第二,以往关于创业研究多是从静态视角探究组织间关系形成或组织内部资源或权力的相关议题,而基于资源依赖理论,学者不局限于单一视角,逐渐转向与制度理论、代理理论等研究视角相结合的研究,并将权力重新纳入创业公司的战略和组织的研究中,扩展了制度创业和资源依赖理论的研究。

9.3 资源依赖理论在创新驱动创业研究中的局限与未来展望

9.3.1 局限

创新驱动创业具有跨层面、多主体和迭代性三大特征(蔡莉等,2021),与传统创业领域的研究相比,资源依赖理论在解释创新驱动创业活动时存在以下几方面的局限。

第一,从资源依赖理论的重要概念来看,首先,资源依赖理论把组织视为一个政治行动者。Pfeffer 和 Salancik(1978)指出,组织可以使用政治手段来改变外部经济环境的状况。企业对政府的依赖是企业进行政治行动的重要动机。但现有研究忽略了政治依赖关系对企业的重要性,而政治依赖关系的不确定性会影响企业积极管理依赖性的程度(Sutton et al.,2021)。

其次,资源依赖理论认为所有企业都会通过管理资源依赖关系而获得权力,强调企业生存的关键在于其从外部环境获取必需资源的能力;而所有企业都会采取各种措施减少这种资源需求对自己的约束(或称"吸收资源约束"),来改变和管理原有的依赖模式。可见,资源依赖理论强调在双边关系中强弱企业双方之间权力的竞争。但 Lomi 和 Pattison(2006)指出企业间依赖还能发生在处于不同网络内的企业。这使得资源依赖理论可以不单单关注企业在网络内的依赖(local dependencies),还可以从"多重依赖"(multiple dependencies)的角度来研究企业间关系(Hillman et al.,2009)。新创企业在管理与其他企业的关系上,由争取在双方中成为权力较强的一方转变为在多方共同参与中实现产品服务价值的最大化,这对强调在双方企业关系中掌握权力的资源依赖理论形成了挑战。

最后,资源依赖理论探讨的是组织间的依赖关系。以 Madhok 和 Tallman(1998)为代表,学者从资源依赖视角开展企业间依赖研究,但随着数字时代下企业创业特点的变化，企业在不同的价值创造传递环节扮演着不同的角色，同时也处于更加复杂的网络关系之中，单从资源视角出发无法完全揭示企业依赖关系形成机理，资源依赖理论的解释力和适用性受到挑战。越来越多的研究者提出组织间依赖关系的产生不应该仅仅局限在资源依赖方面，也有关系依赖（Suh and Houston, 2010; 姚小涛等，2008）、网络结构依赖（Wong et al., 2008）、投入或产出方面的依赖（Lee et al., 2015）等。目前大多数研究关注在横截面上依赖关系对企业的影响，对组织间依赖关系在时间维度上的动态考量存在不足。未来应该致力于对新创企业组织间依赖的维度进行更深入的探讨，进一步拓展资源依赖理论维度并揭示各个维度发生作用的内在机理。

第二，从资源依赖的适用情境来看，在数字化情境下对资源依赖提出了新要求。资源依赖理论强调了获得外部资源对企业在外部环境中的生存和竞争至关重要，而数据是创新驱动创业的关键外部资源，对于许多数字初创企业来说，数据资源是创造价值的重要因素（Weber et al., 2022）。在数字化情境下，企业会越来越依赖数据资源，但现有研究尚未深入探讨企业如何应对数据资源的依赖。此外，数据正在成为一种新型权力，而像阿里巴巴、字节跳动等数字平台拥有海量用户和数据，形成了独特的竞争优势。这对强调传统权力的资源依赖理论形成了新的挑战。

第三，从数字技术的表现形式来看，数字技术在创业领域以数字工件、数字平台和数字基础设施的形式存在（Nambisan, 2017）。首先，服务型平台的兴起、数字技术的发展以及去中心化平台的出现，进一步对数字平台治理提出了新的挑战。数字平台治理的议题变得更为复杂（如需要跨区域、跨部门协调）、治理主体也呈现多元化趋势（如企业、政府等）。因此，这使得强调组织间关系的资源依赖理论在解释不同治理主体围绕具体治理议题形成的相互依赖关系时存在局限。

其次，数字基础设施作为创业过程中的外部驱动因素，能够让创业者与潜在的合作伙伴、供应商、客户和投资者建立联系，并在全球范围内获取各种资源。根据资源依赖理论，组织会通过政治机制，试图为自己创造一个更有利于自身利益的外部环境，企业对政府的依赖是企业进行政治行动的重要动机。在企业构建数字基础设施的过程中，会考虑政治逻辑的影响。但现有研究尚未重视政治依赖关系对企业数字基础设施的重要性。

9.3.2 未来展望

针对以上资源依赖理论在解释创新驱动创业活动时所面临的挑战，结合创新驱动创业的内涵及特征，未来可以从以下几方面开展研究。

1. 主体关系：展开多主体异质互赖关系研究

在主体关系上，未来应展开多主体异质互赖（heterogeneous interdependence）关系研究。创新驱动创业是一个复杂现象，具有跨层面、多主体的特征（蔡莉等，2021）。但现有研究多从传统资源依赖理论所强调的二元关系视角出发，而数字技术时代下产品服务的研发设计需要多主体共同参与，以多方企业参与价值共创过程为视角的研究还不足。从研究方法上来看，在定性研究方面，研究者认为企业间依赖不应局限于双边关系，未来研究有必要进一步拓展企业间依赖的内涵，将双边关系中的依赖拓展到多边关系中的多重依赖（Hillman et al., 2009）；就实证研究的范围而言，资源依赖领域的实证研究仍然存在局限（Ozturk, 2021）。且现有组织间依赖的实证研究大多关注交易关系双方，主要集中在联盟（Aggarwal et al., 2011；Xia, 2011）、买卖双方供货关系（Hoetker et al., 2007）、并购（Casciaro and Piskorski, 2005）这三类情境下的讨论，多是从二元交易关系视角探讨组织间依赖对交易整体的影响，将资源依赖理论应用于企业创业研究，未来可采用实证研究或案例研究方法探讨多主体的异质互赖关系。

在不同类型企业之间的资源依赖关系方面，不同类型的企业异质性资源（heterogeneous resource）和差异化成长（differentiated growth）会映射到其与其他企业的依赖关系当中。数字技术时代，数字平台的开放治理模式为异质性创业团队的形成提供了基础（余江等，2017），数字创业主体和新型数字企业不断涌现。不同性质的企业具有不同特点的行业特征、规模及技术，相应的这些不同性质企业之间的依赖关系也具有不同的内涵和特征，家族企业与跨国企业、企业集团内部与外部等可能具有不同的依赖关系。Wang等（2022）通过研究在新服务开发（构思、开发和部署）不同阶段中服务公司、业务客户和业务合作伙伴之间的价值共创活动，发现业务客户和合作伙伴的价值在企业新服务开发阶段各不相同，与业务伙伴和合作伙伴展开不同合作，可见在不同的产品服务开发阶段由于合作企业性质不同，创业主体与其他企业具有不同的依赖关系。未来可以进一步探究资源与数字企业性质之间的作用机制，采用实证研究深入剖析这种作用机制对多主体竞争优势的影响机理，从而解决现有关于不同性质企业资源依赖关系研究不足的问题，拓展资源依赖理论应用范围。

2. 时间维度：展开资源依赖动态演化研究

数字时代下企业面临的环境不确定性增加，尤其在中国情境下，环境具有高度的不确定性（市场的快速变革、技术的快速变化等）（蔡莉和单标安，2013），企业自身在适应环境变化过程中也在不断调整战略活动（陈冬梅等，2020），处于一种动态网络关系之中，与其他企业之间的依赖关系也在动态变化。此外，环境依赖和组织间联系对创业企业尤为重要。而创业企业的创新创业模式并非固定不变，随着创业系统内外部环境与各主体间的持续互动，创业系统主体相互之间的作用关系、结构会不断演化，促进价值共创机制发展演化，因此资源依赖动态演化是未来可探讨的研究议题。

但现有研究多是从静态视角出发，对企业间依赖关系和权力关系的动态观点的研究较少。考虑到仅从资源依赖视角解释创新驱动创业活动的局限性，以往关于创业研究多是从静态视角探究组织间关系形成或组织内部资源或权力的相关议题，而基于资源依赖理论，学者不应局限于单一视角，应逐渐转向与制度理论、代理理论、社会网络理论等研究视角相结合的研究。此外，在中国情境下，未来可以深入探究关系、结构、投入产出等不同维度与资源维度结合形成的企业依赖多维度分析框架，分析多维度依赖之间的协同作用，解释在该框架下创新创业主体通过对多维度依赖的管理获得可持续性竞争优势的机理，为资源依赖理论的进一步拓展和完善做出贡献。

3. 技术情境：开展数字技术等的影响研究

在数字化、生态化和新型全球化情境下，创新驱动创业活动呈现新范式（蔡莉等，2021），使强调组织权力和组织间依赖关系的资源依赖理论受到挑战。数字技术可以降低企业外部的交易成本，使企业更容易获得价格和替代品的信息，总体上能够增强开发替代品的买方和供应商之间的依赖性。数字技术还改变了公司内部的权力关系，因为"内部供应商"（如人力资源或信息技术部门）能够发现它们面对潜在的外部竞争对手。此外，企业在新技术的驱动下更加主动，利用自身的资源优势和生态优势主动关联或推动创新创业活动，充分利用新技术的独特属性推动企业创业活动，促进整个生态系统的价值增值（张玉利等，2021）。

以数字技术为基础的创新在多个领域并发进行，商业领域的新模式和新业态持续涌现，数字化技术与创业的深度嵌入与融合促使产业组织形态和实体经济形态不断重塑（余江等，2017）。未来研究可在原有情境基础上加入数字技术情境，以多方企业参与价值共创过程为视角，深入探究数字技术情境及其与其他情境交互下创新驱动创业过程的影响机制，研究多重依赖关系对我国数字企业创业活动的影响。此外，未来还可深入探讨数字技术如何影响组织间的依赖关系，揭示在数字技术情境下创新驱动创业主体如何通过资源依赖进而减少组织不确定性，以及开展数字技术情境下对资源依赖与权力的权衡关系的研究，进一步完善和丰富资源依赖理论的研究。

参 考 文 献

蔡莉, 单标安. 2013. 中国情境下的创业研究: 回顾与展望[J]. 管理世界, (12): 160-169.

蔡莉, 张玉利, 蔡义茹, 等. 2021. 创新驱动创业: 新时期创新创业研究的核心学术构念[J]. 南开管理评论, 24(4): 217-226.

陈冬梅, 王俐珍, 陈安霓. 2020. 数字化与战略管理理论: 回顾、挑战与展望[J]. 管理世界, 36(5): 20, 220-236.

陈晓红, 蔡莉, 王重鸣, 等. 2020. 创新驱动的重大创业理论与关键科学问题[J]. 中国科学基金, 34(2): 228-236.

姚小涛, 张田, 席酉民. 2008. 强关系与弱关系: 企业成长的社会关系依赖研究[J]. 管理科学学报, (1): 143-152.

余江, 孟庆时, 张越, 等. 2017. 数字创新: 创新研究新视角的探索及启示[J]. 科学学研究, 35(7): 1103-1111.

张玉利, 史宇飞, 薛刘洋. 2021. 数字经济时代大型企业驱动的创业创新实践问题研究[J]. 理论与现代化, (1): 14-20.

Aggarwal V A, Siggelkow N, Singh H. 2011. Governing collaborative activity: interdependence and the impact of coordination and exploration[J]. Strategic Management Journal, 32(7): 705-730.

Beckman C M, Schoonhoven C B, Rottner R M, et al. 2014. Relational pluralism in de novo organizations: boards of directors as bridges or barriers to diverse alliance portfolios?[J]. Academy of Management Journal, 57(2): 460-483.

Biniari M G, Simmons S A, Monsen E W, et al. 2015. The configuration of corporate venturing logics: an integrated resource dependence and institutional perspective[J]. Small Business Economics, 45(2): 351-367.

Casciaro T, Piskorski M J. 2005. Power imbalance, mutual dependence, and constraint absorption: a closer look at resource dependence theory[J]. Administrative Science Quarterly, 50(2): 167-199.

Christensen C M. 1997. The Innovator's Dilemma, When New Technologies Cause Great Firms to Fail[M]. Boston: Harvard Business School Press.

Clarysse B, Knockaert M, Lockett A. 2007. Outside board members in high tech start-ups[J]. Small Business Economics, 29(3): 243-259.

Dalziel T, Gentry R J, Bowerman M. 2011. An integrated agency-resource dependence view of the influence of directors' human and relational capital on firms' R&D spending[J]. Journal of Management Studies, 48(6): 1217-1242.

Davis G F, Cobb J A. 2010. Resource dependence theory: past and future[J]. Research in the Sociology of Organizations, 28: 21-42.

Deeds D L, Hill C W L. 1996. Strategic alliances and the rate of new product development: an empirical study of entrepreneurial biotechnology firms[J]. Journal of Business Venturing, 11(1): 41-55.

Drees J M, Heugens P P M A R. 2013. Synthesizing and extending resource dependence theory: a meta-analysis[J]. Journal of Management, 39(6): 1666-1698.

Eisenhardt K, Schoonhoven C B. 1996. Resource-based view of strategic alliance formation: strategic and social effects in entrepreneurial firms[J]. Organization Science, 7: 136-150.

Finkelstein S. 1997. Interindustry merger patterns and resource dependence: a replication and extension of Pfeffer (1972)[J]. Strategic Management Journal, 18(10): 787-810.

Garg S, Eisenhardt K M. 2017. Unpacking the CEO-board relationship: how strategy making happens in entrepreneurial firms[J]. Academy of Management Journal, 60(5): 1828-1858.

Gulati R. 1995. Social structure and alliance formation patterns: a longitudinal analysis[J]. Administrative Science Quarterly, 40(4): 619-652.

Hallen B L, Eisenhardt K M. 2012. Catalyzing strategies and efficient tie formation: how entrepreneurial firms obtain investment ties[J]. Academy of Management Journal, 55(1): 35-70.

Haunschild P R. 1993. Interorganizational imitation: the impact of interlocks on corporate acquisition activity[J]. Administrative Science Quarterly, 38(4): 564-592.

Hillman A J, Dalziel T. 2003. Boards of directors and firm performance: integrating agency and resource dependence perspectives[J]. Academy of Management Review, 28(3): 383-396.

Hillman A J, Withers M C, Collins B J. 2009. Resource dependence theory: a review[J]. Journal of Management, 35(6): 1404-1427.

Hoetker G, Swaminathan A, Mitchell W. 2007. Modularity and the impact of buyer-supplier relationships on the survival of suppliers[J]. Management Science, 53(2): 178-191.

Katila R, Rosenberger J D, Eisenhardt K M. 2008. Swimming with sharks: technology ventures, defense mechanisms and corporate relationships[J]. Administrative Science Quarterly, 53(2): 295-332.

Lee S H, Mun H J, Park K M. 2015. When is dependence on other organizations burdensome? The effect of asymmetric dependence on Internet firm failure[J]. Strategic Management Journal, 36(13): 2058-2074.

Lomi A, Pattison P. 2006. Manufacturing relations: an empirical study of the organization of production across multiple networks[J]. Organization Science, 17(3): 313-332.

Lynall M D, Golden B R, Hillman A J. 2003. Board composition from adolescence to maturity: a multitheoretic view[J]. The Academy of Management Review, 28(3): 416-432.

Madhok A, Tallman S. 1998. Resources, transactions and rents: managing value through interfirm collaborative relationships[J]. Organization Science, 9(3): 326-339.

Nambisan S. 2017. Digital entrepreneurship: toward a digital technology perspective of entrepreneurship[J]. Entrepreneurship Theory and Practice, 41(6): 1029-1055.

Ozturk O. 2021. Bibliometric review of resource dependence theory literature: an overview[J]. Management Review Quarterly, 71(3): 525-552.

Pfeffer J. 1972. Merger as a response to organizational interdependence[J]. Administrative Science Quarterly, 17(3): 382-394.

Pfeffer J. 1976. Beyond management and the worker: the institutional function of management[J]. Academy of Management Review, 1(2): 36-46.

Pfeffer J. 2003. Introduction to the classic edition[C]//Pfeffer J, Salancik G R. The External Control of Organizations: A Resource Dependence Perspective (Classic Edition). Stanford: Stanford

University Press: xi-xxx.

Pfeffer J, Salancik G R. 1978. The External Control of Organizations: A Resource Dependence Perspective[M]. New York: Harper & Row.

Pfeffer J, Salancik G R. 2003. The External Control of Organizations: A Resource Dependence Perspective[M]. Stanford: Stanford University Press.

Rogan M, Greve H R. 2015. Resource dependence dynamics: partner reactions to mergers[J]. Organization Science, 26(1): 239-255.

Santos F M, Eisenhardt K M. 2009. Constructing markets and shaping boundaries: entrepreneurial power in nascent fields[J]. Academy of Management Journal, 52(4): 643-671.

Sherer P D, Lee K. 2002. Institutional change in large law firms: a resource dependency and institutional perspective[J]. Academy of Management Journal, 45(1): 102-119.

Steensma H K, Marino L, Weaver K M, et al. 2000. The influence of national culture on the formation of technology alliances by entrepreneurial firms[J]. Academy of Management Journal, 43(5): 951-973.

Suh T, Houston M B. 2010. Distinguishing supplier reputation from trust in buyer-supplier relationships[J]. Industrial Marketing Management, 39(5): 744-751.

Sutton T, Devine R A, Lamont B T, et al. 2021. Resource dependence, uncertainty, and the allocation of corporate political activity across multiple jurisdictions[J]. Academy of Management Journal, 64(1): 38-62.

Ulrich D, Barney J B. 1984. Perspectives in organizations: resource dependence, efficiency, and population[J]. Academy of Management Review, 9(3): 471-481.

Villanueva J, van de Ven A H, Sapienza H J. 2012. Resource mobilization in entrepreneurial firms[J]. Journal of Business Venturing, 27(1): 19-30.

Wang Q, Oshri I, Zhao X. 2022. Value cocreation in new service development: a process-based view of resource dependency[J]. European Journal of Marketing, 56(1): 184-208.

Wasserman N. 2017. The throne vs. the kingdom: founder control and value creation in startups[J]. Strategic Management Journal, 38(2): 255-277.

Weber M, Beutter M, Weking J, et al. 2022. AI startup business models: key characteristics and directions for entrepreneurship research[J]. Business & Information Systems Engineering, 64(1): 91-109.

Wong S S, Ho V T, Lee C H. 2008. A power perspective to interunit knowledge transfer: linking knowledge attributes to unit power and the transfer of knowledge[J]. Journal of Management, 34(1): 127-150.

Wry T, Cobb J A, Aldrich H E. 2013. More than a metaphor: assessing the historical legacy of resource dependence and its contemporary promise as a theory of environmental complexity[J]. Academy of Management Annals, 7(1): 441-488.

Xia J. 2011. Mutual dependence, partner substitutability, and repeated partnership: the survival of cross-border alliances[J]. Strategic Management Journal, 32(3): 229-253.

Yli-Renko H, Sapienza H J, Hay M. 2001. The role of contractual governance flexibility in realizing the outcomes of key customer relationships[J]. Journal of Business Venturing, 16(6): 529-555.

Zona F, Gomez-Mejia L R, Withers M C. 2018. Board interlocks and firm performance: toward a combined agency–resource dependence perspective[J]. Journal of Management, 44(2): 589-618.

代表性学者简介

杰弗里·普费弗（Jeffrey Pfeffer）

杰弗里·普费弗是斯坦福大学商学院组织行为学教授，是资源依赖理论的创始人，自 1979 年以来一直在该校任教。他曾创作或参与创作 16 本书，其主要代表作有 *The External Control of Organizations: A Resource Dependence Perspective* 一书，还曾在哈佛商学院、伦敦商学院、西班牙 IESE 商学院和其他机构担任客座教授。他还担任过 Aubidble Magic、Unicru 和 SonoSite 公司的董事，亦是多家学术刊物编辑委员会的成员。

艾米·J. 希尔曼（Amy J. Hillman）

艾米·J. 希尔曼是美国亚利桑那州立大学凯瑞商学院的前任院长。她于 1996 年获得得克萨斯农工大学战略管理、商业与公共政策专业的博士学位，并于 2008 年被其母校评为优秀博士校友。她的研究主要关注企业与外部偶发事件之间的联系如何改善财务绩效、董事会、企业政治战略。在 *Academy of Management Review*、*Academy of Management Journal*、*Strategic Management Journal*、*Organization Science*，以及 *Administrative Science Quarterly* 等期刊上发表过多篇文章。

夏军（Xia Jun）

夏军在得克萨斯理工大学获得管理学博士学位，目前任职得克萨斯大学达拉斯分校 Naveen Jindal 商学院。研究主要集中于组织理论（资源依赖、权力和制度过程）、公司战略（并购、合资、联盟和剥离）、社会网络（嵌入性的结果）、国际商务（国外市场拓展、国有产权和转轨/新兴国家的制度变迁）等领域，在 *Strategic Management Journal*、*Academy of Management Journal* 等期刊上发表多篇文章，是近几年在 *Strategic Management Journal* 上发表文章最多的华人学者之一。

本章执笔人：李大元　李　欣

第 10 章 利益相关者理论——解释创新驱动创业行动主体的基础理论

20 世纪 80 年代,随着不断强调企业的社会责任,利益相关者理论(stakeholder theory)应运而生(Freeman,1984),其提出的组织应追求所有利益相关者整体利益的观点,直接挑战了传统的股东至上(shareholder primacy)观点,并在随后 40 年发展成为战略管理领域的代表性理论。在工业经济和信息经济时代,利益相关者理论主要探讨了利益相关者是谁、如何分类管理、发挥哪些功能,以及利益相关者如何与企业动态协同等问题(Mitchell et al.,1997;Choi and Shepherd,2005;York et al.,2016)。

进入数字时代,在数字化、生态化和新型全球化背景下,更多企业走上创新驱动创业之路,各类企业与市场主体共同开发机会并创造新的价值(蔡莉等,2021)。"多主体"不仅涉及企业自身,还包括政府、大学/科研机构、客户、孵化器等跨层面主体,这些主体在机会集催生与演化的过程中共生、共创、共演(陆亚东等,2015)。这意味着,创新驱动创业活动中,利益相关者的界定、分类、功能与角色均发生了变化,利益相关者不再只是静态的"支持企业生存的必不可少的群体"(Freeman and Reed,1983),而是企业基于数字技术创造新产品、开发机会集的过程中,能够深度互动、有效协同、价值共创的各类主体(蔡莉等,2022),这些主体在价值网络传递的过程中随时"上车"和"下车",具有动态特征。基于此,利益相关者理论已难以充分解释创新驱动创业活动中的"多主体"特征与行为。后文在回顾利益相关者理论发展和在创业研究中的应用的基础上,结合创新驱动创业的最新理论,探讨其与利益相关者理论结合的新方向与新趋势,为未来相关学术研究提供参考。

10.1 利益相关者理论的发展

利益相关者理论的发展经历了萌芽(1963~1994 年)、规范(1995~2010 年)和发展(2011 年至今)三个阶段(Freeman,1984;Donaldson and Preston,1995;Parmar et al.,2010)。

10.1.1 萌芽阶段（1963~1994 年）

"利益相关者"一词最早收录于 1708 年的《牛津词典》，表示人们对某件事进行"下注"(have a stake)。而利益相关者作为明确的理论概念，是在 1963 年由斯坦福研究院（Stanford Research Institute，SRI）提出，其定义为"支持企业生存的必不可少的群体"(Freeman and Reed, 1983)，强调企业对利益相关者的"依存性"(dependency)，旨在挑战股东权益最大化的观点(Parmar et al., 2010)。随后，Ansoff(1965)正式将"利益相关者"引入管理学界和经济学界，他在著作 *Corporate Strategy*（《企业战略》）中指出"识别关键的利益相关者对企业发展至关重要"，但与 SRI 的观点不同，Ansoff（1965）强调利益相关者对企业经营的限制作用(constraint)。虽然早期学者的观点存在差异，但他们都在尝试解释企业经营中为什么要考虑利益相关者这一问题。

直到 20 世纪 80 年代初期，随着实践界对企业社会责任的强调，利益相关者议题才真正引起学者的关注。Freeman（1984）在他的经典著作 *Strategic Management: A Stakeholder Approach*（《战略管理：利益相关者方法》）中将整个战略管理过程分为理性层面（rational level）、过程层面（process level）和交易层面（transactional level），其中，理性层面聚焦利益相关者的识别问题；过程层面聚焦有关利益相关者的战略问题；交易层面聚焦与利益相关者的业务往来问题。Freeman(1984)的主要贡献在于首次将利益相关者观点系统化和理论化(Phillips，2003)。在整个 20 世纪 80 年代和 90 年代，利益相关者理论的支持者沿着 Freeman (1984)的思路不断拓展，并尝试着解决与商业相关的三个相互关联的问题(Parmar et al., 2010)，即价值创造和交易（value creation and trade）、资本主义伦理（ethics of capitalism）和管理思维（managerial mindset）。这些研究表明，将利益相关者纳入公司治理体系，让其参与组织决策以提升企业竞争力，既是战略要求，也是伦理要求。

然而，利益相关者理论强调的"组织应该追求囊括所有利益相关者的整体利益最大化，而非某些股东/个体的利益最大化"的理念，极大地冲击了传统的股东至上观点（Margolis and Walsh, 2003），使得针对利益相关者理论的质疑声也在 21 世纪前后接踵而至，一些学者从机会主义、财务绩效分配与公平、法律和制度挑战、商业伦理等方面对利益相关者理论质疑（Parmar et al., 2010）。此外，这一阶段的利益相关者理论对于利益相关者的定义过于宽泛且刚性，很多论据自相矛盾（Donaldson and Preston, 1995），被评价为"一个唤起社会情感共鸣的理论"（Laplume et al., 2008）。

10.1.2 规范阶段（1995~2010 年）

虽然 Freeman（1984）系统性地提出了利益相关者理论并极大地推动了理论发展，但他的理论仍无法回答很多关键问题，包括谁是企业的利益相关者、利益相关者排序的具体标准是什么、利益相关者管理中是否考虑管理情境、利益相关者管理的整体模型如何构建等。以上不足使得解释利益相关者对企业价值创造的贡献时显得力不从心。

1995 年，AMR 推出了《社会期望与企业绩效》（Societal Expectations and Corporate Performance）特刊，利益相关者理论在这一特刊上受到广泛关注，自此迅速发展（Laplume et al., 2008）。其中，Donaldson 和 Preston（1995）开创性地提出了利益相关者理论中三个相互嵌套的方面："外壳"的描述性理论用来描述或解释特定的公司特征和行为，"中层"的工具性理论用来分析有无利益相关者管理对企业绩效和竞争优势的影响，"内核"的规范性理论主要用于确定公司经营管理的伦理道德和社会责任。Donaldson 和 Preston（1995）的研究规范了利益相关者理论，通过提出利益相关者理论研究的三个视角，回答了公司的行为是什么、公司行为如何影响绩效和公司应该如何行动这三个基本问题，为后续的利益相关者研究奠定了理论基础。

随后，Mitchell 等（1997）进一步解决了"管理者需要关注谁"的问题。Mitchell 等（1997）从三个维度划分了利益相关者，即紧迫性（urgency，利益相关者要求立即得到关注的程度）、影响力（power，利益相关者实现预期结果的能力）和合法性（legitimacy，利益相关者满足规范性要求的程度）。如果仅具备一个维度特征，则定义为"潜在型利益相关者"（latent stakeholder）；同时拥有三种属性的"明确型利益相关者"（definitive stakeholder）则排在企业的最高优先级。Mitchell 等（1997）通过三大属性来识别利益相关者，逻辑清晰，操作简单，受到学界与业界的认可（Magness，2008），极大地推进了利益相关者理论的应用。

这一时期，利益相关者理论在一些学科中得到了广泛的应用，如商业伦理、公司战略、金融、会计、管理和市场营销等。不过，利益相关者理论仍存在诸多尚待解决的问题，如"这些利益相关者的参与策略是什么，以及为什么会随着时间的推移而变化"和"如何概念化利益相关者的互动效应（interaction effect）"等（Parmar et al., 2010）。

10.1.3 发展阶段（2011 年至今）

早期的利益相关者理论认为，通过双赢的方式满足组织关键利益相关者的需求，同样可以使组织受益（Harrison and st John，1996；Walsh，2005），由此应用于其他领域并延伸出诸多理论，例如基于利益相关者的危机管理理论（王红丽和崔晓明，2013）。随着利益相关者理论的不断细化和完善，Freeman（2010）指出该理论的研究重点应转移到利益相关者如何重新定义"价值创造和交换"（value creation and trade）的议题。因此，2011年至今，利益相关者理论的研究重点侧重于企业间的共赢、协同方面（Hörisch et al.，2014；Tantalo and Priem，2016；Jones et al.，2018）。如今，在联合国可持续发展目标（sustainable development goals）的引领下，企业界正在进行前所未有的高质量发展与可持续成长转型，这一转型使得利益相关者理论在与股东至上的公司治理原则的对弈中展现出了强大竞争力（Laplume et al.，2008），并逐步开始用于解决企业与利益相关者作为"多主体"共同进行价值创造的问题。

10.2 利益相关者理论在创业领域的应用与发展

创业是具有社会性质的活动，创业者在与利益相关者的互动中寻找机会并实现价值（Shepherd，2015；Saxton et al.，2016；Mitchell et al.，2021）。最早应用利益相关者理论的创业研究发表于2000年（George and Prabhu，2000），从2004年起，越来越多的学者将利益相关者理论应用于创业领域（Choi and Shepherd，2004，2005；Mitchell et al.，2021）。本章试图对2000~2022年4个创业领域知名期刊ETP、JBV、SBE和SEJ以及8个管理领域知名期刊AMJ、AMR、JOM、MS、OS、SMJ、ASQ、JMS发表的创业研究进行回顾，相关文献共计52篇，并呈现递增的趋势。本章基于Donaldson和Preston（1995）提出的利益相关者理论研究的三个核心视角（工具性、描述性和规范性），对23年间利益相关者理论在创业机会、创业决策、创业企业治理、社会创业等创业核心议题中的应用进行梳理。

10.2.1 工具性视角的利益相关者理论在创业研究中的应用

利益相关者对创业实践具有工具性作用，主要体现在利益相关者如何助力创业者创造与开发机会、创业者如何获取利益相关者的合法性认可两个方面。

1. 利益相关者与创业机会的研究

发现、开发和创造机会，是创业活动的起点，也是创业作为独立学科的重要基石（Venkataraman，1997）。早期研究指出，更多、更强的利益相关者支持不但是创业企业成立初期实现机会开发的宝贵资源（Choi and Shepherd，2004），也是创业企业成长过程中实现机会再造（opportunity reproduction）的重要助力（Wood and McKinley，2017）。秉持机会创造（opportunity creation）（详见本书第15章的机会发现和机会创造），Alvarez和Barney（2007）认为创业机会是创业者在与环境中主体（利益相关者）的互动过程中创造出来的，是一个社会建构的过程。近年来，创业机会与利益相关者的研究更多地从创业者视角转移到"机会共创"的多主体视角（Karami and Read，2021；蔡莉等，2018），即创业活动离不开利益相关者主体的共同参与（如机会评估、资源支持等）。上述理论文献探讨了利益相关者理论在创业机会发现和机会创造中的价值与应用，为利益相关者理论在创业机会这一核心议题中的深化应用做出了重要贡献。

2. 利益相关者对创业企业合法性的影响研究

合法性体现了社会对组织的认可和接受程度，反映了其经营活动、制度规范和公众形象与所在的社会系统之间的互动关系（Zimmerman and Zeitz，2002）。在初创阶段，创业企业的合法性普遍遭受质疑（Zimmerman and Zeitz，2002），高度依赖利益相关者的评估（Barreto and Baden-Fuller，2006），创业者面临的主要任务之一便是取得利益相关者的信任（van Werven et al.，2015）。对此，Rutherford等（2009）基于伦理角度指出创业者倾向于使用积极主动的策略来获取关键利益相关者的合法性认同，而这些策略中可能包含故意歪曲事实的合法性谎言（legitimacy lie），但同时作者也强调，即使所谓的合法性谎言利大于弊，最终也可能破坏与利益相关者的关系。近年来，学者开始关注创业合法性获取的过程及其阶段性特点，如 O'Neil 和 Ucbasaran（2016）对六个绿色创业企业进行纵向案例研究发现，创业者自身的价值观和信念决定了创业初期如何获取合法性（什么对"我"最重要，what matters to me），但随着创业进程深入，创业者通过自我反思意识到，合法性获取中的外部利益相关者的诉求（what matters to them）变得越来越重要，二者此消彼长直至达到"平衡态"（balance），因此作者建议，创业者在创业过程中既要关注利益相关者的需求，也要忠于自己的价值观和信念。上述两项研究从伦理角度（详见本书第 27 章的道德理论）发掘了新创企业从利益相关者处获取创业合法性的途径，既拓展了利益相关者理论的适用情境，也丰富了创业合法性的研究。

利益相关者对创业合法性获取的重要性不仅体现在企业创办阶段，也体现在创业者失败后试图东山再起的阶段。创业失败后的合法性获取研究重点回答了创业者如何通过有效的印象管理（impression management）和叙事策略（narrative strategy）重新赢得利益相关者的支持，从而重获合法性（Mantere et al.，2013；Shepherd and Haynie，2011；Singh et al.，2015）。例如，Mantere 等（2013）基于叙事归因（narrative attribution）的视角，研究了不同的利益相关者（如员工、高管和创业者）在解释创业失败并应对其影响时存在的叙述类型差异，揭示了创业企业的利益相关者如何通过各种叙述来应对创业失败带来的压力。此外，Kibler 等（2017）采用联合实验的方式，指出创业者将失败归因于不受意志控制的外部因素，以及不太可能再次发生的环境因素是最为有效的印象管理策略，即创业者需要"与创业失败保持距离"(distance-taking from a venture failure),将失败作为一个独立事件。上述两项研究为利益相关者理论解释创业合法性问题提供了创业失败场景下的应用。

10.2.2 描述性视角的利益相关者理论在创业研究中的应用

利益相关者对创业企业具有描述性作用,主要聚焦于创业企业与利益相关者关系的构建与管理,包括新创企业如何做出与利益相关者相关的决策、新创企业如何构建基于利益相关者的公司治理体系这两方面。

1. 利益相关者对创业决策的影响研究

创业过程中需要做出诸多涉及利益相关者的决策,例如在不同阶段需要获取哪些利益相关者的支持,哪种决策逻辑最有利于与利益相关者形成同盟等(Sarasvathy,2001)。一些学者探究了创业者迎合利益相关者的过程,如 Adams 等(2011)研究了企业董事的利益相关者导向的决策的影响,发现当董事越迎合股东(pro-shareholder),他们会表现越高的创业价值观(较高的成就、权力和自我导向的价值观,以及较低的普世价值观)。另一些学者从决策逻辑出发,如 Galkina 等(2022)从创业过程中因果逻辑和效果逻辑之间的对立关系出发,提出创业者无须一味遵循利益相关者的想法,而可以通过兼顾手段和各种预估场景(juggling with means and various estimated scenarios)、事先缓冲(beforehand cushioning)、调和已知和意外(reconciling the known and unexpected)、伪装(camouflaging)这四种手段,与利益相关者通过合作实现利益协同。上述两篇研究分别从创业者迎合与调和的角度分析了利益相关者对创业决策的影响,为创业实践提供了丰富的理论依据。

2. 利益相关者对创业企业治理的影响研究

为了探索利益相关者参与公司治理的框架与权力,学者对创业企业和利益相关者之间的权力关系,以及创业企业中利益相关者的治理进行了研究。针对创业企业-利益相关者的权力不平衡问题,Tang Z 和 Tang J T(2012)基于中国 144 家中小企业的样本发现,中小企业拥有对抗利益相关者的权力,同时不同的利益相关者和中小企业之间的净权力差异(power difference)对企业环境绩效的影响各不相同,具体表现为政府和竞争者的权力越高于企业的权力,企业的环境绩效表现越好;媒体的权力越高于企业的权力,企业的环境绩效表现越差;消费者和企业的权力差异,不会影响企业的环境绩效。这项研究弥补了创业企业与利益相关者权力对抗领域的研究空白。此外,利益相关者治理的最新研究开始转向价值共创的生态系统研究。例如,Karami 和 Read(2021)指出创业者不仅是中心行动者（central actor），更是合作者（collaborator）、促进者（facilitator）或推动者（enabler），创业并非发生在个人层面上，而是发生在一个复杂的互动系统中。这项研究意味着对利益相关者的治理问题从以创业者为中心的视角转向以价值共创的创业生态系统为核心，强调了价值共创为资源、现金和声誉紧张的创业者提供了绝佳的机会，并鼓励未来的研究深入了解价值共创的过程。

10.2.3 规范性视角的利益相关者理论在创业研究中的应用

利益相关者对创业活动具有规范性作用，主要聚焦创业企业应遵循社会规范与伦理道德，对社会发展与人类福祉做出贡献。从研究范畴来看，主要包括社会创业（social entrepreneurship）及可持续创业（sustainable entrepreneurship）中对于利益相关者关系的探究两个方面。

1. 利益相关者与社会创业的关系研究

社会创业的主要目的不是利润最大化，而是倡导借鉴市场化的原则提供社会服务，关注以可持续的方式开发满足社会需求的机会，能够在维持自身持续发展的同时实现社会福祉的提升（刘志阳等，2018）。在此领域，利益相关者理论获得了广泛应用。Haugh（2007）以社区主导的社会创业为切入点，强调在正式创业前从利益相关者处获取资源和创建网络的重要性，并指出创业前的资源获取和网络建设均是社区主导的社会创业过程中的关键阶段。Lumpkin 和 Bacq（2019）提出了公民财富创造框架（civic wealth creation framework），解释了在各类利益相关者之间社会财富创造的过程：在社会创业的背景下，当创业实践和商业技能被用于收集资源、创造商业机会、促进自我创业和创造运营效率，从而壮大社区并在这些社区内赋予个人经济权利时，社会财富会被创造出来。上述研究探讨了利益相关者在社会创业进入和社会创业过程中的作用，为社会创业提供了理论与实践依据。

2. 利益相关者与可持续创业的关系研究

可持续创业将可持续性的经济、生态和社会作为其核心商业模式的一部分（Patzelt and Shepherd，2011；Schaltegger and Wagner，2011），这与利益相关者理论的内核高度一致。不过，让所有人受益往往意味着复杂的权衡与取舍过程，Pacheco 等（2010）针对可持续创业中个人与集体利益冲突的"绿色牢笼"（green prison）问题，提出了创业者应该通过重塑或者再造规范、知识产权、法律等制度，建立新的整体激励体系以激活竞争力。站在商业与生态协同的角度，学者探究了利益相关者在可持续创业生态系统创建和培育过程中的作用，如 Bischoff（2021）基于利益相关者理论的视角，通过对奥地利格拉茨和德国伍珀塔尔中具有可持续观念的创业生态系统进行定量分析，指出成功构建可持续创业生态系统的关键因素包括支持创业的区域文化、利益相关者对可持续创业的支持，以及促进可持续创业的合作网络，并强调利益相关者对可持续创业的合作程度与支持程度越高，对创业生态系统的整体感知就越强。这项研究将创业者与利益相关者视为利益共同体，帮助学者更好地理解商业与社会效益结合的过程。

综上，利益相关者理论为理解创业研究中的创业机会、创业合法性、创业决策、公司治理、社会创业，以及可持续创业六个议题做出了重要贡献。从利益相关者理论对创业研究的贡献来看，第一，利益相关者的存在确立了创业研究的一个重要方向，即创业过程中的价值协同，为创业领域引入价值共创（value co-creative）奠定基础。第二，以助力创业活动对社会发展的积极影响为目标，创业研究实现了与创造积极社会价值的正向目标相关联，突破了过去仅关注创业者或创业企业经济利益的局限。总之，通过梳理利益相关者与创业的关系，学者注意到了创业企业生存、商业目标实现与社会价值创造的底层逻辑，意识到了建立创业生态系统对于可持续创业的重要性，为创业驱动社会发展带来了实践启发。创业者与创业企业在与利益相关者的交互过程中，互相取长补短、共担风险，在不确定与复杂的社会中创造稳定的价值链，为社会发展提供源源不断的新动力。

10.3 利益相关者理论在创新驱动创业研究中的局限与未来展望

10.3.1 局限

当今开放、共享的数字创新创业生态系统，颠覆了传统创新创业的底层逻辑与理论基础。与传统创业领域的研究相比，创新驱动创业的多主体互动特征决定了其对价值共创的追求（蔡莉等，2021），因此，以创新为驱动力的创业需要重塑和深化企业与利益相关者的关系。在解释创新驱动创业活动时，利益相关者理论存在以下几方面的局限性。

第一，利益相关者的定义和分类并未形成统一的标准。究其原因，现有的利益相关者理论基于静态视角，事先拟定了中心行动者，但利益相关者的分类需要考虑具体的情境因素（Freeman et al., 2010），这种静态视角下的界定与分类导致利益相关者理论存在诸多冲突的观点（Stoney and Winstanley, 2001; Fassin, 2009; Crane and Ruebottom, 2011），制约其应用于最新的创新驱动创业研究的合法性与适应性。尤其是在数字化、生态化和新型全球化情境下，环境更加易变、不确定、复杂和模糊（Nambisan, 2017; Han et al., 2021; 杨海龙等，2021），在以开放性和无边界性为特征的创业情境中，利益相关者同样难以使用任何边界进行框定，任何主体随时能进能退，很难直接使用 Mitchell 等（1997）提出的紧迫性、影响力、合法性框架进行分类与识别。因此，创新驱动创业情境下的利益相关者的无边界性、开放性、动态性、跨层面性等特征极大地挑战了静态视角下的利益相关者理论，也反向推动利益相关者的界定与分类实现理论更新。

第二，从利益相关者的功能来看，现有的利益相关者研究认为创业过程中各主体分工明确：以创业者为中心，辅以各方利益相关者在财务、人力和市场等方面的配合和支持，利益相关者发挥着通过提供市场和技术信息助力机会识别，以及通过信息交换和资源整合助力机会认知和开发的作用（蔡莉等，2018）。但创新驱动创业的情境下，创业过程不仅是单一主体的机会开发，更多表现在多主体共同进行机会集的发现与创造（蔡莉等，2021；Zahra and Nambisan，2011）。在此过程中，创业者和利益相关者在针对某一机会的共同开发过程中通过组织学习、知识共享、机会转移等机制（Dutta and Crossan，2005），衍生出其他多个具有内在联系的创业机会，成为创造机会、开发机会集的核心角色。因此，从利益相关者的功能和角色来说，传统的辅助观难以适应创新驱动创业中的机会集开发与价值共创的情境，亟须突破。

第三，从利益相关者理论在创业研究中的应用范围来看，现有研究主要将利益相关者理论应用在社会创业、绿色创业、可持续创业等侧重非经济性指标的创业活动中，强调利益相关者如何助力创业企业创造社会福祉。而在当今高质量发展导向下，创新驱动创业活动早已将双碳、公平等非经济指标与企业财务绩效等经济指标融为一体，以多主体价值共创为主要特征的创业活动正在加速推进（蔡莉等，2022）。利益相关者的传统观点尽管与股东利益最大化观点相悖，但本质上依然在强调价值创造过程中经济指标和非经济指标非此即彼的关系。这一理论局限导致利益相关者理论对于创新驱动创业活动中"主体通过资源获取来创造新产品，创造就业机会，从而为其他主体开辟新机遇，进而对社会发展作出贡献"（蔡莉等，2022）的正向循环的解释力度仍存在局限。

10.3.2 未来展望

针对以上利益相关者理论在解释创新驱动创业活动时所面临的挑战，结合创新驱动创业的内涵，未来可以从以下几方面开展研究。

1. 创新驱动创业过程中多主体参与、角色及互动机制

多主体的创新驱动创业参与模式，一方面模糊了传统利益相关者的界定依据，另一方面也扩展了利益相关者的边界，丰富了利益相关者的角色形象。因此，未来研究需要首先厘清以多主体为核心的创新驱动创业活动中，谁是利益相关者，如何识别关键的利益相关者，以及利益相关者的新身份与新角色。

第一，未来研究可以采用动态视角，实时追踪与界定参与到创新驱动创业活动中的利益相关者。如今，数字创业的价值创造过程无边界、价值创造的结果无终点（Nambisan et al.，2017），这就号召研究者打破静态视角界定和管理利益相关者，转而采用动态视角看待参与到创业过程中的具有不同目标和动机的创业代理（entrepreneurial agency），寻求价值共创的治理框架。

第二，利益相关者的动态性还体现在角色转化上。例如，员工有可能通过孵化（spin-in）与裂变（spin-off）等方式转化为外部利益相关者，与企业的关系从劳动契约关系转化为新型合作伙伴关系，倒逼组织结构与层级发生变化（如海尔）；用户也可能成为创业的参与者与贡献者，并形成利益共同体（如小米）（张玉利等，2021）。因此，未来研究可以采取追踪式研究从长期、动态的角度探究在创新驱动创业的整个过程中，会浮现出哪些利益相关者，在不同阶段不同的利益相关者发挥了哪些作用，利益相关者的身份和角色在哪些条件下会发生转化，这些转化对于企业创造竞争优势或新价值的作用与机理等问题。

第三，利益相关者并不是单纯的创业规则遵守者，而是创业规则的再定义者。利益相关者借助数字化、生态化和新型全球化情境下创业者对情境的依赖，将自身独特的优势嵌入创业者的商业模式中，为自身提供了更多的生存空间。以"利益相关者再定义创业规则"为假设，未来可以有两种分析利益相关者参与多主体创新驱动创业的思路，一是关注创业者和利益相关者在不同阶段中，谁发挥价值创造的主导作用，谁又是参与者或追随者；二是探究创新驱动创业的多主体参与如何助推主体间知识的高效流动与整合，促进组织内外部主体创造力提升。

2. 创新驱动创业机会集的共创与利益相关者的治理

创新驱动创业，本质上是创新与创业的有机融合，也凸显了大型企业作为创新创业主体的作用，并带来了利益相关者关系与治理的三点变化，改变了利益相关者治理的目标，引导未来研究从价值共创和组织协同的视角探究利益相关者与机会集开发的关系。

第一，企业、合作伙伴和顾客均有可能成为资源提供者和受益者（钟琦等，2021），这意味着既有的利益相关者从辅助功能转化为价值共创的主体功能。那么，价值共创可以通过哪些机制实现？未来研究可以探究当利益相关者成为价值共创的主体时，在具有高度连通特征的数字技术赋能下，多主体互动的动因、赋能机制、模式和结果等议题，以此促进组织内外部主体创造力提升和机会集的开发。

第二，利益相关者成为企业发现与创造机会集的重要主体，多主体互动可以通过促进发现型和创造型机会的转化，实现机会的集聚；企业与企业、企业与用户以及用户与用户之间频繁的互动，有利于新机会的产生（蔡莉等，2022）。Amit和Han（2017）提出了数字创业通过识别、匹配和构建进行资源配置，因此未来研究可以关注除了资源编排之外，还有哪些机制可以助力创业企业与利益相关者一起适应和把握创新驱动的创业机会集。

第三，在机会集的创造与开发过程中，利益相关者以公司创业网络为平台，依靠各利益相关者所拥有知识，互补性地创造出新知识（张玉利等，2021），这也要求企业具备较高的利益相关者治理能力，以助力企业获取竞争优势。未来研究可以基于组织协同的视角，深入探究主体企业与关联企业等利益相关者的治理机制，以及各关联企业与机会集的互动机理，进而从机会集角度揭示创业企业借助利益相关者资源获取/维持竞争优势的路径与机理。

3. 基于利益相关者理论探索创新驱动创业如何解决社会重大挑战

Venkataraman（1997）曾指出，创业在社会层面的影响和结果是创业研究的重要立足点，但多年来创业领域中对这一跨层研究的关注极为有限（Vedula et al.，2022）。如今，面对气候变化、生态恶化、能源消耗、社会不公平等社会重大挑战（grand challenge），创新驱动创业的多主体正以负责任的创新（responsible innovation）为手段、为导向，致力于通过开发新产品和服务提升社区乃至全人类的福祉，为多个利益相关者创造价值（Bacq and Aguilera，2022），也为未来研究提供新的方向。社会重大挑战扩大了"利益"的范畴，未来需要对利益相关者在助力创新驱动创业解决社会重大挑战方面的作用进行探索（Scherer and Voegtlin，2020），以揭示创新驱动创业活动中利益相关者的溢出效应。

一方面，针对社会重大挑战中的道德伦理问题，学者可以尝试重新定义"创造什么样的价值""为哪些利益相关者创造价值""利益相关者期望获取什么价值"等核心问题（Bacq and Aguilera，2022），以真正提升社会福祉和改善生态环境。为此，学者应考虑利益相关者的意图，以此透析创新驱动创业过程中利益相关者的目标与目的。另一方面，针对社会重大挑战波及范围广、负面影响重的事实（George et al.，2016），学者可以尝试重构利益相关者的管理体系，实现从"取舍"到"协同"的转变。未来研究需要更注重经济、环境和社会利益协同的结果，即研究企业家如何管理盈利与社会责任、环境责任之间的矛盾关系（Vedula et al.，2022）。

参 考 文 献

蔡莉，高欣，王永正，等. 2022. 数字经济下创新驱动创业的研究范式[J]. 吉林大学社会科学学报, 62(4): 5-20, 233.

蔡莉，鲁喜凤，单标安，等. 2018. 发现型机会和创造型机会能够相互转化吗？——基于多主体视角的研究[J]. 管理世界, 34(12): 81-94, 194.

蔡莉，张玉利，蔡义茹，等. 2021. 创新驱动创业：新时期创新创业研究的核心学术构念[J]. 南开管理评论, 24(4): 217-226.

刘志阳, 李斌, 陈和午. 2018. 企业家精神视角下的社会创业研究[J]. 管理世界, 34(11): 171-173.

陆亚东, 孙金云, 武亚军. 2015. "合"理论：基于东方文化背景的战略理论新范式[J]. 外国经济与管理, 37(6): 3-25, 38.

王红丽, 崔晓明. 2013. 你第一时间选对核心利益相关者了吗?[J]. 管理世界, (12): 133-144, 188.

杨海龙, 郭国庆, 张晓亮. 2021. 互动视角下商业模拟对创新能力的影响研究[J]. 科研管理, 42(7): 91-99.

钟琦, 杨雪帆, 吴志樵. 2021. 平台生态系统价值共创的研究述评[J]. 系统工程理论与实践, 41(2): 421-430.

张玉利, 史宇飞, 薛刘洋. 2021. 数字经济时代大型企业驱动的创业创新实践问题研究[J]. 理论与现代化, 267(1): 14-20.

Adams R B, Licht A N, Sagiv L. 2011. Shareholders and stakeholders: how do directors decide?[J]. Strategic Management Journal, 32(12): 1331-1355.

Alvarez S A, Barney J B. 2007. Discovery and creation: alternative theories of entrepreneurial action[J]. Strategic Entrepreneurship Journal, 1(1/2): 11-26.

Amit R, Han X. 2017. Value creation through novel resource configurations in a digitally enabled world[J]. Strategic Entrepreneurship Journal, 11(3): 228-242.

Ansoff I. 1965. Corporate Strategy[M]. New York: McGraw Hill Press.

Bacq S, Aguilera R V. 2022. Stakeholder governance for responsible innovation: a theory of value creation, appropriation, and distribution[J]. Journal of Management Studies, 59(1): 29-60.

Barreto I, Baden-Fuller C. 2006. To conform or to perform? Mimetic behaviour, legitimacy-based groups and performance consequences[J]. Journal of Management Studies, 43(7): 1559-1581.

Bischoff K. 2021. A study on the perceived strength of sustainable entrepreneurial ecosystems on the dimensions of stakeholder theory and culture[J]. Small Business Economics, 56(3): 1121-1140.

Choi Y R, Shepherd D A. 2004. Entrepreneurs' decisions to exploit opportunities[J]. Journal of Management, 30(3): 377-395.

Choi Y R, Shepherd D A. 2005. Stakeholder perceptions of age and other dimensions of newness[J]. Journal of Management, 31(4): 573-596.

Crane A, Ruebottom T. 2011. Stakeholder theory and social identity: rethinking stakeholder identification[J]. Journal of Business Ethics, 102(1): 77-87.

Donaldson T, Preston L E. 1995. The stakeholder theory of the corporation: concepts, evidence, and implications[J]. Academy of Management Review, 20(1): 65-91.

Dutta D K, Crossan M M. 2005. The nature of entrepreneurial opportunities: understanding the process using the 4I organizational learning framework[J]. Entrepreneurship Theory and Practice, 29(4): 425-449.

Fassin Y. 2009. The stakeholder model refined[J]. Journal of Business Ethics, 84(1): 113-135.

Freeman R E. 1984. Strategic Management: A Stakeholder Approach[M]. Boston: Pitman Press.

Freeman R E. 2010. Managing for stakeholders: trade-offs or value creation[J]. Journal of Business

Ethics, 96(1): 7-9.

Freeman R E, Harrison J S, Wicks A C, et al. 2010. Stakeholder Theory: The State of the Art[M]. New York: Cambridge University Press.

Freeman R E, Reed D L. 1983. Stockholders and stakeholders: a new perspective on corporate governance[J]. California Management Review, 25(3): 88-106.

Galkina T, Atkova I, Yang M. 2022. From tensions to synergy: causation and effectuation in the process of venture creation[J]. Strategic Entrepreneurship Journal, 16(3): 573-601.

George G, Howard-Grenville J, Joshi A, et al. 2016. Understanding and tackling societal grand challenges through management research[J]. Academy of Management Journal, 59(6): 1880-1895.

George G, Prabhu G N. 2000. Developmental financial institutions as catalysts of entrepreneurship in emerging economies[J]. Academy of Management Review, 25(3): 620-629.

Han J, Ruan Y, Wang Y M, et al. 2021. Toward a complex adaptive system: the case of the Zhongguancun entrepreneurship ecosystem[J]. Journal of Business Research, 128(14): 537-550.

Harrison J S, st John C H. 1996. Managing and partnering with external stakeholders[J]. Academy of Management Perspectives, 10(2): 46-60.

Haugh H. 2007. Community-led social venture creation[J]. Entrepreneurship Theory and Practice, 31(2): 161-182.

Hörisch J, Freeman R E, Schaltegger S. 2014. Applying stakeholder theory in sustainability management: links, similarities, dissimilarities, and a conceptual framework[J]. Organization & Environment, 27: 328-346.

Jones T M, Harrison J S, Felps W. 2018. How applying instrumental stakeholder theory can provide sustainable competitive advantage[J]. Academy of Management Review, 43(3): 371-391.

Karami M, Read S. 2021. Co-creative entrepreneurship[J]. Journal of Business Venturing, 36(4): 1-16.

Kibler E, Mandl C, Kautonen T, et al. 2017. Attributes of legitimate venture failure impressions[J]. Journal of Business Venturing, 32(2): 145-161.

Laplume A O, Sonpar K, Litz R A. 2008. Stakeholder theory: reviewing a theory that moves us[J]. Journal of Management, 34(6): 1152-1189.

Lumpkin G T, Bacq S, 2019. Civic wealth creation: a new view of stakeholder engagement and societal impact[J]. Academy of Management Perspectives, 33(4): 383-404.

Magness V. 2008. Who are the stakeholders now? An empirical examination of the Mitchell, Agle, and Wood theory of stakeholder salience[J]. Journal of Business Ethics, 83(2): 177-192.

Mantere S, Aula P, Schildt H, et al. 2013. Narrative attributions of entrepreneurial failure[J]. Journal of Business Venturing, 28(4): 459-473.

Margolis J D, Walsh J P. 2003. Misery loves companies: rethinking social initiatives by business[J]. Administrative Science Quarterly, 48(2): 268-305.

Mitchell J R, Israelsen T L, Mitchell R K, et al. 2021. Stakeholder identification as entrepreneurial action: the social process of stakeholder enrollment in new venture emergence[J]. Journal of Business Venturing, 36(6): 106146.

Mitchell R K, Agle B R, Wood D J. 1997. Toward a theory of stakeholder identification and salience: defining the principle of who and what really counts[J]. Academy of Management Review, 22(4): 853-886.

Nambisan S. 2017. Digital entrepreneurship: toward a digital technology perspective of entrepreneurship[J]. Entrepreneurship Theory and Practice, 41(6): 1029-1055.

O'Neil I, Ucbasaran D. 2016. Balancing "what matters to me" with "what matters to them": exploring the legitimation process of environmental entrepreneurs[J]. Journal of Business Venturing, 31(2): 133-152.

Pacheco D F, Dean T J, Payne D S. 2010. Escaping the green prison: entrepreneurship and the creation of opportunities for sustainable development[J]. Journal of Business Venturing, 25(5): 464-480.

Parmar B L, Freeman R E, Harrison J S, et al. 2010. Stakeholder theory: the state of the art[J]. Academy of Management Annals, 4(1): 403-445.

Patzelt H, Shepherd D A. 2011. Recognizing opportunities for sustainable development[J]. Entrepreneurship Theory and Practice, 35(4): 631-652.

Phillips R. 2003. Stakeholder Theory and Organizational Ethics[M]. San Francisco: Berrett-Koehler Press.

Rutherford M W, Buller P F, Stebbins J M. 2009. Ethical considerations of the legitimacy lie[J]. Entrepreneurship Theory and Practice, 33(4): 949-964.

Sarasvathy S D. 2001. Causation and effectuation: toward a theoretical shift from economic inevitability to entrepreneurial contingency[J]. Academy of Management Review, 26(2): 243-263.

Saxton T, Wesley C L II, Saxton M K. 2016. Venture advocate behaviors and the emerging enterprise[J]. Strategic Entrepreneurship Journal, 10(1): 107-125.

Schaltegger S, Wagner M. 2011. Sustainable entrepreneurship and sustainability innovation: categories and interactions[J]. Business Strategy and the Environment, 20(4): 222-237.

Scherer A G, Voegtlin C. 2020. Corporate governance for responsible innovation: approaches to corporate governance and their implications for sustainable development[J]. Academy of Management Perspectives, 34(2): 182-208.

Shepherd D A. 2015. Party On! A call for entrepreneurship research that is more interactive, activity based, cognitively hot, compassionate, and prosocial[J]. Journal of Business Venturing, 30(4): 489-507.

Shepherd D A, Haynie J M. 2011. Venture failure, stigma, and impression management: a self-verification, self-determination view[J]. Strategic Entrepreneurship Journal, 5(2): 178-197.

Singh S, Corner P D, Pavlovich K. 2015. Failed, not finished: a narrative approach to understanding venture failure stigmatization[J]. Journal of Business Venturing, 30(1): 150-166.

Stoney C, Winstanley D. 2001. Stakeholding: confusion or Utopia? Mapping the conceptual terrain[J]. Journal of Management Studies, 38(5): 603-626.

Tang Z, Tang J T. 2012. Stakeholder-firm power difference, stakeholders' CSR orientation, and SMEs' environmental performance in China[J]. Journal of Business Venturing, 27(4): 436-455.

Tantalo C, Priem R L. 2016. Value creation through stakeholder synergy[J]. Strategic Management Journal, 37(2): 314-329.

van Werven R, Bouwmeester O, Cornelissen J P. 2015. The power of arguments: how entrepreneurs convince stakeholders of the legitimate distinctiveness of their ventures[J]. Journal of Business Venturing, 30(4): 616-631.

Vedula S, Doblinger C, Pacheco D, et al. 2022. Entrepreneurship for the public good: a review, critique, and path forward for social and environmental entrepreneurship research[J]. Academy of Management Annals, 16(1): 391-425.

Venkataraman S. 1997. The distinctive domain of entrepreneurship research[J]. Advances in Entrepreneurship, Firm Emergence and Growth, 3: 119-138.

Walsh J P. 2005. Book review essay: taking stock of stakeholder management[J]. Academy of Management Review, 30(2): 426-438.

Wood M S, McKinley W. 2017. After the venture: the reproduction and destruction of entrepreneurial opportunity[J]. Strategic Entrepreneurship Journal, 11(1): 18-35.

York J, O'Neil I, Sarasvathy S. 2016. Exploring environmental entrepreneurship: identity coupling, venture goals, and stakeholder incentives[J]. Journal of Management Studies, 53(5), 695-737.

Zahra S A, Nambisan S. 2011. Entrepreneurship in global innovation ecosystems[J]. AMS Review, 1(1): 4-17.

Zimmerman M A, Zeitz G J. 2002. Beyond survival: achieving new venture growth by building legitimacy[J]. Academy of Management Review, 27(3): 414-431.

代表性学者简介

R. 爱德华·弗里曼（R. Edward Freeman）

R. 爱德华·弗里曼在华盛顿大学获得博士学位，现任弗吉尼亚大学达顿商学院教授，也是该学院社会商业研究所的学术主任。曾在 Journal of Business Ethics（《商业伦理学杂志》）担任了5年的联合主编。他是利益相关者理论的开创者，代表性著作 Strategic Management: A Stakeholder Approach 追溯了利益相关者概念的起源，并建议企业围绕与关键利益相关者的关系制定战略，该书是利益相关者领域最具影响力的文献之一。

托马斯·唐纳森（Thomas Donaldson）

托马斯·唐纳森在堪萨斯大学获得博士学位，现任宾夕法尼亚大学沃顿商学院教授。曾任 Academy of Management Review 副主编、Business Ethics Quarterly（《商业伦理季刊》）副主编。唐纳森聚焦社会契约与利益相关者伦理理论之间的交叉领域，在 Academy of Management Review、Journal of Business Ethics 等期刊上发表多篇论文。

罗纳德·米切尔（Ronald Mitchell）

罗纳德·米切尔在犹他大学获得博士学位，现任得克萨斯理工大学罗尔斯商学院创业学教授。发表于 Academy of Management Review 的论文 "Toward a theory of stakeholder identification and salience: defining the principle of who and what really counts"（《利益相关者识别和显著性理论：定义谁和什么才是真正重要的原则》）对利益相关者的分类提出米切尔评分法，该方法对学界与业界影响深远。米切尔对创业认知和利益相关者理论的研究侧重于机会出现方面，在 Academy of Management Review、Journal of Business Venturing、Journal of Management Studies 等期刊上发表多篇论文。

本章执笔人：贾迎亚　虞曦凯　于晓宇

第 11 章 合法性理论——创新驱动创业的制度情境分析

新发展阶段,要更加激发出企业和个体的创新创业活力,完善制度保障。例如,在数字经济立法仍处于起步阶段的背景下,数字作为生产要素在如何去确权、如何得到保护、如何资产化,以及如何参与分配等方面的相关政策、规范的缺失给数字创新创业带来了巨大挑战。再如,国有机构的创业者在我国弱知识产权体制下的技术型创业活动将面临科技成果所有权的问题,高校出现一批创业者被诉侵权,如何让创业者在"独占性"失效时实现"从创新中获益"是个根本性问题。特别是在百年未有之大变局下,大批走向海外市场的创业企业面临前所未有的挑战,如到"一带一路"沿线国家投资创业的中国企业在应对环境保护以及社会责任等方面的合规、合情风险;去发达国家投资的企业常被报道出现知识产权的侵权问题;在国内跨区域投资的企业也常常因水土不服而铩羽而归。

为什么创业企业更易出现这些问题?合法性理论(legitimacy-based view)可以为上述现象提供解释。在全球制度多元性、技术多样性、文化差异性背景下,我国企业走出去创业存在合法性缺失风险,即使在国内跨区域创业也会存在文化冲突、价值观差异带来的挑战,因此,我们需要特别关注合法性理论对创新驱动创业的作用机制。尤其是新技术、新情境不断涌现,新进入者会打破原有产业组织的边界,引发在位企业的激烈对抗,创业企业就必然面临合法性挑战。本部分回顾合法性理论及其在创业研究领域的进展,尝试提供合法性理论与创新驱动创业之间的内在理论逻辑。

11.1 合法性理论的发展

合法性理论的发展经历了萌芽(1960~1994 年)、成长(1995~2001 年)、成熟(2002 年至今)三个阶段。

11.1.1 萌芽阶段(1960~1994 年)

合法性理论的思想最早可追溯至 Weber(1978)的著作 *Economy and Society: An Outline of Interpretive Sociology*(《经济与社会:解释性社会学大纲》),其聚焦

社会秩序的合法性，提出只有当社会秩序的行为模式大致或基本符合某种既定的信条（maxims）或规则（rules）时，这个社会秩序才是合法的，而遵从规则（标准）和正式法律成为获得合法性的一种方式。随后，Parsons（1960）将合法性思想应用于组织，并对合法性的理论内涵做了发展，认为组织合法性的焦点不应局限于使组织行为、结构与规制系统保持一致，还应与所嵌入社会情境中共享的或普遍的价值观、文化规范、社会信仰等相一致。当组织行为导致组织呈现出的价值体系与社会价值体系之间出现实际或潜在的不一致时，就会产生"合法性缺口"（legitimacy gap）（Sethi，1979），这可能会对企业的持续经营和目标实现产生威胁（Dowling and Pfeffer，1975）。因此，合法性在组织社会价值与社会价值体系之间建立了联系，组织必须遵从社会价值体系，特别是受到参与者认可的职业标准或专业标准的制约，进而推动组织间不断趋于相似（DiMaggio and Powell，1983）。

弥合"合法性缺口"，降低组织外部压力对组织的影响（Meyer and Rowan，1977），成为企业管理（提高）其组织合法性的动机。20世纪80年代，战略管理研究仍以产业组织理论为基础，更多关注外部环境对企业发展的作用，并不关心管理者与外部利益相关者之间的冲突，因为在一个强约束的符号性环境（symbolic environment）里，管理者的决策往往受到与外部公众相同的信念体系的影响（Suchman，1995）。组织通过模仿其他成功的企业或者采纳与制度场域（institutional fields）相容的组织行为与结构特征（DiMaggio and Powell，1983），使自己看起来合乎常理并有意义，通过遵照（conform）、选择（select）或控制（control）社会规制、规范和认知等手段获取合法性以适应环境变化压力（Meyer and Rowan，1977），而获得其他资源则是追求这一目标的过程所产生的副产品。

11.1.2 成长阶段（1995~2001年）

此前，学者只对合法性概念进行描述，没有给出具体定义，Scott（1995）和Suchman（1995）将前期有关合法性的研究进行了系统梳理，成为合法性理论发展的重要里程碑。Scott（1995）认为组织合法性反映企业遵从相关法规、实现文化对齐和规范支持的一个状态，可以划分为规制合法性（regulative legitimacy）、规范合法性（normative legitimacy）和认知合法性（cognitive legitimacy）。Suchman（1995）给了组织合法性一个更具包容性的定义，认为合法性是指在某一包含标准、价值观、信仰和定义的社会建构体系内，组织行为被认为是有意义的、正当的或合适的普遍性（generalized）感知或假设（Suchman，1995）。随着研究的不断深入，合法性与资源的关系引发了学者的思考，合法性的内涵与外延在资源视角和战略视角下得到了理论上的延展，越发关注其资源性和工具性特征，认为合法性是一种能够帮助组织获得其他资源的重要资源（Zimmerman and Zeitz，2002），组织可以从其所处的文化环境中获得合法性并用于追求业绩目标（Ashforth and

Gibbs, 1990)。不同于传统制度视角下合法性相对被动的获取思路，基于战略视角，学者认为可以通过操控相关群体受众的社会认知，从而帮助组织获取合法性，组织的合法化策略也逐渐从单一的被动接受行为演化为默认（acquiesce）、妥协（compromise）、回避（avoid）、反抗（defy）、操纵（manipulate）等手段丰富的合法化战略（Oliver，1997），弥补了基于静态视角的合法性理论的局限。

11.1.3 成熟阶段（2002 年至今）

自 20 世纪 90 年代后期开始，制度基础观（institutional-based view）进入企业理论并被普遍接受（请参见本书第 6 章"制度理论——解析创新驱动创业的底层结构"），合法性理论作为制度观理论的核心构念，被战略管理理论广为接受。由此，合法性研究从战略和制度两个视角广为展开。一是遵循原有制度理论的研究逻辑，从产业层面（中观）采取超然的立场，强调产业结构动态性所导致的制度压力和文化压力，或是从更为宏观的层面强调制度和文化对组织形成压力，并不是单个组织可以操控的（DiMaggio and Powell，1983；Meyer and Rowan，1977；Meyer and Scott，1983；Zucker，1987）。二是遵循战略管理的研究逻辑，站在组织的立场认为合法性是可以管理的，并强调组织可以有目的地操控可激发人们想象的象征系统以获取社会的支持（Ashforth and Gibbs，1990；Dowling and Pfeffer，1975；Pfeffer，1992）。Zimmerman 和 Zeitz（2002）基于此，进一步提出合法性可视为组织的一种可操控的关键性资源，组织可以通过主动创造新的制度情境，如规则、标准、价值、信仰和模式等，以使得自身行为与新创制度情境相一致，从而获取利益相关者的认可和支持。此后，合法性的学术研究主要沿着战略视角探索如何利用自身的权力和资源推动制度变迁（Misangyi et al.，2008；Lee and Hung，2014；Hardy and Maguire，2017），如通过改变其所处的亚环境（Zimmerman and Zeitz，2002）、创造新制度（Maguire et al.，2004）等合法化策略来获取合法性。

11.2 合法性理论在创业领域的应用与发展

虽然，合法性理论由韦伯提出，并被制度学派借用以解释社会中存在的各类组织架构的趋同倾向（Tilling，2004），但自 20 世纪 90 年代以来，战略管理学者也开始从合法性这一视角来重新审视战略管理领域的一些经典问题，如企业国际化（Kostova and Zaheer，1999；Yamakawa et al.，2008；Zhang et al.，2022）、战略联盟（Dacin et al.，2007）、企业社会责任（Mahmud，2019）、创新创业（Bunduchi et al.，2022；Fisher，2020）等，并将其应用于各类组织和行业情境研究中（Crook et al.，2008；Nason and Wiklund，2018）。其中，由于获取合法性成为新创企业谋求生存的重要前提（Baum and Oliver，1991；Singh et al.，1986；Stinchcombe，

1965)，该领域吸引了组织管理、创业学、社会学等领域众多学者的极大关注，许多学者将合法性理论应用于创业研究中（Fisher，2020）。根据四个创业领域知名期刊 *ETP*、*JBV*、*SBE* 和 *SEJ* 以及八个管理领域知名期刊 *AMJ*、*AMR*、*JOM*、*MS*、*OS*、*SMJ*、*ASQ*、*JMS* 发表的创业研究发现，相关文章共 228 篇[①]，本章同样将创业领域相关研究划分为三个阶段，并选取每一个阶段的代表作分析合法性理论在创业研究领域的应用与发展。

11.2.1 第一阶段（1965~1993 年）

该阶段应用合法性理论的创业研究主要聚焦于新进入劣势（liability of newness），探讨新创企业与成熟企业消亡的比较（Carroll and Delacroix，1982；Delacroix and Carroll，1983；Freeman et al.，1983），探讨合法性对新创企业跨越新进入劣势的重要作用（Baum and Oliver，1991；Singh et al.，1986；Stinchcombe，1965）。新创企业缺乏交易记录和历史数据而面临更多的风险和不确定性，使其普遍缺乏合法性（Stinchcombe，1965），合法性未必能提高组织内部的管理效率，但可以通过获得顾客、供应商、竞争者等利益相关者的认可，并伴随着资源的获取，提高组织绩效（DiMaggio and Powell，1983）。这为后续学者更广泛、深入地开展合法性、异质性（如规制、规范、认知等）及其获取策略[如修辞（rhetoric）、创造（create）、管理（manage）等]的研究奠定了基础，但该阶段的讨论与创业实际的结合还不够紧密，需要在更加实际的创业过程模型中探索合法性的内涵与获取机制（Zucker，1989）。

11.2.2 第二阶段（1994~2013 年）

随着合法性理论在创业领域的广泛应用，在该阶段学者更多地关注合法性的受众异质性、合法性获取与新创企业成长的关系等。

1. 合法性的受众研究

早期，新创企业合法性研究的基本假设是观察者（audience）的同质性，即外部观察者持有相似的评价标准，而忽视了观察者的差异性（Navis and Glynn，2010），如新创企业在消费者、政府部门、大学和风投机构等不同利益相关者眼中会有不同的期望（Karlsson and Honig，2009），这就引发了新创企业对于观察者群体选择的思考（Navis and Glynn，2010；Pontikes，2012），即如何根据不同类型

[①] 2022.10.05 检索式为：（TS=（"new firm*" OR "new venture*" OR "venture*" OR "start*up*" OR "newly founded organization*" OR "new organization" OR "newly founded business" OR "new business" OR "entrepreneurial"））AND TS=（legitima*）。

受众的偏好做出不同的行为,进而获取合法性。特别是在国际化情境下,新创企业对制度环境中的规范、价值观等的考察与适应要远比规制复杂,由于利益相关者对新创企业不熟悉以及新创企业自身的不稳定性,如何在海外新建外部联结、创建海外投资等成为获取合法性、克服新进入劣势的关键(Bangara et al.,2012)。因此,该阶段关于新创企业合法性研究重点主要集中在认知合法性上(Khaire,2010;Pollack et al.,2012)。

2. 合法性的获取研究

自 Aldrich 和 Fiol(1994)讨论新创企业为了生存而能动地采取一些行为获取合法性之后,关于新创企业合法性获取的研究便从制度视角和战略视角出发大量涌现(Lounsbury and Glynn,2001),集中阐述新创企业合法性获取机制(表 11.1)。

表 11.1 合法性的获取机制

战略	定义	适用性	例子
遵从(conformance)	遵守既有的规则	对于新创企业而言,可供选择的战略空间很小,遵从是其常用的合法性战略	遵守规章。新创企业遵守对其有约束力的政府规章,并照章办事
选择(selection)	选择在有利于其发展的环境中运营	选择比遵从更具有策略性	选择在哪里创办新企业。如果技术是新的或者不为人所熟悉的,那么最好选择在那些使用相关技术或从事相关活动的企业附近,如软件企业选择在硅谷创业等
操纵(manipulation)	干预环境以培育支持的基础,特别是为组织量身定做的特定需要	操纵比选择更具有策略性,对新创企业而言是较难做到的	操纵社会的信仰和价值观,如改变那种认为公开发行股票的公司在最初发行时就应该产生利润的价值观念
创造(creation)	创造社会情境,如规则、标准、价值、信仰和模式等	创造策略在新产业的导入期尤其明显	创建新的运营活动、模式和思想,如亚马逊引入了在网络上向大市场以零售方式销售书籍的做法等

资料来源:根据 Zimmerman 和 Zeitz(2002)整理

制度视角强调新创企业通过模仿榜样企业(well-established firms)(Dowling and Pfeffer,1975;Khaire,2010)、与成熟企业建立关系(Bangara et al.,2012;Rao et al.,2008)、获取政治连带(political tie)(Guo et al.,2014;Yu et. al.,2013)等来遵从制度环境的约束,或采纳特定组织结构来服从某一制度环境的要求来获取合法性(Souitaris et al.,2012;Zimmerman and Zeitz,2002)。不同于制度视角下相对被动的合法性获取思路,有学者基于战略视角提出,合法性是一种重要的战略资源,一方面,新创企业通过元叙事(meta-narratives)(Aldrich and Fiol,1994;

Lounsbury and Glynn，2001；Ruebottom，2013）、树立企业形象（Clarke，2011；Delmar and Shane，2004；Karlsson and Honig，2009；Zhu and Sarkis，2007）、类比或比喻（Cornelissen and Clarke，2010）等方式，向外界传达承诺、愿景、能力等信号，操控利益相关者对于新创企业产品、组织与管理团队的认知（Khaire，2010；Shepherd and Zacharakis，2003），以帮助新创企业赢得公众的信任、获得合法性；另一方面，由于预见到改变现有场域制度或创造新场域制度所蕴含的潜在盈利机会，新创企业也会主动创造新的制度情境，如规则、标准、价值、信仰和模式等，帮助自己获取合法性（Zimmerman and Zeitz，2002）。

11.2.3 第三阶段（2014年至今）

近十年基于合法性理论的创业研究越来越关注合法性的复杂性、合法性的管理等研究。

1. 新创企业合法性的复杂性研究

创业发生在由制度规范塑造的市场中，需与相关法律、法规和惯例相适应，新创企业合法性的复杂性主要来源于制度情境的不确定性（institutional uncertainty）（Bylund and McCaffrey，2017）和差异性设定（different institutional setting）（Colombo and Shafi，2016），关于制度情境的不确定性，研究者主要聚焦于制度变革（Bitektine and Haack，2015）、暴力和内乱（Hiatt and Sine，2014）、制度（政权）稳定性（Du and Mickiewicz，2016；Garud et al.，2014；Welter and Smallbone，2011）、制度多元化（Fisher et al.，2016）等制度不确定性因素；关于制度情境的差异性，研究者主要聚焦于父权制和母系社会（Shahriar，2018）、法律制度差异（Colombo et al.，2016）等区域（国家）差异性因素。

2. 新创企业合法性管理（制度工作）的研究

Fisher 等（2016）、Fisher（2020）基于场域内观察者的异质性，强调新创企业所面临的多重合法性门槛（threshhold），而制度的更迭和市场的变化，会使原本具有合法性的新创企业因难以适应新的制度环境而面临合法性丧失的风险，新创企业就需要通过故事重构（revised storytelling）（Garud et al.，2014）、身份重塑（李纪珍等，2019）等方式进行合法性修复（Fisher et al.，2016）。也有学者从战略视角聚焦创造新制度的能动性（Lee and Hung，2014），创造创业机会、获取合法性、成为有影响力的组织成员乃至推动社会整体经济发展（McMullen，2011；Waldron et al.，2015）。

综上，合法性理论揭示了创业的两个关键要素——制度情境和合法性——的变化过程，创业研究也丰富了合法性理论对组织行为的价值。早期创业研究更多地从静态视角关注单一创业要素对企业绩效的作用，缺乏对制度情境因素的考量。而基于合法性理论，创业研究开始探究合法性与创业资源、创业者/新创企业/新产品、制度情境等之间的作用/匹配机制，并揭示合法性管理和创造的过程机理，深入揭示创业活动中效率与合法性的复杂作用关系，为丰富和拓展创业理论奠定了基础。此外，从创业研究对合法性理论的贡献来看，合法性理论源于对正式科层组织的讨论，企业所面临的制度环境相对稳定，威胁与挑战较少，而创业企业所处环境通常具有高度动态性和不确定性，对合法性理论的适用范围与情境进行了拓展。

11.3 合法性理论在创新驱动创业研究中的挑战与未来展望

11.3.1 挑战

创新驱动创业是在数字经济时代下提出的新范式（蔡莉等，2022），数字技术打破了创新创业活动的既有边界、内容和要素，竞合关系、市场机制和交易规则正在被重构，创新创业活动也在向网络化、平台化和生态化演变，因此，创业主体所面对的利益相关者、驱动机制、制度情境等必然会发生快速演变，传统的合法性理论在创新驱动创业研究中也将面临以下挑战。

（1）创新驱动创业的组织特征带来的挑战。传统合法性理论将新创企业看成一个内嵌于特定制度场域的独立组织，以一种原子（atomistic）和功利（utilitarian）方式来应对场域规则、规范、社会理念或文化所带来的从众压力。然而，在数字化、生态化、新型全球化新情境下，大数据、云计算、物联网、人工智能、区块链等新兴数字技术不断显现（魏江等，2021），颠覆了传统的创新创业底层逻辑（Nambisan，2017；Nambisan et al.，2017；蔡莉等，2022），企业不再是孤立或独立的实体，如平台型组织内的创业企业（Zeng，2022）等，打破了传统科层组织发展的边界限制，也不再局限在单一制度场域内，而是复杂网络中的一部分，构建了线上线下相结合的新组织形态，如数字创业生态系统（Colombo et al.，2019；Hilbolling et al.，2021）等，通过系统内各个创业参与者之间价值共创，形成动态竞合和跨界竞争的常态化模式（Sahut et al.，2021），因此，传统合法性理论在解释这类创新创业新的实践问题时具有一定挑战性。

（2）创新驱动创业的机制变化带来的挑战。创新驱动创业是指在技术创新、制度创新、商业模式创新等的触发下，通过多要素迭代互动，实现多主体共同开发机会，进而创造价值的过程。在这样的场景下，对于新创企业或与之相联系的新的技术、产品、服务或新的资源组合而言，其驱动机制也会发生变迁。传统创业活动的驱动力来自创业者个体或者组织的独立动机，在生态型、平台型组织中，不管是个体创业还是组织创业，其驱动力可能来自机会导向（opportunity-oriented），也可能来自赋能驱动（enabling drive），因此，处于传统市场体系中的创业者合法性，与现在处于准市场组织中的创业者合法性就发生了改变。原先只要遵循外部市场机制的合法性，会发展成为同时遵循外部市场和生态内部机制的复合型合法性，原先相对孤立地嵌入到市场的合法性转向兼顾多层治理体系的合法性。正因如此，我们注意到，传统思维下创业驱动要遵循的合法性就面临数字思维下创业驱动的挑战。

（3）创新驱动创业的制度情境带来的挑战。合法性理论适用于具有持续性和可预测性特征的制度环境（即外部环境相对稳定），默认合法性评判者持有类似的合法性标准，管理者理性在"效率"与"合法性"之间进行权衡。而在数字化、生态化和新型全球化情境下，外部制度情境变得高度易变、不确定、复杂和模糊（Fisher，2020；Han et al.，2021；Nambisan，2017；Nambisan et al.，2017），使得合法性的评价主体、标准门槛等都具有高度的动态性和多重性，创新驱动创业的主体很难对资源的价值进行预测，挑战了合法性理论所适用的相对稳定的环境条件，在中国情境下，制度情境的不确定性尤为突出（体制改革的快速推进、市场变革的快速演进、技术规划的快速迭代等）。

11.3.2 未来展望

针对以上合法性理论在解释创新驱动创业活动时所面临的挑战，结合创新驱动创业的内涵，未来可以从以下几方面开展研究。

（1）创新驱动创业的合法性分类及获取策略研究。新情境下，企业不再以个体形式实现创业，而是与客户、供应商、合作伙伴等主体进行交互，实现价值共创，企业创新与创业的合法性评价主体、方式与标准均发生了变化。此外，已有研究多关注局部性的策略分类或碎片性的行为描述，而对创新驱动创业的合法化战略响应的战略选择、战略决策和战略实施过程的讨论相对薄弱。未来应针对创新驱动创业的合法性的分类及其获取策略的系统和动态化过程开展深入研究，探讨不断变化的内外部环境下新创企业合法化战略响应的动态过程，如新兴和成熟场域下的创业企业合法化战略选择与决策的差异，正式与非正式制度的冲突对合法性获取、维持、修复、创造等的动态作用过程，创新驱动创业过程中产生的数字资产、数据资源等的合法性问题等。

（2）创新驱动创业的内外部驱动因素及其合法性机制研究。基于新型产业集群、互联网平台、创新社群、创新生态等独特的网络情境特征，探究创新驱动创业的影响因素及内在机理，并揭示其合法化策略对制度场域的演化作用。例如，创新生态系统中，创业组织从创新中获益的"独占性""合法性"及其合法化策略研究，特别是在数字经济情境下，数字创新、数字创业的合法性机制与合法化模式有何异同；创业机会识别的先动性和合法性冲突时的合法化策略研究；创业生态系统的合法化过程及其对社会制度演进和变迁的作用。

（3）创新驱动创业的外部制度情境及其合法性机制研究。创新驱动创业脱胎于数字化、生态化和新型全球化三大情境，与合法性理论所适用的稳定环境存在差异。而在中国情境下，创新驱动创业主体所处的体制、市场与文化等情境更具动态性、变革性、制度性，与西方国家有着巨大差异，未来仍需立足新情境，深入探究创新驱动创业的新特征与新内涵，为进一步拓展和完善本土理论奠定基础。此外，针对"一带一路"沿线国家、拉丁美洲国家、欧美国家等不同制度情境特征，特别是针对不同地区在政商文化、商业规则、技术规范、民风乡俗等方面的不同，探讨跨境创业的内外部合法性冲突及其交互作用具有重要的现实价值和理论意义。

参 考 文 献

蔡莉，高欣，王永正，等. 2022. 数字经济下创新驱动创业的研究范式[J]. 吉林大学社会科学学报, 62(4): 5-20, 233.

李纪珍，周江华，谷海洁. 2019. 女性创业者合法性的构建与重塑过程研究[J]. 管理世界, 35(6): 142-160, 195.

魏江，刘嘉玲，刘洋. 2021. 新组织情境下创新战略理论新趋势和新问题[J]. 管理世界, 37(7): 13, 182-197.

Aldrich H E, Fiol C M. 1994. Fools rush in? The institutional context of industry creation[J]. Academy of Management Review, 19(4): 645-670.

Ashforth B E, Gibbs B W. 1990. The double-edge of organizational legitimation[J]. Organization Science, 1(2): 177-194.

Bangara A, Freeman S, Schroder W. 2012. Legitimacy and accelerated internationalisation: an Indian perspective[J]. Journal of World Business, 47(4): 623-634.

Baum J A C, Oliver C. 1991. Institutional linkages and organizational mortality[J]. Administrative Science Quarterly, 36(2): 187-218.

Bitektine A, Haack P. 2015. The "macro" and the "micro" of legitimacy: toward a multilevel theory of the legitimacy process[J]. Academy of Management Review, 40(1): 49-75.

Bunduchi R, Smart A U, Crisan-Mitra C, et al. 2022. Legitimacy and innovation in social enterprises [EB/OL]. https://www.researchgate.net/publication/361157125_Legitimacy_and_innovation_in_social_enterprises[2023-09-01].

Bylund P L, McCaffrey M. 2017. A theory of entrepreneurship and institutional uncertainty[J]. Journal of Business Venturing, 32(5): 461-475.

Carroll G R, Delacroix J. 1982. Organizational mortality in the newspaper industries of Argentina and Ireland: an ecological approach[J]. Administrative Science Quarterly, 27(2): 169-198.

Clarke J. 2011. Revitalizing entrepreneurship: how visual symbols are used in entrepreneurial performances[J]. Journal of Management Studies, 48(6): 1365-1391.

Colombo M G, Dagnino G B, Lehmann E E, et al. 2019. The governance of entrepreneurial ecosystems[J]. Small Business Economics, 52(2): 419-428.

Colombo M G, Shafi K. 2016. Swimming with sharks in Europe: when are they dangerous and what can new ventures do to defend themselves?[J]. Strategic Management Journal, 37(11): 2307-2322.

Cornelissen J P, Clarke J S. 2010. Imagining and rationalizing opportunities: inductive reasoning and the creation and justification of new ventures[J]. Academy of Management Review, 35(4): 539-557.

Crook T R, Ketchen D J,Jr, Combs J G, et al. 2008. Strategic resources and performance: a meta-analysis[J]. Strategic Management Journal, 29(11): 1141-1154.

Dacin M T, Oliver C, Roy J P. 2007. The legitimacy of strategic alliances: an institutional perspective[J]. Strategic Management Journal, 28(2): 169-187.

Delacroix J, Carroll G R. 1983. Organizational foundings: an ecological study of the newspaper industries of Argentina and Ireland[J]. Administrative Science Quarterly, 28(2): 274-291.

Delmar F, Shane S. 2004. Legitimating first: organizing activities and the survival of new ventures[J]. Journal of Business Venturing, 19(3): 385-410.

DiMaggio P J, Powell W W. 1983. The iron cage revisited: institutional isomorphism and collective rationality in organizational fields[J]. American Sociological Review, 48(2): 147-160.

Dowling J, Pfeffer J. 1975. Organizational legitimacy: social values and organizational behavior[J]. Pacific Sociological Review, 18(1): 122-136.

Du J, Mickiewicz T. 2016. Subsidies, rent seeking and performance: being young, small or private in China[J]. Journal of Business Venturing, 31(1): 22-38.

Fisher G. 2020. The complexities of new venture legitimacy[J]. Organization Theory, 1(2): 1-25.

Fisher G, Kotha S, Lahiri A. 2016. Changing with the times: an integrated view of identity, legitimacy, and new venture life cycles[J]. Academy of Management Review, 41(3): 383-409.

Freeman J, Carroll G R, Hannan M T. 1983. The liability of newness: age dependence in organizational death rates[J]. American Sociological Review, 48(5): 692-710.

Garud R, Schildt H A, Lant T K. 2014. Entrepreneurial storytelling, future expectations, and the paradox of legitimacy[J]. Organization Science, 25(5): 1479-1492.

Guo H, Xu E M, Jacobs M. 2014. Managerial political ties and firm performance during institutional transitions: an analysis of mediating mechanisms[J]. Journal of Business Research, 67(2): 116-127.

Han J, Ruan Y, Wang Y, et al. 2021. Toward a complex adaptive system: the case of the Zhongguancun entrepreneurship ecosystem[J]. Journal of Business Research, 128: 537-550.

Hardy C, Maguire S. 2017. Institutional entrepreneurship and change in fields[C]//Greenwood R, Oliver C, Lawrence T, et al. The SAGE Handbook of Organizational Institutionalism. 2nd ed. Thousand Oaks: SAGE Publications Ltd: 261-280.

Hiatt S R, Sine W D. 2014. Clear and present danger: planning and new venture survival amid political and civil violence[J]. Strategic Management Journal, 35(5): 773-785.

Hilbolling S, Berends H, Deken F, et al. 2021. Sustaining complement quality for digital product platforms: a case study of the Philips Hue ecosystem[J]. Journal of Product Innovation Management, 38(1): 21-48.

Karlsson T, Honig B. 2009. Judging a business by its cover: an institutional perspective on new ventures and the business plan[J]. Journal of Business Venturing, 24(1): 27-45.

Khaire M. 2010. Young and no money? Never mind: the material impact of social resources on new venture growth[J]. Organization Science, 21(1): 168-185.

Kostova T, Zaheer S. 1999. Organizational legitimacy under conditions of complexity: the case of the multinational enterprise[J]. Academy of Management Review, 24(1): 64-81.

Lee C K, Hung S C. 2014. Institutional entrepreneurship in the informal economy: China's Shan-Zhai Mobile Phones[J]. Strategic Entrepreneurship Journal, 8(1): 16-36.

Lounsbury M, Glynn M A. 2001. Cultural entrepreneurship: stories, legitimacy, and the acquisition of resources[J]. Strategic Management Journal, 22(6/7): 545-564.

Maguire S, Hardy C, Lawrence T B. 2004. Institutional entrepreneurship in emerging fields: HIV/AIDS treatment advocacy in Canada. Academy of Management Journal, 47: 657-679.

Mahmud M T. 2019. Legitimacy theory and its relationship to CSR disclosures: a literature review[J]. 経済論究, 163: 1-16.

McMullen J S. 2011. Delineating the domain of development entrepreneurship: a market-based approach to facilitating inclusive economic growth[J]. Entrepreneurship Theory and Practice, 35(1): 185-215.

Meyer J W, Rowan B. 1977. Institutionalized organizations: formal structure as myth and ceremony[J]. American Journal of Sociology, 83(2): 340-363.

Meyer J W, Scott W R. 1983. Centralization and the legitimacy problem of local government [C]//Meyer J W, Scott W R. Organizational Environments: Ritual and Rationality. Beverly Hills : SAGE Publications: 199-215.

Misangyi V F, Waver G R, Elms H. 2008. Ending corruption: the interplay among institutional logics, resources, and institutional entrepreneurs[J], Academy of Management Review, 33(3): 750-770.

Nambisan S. 2017. Digital entrepreneurship: toward a digital technology perspective of entrepreneurship[J]. Entrepreneurship Theory and Practice, 41(6): 1029-1055.

Nambisan S, Lyytinen K, Majchrzak A, et al. 2017. Digital innovation management: reinventing innovation management research in a digital world[J]. MIS Quarterly, 41(1): 223-238.

Nason R S, Wiklund J. 2018. An assessment of resource-based theorizing on firm growth and suggestions for the future[J]. Journal of Management, 44(1): 32-60.

Navis C, Glynn M A. 2010. How new market categories emerge: temporal dynamics of legitimacy, identity, and entrepreneurship in satellite radio, 1990-2005[J]. Administrative Science Quarterly, 55(3): 439-471.

Oliver C. 1997. Sustainable competitive advantage: combining institutional and resource-based views[J]. Strategic Management Journal, 18(9): 697-713.

Parsons T. 1960. Pattern variables revisited: a response to Robert Dubin[J]. American Sociological Review, 25(4): 467-483.

Pfeffer J. 1992. Understanding the role of power in decision-making[C]//Shafritz J M, Ott J S. Classics of Organization Theory. 3rd ed. Pacific Grove: Brooks/Cole: 404-423.

Pollack J M, Rutherford M W, Nagy B G. 2012. Preparedness and cognitive legitimacy as antecedents of new venture funding in televised business pitches[J]. Entrepreneurship Theory and Practice, 36(5): 915-939.

Pontikes E G. 2012. Two sides of the same coin: how ambiguous classification affects multiple audiences' evaluations[J]. Administrative Science Quarterly, 57(1): 81-118.

Rao R S, Chandy R K, Prabhu J C. 2008. The fruits of legitimacy: why some new ventures gain more from innovation than others[J]. Journal of Marketing, 72(4): 58-75.

Ruebottom T. 2013. The microstructures of rhetorical strategy in social entrepreneurship: building legitimacy through heroes and villains[J]. Journal of Business Venturing, 28(1): 98-116.

Sahut J M, Iandoli L, Teulon F. 2021. The age of digital entrepreneurship[J]. Small Business Economics, 56(3): 1159-1169.

Scott W R. 1995. Institutions and Organizations: Ideas, Interests and Identities[M]. Thousand Oaks: SAGE Publications .

Sethi S P. 1979. A conceptual framework for environmental analysis of social issues and evaluation of business response patterns[J]. Academy of Management Review, 4(1): 63-74.

Shahriar A Z M. 2018. Gender differences in entrepreneurial propensity: evidence from matrilineal and patriarchal societies[J]. Journal of Business Venturing, 33(6): 762-779.

Shepherd D A, Zacharakis A. 2003. A new venture's cognitive legitimacy: an assessment by customers[J]. Journal of Small Business Management, 41(2): 148-167.

Singh J V, Tucker D J, House R J. 1986. Organizational legitimacy and the liability of newness[J]. Administrative Science Quarterly, 31(2): 171-193.

Souitaris V, Zerbinati S, Liu G. 2012. Which iron cage? Endo- and exoisomorphism in corporate venture capital programs[J]. Academy of Management Journal, 55(2): 477-505.

Stinchcombe A. 1965. Organization-creating organizations[J]. Trans-action, 2: 34-35.

Suchman M C. 1995. Managing legitimacy: strategic and institutional approaches[J]. Academy of Management Review, 20(3): 571-610.

Tilling M V. 2004. Some thoughts on legitimacy theory in social and environmental accounting[J]. Social and Environmental Accountability Journal, 24(2): 3-7.

Waldron T L, Fisher G, Navis C. 2015. Institutional entrepreneurs' social mobility in organizational fields[J]. Journal of Business Venturing, 30(1): 131-149.

Weber M. 1978. Economy and Society: An Outline of Interpretive Sociology[M]. Berkeley: University of California Press.

Welter F, Smallbone D. 2011. Institutional perspectives on entrepreneurial behavior in challenging environments[J]. Journal of Small Business Management, 49(1): 107-125.

Yamakawa Y, Peng M W, Deeds D L. 2008. What drives new ventures to internationalize from emerging to developed economies?[J]. Entrepreneurship Theory and Practice, 32(1): 59-82.

Yu J, Zhou J X, Wang Y G, et al. 2013. Rural entrepreneurship in an emerging economy: reading institutional perspectives from entrepreneur stories[J]. Journal of Small Business Management, 51(2): 183-195.

Zeng J. 2022. Orchestrating ecosystem resources in a different country: understanding the integrative capabilities of sharing economy platform multinational corporations[J]. Journal of World Business, 57(6): 101347.

Zhang J H, van Gorp D, Ebbers H, et al. 2022. Organizational legitimacy of emerging multinational enterprises: an individual perspective[J]. International Business Review, 31(6): 102015.

Zhu Q, Sarkis J. 2007. The moderating effects of institutional pressures on emergent green supply chain practices and performance[J]. International Journal of Production Research, 45(18/19): 4333-4355.

Zimmerman M A, Zeitz G J. 2002. Beyond survival: achieving new venture growth by building legitimacy[J]. Academy of Management Review, 27(3): 414-431.

Zucker L G. 1987. Institutional theories of organization[J]. Annual Review of Sociology, 13(2): 443-464.

Zucker L G. 1989. Combining institutional theory and population ecology: no legitimacy, no history[J]. American Sociological Review, 54(4): 542-545.

代表性学者简介

马克斯·韦伯（Max Weber）

马克斯·韦伯在柏林大学获得博士学位，对西方古典管理理论的确立做出了杰出贡献，是公共行政学的创始人之一，被后世称为"组织理论之父"。马克斯·韦伯出版了 *Economy and Society: An Outline of Interpretive Sociology*、*Politik als Beruf*（《政治作为天职》）、*The Protestant Ethic and the Spirit of Capitalism*（《新教伦理与资本主义精神》）等著作，其中代表性著作 *Economy and Society: An Outline of Interpretive Sociology* 提出只有当社会秩序的行为模式大致或基本符合某种既定的准则或规则时，这个社会秩序才是合法的，合法性可以通过对社会准则（标准）和正式法律的遵从而获得。马克斯·韦伯于 1920 年逝世。

W. 理查德·斯科特（W. Richard Scott）

W. 理查德·斯科特在芝加哥大学获得博士学位，现任斯坦福大学社会学系、商学研究生院、教育学院与医学院名誉教授。W. 理查德·斯科特出版了 *Institutions and Organizations*（《制度与组织》）、*Formal Organizations: A Comparative Approach*（《正式组织：比较研究的视角》）、*Organizations: Rational, Natural and Open Systems*（《组织：理性、自然与开放系统的视角》）等著作，其中 1995 年出版的 *Institutions and Organizations* 一书是组织和战略管理领域研究被引用次数最多的著作之一。

马克·萨奇曼（Mark Suchman）

马克·萨奇曼分别在斯坦福大学和耶鲁大学获得了博士学位，现任布朗大学社会学系教授。马克·萨奇曼发表了"Managing legitimacy: strategic and institutional approaches"（《管理合法性：战略和制度方法》）、"Legitimacy in organizational institutionalism"（《组织制度学派中的合法性》）、"Organizational legitimacy: six key questions"（《组织合法性：六个关键问题》）等文章，其中 1995 年发表的"Managing legitimacy: strategic and institutional approaches"一文是合法性理论研究被引用次数最多的文章之一。

本章执笔人：李拓宇　魏　江

第 12 章 社会网络理论——创新驱动创业的关系网络编织

在数字化、生态化和全球化背景下，具有跨层面、多主体和迭代性特征的创新驱动创业实践不断涌现。创新驱动创业是在技术创新、制度创新、商业模式创新等触发下，通过多要素迭代互动，实现多主体共同开发机会、创造价值的过程（蔡莉等，2021）。

创业活动嵌入在社会网络之中，研究创业问题必须考察创业者所处的社会网络，以及创业者与社会网络之间的互动关系，这种关系结构制约着创业行为。市场环境快速变化、顾客需求多元化、产品生命周期缩短等加剧创业决策风险的同时，也带来了大量商机，通过构建社会网络可以减少创业的不确定性。社会网络（social network）是社会行动者之间因某种联系而形成的关系网络，这个关系网络是由该网络内所有社会行动者及行动者之间的关系共同构成的一个集合（Granovetter，1973），创业者开拓社会网络，促使创业行为发生，促进创新驱动创业的高质量发展。本章通过回顾社会网络理论在创业研究领域的进展，结合创新驱动创业的理论探索，进一步丰富或重构社会网络理论。

12.1 社会网络理论的发展

社会网络理论发展大致经历了三个阶段：萌芽（1930~1970 年）、成长（1971~1990 年）和成熟（1991 年至今）。

12.1.1 萌芽阶段（1930~1970 年）：社会网络理论的诞生

Barnes（1954）最先提出社会网络概念，把社会结构明确看成关系网络来进行分析，个人或群体之间的相互关系构成了社会关系网络。社会网络理论形成的技术基础是社会计量学（sociometrics）和图论。Moreno（莫雷诺）是社会计量学首倡者，他用社群图来反映社会构型的关系属性，用点表示个人，用线表示人与人之间的社会关系（林聚任，2009）。Cartwright 和 Harary（1956）进一步创立了图论法来研究群体行动，图论分析是成对元素之间相互关系的模式，以图形表达，一个图就是点与线的集合，这种图通常用点代表行动者或事物，用连接两点的线代表相互之间关系。

Bott（1957）提出了网络结构的第一个明显尺度——结（knit），用密度描述黏合度，其代表性著作《家庭与社会网络》被学术界视为英国社会网络研究的早期范例。Mitchell（1969）论述了"整体网络"（whole network）和"自我中心网络"（ego-centred network）概念，说明了社会网络特征，如网络形态特征、互动特征，包括密度（density）、可达性（reachability）、范围（range）、互惠性（reciprocity）、持久性（durability）、强度（intensity）、频次（frequency）等，对早期社会网络分析系统化起了关键作用。社会网络是特定个体之间一系列的独特联系，既包括人与人之间直接的社会关系，也包括通过物质环境和文化共享所形成的间接社会关系。随着研究不断深入，社会网络概念已超越了个体之间的关系范畴，社会网络行动者是个体，也是经济组织和社团。

12.1.2　成长阶段（1971~1990年）：社会网络理论的深化

20世纪70年代后，随着"新哈佛学派"（new Harvard School）出现，社会网络理论逐渐发展为一种独特的研究方法。1976年，哥伦比亚大学社会学吉丁斯荣誉教授White（怀特）提出分块模型（blockmodels），用来鉴定和解释社会成员在社会体系中的地位和位置，用社会结构数学模型测量了社会关系模式，Boorman和White（1976）为个人和组织构筑模型，得到了不同层次的社会架构，他们将代数中的元素解释为混合地位，通过调查其代数性质来研究地位之间的连锁反应。

Granovetter（1973）在《弱关系的力量》一文中把各节点之间的联系分为强联结（strong tie）和弱联结（weak tie）两种，从互动频率（interaction frequency）、感情力量（emotional strength）、亲密程度（intimacy）和互惠交换（reciprocal exchange）四个维度来衡量关系种类。其中，具有强关系的行为主体之间拥有相似的个体特征，获得资源较为冗余。过度强联结限制了关系网络外部资源流入，使拥有相似资源的行为主体局限于小圈子内，不利于行为主体发展。然而，强联结往往包含着信任、合作与稳定，能够传递高质量、复杂的隐性知识，是行为主体与外界发生联系的基础与出发点。具有弱关系的行为主体之间个体特征差异较大，弱关系跨越了不同信息源，具有信息桥作用，使信息、资源在不同主体间流动，有利于行为主体异质性资源获取。弱联结是获取无冗余信息与资源的重要通道。在不同的创业阶段利用不同的关系强度深化对社会网络的嵌入度，创业者对强关系的依赖会随着社会网络的逐渐扩展不断减弱，对弱关系的依赖相应增强。

12.1.3　成熟阶段（1991年至今）：社会网络理论的拓展

20世纪90年代后，社会网络理论进一步发展，其中，最具代表性的是结构洞（structural hole）和社会资本（social capital）理论。社会网络研究重要的理论成果之一是结构洞理论，Burt（1992）认为网络中处于不同位置的主体获取信息和资源的机会与能力不同，处于网络中关键位置的行为主体拥有更多获取资源的机会，越靠近网络中心位置的主体与网络中其他主体之间的联系越频繁，也越密切。他把每个网络成员都看作构成网络的一个节点，如果有些人之间存在着直接联系，与另外一些个体却没有这样的联系，整体网络就像存在着洞穴，由此产生了结构洞。

社会资本理论是社会网络研究的又一次拓展，来源于 Granovetter（1973）的"弱关系"假说。社会科学家描述了两种形式的社会资本：联结型（bonding）和桥接型（bridging）（de Carolis and Saparito，2006）。联结型社会资本探讨集体内部联系和集体内部网络关系的实质影响，桥接型社会资本侧重于个人及其网络关系（Adler and Kwon，2002）。社会资本有助于解释个人的成功，因为可以利用他们的联系和关系及他们带来的资源来获得个人利益，社会资本强调了社会联系和社会网络对于新创企业整合资源与获取机会的重要性（Adler and Kwon，2002；de Carolis and Saparito，2006）。

12.2 社会网络理论在创业领域的应用与发展

社会网络是组织或个体之间的特定联结关系，组织或个体通过社会网络获取关系中所蕴含的各种社会资源（Vissa，2011），成为创业所需的关键来源。根据四个创业领域知名期刊 *ETP*、*JBV*、*SBE* 和 *SEJ* 以及八个管理领域知名期刊 *AMJ*、*AMR*、*JOM*、*MS*、*OS*、*SMJ*、*ASQ*、*JMS* 发表的创业研究发现，最早与社会网络理论相关的创业研究发表于 1985 年，1985~2022 年与社会网络理论相关的创业文献共 148 篇。本章将社会网络理论在创业领域的研究划分为三个阶段，选取每一个阶段的代表作来分析社会网络理论在创业领域的应用。

12.2.1 1985~2002 年：社会网络对创业的影响因素

在此阶段，社会网络成为创业的重要研究领域。基于 Hoang 和 Antoncic（2003）针对 1985~2022 年社会网络研究文献的梳理，社会网络对创业的影响因素主要有三个方面：网络内容、网络治理和网络结构。这三个方面是解释社会网络对创业结果的影响的关键因素。

1. 网络内容

在网络内容方面，人际和组织间的关系被视为一种媒介，创业者通过媒介获得其他行为者所持有的各种资源。Birley（1985）研究了创业者在创办新创企业过程中与当地环境网络互动的程度，发现从正式网络（银行、会计师、律师、小企业管理局）与非正式网络（家庭、朋友、业务联系）得到的帮助和指导将对创业产生重大影响，指出创业者似乎不知道如何充分利用正式渠道。新创企业缺乏资金资源，无法垂直整合价值链中各个环节，通过培养网络组织形式，建立伙伴关系网络，可以实现垂直整合（Larson，1991）。任何创业网络模式都应该编织一个无缝网络，其中个人、组织和网络之间的界限是模糊的。创业者通过个人网络增加行动跨度，并以有限成本获得资源，扩展网络是对个体网络进行相互连接后的集体结果，创业者通过间接关系能够极大增加他们获得信息和资源的机会，当以个人为中心的个人网络和以集体为中心的扩展网络达成内部一致性时，效果最佳（Dubini and Aldrich，1991）。

2. 网络治理

社会网络治理被认为是支撑和协调网络交换的独特治理机制。合作伙伴之间的信任经常被认为是网络交换的关键因素，反过来又能提高资源流动质量（Hoang and Antoncic，2003；Larson，1992）。Larson（1992）通过对高成长创业公司所建立的二元关系样本进行归纳性实地研究，考察网络组织形式中的社会控制，指出交易的社会维度是解释交易结构中控制和协调的核心，强调了声誉、信任、互惠和相互依赖的重要性，以及研究治理的网络形式可以为企业成长提供启示。作为企业间联系的协调者，创业者依靠个人网络和先前关系，以及在以前关系中形成的信任和声誉，可以更好地管理更多"创新极"（innovative poles）（Lipparini and Sobrero，1994）。在创业网络活动的三个阶段，交换关系从一组相对简单的、通常是单维的双人交换转变为一组密集的、稳定的、多维和多层次的组织间交换关系网络，在这三个阶段中，都有一个反复过程，包括探索、筛选和有选择地使用网络关系（Larson and Starr，1993）。

3. 网络结构

创业研究中社会网络视角的一个决定性特征是关注网络结构的动态及其对创业的影响。社会网络结构被定义为行为者之间的直接和间接联系方式。行为者在网络结构中的不同网络地位对资源流动有重要影响，进而对创业结果产生影响（Hoang and Antoncic，2003）。网络形成是由两种力量对抗决定的：一是网络结构再生产，作为网络成员的一般社会资源；二是创业者为了自身利益而改变网络结构。网络结构既表明社会资本的行业分布情况，也表明创业机会所在。网络结构再生产取决于新创企业对社会资本与机会的重视程度（Walker et al.，1997）。Jack 和 Anderson（2002）使用吉登斯（Giddens）结构化理论来发展创业概念，将其看作一种内嵌的社会经济过程，通过对农村创业者行动的定性考察，发现嵌入在社会结构中创造了机会并提高了绩效。在美国，社会资本对创业绩效的作用与构建在不同联系之间的结构洞（即网络中非冗余联系的断开）相关（Burt et al.，2000）。

12.2.2　2003~2012年：社会网络在创业过程中的作用与演变

社会网络作为解释创业成功的重要因素得到了广泛认可。基于社会网络的创业研究已经探索了与网络内容、网络治理和网络结构有关的问题，接下来学者进一步揭示出社会网络在创业过程中的差异化作用，以及如何从创业过程视角来解释和研究社会网络的作用。

1. 社会网络在创业过程中的作用

新创企业的创业过程包括发现机会、获取资源和获得合法性（Elfring and Hulsink，2003），这些过程受到强关系与弱关系的影响，以及创新程度（渐进式与激进式）的影响，研究发现社会网络在创业过程中具有核心作用（Stuart and Sorenson，2007）。

在发现机会阶段，种群间的共生和共治关系作为创业机会的信息渠道发挥作用，获得这种信息的机会不同则会影响创业成活率（Audia et al.，2006）。与社会资本观点一致，Kwon 和 Arenius（2010）发现，在一个具有普遍信任和较大正式组织成员范围的国家，居民更有可能感知到创业机会。创始人的网络影响着创新和对创业机会的识别，并促进了资源整合和价值获取（Stuart and Sorenson，2007）。

在资源获取阶段，社会网络是创业者的一个重要信息来源（Bartholomew and Smith，2006）。Ozgen 和 Baron（2007）研究了三种与机会相关的社会信息来源（导师、非正式行业网络、专业论坛）对机会识别的影响。这三种来源都对创业机会识别有直接的积极影响。其中，导师和专业论坛的影响是由模式强度中介，非正式行业网络的影响是由自我效能感中介，结果与强调信息和认知过程作用的机会识别理论是一致的。

在合法性获得阶段，新创企业为获取知名度和认可，寻求具有声望的商业联盟并与之建立强联系，希望通过该关键联系获得新客户与合作伙伴（Elfring and Hulsink，2003）。随着市场经济开始成熟，体制也在发生根本性转变，Ahlstrom 和 Bruton（2006）特别关注网络和非正式机构如何在正式机构薄弱情况下起到补充或替代作用。Hallen（2008）研究了新组织建立初始网络地位的机制，发现在早期形成第一个联系的新组织通过创始人关系和人力资本获得最初网络地位，后来形成第一个联系的新组织通过组织成就获得初始网络地位。尽管网络对创业成功至关重要，但很少研究网络在新组织成立中的作用。Newbert 和 Tornikoski（2012）检验了新创企业的支持者网络特征和网络增长对组织兴起的直接和互动影响。

2. 社会网络在创业过程中的演变

创业者建立的社会网络因创业阶段、伙伴数量及建立网络时间存在系统性差异（Greve and Salaff，2003）。为了解决网络内容、网络治理和网络结构在创业过程中随时间推移而出现的未解之谜，需要更多的纵向案例和定性研究（Hoang and Antoncic，2003）。Schutjens 和 Stam（2003）描述了创业头三年的社会网络的演变，在主要商业关系中，呈现出地理集中的特征，即随着时间推移，区域外关系向区域内输入，创业企业不断缩小地理空间范围。关系混合（即不同类型的网络）比网络规模（即关系数量）对企业的发展更为重要，Lechner 等（2006）考察不同网络关系组合对创业的作用，结果发现声誉网络在公司成立时与盈亏平衡时间（time-to-break-even）有显著正相关关系，合作技术网络则与盈亏平衡时间存在微弱的显著负相关关系。公司成立时社会网络对盈亏平衡时间没有直接影响，而与公司成立后几年的销售额有显著的负相关关系，营销信息和合作网络对新创企业成立后几年的发展有重要作用。

在新创企业从初创期向成长期的发展过程中，既需要利用不同的社会网络来寻求资源的多样性，又需要通过强联系来寻求价值观高度契合的人才（Leung et al.，2006）。鉴于网络对新创企业的重要性，Milanov 和 Fernhaber（2009）探索了影响新创企业联盟网络的发展因素，发现新创企业初始联盟伙伴网络规模和中心化程度影响新创企业网络后续规模。Grossman 等（2012）通过探索新创企业初始网络关系如何形成的问题，发现新创企业网络建设通过预期或实际资源获取所赋予的内容利益构成了创业者评估价值的基础，而人际关系中的年龄和性别相似性所带来的过程利益则发挥了放大作用。

12.2.3 2013 年至今：创业者对社会网络的嵌入与利用策略

社会网络对创业成功很重要。然而，大多数研究都只解决了"是什么"的问题，即什么类型的社会网络能使人成功，这一阶段试图回答"如何"的问题来扩展这一研究（Newbert et al.，2013）。近十年全球互联网高速发展，基于数字平台的创业越来越多（Srinivasan and Venkatraman，2018），创业成功与利益相关者错综复杂地联系在一起，数字化动态网络发展带来创业网络作用路径与意义的变化。

1. 创业者对社会网络的嵌入策略

高水平创业活动能提高创业绩效，尤其是在互联网发达的情况下，创业绩效达到最高（Boso et al.，2013）。获得资源是创业者在早期发展中面临的关键挑战，创业者网络是识别和获得所需资源的主要手段。创业者在早期风险发展中利用社会网络来解决不断变化的资源需求（Sullivan and Ford，2014）。社会网络有利于创新创业，但创新因私人网络而减少，因公共网络而增加（Schott and Sedaghat，2014）。Musteen 等（2014）探索了国际网络的结构嵌入和关系嵌入在企业国际化中的作用，发现了那些拥有强大而多样化国际网络的企业在国际化之前表现出对外国市场的更多了解。创业者在管理自我网络时有两个关键目标：扩大有价值资源的覆盖面和促进资源获取。创业者可通过结构性地嵌入一些关系而不是试图嵌入所有关系来更好地平衡他们的双重目标（Ozdemir et al.，2016）。

社会关系在创业中至少扮演了三个重要角色。首先，社会关系有助于识别并确定潜在创业者；其次，创业者利用他们的关系为企业筹集资金以及招募员工和合作伙伴；最后，社会关系影响着创业者的外部利益（Sorenson，2018）。在创业生态系统中，女性代表性不足，建立女性专用的创业网络是一种广泛的政策反应（McAdam et al.，2019）。女性创业者在生活方式和生存型风险网络中的桥接资本超过了男性同行（Neumeyer et al.，2019）。对于创业者来说，是否拥有一个有效、可信赖的联系网络可能是成功和失败的分界点（Hollow，2020）。网络特征产生了各种社会资源，为创造工作意义感提供了条件（Robertson et al.，2020）。

2. 创业者对社会网络的利用策略

尽管人们越来越认识到创业是区域创新增长的重要驱动力，但对社会网络的利用策略却缺乏正式研究。Kreiser 等（2013）通过理论化并测试创始人网络结构的变化如何有利于创业活动，发现纽带强度增加与创业活动呈负相关关系，纽带数量增加与创业活动呈正相关关系。动态社会网络发展观对于理解如何促进创业成功至关重要。Huggins 和 Thompson（2015）指出创新创业和区域增长的关系受网络动态的制约。通过增加支持者网络的异质性，新生代创业者可以扩大资源菜单，以应对创业的机会与资源的双重约束挑战（Newbert et al.，2013）。创业者缺乏足够的自身资源来确保企业发展，创业者关系网络可以为他们提供获得战略资源的机会（Hernández-Carrión et al.，2017）。创业者首先建立社会网络，然后利用网络资源来提高创业绩效，政治技能是影响社会网络构建和使用的重要的个人层面因素（Fang et al.，2015）。社会网络有助于新创企业获得风险资本，因为社会关系可能会影响一个新创企业被筛选评估和被资助的可能性（Wang，2016）。

Engel 等（2017）从一个新角度来看待创业者网络，引入不确定性概念，探索在不确定情境下创业者是如何行动的，强调了利他主义、预先承诺、偶然性和共同创造等独特因素。Smith 等（2017）探索了创业者如何在数字时代积累社会资本，社交网站的数字连接能力促进创业者与消费者之间的互动合作，数字生态网络有助于创业者打破时间与空间限制桥接社会资本。数字平台凭借在生态系统中的枢纽地位、独特的数字技术及强大的资源整合能力，构建强大的网络关系，优化创业运营模式，能够帮助创业者获得机会和资源优势（朱勤等，2019）。基于身份网络向更多基于数字网络转变,表现在企业网络从试图与主导伙伴联系到更多有意识的管理(Srinivasan and Venkatraman,2018)。

创业者如何在早期项目中使用社会网络?Obstfeld 等(2020)引入一个概念模型,说明创业者在追求创业项目时如何启动和调整网络活动。在早期阶段,一个新创项目从"创业预测"开始,该预测激励并指导行动,首先,创业者对预测进行阐述以吸引潜在利益相关者,如投资者、雇员和合作者;其次,创业者将不同利益相关者联系起来,这在不同的支持集群中,对项目持续增长至关重要;最后,创业者通过招募新利益相关者来扩大网络,从而产生动力。随着这一创业活动的展开,创业者不断调整预测和后续行动,以回应不同利益相关者反馈。

12.3　社会网络理论在创新驱动创业研究中的局限与未来展望

12.3.1　局限

创新驱动创业是指在技术创新、制度创新、商业模式创新等触发和催化下,通过要素集聚,追求高质量、创造新价值的机会开发过程(蔡莉等,2021)。从创新驱动创业的三个特征来看,社会网络理论在解释创新驱动创业活动时存在以下三个方面的局限性。

第一,从创新驱动创业的多主体特征来看,社会网络理论主要测量指标难以界定。以网络规模为例,网络规模是社会网络中包含的行动者数量,规模大小影响行动者之间的关系,创新驱动创业实践与传统创业实践不同,数字化改变了创业时空(陈冬梅等,2020),创新主体不断增加,使得网络从一般系统向复杂系统转变,创新主体的组织边界越发模糊,企业之间的关系更为复杂(曲冠楠等,2020)。这些特点演变使得难以对社会网络规模等测量指标进行恰当界定。

第二,从创新驱动创业的跨层面特征来看,单一主体向多层主体跨越使得不确定性增加。在数字化背景下,网络联结关系面临更多的机遇与挑战,持续且稳定的关系愈加难以维持,企业之间的联系充满易变性(Edelman and Yli-Renko,2010;Sine and David,2003)。知识资源在跨层面特征下流动性更高,资源流通传递不再集中于强联结之间,且企业在技术创新等网络发展的不同阶段也会呈现出不同的联结趋势(张宝建等,2011),挑战了社会网络理论提出的知识流通往往发生于强联结之间的观念。在经济全球化背景下,国际化已成为众多创新企业发展的选择,企业间竞合关系网进一步由个体层面向组织层面跨越,这也使得企业需要面临不同国家或地区特有的经济制度文化等因素对联结程度的影响(寿柯炎和魏江,2015),因此,从传统社会网络角度给出的解释是有限的,单纯的强联结或弱联结都需要互补和均衡才会产生更大价值。

社会网络理论未能与中国国情较好结合。林南（2005）提出的社会资本理论（社会资源理论）中假设个体社会地位越高，摄取社会资源的机会越多，但这种假设在一定程度上忽略了创新驱动创业主体所处的生存环境对资源获取产生的影响。特别是在中国情境下企业面对的环境与西方有较大的差异（Xiao and Tsui，2007），我国经济发展快速，政府为创新驱动创业个体提供了更优厚的政策待遇以及更多的资本和机会，创新创业基础设施建设不断完善，对创业行为发挥了正向影响（曲婉和冯海红，2018），数字平台的出现为创业者突破机会与资源的双重约束提供了更多可能性（周文辉和阙琴，2022），也让新创企业获取资源的渠道更多，这为新创企业提供了更多获取资源的机会（Nambisan et al.，2019）。所以，在数字经济时代，创业者可借助数字平台生态获得超越自身所处社会地位的网络资源，然而现有研究并未探讨数字生态系统和互联网等新型社会网络对中国情境下创新驱动创业的影响。

第三，从创新驱动创业的迭代性特征来看，触发、催化和聚变三个阶段不断迭代发生，使得企业面临更多变化情况，网络动态演变研究仍有欠缺。在数字经济环境下，主体间的相互依赖与互动是实现效益最大化的关键（蔡莉等，2022），不少数字平台强调在社会网络之中的开放协同作用（陈春花，2016），构建社会网络获取资源能力成为创业成功的关键（Kodithuwakku and Rosa，2002；Li and Zhang，2007），企业通过资源整合创新，深度挖掘信息、技术，为创新创业个体赋能，实现企业间、行业间资源的共生共创，虽然社会网络研究中认为占据结构洞位置的个体可以拥有更大的竞争优势，但创新驱动创业的特征使得个体初入市场便占据结构洞的位置并不容易，资源之间的传播共享，让拥有结构洞的企业往往面临信息扩散风险，这使得企业难以维持持续稳定的竞争优势（黎耀奇和谢礼珊，2013）。此外，迭代性也让社会网络结构更加复杂多变，而目前研究主要集中在网络静态过程，即网络形成的原因、网络关系、网络效益等，未能对社会网络动态演变过程进行深入研究。

12.3.2 未来展望

针对社会网络理论在解释创新驱动创业活动时所面临的局限，结合创新驱动创业内涵与情境变化，未来可从三个方面对社会网络理论在创新创业中的应用开展研究。

1. 算法推荐对创新驱动创业社会网络测量的影响

社会网络测量指标主要包括网络密度、结构洞、中心度/势、网络规模等。我们通过网络属性进行刻画，如度分布、路径长度、度中心性和网络社团结构（Lancichinetti et al.，2011；Hou et al.，2012）。使用传统方法难以对社会网络规模等测量指标进行恰当界定，采用数字技术能够有效打破传统测量的固化问题，有利于社会网络规模的扩张和社会网络强度的改善，未来对于社会网络指标的测量应融入数字技术、大数据分析和算法推荐以实现测量的精准化。

2. 中国情境对创新驱动创业主体关系网络的影响

Xiao 和 Tsui（2007）的研究对基于西方个人主义的社会网络结论提出疑问。研究表明，中国集体主义文化的社会网络和社会资本研究可能与西方个人主义文化的社会网络和社会资本研究有本质差异，研究结论可能大相径庭，组织网络理论在中国的适用性值得商榷。我国社会网络研究者可以进行更多中国情境化研究，开发出适合中国国情的社会网络理论，而不是倾向于对国外已有的组织网络理论进行中国情境检验。通过梳理网络嵌入、网络治理、吸收能力、环境动态性的创新驱动机制，厘清创新创业网络对创业绩效的影响及作用机制，探讨环境动态性、网络治理等关系，考虑中国人情世故与中国式"关系"、市场环境、政府政策，以及数字时代资源获取、传递与扩散方面的变化，构建创新创业网络和创新创业生态系统是新创企业提升创业绩效的重要途径。关注数字经济时代下，数字平台生态系统等新型社会网络关系给创新驱动创业带来的"双刃剑"作用，探索网络之间持续且稳定的联结关系，以及强联结或弱联结间的互补和均衡，更好地进行产业数字生态系统价值共创。

3. 数字经济对创新驱动创业的作用路径与机制研究

数字经济带来了范式转换，如果新创企业不能快速适应数字技术带来的剧变，就无法在数字时代生存，这是数字时代的达尔文主义（海飞门等，2020）。数字经济让数据成为重要的生产要素，并促使生产力与生产关系发生根本性重构（黄奇帆等，2022）。一方面，一种新技术、新产品、新观念的产生，往往并不会马上被掌握，而是通过社会网络逐步扩散（莫云清等，2004），我们要充分厘清社会网络中各种因素与创新扩散的关系，从不同角度出发以此来了解创新扩散在社会网络中所带来的不同影响（如关键意见领袖在新产品的传播与扩散中的作用）；另一方面，视频号、小红书、抖音、快手等短视频数字平台带来的社会网络新变化对创新创业的影响机理，以及元宇宙技术发展推动数字世界与物理世界的有机融合所带来的社会网络对创新创业的影响路径，都值得密切关注与跟踪研究。

参 考 文 献

蔡莉, 高欣, 王永正, 等. 2022. 数字经济下创新驱动创业的研究范式[J]. 吉林大学社会科学学报, 62(4): 5-20, 233.

蔡莉, 张玉利, 蔡义茹, 等. 2021. 创新驱动创业：新时期创新创业研究的核心学术构念[J]. 南开管理评论, 24(4): 217-226.

陈春花. 2016. 共享时代的到来需要管理新范式[J]. 管理学报, 13(2): 157-164.

陈冬梅, 王俐珍, 陈安霓. 2020. 数字化与战略管理理论:回顾、挑战与展望[J]. 管理世界, 36(5): 220-236.

海飞门 R, 习移山, 张晓泉. 2020. 数字跃迁: 数字化变革的战略与战术[M]. 北京: 机械工业出版社.

黄奇帆, 朱岩, 邵平. 2022. 数字经济: 内涵与路径[M]. 北京: 中信出版集团.

黎耀奇, 谢礼珊. 2013. 社会网络分析在组织管理研究中的应用与展望[J]. 管理学报, 10(1): 146-154.

林聚任. 2009. 社会网络分析: 理论、方法与应用[M]. 北京: 北京师范大学出版社.

林南. 2005. 社会资本: 关于社会结构与行动的理论[M]. 张磊译. 上海: 上海人民出版社.

莫云清, 吴添祖, 吴婵君. 2004. 基于社会网络的创新扩散研究[J]. 软科学, 18(3): 4-6.

曲冠楠, 陈劲, 梅亮. 2020. 有意义的创新: 基于复杂系统视角的交互耦合框架[J]. 科学学研究, 38(11): 2058-2067.

曲婉, 冯海红. 2018. 创新创业政策对早期创业行为的作用机制研究[J]. 科研管理, 39(10): 12-21.

寿柯炎, 魏江. 2015. 网络资源观: 组织间关系网络研究的新视角[J]. 情报杂志, 34(9): 163-169, 178.

张宝建, 胡海青, 张道宏. 2011. 企业创新网络的生成与进化: 基于社会网络理论的视角[J]. 中国工业经济, (4): 117-126.

周文辉, 阙琴. 2022. 数字平台创业如何突破机会资源的双重约束?[J]. 科学学研究, 40(5): 896-905.

朱勤, 孙元, 周立勇. 2019. 平台赋能、价值共创与企业绩效的关系研究[J]. 科学学研究, 37(11): 2026-2033, 2043.

Adler P S, Kwon S W. 2002. Social capital: prospects for a new concept[J]. Academy of Management Review, 27(1): 17-40.

Ahlstrom D, Bruton G D. 2006. Venture capital in emerging economies: networks and institutional change[J]. Entrepreneurship Theory and Practice, 30(2): 299-320.

Audia P G, Freeman J H, Reynolds P D. 2006. Organizational foundings in community context: instruments manufacturers and their interrelationship with other organizations[J]. Administrative Science Quarterly, 51(3): 381-419.

Barnes J A. 1954. Class and committees in a Norwegian island parish[J]. Human Relations, 7(1): 39-58.

Bartholomew S, Smith A D. 2006. Improving survey response rates from chief executive officers in small firms: the importance of social networks[J]. Entrepreneurship Theory and Practice, 30(1): 83-96.

Birley S. 1985. The role of networks in the entrepreneurial process[J]. Journal of Business Venturing, 1(1): 107-117.

Boorman S A, White H C. 1976. Social structure from multiple networks. Ⅱ. role structures[J]. American Journal of Sociology, 81(6): 1384-1446.

Boso N, Story V M, Cadogan J W. 2013. Entrepreneurial orientation, market orientation, network ties, and performance: study of entrepreneurial firms in a developing economy[J]. Journal of Business Venturing, 28(6): 708-727.

Bott E. 1957. Family and Social Network[M]. London: Tavistock Publications.

Burt R S. 1992. Structural Holes: The Social Structure of Competition[M]. Cambridge: Harvard University Press.

Burt R S, Hogarth R M, Michaud C. 2000. The social capital of French and American managers[J]. Organization Science, 11(2): 123-147.

Cartwright D, Harary F. 1956. Structural balance: a generalization of Heider's theory[J]. Psychological Review, 63(5), 277-293.

de Carolis D M, Saparito P. 2006. Social capital, cognition, and entrepreneurial opportunities: a theoretical framework[J]. Entrepreneurship: Theory and Practice, 30(1): 41-56.

Dubini P, Aldrich H. 1991. Personal and extended networks are central to the entrepreneurial process[J]. Journal of Business Venturing, 6(5): 305-313.

Edelman L, Yli-Renko H. 2010. The impact of environment and entrepreneurial perceptions on venture-creation efforts: bridging the discovery and creation views of entrepreneurship[J]. Entrepreneurship Theory and Practice, 34(5): 833-856.

Elfring T, Hulsink W. 2003. Networks in entrepreneurship: the case of high-technology firms[J]. Small Business Economics, 21(4): 409-422.

Engel Y, Kaandorp M, Elfring T. 2017. Toward a dynamic process model of entrepreneurial networking under uncertainty[J]. Journal of Business Venturing, 32(1): 35-51.

Fang R, Chi L, Chen M, et al. 2015. Bringing political skill into social networks: findings from a field study of entrepreneurs[J]. Journal of Management Studies, 52(2): 175-212.

Granovetter M S. 1973. The strength of weak ties[J]. American Journal of Sociology, 78(6): 1360-1380.

Greve A, Salaff J W. 2003. Social networks and entrepreneurship[J]. Entrepreneurship Theory and Practice, 28(1): 1-22.

Grossman E B, Yli-Renko H, Janakiraman R. 2012. Resource search, interpersonal similarity, and network tie valuation in nascent entrepreneurs' emerging networks[J]. Journal of Management, 38(6): 1760-1787.

Hallen B L. 2008. The causes and consequences of the initial network positions of new organizations: from whom do entrepreneurs receive investments?[J]. Administrative Science Quarterly, 53(4): 685-718.

Hernández-Carrión C, Camarero-Izquierdo C, Gutiérrez-Cillán J. 2017. Entrepreneurs' social capital and the economic performance of small businesses: the moderating role of competitive intensity and entrepreneurs' experience[J]. Strategic Entrepreneurship Journal, 11(1): 61-89.

Hoang H, Antoncic B. 2003. Network-based research in entrepreneurship: a critical review[J]. Journal of Business Venturing, 18(2): 165-187.

Hollow M. 2020. Historicizing entrepreneurial networks[J]. Strategic Entrepreneurship Journal, 14(1): 66-88.

Hou B N, Yao Y P, Liao D S. 2012. Identifying all-around nodes for spreading dynamics in complex networks[J]. Physica A: Statistical Mechanics and Its Applications, 391(15): 4012-4017.

Huggins R, Thompson P. 2015. Entrepreneurship, innovation and regional growth: a network theory[J]. Small Business Economics, 45(1): 103-128.

Jack S L, Anderson A R. 2002. The effects of embeddedness on the entrepreneurial process[J]. Journal of Business Venturing, 17(5): 467-487.

Kodithuwakku S S, Rosa P. 2002. The entrepreneurial process and economic success in a constrained environment[J]. Journal of Business Venturing, 17(5): 431-465.

Kreiser P M, Patel P C, Fiet J O. 2013. The influence of changes in social capital on firm-founding activities[J]. Entrepreneurship Theory and Practice, 37(3): 539-567.

Kwon S W, Arenius P. 2010. Nations of entrepreneurs: a social capital perspective[J]. Journal of Business Venturing, 25(3): 315-330.

Lancichinetti A, Radicchi F, Ramasco J J, et al. 2011. Finding statistically significant communities in networks[J]. PLoS One, 6(4): e18961.

Larson A. 1991. Partner networks: leveraging external ties to improve entrepreneurial performance[J]. Journal of Business Venturing, 6(3): 173-188.

Larson A. 1992. Network dyads in entrepreneurial settings: a study of the governance of exchange relationships[J]. Administrative Science Quarterly, 37(1): 76-104.

Larson A, Starr J A. 1993. A network model of organization formation[J]. Entrepreneurship Theory and Practice, 17(2): 5-15.

Lechner C, Dowling M, Welpe I. 2006. Firm networks and firm development: the role of the relational mix[J]. Journal of Business Venturing, 21(4): 514-540.

Leung A, Zhang J, Wong P K, et al. 2006. The use of networks in human resource acquisition for entrepreneurial firms: multiple "fit" considerations[J]. Journal of Business Venturing, 21(5): 664-686.

Li H Y, Zhang Y. 2007. The role of managers' political networking and functional experience in new venture performance: evidence from China's transition economy[J]. Strategic Management Journal, 28(8): 791-804.

Lipparini A, Sobrero M. 1994. The glue and the pieces: entrepreneurship and innovation in small-firm networks[J]. Journal of Business Venturing, 9(2): 125-140.

McAdam M, Harrison R T, Leitch C M. 2019. Stories from the field: women's networking as gender capital in entrepreneurial ecosystems[J]. Small Business Economics, 53(2): 459-474.

Milanov H, Fernhaber S A. 2009. The impact of early imprinting on the evolution of new venture networks[J]. Journal of Business Venturing, 24(1): 46-61.

Mitchell J C. 1969. Social Networks in Urban Situations: Analyses of Personal Relationships in Central African Towns[M]. Manchester: Manchester University Press.

Musteen M, Datta D K, Butts M M. 2014. Do international networks and foreign market knowledge facilitate SME internationalization? Evidence from the Czech Republic[J]. Entrepreneurship Theory and Practice, 38(4): 749-774.

Nambisan S, Wright M, Feldman M. 2019. The digital transformation of innovation and entrepreneurship: progress, challenges and key themes[J]. Research Policy, 48(8): 103773.

Neumeyer X, Santos S C, Caetano A, et al. 2019. Entrepreneurship ecosystems and women entrepreneurs: a social capital and network approach[J]. Small Business Economics, 53(2): 475-489.

Newbert S L, Tornikoski E T. 2012. Supporter networks and network growth: a contingency model of organizational emergence[J]. Small Business Economics, 39(1): 141-159.

Newbert S L, Tornikoski E T, Quigley N R. 2013. Exploring the evolution of supporter networks in the creation of new organizations[J]. Journal of Business Venturing, 28(2): 281-298.

Obstfeld D, Ventresca M J, Fisher G. 2020. An assembly perspective of entrepreneurial projects: social networks in action[J]. Strategic Entrepreneurship Journal, 14(2): 149-177.

Ozdemir S Z, Moran P, Zhong X, et al. 2016. Reaching and acquiring valuable resources: the entrepreneur's use of brokerage, cohesion, and embeddedness[J]. Entrepreneurship Theory and Practice, 40(1): 49-79.

Ozgen E, Baron R A. 2007. Social sources of information in opportunity recognition: effects of mentors, industry networks, and professional forums[J]. Journal of Business Venturing, 22(2): 174-192.

Robertson K M, O'Reilly J, Hannah D R. 2020. Finding meaning in relationships: the impact of network ties and structure on the meaningfulness of work[J]. Academy of Management Review, 45(3): 596-619.

Schott T, Sedaghat M. 2014. Innovation embedded in entrepreneurs' networks and national educational systems[J]. Small Business Economics, 43(2): 463-476.

Schutjens V, Stam E. 2003. The evolution and nature of young firm networks: a longitudinal perspective[J]. Small Business Economics, 21(2): 115-134.

Sine W D, David R J. 2003. Environmental jolts, institutional change, and the creation of entrepreneurial opportunity in the US electric power industry[J]. Research Policy, 32(2): 185-207.

Smith C, Smith J B, Shaw E. 2017. Embracing digital networks: entrepreneurs' social capital online[J]. Journal of Business Venturing, 32(1): 18-34.

Sorenson O. 2018. Social networks and the geography of entrepreneurship[J]. Small Business Economics, 51(3): 527-537.

Srinivasan A, Venkatraman N. 2018. Entrepreneurship in digital platforms: a network-centric view[J]. Strategic Entrepreneurship Journal, 12(1): 54-71.

Stuart T E, Sorenson O. 2007. Strategic networks and entrepreneurial ventures[J]. Strategic Entrepreneurship Journal, 1(3/4): 211-227.

Sullivan D M, Ford C M. 2014. How entrepreneurs use networks to address changing resource requirements during early venture development[J]. Entrepreneurship Theory and Practice, 38(3): 551-574.

Vissa B. 2011. A matching theory of entrepreneurs' tie formation intentions and initiation of economic exchange[J]. Academy of Management Journal, 54(1): 137-158.

Walker G, Kogut B, Shan W J. 1997. Social capital, structural holes and the formation of an industry network[J]. Organization Science, 8(2): 109-208.

Wang Y B. 2016. Bringing the stages back in: social network ties and start-up firms' access to venture capital in China[J]. Strategic Entrepreneurship Journal, 10(3): 300-317.

White H C, Boorman S A, Breiger R L. 1976. Social structure from multiple networks. I. blockmodels of roles and positions[J]. American Journal of Sociology, 81(4): 730-780.

Xiao Z X, Tsui A S. 2007. When brokers may not work: the cultural contingency of social capital in Chinese high-tech firms[J]. Administrative Science Quarterly, 52(1): 1-31.

代表性学者简介

约翰·阿伦德尔·巴恩斯（John Arundel Barnes）

约翰·阿伦德尔·巴恩斯先后在伦敦政治经济学院、剑桥大学、曼彻斯特大学担任人类研究员，主要研究网络关系相关理论，系统性总结了社会网络的主要概念、分析技术、分析单位和资料收集等基本问题，为研究社会结构开辟了新道路。在"Class and committees in a norwegian island parish"（《挪威岛屿教区中的阶级与委员会》）一文中首次提出社会网络这一概念；在《社会网络》一文中回顾了社会网络观点由隐喻到分析性工具的发展，区分了不同网络分析类型及其应用，为社会网络理论后续研究提供了理论支持。

马克·格兰诺维特（Mark Granovetter）

马克·格兰诺维特为斯坦福大学社会系教授，曾获得哈佛大学博士学位、斯德哥尔摩大学名誉博士学位。在 American Journal of Sociology、American Sociological Review 等社会学顶刊上发表过多篇文章，论述社会网络、不平等与经济社会学。Web of Science 数据库显示，社会学论文被引数排名第一和第三的文章皆出自格兰诺维特之手，成为论文被引用次数最多的学者之一。其最著名的成就是 1974 年在"The strength of weak ties"（《弱关系的力量》）一文中提出了弱联结理论，并被认为是现代社会学最有影响力的论文之一。

罗纳德·伯特（Ronald Burt）

罗纳德·伯特在芝加哥大学获得社会学博士学位，曾先后任教于加利福尼亚大学伯克利分校、纽约州立大学奥本尼分校和哥伦比亚大学,并于1993年回到芝加哥大学。2009年,罗纳德·伯特成为牛津大学企业声望研究中心的国际研究员,以及西安交通大学实证社会科学研究所国际研究员,致力于研究网络带来的竞争优势,关注个体社会网络及市场网络结构。其在代表著作《结构洞:竞争的社会结构》中提出了著名的结构洞概念。

本章执笔人:周文辉　蔡佳丽

第二篇 干 理 论

第 13 章 破坏性创新——创新驱动创业实现路径的基础理论

新兴技术和数字产业快速发展，大型企业和独角兽企业不断涌现，市场竞争压力与日俱增。一些原先缺乏充足资源和强大研发能力的小企业、新创企业却能在激烈的竞争环境中异军突起，成功对在位企业（incumbent firms）发起冲击，获得快速的成长和发展。例如，电子商务领域的阿里巴巴基于新市场创新描绘了广阔的价值蓝图；智能手机领域的小米基于互联网手机新品类和低端市场创新实现了生态构建；无人机领域的大疆开辟消费级无人机新市场一举成为领军者。对于这些曾经的新创企业而言，破坏性创新都是它们获得成功的关键。

破坏性创新（也有翻译成颠覆性创新）（disruptive innovation）理论是解释新进入者、后来者如何实现跨越式发展的重要理论，现代商业实践中企业兴衰的著名事件，都离不开破坏性创新的参与（Christensen et al.，2018）。在当下数字化、生态化和新全球化时期，破坏性创新理论的环境条件、理论前提与假设都值得进一步探讨和发展。本章综述了破坏性创新理论及其在创业研究领域的进展，结合创新驱动创业情境、要素和过程探索，进一步推动破坏性创新理论在创新驱动创业研究中的发展。

13.1 破坏性创新理论的发展

破坏性创新理论的发展可以划分为萌芽（1997~2005 年）、成长（2006~2012 年）、成熟（2013 年至今）三个阶段（郭小超等，2020；Christensen，2006；Christensen et al.，2018；Si and Chen，2020）。

13.1.1 萌芽阶段（1997~2005 年）

破坏性创新理论起源于 Christensen（1997）的著作《创新者的窘境》（*The Innovator's Dilemma: When New Technology Cause Great Firms to Fail*）。基于磁盘驱动器行业，他在解释为何一些新进入者（entrants）可以击败强大的在位企业这一问题时，提出了破坏性技术（disruptive technology）的概念，主要指最初在主流绩效中处于劣势，但具有被忽略的新绩效优势的技术，这些技术最先通过吸引非主流消费者的方式逐步追赶,最终将吸引主流消费者,超越主流技术(Christensen,1997)。随着认知的不断完善,"破坏性"被拓展成了更广泛的概念,商业模式创新和产品创新等类型都被纳入了破坏性创新范畴(Christensen and Raynor,2003)。

Christensen(1997)所描述的破坏性创新由三个主要部分组成。首先,行业技术进步的速度超过了客户对高性能技术的需求。因此,在位企业可能生产出比消费者需要的更先进、更丰富的产品来过度服务市场。由此,市场底部的消费者需求和企业提供的技术性能之间将产生一个差距——这个差距为新进入者提供一个机会(图13.1)。其次,行业中企业可能有关键的战略区别。其中,大多数将进行持续性创新:沿着主流消费者关心和市场历来重视的性能维度来改善产品和服务。这些创新使得在位企业以更高的利润率和更高的盈利能力向主流消费者销售更多产品。而极少数将进行破坏性创新。最初,破坏性创新引入的产品在主流性能维度上不如现有产品,但是它们提供了新的绩效属性,能够吸引接近市场底部的消费者以及边缘消费者。最后,主流消费者和既定盈利模式会限制在位企业在创新业务方面的投资,因此,在位企业通常刚开始没有足够动力去先进行破坏性创新。

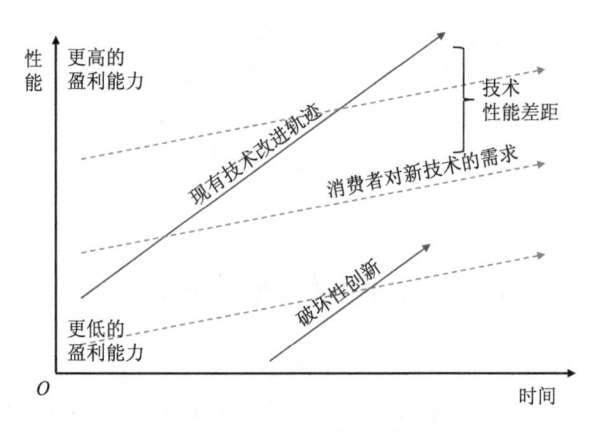

图 13.1 破坏性创新模型

资料来源:Christensen 等(2018)

在之后十余年时间里,Christensen 和他的同事重点探讨了与磁盘驱动相关的模式是否适用于半导体(Christensen,2006)、计算机(Christensen,1997)、零售(Christensen and Tedlow,2000)、管理教育(Christensen et al.,2001)、摩托车和汽车(Christensen and Raynor,2003)、摄像机(Christensen,2006)等行业。研究结果发现,这些行业实践在很大程度上验证了破坏性创新理论的基本原则。

其他学者则运用了不同的方法和视角对破坏性创新进行有效性检测。例如,

Adner（2002）的数学建模研究巩固了破坏性创新理论，并从动机不对称性方面对该理论背后的因果机制进行了探讨。Gilbert 和 Bower（2002）以及 Gilbert（2003，2005）先后通过风险框架视角和前景理论研究发现，当在位企业高管将创新视为威胁而不是机会时，会将更多资源投入到破坏性创新中，帮助修正了 Christensen 和 Bower（1996）认为在位企业不会将资源投入于破坏性创新的表述。Gilbert（2005）通过多案例研究，揭示了一些在位企业有能力成功应对破坏性创新的异常现象（anomalies），在位企业可以通过建立独立于母公司的业务部门，并给予它们采用自身流程和追求破坏性机会的自由的方式应对破坏性创新。

与此同时，围绕破坏性创新理论产生的质疑和挑战也层出不穷。最典型的莫过于 2004 年 Danneels 在 *Journal of Product Innovation Management*（《产品创新管理杂志》）中发表的"Disruptive technology reconsidered: a critique and research agenda"（《破坏性技术的再思考：批判与研究议程》）一文[①]。Danneels（2004）认为，尽管破坏性创新理论的运用越发普遍，但该理论在核心定义及其对企业和行业的机制影响方面尚缺乏建设性批判。理论和实践的脱离，不仅将阻碍研究进程，更将使企业实践陷入困境。Danneels（2004）从概念界定、理论的预测性、对在位企业成功的解释、消费者导向的好处、创建独立业务部门的好处五大方面对破坏性创新理论提出了 29 个详细问题，以激发学者和管理者广泛辩论的热情。

13.1.2 成长阶段（2006~2012 年）

2006 年，一场围绕破坏性创新的精彩对话在 *Journal of Product Innovation Management* 上展开，基于多位学者的批判与补充，Christensen（2006）对破坏性创新理论进行了重新审查，为后续相关研究提供了更规范的理论基础。

首先，Christensen（2006）通过更加清晰的界定对破坏性创新理论进行了扩展和改进，进而增加了该理论的可预测性。①立足点：破坏性创新必然至少始于低端市场或新市场这两个立足点之一。其中，破坏性创新的最初描述定位于低端市场破坏，即进入者进入市场底部，在现有价值网络中立足（Christensen，1997）；Christensen（2006）意识到了原有描述的不足，进一步划分出了新市场破坏，即新进入者开拓一个此前不存在的市场，在全新的价值网络中立足。②相对性："破坏性"是一种相对的现象，而不是绝对的现象，换句话说，既定的创新可能会使一家公司遭受破坏，但也可能使另一家公司实现持续发展。③商业模式问题：破坏性创新是一个商业模式问题，而不是技术问题。破坏性创新并不一定会使得在位企业在技术上的反应变得困难；由于主流消费者和既定盈利模式限制了在位企业对创新的投资，破坏性创新在财务上对在位企业没有吸引力，影响了他们在市

---

① 截至 2022 年 10 月，该文章在 Web of Science 数据库中被引频次超过 530 次。

场上的反应。④过程性:"破坏性"是一个过程,而不是一个事件或结果。

其次,Christensen(2006)倡议学者通过分类法将破坏性创新与其他创新区别开来;同时,对破坏性创新进行类别细化可以更好地解释一些异常现象。典型的包括:①破坏性创新与其他创新类别的区分,如持续性(sustaining)创新、突破性/激进性(radical/breakthrough)创新等,如表 13.1 所示。②破坏性创新类别细化,例如,根据创新立足点可分为低端市场破坏和新市场破坏等;根据创新活动可分为破坏性商业模式创新、破坏性技术创新、破坏性产品创新和破坏性战略创新等,如表 13.2 所示。

表 13.1 破坏性创新与其他创新类型区分

创新类型	描述	来源
持续性创新	持续性创新是沿着主流消费者关心和市场历来重视的绩效维度来改善产品和服务的创新,使得在位企业以更高的利润率和更高的盈利能力向主流消费者销售更多产品。 破坏性创新是引入在主流绩效维度上不如在位企业的创新,但是它们提供了新的属性组合,能够吸引接近市场底部的消费者以及边缘消费者	Christensen(1997)
突破性/激进性创新	突破性/激进性创新是基于技术维度的创新,通常引入一种相对于现有技术包含大量新技术的新产品,并不一定立足于新市场,也可能立足于主流市场。 破坏性创新是基于市场维度的创新,通常引入一种针对新市场而不是主流市场的产品,并不一定涉及尖端新技术,也可能应用新的产品类别	Govindarajan 和 Kopalle(2006)

资料来源:作者整理

表 13.2 破坏性创新类别细化

分类维度	主要类别	来源
创新立足点	低端市场破坏、新市场破坏	Govindarajan 和 Kopalle(2006)
创新活动	破坏性商业模式创新、破坏性技术创新、破坏性产品创新、破坏性战略创新	Markides(2006)、Christensen(1997)、Christensen 和 Raynor(2003)、Slater 和 Mohr(2006)

资料来源:作者整理

学者就破坏性创新的发生前因和预测机制及过程进行识别,以更好地提升破坏性创新的预测能力(郭小超等,2020;Si and Chen,2020)。例如,Yu 和 Hang(2011)认为技术创新是引发破坏性创新的重要驱动力;Reinhardt 和 Gurtner(2011)认为收集潜在消费者和现有消费者的正确信息是实现破坏性创新的关键步骤;Govindarajan 和 Kopalle(2006)开发了量表对破坏性创新进行评估;Raynor(2011a;2011b)进行了破坏性创新理论的预测和解释力测试,为理论的实际应用提供了指导。

此外，学者也结合了其他理论的研究，更多维度地确定了破坏性创新的因果机制（Christensen et al., 2018）。例如，早期基于资源配置理论（Burgelman, 1996）和资源依赖理论（Christensen and Bower, 1996）的研究解释了为什么在位企业对破坏性创新存在反应僵化，但并不能解释为什么采用破坏性创新的进入者最终可以进入主流市场挑战在位企业，也不能解释为什么这些在位企业会选择退让而不是反击（Christensen et al., 2018）。而 Adner 和 Zemsky（2006）从动机不对称的角度发现，对更高盈利能力的追求促使在位者选择了更高端的市场，从而退出了低端或边缘市场的竞争。这些研究将破坏性创新过程与最终的结果联系起来，不仅丰富了理论架构，还促进了社会各界对该理论的认识。

13.1.3 成熟阶段（2013 年至今）

过去 10 年，越来越多的企业将破坏性创新运用于实践当中。围绕破坏性创新理论的研究数量呈现快速上升趋势（Si and Chen, 2020; Si et al., 2020）。由此，如何运用破坏性创新促进企业可持续发展成为重要议题（郭小超等, 2020; Si and Chen, 2020）。例如，亚马逊的 Kindle 业务（Stone, 2013）提及了破坏性创新理论如何影响其各自的创新战略。而在解释共享单车（Si and Chen, 2020）、Airbnb（爱彼迎）（So et al., 2018）等新兴商业模式成功时，基于破坏性创新理论的解释也成为主流。

另外，破坏性创新的影响超出了商业范围（Christensen, 2006），深入到了行业、国家和经济体，乃至网络和系统层次（Si and Chen, 2020）。例如，Adner 和 Kapoor（2016）利用技术替代速度的观点解释了为什么破坏性创新在不同行业中发生的速度不同；Ansari 等（2016）将破坏性创新引入了生态系统层面；Suseno（2018）认为，几十年来，破坏性创新的运用改善了社会福祉。King 和 Baatartogtokh（2015）建议将破坏性创新理论作为面对贫困、医疗保健短缺、失业等社会问题的解决框架。

郑刚（2020）开发了创新逆袭矩阵（破坏性创新矩阵），对经典的破坏性创新理论进一步拓展，认为除了以与主流市场不同的破坏性技术、破坏性商业模式进行创新逆袭，还可以通过破坏性服务（用户体验）创新逆袭。此外，从新进入者的市场切入点看，除了经典的低端市场破坏和新市场（新品类）破坏，还有一种可能的破坏性创新方式是先从高端市场破坏，如特斯拉最早做的高端电动跑车 Roadster，以及小罐茶先推出的高端商务礼品用茶。

破坏性创新理论已经发展了 20 多年，成为创新领域最重要的理论之一，并被应用于营销、经济学和医疗保健等不同学术领域中（Di Stefano et al., 2012）。此外，破坏性创新理论对创新创业实践也产生了重大影响，为企业、行业和社会发展提供了解释或指导。

13.2 破坏性创新理论在创业领域的应用与发展

根据四个创业领域知名期刊 ETP、JBV、SBE 和 SEJ，以及十六个管理及创新领域知名期刊 AMJ、AMR、JOM、MS、OS、SMJ、ASQ、JMS、RP、JPIM、Technovation（《科技创新》）、JBR、IEEE TEM、RDM、TFSC、TASM[①]发表的创业研究发现，最早与破坏性创新相关的创业研究发表于 2002 年。我们将相关研究划分为三个阶段，选取每一个阶段的代表作来分析创业研究对破坏性创新这一理论的应用与发展。

13.2.1 第一阶段（2002~2006 年）

这一阶段，相关研究主要将创业视为破坏性创新产生的关键因素，并且将破坏性创新视为实现创业的重要路径。学者将创业企业参与不连续性创新的创业过程与破坏性技术的商业化联系在一起（Kassicieh et al.，2002）。

破坏性技术本身可被视作一种独特的创业资源，而创业在打破低效率、创造新市场方面起到重要作用，创业企业是推动破坏性技术商业化的重要主体（Dyerson and Pilkington，2005；Ma and Lee，2008）。例如，Kassicieh 等（2002）强调了破坏性技术对获得持续竞争优势的作用，创业企业在承接来自国家实验室等政府研究机构的破坏性技术商业化任务时表现得更为出色，指出了以往国家实验室主要与大企业建立合作关系而忽视了小企业的弊端。又如，Dyerson 和 Pilkington（2005）认为，推进破坏性技术会受到监管压力，而创业企业在市场机会的驱使下将倾向于寻求创新，并更愿意承担风险。在推进自主型（autonomous）破坏性创新时，创业企业更游刃有余，因为它们不需要像在位企业一样平衡创新业务和既有业务的得失，因而更具有开拓新市场的动力；在推进系统型（systemic）破坏性创新时，需要创业企业与在位企业形成协作，在配合在位企业引入新技术的同时更好地应对监管压力。

13.2.2 第二阶段（2007~2014 年）

这一阶段，相关研究主要聚焦于破坏性创新与创业机会决策的关系研究、创

---

① 期刊全称：RP（Research Policy，《研究政策》）、JPIM（Journal of Product Innovation Management，《产品创新管理杂志》）、JBR（Journal of Business Research，《商业研究杂志》）、IEEE TEM（IEEE Transactions on Engineering Management，《IEEE 工程管理学报》）、RDM（R&D Management，《研究与发展管理》）、TFSC（Technological Forecasting and Social Change，《技术预测与社会变革》）、TASM（Technology Analysis & Strategic Management，《技术分析与战略管理》）。

业企业战略制定的关系研究。技术的发展和规制变化驱动催生了更多样化的组织形式，驱动了行业间的融合或碰撞（Burgelman and Grove，2007），在创造了更多的机会和可能的同时，也引发了更复杂的企业竞争活动。因此，破坏性创新理论逐步受到创业领域的关注，在分析创业机会和创业战略时受到青睐。

1. 破坏性创新与创业机会识别研究

在破坏性创新研究中，Christensen 和 Raynor（2003）确认了感知机会与破坏性创新资源投入之间的积极联系，并将其作为解释破坏性创新因果机制的核心；而在创业研究中，感知机会也是战略创业行动的主要驱动因素（Shane and Venkataraman，2000），这一角度为两方面研究提供了桥梁。Burgelman 和 Grove（2007）便关注到了与破坏性创新相关的机会——跨界破坏的机会，并将其作为企业战略创业的重要方向。他们提出了"跨界破坏者"（cross-boundary disruptors）的概念，即那些强大的创业变革推动者，其战略行动会对本行业和邻近行业的平衡运行产生实质性影响。除此之外，他们还识别了跨界破坏机会产生的行业和企业层面条件，以及影响跨界破坏者推动可持续性变革的条件，由此引发了学者对于行业间战略创业机会和创业行动的关注。

2. 破坏性创新与创业组织研究

破坏性创新理论也帮助创业领域的研究者对不同资源禀赋、不同市场地位甚至更多样化形态的组织进行分析。例如，McKendrick 等（2009）发现了大型企业内部创业的战略创业活动可以帮助企业提高对环境的协调能力，并向市场传递出积极的信号；而 Lange 等（2009）则发现大型企业在利用内部创业进入由破坏性技术催生的新行业时，竞争性和合法性的作用将阻碍新行业中子公司的生存而提高其他独立初创企业的生存机会。另外，小型企业或新创企业往往面临着资源和能力的约束（Charitou and Markides，2003），在产业融合扩展的环境下，新创企业的技术商业化往往更需要依赖于与其他组织的合作，以更好地获得互补资产或避免竞争（Gans and Stern，2003）。利用破坏性技术概念，Marx 等（2014）发现，在混合商业环境中，初创企业与在位企业合作形成战略联盟是其进行技术商业化的重要战略。

13.2.3 第三阶段（2015年至今）

这一阶段，学者除了对破坏性创新与创业机会决策进行深入研究外，还对破坏性创新与创业战略、创业情境展开了大量研究。

1. 破坏性创新与创业机会决策研究

第一，创业机会决策与破坏性创新及其相关战略的匹配研究得以开展。例如，Hang 等（2015）将创业机会的发现-创造观与不同的破坏性创新类型联系起来，通过多案例研究，他们发现低端市场破坏性创新与机会发现活动更相关；而新市场破坏性创新与机会创造活动更相关。此外，Osiyevskyy 和 Dewald（2015）开发了企业应对破坏性商业模式创新的两种战略，即探索破坏性商业模式战略以及利用现有商业模式战略，并将机会感知理论中的机会-威胁框架与破坏性创新应对战略联系起来，发现机会感知对企业采用探索破坏性商业模式的意图有显著的积极影响。第二，学者也从不同的理论视角对与破坏性创新相关的创业机会进行了研究。例如，Ho 和 Lee（2015）基于技术创新和市场需求变化两个维度确定了七种变革类型，并结合案例阐述了不同变革类型中的创业机会和适应策略。

2. 破坏性创新与创业战略研究

随着破坏性创新成为研究和实践的热点（Christensen et al.，2015），企业利用破坏性创新获得生存发展越发重要。例如，Gurca 和 Ravishankar（2016）基于拼凑视角提出了创业拼凑战略，以最少的资本投资负担得起的高科技产品，并表明新兴市场是利用创业拼凑战略进行破坏性创新的合适情境。Balen 等（2019）发现，创业者乐于表达他们的"破坏性愿景"（disruptive visions），即借助破坏性创新概念阐述企业破坏组织、市场和生态系统的意图，旨在传递团队未来的发展蓝图。他们基于实证检验，发现破坏性愿景的表达会提高创业企业获得融资的可能性，但是会降低融资的金额（Balen et al.，2019）。这一研究丰富了创业者和创业团队对创业融资战略的选择。Callander 和 Matouschek（2022）基于阿罗替代效应提议，创业企业可以在技术领域远离在位企业的市场中追求更新颖的技术创新战略。

3. 破坏性创新与创业情境研究

第一，组织形态的不断丰富使得创业企业在进行破坏性创新时面临更大的挑战。例如，商业生态系统的形成使得以初创企业为主要组成部分的进入者比以往时期更难以生存和发展，为此，Ansari 等（2016）首先识别了以初创企业为主要组成部分的新进入者，在生态系统层面进行破坏性创新时遇到的竞争性挑战，包括跨阶段的竞合、二元竞合、多边竞合关系挑战；其次，他们揭示了新进入者在技术和能力方面做出的战略挑战，包括提供未来收益的愿景、建立关键客户群，同时接近数位在位企业以缓解挑战；最后，他们观测到了在这一过程中新进入者生态位的变化以及对生态系统演化的影响。这一研究融入了商业生态系统情境，增加了对以创业企业为代表的破坏者面临的挑战和战略的理解。第二，以破坏性创新情境为代表的不确定性情境频发，促使学者对企业创业战略的边界条件展开大量探索。例如，Furr 和 Eisenhardt（2021）认为不确定性是基础资源观适用的关键边界条件，首先，基础资源观很适合在不确定性相对较低的市场中运用，即稳定或成熟的行业，通常由在位企业或成熟大企业组成，在这个情境中，企业高管有充足的经验，有足够的时间在当前市场建立、更新资源，并利用它们进入相关市场。相比之下，基础资源观在高度不确定的市场中并不重要，如新兴市场和被破坏的市场，在这些市场中新创企业尚未显现出明确的行业结构，且相关关键资源可能还不存在，或者处于不断变化的状态中；在高度不确定的市场中，战略创造应围绕学习、认知和塑造，而不是依靠资源的拥有、控制和利用。

综上，破坏性创新理论为解释创业领域研究做出了重要贡献（Si et al., 2020），反过来，创业研究也在不断巩固、丰富和拓展破坏性创新理论相关研究。第一，早期创业研究侧重于现象描述，而破坏性创新理论为创业机会的识别、决策，以及创业过程中的创业行为和战略制定提供了理论依据，揭示了创业现象背后的机理。第二，以往创业研究更多从静态视角关注单一企业创业活动，而破坏性创新理论帮助学者从竞争动态性、组织身份多元性和情境复杂性等更复杂多变的情况中探究创业活动的过程机理。从另一个角度看，第一，创业研究不断完善了破坏性创新的理论基础。Christensen 和 Raynor（2003）正是在创业研究的启发下对破坏性创新的立足点进行了修正。例如，基于动机不对称性、机会感知框架等的创业研究成果，从侧面揭示了破坏性创新的因果机制。第二，创业研究也帮助识别和解释了破坏性创新的异常现象，拓展了破坏性创新的研究情境，扩展了理论假设。

13.3 破坏性创新理论在创新驱动创业研究中的局限与未来展望

从文献分析来看，目前关于破坏性创新与创业相关的研究成果并不多（Si et al., 2020）。然而在以数字化、生态化和新型全球化为特征的情境中，破坏性创新的发生和创业实践的变革被不断推动，创新驱动创业研究机会和实践机会也有待被识别和探索。

13.3.1 局限

第一，从破坏性创新的参与主体来看，破坏性创新源于对于行业内的现实观察，在这一环境下，组织主要面临着单一行业的竞争，并且竞争双方通常为单一在位企业与新进入者，这使得新进入者和在位者的组织身份以及战略相对确定。然而，在数字化、生态化和创新全球化情况下，产业边界等变得模糊（Nambisan，2017），产生众多跨界破坏者（李东红等，2021；Burgelman and Grove，2007）。同时，消费者数据化使得消费者参与技术创新成为可能（肖静华等，2021；Trabucchi et al.，2018），这增加了参与主体和其互动关系的复杂性（李东红等，2021；Christensen et al.，2018）。

第二，从破坏性创新的发生条件来看，首先，破坏性创新模型认为市场中存在两条不同的性能轨迹，一条为消费者对新技术的需求轨迹，另一条为破坏性创新轨迹，当破坏性创新轨迹的改进超过了消费者对新技术的需求轨迹时，两个性能轨迹相交，破坏就将发生。然而现实情况是，在一些技术迅速进步的市场，破坏得以快速发生，然而在一些差异化机会较少的市场中（如原材料市场）或地位僵化的市场中（如高等教育市场），破坏几乎为零，创新的改进轨迹也几乎是平稳的。这种对经典破坏性创新理论的重新概念化表明，破坏并非在所有地方发生，也不以相同的速度在各行业中发生（Christensen et al.，2018）。特别地，在生态化情境下，组织之间由竞争逻辑转为共生逻辑，进入者的破坏将面临更大的阻碍，其进入时机、破坏速度和破坏的发生条件更难以确定。

其次，破坏性创新的大部分理论研究仍然基于发达经济体环境（Si et al.，2020），这在一定程度上限制了学者对破坏性创新理论的全面理解。事实上，在新型全球化的背景下，以中国为代表的新兴经济体实现了经济的快速增长，且拥有庞大的消费者市场（魏江等，2020；Wei et al.，2018），已经成为破坏性创新研究的重要环境。另外，正如 King 和 Baatartogtokh（2015）所言，破坏性创新理论的影响已经超出了商业范围，在面对贫穷、医疗短缺等社会问题时都具有很重要的见解，这些问题在广大发展中国家中都有待解决。

第三，从破坏性创新的动态过程来看，首先，现有共识是破坏性创新的立足点始于低端市场的创新或新市场（Christensen，2006；Govindarajan and Kopalle，2006）。然而，随着技术和经济的发展，高端破坏现象也被广泛识别（Schmidt and Druehl，2008；Si and Chen，2020）。例如，Dedehayir 等（2014）认为复杂产品系统（complex product systems，CoPS）中的破坏性创新与商业产品和服务中的破坏性创新有本质区别，包括：破坏性 CoPS 创新并不立足于低端利基市场；破坏性 CoPS 创新最初就满足主流市场的性能需求；破坏性 CoPS 创新的单价高于在位企业主流市场技术的单价。因此，也有学者指出，一些高端破坏性创新可能打破传统破坏性创新理论提出的下限约束（郑刚，2020；Christensen and Raynor，2003；Dedehayir et al.，2014；Govindarajan and Kopalle，2006）。

其次，破坏性创新理论从实践中产生，记录了众多在位企业在市场地位处于绝对优势的情况下，受到新进入者威胁和冲击的过程。因此，相关研究默认在位企业在面对破坏性创新时总是束手无策的，并在理论层面上将其归因于组织和管理的问题（Christensen et al.，2018）。然而，该理论在解释现象时富有成效，但尚未从理论上提出解决方案（Christensen et al.，2018）。事实上，尽管在近30年的时间里，以数字化为代表的破坏性浪潮席卷全球，众多基于数字化技术的破坏者在各行各业展露拳脚，但是大部分成熟企业在数字化世界里依然很成功，1995~2020年《财富》500强榜单中，只有17个新面孔（Birkinshaw，2022）。由此可见，早期破坏性创新理论的表述对在位企业的看法过于悲观（郑刚等，2021；Guo et al.，2022；Sköld et al.，2020；Zietsma et al.，2018），对于在位企业和以创业企业为代表的新进入者的动态竞争过程考虑不足。

13.3.2 未来展望

针对以上破坏性创新理论在解释创新驱动创业活动时所面临的挑战，结合创新驱动创业的内涵，未来可以从以下几方面展开研究。

1. 破坏性创新与创新驱动创业的多主体关系研究

破坏性创新源于对于行业内的现实观察，在这一环境中，组织的身份相对确定。然而，创新驱动创业是多主体共同开发机会、创造价值的过程，以数字化、生态化和新型全球化为主要情境（蔡莉等，2021；González-Pernía et al.，2015）。在这种情境下，破坏性创新参与主体的身份有着更多元的可能。第一，进入者可能并非单一的创业企业，而是具有多层级关系的成熟企业或子公司，甚至是战略联盟等更复杂的组织。第二，类似地，在位者可能以更复杂的网络/平台形式存在。由此，组织的竞合关系将变得更为复杂多变。例如，可能存在着跨时期、二元、多边的竞合紧张关系（Ansari et al.，2016）；进入者可能面临被收购、进入新平台/生态、生态位提高的破坏结果，而在位者可能存在规避、适应、挑战等的战略反应（Christensen et al.，2018）。因此，未来可以进一步探究资源、认知、能力等方面对破坏性创新过程中多主体的作用机制，以及从动态竞争、价值共创等角度探索多主体的互动机制。

2. 破坏性创新与创新驱动创业的机会集关系研究

理解特定情境中创新驱动创业的多主体开发机会、价值创造过程，有助于进一步厘清破坏性创新的发生条件；反过来，也有利于理解机会集的形成条件。例如，在生态化情境中，以创业企业为代表的新进入者面临着巨大的挑战，破坏变得异常困难。创业者所拥有的技术可塑性（Ansari et al.，2016）、生态系统的环境开放性、组织依赖性（Ansari et al.，2016）、制度的稳定性（Zietsma et al.，2018）等，都可能会影响破坏性创新的产生和创业机会集的形成。又如，在数字化情境中，破坏性技术的出现和渗透如何帮助企业识别潜在消费者与新消费者需求？如何帮助企业突破行业边界，寻找跨界破坏的机会集？为此，未来研究一方面可以通过更细致的实证研究，探索该理论的边界，以确定破坏发生的难易程度、发生速度等。另一方面可以通过更独特的案例研究，探索特定情境下破坏性创新驱动创业的多主体的跨层面协同机理、系统能力的培养机理以及价值创造的内容与形式（Ansari et al.，2016；Svahn et al.，2017）。

另外，在以中国为代表的发展中国家情境中开展破坏性创新研究，寻找与其他的创业理论结合的可能性，如金字塔底层（bottom of the pyramid，BoP）理论、社会创业理论和可持续创业等（Christensen，2006；Si et al.，2015；Si and Chen，2020），以更好地探讨独特的机会集，以及机会集与破坏性创新理论的互动机理。

3. 破坏性创新与创新驱动创业的动态过程研究

学者初步识别得出，创新驱动创业包含触发、催化和聚变三个环节，创新驱动创业是一个多要素不断迭代互动的过程（蔡莉等，2021；González-Pernía et al.，2015），已有研究为更好地理解破坏性创新的立足点和动态竞争过程提供了机会。

第一，在创新驱动创业的触发阶段，首先，在技术创新、制度创新或商业模式创新等的作用下，创业者或创业团队更有可能产生有别于立足低端市场的创新和新市场的破坏。例如，数字技术催生的高端市场破坏，以及以复杂性和高价值为特征的 CoPS 破坏（Dedehayir et al.，2014）。为此，在创新驱动创业情境下，破坏性创新的独特立足点有待被学者进一步挖掘和论证。其次，破坏性创新往往包含着许多复杂的技术与知识，而如何在创新驱动创业的过程中将这些知识进行商业化是一个关键的问题（Si et al.，2020）。为此，需要将破坏性创新中嵌入的知识"转化"为创业活动，包括资源整合、网络建立、机会识别、资金筹集、互补资产能力，这些能力将决定破坏性创新在创新驱动创业活动中的触发成功与否。

第二，在创新驱动创业的催化和聚变阶段，基于破坏性创新理论对在位企业和新进入者的动态竞争探讨也值得深入。从在位企业的角度来看，当在位企业受到破坏性创新冲击时，它们并不总是竞争的受害者，而是有可能采取战略行动重塑市场地位（Guo et al.，2022；Sköld et al.，2020）。在位企业是否可能在破坏性冲击中释放创业机会的潜能，创造新的绩效维度，重新挽回那些被破坏性创新吸引的客户，甚至获得新的客户？从新进入者的角度来看，新进入者在制造破坏性创新冲击时，是否可能在与多主体互动的过程中嵌入或主导新平台/生态？是否可能提升多主体系统能力实现高质量产出？未来研究可以进一步通过实证分析，将不同阶段中在位企业和新进入者的战略特点和市场结果联系起来，比较各种战略的有效性，进一步提升破坏性创新的现实意义（Christensen et al.，2018）。

参 考 文 献

蔡莉, 张玉利, 蔡义茹, 等. 2021. 创新驱动创业: 新时期创新创业研究的核心学术构念[J]. 南开管理评论, 24(4): 217-226.

郭小超, 王岩, 张璐, 等. 2020. 国际破坏性创新研究热点与演进的可视化分析[J]. 科研管理, 41(11): 1-13.

李东红, 陈昱蓉, 周平录. 2021. 破解颠覆性技术创新的跨界网络治理路径: 基于百度Apollo自动驾驶开放平台的案例研究[J]. 管理世界, 37(4): 130-159.

魏江, 王丁, 刘洋. 2020. 非对称创新: 中国企业的创新追赶之路[J]. 管理学季刊, 5(2): 46-59, 143.

肖静华, 吴小龙, 谢康, 等. 2021. 信息技术驱动中国制造转型升级: 美的智能制造跨越式战略变革纵向案例研究[J]. 管理世界, 37(3): 11, 161-179, 225.

郑刚. 2020. 创新者的逆袭: 变革时代后发企业创新致胜之道[J]. 清华管理评论, (7): 101-105.

郑刚, 邓宛如, 胡珊. 2021. 创新者的"模仿"? 在位企业反应型知识搜寻[J]. 科学学研究, 39(4): 652-661.

Adner R. 2002. When are technologies disruptive? A demand-based view of the emergence of competition[J]. Strategic Management Journal, 23(8): 667-688.

Adner R, Kapoor R. 2016. Innovation ecosystems and the pace of substitution: re-examining technology S-curves[J]. Strategic Management Journal, 37(4): 625-648.

Adner R, Zemsky P. 2006. A demand-based perspective on sustainable competitive advantage[J]. Strategic Management Journal, 27(3): 215-239.

Ansari S, Garud R, Kumaraswamy A. 2016. The disruptor's dilemma: TiVo and the U.S. television ecosystem[J]. Strategic Management Journal, 37(9): 1829-1853.

Balen T, Tarakci M, Sood A. 2019. Do disruptive visions pay off? The impact of disruptive entrepreneurial visions on venture funding[J]. Journal of Management Studies, 56(2): 303-342.

Birkinshaw J. 2022. How incumbents survive and thrive[EB/OL]. https://hbr.org/2022/01/how-incumbents-survive-and-thrive[2022-04-25].

Burgelman R A. 1996. A process model of strategic business exit: implications for an evolutionary perspective on strategy[J]. Strategic Management Journal, 17(S1): 193-214.

Burgelman R A, Grove A S. 2007. Cross-boundary disruptors: powerful interindustry entrepreneurial change agents[J]. Strategic Entrepreneurship Journal, 1(3/4): 315-327.

Callander S, Matouschek N. 2022. The novelty of innovation: competition, disruption, and antitrust policy[J]. Management Science, 68(1): 37-51.

Charitou C D, Markides C C. 2003. Responses to disruptive strategic innovation[J]. MIT Sloan Management Review, 44(2): 55-63.

Christensen C M. 1997. The Innovator's Dilemma: When New Technologies Cause Great Firms to Fail[M]. Boston: Harvard Business Press.

Christensen C M. 2006. The ongoing process of building a theory of disruption[J]. Journal of Product Innovation Management, 23(1): 39-55.

Christensen C M, Bower J L. 1996. Customer power, strategic investment, and the failure of leading firms[J]. Strategic Management Journal, 17(3): 197-218.

Christensen C M, McDonald R, Altman E J, et al. 2018. Disruptive innovation: an intellectual history and directions for future research[J]. Journal of Management Studies, 55(7): 1043-1078.

Christensen C M, Raynor M E. 2003. The Innovator's Solution: Creating and Sustaining Successful Growth[M]. Boston: Harvard Business Press.

Christensen C M, Raynor M E, Mcdonald R. 2015. What is disruptive innovation?[J]. Harvard Business Review, 93(12): 44-53.

Christensen C M, Raynor M E, Verlinden M. 2001. Skate to where the money will be[J]. Harvard Business Review, 79(10): 72-81.

Christensen C M, Tedlow R S. 2000. Patterns of disruption in retailing[J]. Harvard Business Review, 78(1): 42-45.

Danneels E. 2004. Disruptive technology reconsidered: a critique and research agenda[J]. Journal of Product Innovation Management, 21(4): 246-258.

Dedehayir O, Nokelainen T, Mäkinen S J. 2014. Disruptive innovations in complex product systems industries: a case study[J]. Journal of Engineering and Technology Management, 33: 174-192.

Di Stefano G, Gambardella A, Verona G. 2012. Technology push and demand pull perspectives in innovation studies: current findings and future research directions[J]. Research Policy, 41(8): 1283-1295.

Dyerson R, Pilkington A. 2005. Gales of creative destruction and the opportunistic incumbent: the case of electric vehicles in California[J]. Technology Analysis & Strategic Management, 17(4): 391-408.

Furr N R, Eisenhardt K M. 2021. Strategy and uncertainty: resource-based view, strategy-creation view, and the hybrid between them[J]. Journal of Management, 47(7): 1915-1935.

Gans J S, Stern S. 2003. The product market and the market for "ideas": commercialization strategies for technology entrepreneurs[J]. Research Policy, 32(2): 333-350.

Gilbert C. 2003. The disruption opportunity[J]. MIT Sloan Management Review, 44(4): 27-32.

Gilbert C G. 2005. Unbundling the structure of inertia: resource versus routine rigidity[J]. Academy of Management Journal, 48(5): 741-763.

Gilbert C, Bower J L. 2002. Disruptive change: when trying harder is part of the problem[J]. Harvard Business Review, 80(5): 94-101, 134.

González-Pernía J L, Jung A, Peña I. 2015. Innovation-driven entrepreneurship in developing economies[J]. Entrepreneurship & Regional Development, 27(9/10): 555-573.

Govindarajan V, Kopalle P K. 2006. The usefulness of measuring disruptiveness of innovations ex post in making ex ante predictions[J]. Journal of Product Innovation Management, 23(1): 12-18.

Guo Y T, Deng W R, Hu S, et al. 2022. Innovators' "imitation": whether and how does reactive search affect the performance of incumbent firms? Evidence from China[J]. International Journal of Technology Management, 90(3/4): 216-242.

Gurca A, Ravishankar M N. 2016. A bricolage perspective on technological innovation in emerging markets[J]. IEEE Transactions on Engineering Management, 63(1): 53-66.

Hang C C, Garnsey E, Ruan Y, 2015. Opportunities for disruption[J]. Technovation, 39/40: 83-93.

Ho J C, Lee C S. 2015. A typology of technological change: technological paradigm theory with validation and generalization from case studies[J]. Technological Forecasting & Social Change, 97: 128-139.

Kassicieh S K, Kirchhoff B A, Walsh S T, et al. 2002. The role of small firms in the transfer of disruptive technologies[J]. Technovation, 22(11): 667-674.

King A A, Baatartogtokh B. 2015. How useful is the theory of disruptive innovation?[J]. MIT Sloan Management Review, 57(1): 77-90.

Lange D, Boivie S, Henderson A D. 2009. The parenting paradox: how multibusiness diversifiers endorse disruptive technologies while their corporate children struggle[J]. Academy of Management Journal, 52(1): 179-198.

Ma Z Z, Lee Y. 2008. Patent application and technological collaboration in inventive activities: 1980-2005[J]. Technovation, 28(6): 379-390.

Markides C. 2006. Disruptive innovation: in need of better theory[J]. Journal of Product Innovation Management, 23(1): 19-25.

Marx M, Gans J S, Hsu D H. 2014. Dynamic commercialization strategies for disruptive technologies: evidence from the speech recognition industry[J]. Management Science, 60(12): 3103-3123.

McKendrick D G, Wade J B, Jaffee J. 2009. A good riddance? Spin-offs and the technological performance of parent firms[J]. Organization Science, 20(6): 979-992.

Nambisan S. 2017. Digital entrepreneurship: toward a digital technology perspective of entrepreneurship[J]. Entrepreneurship Theory and Practice, 41(6): 1029-1055.

Osiyevskyy O, Dewald J. 2015. Explorative versus exploitative business model change: the cognitive antecedents of firm-level responses to disruptive innovation[J]. Strategic Entrepreneurship Journal, 9(1): 58-78.

Raynor M E. 2011a. The Innovator's Manifesto: Deliberate Disruption for Transformational Growth[M]. New York: Currency Press.

Raynor M E. 2011b. Disruption theory as a predictor of innovation success/failure[J]. Strategy & Leadership, 39(4): 27-30.

Reinhardt R, Gurtner S. 2011. Enabling disruptive innovations through the use of customer analysis methods[J]. Review of Managerial Science, 5(4): 291-307.

Schmidt G M, Druehl C T. 2008. When is a disruptive innovation disruptive?[J]. Journal of Product Innovation Management, 25(4): 347-369.

Shane S, Venkataraman S. 2000. The promise of entrepreneurship as a field of research[J]. The Academy of Management Review, 25(1): 217-226.

Si S, Chen H. 2020. A literature review of disruptive innovation: what it is, how it works and where it goes[J]. Journal of Engineering and Technology Management, 56: 101568.

Si S, Chen H, Liu W, et al. 2021. Disruptive innovation, business model and sharing economy: the bike-sharing cases in China[J]. Management Decision, 59(11): 2674-2692.

Si S, Yu X B, Wu A Q, et al. 2015. Entrepreneurship and poverty reduction: a case study of Yiwu, China[J]. Asia Pacific Journal of Management, 32(1): 119-143.

Si S, Zahra S A, Wu X B, et al. 2020. Disruptive innovation and entrepreneurship in emerging economics[J]. Journal of Engineering and Technology Management, 58: 101601.

Sköld M, Freij Å, Frishammar J. 2020. New entrant or incumbent advantage in light of regulatory change: a multiple case study of the Swedish life insurance industry[J]. European Management Review, 17(1): 209-227.

Slater S F, Mohr J J. 2006. Successful development and commercialization of technological innovation: insights based on strategy type[J]. Journal of Product Innovation Management, 23(1): 26-33.

So K K H, Oh H, Min S. 2018. Motivations and constraints of Airbnb consumers: findings from a mixed-methods approach[J]. Tourism Management, 67: 224-236.

Stone B. 2013. The Everything Store: Jeff Bezos and the Age of Amazon[M]. New York: Little, Brown and Company.

Suseno Y. 2018. Disruptive innovation and the creation of social capital in Indonesia's urban communities[J]. Asia Pacific Business Review, 24(2): 174-195.

Svahn F, Mathiassen L, Lindgren R. 2017. Embracing digital innovation in incumbent firms: how volvo cars managed competing concerns[J]. MIS Quarterly, 41(1): 239-253.

Trabucchi D, Buganza T, Dell'Era C, et al. 2018. Exploring the inbound and outbound strategies enabled by user generated big data: evidence from leading smartphone applications[J]. Creativity and Innovation Management, 27(1): 42-55.

Wei J, Wang D, Liu Y. 2018. Towards an asymmetry-based view of Chinese firms' technological catch-up[J]. Frontiers of Business Research in China, 12(4): 331-343.

Yu D, Hang C C. 2011. Creating technology candidates for disruptive innovation: generally applicable R&D strategies[J]. Technovation, 31(8): 401-410.

Zietsma C, Ruebottom T, Slade Shantz A. 2018. Unobtrusive maintenance: temporal complexity, latent category control and the stalled emergence of the cleantech sector[J]. Journal of Management Studies, 55(7): 1242-1277.

代表性学者简介

克莱顿·克里斯坦森（Clayton Christensen）

克莱顿·克里斯坦森在杨百翰大学获得经济学学士学位，在牛津大学获得应用计量经济学硕士学位，在哈佛商学院以优异成绩获得 MBA（master of business administration，工商管理硕士）学位，1992 年重返哈佛商学院获得 DBA（doctor of business administration，工商管理博士）学位之后任哈佛商学院教授。克里斯坦森是"破坏性技术"理念的首创者，为新产品和技术开发管理以及新技术开拓市场的研究和实践做出了里程碑式的贡献。其代表性著作 *The Innovator's Dilemma: When New Technology Cause Great Firms to Fail* 被誉为 20 世纪最有影响力的 20 本商业书籍之一，*The Innovator's Solution*（《创新者的解答》）是其又一力作，获选美国年度十大财经管理好书。其研究成果为众多企业提供了管理解决方案。克莱顿·克里斯坦森于 2020 年逝世。

罗恩·阿德纳（Ron Adner）

罗恩·阿德纳现任美国达特茅斯大学塔克商学院教授，是企业创新生态系统理论的提出者，现担任 *Strategy Science*（《战略科学》）高级主编、*Strategic Management Journal* 编委成员，曾任 *Management Science* 副主编、*Academy of Management Review*、*Strategic Organization*（《战略组织》）编委成员。其获奖成果为生态系统遭受破坏后，行业边界瓦解时的价值创造和竞争活动提供了新视角。其代表性著作 *The Wide Lens: What Successful Innovators See that Others Miss*（《广角镜战略：成功创新者的洞见》）和 *Winning the Right Game: How to Disrupt, Defend, and Deliver in a Changing World*（《赢得正确的游戏：如何在不断变化的世界中破坏、防守和交付》）对战略领域做出了杰出贡献，克莱顿·克里斯坦森曾评价其为破坏性创新理论做出了"开拓性"的工作。

埃尔文·丹内尔斯（Erwin Danneels）

埃尔文·丹内尔斯现任南佛罗里达大学营销与创新学院副教授，现担任 *Strategic Management Journal*、*Journal of Product Innovation Management*、*Strategic Organization* 编委成员。其关注技术变革环境下，如何通过产品创新和企业风险投资实现公司的成长和更新，新创企业和在位企业的早期风险投资，以及创业机会的性质。其研究发表于 *Strategic Management Journal*、*Organization Science* 等顶级期刊。其中，《产品创新对发展新公司能力的影响》《破坏性技术的本质》《思考和衡量新产品创新性的若干方式》三篇论文引用量已超过 1000 余次。

本章执笔人：郑　刚　邓宛如

第14章 开放式创新——阐释创新驱动创业核心要素流动的相关理论

随着全球化的发展、数字技术的兴起以及知识经济的冲击，技术创新呈现出高度的复杂性和不确定性，越来越多的企业开始借助外部创新来改进产品和服务，由此，开放式创新作为一种新的创新范式得到了广泛关注。开放式创新重视识别和利用一切有价值的创新资源，并强调创新资源的商业化运用（Chesbrough，2003），这为理解创新驱动创业提供了一个重要的理论研究视角。

技术升级和市场需求变化改变了资源分配和流动的模式，数字化、生态化、全球化等现实情境驱使创业者不断整合内外部创新资源，并在与外部创新主体进行协同创新（collaborative innovation）的过程中识别和利用新的创业机会。创新驱动创业应运而生，并具有跨层面、多主体和迭代性特征，改变了旧有的创新创业方式（蔡莉等，2021）。这在为关于开放式创新驱动创业的学术探索提供了新机遇的同时，也对传统的开放式创新认知框架提出了新的挑战。本章通过回顾开放式创新在创业研究领域的应用，结合现实情境以及创新驱动创业实践特点，试图对开放式创新解析创新驱动创业核心要素流动的相关成果进行系统的整理和归纳，为后续基于开放式创新理论探究创新驱动创业的相关学术研究提供有价值的参考。

14.1 开放式创新理论的发展

开放式创新理论的发展经历了萌芽（1976~2002年）、形成（2003~2012年）和发展（2013年至今）三个阶段。

14.1.1 萌芽阶段（1976~2002年）

在这一阶段，"开放式创新"这一学术概念尚未正式形成，但是关于从企业边界外寻求创新的学术探索已经初见端倪，研究多聚焦于企业外部创新来源、外部创新对企业发展的必要性等问题。

自20世纪70年代以来，诸如用户创新（user innovation）、产学研协同等一系列开放式创新的社会实践得到了学术界的广泛关注。早期有关开放式创新的学术研究可以追溯到1976年von Hippel对企业外部创新来源的挖掘，他发现在科学仪器行业中制造商、供应商和用户都是企业创新过程中的重要主体,在后续的研究中继续指出供应商、大学、政府、用户、竞争者等都是企业创新的重要外部来源,这些主体可以为企业创新带来必要的信息、知识和资源(von Hippel,1988)。除了关注不同创新主体参与创新的学术研究外,学者在这一时期也关注到了企业外部资源在创新中的作用,如 Teece(1986)的"创新获利"(profiting from innovation)理论认为企业应当从外部获取互补性资产(complementary asset)以克服内部资源的不足,互补性资产主要包括互补性的知识或技术等(Teece,1986;Taylor and Helfat,2009);Dyer 和 Singh(1998)认为,多样化的外部知识有助于推动新产品开发,并降低新产品开发失败的风险;Moore(1993)认为企业之间可以通过共享资源来提升创新能力。

此外,早期学界还探究了企业外部创新的必要性。例如,Nelson 和 Winter(1985)从演化经济学科视角强调企业在组织外部寻求新技术对于提升组织能力是十分必要的,认为创新的开放性会带来创新资源来源的多样性,这为企业提供了多元化的开发路径,从而提高了企业的创新能力;Cohen 和 Levinthal(1990)基于组织学习视角提出"吸收能力"这一新概念,强调向外部搜集和吸收有价值的知识和信息对企业而言是十分必要的;Rothwell(1992)也认为积极利用外部信息和技术对于企业创新而言是十分必要的,为此企业有必要与领先用户、主要供应商积极合作并共同发展,甚至要在适当的情况下建立战略联盟来促进自身的研发和技术管理。

14.1.2　形成阶段(2003~2012 年)

在这一阶段,"开放式创新"这一学术概念正式形成,并不断完善,学术界针对开放式创新的运作模式以及其为企业带来的企业绩效展开了初步的探索。

2003 年,Chesbrough(2003)首次正式提出"开放式创新"的概念,强调有目的地促进知识的内外流动以促进企业的内部创新,指出了外部知识资源对于企业创新的重要性,他还强调开放式创新是一种从创新中实现商业价值的社会实践,内外部的创新资源和商业资源的利用都需要得到重视。Chesbrough 还总结了六条开放式创新的基本组织原则,并将其与封闭式创新进行比较,本章将其概括为以下三个方面:从创新主体上来看,开放式创新强调多主体间的协同创新,企业要注意利用好企业内部的员工和外部的创新者,使其共同参与企业创新并共同分享创新收益;从创新商业化运用上来看,开放式创新强调企业应当构建一个有利于实现开放式创新的企业运营模式,并能够从创新中获利;从创新管理思维上来看,开放式创新强调企业不能单纯地注重对知识产权的控制,企业的竞争优势应该通过内外部知识和创意的吸收与运用来获取。

此阶段有关开放式创新的学术解释并不一致,不同学者从各自研究视角出发赋予了开放式创新不同的内涵。除了上述 Chesbrough（2003）从资源视角给出的概念阐释以外，其他学者也尝试了从其他视角解读开放式创新。基于认知视角，West 等（2006）认为开放式创新不仅是指受益于创新的实践活动，也是一种创造、转化、研究这些实践的认知模式；基于过程视角，Lichtenthaler（2011）强调开放式创新是内外部的知识开发（knowledge exploration）、知识保持（knowledge retention）和知识利用（knowledge exploitation）的活动。

在这一阶段，相关学术研究并不仅仅聚焦于对"开放式创新"这一概念的学术解释，还聚焦于以下问题的研究：开放式创新的运作模式以及给企业绩效带来的影响。其中，有关开放式创新运作模式的学术文献旨在解释开放式创新的构成要素以及其实施过程，诸如内向型或外向型开放式创新（inbound or outbound open innovation）、混合型开放式创新（coupled open innovation）、众包（crowdsourcing）、用户社区（user community）等均是探讨开放式创新运作模式时衍生出来的新概念（Bianchi et al.，2011；Leimeister et al.，2009；Romero and Molina，2011）；此外，也有不少研究立足于探讨开放式创新的企业绩效及其成因（Lichtenthaler，2009；Parida et al.，2012），但是在这一阶段有关开放式创新企业绩效的学术研究往往以大企业为研究对象，缺乏对新创企业和中小企业的关注，而不同的学术研究也往往会选择从财务或非财务的视角来关注开放式创新对企业绩效的影响，企业绩效的测量类型一般可以包括财务绩效、创新绩效和混合绩效。

14.1.3　发展阶段（2013 年至今）

在这一阶段，开放式创新的学术研究尝试从系统视角探索如何对多样化的创新主体进行更高度的整合协同。

开放式创新这一概念自提出以来，协同创新一直是开放式创新的核心内涵，而在随后的研究中发现，开放式创新的社会实践要求更广泛且多元化的参与者加入进来（Chesbrough，2017）。进入 21 世纪第二个十年，数字技术的发展、平台经济的崛起以及消费者个性化需求日益凸显，让原有的创新要素的组合方式加速变革，主要表现为从机械式的创新体系转化为生态化、共生性的创新生态系统。在这一阶段，开放式创新的运转体系正在由原来松散的协作联盟转化为整合协同、共同创造、共享价值的共生性创新生态系统（Carayannis and Campbell，2009）。例如，Curley 和 Salmelin（2013）认为传统依赖于部门化的创新集群模式已经不合时宜，建立一个新的共生性创新价值网络是十分必要的，并基于创新生态系统视角，将 Carayannis 和 Campbell（2009）的"政府-大学-企业-公民社会（用户）"四重螺旋模型（quadruple helix）作为开放式创新的实现模式，并强调在多主体协同的开放式创新生态系统中，不同利益相关者共同致力于共享愿景，并共享价值，其中特别强调要让用户参与到价值创新的过程中来。Curley（2016）强调新的开放式创新范式应当包含四重螺旋、非线性互动（nonlinear mash-up）、生态系统管理、互依性（interdependency）等新的时代特征。

在全球化、数字化和生态化特征日益凸显的今天，开放式创新已经成为创新的主流模式。特别是在当下多国实施创新发展战略的背景下，如何运用好开放式创新推动全社会实现大众创业的宏伟愿景，是当下学术界和从业人员必须要直面的时代问题。

14.2　开放式创新理论在创业领域的应用与发展

创新是创业的源泉，能够刺激新机会的产生（蔡莉等，2021）。开放式创新对新创企业和成熟企业的创业活动都有重要影响。开放式创新不仅能够为不同类型的企业创造新的创业机会（Bogers et al.，2017），还会重塑新创企业的创业过程（Spender et al.，2017），并带来企业绩效的提升（Parida et al.，2012；Spithoven et al.，2013）。

有学者统计发现，有关开放式创新的学术论文在文献来源方面具有一定的集中性，特别是在创新管理领域的专业性期刊中居多（Gao et al.，2020；Lopes and de Carvalho，2018），然而有关开放式创新的早期学术文献偏少，因此本章设计如下：首先，以"entrepreneur*""new venture"或"start-up""open innovation"作为标题或关键词或摘要在 Web of Science 核心文集中搜集有关论文，通过阅读摘要排除与创业和开放式创新毫无关系的文献，检索到最早的文献始于 2005 年。其次，本章将研究阶段划分为 2005~2010 年、2011~2015 年和 2016 年至今三个阶段，由于前两个阶段的相关学术文献较少，所以将前两个阶段核心文集的学术文献予以保留，在第三个阶段的学术文献中，本章选取了四个创新领域知名期刊 *JPIM*、*TFSC*、*Technovation*、*RDM*，五个创业领域知名期刊 *ETP*、*JBV*、*SBE*、*SEJ* 和 *JSBM*[①]，以及八个管理领域知名期刊 *AMJ*、*AMR*、*JOM*、*MS*、*OS*、*SMJ*、*ASQ*、*JMS* 发表的创业研究，最后三个阶段检索到的文献按时间顺序划分。本章后续选取每一个阶段的代表作来分析开放式创新在创业领域中的应用与发展。

14.2.1　第一阶段（2005~2010 年）

在该阶段应用开放式创新的创业研究中，比较具有代表性的学术问题是开放式创新对企业绩效的影响[②]，其中以 Hung 和 Chiang（2010）的学术研究最具有代表性，他们从开放式创新的研究视角分析了企业的开放式创新倾向（open

---

① 期刊全称：*Journal of Small Business Management*（《小企业管理杂志》）。
② 该阶段文献共 3 篇，其中 2 篇聚焦于开放式创新对企业绩效的影响。

innovation proclivity）如何影响电子行业中小企业绩效的提升。具体而言，首先，基于 Chesbrough（2003）对于开放式创新的概念解释以及针对开放式创新提出的六项原则，这项研究开发了"开放式创新倾向"这一新的构念来测量企业搜集外部创新以及将内部创新对外商业化的程度。此外，该研究发现，企业的开放式创新倾向有助于企业绩效的提升，特别是对于创业导向较高的企业而言，企业的开放式创新倾向对企业绩效具有明显的提升作用。这项研究强调了企业参与开放式创新特别是利用外部创新资源对企业创新和经营发展的重要作用，为创业者调整经营方式和改进商业模式提供了重要启示（West and Bogers，2014）。

14.2.2 第二阶段（2011~2015 年）

随着开放式创新在创业领域学术研究数量的增加，该阶段学者不仅仅聚焦于研究开放式创新实践对企业绩效的影响，创业者与外部创新主体的协同创新也同样是这一阶段的研究热点[①]。

1. 开放式创新实践对企业绩效的影响研究

尽管已经有研究证实开放式创新确实有助于提升企业绩效，而创业者参与何种类型的开放式创新实践给企业带来哪些方面的企业绩效，成为这一阶段学术研究热衷探讨的学术问题。Spithoven 等（2013）从开放式创新实践的四个维度（包括使用搜索策略、利用外部研发、推进研究合作以及构建知识产权保护机制）出发，探究不同类型的开放式创新实践给企业开发新产品及其给企业带来的经济收益的影响。此外，这项研究还对比了中小企业和大企业在上述创新实践效果上的差异，从而有助于分析新创企业可以通过哪些商业实践更高效地实现商业价值。Cheng 和 Huizingh（2014）从产品创新性、新产品开发、顾客资产以及财务绩效四个企业绩效维度出发，立足于探究开放式创新实践如何提升企业绩效，并分析了企业的不同战略导向对企业创新实践效果的影响。以上两项研究分别从创新实践类型出发，更具体地分析了什么样的开放式创新实践给企业带来什么样的效果和收益，这也让后续的研究者能够更加清晰地了解开放式创新实践给企业绩效带来的贡献。

2. 创业者与外部创新主体的协同创新研究

协同创新不仅有助于大企业充分发挥技术优势，开发新的商业机会，还有助于新创企业跨越企业边界，与大企业合作创业，发挥比较优势（Ketchen et al.,

---

[①] 该阶段文献共 27 篇，其中有 7 篇关注开放式创新实践对企业绩效的影响，7 篇关注创业者与外部创新主体的协同创新。

2007）。Eftekhari 和 Bogers（2015）发现与不同的合作伙伴进行协同创新有助于创业者克服创新资源的约束，而让用户参与创新有助于帮助创业者开发出更有市场竞争力的商品和服务，形成开放的外部环境，还可以帮助企业更好地利用外部知识资源。Mortara 等（2013）针对面向个人创业者以及初创企业和中小企业的创新资源获取机制展开了探索式的案例研究，以一种常见的众包机制——创意竞赛（idea competition）机制为研究对象，以分析这种机制的运行效果。该研究发现，尽管创意竞赛机制中有价值的创新成果在数量上是不稳定的，但是这依然是创业者识别和获取外部创新的有效途径，特别是在企业识别新机会时，可以通过与外部创新者合作、帮助企业孵化新业务等方式与外部创新者共同创造价值。此外，创业者广泛地接纳和利用外部创新也有助于企业获取有价值的市场反馈，建立顾客资产，建立良好的品牌声誉，处理好企业的公共关系。Mortara 等（2013）的研究聚焦于企业与外部创新主体的生态协作，旨在分析创业者整合外部创新资源，加强协作创新的必要性，强调要构建行之有效的创新生态系统来实现创新要素的充分流动。这为后续学者更加广泛而深入地探索构建不同类型的创新系统（如在线社区、众包平台等）来推动创业者识别和利用创新资源（如人力资源、知识资源）提供了重要的参考。

14.2.3 第三阶段（2016 年至今）

在这一阶段，开放式创新在创业领域得到广泛应用，该阶段学者依然主要聚焦于研究开放式创新实践对企业绩效的影响以及创业者与外部创新主体的协同创新两个研究热点[①]，但学术研究相较于以前更加聚焦，切入的研究视角更加新颖。

1. 开放式创新实践对企业绩效的影响研究

在这一阶段，学界有关企业参与开放式创新提高企业绩效的研究问题相比于以前更加聚焦，切入的研究视角更加新颖，值得注意的是，该阶段有不少学者倾向于从创新生态系统的整体视角探究开放式创新实践所带来的企业绩效提升。Guerrero 和 Urbano（2017）以创业型创新绩效（entrepreneurial innovations' performance）为研究对象，即主要关注高创业导向的企业在与其他创新主体共同参与的创新活动中获得的绩效，文章基于对"政府-大学-产业"三螺旋（triple helix）创新模式的认识，探索了三螺旋协作对企业绩效的影响，分别指出了企业通过政产学研协同的社会实践活动来获取外部知识、研发资金以及得到政策补贴等对提

---

① 该阶段文献共 43 篇，其中有 13 篇关注开放式创新实践对企业绩效的影响，15 篇关注创业者与外部创新主体的协同创新。

升企业绩效的积极影响，此外，还探讨了企业的高增长导向对上述关系的调节机制。de Oliveira 等（2022）从资金、技能关系和市场环境三个维度分析无锡（太湖）国际科技园区的初创企业的创新障碍，并发现存在创新障碍的初创企业往往更注重从顾客、供应商或者是竞争对手那里获取外部知识进而提升企业的创新绩效。上述两项研究主要聚焦于某一特定的创新生态系统内部的开放式创新实践对企业绩效的影响，这一方面丰富了有关开放式创新生态系统的学术研究，另一方面从客观上强调了创新生态系统对于企业绩效提升的积极作用，拓展了企业绩效研究的环境条件。

2. 创业者与外部创新主体的协同创新研究

在这一阶段，有关研究开始聚焦于创新平台如何在开放式创新驱动创业的实践活动中发挥作用。Nambisan 等（2018）对平台和开放式创新领域已有的学术研究进行整理与归纳，主要分析了平台内的协同创新如何驱动创业，创新平台如何重塑创业者的伙伴关系和创新协作模式，创新平台系统给创业活动带来的潜在挑战，以及数字化、全球化、制度安排等现实情境的变化如何重塑平台创新给创业带来的影响等有价值的学术问题。这项研究简要回应了开放式创新体系迈向平台化这一现实情境的变化，并针对这一现实情境变化提炼出创新平台系统下开放式创新驱动创业的几个主要研究问题，为后续的相关研究指明了研究方向，具有十分重要的指导意义。Eckhardt 等（2018）以创新平台系统中处于开发阶段的技术和方案如何实现商业化为研究问题，旨在探究平台开发者（平台创业者）如何利用从平台中获取的产品信息和市场信息来开发新产品进而完成创业的过程机制。这项研究是有关平台生态系统下创新驱动创业的早期实证研究，重点解释了创新平台下信息流动如何塑造开放式创新驱动创业实践这一现实问题，对于理解平台创新系统在创新驱动创业过程中发挥的作用做出了十分有益的学术探索。

综上，开放式创新作为一种新的创新范式，基于网络视角强调了企业与外部利益相关者合作创新对于创业的重要作用，推动了创业研究和实践的发展。但是目前有关开放式创新推动创业的研究视角仍然比较单一，主要聚焦于开放式创新实践对新创企业或中小企业绩效提升的贡献，创业者与其他创新主体协同创新共创价值等研究问题。同时，数字化、生态化、平台化等现实情境的变化给相关研究赋予了新的内涵，创业者如何借助数字平台整合创新要素，以及其在创新生态系统内部与利益相关者协同创新实现共创价值等都是当下和未来需要着重探索的前沿问题。

14.3 开放式创新理论在创新驱动创业研究中的理论前景与未来展望

14.3.1 理论前景

创新驱动创业是在数字化、生态化和新型全球化的情境下提出的,这为基于开放式创新理论解析创新驱动创业提供了广阔的发展前景。

开放式创新具有高度的情境依赖性,数字化、生态化和新型全球化的情境更有利于开放式创新的实施。因此,开放式创新理论特别适合在数字化、生态化和新型全球化情境下解析创新驱动创业的相关问题。面对高度易变、充满不确定性和复杂性的环境特征(Han et al.,2021;Nambisan,2017;Sousa-Zomer et al.,2020),开放式创新强调企业、政府、科研机构、用户等多主体间的协同合作(Guerrero and Urbano,2017),这为学界从多主体、跨层面、迭代视角解析创新驱动创业相关问题提供了强有力的理论支撑。因此,基于开放式创新理论对创新驱动创业构念进行剖析是未来切实可行的研究方向。

在数字化情境下,数字技术的可连通性以及数字平台的开放性让企业从边界外获取创新资源变得更加快捷高效(Nambisan et al.,2018),客观上有利于创新驱动创业实践的发展。创业者可以协调多样化的主体融入数字化平台中,通过技术购买、合作研发、开放共享等多种方式获取外部知识资源,并根据自身需要将获取到的知识应用到相应使用场景中(Lin and Maruping,2022),知识等创新要素在此过程中得到重新分配并形成新的组合方式,刺激了新的创业机会的出现,从而驱动新的创业活动,而创业活动又会为创新提供新的应用场景,从而再次形成新的创业机会,数字技术情境为开放式创新解析创新驱动创业的迭代过程提供了新机遇。

在生态化情境下,企业与政府、科研机构、用户、供应商甚至是竞争企业等逐渐找到了更多的利益共同点(Ansari et al.,2016),企业与其他参与者之间的依赖性不断加强,生态系统中多主体交互促进创新,在共同价值的驱动下进行知识扩散、资源共享,这有助于实现以多主体为核心的机会共创,将开放式创新理论与创新生态系统理论融合起来,在解析创新驱动创业的要素结构和多主体互动行为等方面具有一定优势。

在全球化情境下,企业可以获取多样化的信息并建立广泛的合作关系,进而完成对跨国创新资源的整合,而全球化让不同空间资源的整合进一步克服了条件限制,客观上进一步刺激了创业活动的形成,如众筹平台(crowdfunding platform)的出现显著降低了创业者跨境融资的难度(Sorenson et al.,2016)。而在全球性的资源配置平台下创新要素的跨国流动也必然会刺激新的创业机会的出现和开发,基于开放式创新理论剖析全球化情境下创新驱动创业的机理在未来是十分有实践价值的研究问题。

14.3.2 未来展望

1. 数字化情境下开放式创新驱动创业研究

一方面,开放式创新具有高度的情境依赖性,而在数字经济时代,数字化环境的无边界性、互联性以及不确定性特征放大了开放式创新的价值,企业的创新活动呈现出更加开放包容的发展趋势,这对于资源匮乏的新创企业来讲是重要的发展机遇,数字技术的开放性和关联性等属性推动了创业者与数字平台内其他主体的连接与互动,有利于双方在协同创新的过程中实现价值共创(Nambisan et al.,2018),数字技术如何为新创企业的开放式创新实践赋能,数字化环境为新创企业吸收创新资源、识别新机会带来了哪些具体的有利影响等问题目前尚不明确,仍有待后续研究展开探索。

另一方面,数字化的加速发展改变了创业过程固有的不确定性以及应对这种不确定性的方式(Chalmers et al.,2021),在数字化环境下的开放式创新也对新创企业的创业能力、技术能力、经营方式等提出了新的要求,如数字化情境下的复杂多变性往往要求企业拥有快速响应和整合知识资源的能力,这对新创企业的动态能力往往提出了更高的要求(Cenamor et al.,2019),但是整体来看目前相关研究尚不充分,对于渴望吸收外部知识和对外传播创新的企业而言,数字化环境对其创业能力提出了哪些新的要求,商业模式需要做出哪些调整,开放的数字化环境下的创新创业实践又有哪些变化等都是未来值得探究的问题。

2. 生态化情境下开放式创新驱动创业研究

目前,现有的关于开放式创新的学术研究倾向于从微观层面分析吸收外部创新资源如何帮助企业创造价值和如何将内部创新商业化并对外传播,以及从中观层面关注企业与其他具体的创新主体之间的交互协作共创价值的过程。而随着创新生态系统的发展和平台创业的兴起,创新驱动创业涉及竞争者、政府、科研机构、投资机构、中介机构和用户等多样化的创新和创业主体的共同参与和有效协同,基于多主体协同视角从宏观层面分析开放式创新系统对新创企业的孵化作用在未来是一个有价值的研究方向。

大企业有能力在帮助和引导创新主体、推动创业方面承担更多的责任(Nambisan and Baron,2013),大企业的核心资源可以为缺乏资源的中小企业或新创企业提供肥沃的创新成长土壤(Ceccagnoli et al.,2012)。在开放式创新生态系统中,大企业与中小企业往往会选择双向流动型的协同创新。一方面,大企业拥有更丰富的资源,可以将非核心技术共享给创业者,同时大企业也需要吸纳外部创意以提升创新速度;另一方面,中小企业更倾向于将创意出售给大企业,获得必要的发展资源(Torkkeli,2009)。目前,基于数字平台构建的开放式创新系统催生的创业实践研究尚处于初期探索阶段,未来的研究需要突破以企业为基本分析单元的传统研究思路,将生态系统、平台等作为新的研究对象,如平台中的领导企业应当实施什么样的平台战略来孵化新创企业;平台管理过程中制定什么样的激励政策推动新创企业和中小企业发展;平台创业过程中要求企业形成哪些新的创业能力等都是有价值的问题。

但是,大企业在开放式创新生态系统中的作用要用一分为二的观点来看待,在数字化平台环境下,大企业凭借资源优势在创新生态系统中占据核心地位(Tilson et al.,2010),而初创企业往往可以依靠平台资源来获取依附性的发展红利,随着初创企业对平台依赖程度的不断加深,对于平台核心企业的战略决策只能被动地服从(Cutolo and Kenney,2021),核心企业可以基于数字技术衍生手段对包括创业者在内的平台参与者进行掠夺式发展,这也突破了"参与者与平台主关系一旦建立便可持续存在"的传统认知。未来研究有必要关注创新在平台生态情境下中小企业与平台领导型企业之间关系呈现的新特点,并探索创新掠夺行为对平台创业的不利影响,如何有效治理平台垄断以保障中小企业和新创企业的合法权益等有价值的研究问题。

目前有越来越多的学术研究开始强调让用户深度参与到创新生态系统中的价值创造中来(Carayannis and Campbell,2009),尽管目前有部分研究关注到用户创新驱动创业的学术研究(Shah and Tripsas,2007),但缺乏将用户作为创新创业的重要主体纳入到开放式创新生态系统下展开相关学术研究。当下,用户通过在线社区参与创新乃至用户识别创业机会并将创新成果商业化的社会现象已经十分普遍(Shah et al.,2012),未来可以结合社会支持理论、社会认知理论、社会交换理论、集体创造理论等探索创新生态系统中用户如何在多主体协同创新中识别和开发创业机会,成为创业者。

3. 全球化情境下开放式创新驱动创业研究

在经济全球化背景下,大规模跨国转移技术创新活动日益频繁,科技创新要素在全球范围内得到优化配置,各国之间技术创新发展的依赖性日趋强化(Carlsson,2006)。伴随着全球化背景下创新要素在全球范围内的充分流动,知识总量激增、更新速度加快等现实情境的变化在倒逼新创企业吸收和利用外部知识与资源的同时,也对新创企业的创业能力提出了更高的要求,在未来开展有关全球化背景下开放式创新驱动创业的研究中,可以结合资源基础观、知识基础观、吸收能力理论、动态能力理论、组织学习理论等在内的多种理论展开学术探索。

此外，全球化的合作伙伴网络也同样会为创业企业利用外部创新资源提供新的机会，未来的学术研究可以结合社会网络理论、社会交换理论、利益相关者理论等探索新型全球化的合作伙伴网络对创业者整合跨国创新资源的影响。

在全球化背景下，如何利用好全球的创新资源培养一批具有国际竞争力的创新型企业是所有国家特别是发展中国家面临的重大机遇与挑战。对于中国而言，构建国家开放创新体系，对于我国在全球范围内配置创新要素、推动更加活跃的创业投资、提升企业的创新竞争力等方面具有重要意义。目前，有关构建国家开放创新体系的学术研究尚属于起步阶段，而中国构建国家开放创新体系的社会实践尚处于初期，为此十分有必要探索中国本土情境下国家开放创新体系的构建，形成相应的理论框架，并就开发测量国家开放创新体系的方法和指标体系积极开展相关实证研究，这对于指导发展中国家构建融入全球化的开放式创新系统以及培育隐形冠军等新型创新型中小企业具有重要参考价值。

当前，经济全球化发展面临诸多不确定因素，在逆全球化思潮影响下，全球范围内的要素流动将会被设置各种显性或隐性的障碍，这在客观上对开放式创新的学术研究和社会实践也提出了新的挑战。目前有关开放式创新在这种新情境下的学术研究仍然缺乏探索，逆全球化会给新创企业融入开放式创新带来哪些不利影响，新创企业在这种情境下要想继续实现对全球创新资源的吸收和整合需要采取哪些应对策略，又应当具备哪些新的能力来抵御可能面临的新风险等都是值得探讨的问题。

参 考 文 献

蔡莉, 张玉利, 蔡义茹, 等. 2021. 创新驱动创业: 新时期创新创业研究的核心学术构念[J]. 南开管理评论, 24(4): 217-226.

Ansari S, Garud R, Kumaraswamy A. 2016. The disruptor's dilemma: TiVo and the U.S. television ecosystem[J]. Strategic Management Journal, 37(9): 1829-1853.

Bianchi M, Cavaliere A, Chiaroni D, et al. 2011. Organisational modes for open innovation in the bio-pharmaceutical industry: an exploratory analysis[J]. Technovation, 31(1): 22-33.

Bogers M, Zobel A K, Afuah A, et al. 2017. The open innovation research landscape: established perspectives and emerging themes across different levels of analysis[J]. Industry and Innovation, 24(1): 8-40.

Carayannis E G, Campbell D F J. 2009. "Mode 3" and "Quadruple Helix": toward a 21st century fractal innovation ecosystem[J]. International Journal of Technology Management, 46(3/4): 201-234.

Carlsson B. 2006. Internationalization of innovation systems: a survey of the literature[J]. Research Policy, 35(1): 56-67.

Ceccagnoli M, Forman C, Huang P, et al. 2012. Co-creation of value in a platform ecosystem! The case of enterprise software[J]. MIS Quarterly, 36(1): 263-290.

Cenamor J, Parida V, Wincent J. 2019. How entrepreneurial SMEs compete through digital platforms: the roles of digital platform capability, network capability and ambidexterity[J]. Journal of Business Research, 100: 196-206.

Chalmers D, Matthews R, Hyslop A. 2021. Blockchain as an external enabler of new venture ideas: digital entrepreneurs and the disintermediation of the global music industry[J]. Journal of Business Research, 125: 577-591.

Cheng C C J, Huizingh E K R E. 2014. When is open innovation beneficial? The role of strategic orientation[J]. Journal of Product Innovation Management, 31(6): 1235-1253.

Chesbrough H. 2003. Open Innovation: The New Imperative for Creating and Profiting from Technology[M]. Boston: Harvard Business School Press.

Chesbrough H. 2017. The future of open innovation: the future of open innovation is more extensive, more collaborative, and more engaged with a wider variety of participants[J]. Research-Technology Management, 60(1): 35-38.

Cohen W M, Levinthal D A. 1990. Absorptive capacity: a new perspective on learning and innovation[J]. Administrative Science Quarterly, 35(1): 128-152.

Curley M. 2016. Twelve principles for open innovation 2.0[J]. Nature, 533(7603): 314-316.

Curley M, Salmelin B. 2013. Open innovation 2.0: a new paradigm[R]. EU Open Innovation and Strategy Policy Group.

Cutolo D, Kenney M. 2021. Platform-dependent entrepreneurs: power asymmetries, risks, and strategies in the platform economy[J]. Academy of Management Perspectives, 35(4): 584-605.

de Oliveira R T, Gentile-Lüdecke S, Figueira S. 2022. Barriers to innovation and innovation performance: the mediating role of external knowledge search in emerging economies[J]. Small Business Economics, 58(4): 1953-1974.

Dyer J H, Singh H. 1998. The relational view: cooperative strategy and sources of interorganizational competitive advantage[J]. Academy of Management Review, 23(4): 660-679.

Eckhardt J T, Ciuchta M P, Carpenter M. 2018. Open innovation, information, and entrepreneurship within platform ecosystems[J]. Strategic Entrepreneurship Journal, 12(3): 369-391.

Eftekhari N, Bogers M. 2015. Open for entrepreneurship: how open innovation can foster new venture creation[J]. Creativity and Innovation Management, 24(4): 574-584.

Gao H, Ding X H, Wu S M. 2020. Exploring the domain of open innovation: bibliometric and content analyses[J]. Journal of Cleaner Production, 275: 122580.

Guerrero M, Urbano D. 2017. The impact of Triple Helix agents on entrepreneurial innovations' performance: an inside look at enterprises located in an emerging economy[J]. Technological Forecasting and Social Change, 119: 294-309.

Han J, Ruan Y, Wang Y M, et al. 2021. Toward a complex adaptive system: the case of the Zhongguancun entrepreneurship ecosystem[J]. Journal of Business Research, 128: 537-550.

Hung K P, Chiang Y H. 2010. Open innovation proclivity, entrepreneurial orientation, and perceived firm performance[J]. International Journal of Technology Management, 52(3/4): 257-274.

Ketchen D J,Jr, Ireland R D, Snow C C. 2007. Strategic entrepreneurship, collaborative innovation, and wealth creation[J]. Strategic Entrepreneurship Journal, 1(3/4): 371-385.

Leimeister J M, Huber M, Bretschneider U, et al. 2009. Leveraging crowdsourcing: activation-supporting components for IT-based ideas competition[J]. Journal of Management Information Systems, 26(1): 197-224.

Lichtenthaler U. 2009. Outbound open innovation and its effect on firm performance: examining environmental influences[J]. R&D Management, 39(4): 317-330.

Lichtenthaler U. 2011. Open innovation: past research, current debates, and future directions[J]. Academy of Management Perspectives, 25(1): 75-93.

Lin Y K, Maruping L M. 2022. Open source collaboration in digital entrepreneurship[J]. Organization Science, 33(1): 212-230.

Lopes A P V B V, de Carvalho M M. 2018. Evolution of the open innovation paradigm: towards a contingent conceptual model[J]. Technological Forecasting and Social Change, 132: 284-298.

Moore J F. 1993. Predators and prey: a new ecology of competition[J]. Harvard Business Review, 71(3): 75-86.

Mortara L, Ford S J, Jaeger M. 2013. Idea Competitions under scrutiny: acquisition, intelligence or public relations mechanism?[J]. Technological Forecasting and Social Change, 80(8): 1563-1578.

Nambisan S. 2017. Digital entrepreneurship: toward a digital technology perspective of entrepreneurship[J]. Entrepreneurship Theory and Practice, 41(6): 1029-1055.

Nambisan S, Baron R A. 2013. Entrepreneurship in innovation ecosystems: entrepreneurs' self-regulatory processes and their implications for new venture success[J]. Entrepreneurship Theory and Practice, 37(5): 1071-1097.

Nambisan S, Siegel D, Kenney M. 2018. On open innovation, platforms, and entrepreneurship[J]. Strategic Entrepreneurship Journal, 12(3): 354-368.

Nelson R R, Winter S G. 1985. An Evolutionary Theory of Economic Change[M]. Cambridge: Belknap Press.

Parida V, Westerberg M, Frishammar J. 2012. Inbound open innovation activities in high-tech SMEs: the impact on innovation performance[J]. Journal of Small Business Management, 50(2): 283-309.

Romero D, Molina A. 2011. Collaborative networked organisations and customer communities: value co-creation and co-innovation in the networking era[J]. Production Planning &Control, 22(5-6): 447-472.

Rothwell R. 1992. Developments towards the fifth generation model of innovation[J]. Technology Analysis &Strategic Management, 4(1): 73-75.

Salmelin B. 2013. Reflections from open innovation 2.0 paradigm[R]. Innovation in Horizon 2020.

Shah S K, Smith S W, Reedy E J. 2012. Who are user entrepreneurs? Findings on innovation, founder characteristics, and firm characteristics[R]. Kansas City, MO: Kauffman Foundation.

Shah S K, Tripsas M. 2007. The accidental entrepreneur: the emergent and collective process of user entrepreneurship[J]. Strategic Entrepreneurship Journal, 1(1/2): 123-140.

Sorenson O, Assenova V, Li G C, et al. 2016. Expand innovation finance via crowdfunding[J]. Science, 354(6319): 1526-1528.

Sousa-Zomer T T, Neely A, Martinez V. 2020. Digital transforming capability and performance: a microfoundational perspective[J]. International Journal of Operations & Production Management, 40(7/8): 1095-1128.

Spender J C, Corvello V, Grimaldi M, et al. 2017. Startups and open innovation: a review of the literature[J]. European Journal of Innovation Management, 20(1): 4-30.

Spithoven A, Vanhaverbeke W, Roijakkers N. 2013. Open innovation practices in SMEs and large enterprises[J]. Small Business Economics, 41(3): 537-562.

Taylor A, Helfat C E. 2009. Organizational linkages for surviving technological change: complementary assets, middle management, and ambidexterity[J]. Organization Science, 20(4): 718-739.

Teece D J. 1986. Profiting from technological innovation: implications for integration, collaboration, licensing and public policy[J]. Research Policy, 15(6): 285-305.

Tilson D, Lyytinen K, Sørensen C. 2010. Research commentary-digital infrastructures: the missing IS research agenda[J]. Information Systems Research, 21(4): 748-759.

Torkkeli M T, Kock C J, Salmi P A S. 2009. The "Open Innovation" paradigm: a contingency perspective[J]. Journal of Industrial Engineering and Management, 2(1): 176-207.

von Hippel E. 1976. The dominant role of users in the scientific instrument innovation process[J]. Research Policy, 5(3): 212-239.

von Hippel E. 1988. The Sources of Innovation[M]. New York: Oxford University Press.

West J, Bogers M. 2014. Leveraging external sources of innovation: a review of research on open innovation[J]. Journal of Product Innovation Management, 31(4): 814-831.

West J, Vanhaverbeke W, Chesbrough H. 2006. Open Innovation: A Research Agenda[M]. Oxford: Oxford University Press.

代表性学者简介

亨利·切萨布鲁夫（Henry Chesbrough）

亨利·切萨布鲁夫是加利福尼亚大学伯克利分校哈斯商学院（University of California, Berkeley: Haas School of Business）创新管理系教授，是"开放式创新"理论的提出者。在 *California Management Review*（《加利福尼亚管理评论》）、*MIT Sloan Management Review*（《麻省理工学院史隆管理评论》）、*Havard Business Review*（《哈佛商业评论》）和 *Research Policy* 等期刊上发表多篇论文，出版了 *Open*

Innovation: Researching A New Paradigm（《开放式创新：一个新的研究范式》）、*New Frontiers in Open Innovation*（《开放式创新领域的最新前沿问题》）等著作。

维姆·万哈韦贝克（Wim Vanhaverbeke）

维姆·万哈韦贝克是安特卫普管理学院（Antwerp Management School）的管理系教授，担任 *Technovation* 的联合主编，在 *Organization Science*、*California Management Review*、*Journal of Management* 等期刊上发表多篇论文。

约珥·韦斯特（Joel West）

约珥·韦斯特是凯克应用生命科学研究生院（Keck Graduate Institute of Applied Life Sciences）创新创业系教授，担任 *Research Policy*、*Industrial and Corporate Change*（《产业与企业变革》）等多个期刊的编委，在 *Information Systems Research*（《信息系统研究》）、*Journal of Management*、*Research Policy*、*Strategic Entrepreneurship Journal* 等期刊上发表多篇论文。

本章执笔人：尹苗苗　王久奇

第 15 章　机会发现和机会创造——解析创新驱动创业的理论假设

机会的发现与创造在创业理论中占有独特的地位（蔡莉等，2018，2019）。它们不仅涉及机会的定义，也直接影响了我们如何认识创业者和创业行为，以及对创业实践的见解。尤其是在创新驱动创业的研究情境中，有关创业机会是被发现还是创造的讨论会直接关系到企业创新的作用机制。例如，三一重工通过技术创新搭建工业互联网平台，并基于商业模式创新建立三一众创孵化器，这些创新行为究竟是企业发现数字化转型机会的后续跟进，还是创造数字化转型机会的前置驱动？有关这个话题的讨论对我们理解创新驱动创业的机制有很大作用。关于机会发现和机会创造，Alvarez 和 Barney（2007）曾将之形象地比作"登山"与"造山"，笔者认为这个比喻很适合引出该理论。

当被问及为什么要攀登珠穆朗玛峰时，世界著名登山家乔治·马洛里曾回答说，"因为它就在那里"。许多创业学者采用了类似的隐喻，当谈论为什么企业家能够利用竞争机会时，最直截了当的解释是因为这些机会客观存在，那么那些更有洞察力、善于发现和利用机会的创业者便会获得垂青。假设机会真的像山一样作为客观现象存在，那么只有研究机会发现才能获得现实意义。假如创业机会并不像积云遮掩下亟待发现的山脉，而是只能通过从无到有、愚公移山般创造出来的奇观，那么，企业家精神的正确比喻则不应该是"登山运动"，而是"造山运动"。

这涉及创新驱动创业研究的重要假设。在前一种情况下（机会发现），创业者理应花费大量的时间和精力进行周密的市场调研和商业计划的安排，用最快的速度发现这些机会，并以此快速展开创业活动，有针对性地利用新的技术或商业模式来开发创业机会。然而，在后一种情况下（机会创造），创业者是在持续不断的创新活动中，进行了大量的学习迭代，并与市场或非市场的利益相关者持续互动，从而最终形成了一个本不存在的创业机会。假如创业者过早地进行严格的计划，限制创新的想象力，那么轻则浪费大量资源，重则从根本上误导投资方向，使创业者和投资者陷入海市蜃楼的幻影里。

由上可见，机会发现和机会创造将机会——这个创业领域可能最重要的概念——进行了两个泾渭分明、难以通融的假设，这种颇富哲学色彩的二分框架吸引了大量创业学者的关注和讨论，也对创业实践有重大影响。接下来，本章试图通过回顾现有文献，梳理机会发现和机会创造的发展脉络，解读其在创业领域的应用，以及提供未来可能的研究方向。

15.1 机会发现和机会创造理论的发展

机会发现和机会创造理论的发展过程可以分为三个阶段：萌芽阶段（1973~2006年）、发展阶段（2007~2015年）和整合阶段（2016年至今）。

蔡莉等（2019）和蔡义茹等（2022）的综述性文章详细梳理了机会发现观和机会创造观的理论脉络与文献发展，感兴趣的读者可详细研读。

15.1.1 萌芽阶段（1973~2006年）：机会发现主导，机会创造为辅

机会发现的哲学根基如同许多管理学研究一样，是基于18世纪经典实证主义的观点（包括洛克、伯克利、休谟等启蒙思想家）。他们认为，任何不基于客观和可观察现象的理论在科学上都是毫无意义的（Ackroyd and Fleetwood, 2000）。20世纪，批判现实主义（critical realism）对传统现实主义提出了挑战，主张将不可观测的实体纳入科学研究的视角（Godfrey and Hill, 1995）。尽管现实主义和批判现实主义有一些重要的区别，但他们都认为现实，包括社会现实，是独立于个人的思想和感知而存在的，因此是可以运用科学方法来研究的（Kwan and Tsang, 2001），这一观点在社会科学领域占据了主导地位（McKelvey, 1997）。

研究机会发现的学者直接利用这种批判性现实主义视角（McMullen and Shepherd, 2006）。有关机会发现的论述最早可见于Kirzner（1973）的著作之中。他认为，机会是由技术环境、消费者偏好或其他外部因素的变化而产生的。这些机会的产生独立于那些试图发现和利用机会的创业行为。Shane（2003）在他的著作中也提到，技术变革、制度变化、社会和人口的变动，都是那种可以打破市场或行业中现有竞争平衡的事件，从而产生机会。因此，机会是客观真实存在的，而创业者需要做的就是时刻保持机敏和警醒的态度对待那些可能被发现的机会，并在发现之后，快速占据最具有经济潜力的机会。从这个角度来看，发现机会是一个事件，利用这些机会可能是一个过程。所以，这种机会是由外生事件创造的观点认为，机会发现的本质是搜寻（search），通过系统性地扫描环境来发现可以生产新产品或新服务的机会。在这个搜寻过程中，创业者需要同时考虑搜寻的方向和时长，尽量避免令人迷惑的本地搜寻（local search）（本地搜寻通常发现的是经济潜力较少的机会），并投入更多的精力到全球搜寻（global search）中去（Levinthal, 1997）。鉴于个体警觉性（alertness）在机会发现过程中的重要性，学者把警觉性作为区分创业者和非创业者的重要特征。在机会客观存在的假设下，那些没有足够警觉性的个体即使出现在对的时间和对的地方，也无法发现被掩藏的机会。对于这一点，张红和葛宝山（2014）对早期的机会发现观有过详细的文

献回顾，感兴趣的读者可仔细研读。

与机会发现相比，机会创造则较少受到学者的关注。它的起源和发展并非一脉相承，而是多点开花、较为杂乱的。它的理论根基可追溯到社会构建视角（social constructionism）（Berger and Luckmann，1967）。这种构建视角认为，那种被现实主义描述为客观存在的社会行动、制度和外部条件，实际上并非客观存在的现象，反而是通过人与人之间的互动和理解而形成的。Weick（1979）对社会构建视角有很深的造诣和贡献，也为大多数管理和创业学者所熟知。机会创造真正被引入创业学的讨论，是通过 Baker 和 Nelson（2005）、Sarasvathy（2001）等创业学者有关资源拼凑（bricolage）和手段导向理论（effectuation theory）的讨论，详见本书的第 21 章"创业拼凑理论——创新驱动创业实现路径的相关理论"和第 20 章"创业导向理论——解构创新驱动创业微观基础的理论"。它们的相同点是，在相近的时间段，提出了基于相似假设的创业理论，并取得了很大的学术影响。其中重要的假设便是极力强调机会的构建并不独立存在于创业者的感知、信念和行为之外。在机会创造的假设下，人与人的互动和理解成为机会的来源，创业者最重要的功能是通过持续不断的行动来实现（enact）机会。而搜寻便不再是重要的创业行为，因为机会的火种并不会提前存在于环境之中。

至此，两个截然相反的机会理论已见雏形，这也为日后创业学领域内持久且激烈的争辩埋下了种子。

15.1.2 发展阶段（2007~2015 年）：机会发现和机会创造的直接碰撞

Alvarez 和 Barney 于 2007 年在创业管理顶级期刊 *SEJ* 的创刊号上发表文章：《发现与创造：有关创业行为的可替代理论》（Discovery and creation: alternative theories of entrepreneurial action）。该文首次正式将机会发现和机会创造理论以对立的方式展现，并引起了创业学者的极大关注。截至 2022 年 8 月，该文在 Google Scholar 的引用数已经达到 2960 次。该文归纳了机会发现和机会创造在机会、创业者和决策情境方面的重要假设（表 15.1），并且对比了基于机会发现和机会创造的理论观点对不同创业行为的影响（表 15.2）。

表 15.1 机会发现和机会创造的重要假设

项目	机会发现	机会创造
机会的本质	机会独立存在于创业者之外	机会不独立存在于创业者
创业者的本质	事前与非创业者在某些方面有很大的事前区别	事前不一定与非创业者有区别，事后会存在区别
决策情境的本质	风险	不确定性

资料来源：Alvarez 和 Barney（2007）

表 15.2 机会发现和机会创造情境下的有效创业行为

创业行为	机会发现	机会创造
领导力	基于专业和经验	基于魅力
决策	基于风险的数据收集工具；基于风险的决策工具；机会成本的重要性	迭代、归纳、渐进式的决策；对偏误和启发（heuristics）的使用；可承受损失的重要性
人力资源实践	从广泛的渠道招聘具体的人力资本	从之前存在的社会网络吸收广义的、灵活的人力资本
战略	相对完整和不变的	涌现和变化的
金融	外部资本：银行和风险投资	自助（bootstrapping）和亲友
营销	营销组合的变化可能是新机会的表现	营销组合可能是由于新机会的出现而改变的
可持续竞争优势	速度、隐秘性和建立壁垒	路径依赖过程中的默会学习

资料来源：Alvarez 和 Barney（2007）

其中在假设方面，我们已经了解了机会在这两种对立视角下的差异。针对创业者，机会发现理论认为创业者有着其他人不具备的警觉性。这可以解释为什么同处于某个行业和市场的个体，有一些成为创业者，而其他人并没有。该理论认为个体间的事前差异造就了创业者。然而，机会创造理论却并不坚定地认为创业者在事前存在显著的个体差异。该理论认为，即使是微小的个体差异，也会造成创业的差异，甚至个体运气也是重要的因素。更重要的个体差异体现在事后阶段，即机会创造的过程会加剧事前哪怕细微的个体差距。例如，创业者可能在机会创造的过程中，逐渐培养出过度自信的特征，但这在事前是几乎不存在的。因此，机会创造理论认为创业者与非创业者的个体差异可能是由创业路径的选择造成的，而不是导致创业的原因（Hayward et al.，2006；Sarasvathy，2001）。同时，在决策情境的本质上，两个理论也存在重大分歧。机会发现理论认为，创业者可以通过收集足够的信息来对可能的创业结果进行预测，并估算出每种结果出现的可能性。尽管这个过程可能很困难，但这在理论上是可以实现的。机会创造理论则认为，创业者并不能通过信息的收集来预测可能的结果。因为，能用于做预测的信息在事前并不存在。因此，不论创业者如何努力，拥有多少资源和分析能力，他们都无法进行准确预测，而只能面对不确定性。创业者在创业的过程中可能会获得更多信息，而这些信息只针对已经被创造出的机会。详见本书第 5 章"不确定性理论——复杂环境中创新驱动创业机制"。

进一步地，两个理论在重要假设上的对立会对创业研究产生深远的影响。表 15.2

列举了机会发现和机会创造这两个理论假设对我们如何理解七种有效创业行为所带来的影响。这七种行为是各类创业者在利用机会的过程中会经常使用的。本章就不在此一一列举。感兴趣的读者可以阅读原文。

在2007年的奠基作之后，Alvarez和Barney陆续在 *Academy of Management Annals*（《美国管理学会年鉴》）和 *OS* 等顶级管理学期刊上发表了关于机会发现和机会创造的理论性和综述性论文。在 *Academy of Management Annals* 的文章中，两位作者从认识论（epistemology）的角度出发探讨创业机会的由来，具体阐述了两个理论视角的哲学根基，谈到基本假设对理解创业者行为的作用，以及对于创业和管理学学科的影响。而在之后 *OS* 的文章中，作者详细回溯了创业研究中有关机会起源的探讨，并且基于不同机会类型提出相应的创业过程。这两篇文章试图为后续的创业过程研究指明研究方向。这些理论性文章也极大地激起了创业学者的讨论。例如，Short等（2010）在 *JOM* 上发表了关于机会在创业研究中的概念的综述性论文，其中不仅把机会发现和机会创造作为理论视角介绍，更是把它融入了机会的定义中。他们认为机会是由创业者发现或创造的具有盈利可能性的想法。Wood 和 McKinley（2010）则从社会构建的视角阐述了创业者如何通过持续的、迭代式的互动，创造出创业机会。

尽管机会发现和机会创造是极具魅力和争议性的理论框架，但它们之间长期抵触的关系可能会阻碍创业研究的发展。鉴于此，越来越多的创业学者试图在这两个创业理论的基础上，对两个理论进行融合，融会贯通，各取所长。

15.1.3 整合阶段（2016年至今）：机会发现和机会创造的融合再造

近年来，机会发现理论和机会创造理论在创业学者的对比和争辩中逐渐开始走向融合。Ramoglou 和 Tsang（2016）在管理学顶级理论期刊 *AMR* 上提出，在发现和创造的二元对立下，可能存在一个更加深层的理论框架能融会贯通地解释两个理论。他们将机会看作未现实化的倾向（unactualized propensities）。这既与机会发现理论对机会客观存在的假设相同，也与机会创造所强调的机会不独立存在于创业者之外的假设一致。他们认为，机会虽然尚未现实化，但是也萌发于当前的客观世界中。因此，机会被定义为可盈利的市场需求通过引入新产品或服务而被现实化的倾向。正是由于创业学科游走于可能与现实之间，其自身才有着独特的概念化挑战，而这些挑战是一些完全基于现实的学科（如天文、分子生物等）所难以预见的。如表15.3所示，这个兼容了机会发现和机会创造的理论框架也有其独特的认识论的根基。这种基于现实主义的新理论拓展融合了机会发现和机会创造的理论框架。

表15.3 机会发现、机会创造与机会现实化理论的对比

维度	实证主义	构建主义	现实主义
本体论	世界客观存在，并且可以被观察到	现实是由社会构建的。个体可以根据自己的假象而创造自己的现实	现实存在并不局限于能被客观观察到这一种形式。倾向是难以观察的
认识论	科学知识必须基于可测的观察和实验。研究结果的客观性要求杜绝任何主观的理解	对外在现实的不同解读是同样成立的。尤其是对于社会和文化知识，并不存在客观唯一的标准来检验知识的真实性	我们可以间接地认识世界。我们可以用自己的想象力来揭示现象，但是现实在此之上强加了限制
创业机会的概念	机会发现：创业者发现事前独立存在于创业者之外的机会	机会创造：机会在被创业者内生地创造出来之前并不存在	现实化：机会是独立存在可能的创业者之外的，未被满足的有盈利可能性的市场需求的倾向

资料来源：Ramoglou 和 Tsang（2016）

蔡莉等（2018）在管理学顶级期刊《管理世界》上提出了多主体互动视角，探索发现型机会和创造型机会是否能相互转化的问题。该文指出，已有文献多以创业者单一主体为核心，忽略了其他相关主体的作用。基于此，作者借鉴资源基础观、利益相关者理论、组织学习理论，构建发现型机会与创造型机会的转化机理模型，系统分析多主体在发现型机会与创造型机会开发过程中发挥的重要作用。通过理论推导和对支付宝、余额宝的案例分析，提出多主体参与的发现型机会和创造型机会开发有助于形成机会集。该研究发现正是机会集的创建和拓展实现了发现型机会与创造型机会之间的转化，从而从多主体视角解释这两种类型机会间的转化机理。理论框架如图15.1所示。

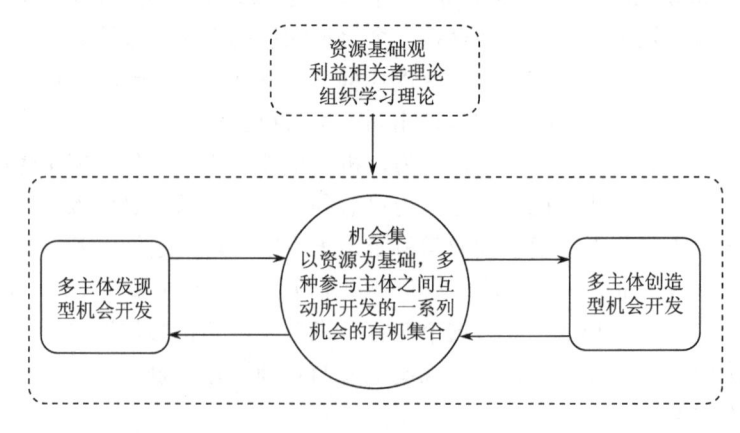

图15.1 多主体视角下两类创业机会的转化模型

资料来源：蔡莉等（2018）

Berglund 等（2020）同样在管理学顶级理论期刊 *AMR* 上发表论文，从设计的视角来融合机会发现和机会创造的观点，论述创业机会作为一种人造物（artifacts）的存在。作者的初衷是尽可能地克服现有创业研究中的挑战：第一，机会发现和机会创造的隔阂；第二，机会只有在事后验证可以带来盈利后才能被定义，因此无法为创业者提供前瞻性的见解。基于西蒙的人造物设计视角，他们描述了机会作为人造物在有组织的个体和其外部环境之间的迭代式发展。他们基于机会发现和机会创造的视角，推演出两类创业行为：实验（experimentation）与转变（transformation）。对于实验来说，其前提是机会客观存在于创业者之外，创业者通过设计独特的人造物，让下属按实验计划实施，来达到收集、学习有关未知机会信息的目的。对于转变来说，机会本身并不客观存在，而是需要创业者通过人造物将多样的利益相关者连接在一起，通过谈判（negotiation）的方式来创造可能的机会。具体理论框架见表 15.4。

表 15.4　实验与转变框架

对象	具体分类	实验	转变
外部系统	环境	机会客观存在于创业者之外	机会是创业者构建的
界面	设计人造物	人造物是专门用于高效执行实验的工具	人造物是帮助连接不同个体的边界工具
	设计原则	不确定性需要创业者通过信息收集来适应	不确定性需要创业者通过社会构建来克服
内部系统	个体	创业者领导下属员工	多种异质的利益相关者有机协调

资料来源：Berglund 等（2020）

由上可见，机会发现和机会创造理论在近年来已逐渐呈现融合趋势，创业学者试图通过构建更加具有包容性的理论框架来承载两类截然不同的假设，并以此为动力推进创业理论和实践的发展。

15.2　机会发现和机会创造理论在创业研究中的应用与发展

15.2.1　制度与创业

在近年来热度居高不下的制度创业的领域中，机会创造理论获得了空前的发展。Santos 和 Eisenhardt（2009）借助机会创造理论，提出成功的创业者会通过宣称（claim）、解放（demarcate）和控制（control）的方式来构建组织边界和利基市场，以此在新兴市场中竞争。他们以组织间的权力作为主要逻辑，提出创业者在高度模糊的新兴市场中应使用"软权力"战略（soft-power strategies）。这对制度创业和资源基础观都有很大贡献。

在国家制度环境的相关研究中,机会创造理论一直扮演着重要的角色。最艰难的国家创业系统研究(national systems of entrepreneurship)摆脱了传统的国家创新系统研究(national systems of innovation)对于制度的强烈关注,转而关注个体行为(Shane,2003;Shane and Venkataraman,2000)。这是由于机会创造的视角强调个人判断和行动在机会形成过程中的中心位置。因此,外部制度变化虽然能够塑造环境,但创业者的行动才是机会形成的根本要素。Ács等(2014)提出,摆脱这种"制度与个人"两难困境的方法是要考虑创业者的情境因素。创业者所处的情境不仅调节机会和创业行动的可行性(feasibility),对创业行为的结果也有直接影响。从创业系统的角度来看,强调企业家行动的资源动员(resource mobilization)方面是有益的。在系统层面上,资源动员创造了一个"企业家流动"(entrepreneurial churn)的过程(Reynolds et al., 2005),通过企业家的试错,推动资源分配到生产性用途(productive uses)。

15.2.2 国际创业

机会发现和机会创造也推进了国际创业话题的发展。尤其是在对比发展中国家和发达国家的创业差异时,学者认为,由于缺乏正式制度法规的保护,创业者在发展中国家所面对的不确定性是在发达国家创业的个体难以想象的(Bruton and Ahlstrom,2003)。这就导致了创业者在发展中国家必须依赖像是社会网络这样的非正式制度。因此,他们不能像个被动的接收者或者发现者那样单一地对环境进行探索,他们必须承担构建者的角色,通过社会网络去构建和创造可能的商业机会(Puffer et al., 2010)。这一观点也在研究 BoP 的文献中得到了印证(Webb et al., 2010)。跨国企业在进入 BoP 市场时,并不是发现机会,而是创造机会。他们利用想法,结合反馈来学习,通过一个迭代式的漫长过程将想法转变为机会。这种机会创造通常都是通过跨国企业和本地企业共同创造(co-creation)。一些非正式组织也会在跨国企业进入 BoP 市场时,起到连接当地企业和实体的作用。在考虑跨国公司国际创业时,跨国信息不对称是另一个严重的阻碍。Madhok 和 Keyhani(2012)提出,机会发现和机会创造理论也可运用到此情境中。当运用机会发现的视角时,跨国企业应该全力抓住战略价值巨大的机会,并将跨国企业置于一个富有吸引力和机会的组织流程中。当运用机会创造的视角时,警觉的企业可以进一步通过结合自身和他人资源找到一种将机会所蕴含的潜力(the potential inherent in opportunities)转化为优势的方式。

15.2.3 社会创业和风险投资

在社会创业方面,机会发现和机会创造理论也初露锋芒。Zahra 等(2008)

指出，社会创业者可能会发现或创造机会，并创立企业来获取利润、创造财富，或者平衡社会和经济目标。从机会发现的视角看，对于试图解决社会问题的创业者来说，他们会先计划好想要成为的社会企业、所需的各类资源，以及期望达到的目标，这在社会创业文献中时常被作为前提假设。从机会识别（opportunity identification）的视角看，如果一个创业者对某个社会问题感兴趣，那么它会从考虑可用的手段出发，就如同大厨做菜得先考虑拥有的食材一样。社会创业者甚至会按照拥有的手段，试图改变和创造解决某个社会需求的方案。这就意味着，社会创业要求创业者更多地参与和不同利益相关者的互动与谈判（Corner and Ho，2010）。在风险投资领域，有经验的天使投资人会学习去利用身边的资源，并在投资过程中不断地调整目标，以这样一种迭代、渐进的手段导向方式去创造投资机会（Huang and Pearce，2015）。

15.2.4 融合视角

创业学者试图在一篇实证文章中融合这两个视角。彭秀青等（2016）通过对三个创业企业进行归纳和纵向案例研究，提出一个新的框架，刻画了成功的创业企业如何运用顺势而适、谋势而动和因势而创三个战略，实现机会发现向机会创造的转变，并比较在机会发现和机会创造中，企业机会-资源一体化行为存在的差异，从战略视角揭示企业从机会发现向机会创造的转变机制。斯晓夫等（2016）应用跟踪性问题导向研究的方法，结合创业机会研究的大量经典文献与具体的中国情境，对创业机会本源与形成进行问题导向探索，提出并证实创业机会是一种多途径的探索与形成过程。Edelman 和 Yli-Renko（2010）基于 PSED（Panel Study of Entrepreneurial Dynamics，创业动态跟踪调查）面板数据发现，创业者感知的市场机会在环境的动态性和创业者创业努力的关系中起到中介的作用。这说明，客观存在的机会是需要创业者的主观认知、感受或行动来中介的，这样才能促使创业者付出更多来创办企业。Coviello 和 Joseph（2012）则从创业顺序上对机会发现和机会创造进行了安排。他们提出，当技术环境变化时，机会发现可能有助于创新，而这还远远不够。想要成功研发重大创新时，创业者需要与客户保持长时间不间断的沟通，以此更加了解需求，并让客户理解新的产品创新。Autio 等（2013）从机会的发现和创造本质中脱离出来，进一步研究潜在创业者对外部信息的接触是如何影响他们对机会的评价和行动的。他们发现，与技术相关的信息可以帮助创业者评价潜在的机会，而与用户需求相关的信息则会驱使创业者采取进一步措施。

15.3 机会发现和机会创造理论在创新驱动创业研究中的局限与未来展望

15.3.1 局限

首先，理论讨论居多，实证文章较少。在现有创业文献中，大多基于机会发现和机会创造理论来探讨创业机会的本质，或是沿用二分对立的理论框架，或是提出新的理论视角将二者融合，大多处于理论和概念化的阶段，对实证研究的推进相对较少。这可能是由于机会发现和机会创造的相关行为是较难测量的。现有的问卷和二手数据都很难给出一个全面、准确的测量依据，究竟什么机会是独立存在的，什么机会是内生的，怎样的行为可以算作发现，怎样的行为是创造，这些清晰的理论区分在应用到实际情境中时会遭遇各种各样的问题。尤其是在对创业实践的启示上，相关实证研究的缺乏导致机会发现和机会创造理论对具体实践情境的指导较为模糊，较难得到清晰的认知。

其次，机会发现和机会创造理论与重要的研究情境缺少理论联系。在进行创新驱动创业研究时，数字技术的进步和（逆）全球化的趋势都是重要的研究情境。在探讨创业机会的由来时，必然会涉及数字技术或地缘政治变化对创业机会的影响。显而易见地，数字技术的进步加速了创业的发展，但我们并不知道是数字技术创造了更多机会还是数字技术能帮助企业更好地发现机会。因此，当前的研究尚未深度结合技术管理和国际商务领域的理论框架，这导致我们在探索创新驱动创业的相关研究时较难厘清不同情境下的机会理论存在的差异。

最后，当前实证研究仍采用二选一的方式。通过对文献的回顾，不难发现大多数文章在检验创业机会理论时，会选择机会发现或机会创造的一个视角。而少有的采用融合视角进行实证研究的文章还处于起步阶段，会涉及有关机会发现与创造的先后关系等的讨论（Coviello and Joseph，2012）。

15.3.2 未来展望

针对机会发现和机会创造理论在解释创新驱动创业活动时所面临的挑战，结合创新驱动创业的内涵，未来可以从以下几方面开展研究。

1. 是创新发现了创业机会，还是创新创造了创业机会？

创新作为一种探索的方式，可以有效起到帮助创业者收集市场信息，以及和利益相关者建立联系互动的作用。创业者通过创新来制定创业战略，即通过创新活动中获得的经验来制订创业计划。其基本假设是，因为创业环境快速变化、不确定、模糊等特性（Eisenhardt，1989），创业者无法有效地思考采取行动的后果，也无法预测创业环境的未来变化。那么创新的作用究竟体现在发现的机制还是创造的机制呢？这是一个重要的实证问题。

从机会发现的视角看，创业者通过试错（Bingham and Davis，2012）和实验（Andries et al.，2013）等方式，强调从自身的行动经验中学习，从而有效制定创业战略。这是一种强调学习知识、获取信息的机制，与机会发现的理论相符。从机会创造的角度看，尽管创业环境中的创业者无法预测未来，但当他们通过创新活动构建市场参与者和自己企业之间的相互依赖关系时，就有助于制定更有竞争力的创业战略（Gary and Wood，2011；梁强等，2011）。因此，创业者可能依赖创新活动建立和维系与利益相关方的关系，并以此推动创业。基于此，创业学者未来可以通过研究创新活动的知识学习和网络属性，从而检验创新驱动创业的机制。尤其是，前沿的融合视角理论文章已经提出，有关个人特质和创业情境的要素会对这两个视角的解释力度都有影响（蔡义茹等，2022）。这为未来研究指明了方向。究竟哪类创业者更有可能秉持机会发现的假设（如高校创业者），而哪些创业者可能更愿意在构建机会上投入（如有政治关联的创业者）？哪类行业更适合用机会发现的视角研究（如自然资源型行业），而哪些行业则必须通过机会创造的角度研究（如新兴科技行业）？

2. 创新驱动创业过程中的理论融合和创业情境

在基于发现和创造制定创业战略的重要交汇点上，创新驱动创业研究存在很大的前景机会（Ott et al.，2017）。尤其是机会发现和机会创造的互补作用和依存关系还存在重要的研究机会。虽然这种权衡是经典的灵活性与效率之间权衡的变种，但它对创业战略形成有特殊的影响。例如，Zuzul 和 Edmondson（2017）探讨了只聚焦于机会创造的弊端。他们观察到一个聚焦于智慧城市的创业者广泛地进行合法性建立的活动，传达整体的行业愿景，创造了新兴的机会前景，但随后却无法有效地参与学习试错以确定适当的行动来支撑整体愿景。相对地，仅仅依赖于搜寻和体验式学习，而缺乏与利益相关方的沟通，则容易形成低效盲目的创业战略。

基于此，未来的研究可以探讨创新活动的机会发现和机会创造机制之间的关系（蔡莉等，2018）。从互补性看，针对信息搜寻的创新活动与针对利益相关方关系构建的创新活动之间是否存在一个最佳的匹配关系？从依存关系上看，假如创业者的创新搜寻活动进展受阻，是否也会对创业者在创新生态中的关系构建有不良影响？同时，中国情境在创新驱动创业的过程中又起到怎样的推动作用（张玉利等，2014）？中国政府积极的产业政策是否会加强机会发现的机制？而儒家文化固有的关系是否会拓展机会创造的可能性？

进一步地，学者还可以围绕创新驱动创业的三个特征展开研究。跨层面特征意味着机会的发现和创造之间的互动并不局限于单一的层面。系统或组织层面的机会创造可能会直接导致个体层面的机会发现。反之,亦有可能。多主体特征则会推动发现型机会和创造型机会之间的相互转化(蔡莉等,2018)。迭代性特征则要求后续研究从过程的视角理解机会的发现和创造。创新活动最有可能在创业过程的哪个阶段发现和创造机会?当创业失败发生时,负向反馈的信息又会怎样影响之后的机会发现和创造?这些问题的答案可能帮助我们构建一个全面而又深入的创新驱动创业理论框架。

参 考 文 献

蔡莉, 鲁喜凤, 单标安, 等. 2018. 发现型机会和创造型机会能够相互转化吗?——基于多主体视角的研究[J]. 管理世界, 34(12): 81-94, 194.

蔡莉, 于海晶, 杨亚倩, 等. 2019. 创业理论回顾与展望[J]. 外国经济与管理, 41(12): 94-111.

蔡义茹, 蔡莉, 陈姿颖, 等. 2022. 创业机会与创业情境:一个整合研究框架[J]. 外国经济与管理, 44(4): 18-33.

梁强, 张书军, 李新春. 2011. 基于创业机会的新创劣势和应对策略分析与启示[J]. 外国经济与管理, 33(1): 19-25.

彭秀青, 蔡莉, 陈娟艺, 等. 2016. 从机会发现到机会创造:创业企业的战略选择[J]. 管理学报, 13(9): 1312-1320.

斯晓夫, 王颂, 傅颖. 2016. 创业机会从何而来:发现,构建还是发现+构建?——创业机会的理论前沿研究[J]. 管理世界, (3): 115-127.

张红, 葛宝山. 2014. 创业机会识别研究现状述评及整合模型构建[J]. 外国经济与管理, 36(4): 15-24, 46.

张玉利, 曲阳, 云乐鑫. 2014. 基于中国情境的管理学研究与创业研究主题总结[J]. 外国经济与管理, 36(1): 65-72, 81.

Ackroyd S, Fleetwood S. 2000. Realist Perspectives on Management and Organisations[M]. London: Routledge.

Ács Z J, Autio E, Szerb L. 2014. National Systems of Entrepreneurship: measurement issues and policy implications[J]. Research Policy, 43(3): 476-494.

Alvarez S A, Barney J B. 2007. Discovery and creation: alternative theories of entrepreneurial action[J]. Strategic Entrepreneurship Journal, 1(1/2): 11-26.

Andries P, Debackere K, van Looy B. 2013. Simultaneous experimentation as a learning strategy: business model development under uncertainty[J]. Strategic Entrepreneurship Journal, 7(4): 288-310.

Autio E, Dahlander L, Frederiksen L. 2013. Information exposure, opportunity evaluation, and entrepreneurial action: an investigation of an online user community[J]. Academy of Management Journal, 56(5): 1348-1371.

Baker T, Nelson R E. 2005. Creating something from nothing: resource construction through entrepreneurial bricolage[J]. Administrative Science Quarterly, 50(3): 329-366.

Berger P L, Luckmann T. 1967. The Social Construction of Reality: A Treatise in the Sociology of Knowledge[M]. New York: Random House US.

Berglund H, Bousfiha M, Mansoori Y. 2020. Opportunities as artifacts and entrepreneurship as design[J]. Academy of Management Review, 45(4): 825-846.

Bingham C B, Davis J P. 2012. Learning sequences: their existence, effect, and evolution[J]. Academy of Management Journal, 55(3): 611-641.

Bruton G D, Ahlstrom D. 2003. An institutional view of China's venture capital industry: explaining the differences between China and the West[J]. Journal of Business Venturing, 18(2): 233-259.

Corner P D, Ho M. 2010. How opportunities develop in social entrepreneurship[J]. Entrepreneurship Theory and Practice, 34(4): 635-659.

Coviello N E, Joseph R M. 2012. Creating major innovations with customers: insights from small and young technology firms[J]. Journal of Marketing, 76(6): 87-104.

Edelman L, Yli-Renko H. 2010. The impact of environment and entrepreneurial perceptions on venture-creation efforts: bridging the discovery and creation views of entrepreneurship[J]. Entrepreneurship Theory and Practice, 34(5): 833-856.

Eisenhardt K M. 1989. Making fast strategic decisions in high-velocity environments[J]. Academy of Management Journal, 32(3): 543-576.

Gary M S, Wood R E. 2011. Mental models, decision rules, and performance heterogeneity[J]. Strategic Management Journal, 32(6): 569-594.

Godfrey P C, Hill C W L. 1995. The problem of unobservables in strategic management research[J]. Strategic Management Journal, 16(7): 519-533.

Hayward M L A, Shepherd D A, Griffin D. 2006. A hubris theory of entrepreneurship[J]. Management Science, 52(2): 160-172.

Huang L, Pearce J L. 2015. Managing the unknowable: the effectiveness of early-stage investor gut feel in entrepreneurial investment decisions[J]. Administrative Science Quarterly, 60(4): 634-670.

Kirzner I M. 1973. Competition and Entrepreneurship[M]. Chicago: University of Chicago Press.

Kwan K M, Tsang E W K. 2001. Realism and constructivism in strategy research: a critical realist response to Mir and Watson[J]. Strategic Management Journal, 22(12): 1163-1168.

Levinthal D A. 1997. Adaptation on rugged landscapes[J]. Management Science, 43(7): 934-950.

Madhok A, Keyhani M. 2012. Acquisitions as entrepreneurship: asymmetries, opportunities, and the internationalization of multinationals from emerging economies[J]. Global Strategy Journal, 2(1): 26-40.

McKelvey B. 1997. Perspective: quasi-natural organization science[J]. Organization Science, 8(4): 351-380.

McMullen J S, Shepherd D A. 2006. Entrepreneurial action and the role of uncertainty in the theory of the entrepreneur[J]. Academy of Management Review, 31(1): 132-152.

Ott T E, Eisenhardt K M, Bingham C B. 2017. Strategy formation in entrepreneurial settings: past insights and future directions[J]. Strategic Entrepreneurship Journal, 11(3): 306-325.

Puffer S M, McCarthy D J, Boisot M. 2010. Entrepreneurship in Russia and China: the impact of formal institutional voids[J]. Entrepreneurship Theory and Practice, 34(3): 441-467.

Ramoglou S, Tsang E W K. 2016. A realist perspective of entrepreneurship: opportunities as propensities[J]. Academy of Management Review, 41(3): 410-434.

Reynolds P, Bosma N, Autio E, et al. 2005. Global entrepreneurship monitor: data collection design and implementation 1998-2003[J]. Small Business Economics, 24(3): 205-231.

Santos F M, Eisenhardt K M. 2009. Constructing markets and shaping boundaries: entrepreneurial power in nascent fields[J]. Academy of Management Journal, 52(4): 643-671.

Sarasvathy S D. 2001. Causation and effectuation: toward a theoretical shift from economic inevitability to entrepreneurial contingency[J]. Academy of Management Review, 26(2): 243-263.

Shane S. 2003. A General Theory of Entrepreneurship: The Individual-opportunity Nexus[M]. Cheltenham, Northampton: Edward Elgar Publishing.

Shane S, Venkataraman S. 2000. The promise of entrepreneurship as a field of research[J]. Academy of Management Review, 25(1): 217-226.

Short J C, Ketchen D J,Jr, Shook C L, et al. 2010. The concept of "opportunity" in entrepreneurship research: past accomplishments and future challenges[J]. Journal of Management, 36(1): 40-65.

Webb J W, Kistruck G M, Ireland R D, et al. 2010. The entrepreneurship process in base of the pyramid markets: the case of multinational enterprise/nongovernment organization alliances[J]. Entrepreneurship Theory and Practice, 34(3): 555-581.

Weick K E. 1979. The Social Psychology of Organizing[M]. 2nd ed. New York: McGraw-Hill Humanities/Social Sciences/Languages.

Wood M S, McKinley W. 2010. The production of entrepreneurial opportunity: a constructivist perspective[J]. Strategic Entrepreneurship Journal, 4(1): 66-84.

Zahra S A, Rawhouser H N, Bhawe N, et al. 2008. Globalization of social entrepreneurship opportunities[J]. Strategic Entrepreneurship Journal, 2(2): 117-131.

Zuzul T, Edmondson A C. 2017. The advocacy trap: when legitimacy building inhibits organizational learning[J]. Academy of Management Discoveries, 3(3): 302-321.

代表性学者简介

莎伦·阿尔瓦雷斯（Sharon Alvarez）

莎伦·阿尔瓦雷斯为匹兹堡大学约瑟夫卡茨商学院创业研究托马斯·奥洛夫森讲席教授。现任 *Academy of Management Review* 副主编，曾任 *Strategic Entrepreneurship Journal* 副主编。在 *Academy of Management Review*、*Strategic*

Management Journal 等期刊发表多篇论文。阿尔瓦雷斯教授发表的 "Discovery and creation: alternative theories of entrepreneurial action" 获得了美国管理学会创业分部 2019 年基础论文奖以及 *Strategic Entrepreneurship Journal* 最佳论文奖。

杰恩·巴尼（Jay Barney）

杰恩·巴尼现为犹他大学大卫·埃克尔斯商学院的战略管理学首席教授和社会创业学皮埃尔·拉森德讲席教授。曾任 *Journal of Management* 的副主编、*Organization Science* 的高级主编和 *Strategic Entrepreneurship Journal* 的联合主编，是美国管理学会和战略管理学会的院士。杰恩·巴尼的研究聚焦于难以复制的企业技能和能力与持续竞争优势之间的关系，其在 *Academy of Management Review*、*Academy of Management Journal*、*Management Science* 等期刊发表多篇论文，是战略管理和创业领域研究被引用次数最多的学者之一。

蔡莉（Li Cai）

蔡莉现为吉林大学商学与管理学院教授、博士生导师，吉林大学创新创业研究院院长，创业研究中心主任。1999 年获教育部科技进步奖三等奖，2000 年成为国家杰出青年科学基金获得者。2000 年 6 月至 2005 年 12 月，任吉林大学商学与管理学院副院长、院长、校党委书记助理。2004 年成为国家首批"新世纪百千万人才工程"国家级人选，2005 年被评为吉林省高级专家。2005 年 12 月至 2015 年 9 月任吉林大学党委副书记。2015 年 9 月至 2021 年 1 月任吉林大学党委常务副书记。蔡莉的研究聚焦于创新与创业管理，其在国际顶级创业期刊 *Entrepreneurship Theory and Practice*、*Management and Organization Review*（《组织与管理研究》）、《管理世界》等期刊发表多篇论文，是中国创新与创业领域的旗帜性学者。

本章执笔人：张鹏翔

第16章 知识基础观——探索创新驱动创业知识机理的基础理论

创新驱动创业成为推动企业、产业和国家经济高质量发展的原动力，其体现为在技术创新、制度创新、商业模式创新等的触发下，通过多要素迭代互动，实现多主体共同开发机会、创造价值的过程（蔡莉等，2021）。知识是创新的核心要素（Turner and Pennington，2015；Sullivan and Marvel，2011），创业是协调发现市场相关信息和分散的隐性知识的过程（Alvarez and Busenitz，2001）。可见，知识是创新驱动创业的基础要素。知识基础观（knowledge-based view）认为企业是处理和整合知识的机构，这为理解企业如何实现创新和追求创业机会的过程提供了有效的理论视角，该理论是构建创新驱动创业理论，尤其是揭示创新驱动创业内在机理的基础理论。因此，本章将系统地回顾知识基础观以及其在创业研究领域的应用，并在此基础上探讨其在解释创新驱动创业问题上的局限性和未来研究方向，以期进一步推动知识基础观的深入发展。

16.1 知识基础观的发展

知识基础观的发展经历了形成（1992~2000年）、拓展（2001~2010年）、深化（2011年至今）三个阶段（Kogut and Zander，1992；Pereira and Bamel，2021）。

16.1.1 形成阶段（1992~2000年）：知识基础观的溯源与形成

Kogut 和 Zander（1992）提出企业知识边界的概念，并对个人知识转化为组织能力和组织知识的过程进行了研究，奠定了知识基础观的基础。学者对于知识基础观与已有理论间的关系持不同观点，一些学者认为知识基础观是资源基础观的延伸（Grant，1996a；DeCarolis and Deeds，1999），而另一些学者则认为知识基础观是组织学习理论的延伸，从而为组织运作提供了新的视角（Kogut and Zander，1992；Eisenhardt and Santos，2002）。Kogut 和 Zander（1992）指出企业的存在不在于降低交易费用而在于共享和转移企业内知识，这种知识包括信息以及诀窍（know-how）。企业的核心能力是通过社会化的关系模式与运作流程以及制度化的组织准则去创造和组合知识，而不是其知识资产本身。进而得出，企业的知识与能力的创新取决于企业对于现有知识与能力的再组合（recombination）。

知识基础观认为知识是最重要的战略性的企业资源。Grant（1997）将企业知识概念化为具有战略意义的生产性资源，其支持者认为，异质性的知识基础是企业持续竞争优势和卓越绩效的决定因素（DeCarolis and Deeds，1999；Winter and Szulanski，2001），以 Kogut 和 Zander（1992）、Grant（1996a）为代表的学者提出了企业知识基础理论（knowledge-based theory of the firm），认为企业是知识整合的机构（Kogut and Zander，1992；Grant，1996a；Zahra et al.，2000；Grant and Baden-Fuller，2004）。该理论的基础性假设是企业的关键投入和主要价值来源是知识。由于市场难以协调生产所需要的不同专业化知识，企业的作用在于其通过组织原则（organizing principles）有效整合专业化知识以获取价值（Kogut and Zander，1992；Grant，1996a）。

以 Nonaka（1994）为代表的学者提出了组织知识创造理论（organizational knowledge creation theory），将显性知识定义为以形式化的、系统性语言表达的知识，而隐性知识拥有人的属性，难以被形式化和清晰表达，根植于行为、承诺和特定情境下的参与，认为组织知识是通过持续的隐性知识和显性知识的对话（dialogue）创造的，并提出了 SECI 知识创造模型，指出隐性知识和显性知识的对话（dialogue）包括社会化（socialization）、外部化（externalization）、联合化（combination）、内部化（internalization）四种形式的转化。

Nonaka 等（2000）在 SECI 模型基础上提出了"ba"的概念，中文是"场"的意思。"ba"指的是一种共享的空间，这种空间既可以是物理的（如办公室、车间等）、虚拟的［如 email（电子邮件）、电子会议等］，也可以是心理的（如共享的经验、观点、意识形态等），或者上述三种空间的组合。其中，Nonaka 等（2000）根据交互类型和媒介将"ba"分为源发场（originating ba）、互动场（dialoguing ba）、训练场（exercising ba）、系统场（systemising ba）四种。Nonaka 等（2000）认为"ba"提供了个体和团体创造新知识的平台，并对应于四种知识的转化模式。知识在"ba"中产生，"ba"具有将隐性知识转化为显性知识进而又转化为隐性知识，从而持续动态地循环以创造新知识的特性。此外，Nonaka 等（2000）将知识资产分为经验知识资产（experiential knowledge assets）、概念知识资产（conceptual knowledge assets）、系统知识资产（systemic knowledge assets）、日常知识资产（routine knowledge assets），指出组织利用现有的知识资产通过在"ba"中发生 SECI 过程来创造新的知识，构建了完整的知识创造框架。

然而 Spender（1996）指出，尽管目前知识基础观可以提供超越生产函数理论以及资源基础观的新视角，但要建立系统的、稳固的企业知识基础理论必须超越实证主义提供的知识的客观概念。鉴于知识的动态性和社会性，Spender（1996）重新定义了知识的概念，认为知识的本质是一种动态的社会建构，包含在行为者的网络中，知识赋予每个系统其意义和身份，从将知识作为一种资源转向知识是一种过程。Spender（1996）进而描述了动态的企业知识基础理论对企业知识管理体系的要求，具体体现在他所总结的四项管理法则（heuristics）：保持知识体系中的灵活性解读（interpretive flexibility）；适当的边界管理（boundary management）；对制度影响的识别（identification of institutional influences）；对系统与构件的区分（the distinction between system and component features）。

16.1.2 拓展阶段（2001~2010 年）：知识基础观的多层次、延伸应用

Eisenhardt 和 Santos（2002）、Grant 和 Baden-Fuller（2004）等相继将知识基础观应用于不同层次主体的研究，阐述了知识来源、转移和整合的多层次的社会过程。知识在个体间、组织内和组织间的层面上都能传递，社会网络是知识流动的通道。组织内与组织间的大量关系和联系提供了获取知识的途径，并促进了知识传递（Inkpen and Tsang，2005）。

此阶段，知识基础观的相关议题超越传统的战略管理问题——战略选择和竞争优势，向其他一些企业理论的基本问题扩展，特别是企业内部协调的本质、组织结构、决策权分配、企业边界的决定因素和创新创业等问题（Grant and Baden-Fuller，2004）。Nonaka 等（2006）指出，知识基础观领域始终保持着边界的开放，使得知识基础观综合了不同理论角度的见解，学者在此基础上发展不同的观点和方法，前瞻性地开发理论的应用。

16.1.3 深化阶段（2011 年至今）：知识基础观的渗透与发展

根据 Pereira 和 Bamel（2021）对知识基础观有关文献的计量分析，有关文献的研究重点自 2011 年开始由原先的竞争优势（competitive advantage）、知识管理（knowledge management）、知识资本（intellectual capital）、创新（innovation），逐步转变为竞争优势（competitive advantage）、知识管理（knowledge management）、创新（innovation）、绩效（performance）以及知识共享（knowledge sharing），更加关注知识发挥作用的过程以及与战略行为的实际关联。

Grant 和 Phene（2021）指出，在进行公司研究时，知识基础观广泛地被应用和整合到现有的公司理论中（Heiman and Nickerson，2002；Foss，2007；Hsieh et al.，2007），如知识的作用被用于扩展 Ghoshal 和 Bartlett（1988）等开创的集成响应模型（integration-responsiveness model），知识基础观元素被纳入 Dunning（1980）提出的折中范式（eclectic paradigm）（Verbeke，2003；Cantwell，2014；Alcácer et al.，2016；Cuervo-Cazurra et al.，2018）等。Grant 和 Phene（2021）认为，这种情况一方面说明知识基础观对战略管理产生了巨大的影响，另一方面也反映出知识基础观尚未形成独立的、内部一致的理论。这是因为现有学者尚未对

知识的本质达成共识，一种观点认为知识是客观的、基于个体的（Grant，1996a；Liebeskind，1996），而另一种观点则认为知识是主观的和社会建构的（Spender，1996；Tsoukas，1996）。全球经济一体化的不断发展，促使知识获取、应用、管理与溢出很可能成为企业获取竞争优势的决定因素，组织学习、创新、适应外国市场将成为企业全球化竞争的关键因素（Carmeli and Azeroual，2009；Sullivan and Marvel，2011；Foss et al.，2013；Grant and Phene，2021）。因此，Grant 和 Phene（2021）就知识基础观如何指导全球战略研究扩展和发展给出建议，应考虑社会建构主义对知识的看法，采用多层次方法分析知识过程从而认识不同层次主体的知识创造和应用，进而进一步发展知识基础观。

16.2 知识基础观在创业研究中的应用与发展

知识是初创企业开发机会、推动创业活动的关键资源（Foss et al.，2013）。知识获取、管理、应用与溢出对于创业企业绩效（Carmeli and Azeroual，2009）、创新产出（Sullivan and Marvel，2011）以及机会开发（Foss et al.，2013）具有至关重要的作用。根据四个创业领域知名期刊 *ETP*、*JBV*、*SBE* 和 *SEJ* 以及八个管理领域知名期刊 *AMJ*、*AMR*、*JOM*、*MS*、*OS*、*SMJ*、*ASQ*、*JMS* 发表的创业研究发现，最早应用知识基础观的创业研究发表于 1998 年。本章以十年为一个阶段，将相关研究划分为三个阶段，选取每一个阶段的代表作来分析创业研究对知识基础观这一理论的应用与发展。

16.2.1 第一阶段（1998~2007 年）

该阶段应用知识基础观的创业研究主要聚焦于创业企业知识管理的前因研究[①]，学者指出知识的获取、转移、利用、管理等在很大程度上由企业的关系网络决定。

关系能力可以在很大程度上加速知识的获取和转移，在知识管理过程中起着至关重要的作用，对初创企业成长与创新有着重要影响（Lorenzoni and Lipparini，1999；Yli-Renko et al.，2001）。研究表明，基于知识的企业所形成的关系网对知识应用效率的提升有显著影响（Grant and Baden-Fuller，2004）。由于创业企业面临的市场往往是不确定的，其更倾向与更多的个体与组织进行互动，更依赖外部合作伙伴，与其形成紧密的关系网。同时，初创企业将该关系网视为通往广阔市场的渠道与链接，在关注关系网中已有主体本身的同时，进一步从该主体的关系网（即关系网的潜在主体）中进行知识获取（Yli-Renko et al.，2001）。在这个不

---

① 该阶段文献共 15 篇，其中聚焦于创业企业知识获取与管理前因研究的共 7 篇。

断扩大的关系网络中，合作伙伴之间进行着激烈的、重复的社会互动，其信息交流的强度、频率以及广度不断增强，社会关系逐渐亲密，从而更好地促进了组织间互补资源的组合，形成知识的转移与新知识的访问的同时实现组织间的知识获取、共享等（Lorenzoni and Lipparini，1999；Yli-Renko et al.，2001）。

16.2.2 第二阶段（2008~2017 年）

随着知识基础观在创业领域的广泛应用，该阶段学者更多地关注知识资源的作用，包括知识资源对创业企业的产出以及创业活动的影响[①]。

1. 知识资源对创业企业产出的影响

首先，对创业企业绩效的影响研究。Carmeli 和 Azeroual（2009）的研究指出，知识组合能力与单位绩效呈正相关关系，即单位内关系资本直接或间接（通过知识组合能力）影响单位绩效。Benson 和 Ziedonis（2009）的实证结果表明，风险投资对于收购绩效的影响取决于收购方内部知识基础的实力，即知识获取与知识存量在成熟公司收购初创公司时会在一定程度上增加投资回报，提升投资绩效。Simsek 和 Heavey（2011）从知识基础观的视角打开了公司对于创业追求与其绩效之间影响机理的黑箱，提出公司的创业追求会通过增强公司人力资本、社会资本以及组织资本的知识资本提升绩效。Clarysse 等（2011）从衍生产品的视角强调了知识来源的重要性。衍生产品是大型母公司（parent firm）利用知识产生创业活动的一种手段。研究表明，知识相关性与衍生产品增长之间存在负相关关系，即衍生产品在利用其母公司的技术知识存量进行探索时，应积极建立新的知识资源组合，使其可以与母公司得以区分，方能产生新的策略。此外，知识来源并非越广泛越好，较为狭窄的范围可以集中创始人的注意力，从而实现增长。Arend 等（2014）通过将知识划分为四种不同类型的知识发展以及知识熟悉度和知识来源两个维度［即知识熟悉度：专注的（focused）以及多元化的（diversifying），知识来源：内部的（internal）以及基于联盟的（alliance-based）］探求了各类型知识发展及其交互作用对新上市公司绩效的影响。研究结果表明：就专注的知识而言，无论是基于内部的还是基于联盟的，其对于新上市公司绩效均有积极影响；然而，就基于联盟的知识而言，无论是专注的还是多元化的，都会增加知识发展的成本，从而抑制新上市公司绩效的提升。因此，公司应格外关注其知识属性，从而合理利用知识，实现绩效提升。

其次，对创业企业创新产出的影响研究。研究指出，创新是知识共享和组织学习的产物，在创业情境下，整个企业组织网络的知识共享水平越高，组织学习

---

① 该阶段文献共 38 篇，其中聚焦于创业企业知识资源的作用研究共 26 篇。

水平就越高，当组织内部成员具备动机（motivation）、机会（opportunity）、能力（ability）时，其知识共享与组织学习的产出将更高效（Turner and Pennington，2015）。Sullivan 和 Marvel（2011）将知识分为技术知识与市场知识，聚焦于产品和服务的创新提升，证实了企业家收购不同类型的知识与产品/服务创新性呈正相关关系，企业家可以通过更多地依靠网络进行知识获取来增强这种积极的关系。此外，以 Liu 等（2010）为代表的研究专注于创始人的跨国流动和跨国的工作经验对于国际知识溢出的影响，通过研究创始人是否进行跨国工作，探究了归国企业家、国内企业家的跨国企业工作经验对中国高科技中小企业创新绩效的影响。研究证实，相较于国内企业家，归国创始人所成立的公司不仅更具有创新性，同时还充当了技术知识溢出的新渠道，即其对于国内企业家所成立的公司的创新业绩的提升具有积极作用。

2. 知识资源对创业活动的影响

从宏观区域经济层面出发，Coombs 等（2009）强调了地理位置的重要性，企业的知识搜索策略随地理位置的不同而不同。随着地理集群的增加以及集群内资源竞争的增加，实力较强的企业更适合在集群中生存，而实力较弱的企业更适合存在于集群之外（Garrett and Covin，2015）。区域知识的供给以及本地化知识的溢出积极影响着当地的创业行为，是实现区域创新增长的先决条件，区域新企业、新业务的形成与发展很大程度上取决于大学等高等教育机构的知识溢出（Fritsch and Aamoucke，2013；Acosta et al.，2011；Garrett and Covin，2015）。

从微观层面入手，学者指出企业的知识对于创业活动的展开以及初创企业的发展有着至关重要的作用。Zahra 等（2009）从过程的视角研究了知识的作用，强调了吸收能力的重要性，认为公司在不断发展的过程中知识获取对创业活动具有积极的作用。Larrañeta 等（2012）指出，新企业通过获取知识应对挑战。企业获取技术知识会积极影响其产品/服务的创新性，同时，对知识网络的依赖会加强上述影响（Sullivan and Marvel，2011）。Foss 等（2013）基于知识基础观，研究了外部知识源在认识战略机会中的作用，以及公司的组织设计可能促进此过程中与外部知识源的互动的方式。研究表明，不同的外部知识源可以帮助企业认识和利用不同类型的机会，机会开发的实现通常涉及与外部知识的重要互动，随着企业对外部知识源的依赖增加，它们会利用更多的战略机会。与此同时，在外部知识源推动战略机会开发的过程中，组织设计的高协调性（coordination）以及权力下放（decentralization）对于捕获、处理和共享知识至关重要。

16.2.3 第三阶段（2018 年至今）

在这一阶段，学者更多地关注知识的获取机理以及知识资源对创新创业活动的影响路径[①]，即公司的外部联系和内部治理制度是通过怎样的路径影响了外部知识获取，以及知识资源作用于创新创业的内在机制。

1. 创业情境下的外部知识获取机理研究

对于创业企业来说，外部联系能够使其在新产品开发过程中获得关键资源。Herrmann等（2022）探究了形成外部知识资源获取途径选择的前因。研究指出，资源稀缺性是创业企业与外部联动的重要影响因素，但其往往不会通过在公司已有的知识库中添加互补知识来对其进行优化，而是选择通过探索导向或开发导向不断地与外部形成联系，从而扩展现有的知识库。此外，Dai等（2018）研究了企业获得外部知识资源的途径，揭示了高新技术企业通过紧密耦合和松散耦合超越组织边界获取信息、知识和其他资源来提高创新创业能力。具体来说，企业利用来自新产品开发联盟的知识与战略灵活性呈倒"U"形曲线关系，而利用松散耦合来源的知识与战略灵活性呈线性正相关关系。同时，创业企业的组织结构以及内部治理对于其吸收外部知识的能力产生重要的影响，决策的分散化和制度支持能够增强知识整合，并对这些关系起到正向调节作用（Dai et al.，2018）。分散化的决策与制度对于外部知识的探索和利用表现出更好的兼容性，因为权力的下放能吸引更多的员工参与决策过程，减轻了高级管理者信息处理和协调方面的负担与压力，赋予员工决策权的同时促使信息更广泛地自由流动，有助于其灵活、充分地使用知识资源。

2. 知识对创新创业的影响路径研究

公司的竞争优势不仅取决于知识创造，而且更具体地取决于知识的应用（Arfi and Hikkerova，2021）。研究指出，知识密集型企业通过对已有知识的利用、潜在知识的学习，可以更好地识别市场机会以及技术机会，在创新机会活跃的市场条件下，保持全创业生命周期的活跃。在这个过程中，大学、研究组织、用户、政府等不同机构之间广泛互动，逐步建立起正式的知识管理体系，实现主体间约束力的提升，从而实现商品、服务、消费模式等创新绩效的提升，并创造新的市场机会（Malerba and McKelvey，2019）。此外，研究发现互联网和数字技术的兴起以及共享经济的发展，使组织能够通过数字平台与供应商、消费者和其他参与者建立联系，进行知识管理的同时实现知识共享，并加速了知识的扩散。平台成员之间的内部与外部交流支持了组织内的知识共享，成员间的连接通过信任与沟通不断加强，从而促进组织学习，实现产品创新创业绩效的提升（Arfi and Hikkerova，2021）。

---

① 该阶段文献共 23 篇，其中聚焦于知识的获取机理以及知识资源对创新创业活动的影响路径共 11 篇。

16.3 知识基础观在创新驱动创业研究中的局限与未来展望

16.3.1 局限

当今世界正在经历百年未有之大变局，新一轮科技革命和产业变革加速演进，经济增长动力亟须从"要素驱动""投资驱动"向"创新驱动"转变（柳卸林等，2017；蔡莉等，2021）。Malerba 和 McKelvey（2020）指出学习型组织通过利用和转化现有知识以产生新知识，以便在创新系统内进行创新。知识与创新、创业密切相关，而在当前情境下，知识基础观仍存在以下几个方面的局限性。

第一，从知识的本质来看，学者对知识的本质存在分歧，使得知识基础观尚未形成独立的、内部一致的理论，进而难以解释当前情景下具有高度不确定性的创新驱动创业过程。一部分学者认为知识是客观现实的概念，这使得知识可以被视为一种资源，企业可以被视为整合知识的单位（Grant，1996a），有利于研究者构建企业模型，从而根据知识的特征及其形成和应用过程，进行关于企业结构和行为的预测（Grant，1996b；Nickerson and Zenger，2004）。而社会建构主义的观点认为，知识应被视为持续的社会建构过程，而不是资源（Spender，1996）。这种认知体现在特定社会和文化背景下的工作实践中（Brown and Duguid，1991；Spender，1996；Cohendet et al.，2014），在这种认知下，不确定性得以解决，但不利于研究者构建易于处理的企业结构和行为模型。而创新驱动创业过程涉及复杂的社会建构过程，企业始终处于不断演变的创新系统中，因此，单纯应用知识的客观概念或社会建构主义概念的知识基础观在解释具有高不确定性的创新驱动创业过程时存在局限性。

第二，从研究层面来看，现有基于知识基础观的实证研究大多采取单一层次分析，难以解释当前情景下多层次、多主体的创新驱动创业过程。随着社会建构主义研究的深入，知识基础观的研究重点相应地转移到知识的作用过程上。长期以来，相关理论分析大多涉及多层次的知识作用过程，但现有实证研究却大多进行单一层次分析。Foss 和 Pedersen（2019）对全球知识共享研究的调查发现，52篇相关实证研究中有46篇研究单一层次的知识作用过程，主要是在公司或项目层面。而蔡莉等（2021）指出创新驱动创业具有系统性特征，强调创新驱动创业是一个复杂的系统过程，涉及多方位、多层次的全面创新（刘艳等，2018）。因此，基于单一层面的知识作用分析框架对于当前情境下的创新驱动创业过程和机制的解释力有待提升。

第三，从应用情境来看，当前数字技术迅速发展，全球知识交互网络在数字技术的支撑下日益发达，企业边界日益模糊，知识流动更加复杂，这使得建立在传统情境假设下的知识基础观在解释当前创新驱动创业活动时面临挑战。面对日益动荡复杂的全球环境，异质化的知识资源成为企业创新和竞争优势的关键来源，网络知识与企业知识之间的交互成为企业知识异质化的主要原因（Peterson and Crittenden，2020；Grant and Phene，2021），企业如何嵌入知识交互网络，并在知识交互网络中进行知识获取、应用、管理与溢出，实现网络知识和企业知识有机组合的机制尚不明确，仍有待探索研究。

另外，数字技术不断渗透企业的知识获取、应用、管理与溢出过程，使得知识基础观的传统要义面临挑战。传统知识基础观认为个人和组织持有的隐性知识是企业竞争优势的首要基础（Nonaka，1994；Nonaka et al.，2000；Grant and Phene，2021）。然而，企业战略理论的微观基础尚未对嵌入在机器、数据库和算法中的非人类知识有明确的研究界定。数字化作为企业生存与发展的重要赋能，使得机器智能越来越多地取代人类智能，并与相应的人类智能集成融合，因此，无论是基于人还是基于机器的知识，都将对企业的管理过程产生不可忽视的影响，进而对隐性知识作为企业竞争优势首要基础的格局形成冲击（Grant and Phene，2021）。

16.3.2 未来展望

针对以上知识基础观在解释创新驱动创业活动时所面临的挑战，结合创新驱动创业的内涵，未来可以从以下几方面开展研究。

1. 从社会建构视角明晰创新驱动创业过程中的跨层次知识作用研究

在社会建构主义的视角下，知识被视为持续的社会化过程（Spender，1996；Nickerson and Zenger，2004），此视角下的知识研究有助于解释创新驱动创业这一涉及多主体互动的动态建构过程（蔡莉等，2022），其有助于从简单的线性视角向复杂的非线性时空视角转变进而阐释创新驱动创业的内在机理。因此，未来研究应深度嵌入社会建构主义的思想，从动态的视角定义知识的属性，将关于知识的研究逐渐转移到知识的运作过程上，关注知识过程在创新驱动创业过程不同阶段的需求及其多主体之间互动中的作用。同时，应加强跨层次的创新驱动创业的知识研究，从空间维度将数字经济下的创新驱动创业实践发生的不同层面（个体、组织和宏观层面）、地域/国家以及机器数据库等在知识获取、管理、建设、利用以及溢出等方面的作用进行融合研究，关注不同层次之间的相互作用，提升知识基础观在创业研究领域的解释力（蔡莉等，2022）。

2. 大变局背景下创新驱动创业的知识作用研究

第四次工业革命方兴未艾，国际治理赤字突出，国际格局不确定性增强，原有发展模式走向末路，当今世界正经历着百年未有之大变局，各国经济增长方式由"外延式"向"内涵式"转化,"逆全球化"来势凶猛。为应对大变局带来的危机与挑战,解决我国现有经济模式中发展质量和效益较低的"卡脖子"问题,我国经济增长动力亟须从"要素驱动""投资驱动"向"创新驱动"转变,以"创新驱动国际创业、国际创业反哺创新"的双轮驱动型模式为直接目标,走上大变局背景下的创新驱动发展的快车道。因此,未来研究应基于大变局研究背景,聚焦于知识(尤其是技术、信息和管理技能)的获取、应用、管理与溢出,跨组织以及跨国的知识转移在创新驱动国际创业活动和"创新-国际创业"共演能力构建中的作用(Grant and Phene,2021),探索如何高效管理并应用来自国内、国际的知识,实现知识的全球化治理与应用,从而为我国国际创业企业打破国际技术封锁、抢占全球价值链优势地位,实现自主创新并开展创新驱动创业提供理论与实践指导。

3. 在数字情境下知识开发与溢出对创新驱动创业作用研究

成功实现创新驱动创业不仅需要企业具有一定的知识存量,还要求企业高效获取、管理并运用知识。随着大数据、云计算以及人工智能等数字技术的快速发展,大多数企业均已实现了从传统运营管理模式到数字化的转型。数字技术可以实现知识的可视化、数据化、客观化以及自动化管理,不同的数字组件、数字平台等对知识的获取、应用、管理与溢出均有着不同程度的影响。多样化数字平台帮助企业拥有更加广泛的知识获取渠道,大数据、云计算等使得企业可以更加便捷、精准地指导企业进行知识的自动化管理与应用(Chalmers et al.,2021)。蕴含于机器、数据库和算法的非人类创造的知识对于企业的创业过程也起着至关重要的作用。数字技术的出现为知识的高效利用、配置与共享提供了技术基础,这将有效促进多主体共同开发机会集,节省大量的探索和学习成本,从而推动企业以知识为基础的数字创新驱动创业活动。因此,未来研究可以更多关注在数字情境下如何通过知识的协同探索、协同利用从而高效探索数字创新驱动创业活动的内在机理。

参 考 文 献

蔡莉, 高欣, 王永正, 等. 2022. 数字经济下创新驱动创业的研究范式[J]. 吉林大学社会科学学报, 62(4): 5-20, 233.

蔡莉, 张玉利, 蔡义茹, 等. 2021. 创新驱动创业:新时期创新创业研究的核心学术构念[J]. 南开管理评论, 24(4): 217-226.

刘艳, 程恩萍, 侯爱军. 2018. 基于创新驱动的我国物流业创新发展评价[J]. 科研管理, 39(S1): 20-30.

柳卸林, 高雨辰, 丁雪辰. 2017. 寻找创新驱动发展的新理论思维:基于新熊彼特增长理论的思考[J]. 管理世界, (12): 8-19.

Acosta M, Coronado D, Flores E. 2011. University spillovers and new business location in high-technology sectors: Spanish evidence[J]. Small Business Economics, 36(3): 365-376.

Alcácer J, Cantwell J, Piscitello L. 2016. Internationalization in the information age: a new era for places, firms, and international business networks?[J]. Journal of International Business Studies, 47(5): 499-512.

Alvarez S A, Busenitz L W. 2001. The entrepreneurship of resource-based theory[J]. Journal of Management, 27(6): 755-775.

Arend R J, Patel P C, Park H D. 2014. Explaining post-IPO venture performance through a knowledge-based view typology[J]. Strategic Management Journal, 35(3): 376-397.

Arfi W B, Hikkerova L. 2021. Corporate entrepreneurship, product innovation, and knowledge conversion: the role of digital platforms[J]. Small Business Economics, 56(3): 1191-1204.

Barney J. 1991. Firm resources and sustained competitive advantage[J]. Journal of Management, 17(1): 99-120.

Benson D, Ziedonis R H. 2009. Corporate venture capital as a window on new technologies: implications for the performance of corporate investors when acquiring startups[J]. Organization Science, 20(2): 329-351.

Blome C, Schoenherr T, Eckstein D. 2014. The impact of knowledge transfer and complexity on supply chain flexibility: a knowledge-based view[J]. International Journal of Production Economics, 147: 307-316.

Brown J S, Duguid P. 1991. Organizational learning and communities-of-practice: toward a unified view of working, learning, and innovation[J]. Organization Science, 2(1): 40-57.

Cantwell J. 2014. Revisiting international business theory: a capabilities-based theory of the MNE[J]. Journal of International Business Studies, 45(1): 1-7.

Carmeli A, Azeroual B. 2009. How relational capital and knowledge combination capability enhance the performance of work units in a high technology industry[J]. Strategic Entrepreneurship Journal, 3(1): 85-103.

Chalmers D, MacKenzie N G, Carter S. 2021. Artificial intelligence and entrepreneurship: implications for venture creation in the fourth industrial revolution[J]. Entrepreneurship Theory and Practice, 45(5): 1028-1053.

Clarysse B, Wright M, van de Velde E. 2011. Entrepreneurial origin, technological knowledge, and the growth of spin-off companies[J]. Journal of Management Studies, 48(6): 1420-1442.

Cohendet P, Grandadam D, Simon L, et al. 2014. Epistemic communities, localization and the dynamics of knowledge creation[J]. Journal of Economic Geography, 14(5): 929-954.

Coombs J E, Deeds D L, Duane Ireland R. 2009. Placing the choice between exploration and exploitation in context: a study of geography and new product development[J]. Strategic Entrepreneurship Journal, 3(3): 261-279.

Cuervo-Cazurra A, Mudambi R, Pedersen T. 2018. The boundaries of the firm in global strategy[J].

Global Strategy Journal, 8(2): 211-219.

Dai Y, Goodale J C, Byun G, et al. 2018. Strategic flexibility in new high-technology ventures[J]. Journal of Management Studies, 55(2): 265-294.

DeCarolis D M, Deeds D L. 1999. The impact of stocks and flows of organizational knowledge on firm performance: an empirical investigation of the biotechnology industry[J]. Strategic Management Journal, 20(10): 953-968.

Dunning J H. 1980. Toward an eclectic theory of international production: some empirical tests[J]. Journal of International Business Studies, 11(1): 9-31.

Eisenhardt K M, Santos F M. 2002. Knowledge-based view: a new theory of strategy[J]. Handbook of Strategy Management, 1(1): 139-164.

Florida R. 2014. The creative class and economic development[J]. Economic Development Quarterly, 28(3): 196-205.

Foss N J. 2007. The emerging knowledge governance approach: challenges and characteristics[J]. Organization, 14(1): 29-52.

Foss N J, Lyngsie J, Zahra S A. 2013. The role of external knowledge sources and organizational design in the process of opportunity exploitation[J]. Strategic Management Journal, 34(12): 1453-1471.

Foss N J, Pedersen T. 2004. Organizing knowledge processes in the multinational corporation: an introduction[J]. Journal of International Business Studies, 35(5): 340-349.

Foss N J, Pedersen T. 2019. Microfoundations in international management research: the case of knowledge sharing in multinational corporations[J]. Journal of International Business Studies, 50(9): 1594-1621.

Fritsch M, Aamoucke R. 2013. Regional public research, higher education, and innovative start-ups: an empirical investigation[J]. Small Business Economics, 41(4): 865-885.

Garcez A, Silva R, Franco M. 2022. Digital transformation shaping structural pillars for academic entrepreneurship: a framework proposal and research agenda[J]. Education and Information Technologies, 27(1): 1159-1182.

Garrett R P, Covin J G. 2015. Internal corporate venture operations independence and performance: a knowledge-based perspective[J]. Entrepreneurship Theory and Practice, 39(4): 763-790.

Ghoshal S, Bartlett C A. 1988. Creation, adoption, and diffusion of innovations by subsidiaries of multinational corporations[J]. Journal of International Business Studies, 19(3): 365-388.

Grant R M. 1996a. Prospering in dynamically-competitive environments: organizational capability as knowledge integration[J]. Organization Science, 7(4): 359-467.

Grant R M. 1996b. Toward a knowledge-based theory of the firm[J]. Strategic Management Journal, 17(S2): 109-122.

Grant R M. 1997. The knowledge-based view of the firm: implications for management practice[J]. Long Range Planning, 30(3): 450-454.

Grant R M, Baden-Fuller C. 2004. A knowledge accessing theory of strategic alliances[J]. Journal of

Management Studies, 41(1): 61-84.

Grant R M, Phene A. 2021. The knowledgebased view and global strategy: past impact and future potential[J]. Global Strategy Journal, 12(1): 3-30.

Gu Q N, Jitpaipoon T, Yang J. 2017. The impact of information integration on financial performance: a knowledge-based view[J]. International Journal of Production Economics, 191: 221-232.

Harrison R T, Leitch C M. 2005. Entrepreneurial learning: researching the interface between learning and the entrepreneurial context[J]. Entrepreneurship Theory and Practice, 29(4): 351-371.

Heiman B, Nickerson J. 2002. Towards reconciling transaction cost economics and the knowledge-based view of the firm: the context of interfirm collaborations[J]. International Journal of the Economics of Business, 9(1): 97-116.

Herrmann A M, Storz C, Held L. 2022. Whom do nascent ventures search for? Resource scarcity and linkage formation activities during new product development processes[J]. Small Business Economics, 58(1): 475-496.

Hsieh C, Nickerson J A, Zenger T R. 2007. Opportunity discovery, problem solving and a theory of the entrepreneurial firm[J]. Journal of Management Studies, 44(7): 1255-1277.

Huggins R, Thompson P. 2015. Entrepreneurship, innovation and regional growth: a network theory[J]. Small Business Economics, 45(1): 103-128.

Inkpen A C, Tsang E W K. 2005. Social capital, networks, and knowledge transfer[J]. Academy of Management Review, 30(1): 146-165.

Jiang Y F. 2021. Prediction model of the impact of innovation and entrepreneurship on China's digital economy based on neural network integration systems[J]. Neural Computing & Applications, 34(4): 2661-2675.

Kogut B, Zander U. 1992. Knowledge of the firm, combinative capabilities, and the replication of technology[J]. Organization Science, 3(3): 301-441.

Kreuzer T, Lindenthal A K, Oberländer A M, et al. 2022. The effects of digital technology on opportunity recognition[J]. Business & Information Systems Engineering, 64(1): 47-67.

Larrañeta B, Zahra S A, González J L G. 2012. Enriching strategic variety in new ventures through external knowledge[J]. Journal of Business Venturing, 27(4): 401-413.

Li K, Kim D J, Lang K R, et al. 2020. How should we understand the digital economy in Asia? Critical assessment and research agenda[J]. Electronic Commerce Research and Applications, 44: 101004.

Liebeskind J P. 1996. Knowledge, strategy, and the theory of the firm[J]. Strategic Management Journal, 17(S2): 93-107.

Liu X H, Wright M, Filatotchev I, et al. 2010. Human mobility and international knowledge spillovers: evidence from high-tech small and medium enterprises in an emerging market[J]. Strategic Entrepreneurship Journal, 4(4): 340-355.

Lorenzoni G, Lipparini A. 1999. The leveraging of interfirm relationships as a distinctive organizational capability: a longitudinal study[J]. Strategic Management Journal, 20(4):

317-338.

Malerba F, McKelvey M. 2019. Knowledge-intensive innovative entrepreneurship[J]. Foundations and Trends® in Entrepreneurship, 14(6): 555-681.

Malerba F, McKelvey M. 2020. Knowledge-intensive innovative entrepreneurship integrating Schumpeter, evolutionary economics, and innovation systems[J]. Small Business Economics, 54(2): 503-522.

Nickerson J A, Zenger T R. 2004. A knowledge-based theory of the firm—the problem-solving perspective[J]. Organization Science, 15(6): 617-632.

Nonaka I. 1994. A dynamic theory of organizational knowledge creation[J]. Organization Science, 5(1): 14-37.

Nonaka I, Toyama R, Konno N. 2000. SECI, ba and leadership: a unified model of dynamic knowledge creation[J]. Long Range Planning, 33(1): 5-34.

Nonaka I, von Krogh G, Voelpel S. 2006. Organizational knowledge creation theory: evolutionary paths and future advances[J]. Organization Studies, 27(8): 1179-1208.

Pereira V, Bamel U. 2021. Extending the resource and knowledge-based view: a critical analysis into its theoretical evolution and future research directions[J]. Journal of Business Research, 132: 557-570.

Peteraf M A. 1993. The cornerstones of competitive advantage: a resource-based view[J]. Strategic Management Journal, 14(3): 179-191.

Peterson R A, Crittenden V L. 2020. Exploring customer orientation as a marketing strategy of Mexican-American entrepreneurs[J]. Journal of Business Research, 113: 139-148.

Simsek Z, Heavey C. 2011. The mediating role of knowledge-based capital for corporate entrepreneurship effects on performance: a study of small-to medium-sized firms[J]. Strategic Entrepreneurship Journal, 5(1): 81-100.

Spender J C. 1996. Making knowledge the basis of a dynamic theory of the firm[J]. Strategic Management Journal, 17(S2): 45-62.

Sullivan D M, Marvel M R. 2011. Knowledge acquisition, network reliance, and early-stage technology venture outcomes[J]. Journal of Management Studies, 48(6): 1169-1193.

Tsoukas H. 1996. The firm as a distributed knowledge system: a constructionist approach[J]. Strategic Management Journal, 17(S2): 11-25.

Turner T, Pennington W W. 2015. Organizational networks and the process of corporate entrepreneurship: how the motivation, opportunity, and ability to act affect firm knowledge, learning, and innovation[J]. Small Business Economics, 45(2): 447-463.

Verbeke A. 2003. The evolutionary view of the MNE and the future of internalization theory[J]. Journal of International Business Studies, 34(6): 498-504.

Winter S G, Szulanski G. 2001. Replication as strategy[J]. Organization Science, 12(6): 730-743.

Yli-Renko H, Autio E, Sapienza H J. 2001. Social capital, knowledge acquisition, and knowledge exploitation in young technology-based firms[J]. Strategic Management Journal, 22(6-7):

587-613.

Zahra S A, Filatotchev I. 2004. Governance of the entrepreneurial threshold firm: a knowledge-based perspective[J]. Journal of Management Studies, 41(5): 885-897.

Zahra S A, Filatotchev I, Wright M. 2009. How do threshold firms sustain corporate entrepreneurship? The role of boards and absorptive capacity[J]. Journal of Business Venturing, 24(3): 248-260.

Zahra S A, Ireland R D, Hitt M A. 2000. International expansion by new venture firms: international diversity, mode of market entry, technological learning, and performance[J]. Academy of Management Journal, 43(5): 925-950.

代表性学者简介

罗伯特·M. 格兰特（Robert M. Grant）

罗伯特·M. 格兰特在伦敦城市大学获得博士学位，现任米兰博科尼大学战略管理高级教授。在 Strategic Management Journal、Journal of Management Studies、Organization Science 等期刊发表多篇论文，其中 1996 年发表的"Toward a knowledge-based theory of the firm"（《企业知识基础理论》）一文引用率上万。

野中郁次郎（Ikujiro Nonaka）

野中郁次郎 1958 年毕业于早稻田大学政治经济学院，于美国加利福尼亚大学伯克利分校哈斯商学院先后获得 MBA 和博士学位。现任早稻田大学教授，一桥大学名誉教授。1995 年在美国出版的《知识创造型企业》（The Knowledge-Creating Company）是当年以及此后多年的畅销书，被国际学术界誉为"知识创造理论之父"和"知识管理的拓荒者"。

J. C. 斯彭德（J. C. Spender）

J. C. 斯彭德在曼彻斯特商学院策略管理系完成了博士课程，博士论文曾获 1980 年管理学会 AT Kearney Prize 博士论文大奖，后来以 Industry Recipes: The Nature and Sources of Managerial Judgement（《产业配方：管理判断的本质和来源》）进行公开出版，曾任纽约州立大学技术与商业学院院长。在 Strategic Management Journal、Journal of Management、Journal of Management Studies 等期刊发表多篇论文，其中 1996 年发表的"Making knowledge the basis of a dynamic theory of the firm"（《让知识成为企业动态理论的基础》）对知识基础观的发展起到了重要的推动作用。

本章执笔人：郭润萍　冯子晴　陆　鹏　刘　肖

第17章 创业学习——揭示创新驱动创业的成长机制

在数字化、生态化和新型全球化背景下，环境变得高度易变（volatility）、不确定（uncertainty）、复杂（complexity）和模糊（ambiguity）（VUCA）。高度模糊和具有挑战性的学习环境给创业活动施加了时间压力与不确定性压力。创业企业要想生存必须进行创新。创新活动不仅需要企业具备相应的资源，还需要企业拥有持续学习并将所学知识应用于企业实践的能力。创业企业，尤其是创新驱动的创业企业更容易受到不确定性和资源约束等限制，需要不断通过创业学习克服新创弱性，改善资源结构，提升创新水平。因此，对于各类创新驱动创业主体而言，创业学习都是实现企业创新与发展的关键。创业学习理论是理解创业者、创业团队或创业组织成长的重要理论。创业学习否定了创业者特质论，为创业研究带来了一个动态和发展的学习视角。研究创业学习，解析创新驱动创业的成长机制对企业发展具有重要意义。通过回顾创业学习在创新驱动创业研究领域的研究进展，结合机会与资源视角以及新的数字化情境进行探索，将进一步丰富创业学习理论。

17.1 创业学习理论的发展

创业学习理论连接着创业理论和学习理论，可以看作学习理论在创业领域的独特应用（Harrison and Leitch，2005）。学习理论揭示人类学习活动的本质和规律，解释和说明学习过程的心理机制。学习理论源于心理学领域，最早于1898年由美国心理学家Thorndike（桑代克）提出。随着全球化和信息技术的发展，企业或组织需要学习以面对不确定的外部环境。学习理论被引入组织领域，产生了组织学习理论。Argyris和Schön（1978）较早地提出组织学习的概念。组织理论的发展建立在成熟企业基础上，对创业企业关注较少。Young和Sexton（1997）提出创业学习的概念，开启了创业学习理论的研究。心理学领域的学习理论主要关注个体层面的学习；组织学习理论关注组织层面的学习以及个体学习转化为组织学习的机制；创业学习可以看作学习理论和组织学习理论在创业领域的应用。本章将集中介绍创业学习的理论基础。本节分学习理论、组织学习理论、创业学习理论三部分进行介绍，逐层剖析学习理论与创业理论的融合过程。

17.1.1 学习理论

1898 年，美国心理学家 Thorndike 在动物实验的基础上提出联结说。联结说用问题情境和反应的联结解释学习过程，代表了学习理论的开端。20 世纪上半叶的学习理论研究主要基于动物实验，如行为主义的刺激-反应联结理论、学习顿悟说等。这些学习理论主要受达尔文的进化论和巴甫洛夫（Pavlov）的条件反射理论影响，关注的是直接经验学习的过程，忽略了间接学习的重要作用。20 世纪下半叶，随着认知心理学的兴起和课堂教学改革的兴起，学者开始关注学生的间接经验学习过程，重点关注学生学习的认知过程。这一时期相继出现了布鲁纳的认知-发现说、奥苏贝尔的有意义言语学习理论、加涅的认知学习理论、班杜拉的社会学习理论等。20 世纪 70 年代，认知科学在新兴科学技术与认知心理学发展的背景下诞生，为学习理论研究开辟了新的路径。

从学习观背后蕴含的哲学观点看，学习理论可以概括为认知主义的学习观和行为主义的学习观（Bower and Hilgard，1981）。认知主义的学习观以理性主义哲学为思想基础。理性主义观点认为理性是知识的最初来源。认知主义的学习观强调主体的认知功能和已有知识经验或心理模式在学习过程中的主观能动作用。行为主义的学习观以经验主义哲学为思想基础。经验主义观点认为知识来源于经验。行为主义学习观将学习看作刺激和反应形成联结的过程，外部条件（如练习、强化等）对学习的影响很大。

17.1.2 组织学习理论

20 世纪 90 年代，随着经济全球化的趋势加强和信息技术的发展，组织的外部环境发生了急剧的变化，企业或组织需要不断地学习以适应变化的趋势。学习成为企业或组织存在的方式。Cangelosi 和 Dill（1965）开创了组织学习理论的先河。随后，Argyris 和 Schön（1978）较早提出组织学习的概念，并将组织学习定义为发现错误，并通过重新构建组织的"使用理论"（人们行为背后的假设，却常常不被意识到）而加以改正的过程。组织学习是指通过汲取更好的知识，并加深理解，从而提高行动的过程（Fiol and Lyles，1985）。许多有关组织学习的理论都是建立在个人学习理论的基础上的，组织学习源于个人学习，但不是个人学习的简单加总。组织不像个体一样有大脑，但组织有认知系统和记忆。通过学习，组织记忆会呈现出特定的行为、认知地图、规范和价值观（Fiol and Lyles，1985）。组织学习的过程一般包括直觉（intuiting）、解释（interpreting）、整合（integrating）、制度化（institutionalizing）四个子过程，即 4I 组织学习框架（Crossan et al.，1999）。其中直觉对应个体层面，即个人识别和考虑与经验相关的模式和可能性；解释对应个体或团队层面，是向自己或他人解释想法的过程；整合对应团队层面，团队成员形成共同理解并采取一致行动；制度化对应组织层面，是在系统层面嵌入常规行为的过程。

经典的组织学习类型划分有以下两种。①单循环学习、双循环学习和第二次学习（Argyris and Schön，1978）。单循环学习是指组织在察觉问题的存在后，依其既定的行为规范和政策进行整改以达成组织目标的过程；双循环学习是指在组织运作出现问题时，重新评价、调整组织本身的规范、政策和目标；第二次学习是指反思和质疑的学习过程，通过改善学习方式方法来推动组织学习，重点强调如何有效地学习，并不面对实际问题。单循环学习又称低层次学习，双循环学习又称高层次学习（Fiol and Lyles，1985）。②探索式学习和利用式学习（March，1991）。探索式学习指组织成员不断搜寻并试验新的组织活动形式及程序来提高组织效率；利用式学习指组织成员学习如何提炼和改善现有的组织活动形式及程序以提高组织效率。

17.1.3 创业学习理论

为了解决个体学习理论与组织学习理论没有捕捉到创业者和创业企业面临的高度不确定性环境及发展的动态性的问题，深入挖掘学习在创业活动中所起的重要作用，学者提出要发展创业学习理论（Deakins and Freel，1998）。创业学习主要分为个体层面的创业学习、团队或组织层面的创业学习。不同层面的创业学习依靠的理论基础有所不同。

个体层面的创业学习更多依赖心理学领域的个体学习理论。例如，Greeno 等（1996）认为学习的理论可分为三大类：行为学习（behavioral learning）、认知学习（cognitive learning）和情境学习（situative learning）。心理学领域在研究个体学习问题时经常使用经验学习和认知学习（蔡莉等，2012）。经验学习是指个体通过转化自己所积累的经验来创造知识的过程（Kolb，1984）。经验学习是一个摸索过程，涉及反复试错。认知学习则涉及对他人行为和行动的模仿与重构，会改变个体的认知图式（Bandura，1977）。蔡莉等（2012）认为创业者并不能仅通过经验学习和认知学习获得足够的创建新企业的知识，还必须进行实践学习（action learning）来加以补充。这些研究为后续创业学习研究提供了理论基础。

团队或组织层面的创业学习更多依赖组织学习理论，是创业理论与组织学习理论的融合。虽然现有组织学习理论发展得比较成熟，但是它并没有捕捉到创业企业面临的高度不确定性环境和发展的动态性，因此传统的组织学习理论对于创业学习只有有限的应用价值（Deakins and Freel，1998），创业学习研究应该基于创业情境发展自己的构念和理论体系（朱秀梅等，2013）。一些有影响力的组织学习理论包括单循环学习、双循环学习和第二次学习（Argyris and Schön，1978），探索式和利用式学习（March，1991），以及4I组织学习框架（Crossan et al.，1999）

也逐渐被引入到创业领域中来（Wang and Chugh，2014）。

17.2 创业学习理论在创业研究中的应用

20 世纪 90 年代末之前，创业领域的学者大多重点关注市场环境、市场机会和资源的协调，以及创业者人格特质对创业活动的影响（Chell et al.，1991）。他们认为创业者的特质很难改变，并假设只有一组潜在的个体具有与成功的创业者相关的内在特征，创业学习不会改变创业者的特征（Chell et al.，1991）。这种静态的视角阻碍了创业领域发展，忽略了创业者在创业活动中不断学习、提高和变革的能力，于是催生了创业学习的研究（Cope，2005）。

国际顶级创业学术期刊 *ETP* 于 2005 年推出了一期创业学习专栏，专门载文论述创业学习问题（Harrison and Leitch，2005），激发了学者的研究热情。*ETP* 特刊中的文章代表了创业学习发展的一个里程碑，为继续探索创业学习理论奠定了坚实的基础。此后，创业学习研究逐渐增多。因此，我们以 2005 年作为阶段划分的标志，分两个阶段介绍创业学习理论在创新驱动创业研究中的应用。

17.2.1 第一阶段（1997~2004 年）

Young 和 Sexton（1997）结合认知科学理论，较早提出创业学习的概念，认为创业学习是创业者获取、保留和使用创业知识所采用的活动与认知过程，并提出了创业学习过程模型。Deakins 和 Freel（1998）将创业学习定义为创业者在创业过程中为了提升网络化能力、总结经验和机会、反思既往战略、认识失误、获取资源、吸收外部成员加入创业团队等而进行的学习。Rae 和 Carswell（2001）把创业学习看作一种行为能力，包括知道、做和理解（knowing、doing and understanding）三个维度。Minniti 和 Bygrave（2001）将创业学习视为一个迭代选择的过程，创业者只重复有前景的选择，并放弃失败的选择。创业知识在这一过程中扮演了重要的角色，创业者需要不断地从过去经验中积累知识以更新知识储备。

这一阶段学者为将个体学习理论引入到创业领域做了很多尝试，学者主要关注如何从个体层面定义创业学习，并尝试理解和构建创业者的学习和决策过程（Young and Sexton，1997；Minniti and Bygrave，2001）。但在这一阶段，创业只是作为一个学习的背景，学习理论并未与创业要素很好地融为一体。

17.2.2 第二阶段（2005 年至今）

2005 年以后，创业学习研究被不断丰富（Holcomb et al.，2009；Petkova，2009）。由于第二阶段创业学习的研究比较分散，所以我们分四个主题进行介绍，分别是学习理论与创业要素的融合、多层次创业学习、从"失败"中学习以及在新情境下的创业学习。学习理论与创业要素的融合部分从机会与资源视角揭示创业学习对创业活动的影响机制。多层次创业学习部分扩展了创业学习的主体,研究对象不再局限于单独关注个体或组织层面,开始关注个体学习到团队和组织学习层面的转化。从"失败"中学习部分扩展了学习内容,创业者不再局限于向成功的经验学习,开始关注问题、错误,甚至是失败在成长过程中的重要作用。在新情境下的创业学习部分扩展了研究情境,重点关注在数字情境下,创业学习过程发生了哪些变化。

1. 学习理论与创业要素的融合

2005年后,学者逐渐意识到机会和资源在创业活动中的重要性,开始从机会与资源开发视角研究创业学习。Politis(2005)认为创业者可以利用职业经验形成创业知识(主要指用于机会识别和克服新进入缺陷的知识),采用利用式和探索式这两种转化过程调节职业经验与创业知识间的关系。该模型主要运用经验学习理论,将创业学习看作经验的转化过程,并且较为深入地剖析了创业者应该如何基于已有经验来识别机会、克服新进入缺陷的问题。Corbett(2005)将知识、认知和创造力联系起来,借鉴经验学习理论解释了学习不对称(learning asymmetries)导致机会识别和开发过程中行为与知识的差异。结果研究发现:不同的学习风格在机会识别和开发过程中发挥着不同的作用,学习会对创业机会开发过程产生重要的影响。Lumpkin(2005)将创业学习分为三类(Greeno et al., 1996),即行为学习(behavioral learning)、认知学习(cognitive learning)、行动学习(action learning),从组织层面探究这三种创业学习方式如何与机会识别过程的两个阶段(发现和形成)相联系。结果发现不同类型的学习在机会识别过程的不同阶段具有不同的作用。机会与资源开发和创业行为息息相关,以机会或资源开发过程为主线来构建创业学习模型也体现了学习理论正在更好地融入创业领域中。

2. 多层次创业学习

以往研究大多单独关注个体层面的创业学习,少数关注团队或组织层面的创业学习(Wang and Chugh, 2014; El-Awad et al., 2017)。在个体层面,研究主要侧重于创业者根据过去的经验积累知识和能力,以开发新的创业机会(Minniti and Bygrave, 2001; Politis, 2005; Corbett, 2005; Holcomb et al., 2009)。在组织层面,研究的重点是集体如何基于一套共享规则和程序完成知识创造和积累过程(Brockman, 2013; Franco and Haase, 2009)。组织层面的学习通常被认为是组织获取、同化和制度化知识的过程。个人层面的学习被视为对组织一级学习的重要投入，因为它通过互动、对话渗透到整个团队和组织，并指导组织的创业活动（El-Awad et al.，2017）。在实践中，推动创业过程的往往不是个人，而是创业团队（Kamm et al.，1990）。因此，我们有必要探究个体层面创业学习如何影响团队或组织层面的创业学习，关注个人寻求机会的行为如何与组织寻求优势的行为相结合（Hitt et al.，2001）。

Dutta 和 Crossan（2005）、El-Awad 等（2017）利用创业和组织学习文献中的见解来理解创业现象。他们借鉴 4I 组织学习框架（Crossan et al.，1999），探究创业学习在个体、团队和组织层面上的运作机制，提供了一个多层次和动态的创业学习过程框架。Karatas-Özkan（2011）提出了创业学习的多层次关系框架，从微观层面和中观层面探究创业者如何通过创业学习与利益相关者合作，以获取不同形式的资本。其中微观层面分析是指通过审查创业者的动机、性格和资本等信息来了解创业者的个人经历。中观层面分析是指创业团队的创业学习与管理的关系经验分析。West 和 Gemmell（2021）提出个体学习行为影响组织层面的探索性和利用性学习活动，并间接影响组织创新。创业者和组织层面的创业学习可以克服企业的"知识赤字"，企业通过制定明智的新产品开发决策实现创新。从上述分析可以看出，创业学习研究不再局限于个体层面或组织层面，而是跨越多个层次。这对于创业学习研究来说是至关重要的。因为企业发展不能仅依靠个体层面创业学习完成，企业执行创业活动更多依赖于团队或组织层面的创业学习。明确创业学习的多层次运作机制将有助于使创业学习的产出效应最大化。

3. 从"失败"中学习

虽然 Minniti 和 Bygrave（2001）早在 2001 年就指出：创业者不仅要向成功的经验学习，而且还应该从"失败"中学习。创业知识包括正面经验和负面教训，但他们并没有就此进行深入分析。Petkova（2009）和 Cope（2011）是较为系统地分析如何从"失败"中进行创业学习的研究者。Petkova（2009）认为企业在创建和经营过程中不可避免会犯错，创业者应该学会从错误中学习，并构建了从绩效错误中学习的模型。该模型包含了三个主要的认知过程，即结果产生、错误检测和错误改正。他在模型中把创业看作试错过程，认为创业者为了总结经验和获取知识，会详细分析创业活动所取得的负面结果，并通过反思来改善自己的知识结构。Cope（2011）通过案例分析研究系统地识别了创业失败学习的内容、模式和障碍，并提出创业失败学习包括"余波—恢复—重建"三个阶段。余波是指创业者暂停其他活动，思考失败事件的过程。恢复是指创业者剥离痛苦、自我复原的学习过程。重建是指创业者获得失败高阶学习的过程，失败高阶学习包括自我学习、企业学习、关系学习和企业管理学习。Funken 等（2020）认为问题提供的负面反馈可能会促进创业学习，并最终实现创业进步。因此，创业学习在问题与创业进步之间起着中介作用。错误掌握导向作为调节变量决定了问题会促进创业学习还是阻碍创业学习。具体来说，当创业者错误掌握导向较高时，问题会促进创业学习并最终实现创业进步，而当创业者错误掌握导向较低时，问题会阻碍创业学习和创业进步。

4. 在新情境下的创业学习

新兴数字技术具有改变创业过程的潜力，对创业者追求机会的方式以及学习途径与环境都产生了巨大的影响。数字技术的发展促进了在线社区、数字平台等新的学习与创业空间的产生，创业者学习的方式发生了改变。在线社区可以不受时间、空间或社会等级的限制（Schou et al., 2022），为创业者提供新的学习机会和数字机会（Autio et al., 2013; Leonardi, 2018; Nambisan, 2017）。像数字平台这样的动态创业生态系统则代表了高度模糊和具有挑战性的学习环境（Eisenhardt et al., 2010），给创业者、团队或组织的创业活动施加了时间压力和不确定性压力。因此，研究数字平台、在线社区中的学习可以丰富创业学习的社会过程。然而，现有研究对于如何利用新的数字学习机会知之甚少（Schou et al., 2022）。

Scarmozzino 等（2017）研究专业社交网站如何促进创业者进行创业学习。创业学习的过程包括获取创业者经验和通过创业者的具体情况转化为创业知识。创业学习是一种利用经验作为主要学习来源的知识获取过程。专业社交网站是一个虚拟社区，允许每个创业者在系统中构建个人资料，明确与其从事社交互动的其他创业者的列表，并通过不同的方式交流和协作获取知识（Scarmozzino et al., 2017）。数字技术的发展促进了专业社交网站的兴起，专业社交网站为知识寻求活动提供了非正式而有效的平台。创业者可以更加快捷便利地进行知识交流。在这一过程中，知识共享与知识获取促进了创业学习的发生。Schou 等（2022）提出，经典的经验学习和替代学习理论不能很好地解释在线社区中的创业学习过程。经典的经验学习理论主要关注心理过程，对社会学过程关注较少，无法理解在线社区中的社会互动。替代学习虽然关注社会过程，但将创业学习简化为专家和新手之间的稳定的、单向的学习关系，限制了我们对社区学习的理解。因此，他们认为协同替代学习（coactive vicarious learning）更加符合在线社区这一学习情境。协同替代学习（Myers, 2018）将学习作为一种通过对话进行的社会过程，个体（即榜样和学习者）有意分享和共同处理人际互动中的工作经验，以共同构建对经验和突发情境的理解。经验、分析和支持构成了协同替代学习互动的三个关键元素（Myers, 2018）。Schou 等（2022）的研究显示，在线社区的创业者参与了不同的创业学习对话，包括吸取经验教训、寻求建议、推荐、分享，以及提示、技巧和资源，并利用案例详细分析了不同的创业学习对话所包含的内容。Fan 等

(2021)将创业学习研究扩展到数字平台生态系统的新兴领域,并将时间作为创业学习过程中的关键解释变量。基于Facebook这一数字平台的动态环境,他们探究了为数字平台开发互补组件的独立创业者(independent entrepreneurs)是如何进行创业学习的。作者认为独立创业者依然可以从过去开发项目的经验中学习,并特别强调了学习时机的重要性。先前经验可能只在特定的时间窗口才有价值,距离此次项目开发时间太近或太远的经验都不能发挥很好的学习效果。一方面,学习很少是即时发生的,创业者需要足够的时间来收集可靠的反馈信息,并需要足够的时间将这些信息转化为可操作的知识。因此,非常近期的项目经验缺乏时间的检验,可能存在问题。另一方面,动态环境意味着环境条件随着时间的推移会发生实质性的变化。当变化随着时间的推移而积累时,此时的环境与早期生态系统条件的差异程度就会增加,来自遥远过去的知识也会变得越来越过时,也越来越不那么有用。因此,在不稳定的、发展迅速的数字创业生态系统中,只有处于中期的先前经验对创业学习是最有帮助的。

从上述分析可以看出,创业理论与学习理论互相促进。学习理论为创业活动研究提供一个成长视角。来自学习视角的研究可以为创业研究领域的机会开发、知识获取、能力提升等提供新的见解,打破传统的静态的特质论视角。反过来,创业活动为学习理论的研究提供了特殊情境。创业企业处于高度不确定性和动态性的环境中,创业者经常面临很大的时间压力。创业活动可以被认为是一种发生在高度紧张状态下的学习。创业者或创业团队在寻求问题的答案或寻求实现商业洞察力时,想尽快了解有效和有用的解决办法。因此,创业过程为学习理论的研究提供了一个独特的情境(Lumpkin,2005)。

17.3 创业学习理论在创新驱动创业研究中的局限与未来展望

17.3.1 局限

目前,创业学习研究仍处于发展阶段,创业学习研究呈现高度碎片化。大量表意相似的概念需要整合统一,以勾画更加清晰的创业学习研究的轮廓。创业学习研究的局限主要体现在以下三个方面。

首先,从创业学习内容来看,学习内容依旧局限在直接或间接的经验、实践学习、替代学习、从"失败"中学习等,但却忽略了一个对于企业发展至关重要的因素——大数据。数据是用于知识交流和学习输入的有用资源。目前,大数据已经成为企业发展所需的新的生产要素,它与创新创业活动紧密相连(谢康等,2020)。与传统的少量的数据不同,在数字技术发展的推动下,创业企业可以获得和利用海量的数据。如何从大数据中学习已经成为创业者不可忽视的重要问题。

遗憾的是目前很少有学者关注这一问题。

其次,从学习主体来看,现有研究大部分单独关注个体创业学习、团队或组织创业学习,少数学者关注到了多层次创业学习间的知识转移机制。多层次创业学习机制的研究仍然处于初始阶段,需要学者进一步研究。此外,近年来,新的组织形式(如创业生态系统)不断涌现。在创业生态系统中,企业的边界逐渐模糊,企业间关系由竞争转为竞合。创业企业在生态系统中是如何进行创业学习的？创业生态系统内企业间关系(如竞合、共生关系等)如何影响创业学习？创业知识在整个创业生态系统中流动的机制是什么？这些问题都值得我们进一步去思考。

最后,从学习情境来看,学者开始关注到数字平台、在线社区、专业社交网站等对创业学习的影响(Schou et al.,2022;Scarmozzino et al.,2017)。但总体看来,创业学习在新情境下的研究依旧有限,主要集中在传统企业的创业学习上,而大多忽略了更动态的学习环境,如数字平台环境(Fan et al.,2021)。数字技术降低了创业者的学习成本,为追求机会提供一个较低的知识门槛(Nambisan,2017)。数字技术为创业学习提供了新平台,创业者可以在平台上跨越时间、空间的阻碍,实现一对一、一对多或多对多的交流。传统的创业学习模型多是单向互动,数字平台为学习者提供了双向互动的机会。因此,在新的数字情境下,创业学习的方式发生了变化,传统的创业学习模型可能不再那么适用。

17.3.2 未来展望

针对以上创业学习在创业研究中的不足,未来可以从以下几个方面开展研究。

第一,如何利用大数据进行创业学习。随着数字技术的发展,创业主体可以从广泛的来源获取数据,突破了从前的信息难以获取的障碍。创业主体需要学会从大数据中获取创业信息、生成创业知识,即进行创业学习。然而,现有研究并没有关注到如何利用大数据进行创业学习。数据本身是没有价值的,只有从数据中学习,对数据进行分析并将其应用于管理实践才能创造价值(Raguseo et al.,2021)。这就要求创业主体拥有数据分析的能力。创业主体的数据分析能力越高,就越能从海量的数据中高效而准确地提取创业信息,从而快速做出决策并把握市场机会。因此,从数据分析能力出发,探究创业主体利用大数据进行创业学习的机制是有价值的。

第二,在数字情境下创业学习的过程与机制研究。以往的创业学习研究都是在相对稳定的环境下进行的,在动态的数字环境下,创业学习的过程与机制会发生变化(Fan et al.,2021)。例如,数字创新创业生态系统中的动态环境具有更大的不确定性和频繁的变化,可能会降低先前经验指导创业活动的价值(Lafontaine and Shaw，2016）。此外，在数字技术的支持下，创业学习主体的知识识别、获取、加工和利用的方式发生了很大的变化。经典的经验学习和替代学习理论不能很好地解释在数字情境下的创业学习过程，特别是在线社区这种强调交流互动的场景（Schou et al.，2022）。经典的经验学习理论对社会过程关注较少，无法理解在线社区中的社会互动。替代学习虽然关注社会过程，但却将学习简化成为专家和新手之间的稳定的、单向的学习关系，限制了我们对社区学习的理解。最后，在数字技术的影响下，个人或团队层面创业学习向组织层面创业学习转移形式发生变化。在传统创业企业中，一般是将个人或团队的知识整理成文字并记录在册，在系统层面形成组织惯例。现在多数情况下要求将个人或团队经验程序化，并将经验教给机器。因此，在数字情境下，探究创业学习的过程与机制发生了怎样的变化是非常必要的。

第三，生态系统内的共生关系与知识溢出对创业学习的影响研究。首先，在生态系统中，企业间形成了共生关系。共生关系形成的社会网络是信息传递的载体（Audia et al.，2006），有助于组织间的知识共享和学习活动的产生，促进业务合作和新市场机会的探索（Zettinig and Benson-Rea，2008）。组织间由于共生而产生的相互依赖关系促进了组织间社会关系的产生，为企业提供了与其他主体建立社会关系的机会（Audia et al.，2006）。这为组织间信息流动及学习提供基础。我们可以进一步探究企业间共生关系如何影响创业学习。其次，在创业生态系统中各类创业企业强调数字技术的融合，进行数字产品或服务的开发，自发地进行横向知识溢出并向外部扩散创业机会（Arvidsson and Mønsted，2018）。生态系统内企业的知识溢出效应对创业学习与创新的机会开发的影响机制值得进一步探讨。通过探究这些问题，我们可以更深入地了解生态系统内的多层次创业学习。

参 考 文 献

蔡莉, 单标安, 汤淑琴, 等. 2012. 创业学习研究回顾与整合框架构建[J]. 外国经济与管理, 34(5): 1-8, 17.

谢康, 夏正豪, 肖静华. 2020. 大数据成为现实生产要素的企业实现机制: 产品创新视角[J]. 中国工业经济, (5): 42-60.

朱秀梅, 张婧涵, 肖雪. 2013. 国外创业学习研究演进探析及未来展望[J]. 外国经济与管理, 35(12): 20-30.

Argyris C, Schön D A. 1978. Organizational Learning: A Theory of Action Perspective[M]. Reading: Addison-Wesley Pub. Co.

Arvidsson V, Mønsted T. 2018. Generating innovation potential: how digital entrepreneurs conceal, sequence, anchor, and propagate new technology[J]. The Journal of Strategic Information

Systems, 27(4): 369-383.

Audia P G, Freeman J H, Reynolds P D. 2006. Organizational foundings in community context: instruments manufacturers and their interrelationship with other organizations[J]. Administrative Science Quarterly, 51(3): 381-419.

Autio E, Dahlander L, Frederiksen L. 2013. Information exposure, opportunity evaluation, and entrepreneurial action: an investigation of an online user community[J]. Academy of Management Journal, 56(5): 1348-1371.

Bandura A. 1977. Social Learning Theory[M]. Englewood Cliffs: Prentice-Hall.

Bower G H, Hilgard E R. 1981. Theories of Learning[M]. Englewood Cliffs: Prentice-Hall.

Brockman B K. 2013. The evolution of organizational learning in new venture development[J]. Journal of Small Business & Entrepreneurship, 26(3): 261-275.

Cangelosi V E, Dill W R. 1965. Organizational learning: observations toward a theory[J]. Administrative Science Quarterly, 10(2): 175-203.

Chell E, Haworth J, Brearley S. 1991. The Entrepreneurial Personality: Concepts, Cases, and Categories[M]. London; New York: Routledge.

Cope J. 2003. Entrepreneurial learning and critical reflection: discontinuous events as triggers for "higher-level" learning[J]. Management Learning, 34(4): 429-450.

Cope J. 2005. Toward a dynamic learning perspective of entrepreneurship[J]. Entrepreneurship Theory and Practice, 29(4): 373-397.

Cope J. 2011. Entrepreneurial learning from failure: an interpretative phenomenological analysis[J]. Journal of Business Venturing, 26(6): 604-623.

Corbett A C. 2005. Experiential learning within the process of opportunity identification and exploitation[J]. Entrepreneurship Theory and Practice, 29(4): 473-491.

Covin J G, Green K M, Slevin D P. 2006. Strategic process effects on the entrepreneurial orientation-sales growth rate relationship[J]. Entrepreneurship Theory and Practice, 30(1): 57-81.

Crossan M M, Lane H W, White R E. 1999. An organizational learning framework: from intuition to institution[J]. Academy of Management Review, 24(3): 522-537.

Deakins D, Freel M. 1998. Entrepreneurial learning and the growth process in SMEs[J]. The Learning Organization, 5(3): 144-155.

Dutta D K, Crossan M M. 2005. The nature of entrepreneurial opportunities: understanding the process using the 4I organizational learning framework[J]. Entrepreneurship Theory and Practice, 29(4): 425-449.

Eisenhardt K M, Furr N R, Bingham C B. 2010. CROSSROADS: Microfoundations of performance: balancing efficiency and flexibility in dynamic environments[J]. Organization Science, 21(6): 1263-1273.

El-Awad Z, Gabrielsson J, Politis D. 2017. Entrepreneurial learning and innovation: the critical role of team-level learning for the evolution of innovation capabilities in technology-based ventures[J]. International Journal of Entrepreneurial Behavior & Research, 23(3): 381-405.

Erikson T. 2003. Towards a taxonomy of entrepreneurial learning experiences among potential entrepreneurs[J]. Journal of Small Business and Enterprise Development, 10(1): 106-112.

Fan T, Schwab A, Geng X S. 2021. Habitual entrepreneurship in digital platform ecosystems: a time-contingent model of learning from prior software project experiences[J]. Journal of Business Venturing, 36(5): 106140.

Fiol C M, Lyles M A. 1985. Organizational learning[J]. Academy of Management Review, 10(4): 803-813.

Franco M, Haase H. 2009. Entrepreneurship: an organizational learning approach[J]. Journal of Small Business and Enterprise Development, 16(4): 628-641.

Funken R, Gielnik M M, Foo M D. 2020. How can problems be turned into something good? The role of entrepreneurial learning and error mastery orientation[J]. Entrepreneurship Theory and Practice, 44(2): 315-338.

Greeno J G, Collins A M, Resnick L B. 1996. Cognition and learning[C]//Berliner D C, Calfee R C. Handbook of Educational Psychology. New York: Macmillan: 15-46.

Harrison R T, Leitch C M. 2005. Entrepreneurial learning: researching the interface between learning and the entrepreneurial context[J]. Entrepreneurship Theory and Practice, 29(4): 351-371.

Hitt M A, Ireland R D, Camp S M, et al. 2001. Strategic entrepreneurship: entrepreneurial strategies for wealth creation[J]. Strategic Management Journal, 22(6/7): 479-491.

Holcomb T R, Ireland R D, Holmes R M, Jr, et al. 2009. Architecture of entrepreneurial learning: exploring the link among heuristics, knowledge, and action[J]. Entrepreneurship Theory and Practice, 33(1): 167-192.

Kamm J B, Shuman J C, Seeger J A, et al. 1990. Entrepreneurial teams in new venture creation: a research agenda[J]. Entrepreneurship Theory and Practice, 14(4): 7-17.

Karataş-Özkan M. 2011. Understanding relational qualities of entrepreneurial learning: towards a multi-layered approach[J]. Entrepreneurship & Regional Development, 23(9/10): 877-906.

Kolb D A. 1984. Experiential Learning: Experience as the Source of Learning and Development[M]. Englewood Cliffs: Prentice-Hall.

Lafontaine F, Shaw K. 2016. Serial entrepreneurship: learning by doing?[J]. Journal of Labor Economics, 34(S2): 217-254.

Lant T K, Mezias S J. 1990. Managing discontinuous change: a simulation study of organizational learning and entrepreneurship[J]. Strategic Management Journal, 11(4): 147-179.

Leonardi P M. 2018. Social media and the development of shared cognition: the roles of network expansion, content integration, and triggered recalling[J]. Organization Science, 29(4): 547-568.

Lumpkin G T. 2005. The role of organizational learning in the opportunity-recognition process[J]. Entrepreneurship Theory and Practice, 29(4): 451-472.

March J G. 1991. Exploration and exploitation in organizational learning[J]. Organization Science, 2(1): 71-87.

Minniti M, Bygrave W. 2001. A dynamic model of entrepreneurial learning[J]. Entrepreneurship Theory and Practice, 25(3): 5-16.

Myers C G. 2018. Coactive vicarious learning: toward a relational theory of vicarious learning in organizations[J]. Academy of Management Review, 43(4): 610-634.

Nambisan S. 2017. Digital entrepreneurship: toward a digital technology perspective of entrepreneurship[J]. Entrepreneurship Theory and Practice, 41(6): 1029-1055.

Petkova A P. 2009. A theory of entrepreneurial learning from performance errors[J]. International Entrepreneurship and Management Journal, 5(4): 345-367.

Politis D. 2005. The process of entrepreneurial learning: a conceptual framework[J]. Entrepreneurship Theory and Practice, 29(4): 399-424.

Rae D. 2000. Understanding entrepreneurial learning: a question of how?[J]. International Journal of Entrepreneurial Behavior & Research, 6(3): 145-159.

Rae D, Carswell M. 2001. Towards a conceptual understanding of entrepreneurial learning[J]. Journal of Small Business and Enterprise Development, 8(2): 150-158.

Raguseo E, Pigni F, Vitari C. 2021. Streams of digital data and competitive advantage: the mediation effects of process efficiency and product effectiveness[J]. Information & Management, 58(4): 103451.

Scarmozzino E, Corvello V, Grimaldi M. 2017. Entrepreneurial learning through online social networking in high-tech startups[J]. International Journal of Entrepreneurial Behavior & Research, 23(3): 406-425.

Schou P K, Bucher E, Waldkirch M. 2022. Entrepreneurial learning in online communities[J]. Small Business Economics, 58(4): 2087-2108.

Shane S, Venkataraman S. 2000. The promise of entrepreneurship as a field of research[J]. Academy of Management Review, 25(1): 217-226.

Thorndike E L. 1898. Animal intelligence: an experimental study of the associative processes in animals[J]. The Psychological Review: Monograph Supplements, 2(4): i-109.

Wang C L. 2008. Entrepreneurial orientation, learning orientation, and firm performance[J]. Entrepreneurship Theory and Practice, 32(4): 635-657.

Wang C L, Chugh H. 2014. Entrepreneurial learning: past research and future challenges[J]. International Journal of Management Reviews, 16(1): 24-61.

West G P, Gemmell R M. 2021. Learning behaviors across levels in new ventures and innovation outcomes[J]. Journal of Small Business Management, 59(1): 73-106.

Young J E, Sexton D L. 1997. Entrepreneurial learning: a conceptual framework[J]. Journal of Enterprising Culture, 5(3): 223-248.

Zettinig P, Benson-Rea M. 2008. What becomes of International New Ventures? A coevoluationary approach[J]. European Management Journal, 26(6): 354-365.

代表性学者简介

杰森·科普（Jason Cope）

杰森·科普在兰卡斯特大学（Lancaster University）获得博士学位，曾任思克莱德大学亨特创业中心的高级讲师和教学主任，富布莱特学者。曾任 *International Small Business Journal* 主编，在 *Entrepreneurship Theory and Practice*、*Journal of Business Venturing*、*International Small Business Journal* 等期刊发表了多篇论文，其中2007年与卢克·皮塔韦（Luke Pittaway）发表的论文"Entrepreneurship education: a systematic review of the evidence"（《创业教育：证据的系统回顾》）已经成为创业学习领域的经典之作。杰森·科普于2010年逝世。

大卫·雷（David Rae）

大卫·雷在诺丁汉特伦特大学（Nottingham Trent University）获得了博士学位，现任德蒙福特大学莱斯特城堡商学院企业与创新中心的主任，曾任 *International Journal of Entrepreneurial Behavior & Research*（《创业行为研究国际期刊》）主编。2007年出版的 *Entrepreneurship: from Opportunity to Action*（《创业：从机会到行动》）一书提供了以机会为中心的创业方法，影响了国际创业教育实践，新版本 *Opportunity-Centred Entrepreneurship*（《以机会为中心的创业》）于2015年出版。

黛尔蒙托·波利蒂斯（Diamanto Politis）

黛尔蒙托·波利蒂斯是隆德大学（Lund University）Sten K Johnson 创业中心的教授，研究兴趣为创业学习和教育，发表了多篇相关领域的文章，其中2005年在 *Entrepreneurship Theory and Practice* 期刊发表的文章"The process of entrepreneurial learning: a conceptual framework"（《创业学习过程：一个概念框架》）被创业领域的学者广泛引用。目前从事新技术商业化、学术创业和创新中介机构在创业系统中的作用的研究。

本章执笔人：单标安　刘晓菊　任洪鋆

第 18 章 动态能力——不确定环境下创新驱动创业的支撑理论

进入 21 世纪以来，互联网和信息技术等新兴技术进步导致全球创新日益活跃，借此机会，创业企业大量涌现，已经成为推动经济和社会发展的关键因素（Razmdoost et al.，2020）。一方面，创业是创造、发现、利用机会的过程，创业企业能否构建识别新机会和发展追求机会所需的资源基础的能力是创业成败的关键（Arthurs and Busenitz，2006）。另一方面，数字技术的快速发展加剧了创新创业环境从相对稳定有序向高度动态复杂的转变，持续变化的商业环境、激烈的竞争和创新压力时刻威胁着新创企业的生存，很多企业的竞争优势瞬息即逝，如因运营问题破产的共享单车出行平台 ofo 小黄车。而动态能力（dynamic capabilities）被认为是能够整合、建立和再配置内外部资源和能力以适应环境快速变化的能力（Teece，2007），已成为新企业生存和发展及应对动荡环境的关键能力（Newbert，2005）。因而，企业需要发展动态能力来促进创新驱动创业过程，动态能力理论受到了学术界和业界的广泛关注。

对于聚焦于创新的新创企业而言，动态能力加强了企业机会感知与利用，帮助组织持续构建、重组其内外部资源以成功推出新产品（Teece，2007），因而动态能力理论是解析创新驱动创业核心要素的支撑理论。然而在数字化、生态化与新型国际化背景下，动态能力理论在解释创新驱动创业现象时面临着诸多挑战，如何在动态复杂的环境中破解企业的竞争优势之谜是一项极具挑战性的难题。因此，通过回顾动态能力理论尤其是在创业研究领域的进展，深入探究动态能力理论的变迁，有利于进一步丰富动态能力理论，推动动态能力视角下的创新驱动创业理论探索。

18.1 动态能力理论的发展脉络

资源基础观强调 VRIN [valuable（有价值性），rare（稀缺性），imperfectly imitable（难以模仿性），non-substitutable（难以替代性）] 资源是企业竞争优势的起源，然而静态的视角难以解释"企业原有资源与新环境不匹配时，企业如何获取新的资源"这一问题；核心能力理论强调对企业内部知识、技能和技术的整合，但在快速变化的环境中，核心能力面临着核心刚性问题（Leonard-Barton，1992）。20世纪90年代以来，商业环境呈现出易变性、不确定性、复杂性、模糊性特征，上述理论无法充分解释企业如何在新的商业环境中建立并维持竞争优势。动态能力便是为解释企业如何在动态的环境中获得并保持竞争优势而提出的。

Teece 和 Pisano（1994）首次正式提出动态能力的概念，将其定义为促使企业创造新产品、新过程以及响应市场环境变化的能力的子集。随后，Teece 等（1997）进一步将动态能力定义为企业整合、构建、重构内外部资源和能力以应对快速变化的环境的能力，并明确了动态能力框架的环境条件、理论前提、核心假设。①环境条件：特定的外部环境，即快速变化的环境。②理论前提：有限理性假设，即企业中的行为既不是情绪化的，也不是无目的的，在寻找和选择解决方案时并不可以寻求最优，而是不断重新配置或修改能力（Augier and Teece，2009）；能力的不可交易性，即能力不能通过要素市场买卖获得，只能被建立；能力的不可复制性与难以模仿性，即能力由组织内部复制以及被竞争对手模仿都是困难的，甚至难以实现。③核心假设：企业的竞争优势由其管理和组织过程塑造，受资产位势以及发展路径的影响。其中，管理和组织过程（process）指组织惯例或当前活动和学习的模式；资产位势（position）指企业当前所用的技术、智力资产、互补资产等资源禀赋；发展路径（path）指企业战略可替代选择、收益增长可能性、路径依赖等。下面将动态能力理论的发展概括为三个发展阶段。

18.1.1 动态能力理论的前期发展阶段（1997~2003年）

这一阶段学者主要关注动态能力理论本身，探讨其概念内涵、适用情境、建立和演化机制。

首先，继 Teece 等（1997）之后，两篇文章的概念界定获得了大量关注。一是 Eisenhardt 和 Martin（2000）从流程视角将动态能力界定为企业使用资源适应甚至创造市场变化的过程，特别是整合、重新配置、获得和释放资源的过程。二是 Winter（2003）从能力层级视角将普通或零阶能力定义为允许企业在短期内生存的能力，将动态能力定义为扩展、修改或创建普通能力的一阶能力。其次，学者还针对动态能力与市场环境的关系进行探讨。例如，Eisenhardt 和 Martin（2000）认为动态能力在适度变化的市场环境下表现为"最佳实践"，能够产生可预测的结果，但是在高度变化的市场环境下是简单的、高度经验化的过程，产生的结果不可预测；Zollo 和 Winter（2002）认为动态能力在变化率较低的环境中也是适用的。最后，动态能力的产生和发展机制也备受关注。例如，Eisenhardt 和 Martin（2000）强调了学习机制在动态能力建立和演化过程中的重要作用；Zollo 和 Winter（2002）则提出了知识过程对动态能力的重要性。

18.1.2 动态能力理论的中期发展阶段（2004~2012 年）

这一阶段学者将动态能力理论与其他学科领域进行融合。

动态能力理论源于战略管理领域，但该理论在知识管理、创新管理和国际商务等领域也发挥着重要作用。首先，在动态变化的环境中，知识发挥着重要价值，动态能力理论所强调的通过对企业资源的更新以实现甚至维持竞争优势这一核心假设使其被广泛应用于知识管理领域。Bergman 等（2004）以知识网络场景中的知识创造和知识共享为例，说明动态能力在知识管理领域的作用：随着商业机会的不断增加与全球竞争的加剧，动态能力作为在知识网络中创建以及共享知识的工具而存在。其次，创新行为有利于企业应对复杂的环境变化，动态能力所关注的对资源的获取以及重组有利于企业的创新活动。Ellonen 等（2009）通过对出版业的案例企业研究来探索不同动态能力强度与创新产出之间的关系。最后，跨国企业在国际市场上经常面临着快速的技术更迭以及激烈的全球竞争等，需要发展独特的能力来利用资源，从而采取创新性措施应对不断变化的国际环境（Augier and Teece，2007）。Weerawardena 等（2007）借鉴动态能力理论，提出了天生国际化企业国际化的概念模型，认为动态能力能够促进天生国际化企业开发先进的知识密集型产品，从而加速进入海外市场。

18.1.3 动态能力理论的后期发展阶段（2013 年至今）

这一阶段学者大量实证探索动态能力的构成维度、影响因素、中介机制等方面，并与时代背景相结合。

首先，现有学者主要基于流程类型、惯例化程度、职能领域、能力层级、能力分析层面对动态能力进行维度化（Schilke et al.，2018）。其次，已有文献关注动态能力的影响因素。在组织层面，Felin 和 Powell（2016）关注组织设计的作用，认为诸如开放性组织等新的组织设计形式有利于构建动态能力；在个体/团队层面，Kor 和 Mesko（2013）认为动态管理能力作为实现企业能力与变化的环境之间的一致性发挥着重要作用，CEO 塑造高管团队动态管理能力，通过配置和协调活动塑造团队吸收能力；在环境层面，Karna 等（2016）通过元分析证明，与稳定的环境相比，在快速变化的产业环境中，动态能力对绩效的影响更大。再次，在动态能力影响组织绩效的中介机制方面，动态能力通过改变企业的资源基础，进而影响企业绩效或者促进竞争优势的形成（Karimi and Walter，2015）。最后，在快速变化的环境中不断发展的数字技术以及利用这些技术进行数字化转型是当代企业所面临的主要挑战，动态能力框架成为企业参与数字化转型的重要理论基础（Warner and Wäger，2019）。

18.2 动态能力理论在创业领域的应用与发展

18.2.1 创业领域动态能力理论的前期发展阶段（2000~2011年）

该阶段一方面聚焦于动态能力与创业领域融合研究，另一方面揭示了创业领域动态能力的微观基础研究。

Deeds 等（2000）率先将动态能力理论应用到创业型高科技企业新产品开发策略中。Newbert（2005）将动态能力框架应用于新创企业的形成过程，并且强调动态能力对新创企业的创建和发展至关重要。随后，Zahra 等（2006）注意到动态能力文献很少关注年轻公司创造、发现和利用机会，并指出动态能力的起点是以识别和利用机会为中心的创业活动，而创业活动影响资源和技能的选择并促进组织学习过程。Teece（2007）指出了企业在瞬息万变的商业环境中面临着全球竞争的挑战，创业有助于感知和利用机会，维持动态能力。至此，学者以创业企业为研究对象，纷纷基于创业企业提出相应的动态能力定义。例如，Corner 和 Wu（2012）基于创业过程，将动态能力视为创业者用来识别、积累、整合和重新配置创建新企业所需资源的能力，认为动态能力是新企业创建的关键子过程。

微观基础是在低于现象本身的分析水平上提供理论和经验解释，已有研究主要从组织层面、团队层面、个体层面揭示了创业企业动态能力的微观基础。在组织层面，Teece（2007）总结了动态能力微观基础，包括感知能力、利用能力和重组能力。虽然新创企业面临着规模较小和资源约束的劣势，但是因其灵活性而在感知和验证机会的速度方面更具优势，而且较少的组织层级有利于快速决策。此外，新创企业因缺乏成型的内部组织过程和惯例，重构流程和资产所面临的阻碍因素较少。在团队层面，动态能力不仅包括了适应现有环境的惯例（Zollo and Winter, 2002），还由创造性的管理和创业行为等非惯例行为构成（Teece, 2007）。在个体层面，Salvato 和 Rerup（2011）认为个体行为、认知、情绪以及所嵌入的社会情境共同作用形成了团队的惯例和组织的动态能力。Hodgkinson 和 Healey（2011）研究发现动态能力的机会发现和创造过程源于个人的认知与情绪的相互作用；快速利用机会需要管理者建立有效的决策方法以克服认知偏见，同时培养对新投资方向的适当情绪反应；重新配置资源以及战略转型需要个体减轻认知偏见并自我调节对重大变化引起的身份威胁的情绪反应。

18.2.2 创业领域动态能力理论的中期发展阶段（2012~2017年）

随着动态能力研究的逐渐发展，学者也开始关注动态能力与创业认知、创业导向、创业学习以及企业创新创业绩效等因素间的关系，打开了相关前因通过动态能力到绩效关系的黑箱。

第一，学者关注个体层面对动态能力产生作用的影响因素。首先，由于创业企业的战略理念往往受到创业者印记的深刻影响，创业者认知与情绪对于企业能力的形成有较强的驱动作用（Pryor et al.，2016）。其次，知识和经验会影响创业过程，特别是在机会识别方面（Fern et al.，2012）。Koryak 等（2015）研究发现中小企业可以通过利用创业者或创业团队更广泛、更多样化的知识和经验库来提高它们的机会识别能力。再次，在缺乏资源和惯例的情况下，CEO 可以充当资源平台提供公司可以依赖的经验、技能和能力。Friedman 等（2016）通过实证研究发现 CEO 变革型领导影响着高管团队的整合行为，这可以促进企业开发高水平战略决策帮助，进而建立组织战略适应能力。最后，创业者性别也可能对动态能力产生影响。Bogodistov 等（2017）以 124 家乌克兰微型旅游企业来分析性别差异对微型企业动态能力的影响，结果发现女性管理者在企业感知能力方面存在一些不足，但团队性别差异对企业的利用与重组能力有正向影响。

第二，学者关注组织层面对动态能力产生作用的影响因素。首先，创业导向对企业能力以及绩效的影响在创业文献中受到了较大关注。创业导向的创新性、风险承担性以及先动性等富含创业精神的子维度有助于企业识别外部机会与威胁，通过战略反应触发企业内外部资源的重构，多项实证研究发现了创业导向对于创业企业动态能力的形成的关键作用（Zhang et al.，2016；Mu et al.，2017）。其次，动态能力的本质是由资产位势打造的并通过演化和共演路径实现的组织过程（Teece et al.，1997）。资产位势代表了公司当前的特定的资源禀赋，组织所拥有的资源越多，创业企业动态能力可以整合和重构的资源也就越多，然而创业企业往往受到资源约束，资源可获得性以及整合过程也影响动态能力对于资源的整合。Macpherson 等（2015）基于案例研究发现了创业企业可以通过资源的积累和整合，利用有形和无形资源的嫁接（通过重组获得公司外部资源）和结合（通过深化关系以减少不确定性获得资源）来增强动态能力。最后，Zollo 和 Winter（2002）认为动态能力是一种学习的和稳定的集体活动模式，在此基础上，Zahra 等（2006）基于学习视角探讨了创业与动态能力的关系，发现了新创企业更可能通过即兴学习和试错学习来培育动态能力。Prashantham 和 Floyd（2012）也从国际新创企业中发现了类似结论，为即兴学习和试错学习促进动态能力开发的过程提供微观层面的理论解释。

第三，学者关注动态能力与创新创业绩效之间的关系。首先，动态能力在新企业成立之初就存在（Arend，2014），动态能力通过帮助新企业在市场上产生有价值的普通能力来影响新企业的形成。例如，感知和利用新产品的机会导致市场上适时推出高质量、独特的产品（Lisboa et al.，2016）。其次，动态能力理论关注新企业创新的两个方面：一方面，动态能力帮助组织持续构建、重组其内外部的各类资源以成功推出新产品,有助于新产品或新服务开发的技术创新过程(Santos and Spring,2013;Mu et al.,2017);另一方面,动态能力在促进企业技术商业化、商业模式创新方面受到了广泛关注。创新的成功商业化取决于互补资产的可用性,而动态能力比其他无形和有形资产对新创企业创新绩效有更大的影响(Paradkar et al.,2015)。强大的动态能力还能够创建有效的商业模式,嵌入动态能力的商业模式设计可以重新配置创业者的能力,创造持续的价值,并获得适当的创业报酬(Mishra and Zachary,2015)。最后,动态能力如何促进新创企业成长绩效的提升受到了学者的广泛关注。一方面,创业企业通过动态能力感知内外部环境并识别机会,快速决策并将资源投资于这些机会,进而重组和转化内外部资源以形成组织能力,最终通过多种战略行动和组织能力促进企业成长(Lin and Wu,2014)。另一方面,创业企业在外部制度压力的刺激下,会利用动态能力构建并持续升级资源能力,并结合适当的战略行为跨越合法性阈值,实现企业成长(Zimmerman and Zeitz,2002)。

18.2.3　创业领域动态能力理论的近期发展阶段(2018年至今)

动态能力与特定活动及其使用环境有关(Eisenhardt and Martin,2000;Schilke et al.,2018),随着创业领域动态能力研究的深入,诸多学者开始探究动态能力对不同类型的创业企业的影响。

在数字化转型与数字创业方面,在数字经济高速发展的背景下,公司数字创业、传统企业数字化转型的动态能力发展无一例外都与数字技术息息相关。与基于非数字化的战略变革相比,数字技术的普遍存在正在改变动态能力的本质和目的(Warner and Wäger,2019),数字技术是企业数字化转型在感知、获取和转型过程中实施各种行动的支撑。Ceipek等(2021)对物联网平台创新解决方案的研究表明,企业应用新兴数字技术的程度受到主导联盟的动机以及部署追求这种动机所需资源和能力的影响。Matarazzo等(2021)对意大利制造的中小型企业的数字化转型的多案例研究发现了动态能力驱动中小企业数字化转型的机制。除了数字化转型外,数字技术驱动数字创业企业能力开发也越发受到关注。创业公司不仅需要了解当前正在发生的事情,还要确定未来可能发生的事情以便于采取积极的创新和冒险措施,以大数据为代表的数字技术可以帮助确定此类行动,增加企业对各种信息和知识的获取,降低不确定性(Gnizy,2019)。Dong(2019)借鉴动态能力和数字创新文献,基于荷兰数字创业企业的纵向案例研究,探讨了数字创业企业如何实现需求驱动的数字破坏、快速的数字适应和持续的数字化重组。Soluk等(2021)论述了知识开发能力、风险管理能力、营销能力这三种特定数字动态能力在家族企业数字商业模式创新背景下的重要性。

在公司创业方面,阐述了大型企业中创业管理与动态能力的关系,其认为公司创业研究缺乏关于企业如何发展和实施创业的模型，而动态能力框架是理解创业型管理人员在组织整体工作中的职能的一个有用工具（Teece，2016）。Paek 和 Lee（2018）以数字电视制造业的成熟企业为研究对象，从动态能力的视角研究了战略创业的各个维度及其在动态环境下对可持续竞争优势的作用。Enkel 和 Sagmeister（2020）关注了外部风险投资行为如何有助于公司开发动态能力，包括创业项目、加速器、孵化器、与创业公司的联盟以及企业风险投资（corporate venture capital，CVC）。为了取得成功，公司必须利用动态能力通过外部企业来克服局部搜索的困境，从而开放它们的创新过程。

在平台企业方面，数字化的复杂性意味着数字平台可能不会直接改善公司绩效，而是要通过动态能力来改善（Cenamor et al.，2019）。一方面，研究关注于平台企业，Teece（2018）认为动态能力可以使公司通过构建生态系统和设计适当的商业模式来创造和捕获价值。Helfat 和 Raubitschek（2018）建议至少有三种动态能力对平台领导者至关重要：创新能力、环境扫描和感知能力以及生态系统协调的整合能力。另一方面，研究关注了平台生态系统互补者或非核心企业。Giudici 等（2018）揭示了开放系统编配过程与封闭系统编配过程的显著差异，并使用了案例研究剖析开放系统编排用来增强新创企业动态能力的流程。Roundy 和 Fayard（2019）归纳总结了创业生态系统对于企业动态能力的影响的理论框架，提出了生态系统内的文化价值、人力资本、市场力量、学习机会、社会网络、支持服务、专业投资、当地顾客、创业者密度有利于动态能力的感知、利用、配置活动。

在国际创业方面，企业国际创业能力是企业在识别、评估和利用海外市场机会，并将其转化为市场价值过程中所体现出的技术创新、市场营销和网络管理等一系列竞争优势的集合（Prange and Verdier，2011）。Distel 等（2022）认为跨国公司子公司受益于具有创业技能的经理，并将创业经验中的机制整合到动态能力的微观基础理论中。Castellano 等（2021）基于飞行酿酒师的案例，研究了国际创业和动态能力的微观基础。动态能力如何影响新企业国际化绩效也受到了广泛关注，动态能力通过感知外部环境识别机会有助于扩大国际目标市场范围，通过快速决策合理地配置资源促进高承诺的市场进入模式，已有研究证明了动态能力对创业企业国际化行为和国际化绩效的提升作用（Khan and Lew，2018；Monteiro et al.，2019；Colombo et al.，2021）。

18.3 动态能力理论在创新驱动创业研究中的局限与未来展望

18.3.1 局限

第一，从环境条件来说，动态能力理论用于解释企业在快速变化的环境中竞争优势的获取以及持续问题（Teece et al.，1997）。然而，Eisenhardt 和 Martin（2000）提出，在变化模式可预测的环境中，动态能力对企业竞争优势有积极作用。此外，Pavlou 和 EI Sawy（2010）认为在变化不可预测的暴风雨环境中，动态能力可能不适合重新配置现有的能力，原因在于动态能力需要事先计划。在以数字化、生态化和新型全球化为特征的新情境下，环境变化高度不连续，这可能会超出动态能力发挥作用的边界，降低其对竞争优势的效用（Pavlou and EI Sawy，2010；Vera et al.，2016；Ma et al.，2021）。

第二，从理论前提来说，动态能力理论强调创业者/管理者（团队）在识别和利用新的战略机会、协调互补性资源以及创新商业模式或者新的组织形式方面的重要作用。在数字经济背景下，大数据资源成为新的战略要素，人类社会从"小数据时代"走向"大数据时代"。一方面，大数据资源使得决策过程向"数据-智慧"转型升级，有效降低了决策过程中的有限理性（Rowley，2007），这与熊彼特提出的有限理性对于创新的重要性存在不一致。另一方面，虽然对大数据资源价值的开发与利用有助于识别和发现新的机会，但是大数据资源在规模性等方面存在差异，使得战略决策者容易面临信息过载问题。

此外，动态能力理论强调要素市场的不完善，如价值观、文化等资产的不可交易性，使得动态能力必须由单一组织构建。而在数字化、生态化情境下，数字技术驱动创业活动跨越组织边界，形成以多主体协同为核心的创业生态系统（Nambisan et al.，2017），包括政府、合作企业、用户、中介机构、高校及科研机构在内的多主体为生态系统的共创活动提供互补的知识和经验，使得核心企业可以通过与生态系统成员的深度互动以及有效协调实现资源共享。在新型全球化情境下，"一带一路"建设下对外开放向更高水平发展，中国企业在全球价值链中参与的深度和广度日益增加，这在一定程度上降低了相关资源的不可得性。

第三，从核心假设来说，动态能力理论认为企业层面的竞争优势由过程塑造，并受位势和路径的影响。首先，在数字化情境下，数字技术的出现促进数据可用性不断提高，由此数据网络效应（date network effects）得以产生（Gregory et al.，2021），即从收集的用户数据中学到的东西越多，对每个用户就越有价值，数据决策成为一种新的决策方式，这在一定程度上降低了企业发展的路径依赖特征。例如，娃哈哈集团联合终端门店与消费者互动，通过消费者参与扫码、购买等方式收集消费者端数据，并对搜集到的数据进行分析，从中获取消费者的购物习惯，绘制用户画像，有利于新产品的测试与开发。

其次，动态能力重点在于解决企业层面的竞争优势问题。在生态化情境下，创新驱动创业更加强调多主体共同开发机会，实现价值共创。在数字经济中，企业认为其在生态系统中承担更多角色（Teece，2017），在生态系统中多主体交互共生促进创新，在共同价值的驱动下进行知识扩散、资源共享以及优化资源配置。

例如，在安卓移动平台上，谷歌作为平台领导者通过与互补者互动，促进互补者对于新的应用程序的创新（Wen and Zhu，2019），刺激整个生态系统的繁荣，有利于生态系统的良好运行。此类现象所体现的共生逻辑下的生态优势问题是新情境向动态能力理论提出的挑战。

18.3.2 未来展望

1. 数字化情境下的动态能力研究

首先，动态能力是一种高度复杂的抽象能力，存在多种不同类型的动态能力。在数字化转型背景下，Warner 和 Wäger（2019）认为动态能力表现为：数字感知能力、数字利用能力和数字转型能力。在平台的背景下，Helfat 和 Raubitschek（2018）认为平台领导者的动态能力表现为：创新能力、感知能力以及生态系统协调整合能力。未来的研究需要探索在新情境下，与创新驱动创业活动相关的动态能力的具体表现形式。

其次，创新驱动创业包含多种类型，不同类型下企业所面临的外部环境的特征存在差别。在不同的环境背景下，动态能力可能表现出详细的、分析性的、稳定的过程或者简单的、高度经验化的、脆弱的过程（Eisenhardt and Martin，2000）。未来的研究可以基于对创新驱动创业类型的划分，研究并比较不同类型下动态能力的特征模式，探索动态能力运用的边界条件。

最后，在新情境下，数字技术改变了人际互动的模式，对创业者的思维结构和认知结构产生影响。未来研究可以探索个体认知、决策与大数据技术的互动是否构成动态能力个体层面的微观基础以及构成动态能力微观基础的其他要素。而在团队层面，惯例是动态能力的重要组成部分（Zollo and Winter，2002）。大数据资源的运用使得惯例能够结合对内部和外部信息的大量实时分析，使管理人员能够做出更具包容性、敏捷性和明智的战略决策。未来的研究可以探索如何开发和改变配置数据资源的惯例以及关注非惯性行为对形成动态能力的作用。另外，未来研究还需基于数据资源和传统资源的协同交互从组织层面探索动态能力的微观基础。

2. 生态化情境下的多主体与动态能力研究

创新与创业活动的成功开展离不开多主体共同参与，特别是在生态化新情境下，如开放式创新的新模式以及平台等新组织形式兴起，多主体间的有效协同日益受到重视（Nambisan et al.，2018）。在平台创业生态系统中，各主体扮演着不同角色（如协调者、整合者、互补者），不同主体根据需求发展不同类型的技能、能力和战略（Helfat and Raubitschek，2018），因而基于多主体互动而形成的动态能力十分重要。

首先,在生态系统内多主体的共享经验和资源交互的过程中,单个企业可以控制的资源池会增加,从而会影响单个企业动态能力的构建。在新型全球化的情境下,企业深度参与全球价值链分工,虽然有利于打开国际市场,但是可能面临自主创新能力的锁定。全球价值链作为全球创新生态系统的重要组成部分,企业吸收互补资源、知识等构建动态能力以突破锁定是必要的。因此,未来的研究可探索多主体互动对生态系统内单个企业的动态能力的构建与演化的作用机理。

其次,数字平台为外部生产者和消费者提供场地以促进价值互动,促进了创业生态系统和创新生态系统的构建。多主体围绕平台进行交互,数据、资源和机会呈现出更强的共享性与开放性(Laursen and Salter, 2006)。数据驱动企业识别聚集于平台的参与主体的不同需求与价值诉求,激发参与主体的参与倾向,并根据不同的需求、参与倾向对主体间资源进行匹配,而多主体互动有助于资源的重新组合,进而促进整个平台动态能力的形成及演化。未来的研究可从数据驱动的多主体互动出发,研究其对平台企业动态能力的形成与演化的作用机理。

3. 新型全球化情境下的动态能力研究

在新型全球化情境下,国际上"逆全球化"思潮涌动,中美摩擦不断升级,新冠疫情后各国越发重视全球供应链安全问题,突发事件、国家政策等方面的不确定性增加,这给中国企业开拓国际市场带来了新的挑战。未来的研究可以从以下两方面展开。

首先,企业的国际化阶段。企业在开拓国际市场时面临多方面挑战,如在制度上,企业整合全球知识资源、实现机会资源一体化时可能会受到东道国国际政策等方面的限制;在商业模式上,数字经济时代下更多企业采取国际化战略,由此带来了更多新型商业模式,加剧了不确定性;在技术上,企业如何通过技术创新提升新产品的开发能力以应对环境冲击所导致的需求下降,并抓住由冲击产生的新机会也成为一项关键问题。探究动态能力在企业应对国际化进程的各项挑战时发挥了何种作用具有重要现实意义。从现有研究来看,动态能力在国际化领域的应用可以表现为企业的国际创业能力(Al-Aali and Teece, 2014),未来的研究还应结合新情境探索国际创业能力的新内涵、测度、形成机理以及对国际创业的影响机制。

其次,企业的国际创业反作用于创新。企业的国际化为企业带来了更大的市场空间,这有利于企业市场知识以及技术知识等的积累,将对新知识的积累转化为对新知识的吸收利用,进而实现创新,使企业在更高的市场维度上发展。未来的研究可以从知识的视角解析企业国际化的动态能力,探索从知识积累到知识创新以及能力跃升的路径。

参 考 文 献

Al-Aali A, Teece D J. 2014. International entrepreneurship and the theory of the (long-lived) international firm: a capabilities perspective[J]. Entrepreneurship Theory and Practice, 38(1): 95-116.

Arend R J. 2014. Entrepreneurship and dynamic capabilities: how firm age and size affect the 'capability enhancement-SME performance' relationship[J]. Small Business Economics, 42(1): 33-57.

Arthurs J D, Busenitz L W. 2006. Dynamic capabilities and venture performance: the effects of venture capitalists[J]. Journal of Business Venturing, 21(2): 195-215.

Augier M, Teece D J. 2007. Dynamic capabilities and multinational enterprise: Penrosean insights and omissions[J]. Management International Review, 47(2): 175-192.

Augier M, Teece D J. 2009. Dynamic capabilities and the role of managers in business strategy and economic performance[J]. Organization Science, 20(2): 410-421.

Bergman J, Jantunen A, Saksa J M. 2004. Managing knowledge creation and sharing-scenarios and dynamic capabilities in inter-industrial knowledge networks[J]. Journal of Knowledge Management, 8(6): 63-76.

Bogodistov Y, Presse A, Krupskyi O P, et al. 2017. Gendering dynamic capabilities in micro firms[J]. Rae-Revista de Administracao de Empresas, 57(3): 273-282.

Castellano S, Khelladi I, Sorio R, et al. 2021. Exploring the microfoundations of nomadic dynamic capabilities: the example of flying winemakers[J]. Technological Forecasting and Social Change, 163: 120445.

Ceipek R, Hautz J, Petruzzelli A M, et al. 2021. A motivation and ability perspective on engagement in emerging digital technologies: the case of Internet of Things solutions[J]. Long Range Planning, 54(5): 101991.

Cenamor J, Parida V, Wincent J. 2019. How entrepreneurial SMEs compete through digital platforms: the roles of digital platform capability, network capability and ambidexterity[J]. Journal of Business Research, 100: 196-206.

Colombo M G, Piva E, Quas A, et al. 2021. Dynamic capabilities and high-tech entrepreneurial ventures' performance in the aftermath of an environmental jolt[J]. Long Range Planning, 54(3): 102026.

Corner P D, Wu S Y. 2012. Dynamic capability emergence in the venture creation process[J]. International Small Business Journal-Researching Entrepreneurship, 30(2): 138-160.

Deeds D L, DeCarolis D, Coombs J. 2000. Dynamic capabilities and new product development in high technology ventures: an empirical analysis of new biotechnology firms[J]. Journal of Business Venturing, 15(3): 211-229.

Distel A P, Sofka W, de Faria P, et al. 2022. Dynamic capabilities for hire—how former host-country entrepreneurs as MNC subsidiary managers affect performance[J]. Journal of International Business Studies, 53(4): 657-688.

Dong J Q. 2019. Moving a mountain with a teaspoon: toward a theory of digital entrepreneurship in the regulatory environment[J]. Technological Forecasting and Social Change, 146: 923-930.

Eisenhardt K M, Martin J A. 2000. Dynamic capabilities: what are they?[J]. Strategic Management Journal, 21(10/11): 1105-1121.

Ellonen H K, Wikstrom P, Jantunen A. 2009. Linking dynamic-capability portfolios and innovation outcomes[J]. Technovation, 29(11): 753-762.

Enkel E, Sagmeister V. 2020. External corporate venturing modes as new way to develop dynamic capabilities[J]. Technovation, 96/97: 102128.

Felin T, Powell T C. 2016. Designing organizations for dynamic capabilities[J]. California Management Review, 58(4): 78-96.

Fern M J, Cardinal L B, O'Neill H M. 2012. The genesis of strategy in new ventures: escaping the constraints of founder and team knowledge[J]. Strategic Management Journal, 33(4): 427-447.

Friedman Y, Carmeli A, Tishler A. 2016. How CEOs and TMTs build adaptive capacity in small entrepreneurial firms[J]. Journal of Management Studies, 53(6): 996-1018.

Giudici A, Reinmoeller P, Ravasi D. 2018. Open-system orchestration as a relational source of sensing capabilities: evidence from a venture association[J]. Academy of Management Journal, 61(4): 1369-1402.

Gnizy I. 2019. Big data and its strategic path to value in international firms[J]. International Marketing Review, 36(3): 318-341.

Gregory R W, Henfridsson O, Kaganer E, et al. 2021. The role of artificial intelligence and data network effects for creating user value[J]. Academy of Management Review, 46(3): 534-551.

Helfat C E, Raubitschek R S. 2018. Dynamic and integrative capabilities for profiting from innovation in digital platform-based ecosystems[J]. Research Policy, 47(8): 1391-1399.

Hodgkinson G P, Healey M P. 2011. Psychological foundations of dynamic capabilities: reflexion and reflection in strategic management[J]. Strategic Management Journal, 32(13): 1500-1516.

Karimi J, Walter Z. 2015. The role of dynamic capabilities in responding to digital disruption: a factor-based study of the newspaper industry[J]. Journal of Management Information Systems, 32(1): 39-81.

Karna A, Richter A, Riesenkampff E. 2016. Revisiting the role of the environment in the capabilities-financial performance relationship: a meta-analysis[J]. Strategic Management Journal, 37(6): 1154-1173.

Khan Z, Lew Y K. 2018. Post-entry survival of developing economy international new ventures: a dynamic capability perspective[J]. International Business Review, 27(1): 149-160.

Kor Y Y, Mesko A. 2013. Dynamic managerial capabilities: configuration and orchestration of top executives' capabilities and the firm's dominant logic[J]. Strategic Management Journal, 34(2): 233-244.

Koryak O, Mole K F, Lockett A, et al. 2015. Entrepreneurial leadership, capabilities and firm growth[J]. International Small Business Journal: Researching Entrepreneurship, 33(1): 89-105.

Laursen K, Salter A. 2006. Open for innovation: the role of openness in explaining innovation performance among U.K. manufacturing firms[J]. Strategic Management Journal, 27(2): 131-150.

Leonard-Barton D. 1992. Core capabilities and core rigidities: a paradox in managing new product development[J]. Strategic Management Journal, 13(S1): 111-125.

Lin Y N, Wu L Y. 2014. Exploring the role of dynamic capabilities in firm performance under the resource-based view framework[J]. Journal of Business Research, 67(3): 407-413.

Lisboa A, Skarmeas D, Saridakis C. 2016. Entrepreneurial orientation pathways to performance: a fuzzy-set analysis[J]. Journal of Business Research, 69(4): 1319-1324.

Ma H J, Lang C T, Sun Q, et al. 2021. Capability development in startup and mature enterprises[J]. Management Decision, 59(6): 1442-1461.

Macpherson A, Herbane B, Jones O. 2015. Developing dynamic capabilities through resource accretion: expanding the entrepreneurial solution space[J]. Entrepreneurship &Regional Development, 27(5/6): 259-291.

Matarazzo M, Penco L, Profumo G, et al. 2021. Digital transformation and customer value creation in Made in Italy SMEs: a dynamic capabilities perspective[J]. Journal of Business Research, 123: 642-656.

Mishra C S, Zachary R K. 2015. The theory of entrepreneurship[J]. Entrepreneurship Research Journal, 5(4): 251-268.

Monteiro A P, Soares A M, Rua O L. 2019. Linking intangible resources and entrepreneurial orientation to export performance: the mediating effect of dynamic capabilities[J]. Journal of Innovation & Knowledge, 4(3): 179-187.

Mu J F, Thomas E, Peng G, et al. 2017. Strategic orientation and new product development performance: the role of networking capability and networking ability[J]. Industrial Marketing Management, 64: 187-201.

Nambisan S, Lyytinen K, Majchrzak A, et al. 2017. Digital innovation management: reinventing innovation management research in a digital world[J]. MIS Quarterly, 41(1): 223-238.

Nambisan S, Siegel D, Kenney M. 2018. On open innovation, platforms, and entrepreneurship[J]. Strategic Entrepreneurship Journal, 12(3): 354-368.

Newbert S L. 2005. New firm formation: a dynamic capability perspective[J]. Journal of Small Business Management, 43(1): 55-77.

Paek B, Lee H. 2018. Strategic entrepreneurship and competitive advantage of established firms: evidence from the digital TV industry[J]. International Entrepreneurship and Management Journal, 14(4): 883-925.

Paradkar A, Knight J, Hansen P. 2015. Innovation in start-ups: ideas filling the void or ideas devoid of resources and capabilities?[J]. Technovation, 41/42: 1-10.

Pavlou P A, EI Sawy O A. 2010. The "third hand": IT-enabled competitive advantage in turbulence through improvisational capabilities[J]. The Information Systems Research, 21(3): 443-471.

Prange C, Verdier S. 2011. Dynamic capabilities, internationalization processes and performance[J]. Journal of World Business, 46(1): 126-133.

Prashantham S, Floyd S W. 2012. Routine microprocesses and capability learning in international new ventures[J]. Journal of International Business Studies, 43(6): 544-562.

Pryor C, Webb J W, Ireland R D, et al. 2016. Toward an integration of the behavioral and cognitive influences on the entrepreneurship process[J]. Strategic Entrepreneurship Journal, 10(1): 21-42.

Razmdoost K, Alinaghian L, Linder C. 2020. New venture formation: a capability configurational approach[J]. Journal of Business Research, 113: 290-302.

Roundy P T, Fayard D. 2019. Dynamic capabilities and entrepreneurial ecosystems: the micro-foundations of regional entrepreneurship[J]. Journal of Entrepreneurship, 28(1): 94-120.

Rowley J. 2007. The wisdom hierarchy: representations of the DIKW hierarchy[J]. Journal of Information Science, 33(2): 163-180.

Salvato C, Rerup C. 2011. Beyond collective entities: multilevel research on organizational routines and capabilities[J]. Journal of Management, 37(2): 468-490.

Santos J B, Spring M. 2013. New service development: managing the dynamic between services and operations resources[J]. International Journal of Operations & Production Management, 33(7): 800-827.

Schilke O, Hu S C, Helfat C E. 2018. Quo vadis, dynamic capabilities? A content-analytic review of the current state of knowledge and recommendations for future research[J]. Academy of Management Annals, 12(1): 390-439.

Soluk J, Miroshnychenko I, Kammerlander N, et al. 2021. Family influence and digital business model innovation: the enabling role of dynamic capabilities[J]. Entrepreneurship Theory and Practice, 45(4): 867-905.

Teece D J. 2007. Explicating dynamic capabilities: the nature and microfoundations of (sustainable) enterprise performance[J]. Strategic Management Journal, 28(13): 1319-1350.

Teece D J. 2016. Dynamic capabilities and entrepreneurial management in large organizations: toward a theory of the (entrepreneurial) firm[J]. European Economic Review, 86: 202-216.

Teece D J. 2017. Dynamic capabilities and (digital) platform lifecycles[J]. Advances in Strategic Management, 37: 211-225.

Teece D J. 2018. Business models and dynamic capabilities[J]. Long Range Planning, 51(1): 40-49.

Teece D J, Pisano G. 1994. The dynamic capabilities of firms: an introduction[J]. Industrial and Corporate Change, 3(3): 537-556.

Teece D J, Pisano G, Shuen A. 1997. Dynamic capabilities and strategic management[J]. Strategic Management Journal, 18(7): 509-533.

Vera D, Nemanich L, Vélez-Castrillón S, et al. 2016. Knowledge-based and contextual factors associated with R&D teams' improvisation capability[J]. Journal of Management, 42(7):

1874-1903.

Warner K S R, Wäger M. 2019. Building dynamic capabilities for digital transformation: an ongoing process of strategic renewal[J]. Long Range Planning, 52(3): 326-349.

Weerawardena J, Mort G S, Liesch P W, et al. 2007. Conceptualizing accelerated internationalization in the born global firm: a dynamic capabilities perspective[J]. Journal of World Business, 42(3): 294-306.

Wen W, Zhu F. 2019. Threat of platform-owner entry and complementor responses: evidence from the mobile app market[J]. Strategic Management Journal, 40(9): 1336-1367.

Winter S G. 2003. Understanding dynamic capabilities[J]. Strategic Management Journal, 24(10): 991-995.

Zahra S A, Sapienza H J, Davidsson P. 2006. Entrepreneurship and dynamic capabilities: a review, model and research agenda[J]. Journal of Management Studies, 43(4): 917-955.

Zhang J A, Edgar F, Geare A, et al. 2016. The interactive effects of entrepreneurial orientation and capability-based HRM on firm performance: the mediating role of innovation ambidexterity[J]. Industrial Marketing Management, 59: 131-143.

Zimmerman M A, Zeitz G J. 2002. Beyond survival: achieving new venture growth by building legitimacy[J]. Academy of Management Review, 27(3): 414-431.

Zollo M, Winter S G. 2002. Deliberate learning and the evolution of dynamic capabilities[J]. Organization Science, 13(3): 339-351.

代表性学者简介

大卫·J. 蒂斯（David J. Teece）

大卫·J. 蒂斯在宾夕法尼亚大学（University of Pennsylvania）获得博士学位，现任加利福尼亚大学伯克利分校哈斯商学院托马斯·图舍尔（Thomas Tusher）全球商务教授、伯克利研究集团执行主席。在 Strategic Management Journal、Journal of International Business Studies（《国际商业研究杂志》）、Organization Science 等期刊发表多篇论文，其中发表的 "Dynamic capabilities and strategic management"（《动态能力与战略管理》）一文被引频次过万。

凯瑟琳·M. 艾森哈特（Kathleen M. Eisenhardt）

凯瑟琳·M. 艾森哈特在斯坦福大学（Stanford University）获得博士学位，现为斯坦福大学管理科学与工程系教授，曾任 Academy of Management Review、Academy of Management Journal、Strategic Management Journal、Organization Science 等期刊编委，是美国管理学会和战略管理学会的院士。艾森哈特的研究重点是战略和组织，擅长开展多案例研究，在 Strategic Management Journal、Academy of Management Review、Academy of Management Journal 等期刊发表多篇论文，是

案例研究被引频次最多的学者之一。

康妮·海尔菲（Constance Helfat）

康妮·海尔菲在耶鲁大学（Yale University）获得博士学位，现为埃莫斯·塔克商学院（Amos Tuck School of Business Administration）教授，是 *Strategic Management Journal* 的联合主编。海尔菲的研究聚焦于组织中战略变革的本质，尤其是新兴技术、知识和能力带来的变革，在 *Strategic Management Journal*、*Academy of Management Annals*、*Journal of Management*、*Organization Science* 等期刊发表多篇论文。

悉尼·G. 温特（Sideny G. Winter）

悉尼·G. 温特在耶鲁大学（Yale University）获得博士学位，现为宾夕法尼亚大学沃顿商学院（The Wharton School of the University of Pennsylvania）教授。在 *Quarterly Journal of Economics*、*American Economic Review*、*Strategic Management Journal*、*Organization Science* 等经济学、管理学期刊上发表多篇论文，是工商管理学科全球百名顶尖学者之一。

本章执笔人：马鸿佳　肖　彬

第 19 章 双元理论——创新驱动创业中的利用与探索

随着技术的快速发展，市场环境不断变化，单一目标往往无法满足组织发展的需求，组织往往面临着差异化与低成本、柔性与控制、探索与利用等相互矛盾的管理活动。这些需要平衡的管理活动被称作悖论（Lewis，2000）。Smith 和 Tushman（2005）指出组织管理者必须认识到组织内部存在着矛盾，需要具备矛盾思维。那些看似不可调和又长期共存的矛盾需要得到解决，对组织长久生存与发展起到重要的作用。双元理论（ambidexterity theory）最初强调组织平衡探索和利用活动的能力，并逐渐发展为协调和整合组织内部那些看似相互矛盾但又互补的活动的能力（Simsek et al.，2009），受到企业界和学术界的关注，成为管理学研究的新热点。

随着中国经济的发展，中国企业快速成长并开始走向全球。在复杂的制度、市场和社会环境下，中国企业面临一系列有待解决的双元性挑战，如平衡探索与利用性活动、长期规划和短期收益、经济效益和社会效益、本土市场和国际市场等（魏江等，2014）。本章通过回顾现有双元理论的相关文献，展现双元理论的发展历程，总结其在创新驱动创业领域的应用，并对未来的发展进行展望。

19.1 双元理论的发展

双元理论的发展经历了萌芽（20 世纪 70 年代至 1995 年）、成长（1996~2004 年）和发展（2005 年至今）三个阶段。

19.1.1 萌芽阶段（20 世纪 70 年代至 1995 年）：悖论提出

从 20 世纪 70 年代起，有学者发现，企业在不断变化的环境里常常面临一种两难的选择：是充分利用现有的竞争优势保障生存还是倾向于开发新的能力以适应未来发展？例如，Duncan（1976）最早提出企业应当具有同时适应渐进性和突破性变革的能力。Abernathy 和 Utterback（1978）认为汽车行业过分注重效率会使组织失去柔性；而过分强调柔性则会使组织失去标准化带来的好处，如规模效应等。他们把这种现象称为"组织生产率悖论"。

但在之后的十余年间，二元悖论并未受到太多关注，直到 March（1991）首次明确定义了利用（exploitation）和探索（exploration）两种相互矛盾的活动（表19.1），并探讨了两种活动的成本和收益在时间及空间上分布的不均衡性，指出利用活动和探索活动会竞争企业内部的稀缺资源，这是组织双元发展需要解决的矛盾所在，为后续研究组织双元理论奠定了基础。

表 19.1 探索活动和利用活动的对比

项目	探索活动	利用活动
目标	创新，满足新兴市场和客户需求	效率，满足现有客户和市场需求
结果	新产品、新服务、新技术和新营销渠道等	已有产品、服务、技术和流程改善
知识基础	新颖知识或从已有知识提炼升华的新知识	现有知识或技能的扩展
能力来源	搜寻、变革、试验和风险承担	选择、效率和执行
组织机构	有机结构、高度分权	机械结构、低度分权
组织文化	追求变革、鼓励创新、容忍失败的开放文化	追求高效、偏好短期目标、注重程序化的保守文化
绩效影响	长期绩效	短期绩效

资料来源：根据 March（1991）相关内容整理

19.1.2 成长阶段（1996~2004 年）：概念确立

1996 年，Tushman 和 O'Reilly（1996）正式提出双元性组织（ambidextrous organization）的概念，确立了"双元理论"的定义和内涵。他们认为探索和利用两类能力在组织内部并不能自觉地获得平衡，甚至存在此消彼长、相互竞争的局面，因此组织要进行平衡、协调和取舍，而双元性组织的难点和关键就在于如何平衡这两类活动。

对此，Tushman 和 O'Reilly（1996）提出了"结构双元"。结构双元是指在组织内部的空间分离型双重结构，将组织分割为不同的工作单元，分别从事探索和利用活动，以满足企业目标的竞争性要求。例如，以生产制造为主要工作内容的组织单元主要采用机械式结构，而以研发为主的新产品与新技术开发部门主要采用有机式结构（He and Wong，2004）。O'Reilly 和 Tushman（2004）通过九个不同行业 15 个业务单元的案例研究发现，如果这些企业具备结构独立的业务单元，将进行探索活动的新业务单元与传统业务单元分隔开，同时高层管理者也紧密协调这些新业务单元与传统业务单元，则这些企业比其他类型的组织更成功。

随着对结构双元的研究不断深入，学者逐渐发现了双元结构的局限性，因为结构双元是强调在结构上将探索与利用进行分割，其根本还是建立在探索与利用相互冲突的思想基础上。Gibson 和 Birkinshaw（2004）从行为的角度，提出了情境型双元的概念,强调个人认知层面一致性(alignment)和适应性(adaptability),并且通过情境的一致性来实现组织的双元性。其中,情境指影响个体层面行为的系统、流程、信念,这种情境的设计能够鼓励和促进组织成员更好地在探索和利用这两个矛盾活动之间分配时间和精力;一致性是指业务单元中所有活动模式的一致性,朝着共同的目标努力;适应性是指能够快速地重新配置业务单元中的活动,以满足任务情境中不断变化的需求。具体而言,双元体现在员工的具体行为中,通过创造一种动态、灵活的组织情境,员工能利用相同的经验、能力和流程同时进行探索与利用,并实现二者的协调和整合。例如,Birkinshaw 和 Gibson(2004)提出了双元型员工具有以下四种行为:一是保持主动性,并对工作范围之外的机会保持警觉;二是注意合作,寻找机会与他人合作;三是喜欢"中介人"角色,经常试图构建内部联系;四是通常能够并乐意承担多项任务。他们还根据绩效管理和社会支持两大维度,把组织情境分为四种类型,并指出在高绩效管理、高社会支持情境中,员工能展现最高水平的双元型行为,业务单元的绩效也最高。成功的组织表现为能够有效地平衡硬性部分(纪律和伸展性)和软性部分(组织支持和信任),通过建立一系列的组织系统和流程促进组织内部探索和利用行为,引导企业进行双元创新。在情境型双元中,探索和利用活动可以并存,并且产生相互增益的效果。

结构双元与情境双元的区别如表 19.2 所示。

表 19.2 结构双元与情境双元的对比

项目	结构双元	情境双元
本质	边界清晰	更具灵活性
实现方式	空间上分离	个体员工自主进行时间分配
决策者	组织高层人员	中高层管理者、基层员工
员工技能	专业化	多样化
管理者作用	界定和构建组织结构	构建组织情境

资料来源:根据 Gibson 和 Birkinshaw(2004)、Birkinshaw 和 Gibson(2004)等的研究整理

19.1.3 发展阶段(2005 年至今):拓展应用

随着情境视角研究的深入,组织双元理念的内涵和外延不断丰富扩大(Raisch and Birkinshaw, 2008; Turner et al., 2013),我们将双元理论的发展总结为以下六个领域。

1. 组织学习

大量学者将学习活动划分为利用式学习与探索式学习（Benner and Tushman，2003；Gupta et al.，2006）。探索式学习是指沿着完全不同的轨迹发生的学习，超出了企业目前的经验，在解决问题方面存在不确定性；利用式学习是指通过局部搜索、经验提炼和现有流程的重组选择等方式获得的学习（Li et al.，2010）。尽管这两种学习过程存在差异，但学者一直认为，两种学习类型的结合对于组织的长期成功至关重要（Gupta et al.，2006）。Atuahene-Gima 和 Murray（2007）发现，探索式学习与新产品绩效之间呈凸曲线增长关系；而利用式学习与新产品绩效之间呈"U"形曲线关系。

2. 技术创新

一开始双元理论研究主要探讨渐进式创新与突破式创新的区别（Tushman and Anderson，1986），进一步发展为探索式创新与利用式创新（Tushman and Smith，2017；Smith and Tushman，2005；Kollmann and Stöckmann，2014；Jin et al.，2016）。探索式创新指企业背离现有的产品和市场，试图为新兴客户或市场开发新产品和服务（Jansen et al.，2006）。利用式创新建立在现有知识和技术基础上，聚焦于改进和扩展企业现有产品和市场。探索式创新与利用式创新的分类方法和渐进式创新与突破式创新不同，前者体现了组织战略的主动性，多与事前战略目标相关，而后者则是体现了对事后产出的感知（He and Wong，2004）。Jansen 等（2009）发现，利用式创新能够加强组织的程序化和规则化，对企业的短期绩效有更大的促进作用；探索式创新能够使组织架构变得更加灵活，激发员工开展探索式活动并获取新的知识，对企业的长期绩效有更强的促进作用。同时兼顾两种创新的企业能为促进企业开发新的价值创造机会，提高生存概率（Hill and Birkinshaw，2014），兼顾效率和灵活（Zhang et al.，2016）。

3. 组织设计

组织理论讨论焦点之一就是如何处理效率与灵活性之间的关系。Burns 和 Stalker（1966）以有机性和机械性来划分组织结构，其中以标准化、集权化和等级化为特点的机械式组织结构更有效率，而以高度分散和自治为特点的有机组织结构更加富有灵活性。一些作者认为，机械结构和有机结构很难在一个公司内协调一致（Ford J D and Ford L W，1994；Lawrence and Lorsch，1967；Lewis，2000）。但更多的研究发现，企业可以通过结合机械和有机特征（Jansen et al.，2006）或发展集体组织环境（Gibson and Birkinshaw，2004）来解决这一悖论。

4. 组织能力

初期研究表明双元组织结构有利于组织培养探索能力与利用能力，并进一步影响组织的动态能力（Tushman and Smith，2017）。之后，Benner 和 Tushman（2003）认为双元能力与动态能力具有同一性：双元性强调同时具备探索能力与利用能力；动态能力强调组织的现有能力整合的同时发展具有根本性变革的新能力（Teece et al.，1997）。O'Reilly 和 Tushman（2008）将组织双元的属性定位于公司的动态能力，与抽象的动态能力思想相比，组织双元更加具象，它涵盖了探索和利用的二元框架。越来越多的学者认同双元能力的本质是一种动态能力（Jansen et al.，2009）。

5. 组织间关系

通过结合社会网络理论与战略联盟理论，双元理论在组织间关系的研究中也有广泛的应用（de Vries et al.，2014）。组织需要参与到社会网络或战略联盟中，并要针对自身发展和外部环境考虑，同时重视探索和利用两类活动（Parmigiani and Rivera-santos，2011）。Simsek（2009）构建了多层次研究模型，指出企业所处的外部网络属性（位置和多样性）对组织双元性产生影响。Yu 等（2014）发现由于中国的信息通信技术产业面临着高度的环境不确定性、日益激烈的市场竞争和有待完善的制度框架，而企业与政府间的良好关系能够帮助企业获得信息、资源、财务支持，进而促进企业的双元创新。

6. 组织领导力

高层管理者作为组织的关键领导，会在组织双元性建设中发挥重要的作用。O'Reilly 和 Tushman（2008）提出双元性是一种内含在高层领导学习行为中的独特能力。Ko 等（2021）也发现企业高管的主导逻辑（dominant logic）对于研发活动的双元性有重要的影响。现有文献主要从三个方面探讨领导性双元：①从权力视角来看，双元领导要整合命令型领导和授权型领导的关系（Martin et al.，2013）。双元领导有效地协调集权与分权的分配和转换的问题，避免出现由过度集权导致的组织僵化以及由高度分权导致的个人主义和组织效率低下的问题（Zhang et al.，2015）。②从认知视角来看，双元领导要整合探索式领导和开放式领导的关系（Keller and Weibler，2015），强调领导者要平衡对已有经验和知识的利用能力以及对新知识、新方法的探索能力。③从惯例视角来看，双元领导要整合变革型领导和交易型领导之间的关系（Schreuders and Legesse，2012）。虽然交易型领导设定了明确的规则和规范，但容易导致组织形成惯性和刚性；虽然变革型领导通过理想化的影响力激发创造性，但如果没有交易型领导的稳定协调作用，也不能保证组织活动的一致性。

19.2 双元理论在创业领域的应用与发展

本章首先以"entrepreneur*""new venture"或"start-up""ambidext*""exploration"或"exploitation"作为标题或关键词或摘要在 Web of Science 中搜集有关论文,然后排除与双元理论和创业无关的文献,聚焦于四个创新领域知名期刊 JPIM、TFSC、Technovation、RDM,五个创业领域知名期刊 ETP、JBV、SBE、SEJ 和 JSBM 以及八个管理领域知名期刊 AMJ、AMR、JOM、MS、OS、SMJ、ASQ、JMS 发表的研究进行分析。

19.2.1 创业中的利用与探索

创业究竟是探索还是利用活动,学者观点并不一致。Kirzner(1973)认为创业是企业家发现并利用市场的不均衡。Shane 和 Venkataraman(2000)认为创业是机会的感知、识别和利用。上述观点表明,创业是机会利用的过程。但也有学者认为,在创业中探索活动更为重要。Sarasvathy(2001)最早提出创业的因果逻辑(causation)和效果逻辑(effectuation)。因果逻辑认为创业是一个分析预期目标并进行规划的线性过程,强调现有能力和资源的重要性;而效果逻辑认为创业是一个动态、互动的非线性过程,强调探索。

对于创业企业,探索能帮助它们在动荡的环境中迅速抓住新出现的机会,满足新兴客户和市场需求(Jansen et al.,2006),及时调整决策、规则和行动(LaPorte and Consolini,1991;Sitkin and Pablo,1992)。但是由于有限的资源和能力,创业公司也需要进行利用活动以应对业绩降低的风险(Lounamaa and March,1987)。与成熟的企业相比,创业企业拥有的能缓冲探索风险的资源更少(Cao et al.,2009;Parida et al.,2012)。此外,新创意的回报通常是长期的,而且很难预测(Raisch and Birkinshaw,2008),未开发的新想法在转化为公司收入流之前可能就会被取代(Levinthal and March,1993;Junni et al.,2013),因而危及企业的可持续性。相反,利用为探索提供了稳定的资源,可以增加稳定性和可靠性(Hannan and Freeman,1984),并压缩成本和有效地满足客户的需求(Terziovski,2010)。因此,探索和利用是新创企业面临的两个同样重要但矛盾的目标。

19.2.2 双元理论在个体创业中的应用

很多研究认为,对创业企业而言,实现双元性十分困难(Ebben and Johnson,2005;Chang and Hughes,2012)。这是因为要实现组织双元性,组织需要实施两类机制:一是差异化机制,将探索和利用分开,以避免过程冲突和资源竞争;二是整合机制,统一探索和利用活动,以完成组织的任务(Raisch and Birkinshaw,2008)。对新企业而言,在不同的组织结构上将探索和利用分离很困难,因为在其早期阶段,新企业通常是作为单一的单位运行,缺乏创建这种双重结构的资源(Azadegan et al.,2013；Parida et al.,2012),在探索和利用之间进行顺序转换也会对其结构和运营造成重大破坏(Gupta et al.,2006)。因此,许多创业公司牺牲利用,以此为代价来追求探索(Ebben and Johnson,2005)。Frigotto等(2014)基于一家印度企业的发展历程,探究利用和探索在中小企业不同阶段发挥的作用。企业初始阶段只能牺牲利用,通过探索活动,在不断试错中学习,以建立客户基础。当企业在市场上取得初步的成功,规模不断扩大,开始转为利用活动,沿着既定的运营渠道继续完善其产品范围和地理布局。

虽然以上研究认为创业中的探索和利用是相互矛盾的,但也有相当一部分文献认为在创业公司中探索和利用可以同时实现(Schreuders and Legesse,2012；Volery et al.,2015)。

从组织内的视角出发,Lubatkin等(2006)认为,高管团队的行为整合(behavioral integration)程度越高,企业的双元性倾向越大。Beckman(2006)强调高管团队的特征,特别是团队成员以往的工作经历。如果创业团队成员曾在同一家研发公司工作,那么他们对于关键问题有着比较相近的认识,所创建的企业会主要从事利用活动。如果团队成员曾供职于同一家研发公司又有为其他类型公司工作的经历,那么联合创办的企业在利用和探索方面都会比较积极,体现出较高的双元性,企业增长速度也较快。Gedajlovic等(2012)基于中国高科技中小企业案例,发现高层管理人员的持股促进了对探索和利用机会的双重关注,但政府持股削弱了对这两种类型活动的关注。Schreuders和Legesse(2012)探讨了小型技术公司在生命周期早期平衡探索和利用的五种机制,包括:采用灵活的领导风格；将探索或利用中的一个外包出去；吸引和留住既能探索又能利用的员工；吸引那些可以扮演领导者、管理者和企业家角色的高管；不管项目的目标是探索还是利用,将资源在项目之间进行转移。Volery等(2015)关注企业家在带领成长型企业时在探索和利用两方面的平衡,发现情境双元更加可能用于中小企业,因为中小企业比较缺乏闲置资源,可能难以通过结构双元分别进行探索和利用。Braun和Sieger(2021)发现创业者对家庭资金的依赖会增强其使用效果逻辑和因果逻辑的双元性。

从组织间的视角出发,Dai等(2017)指出,新企业可能会求助于组织间机制,如产品开发联盟,将部分探索或利用活动外包,减少潜在的冲突。Dai等(2017)还指出,创业阶段要求企业能同时兼顾探索和利用。他们利用中国148家新创企业数据进行研究,发现产品开发联盟和创业团队的交互记忆系统有助于新创企业发展双元性。

19.2.3 双元理论在公司创业中的应用

企业在不同的发展阶段（Allison et al., 2014）可能采用不同的双元模式。Kollmann 等（2009）指出创业型公司可以运用双元能力克服威胁企业生存的组织惯性，强调在早期阶段建立双灵活的结构和心态将增强企业的可持续性。Mueller 等（2012）通过对六名在创业阶段的创业者和六名在企业成长期的创业者进行案例分析，探究了企业家在创业初期和成长阶段的日常行为，发现企业家在这两个阶段的活动多与利用相关，创业阶段的企业家在探索活动中分配的时间存在较大差异。Hill 和 Birkinshaw（2014）基于一个创业企业的成长路径进行案例分析，发现探索在初始阶段有重要的作用，而当企业的规模扩大和组织复杂性提高时，利用成为重点。Xie 和 O'Neill（2014）对美国仿制药企业的研究发现，随着企业年龄增加，探索活动转化为利用活动。Hill 和 Birkinshaw（2014）对一个企业内部的创业部门的案例研究发现双元性（能独立探索新的技术和机会，同时帮助母公司开发和利用获得的新知识）是公司内部创业单元能够存活的重要条件。创业单元可以通过培育支持性的公司关系网络以创造这种情景双元。Mathias 等（2018）通过元分析发现年龄较大的公司更擅于从平衡探索和利用中获利。

为了保持绩效并在高度动态和竞争的环境中生存，任何阶段的企业都需要具有创业导向（entrepreneurial oreintation），即创新、进取和风险承担的意愿（Lumpkin and Dess, 1996）。Arzubiaga 等（2018）对 230 个西班牙家族中小企业进行分析。由于大多数中小企业是家族企业，往往具有多元和冲突的目标，家族参与董事会对企业将创业导向转化为双元创新的能力有负面影响。Gottschalck 等（2021）发现双元性在创业导向和小企业主的韧性（resilience）之间起到调节作用。

19.3 双元理论在创新驱动创业研究中的局限与未来展望

虽然双元理论相关的研究非常丰富，但大部分的双元研究对创业企业的研究关注较少（Chang and Hughes, 2012；Frigotto et al., 2014）。这说明将双元理论和创新驱动创业相结合将具有巨大的发展空间。

19.3.1 局限

第一，从理论构建看，"组织双元性"概念仍存在含义不够明确，概念化不足的问题。大多数研究都集中在对探索和利用的研究，对二元性及其整合过程重视程度不够。Nosella 等（2012）指出组织双元可能受益于回归原始"解决紧张关系的能力"的定义。这一建议在创新驱动创业中更为适用。创新驱动创业往往涉及技术、制度、产品等创新活动，离不开对新领域的探索。但同时创业企业也需要能够利用手头资源开展活动，通过各类要素互动，提高企业效率和保证企业的盈利和生存，为企业的创新提供支持。这种双元张力都有哪些体现，又如何得以解决，需要得到研究的重视。特别是在创新驱动创业情景下，创业企业如何在探索中融入适当的利用，并进一步推动新的探索？要回答以上问题就亟须在创新驱动创业中结合双元研究视角，进一步发展"双元创业"的概念。

第二，从研究情景看，"探索"和"利用"在不同研究中所体现的内容有较大差距。现有研究样本中公司的年龄和行业范围往往比较有限，没有直接比较创新驱动创业企业中实现双元的路径和双元的影响结果是否会有不同。例如，许多研究依赖利克特量表项目来定义探索和利用，但这些问题所包含的潜在含义显然会因样本所在的行业和环境而大不相同。当像柯达这样的公司试图进军数字成像领域所使用的"探索"与小型制造工厂所使用的"探索"是一样的吗？采用新商业模式与使用新技术相比，是否都是"探索"，其含义是否相同？创新驱动创业是一个复杂现象，有必要开展分类研究（蔡莉等，2021）。创新的类型、涉及的主体不同，探索和利用活动的组织及实现双元的路径也可能大相径庭。

第三，从研究对象看，关于双元理论的研究大多集中在欧美等发达国家或地区的成熟企业，关注新兴经济体的双元研究仍较少。特别是大部分双元理论的研究基于单个国家内的企业，对跨国企业的研究极度缺乏（Choi et al., 2020; Ciasullo et al., 2020; Wu and Chen, 2020）。在数字化、全球化情景下，创新面临更高的不确定性，意味着企业需要在高度动态的环境下及时发现和把握机遇。在国际情景下，创新驱动创业企业面临东道国新的市场环境、管理复杂的全球经营和创新网络，会面临哪些国内企业所没有的双元挑战，是需要解答的一个重要的课题。

19.3.2 未来展望

针对双元理论在解释创新驱动创业活动时所面临的挑战，结合创新驱动创业的内涵，未来可以从以下几方面对双元理论开展研究。

1. 聚焦创新驱动创业的组织双元

在创新驱动创业的情境下，双元研究可以着重关注创新驱动创业中的迭代性、多主体以及跨层面的特点（蔡莉等，2021）。

首先，未来研究可关注在创新驱动创业情景下，创业过程中的迭代性如何影响组织双元。创新意味着探索，但也离不开对现有资源要素的利用，在创新驱动创业中探索和利用活动是如何迭代发生并相互促进的，特别是创新驱动创业带来高质量产出的同时，如何通过创业反作用于创新进一步产生新的机会，进而促进机会的开发，值得后续学者进行深入研究。例如，创业企业由于规模小、资源有限，可能无法对探索和利用活动进行空间分离，因此需要利用时间分离来调和冲突。在时间维度上，企业必须确定探索和开发策略是同时进行还是依次进行（Adler et al., 1999; Gibson and Birkinshaw, 2004），必须确定在探索和开发之间的平衡是否应随着时间的推移进行调整以适应环境的变化（Patel et al., 2013; Simsek et al., 2009），必须要确定其双元表现的评估采用短期还是长期的视角（Raisch and Birkinshaw, 2008）。在双元研究中引入迭代的视角尤为重要，因为创新驱动创业本身就是一个动态的过程。

其次，创新驱动创业不仅涉及企业，还涉及其他类型的主体，多主体之间的互动需要得到关注（蔡莉等，2021）。政府、大学/科研机构、客户、孵化器等可能会对组织双元发挥重要的作用。例如，创业企业中的投资者往往对于及时回收投资有着更为迫切的要求，形成创业企业成长与盈利之间的矛盾冲突，影响企业的双元平衡。因此，考察创业企业的利益相关者（stakeholder），包括创业企业的投资者如何影响组织双元，可能是一个重要的研究课题。

最后，创新驱动创业具有跨层面特征，需要关注双元管理中多层次主体的作用。例如，双元理论的发展逐渐延伸到对情景和领导双元的重视，创业者个人层面的特征和经验应受到双元研究的重视。创业企业通常有灵活的角色定义，每个团队成员可以根据情况身兼多职，通常也不会具有贴上"研发"或"销售"标签的职能部门，因此创业者的角色本身可能就是双元的。学术界目前对此认识仍然较少，应考虑将组织及情境因素和领导个体因素综合起来，跨层系统探究组织双元的前因和后果。

2. 关注数字化情景的组织双元

随着数字技术的发展，创新驱动创业面临着复杂多变的外部经营环境，这对组织双元提出了新的要求，也对双元研究指出了新的方向。

首先，企业如何在常规业务领域和新的数字化业务领域之间协调资源分配？Gilbert（2005）发现，报纸没有适应数字媒体挑战的关键问题不在于资源，而在于组织未有能改变有效利用这些资源所需的流程。Tripsas等（2013）关于数字成像技术采纳的研究发现，宝丽来原有的模拟能力的身份认同造成了阻碍。在数字化情景下，如何利用现有资产和成熟业务在新领域获得竞争优势，在目前的双元理论的研究中很少涉及（Cao et al., 2010; O'Reilly and Tushman, 2011）。未来的研究可以关注原有和新的业务应该如何通过流程变革进行平衡，如何处理新旧业务之间不可避免的冲突，如何推广新的文化使企业接受新的身份（Schultz and Hernes, 2013）等。

其次，在数字化情景下，随着产品和服务变得更加模块化，以及沟通成本的降低，创新的重心将越来越向社区转移（Benkler, 2006）。因此双元理论在创新驱动创业研究中的另一个发展方向是将分析单位从企业个体转移到更大的生态系统中。未来可以进行更多跨企业、社区边界，以及跨边界的认同问题的研究（Lakhani et al., 2013）。此外，未来研究还可以关注企业如何采用更加创新的混合组织结构进行双元管理（Fjeldstad et al., 2012），并如何使这些形式合法化（Adler et al., 2015）。

3. 拓展国际视角的组织双元

在全球化背景下的双元问题将是双元理论研究一个重要的发展方向。

首先，未来的研究应该进一步关注新兴经济和转型经济中的双元问题。在新兴经济体，市场和政府并存的制度结构导致发展中国家的情境具有明显的特殊性，企业面临的组织双元挑战也存在不同。例如，在发展中国家，政府在资源分配中仍发挥比较大的作用，因此创业企业往往需要通过非市场战略获取企业资源。但是，单纯依赖非市场战略对企业而言也意味着较大的风险（Akbar and Kisilowski, 2015）。因此，如何平衡市场和非市场两种战略，可能是新兴经济体中创业企业的一个独特的双元性挑战。

此外，双元研究应更加关注制度、文化等多情境因素间的内在联系，将研究情景拓展到创新驱动创业所面临的全球化挑战中去。例如，当一个企业从母国到东道国，是否需要调整原有的双元模式，以适应新的制度和文化环境？在企业跨国发展中，如何平衡原有的竞争优势的移植与国际市场知识的学习探索？双元研究与国际商务研究进一步结合，可以发掘大量新的研究情景，对创新驱动创业具有重要指导意义。

其次，未来的研究可以考察不同国家所具有的独特的文化对创新驱动创业的影响，进一步丰富双元理论及其应用。例如，在东方和西方的文化之间存在大量矛盾和悖论，包括集体与个人、集权与分权、信任与控制、长期与短期等，都可能成为企业双元管理的挑战。以中国为例，西方的管理理论对人性的假设、对时间的短视，以及以个人为中心的前提，与东方的文化具有鲜明的冲突。因此对中国的创业企业而言，采用西方管理的方法和手段进行管理现代化，本身就是一个双元的过程。此外，中国传统哲学，如道家的阴阳理论强调对立的元素是相互依赖的，矛盾需要被拥抱和超越（Schad et al., 2016；丁威旭等，2019），这是否能够引申出处理悖论的新方案，进而完善现有的双元理论？关注中国情境下的双元问题，具有巨大的研究潜力。

参 考 文 献

蔡莉，张玉利，蔡义茹，等. 2021. 创新驱动创业：新时期创新创业研究的核心学术构念[J]. 南开管理评论，24(4): 217-226.

丁威旭，梯斯 D，李平. 2019. 阴阳平衡思维方式与动态能力理论——VUCA 时代企业"灰度"

动态能力决定企业高度[J]. 清华管理评论, (11): 35-41.

魏江, 邬爱其, 彭雪蓉. 2014. 中国战略管理研究: 情境问题与理论前沿[J]. 管理世界, (12): 167-171.

Abernathy W J, Utterback J M. 1978. Patterns of industrial innovation[J]. Technology Review, 80: 40-47.

Adler P S, Goldoftas B, Levine D I. 1999. Flexibility versus efficiency? A case study of model changeovers in the Toyota production system[J]. Organization Science, 10(1): 43-68.

Adler P S, Heckscher C, McCarthy J E, et al. 2015. The mutations of professional responsibility: toward collaborative community[C]//Mitchell D E, Ream R K. Professional Responsibility. Cham: Springer Cham: 309-326.

Akbar Y H, Kisilowski M. 2015. Managerial agency, risk, and strategic posture: nonmarket strategies in the transitional core and periphery[J]. International Business Review, 24(6): 984-996.

Allison T H, McKenny A F, Short J C. 2014. Integrating time into family business research: using random coefficient modeling to examine temporal influences on family firm ambidexterity[J]. Family Business Review, 27(1): 20-34.

Arzubiaga U, Kotlar J, De Massis A, et al. 2018. Entrepreneurial orientation and innovation in family SMEs: Unveiling the (actual) impact of the Board of Directors[J]. Journal of Business Venturing, 33(4): 455-469.

Atuahene-Gima K, Murray J Y. 2007. Exploratory and exploitative learning in new product development: a social capital perspective on new technology ventures in China[J]. Journal of International Marketing, 15(2): 1-29.

Azadegan A, Patel P C, Parida V. 2013. Operational slack and venture survival[J]. Production and Operations Management, 22(1): 1-18.

Beckman C M. 2006. The influence of founding team company affiliations on firm behavior[J]. Academy of Management Journal, 49(4): 741-758.

Benkler Y. 2006. The Wealth of Networks: How Social Production Transforms Markets and Freedom[M]. New Haven: Yale University Press.

Benner M J, Tushman M L. 2003. Exploitation, exploration, and process management: the productivity dilemma revisited[J]. Academy of Management Review, 28(2): 238-256.

Birkinshaw J, Gibson C. 2004. Building ambidexterity into an organization[J]. MIT Sloan Management Review, 45(4): 47-52, 54-55.

Braun I, Sieger P. 2021. Under pressure: family financial support and the ambidextrous use of causation and effectuation[J]. Strategic Entrepreneurship Journal, 15(4): 716-749.

Burns T, Stalker G M. 1966. The Management of Innovation[M]. London: Tavistock Publications Limited.

Cao Q, Gedajlovic E, Zhang H P. 2009. Unpacking organizational ambidexterity: dimensions, contingencies, and synergistic effects[J]. Organization Science, 20(4): 781-796.

Cao Q, Simsek Z, Zhang H. 2010. Modelling the joint impact of the CEO and the TMT on organizational ambidexterity[J]. Journal of Management Studies, 47(7): 1272-1296.

Chang Y Y, Hughes M. 2012. Drivers of innovation ambidexterity in small- to medium-sized firms[J]. European Management Journal, 30(1): 1-17.

Choi Y, Cui L, Li Y, et al. 2020. Focused and ambidextrous catch-up strategies of emerging economy multinationals[J]. International Business Review, 29(6): 101567 .

Ciasullo M V, Montera R, Cucari N, et al. 2020. How an international ambidexterity strategy can address the paradox perspective on corporate sustainability: evidence from Chinese emerging market multinationals[J]. Business Strategy and the Environment, 29(5): 2110-2129.

Dai Y, Du K, Byun G, et al. 2017. Ambidexterity in new ventures: the impact of new product development alliances and transactive memory systems[J]. Journal of Business Research, 75: 77-85.

de Vries J, Schepers J, van Weele A, et al. 2014. When do they care to share? How manufacturers make contracted service partners share knowledge[J]. Industrial Marketing Management, 43(7): 1225-1235.

Duncan R B. 1976. The ambidextrous organization: designing dual structures for innovation[J]. The Management of Organization, 1: 167-188.

Ebben J J, Johnson A C. 2005. Efficiency, flexibility, or both? Evidence linking strategy to performance in small firms[J]. Strategic Management Journal, 26(13): 1249-1259.

Fjeldstad Ø D, Snow C C, Miles R E, et al. 2012. The architecture of collaboration[J]. Strategic Management Journal, 33(6): 734-750.

Ford J D, Ford L W. 1994. Logics of identity, contradiction, and attraction in change[J]. The Academy of Management Review, 19(4): 756-785.

Frigotto M L, Coller G, Collini P. 2014. Exploration and exploitation from start-up to sale: a longitudinal analysis through strategy and MCS practices[J]. Exploration and Exploitation in Early Stage Ventures and SMEs, 14: 149-179.

Gedajlovic E, Cao Q, Zhang H P. 2012. Corporate shareholdings and organizational ambidexterity in high-tech SMEs: evidence from a transitional economy[J]. Journal of Business Venturing, 27(6): 652-665.

Gibson C B, Birkinshaw J. 2004. The antecedents, consequences, and mediating role of organizational ambidexterity[J]. Academy of Management Journal, 47(2): 209-226.

Gilbert C G. 2005. Unbundling the structure of inertia: resource versus routine rigidity[J]. Academy of Management Journal, 48(5): 741-763.

Gottschalck N, Branner K, Rolan L, et al. 2021. Cross-level effects of entrepreneurial orientation and ambidexterity on the resilience of small business owners[J]. Journal of Small Business Management, 12(1): 1-37.

Gupta A K, Smith K G, Shalley C E. 2006. The interplay between exploration and exploitation[J]. Academy of Management Journal, 49(4): 693-706.

Hannan M T, Freeman J. 1984. Structural inertia and organizational change[J]. American

Sociological Review, 49(2): 149-164.
He Z L, Wong P K. 2004. Exploration vs. exploitation: an empirical test of the ambidexterity hypothesis[J]. Organization Science, 15(4): 481-494.
Hill S A, Birkinshaw J. 2014. Ambidexterity and survival in corporate venture units[J]. Journal of Management, 40(7): 1899-1931.
Jansen J J P, Tempelaar M P, van den Bosch F A J, et al. 2009. Structural differentiation and ambidexterity: the mediating role of integration mechanisms[J]. Organization Science, 20(4): 797-811.
Jansen J J P, van den Bosch F A J, Volberda H W. 2006. Exploratory innovation, exploitative innovation, and performance: effects of organizational antecedents and environmental moderators[J]. Management Science, 52(11): 1661-1674.
Jin J L, Zhou K Z, Wang Y G. 2016. Exploitation and exploration in international joint ventures: moderating effects of partner control imbalance and product similarity[J]. Journal of International Marketing, 24(4): 20-38.
Junni P, Sarala R M, Taras V, et al. 2013. Organizational ambidexterity and performance: a meta-analysis[J]. Academy of Management Perspectives, 27(4): 299-312.
Keller T, Weibler J. 2015. What it takes and costs to be an ambidextrous manager: linking leadership and cognitive strain to balancing exploration and exploitation[J]. Journal of Leadership & Organizational Studies, 22(1): 54-71.
Kirzner I M. 1973. Competition and Entrepreneurship[M]. Chicago: University of Chicago Press.
Ko Y J, O'Neill H, Xie X L. 2021. Strategic intent as a contingency of the relationship between external knowledge and firm innovation[J]. Technovation, 104: 102260.
Kollmann T, Kuckertz A, Stöckmann C. 2009. Continuous innovation in entrepreneurial growth companies: exploring the ambidextrous strategy[J]. Journal of Enterprising Culture, 17(3): 297-322.
Kollmann T, Stöckmann C. 2014. Filling the entrepreneurial orientation-performance gap: the mediating effects of exploratory and exploitative innovations[J]. Entrepreneurship Theory and Practice, 38(5): 1001-1026.
Lakhani K R, Lifshitz-Assaf H L, Tushman M L. 2013. Open innovation and organizational boundaries: task decomposition, knowledge distribution, and the locus of innovation[C] //Grandori A. Handbook of Economic Organization: Integrating Economic and Organizational Theory. Cheltenham: Edward Elgar Publishing: 355-382.
LaPorte T R, Consolini P M. 1991. Working in practice but not in theory: theoretical challenges of "high-reliability organizations"[J]. Journal of Public Administration Research and Theory, 1(1): 19-48.
Lawrence P R, Lorsch J W. 1967. Organization and Environment: Managing Differentiation and Integration[M]. Cambridge: Harvard University Press.
Levinthal D A, March J G. 1993. The myopia of learning[J]. Strategic Management Journal, 14(2):

95-112.

Levitt B, March J G. 1988. Organizational learning[J]. Annual Review of Sociology, 14: 319-340.

Lewis M W. 2000. Exploring paradox: toward a more comprehensive guide[J]. Academy of Management Review, 25(4): 760-776.

Li C R, Chu C P, Lin C J. 2010. The contingent value of exploratory and exploitative learning for new product development performance[J]. Industrial Marketing Management, 39(7): 1186-1197.

Li W, Veliyath R, Tan J. 2013. Network characteristics and firm performance: an examination of the relationships in the context of a cluster[J]. Journal of Small Business Management, 51(1): 1-22.

Lounamaa P H, March J G. 1987. Adaptive coordination of a learning team[J]. Management Science, 33(1): 107-123.

Lubatkin M H, Simsek Z, Ling Y, et al. 2006. Ambidexterity and performance in small-to-medium-sized firms: the pivotal role of top management team behavioral integration[J]. Journal of Management, 32(5): 646-672.

Lumpkin G T, Dess G G. 1996. Clarifying the entrepreneurial orientation construct and linking it to performance[J]. Academy of Management Review, 21(1): 135-172.

March J G. 1991. Exploration and exploitation in organizational learning[J]. Organization Science, 2(1): 71-87.

Martin S L, Liao H, Campbell E M. 2013. Directive versus empowering leadership: a field experiment comparing impacts on task proficiency and proactivity[J]. Academy of Management Journal, 56(5): 1372-1395.

Mathias B D, Mckenny A F, Crook T R. 2018. Managing the tensions between exploration and exploitation: the role of time[J]. Strategic Entrepreneurship Journal, 12(3): 316-334.

Mueller S, Volery T, von Siemens B. 2012. What do entrepreneurs actually do? An observational study of entrepreneurs' everyday behavior in the start-up and growth stages[J]. Entrepreneurship Theory and Practice, 36(5): 995-1017.

Nosella A, Cantarello S, Filippini R. 2012. The intellectual structure of organizational ambidexterity: a bibliographic investigation into the state of the art[J]. Strategic Organization, 10(4): 450-465.

O'Reilly C A, Tushman M L. 2004. The ambidextrous organization[J]. Harvard Business Review, 82: 74-81, 140.

O'Reilly C A, Tushman M L. 2008. Ambidexterity as a dynamic capability: resolving the innovator's dilemma[J]. Research in Organizational Behavior, 28: 185-206.

O'Reilly C A, Tushman M L. 2011. Organizational ambidexterity in action: how managers explore and exploit[J]. California Management Review, 53(4): 5-22.

Parida V, Westerberg M, Frishammar J. 2012. Inbound open innovation activities in high-tech SMEs: the impact on innovation performance[J]. Journal of Small Business Management, 50(2): 283-309.

Parmigiani A, Rivera-santos M. 2011. Clearing a path through the forest: a meta-review of interorganizational relationships[J]. Journal of Management, 37(4): 1108-1136.

Patel P C, Messersmith J G, Lepak D P. 2013. Walking the tightrope: an assessment of the relationship between high-performance work systems and organizational ambidexterity[J]. Academy of Management Journal, 56(5): 1420-1442.

Raisch S, Birkinshaw J. 2008. Organizational ambidexterity: antecedents, outcomes, and moderators[J]. Journal of Management, 34(3): 375-409.

Sarasvathy S D. 2001. Causation and effectuation: toward a theoretical shift from economic inevitability to entrepreneurial contingency[J]. Academy of Management Review, 26(2): 243-263.

Schad J, Lewis M W, Raisch S, et al. 2016. Paradox research in management science: looking back to move forward[J]. Academy of Management Annals, 10(1): 5-64.

Schreuders J, Legesse A. 2012. Organizational ambidexterity: how small technology firms balance innovation and support[J]. Technology Innovation Management Review, 2(2): 17-21.

Schultz M, Hernes T. 2013. A temporal perspective on organizational identity[J]. Organization Science, 24(1): 1-21.

Shane S, Venkataraman S. 2000. The promise of entrepreneurship as a field of research[J]. Academy of Management Review, 25(1): 217-226.

Simsek Z. 2009. Organizational ambidexterity: towards a multilevel understanding[J]. Journal of Management Studies, 46(4): 597-624.

Simsek Z, Heavey C, Veiga J F, et al. 2009. A typology for aligning organizational ambidexterity's conceptualizations, antecedents, and outcomes[J]. Journal of Management Studies, 46(5): 864-894.

Sitkin S B, Pablo A L. 1992. Reconceptualizing the determinants of risk behavior[J]. Academy of Management Review, 17(1): 9-38.

Smith W K, Tushman M L. 2005. Managing strategic contradictions: a top management model for managing innovation streams[J]. Organization Science, 16(5): 522-536.

Teece D J, Pisano G, Shuen A. 1997. Dynamic capabilities and strategic management[J]. Strategic Management Journal, 18(7): 509-533.

Terziovski M. 2010. Innovation practice and its performance implications in small and medium enterprises (SMEs) in the manufacturing sector: a resource-based view[J]. Strategic Management Journal, 31(8): 892-902.

Tripsas M, Kellogg M P, Ravasi D, et al. 2013. Exploring the interaction between organizational identity and organizational design in technological transitions[R]. Boston: Boston College: Carroll School of Management.

Turner N, Swart J, Maylor H. 2013. Mechanisms for managing ambidexterity: a review and research agenda: mechanisms for managing ambidexterity[J]. International Journal of Management Reviews, 15(3): 317-332.

Tushman M L, Anderson P. 1986. Technological discontinuities and organizational environments[J]. Administrative Science Quarterly, 31(3): 439-465.

Tushman M L, O'Reilly C A. 1996. Ambidextrous organizations: managing evolutionary and revolutionary change[J]. California Management Review, 38(4): 8-29.

Tushman M L, Smith W. 2017. Organizational technology[C]//Baum J A C. The Blackwell Companion to Organizations. Oxford: Blackwell Publishers Ltd.: 386-414.

Volery T, Mueller S, von Siemens B. 2015. Entrepreneur ambidexterity: a study of entrepreneur behaviours and competencies in growth-oriented small and medium-sized enterprises[J]. International Small Business Journal: Researching Entrepreneurship, 33(2): 109-129.

Wu H, Chen J. 2020. International ambidexterity in firms' innovation of multinational enterprises from emerging economies: an investigation of TMT attributes[J]. Baltic Journal of Management, 15(3): 431-451.

Xie X L, O'Neill H M. 2014. Learning and product entry: how diversification patterns differ over firm age and knowledge domains in U.S. generic drug industry[J]. Strategic Management Journal, 35(3): 440-449.

Yu X Y, Chen Y, Nguyen B, et al. 2014. Ties with government, strategic capability, and organizational ambidexterity: evidence from China's information communication technology industry[J]. Information Technology and Management, 15(2): 81-98.

Zhang J A, Edgar F, Geare A, et al. 2016. The interactive effects of entrepreneurial orientation and capability-based HRM on firm performance: the mediating role of innovation ambidexterity[J]. Industrial Marketing Management, 59: 131-143.

Zhang Y, Waldman D A, Han Y L, et al. 2015. Paradoxical leader behaviors in people management: antecedents and consequences[J]. Academy of Management Journal, 58(2): 538-566.

代表性学者简介

詹姆斯·G. 马奇（James G. March）

詹姆斯·G. 马奇在耶鲁大学获得博士学位，之后在卡耐基工艺学院任教。1964 年担任加利福尼亚大学社会科学院的首任院长，1970 年成为斯坦福大学的管理学教授，同时也担任政治学、社会学、教育学教授，是名副其实的多领域大师。他发表了 40 多篇学术论文，出版了 26 本专著。代表作包含 *Primer on Decision Making: How Decisions Happen*（《决策是如何产生的》），与赫伯特·A. 西蒙（Herbert A. Simon）合著的 *Organizations*（《组织》），与理查德·M. 西尔特（Richard M. Cyert）合著的 *A Behavioral Theory of the Firm*（《企业行为理论》）。对双元理论有突出贡献的文章："Exploration and exploitation in organizational learning"（《组织学习中的探索与利用》）。詹姆斯·G. 马奇于 2018 年去世。

查尔斯·A. 奥莱利（Charles A. O'Reilly）

查尔斯·A. 奥莱利在加利福尼亚大学伯克利分校获得组织行为学博士学位，

1976~1980 年在加利福尼亚大学洛杉矶分校担任助理教授，1980~1992 年在加利福尼亚大学伯克利分校担任教授，1993 年起在斯坦福大学任教。其研究涵盖领导力、组织人口和多样性、文化、高管薪酬以及组织创新和变革。他在 Academy of Management Journal、Organization Science 等期刊上发表多篇论文。对双元理论有突出贡献的文章："Ambidexterity as a dynamic capability: resolving the innovator's dilemma"（《双元能力作为一种动态能力：解决创新者困境》）以及"The ambidextrous organization"（《双元组织》）。

迈克尔·L. 塔什曼（Michael L. Tushman）

迈克尔·L. 塔什曼在麻省理工学院获得博士学位。1976~1998 年在哥伦比亚大学商学院任教，1989~1998 年担任菲利普·赫特曼商学院教授，现为哈佛商学院教授。他还曾担任麻省理工学院（1982 年、1996 年）和欧洲工商管理学院（1995~1998 年、2011 年）的客座教授。他因为在技术变革、行政领导和组织适应之间的关系方面的工作而享誉国际。2013 年被授予管理学院职业成就奖，以表彰其对管理的杰出学术贡献。他在 Academy of Management Annals、Academy of Management Review、Organization Science 等期刊上发表多篇论文。对双元理论有突出贡献的文章："Ambidexterity as a dynamic capability: resolving the innovator's dilemma""The ambidextrous organization""Ambidextrous organizations: managing evolutionary and revolutionary change"（《双元组织：管理渐进性和革命性变革》），以及 Winning Through Innovation: A Practical Guide to Managing Organizational Change and Renewal（《通过创新取胜：管理组织变革和更新的实用指南》）。

本章执笔人：谢绚丽　佘可欣

第20章 创业导向理论——解构创新驱动创业微观基础的理论

随着科技创新和产业变革的不断加快,大量企业开始以创新驱动创业实践。小米等互联网企业基于商业模式创新,先动性地布局打造出小米智能生态链,在传统制造行业、零售行业以及互联网等多领域内实现机会孵化和价值共创;西门子等制造企业基于技术创新,创新性地推动孪生技术应用,打造多维度的全面智能化和流程优化闭环,促进机械制造行业数字化转型;京东等物流企业基于技术创新和商业模式创新,承担前期亏损的风险,整合社会化物流资源,从而搭建起高协作融合的共生体系。对于各类创新驱动创业的主体而言,创业导向是引导企业创业活动的重要推动力(Dong et al., 2020)。

创业导向是理解创业企业行为的重要概念,也是构建创新驱动创业微观基础的理论之一。然而,创新驱动创业强调的跨层面、多主体特征突破了创业导向聚焦的单一主体的组织层面范畴。仅仅依靠现有的创业导向理论研究难以充分揭示创新驱动创业过程的内在机理。因此,通过回顾创业导向尤其是在创业研究领域的进展,并且将创业导向与创新驱动创业相结合进行探索,可以进一步深化并重构创业导向理论。

20.1 创业导向理论的发展

创业导向理论的发展经历了概念形成(1973~2004年)、多维度研究发展(2005~2014年)、多视角深化(2015年至今)三个阶段(Wales et al., 2015; Covin and Wales, 2019)。

20.1.1 概念形成阶段(1973~2004年)

在萌芽阶段,创业导向概念逐步发展和形成,其思想最早可追溯到Mintzberg(1973)所著的战略决策相关文献。在其著作中,Mintzberg(1973)首次提出"创业方式"(entrepreneurial mode)这个概念,并认为其本质为企业家精神,其主要表现为积极的战略举措和承担风险性项目的意愿。基于此,Miller于1983年提出了"创业型企业"(entrepreneurial firm)概念,并将其定义为那些追求创新、积极进入市场，并在此过程中承担战略及财务风险的企业。除此之外，Miller（1983）还指出，创新性（innovation）、先动性（proactiveness）和风险承担性（risk taking）三个维度可用于表征创业型企业。基于 Miller（1983）提出的构想，Covin 和 Slevin（1991）提出了创业姿态（entrepreneurial posture）的概念，并将其定义为企业采取创新性、先动性和风险承担性这三种组织行为的倾向。在其研究中，创业姿态可视为一个连续变量，所有组织均可在该变量上进行定位或绘制，即所有组织都处于从保守型到创业型概念连续统一体的某一位置或空间中（Covin and Lumpkin，2011）。

1996 年，创业导向概念被 Lumpkin 和 Dess（1996）正式提出，并被定义为能够引发新企业创建和新进入的过程、实践和决策活动，其主要维度划分为创新性、先动性、风险承担性、自主性（autonomy）和竞争进取性（competitive aggressiveness），如表 20.1 所示。创业导向概念化后主要包括两种构造方式，一是 Miller（1983）以及 Covin 和 Slevin（1991）所研究的单维构造；二是 Lumpkin 和 Dess（1996）提出的多维构造。前者指的是创业导向企业需要同时表现风险承担性、创新性和先动性这三类特征，因此创业导向可被理解为这三类特征共存的持续性创业属性；后者则意味着创新性、先动性、风险承担性、自主性和竞争进取性被作为一组独立的维度存在，这五个维度共同形成创业导向的轮廓。Stone 和 Good（2004）则将创业导向的概念由组织层面延伸至个体层面，并将创业导向定义为在新企业创建的动态创造性过程中关键创业人员的意图和行为表现。在此研究中，个人创业导向主要由创新性、先动性、风险承担性、自主性和自信性（assertiveness）来表征。

表 20.1　创业导向维度概念

维度	维度概念
创新性	通过引入新产品/服务以及通过 R&D 在新流程中的技术领先地位来进行创新和实验的倾向
先动性	一种寻找机会的前瞻性观点，企业在其所处的环境中采取主动策略，努力塑造有利环境
风险承担性	企业将资源投入风险领域，并承担由此产生的高不确定性和高风险的意愿
自主性	创业团队为新企业建立而采取的独立行动
竞争进取性	企业为超越竞争对手而表现出的进攻姿态以及面对威胁的积极反应

资料来源：Lumpkin 和 Dess（1996）

20.1.2　多维度研究发展阶段（2005~2014 年）

随着创业导向概念的发展以及测量方式的完善，创业导向相关的学术争论也进入白热化阶段。学者对于创业导向概念的争论主要围绕于创业导向的本质是行为还是倾向。考虑到学者对于创业导向的多种定义，Anderson 等（2009）将创业导向描述为组织中的战略结构，其中包括企业的战略制定实践、管理理念和企业层面的创业行为。该研究认为，具有高创业倾向的企业预计表现出创业相关的战略行为。虽然Anderson等（2009）试图将行为和倾向进行融合，但二者之间的关系以及是否均可作为创业导向的本质尚未得到清晰的解释。对此，Covin和Lumpkin（2011）指出，将创业导向概念化为倾向可能存在两大缺点，一是创业导向很难与创业者属性区分开；二是由于行为是创业过程中的核心和基本要素，倾向可能与创业领域的核心前提相契合。除此之外，该研究也指出，创业导向作为企业属性，其展现出的创业行为必须具有时间稳定性。因此，创业导向不仅仅是单一的行为或活动，而是由持续行为模式组成的一种整体战略姿态。

尽管学者对创业导向的概念化及构造存在差异，这也导致创业导向维度不一，但创业导向的多个维度几乎都源自相同的概念维度"主干"，即创新性、先动性和风险承担性（Wales et al., 2015）。现有实证研究也大多选择以上三个维度进行实证检验（Rauch et al., 2009；Wales et al., 2015；Runyan et al., 2012）。进一步，由于对创业导向各维度间关系以及影响程度差异的讨论可以为创业领域的发展提供更深入的见解，诸多学者已经就此展开分析和探讨。例如，Naldi等（2007）对家族企业中风险承担性与企业绩效间的关系进行研究，并证实风险承担性与创新性、先动性均呈正相关关系；Kraus等（2012）则在探究创业导向各维度与中小企业绩效关系的基础上，探讨了环境动荡在其中的边界作用。对此，Covin和Wales（2012）也指出，研究者应该选择合适的一维或多维创业导向测量模型，并由此采取与其研究目的相契合的测量方式进行领域内的深入探索。

20.1.3 多视角深化阶段（2015年至今）

随着创业导向领域研究的不断深入，关于创业导向概念化及其本质的讨论尚存分歧。对此，Anderson等（2015）针对创业导向是一种倾向结构、行为结构还是两者兼而有之的问题，提出创业导向的形成性结构，即将创业行为（包括创新性和主动性）和管理风险倾向（风险承担性）视为共同必要的维度，共同形成更高层次的创业导向结构。其中，创业行为被定义为企业层面对新产品、流程或商业模式（如创新性）的追求，以及这些创新在新产品、市场领域的预期商业化（如主动性）；管理风险倾向则被定义为一种内在的管理倾向，存在于制定及实施企业战略的高管层面，倾向于具有不确定结果的战略行动（Anderson et al., 2015）。创业导向的重新概念化，不仅进一步延伸创业导向的概念发展，还为研究者提供新的视角和实用指导，创业导向相关文献在此阶段呈现爆发式增长。

在现有研究中，学者也开始从多视角出发对于创业导向进行深入探索。Wales等（2020）提出创业导向可能表现在三个层面，即高管风格、组织配置和新进入计划。后者指的是承受风险进入新市场的行为，前两者则与支持这种行为的目标、决策和组织流程相关（Kindermann et al.，2022）。对此，有研究认为，创业导向可被视为一种战略方向，通过新市场进入来展现其影响（Wales et al.，2015）；鉴于创业导向可以重新配置现有资源并实现新的增长，Wales 等（2021）也将其视为一种动态能力，另外，由于创业导向可以体现在企业的战略配置过程中，创业导向也可能被视为一种配置倾向（Kindermann et al.，2022；Wales et al.，2020）。从不同视角研究创业导向也进一步促进了创业领域的发展。至此，创业导向已成为创业领域中一种有影响力的成熟理论，与其他理论模型的深度契合，也加快了创业导向研究的跨领域进程。

20.2　创业导向理论在创业领域的应用与发展

本章以创业导向为主题，利用 Web of Science 数据库进行了文献检索。实施纳入标准（①商业和管理领域文献；②SSCI 检索期刊）后获得相关文献 1837 篇。将所得文献及其参考文献数据录入 CiteSpace（文献共被引分析软件）后，利用突显分析（burst detection analysis），获得了 173 篇突显文献。另外，本章还手动补充了 12 篇 2020~2022 年发表于创业与管理领域顶级期刊[①]中的创业导向相关文献。我们以研究热点出现和结束的时间为依据，将创业导向在创业领域的应用与发展归纳为了三个阶段。

20.2.1　创业导向在创业领域的前期发展阶段（1996~2007 年）

在该阶段中，创业导向研究主要聚焦于创业导向与创业资源、企业内外部环境的匹配及配置关系研究以及创业导向分维度研究。学者通过合理使用权变模型，即强调创业导向与其他因素的双向匹配，以及配置模型，即强调创业导向与其他因素的三项匹配来深化对创业导向与绩效间关系的理解[②]。另外，学者还深入探索了创业导向各维度对企业绩效的独特贡献。

在权变模型中，学者依据战略管理理论思想，认为创业导向与变动的市场趋势、注重创新的行业环境、难以预测的客户、不同类型的竞争者最为契合（Luo et al.，2005）。此外，结合战略管理理论与资源基础理论，诸多学者将创业导向视为一项资源耗费型企业战略对其进行研究。例如，Walter 等（2006）将网络能力视为组织内的高阶能力，探讨其在大学衍生企业创业导向及绩效间的边界作用。

在配置模型中，结合战略管理理论、资源基础理论的观点，学者认为最大化创业导向对于绩效的促进作用需要对多变量进行配置。例如，Wiklund 和 Shepherd

---

① ETP、JBV、SBE、SEJ、AMJ、AMR、JOM、MS、OS、SMJ、ASQ、JMS。
② 该阶段文献共 22 篇，其中有 7 篇聚焦于权变模型，3 篇聚焦于配置模型，5 篇聚焦于分维度模型。

(2005)将企业创业导向、财务资本以及动态环境进行三向匹配来对小企业绩效进行解释。同样，将战略管理理论与社会资本理论相结合，Stam 和 Elfring（2008）将创业导向与行业内部网络中心性（network centrality）、行业外部桥连接（bridging ties）相配置以探讨对创业企业绩效的作用关系。

除此之外，Lumpkin 和 Dess（1996）认为创业导向是个多维概念，并指出：①创业导向与绩效关系探讨离不开对于内外部情境因素的考量；②在特定情境因素作用下，创业导向各维度将独立变化。对此，学者开始探究创业导向各维度对企业绩效的独特贡献。结合代理理论，Naldi 等（2007）指出中小家族企业风险承担性负向影响企业绩效。Lumpkin 和 Dess（2001）也表明，先动性和竞争进取性在不同的外部环境和行业生命周期中对于绩效的作用效果存在差异。表 20.2 为创业导向在前期研究阶段所依托的理论及核心思想。

表 20.2　创业导向前期研究阶段依托理论及核心思想

项目	权变模型	配置模型	分维度模型
依托理论	权变理论、战略管理理论、资源基础理论	配置理论、战略管理理论、资源基础理论、社会资本理论	代理理论、权变理论
核心思想	创业导向与市场趋势、行业环境及利益相关者等最为契合；由于创业导向属于资源耗费型战略，其影响程度与资源要素相关	最大化创业导向对于绩效的促进作用需要对多变量进行配置	创业导向多个维度之间相互独立且对企业绩效的贡献具有独特性

资料来源：根据相关文献整理

20.2.2　创业导向在创业领域的中期发展阶段（2008~2012 年）

随着创业导向研究的逐渐发展，学者也开始关注创业导向与企业战略管理、知识管理以及企业创新过程与能力等因素间的关系。因此，越来越多的学者从理论和实证的角度出发，开始探索创业导向研究的中介传导机制，进而打开了创业导向到绩效关系的黑箱[①]。

第一，创业导向研究离不开战略管理理论相关思想的应用。因此，学者常将其他战略管理相关变量纳入模型以探讨中介传导机制。例如，Moreno 和 Casillas（2008）指出了"创业导向—战略行为—企业成长"这一中介传导机制，并认为该机制受到外部环境和企业资源的调节；Wang（2008）则构建了"创业导向—学习导向—企业绩效"机制，并将企业战略类型作为其边界条件。

---

① 该阶段文献共 64 篇，其中有 13 篇聚焦于其他战略管理变量的中介；9 篇聚焦于知识开发过程的中介；11 篇聚焦于创新过程与能力的中介。

第二，依托于知识基础观和组织学习理论，在创业导向研究中纳入知识开发过程而形成的中介传导机制受到了该阶段研究的关注。研究认为，将创业导向转化为绩效需要组织成员从事密集的知识活动以放大知识转移、触发知识创造螺旋（Li et al., 2009）。另外，组织学习理论显示，组织学习在根据企业内部和外部需求更新其资源和能力方面起着关键作用。对此，Zhao 等（2011）提出，组织学习的不同维度（试验性学习和获得性学习）在创业导向和企业绩效关系中扮演了不同程度的中介角色。

第三，基于资源基础观和组织学习理论的观点，在创业导向研究中纳入创新过程和能力而形成的中介传导机制受到了该阶段研究的关注。结合前述理论，创业导向有助于凝聚资源和能力，并通过促进组织学习及时更新资源能力，从而推动企业的创新过程以提升绩效。例如，Baker 和 Sinkula（2009）指出，创业导向能够助力小企业开发出全新的产品概念从而提升企业绩效；Lisboa 等（2011）的研究也指出，创业导向提升了探索式企业产品开发能力与利用式海外市场开发能力，从而取得市场有效性。表 20.3 为创业导向中期研究阶段所依托的理论及核心思想。

表 20.3　创业导向中期研究阶段依托理论及核心思想

项目	其他战略管理变量的中介	知识开发过程的中介	创新过程与能力的中介
依托理论	战略管理理论	知识基础观、组织学习理论	战略管理理论、资源基础观、组织学习理论、双元理论、企业创新理论
核心思想	创业导向是一种企业战略姿态，需要通过作用于其他战略活动或行为来提升绩效	将创业导向转化为绩效需要组织成员从事密集的知识活动以放大知识转移、触发知识创造螺旋 组织学习在根据企业内部和外部需求更新其资源和能力方面起着关键作用	创业导向有助于凝聚资源和能力，并通过促进组织学习及时更新资源能力，从而推动企业产生新的想法、流程、产品或服务以提高绩效

资料来源：根据相关文献整理

20.2.3　创业导向在创业领域的近期发展阶段（2013 年至今）

随着创业导向研究的深入，诸多学者开始将内外部环境作为创业导向形成的前置因素进行深层次探索（Rosenbusch et al., 2013）[①]。

第一，根据高阶理论和知识基础观的观点，研究者探讨了高管或创业者特征、高管团队或创业团队特征、企业内部活动等内部环境因素对于创业导向形成的影

---

① 该阶段文献共 99 篇，其中有 24 篇聚焦于企业内部因素作为前因；6 篇聚焦于外部环境因素作为前因；13 篇聚焦于内外部因素作为前因。

响。例如，Boling 等（2016）指出，CEO 任期与创业导向呈倒"U"形关系。在对中小企业的研究中，Palmié 等（2019）认为，企业领导者以促进为焦点（promotion focus）/以预防为焦点（prevention focus）的认知决策原则与企业的创业导向呈正/负相关。Sciascia 等（2013）则表明，参与家族企业高层管理团队的代际数目和企业创业导向之间存在倒"U"形关系。另外，以中小企业为样本，Hughes 等（2022）也提出企业内部知识生产可以通过促进知识使用来提升企业创业导向。

第二，根据机会资源一体化开发的观点，创业研究者探讨了行业环境特性、国家文化与制度特征等外部环境因素对于创业导向形成的影响。例如，Rosenbusch 等（2013）元分析研究指出，环境宽松性、动态性和复杂性是创业导向的重要前因。这是因为环境能为企业战略提供必要的资源和机会，进一步地，企业战略导向能够将外部环境所提供的资源和机会转化成企业绩效。

第三，创业研究者探讨了内外部因素相互作用对于创业导向形成的影响。根据组织行为理论，创业导向作为一种组织行为，其形成受到组织内部和外部关于行为的规范准则以及价值观的影响。例如，Engelen 等（2014）指出，灵活型组织文化（内部因素）对创业导向的促进最为有效，尤其是在个人主义强烈、权力距离较低的国家文化（外部因素）中。Kreiser 等（2020）则基于威胁刚性理论指出，环境敌对性（外部因素）与创业导向之间呈负相关关系，而组织可恢复盈余（内部因素）能够在其中发挥缓冲作用，从而应对由环境敌意增加造成的创业导向行为的削弱。表 20.4 为创业导向后期研究阶段所依托的理论及核心思想。

表 20.4 创业导向后期研究阶段依托理论及核心思想

项目	企业内部因素作为前因	外部环境因素作为前因	内外部因素作为前因
依托理论	高阶理论；知识基础观	创业机会资源一体化开发	组织行为理论；威胁刚性理论
核心思想	企业高层管理人员是否以及如何使用权力（CEO/高管团队特征）将影响企业的战略态势 嵌入在企业内部各层级的知识是产生创业行为（如创业导向）的关键组织资源	多样的环境类型可以提供特定的机会资源。因此，企业通过调动创业导向战略的实施来进行创业机会资源一体化开发	创业导向的形成受到组织内部和外部关于行为的规范准则以及价值观的影响 企业在试图利用环境机会时采用创业导向；但在资源稀缺的环境中，若企业判断追求机会的边际成本过高，企业会减少使用创业导向

资料来源：根据相关文献整理

综上，创业导向在创业与战略管理领域受到了巨大的关注，并且随着创业导向研究的发展，现已扩散到国际商务、家族企业等诸多领域。总体而言，已有研究通过探究在内外部情境作用下的权变或配置机制丰富了创业导向的应用情境研究；通过对创业导向与产出之间的路径探析丰富了创业导向的作用机理研究；通过对创业导向形成的前置因素探析明确了企业战略属性（创业导向）形成的关键作用。

20.3 创业导向理论在创新驱动创业研究中的局限与未来展望

20.3.1 局限

面对新情境带来的挑战，更多的企业走上创新驱动创业之路。然而，创业导向在解释创新驱动创业活动时存在以下几个方面的局限性。

第一，现有的企业创业导向中关于创新性维度的评价指标无法捕捉创新驱动创业的完整内涵。从创业导向内涵与维度来说，Miller（1983）以及 Covin 和 Slevin（1991）均认为创新性是创业导向构成的一部分，并提供了测量企业创新性的量表。该量表根据企业提供新产品或服务的频率来表征企业创新性。然而，值得注意的是，创新驱动创业的主体不仅可以通过频繁推出新产品或服务的方式来进入市场，还可以通过由技术创新驱动的新市场创造（Diestre et al.，2015）、新网络策略（Dong et al.，2020）以及跨界整合（Jiang et al.，2018）等更多创新方式驱动创业。例如，世界正在经历第三次能源革命，在这个新时代中，动力装置变成了电池，能源从化石能源转向了可再生能源，能源载体变成了电和氢，交通工具变成了新能源汽车。新能源汽车（如特斯拉、蔚来、小鹏汽车、理想汽车）正在以极快的速度侵蚀传统燃油车市场，而传统燃油汽车厂商们（如比亚迪、上汽、宝马、梅赛德斯-奔驰等）也在大刀阔斧地进行电气化转型。

第二，现有的创业导向研究缺乏从过程视角解释维持创新驱动创业成功与发展的原因。从创业导向的作用过程来说，创业导向是由持续行为模式组成的一种整体战略姿态，其内在并不包含对于创业举措实施过程的评估和控制机制（Covin and Wales，2019），因而缺乏方向性。从过去的研究来看，忽视创业过程的内在机理和要素，会使得企业对创业导向战略"全盘采用"，甚至可能会导致更糟糕的企业绩效。要想从中获得价值就必须对内外部要素有更多把握，更加深入地了解创业过程的内在机制（Wang，2008）。基于过程研究的五大特性——时间性、整体性、作用性、开放性和潜在性（Helin et al.，2014），创新驱动的创业过程涉及触发、催化和聚变三个阶段。其中，催化过程需要被创新作用的某一要素进一步激发一个或多个要素并迭代互动，带来创业机会速率的提升、数量或范围等的增加。聚变过程需要多主体集聚和互动以实现创业机会和价值创造。因此，在创新驱动创业过程中，创业导向由于缺乏方向性而无法引导主体在三阶段中合理利用创业导向。

第三，现有的创业导向研究对解释创新驱动创业相关现象缺乏主体-情境共演的见解。从创业导向应用的环境条件来说，虽然创业导向相关研究以不同类型的企业为研究对象（如创业企业、中小企业、家族企业、跨国企业等），探讨了组织外部情境（如环境动态性、环境竞争性、市场动荡性、行业成长性等）的作用。然而，这些研究却忽视了在数字化、生态化、新型全球化背景下关键主体与情境之间互动共演的探讨（Kraus et al.，2012；Wales，2016）。创新驱动创业过程是一个开放性的系统，如云计算产业中主流的公有云厂商都建立起了颇具市场影响力的云平台（如华为云、腾讯云、百度智能云等）。由此，创新驱动创业过程不仅受到组织外部情境的影响，还能反过来进一步改变外部情境，两者之间相互作用共同演化来影响创业过程和产出。

第四，创业导向研究无法向创新驱动创业研究提供跨越组织边界的思考。从创业导向的研究层面来说，创业导向研究学者指出，考虑到组织内部关于创业导向的信念和行为可能是异质性分布的，因此，创业导向与绩效关系研究的一个重点便在于探索影响前述作用关系的跨管理层、职能领域和业务单位的边界条件（Wales et al.，2011；Wales et al.，2015）。然而，创业导向的跨层面研究仅局限于组织边界内部。考虑到创新驱动创业的多层面特性，创新驱动创业不仅仅局限于单一层面的活动，还涉及个体向组织层面、单一组织向多主体（生态系统）层面的跨越。例如，海尔集团经历了以内部研发为中心的创新体系到以产业链协同为中心的创新体系再到以用户为中心的创新生态系统的演化路径。

20.3.2 未来展望

针对以上创业导向在解释创新驱动创业活动时所面临的挑战，结合创新驱动创业的内涵，未来可以从以下几方面开展研究。

1. 创新驱动创业的创业导向维度研究

在数字经济时代，开放式创新和平台创业的兴起更加强调多主体间的有效协同（Nambisan et al.，2018）。在此情境下，考虑到传统的创业导向内涵仅局限于单一主体并且只关注企业内部创业行为，未来的研究应更聚焦于企业创业导向各要素的延伸和发展，进而探索并完善在创业导向各要素匹配下创新驱动创业的过程路径及理论模型。

首先，创新驱动创业中的创新指的是技术创新、制度创新和商业模式创新，这类创新的范畴超出创业导向中创新性的概念范围。传统情境中的高创业导向企业旨在通过引入新产品/服务或维持技术领先地位来保持企业的创新性（Miller，1983；Rauch et al.，2009），但在创新驱动创业过程中，技术创新和制度创新不再局限于组织内部创新，而是延伸至宏观层面（Ruttan and Hayami，1984），商业模式创新也不再局限于单个组织（Crossan and Apaydin，2010）。由此可看出，在数字化、生态化情境下，创新驱动创业的主体不再只关注企业内部单方面的创新，而是转向围绕多主体的创新机会捕捉、催生、传递和共创中。对于创新观点的延伸有利于创业导向企业对战略、资源的重新配置，这进一步优化了潜在的机会价值。因此，未来还需要重新概念化创业导向的创新性维度，并探索企业创业导向在创新驱动创业过程中的影响。

其次，创新驱动创业不仅是单一主体的机会开发，更多表现在以多主体为核心的共创过程中（Nambisan et al.，2018），这意味着创业导向中代表着先行开发机会的先动性概念需要依据情境进行延伸，即由单一主体的先动性转向多主体系统的先动性。除此之外，高创业导向的创新驱动创业主体为了实现机会开发的先行优势，也不会再将资源和关注点放在预测需求、寻求机会的倾向上，而是转向创新带来的潜在机会的利用和价值创造过程中。因此，未来还需要探讨创业导向中的先动性在不同情境过程中的内涵范畴，以及企业的先动倾向在创新驱动创业过程中发挥的作用。

2. 在过程观下创新驱动创业的创业导向研究

首先，在创新驱动创业过程中，每个阶段的战略方向及策略均不相同。创业导向作为企业在创业方面的整体战略倾向，可以为企业的战略过程提供方向的指引。因此，创业导向可能作为企业创新驱动创业过程的治理控制机制，协调并组织创新相关方向的发展以及政策的落实。这也意味着从过程的视角来看，创业导向也将随着创新驱动创业进程的变化逐渐发展，并协同影响企业的创业过程，间接影响企业的创业绩效。对此，第一，未来可以对创业导向及其各维度在创新驱动创业过程各阶段的作用机制，以及各维度对该过程的影响差异等方面进行探索，进而揭示创业导向对创新驱动创业的影响过程机理；第二，创业导向各维度是相互独立的，未来还需要进一步探究创业导向各维度如何通过合理的配置进而在创新驱动创业过程中最大化发挥其控制及协同作用；第三，从过程视角上探究创业导向的前置因素也是未来研究的一个关注点，探究在创新驱动创业过程中何种因素影响创业导向进而影响创业过程的发展进程，不仅有助于加深创业导向领域的相关研究，还有利于丰富创新驱动创业过程的要素模型构建。

其次，创新驱动创业通常涉及多行业、多类型主体且能够跨越多个层面，创新驱动创业带来高质量产出的同时，又通过创业反作用于创新进一步产生新的机会。作为通过多要素迭代互动以实现多主体开发机会、创造价值的过程，创新驱动创业在概念核心上与创业导向相互契合，对此，创业导向可作为创新驱动创业过程的协同演化机制，与该过程实现互动发展。需要注意的是，第一，过去研究仅将创业导向局限于单一主体进行探索；第二，创业导向的跨层面研究仅局限于组织边界内部。因此，对于前者，未来研究可以探究创业导向与多主体要素间的协同匹配过程，如探索创业导向与企业相关合作者网络之间的协同演化机制，以及创业导向如何吸引网络中的其他主体以新方式集聚起来共同开发机会，或者深层次研究创业导向各维度的配置如何促进多主体互动学习等，都有利于进一步挖掘创新驱动创业过程的具体理论路径。对于后者，未来还需对创新驱动创业过程中创业导向的跨层次演化过程进行探索。具体而言，创新驱动创业不仅仅局限于单一层面的活动，它还涉及个体向组织层面、单一组织向多主体（生态系统）层面的跨越（Nambisan et al.，2018）。因此，创新驱动创业是一个不断跨越层级的活动过程。由于创业导向是由企业的持续行为模式组成的整体战略姿态（Covin and Lumpkin，2011），创业导向随着创新驱动创业过程的跨层级发展可能展现出不同的行为模式和创业倾向。基于此，未来还需深入探索随着企业创新创业活动在不同层级的实施，创业导向及其各维度配置的演进发展过程，以及创业导向与高层级要素（如多主体系统能力、平台赋能、平台创新能力）结合匹配后，对于企业竞争优势或创新驱动创业进程的影响。除此之外，由于创新驱动创业能够通过催生新的机会，吸引网络内各主体共同开发机会以实现价值共创并最终构建生态系统（Nambisan et al.，2018），未来还可以探索各主体的创业导向是否会在此生态系统上集聚形成更高层面的创业导向，或者深入研究各主体创业导向如何通过组织同化和学习相互促进和发展。对于创业导向过程观的深入探究不仅拓宽了创业导向的动态研究，也有助于揭示在创业导向视角下创新驱动创业过程获取企业竞争优势的路径和作用机制。

3. 创新驱动创业的创业导向与情境研究

考虑到创新驱动创业是由不同层面多主体与情境相互作用构成的系统，并且对创业导向作用机制的探索无法脱离内外部情境因素，因此未来还需要将情境纳入创新驱动创业过程中创业导向的影响机制研究。具体来说，一方面，在数字化、生态化和新型全球化情境下，创新驱动创业活动呈现新范式，创业主体和创业要素均呈现不同形式的改变。然而，传统的创业导向情境研究大多只局限于传统的环境要素和单一主体中，未来应在挖掘这三大情境特点内涵的基础上，对这些情境与创新驱动创业过程中创业导向的交互影响机制进行深入探讨，进而丰富创业导向的情境研究。另一方面，创新驱动创业必须立足于本土理论研究，以中国为例，在中国情境下的市场体系和文化特征等方面均与西方发达国家存在较大差异。因此，未来需要在识别影响创新驱动创业过程的中国情境因素的基础上，探究数字化、生态化和新型全球化三大情境与中国情境因素结合下的新情境特征，进而深入研究在此新情境下创新驱动创业的主体如何利用其创业导向获取企业的竞争优势。除此之外，未来还可探究以上组合情境因素的变化对于创新驱动创业中的创业导向的动态影响机理及路径，这也进一步推动在组合情境视角下创新驱动创业过程模型的构建和完善。

参 考 文 献

Anderson B S, Covin J G, Slevin D P. 2009. Understanding the relationship between entrepreneurial orientation and strategic learning capability: an empirical investigation[J]. Strategic Entrepreneurship Journal, 3(3): 218-240.

Anderson B S, Kreiser P M, Kuratko D F, et al. 2015. Reconceptualizing entrepreneurial orientation[J]. Strategic Management Journal, 36(10): 1579-1596.

Baker W E, Sinkula J M. 2009. The complementary effects of market orientation and entrepreneurial orientation on profitability in small businesses[J]. Journal of Small Business Management, 47(4): 443-464.

Boling J R, Pieper T M, Covin J G. 2016. CEO tenure and entrepreneurial orientation within family and nonfamily firms[J]. Entrepreneurship Theory and Practice, 40(4): 891-913.

Covin J G, Lumpkin G T. 2011. Entrepreneurial orientation theory and research: reflections on a needed construct[J]. Entrepreneurship Theory and Practice, 35(5): 855-872.

Covin J G, Slevin D P. 1991. A conceptual model of entrepreneurship as firm behavior[J]. Entrepreneurship Theory and Practice, 16(1): 7-25.

Covin J G, Wales W J. 2012. The measurement of entrepreneurial orientation[J]. Entrepreneurship Theory and Practice, 36(4): 677-702.

Covin J G, Wales W J. 2019. Crafting high-impact entrepreneurial orientation research: some suggested guidelines[J]. Entrepreneurship Theory and Practice, 43(1): 3-18.

Crossan M M, Apaydin M. 2010. A multi-dimensional framework of organizational innovation: a systematic review of the literature[J]. Journal of Management Studies, 47(6): 1154-1191.

Diestre L, Rajagopalan N, Dutta S. 2015. Constraints in acquiring and utilizing directors' experience: an empirical study of new-market entry in the pharmaceutical industry[J]. Strategic Management Journal, 36(3): 339-359.

Dong B B, Xu H J, Luo J M, et al. 2020. Many roads lead to Rome: how entrepreneurial orientation and trust boost the positive network range and entrepreneurial performance relationship[J]. Industrial Marketing Management, 88: 173-185.

Engelen A, Flatten T C, Thalmann J, et al. 2014. The effect of organizational culture on entrepreneurial orientation: a comparison between Germany and Thailand[J]. Journal of Small Business Management, 52(4): 732-752.

Helin J, Hernes T, Hjorth D, et al. 2014. The Oxford Handbook of Process Philosophy and Organization Studies[M]. Oxford: Oxford University Press.

Hughes M, Hughes P, Hodgkinson I, et al. 2022. Knowledge-based theory, entrepreneurial orientation, stakeholder engagement, and firm performance[J]. Strategic Entrepreneurship Journal, 16(3): 633-665.

Jiang X, Liu H, Fey C, et al. 2018. Entrepreneurial orientation, network resource acquisition, and firm performance: a network approach[J]. Journal of Business Research, 87: 46-57.

Kindermann B, Schmidt C V H, Pulm J, et al. 2022. The double-edged sword of entrepreneurial orientation: a configurational perspective on failure in newly public firms[J]. Entrepreneurship Theory and Practice, 47:1816-1842.

Kraus S, Rigtering J P C, Hughes M, et al. 2012. Entrepreneurial orientation and the business performance of SMEs: a quantitative study from the Netherlands[J]. Review of Managerial Science, 6(2): 161-182.

Kreiser P M, Anderson B S, Kuratko D F, et al. 2020. Entrepreneurial orientation and environmental hostility: a threat rigidity perspective[J]. Entrepreneurship Theory and Practice, 44(6): 1174-1198.

Li Y H, Huang J W, Tsai M T. 2009. Entrepreneurial orientation and firm performance: the role of knowledge creation process[J]. Industrial Marketing Management, 38(4): 440-449.

Lisboa A, Skarmeas D, Lages C. 2011. Entrepreneurial orientation, exploitative and explorative capabilities, and performance outcomes in export markets: a resource-based approach[J]. Industrial Marketing Management, 40(8): 1274-1284.

Lumpkin G T, Dess G G. 1996. Clarifying the entrepreneurial orientation construct and linking it to performance[J]. Academy of Management Review, 21(1): 135-172.

Lumpkin G T, Dess G G. 2001. Linking two dimensions of entrepreneurial orientation to firm performance: the moderating role of environment and industry life cycle[J]. Journal of Business Venturing, 16(5): 429-451.

Luo X M, Sivakumar K, Liu S S. 2005. Globalization, marketing resources, and performance: evidence from China[J]. Journal of the Academy of Marketing Science, 33(1): 50-65.

Miller D. 1983. The correlates of entrepreneurship in three types of firms[J]. Management Science, 29(7): 770-791.

Mintzberg H. 1973. Strategy-making in three modes[J]. California Management Review, 16(2): 44-53.

Moreno A M, Casillas J C. 2008. Entrepreneurial orientation and growth of SMEs: a causal model[J]. Entrepreneurship Theory and Practice, 32(3): 507-528.

Naldi L, Nordqvist M, Sjöberg K, et al. 2007. Entrepreneurial orientation, risk taking, and performance in family firms[J]. Family Business Review, 20(1): 33-47.

Nambisan S, Siegel D, Kenney M. 2018. On open innovation, platforms, and entrepreneurship[J]. Strategic Entrepreneurship Journal, 12(3): 354-368.

Palmié M, Huerzeler P, Grichnik D, et al. 2019. Some principles are more equal than others: promotion- versus prevention-focused effectuation principles and their disparate relationships with entrepreneurial orientation[J]. Strategic Entrepreneurship Journal, 13(1): 93-117.

Rauch A, Wiklund J, Lumpkin G T, et al. 2009. Entrepreneurial orientation and business performance: an assessment of past research and suggestions for the future[J]. Entrepreneurship Theory and

Practice, 33(3): 761-787.

Rosenbusch N, Rauch A, Bausch A. 2013. The mediating role of entrepreneurial orientation in the task environment-performance relationship: a meta-analysis[J]. Journal of Management, 39(3): 633-659.

Runyan R C, Ge B S, Dong B B, et al. 2012. Entrepreneurial orientation in cross-cultural research: assessing measurement invariance in the construct[J]. Entrepreneurship Theory and Practice, 36(4): 819-836.

Ruttan V W, Hayami Y. 1984. Toward a theory of induced institutional innovation[J]. The Journal of Development Studies, 20(4): 203-223.

Sciascia S, Mazzola P, Chirico F. 2013. Generational involvement in the top management team of family firms: exploring nonlinear effects on entrepreneurial orientation[J]. Entrepreneurship Theory and Practice, 37(1): 69-85.

Stam W, Elfring T. 2008. Entrepreneurial orientation and new venture performance: the moderating role of intra- and extraindustry social capital[J]. Academy of Management Journal, 51(1): 97-111.

Stone R W, Good D J. 2004. Measuring entrepreneurial orientation in an individualized technology context[J]. Journal of Business and Entrepreneurship, 16(2): 1-22.

Wales W J. 2016. Entrepreneurial orientation: a review and synthesis of promising research directions[J]. International Small Business Journal, 34(1): 3-15.

Wales W J, Covin J G, Monsen E. 2020. Entrepreneurial orientation: the necessity of a multilevel conceptualization[J]. Strategic Entrepreneurship Journal, 14(4): 639-660.

Wales W J, Kraus S, Filser M, et al. 2021. The status quo of research on entrepreneurial orientation: conversational landmarks and theoretical scaffolding[J]. Journal of Business Research, 128: 564-577.

Wales W J, Monsen E, McKelvie A. 2011. The organizational pervasiveness of entrepreneurial orientation[J]. Entrepreneurship Theory and Practice, 35(5): 895-923.

Wales W J, Wiklund J, McKelvie A. 2015. What about new entry? Examining the theorized role of new entry in the entrepreneurial orientation-performance relationship[J]. International Small Business Journal, 33(4): 351-373.

Walter A, Auer M, Ritter T. 2006. The impact of network capabilities and entrepreneurial orientation on university spin-off performance[J]. Journal of Business Venturing, 21(4): 541-567.

Wang C L. 2008. Entrepreneurial orientation, learning orientation, and firm performance[J]. Entrepreneurship Theory and Practice, 32(4): 635-657.

Wiklund J, Shepherd D. 2005. Entrepreneurial orientation and small business performance: a configurational approach[J]. Journal of Business Venturing, 20(1): 71-91.

Zhao Y B, Li Y A, Lee S H, et al. 2011. Entrepreneurial orientation, organizational learning, and performance: evidence from China[J]. Entrepreneurship Theory and Practice, 35(2): 293-317.

代表性学者简介

杰弗里·G. 科温（Jeffrey G. Covin）

杰弗里·G. 科温现任印第安纳大学凯利商学院（Kelley School of Business, Indiana University）创业学教授。在 Journal of Business Research、Entrepreneurship Theory and Practice、Journal of Business Venturing 等期刊发表多篇著作，其中 2012 年发表的"The measurement of entrepreneurial orientation"（《创业导向的测量》）一文是社会科学中被引用最多的论文之一。

丹尼·米勒（Danny Miller）

丹尼·米勒在麦吉尔大学（McGill University）获得博士学位，目前担任蒙特利尔高等商学院终身研究员。在 Journal of Management、Entrepreneurship Theory and Practice、Science（《科学》）等期刊发表多篇著作，其中 2014 年发表的"International entrepreneurial orientation: conceptual considerations, research themes, measurement issues, and future research directions"（《国际创业导向：概念考量、研究主题、测量问题以及未来研究方向》）一文是社会科学中被引用最多的论文之一。

威廉·J. 威尔士（William J. Wales）

威廉·J. 威尔士在伦斯勒理工学院（Rensselaer Polytechnic Institute）获得管理学博士学位，现任纽约州立大学奥尔巴尼分校（University at Albany, State University of New York）斯坦迪什主席兼创业学副教授。威廉·J. 威尔士的研究聚焦于企业层面的创业导向、战略制定过程和行为的概念。在 International Small Business Journal、Entrepreneurship Theory and Practice 等期刊发表多篇论文，其中 2016 年发表的"Entrepreneurial orientation: a review and synthesis of promising research directions"（《创业导向：未来研究方向的回顾与整合》）一文是社会科学中被引用最多的论文之一。

本章执笔人：董保宝　曹　琦　彭　星

第 21 章　创业拼凑理论——创新驱动创业实现路径的相关理论

创业拼凑理论（entrepreneurial bricolage theory）是新兴的重要创业理论之一，是在开放系统理论（Boulding，1956）和资源基础观（Barney，1986）的基础上，基于资源建构视角发展起来的解释创业企业或创业者怎样在资源高度约束的环境下得以生存和发展这一问题的突破性理论（Baker and Nelson，2005）。随着数字技术发展带来大数据处理能力的提升，生态化和新型全球化进程加快，使资源属性和市场需求不断变化，创业者面临着越来越复杂多变的市场环境。大数据处理能力的提升，促进了创业拼凑水平的提高；全球思维作为一种无形资源，通过提升创业拼凑能力影响创新产出；此外，创业拼凑还是实现可持续生产、促进适应性创新的重要途径（Chen et al.，2022；Chang and Huang，2022；Lin and Yi，2022）。但同时，数字技术的飞速发展和数据资源的广泛使用，挑战了创业拼凑理论的前提假设、核心构念和行为特征，为创业拼凑理论在数字生态情境中发挥作用带来诸多挑战，这在一定程度上动摇了理论产生的合法性和应用的有效性。本章通过回顾创业拼凑理论的发展状况，结合创新驱动创业相关理论探索，将进一步丰富和完善创业拼凑理论体系。

21.1　创业拼凑理论的发展

创业拼凑理论作为解释创业活动的行为和逻辑基础的新兴理论，经历了萌芽阶段（1967~2004 年）和发展阶段（2005 年至今），目前仍停留在理论体系构建和完善的发展阶段。

21.1.1　萌芽阶段（1967~2004 年）

拼凑的概念最早出现在法国人类学家 Lévi-Strauss 在 1967 年的著作《野性的思维》（*La Pensée Sauvage*）一书中。他认为，一方面，早期的人类采用拼凑思维重组神话元素，以此认识和改造世界，并指导行为；另一方面，通过拼凑手头拥有的物质，产生和实践新知识。在人类学研究中，拼凑被定义为将就利用现有资源，并从手头现有工具和材料中创造新的形式与秩序（Garud and Karnøe，2003）。

随后，拼凑的概念被广泛应用到政治学、人际关系学、心理学、法理学、社会学等多个学科领域（Baker，2007；Welter et al.，2016）。

1993年，组织理论学者 Weick 在 *Administrative Science Quarterly* 杂志上发表了"*The collapse of sensemaking in organizations*：the Mann Gulch disaster"（《组织意义的崩溃：曼恩峡谷灾难》）一文，将拼凑的概念引入组织研究领域，并对其他管理学者的相关研究产生了重要影响。他通过分析16名消防员在火灾中的逃生经历，提出组织即兴和拼凑是获取组织弹性并重新建立组织秩序的重要来源之一，并定义拼凑者为能够从手头现有的任何材料中创造秩序的人。

进入20世纪80年代，创业相关研究文献飞速增长，涌现出多种多样的研究主题和研究视角。2003年，两篇关于拼凑在创业情境中的应用研究于 *Research Policy* 杂志的同一期发表，代表着拼凑理论进入创业管理研究领域之中。其中，Garud 和 Karnøe（2003）在研究中通过比较美国和丹麦两个国家的创业者在开发风力涡轮机过程中各自不同的嵌入方式，考察了拼凑对拥有普通资源的创业者获取竞争优势的重要意义。同时，Baker 等（2003）在对知识密集型新创企业即兴战略产生的影响进行研究时发现，网络拼凑是企业早期获取资源的重要渠道，创建者的拼凑活动由嵌入的接触网络塑造，并将网络拼凑定义为：对手头已有社会关系网络的利用。

21.1.2 发展阶段（2005年至今）

进入创业研究领域之后，早期关于拼凑的研究，仍然处于对创业情境中拼凑现象的描述阶段，尚未触及理论内涵界定和理论体系搭建，在融合多个学科对拼凑的解读，并经过一系列田野调查的基础上，Baker 和 Nelson 于2005年，在 *Administrative Science Quarterly* 杂志发表了"Creating something from nothing：resource construction through entrepreneurial bricolage"（《从无到有：通过创业拼凑进行资源建设》）一文，正式提出"创业拼凑"的概念，并首次明确了创业拼凑的定义，即通过将就组合手头资源并即刻行动来解决新问题或开发新机会（making do by applying combinations of the resources at hand to new problems and opportunities）。他们还在研究中具体阐述了创业拼凑的理论内涵、适用情境和拼凑过程。①理论内涵：该理论涵盖手头资源（resources at hand）、将就（making do）及组合资源解决新问题（combination of resources for new purposes）或发现新机会等三个核心概念。手头资源被认为是那些容易获得的、低价值的、用途单一的物质；将就体现了创业拼凑在处理问题和机会时所具有的快速行动倾向及非资源最优特征；解决新问题或发现新机会是一种对手头资源进行实验、修补和再造并使其成为新资源的创造性再造行为。②适用情境：资源约束环境。资源是创业者生存和活动的基础。在资源约束环境中，创业者通过拼凑"无中生有"地创造性利用手头废弃资源打破资源困境。③拼凑过程：该过程是遵循"环境—行为模式—结果"范式的线性过程模型。资源约束环境促使创业者通过拼凑进行应对，在要素投入、制度/规范和顾客等三个领域开展拼凑活动，这三个领域的不同组合形成选择型拼凑和全面型拼凑两种拼凑模式（图21.1）。

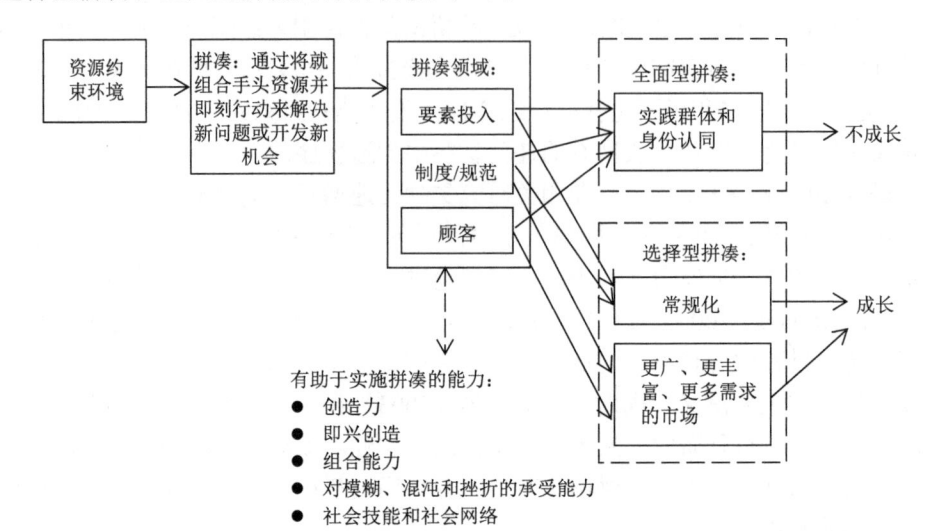

图 21.1　创业拼凑过程经典模型

资料来源：Baker 和 Nelson（2005）

Baker 等学者的研究为拼凑理论奠定了经典内核，创业拼凑理论开始受到创业学者的广泛关注。首先，学者探究了创业拼凑的类型划分。依据拼凑对象，创业拼凑分为物质拼凑、人力拼凑、技能拼凑、客户拼凑、制度拼凑和网络拼凑（Baker and Nelson, 2005；Tasavori et al., 2018）；依据拼凑主体，创业拼凑可分为个体拼凑和集体拼凑（Duymedjian and Rüling, 2010）；根据是否事先制订计划，创业拼凑分为计划拼凑和即兴拼凑（Senyard et al., 2014）等。还有一些学者根据自身研究内容，提出发明者拼凑（Garud and Prabhu, 2021）、杂交资源拼凑、后备资源拼凑、垄断资源拼凑（Hsiao et al., 2014）以及协作拼凑（de Klerk, 2015；Ravishankar and Gurca, 2016）等创业拼凑类型。其次，有学者从创业拼凑与其他理论的关系出发，探究了创业拼凑的边界条件（Fisher, 2012；Welter et al., 2016）。Welter 等（2016）厘清了创业拼凑、机会创造与效果逻辑三者在机会、情境和创业者三方面各自的边界条件与重合部分，认为创业拼凑相较于机会创造，有时仅作为解决问题的手段存在，不会创造出新的机会；另外，创业拼凑强调手头资源的廉价属性，对效果逻辑却并不关注。最后，Senyard 等（2014）根据创业拼凑的核心要素，开发出包含八题项的量表，成为至今仍被广泛使用的测量工具。之后,开始涌现大量关于创业拼凑的实证研究(Stenholm and Renko,2016;Fu et al., 2020;Su et al.,2022)。

随着研究的逐渐开展,创业拼凑理论在适用情境及对创新影响等方面产生了争议。一方面,近年来有学者认为创业拼凑理论的适用情境应该延伸到资源约束之外。Visscher 等(2018)认为,采取拼凑行为可能是出于对"拼凑者"身份的认同和赞赏;Steffens 等(2023)发现采用创业拼凑不一定是为了将就应对,还可以是为了寻求竞争优势。另一方面,创业拼凑对创新的影响尚无定论。有学者认为创业拼凑与创新绩效呈倒"U"形关系(Senyard et al.,2014)。在一定范围内,资源约束企业的创新成果随着创业拼凑的增加而提升;但过度的创业拼凑使次优方案增多,限制企业接触更有创造力的客户和供应商,因此,随着创业拼凑的增加,创新带来的优势逐步减弱。此外,也有研究提出创业拼凑包含积极应对资源约束、将就利用现有资源、即兴发挥及网络构建等四种关键能力,这四种能力对服务创新绩效有积极影响(Witell et al.,2017)。

尽管创业拼凑理论作为新兴理论还处于发展阶段,但它已经成为分析处于资源劣势的企业如何生存和发展的重要创业基础理论,吸引了社会创业、制度创业、绿色创业等多个领域学者的关注(Phillips and Tracey,2007;di Domenico et al.,2010;Wu and Liu,2022),并将其应用于各类研究情境和研究层次中。

21.2 创业拼凑理论在创业领域的应用与发展

创业拼凑是创业者克服资源限制的有效手段,众多学者从不同角度对创业拼凑进行了研究和探索。在 Web of Science 数据库中以"bricolage"为关键词,对 2003 年至 2022 年期间发表的文献进行搜索,剔除研究主题与创业拼凑无关的文献,最终得到 115 篇英文文献。按照研究内容,这些文献分为创业拼凑的影响因素、创业拼凑的过程机制、创业拼凑的结果效应和创业拼凑的情境因素等四种类型研究。

21.2.1 创业拼凑的影响因素

对创业拼凑影响因素的探索有个体、组织和环境三个层面。

(1) 个体层面的影响因素包括个体特质和能力。影响创业拼凑的个体特质主要有身份认同、创业激情和先前经验等。Visscher 等(2018)提出,对"拼凑者"身份的追求和认同会促进拼凑行为的发生。也有学者研究发现,拥有丰富先前经验(Fuglsang and Sørensen,2011)和创业经历(Kwong et al.,2019)的创业者更倾向于实施创业拼凑,创业激情也会驱使创业者采取资源拼凑(Stenholm and Renko,2016)。Yu 等(2022)基于结构方程模型和模糊集定性比较分析方法的研究表明,具有分享型领导力的新创企业高层管理团队成员更倾向于带领企业进行创业拼凑。从能力来看,具有创新性、预应性和风险承担性等创业精神的创业者能够利用创业拼凑突破资源约束(Salunke et al.,2013)。Banerjee 和 Campbell(2009)发现,创业者的创造能力和协作能力会促进创业拼凑,依赖过去经验对新知识进行估值的同化能力则会抑制创业拼凑的发生。此外,社会网络关系多样性和关系强弱程度会影响创业者获取资源的能力,从而影响创业拼凑实施的意愿和效率(Getnet et al.,2019;Sun et al.,2020)。

(2)创业拼凑受到企业组织诸多因素的影响,如组织学习、组织声望和组织探索导向等。有学者发现,组织学习和组织信任会影响企业内创业拼凑战略实施的有效性(Ferneley and Bell,2006),而组织声望通过影响组织获取资源的难易程度,与创业拼凑呈倒"U"形关系(Desa and Basu,2013)。除此之外,组织的探索导向也会促进拼凑活动的实施。企业的拼凑活动需要实验新的替代方案,通过重组和重新利用手头资源来应对新问题与利用新机会;而探索导向鼓励尝试新的替代方案,因此其能促进企业实施创业拼凑(Guo et al.,2016)。

(3)在环境层面,影响创业拼凑的因素主要有环境慷慨性、环境不确定性和危机情境。Desa 和 Basu(2013)认为环境慷慨性决定了企业获取标准资源的成本和难易程度,因此其与创业拼凑呈"U"形关系。他们认为,在"U"形关系的前半段,低环境慷慨性促使企业更多采用创业拼凑,但随着环境慷慨性的增加,标准资源的提供者变多,创业拼凑的使用率下降;在"U"形关系的后半段,随着环境慷慨性的不断提高,企业能够利用一些质量较高的资源进行创业拼凑来产生竞争优势,因此拼凑的使用增加。此外,有学者提出,外部环境不确定性越大代表国际创业文化强度越强,因此跨国企业市场营销经理越有可能会采取拼凑策略(Yang,2018)。而诸如能源短缺、经济衰退、政治动荡等危机情境是推动拼凑发生,进而实现简朴创新的重要影响因素(Santos et al.,2022)。

21.2.2 创业拼凑的过程机制

从过程视角探索创业拼凑与各类企业产出关系的研究主要包括两类:一类是试图打开这一过程机制"黑箱"的中介作用路径研究,另一类是不同创业拼凑类型和企业产出之间关系研究。

(1)中介作用路径研究。An 等(2018)在研究中提出,企业的拼凑活动越多,关于资源的知识积累越多,企业发现和创造的机会越多,因此有更多实施创业活动的选择,所以机会识别在创业拼凑和公司创业之间起到中介作用。也有学者证实,单元层面的双元学习能力是资源拼凑对企业单元绩效产生影响的中介作用路径(Chang et al.,2022),而产品/服务创新性是创业拼凑和企业国际化程度之间关系的中介作用路径(Kollmann et al.,2023)。此外,双元的组合维度和均衡维度（Fu et al., 2020）、产品创新（Getnet et al., 2019）等在创业拼凑与各类企业绩效之间的中介作用也均在研究中被证实。

（2）不同创业拼凑类型和企业产出之间关系研究。根据创业拼凑的范围和频率，可分为并行拼凑和选择拼凑。从效果来看，采用并行拼凑的企业短期内可能具有生存优势，但长此以往会阻碍企业成长；采用选择拼凑的企业能避免陷入自我强化循环，因此能取得较好绩效（Baker and Nelson, 2005; Senyard et al., 2014; Gras and Nason, 2015）。Shaheen 等（2023）基于多案例研究发现，随着企业越来越熟悉新的经营环境，为了实现更好的绩效目标，其能力侧重的变化是从并行拼凑转向选择拼凑。根据资源相对于企业的所属权，创业拼凑又分为内部拼凑和外部拼凑（Janssen et al., 2018），依赖内部拼凑和外部拼凑的创业企业能开拓出新的市场（Tasavori et al., 2018）。Yu 等（2019）探索了投入拼凑、市场拼凑和制度拼凑等不同类型创业拼凑与在线商店绩效之间的关系。实证分析结果表明，投入拼凑对在线商店绩效有积极影响；市场拼凑对在线商店绩效有积极影响；随着制度拼凑水平的提高，投入拼凑与在线商店绩效之间的关系显著增强。

21.2.3 创业拼凑的结果效应

关于创业拼凑与企业绩效，大部分学者认为两者之间存在积极影响，因为拼凑能提高机会识别能力，加强快速响应能力，帮助企业建立资源结构，降低企业成本，解决资源困境，从而提升企业绩效。Senyard 等（2009）表明拼凑对新兴阶段企业绩效有积极影响；Gras 和 Nason（2015）通过案例研究得出结论，即家庭成员多样性通过促进拼凑实现对资源创造性利用从而提升企业绩效，但过高的多样性会造成认知冲突和资源分散，从而降低企业绩效。此外，也有学者在研究中对绩效类型进行了细分，主要包括企业新产品绩效、财务绩效、创新绩效、成长绩效和竞争优势等。

1. 新产品绩效

现有研究普遍认为，创业拼凑对新产品开发绩效和新产品开发速度等有积极影响。例如，Wu 等（2017）认为，拼凑加速了企业新产品开发速度，但与新产品创新性之间呈倒"U"形关系，并且拼凑与新产品开发速度之间的关系受技术动荡水平的调节作用影响。Getnet 等（2019）在研究以低收入人群为目标客户的 BoP 导向企业时发现，企业拥有一定的隐藏资源，将其识别出来可以增加新产品产出。然而，一旦隐藏资源枯竭，新资源组合的数量和质量就会下降；同时，长期使用拼凑会产生路径依赖，从而失去获取新资源的机会，影响新产品产出。因此，拼凑与 BoP 导向企业新产品产出之间存在倒"U"形曲线关系。

2. 财务绩效

Stinchfield 等（2013）采用扎根理论研究了 23 位创业者，识别出拼凑、艺术、工艺、工程和经济五种类型的创业行为，并探究了它们与财务绩效之间的关系。作者在研究中指出，大企业或高利润企业普遍具有雇佣高价值员工的能力、有效生产大量或高价值商品的能力以及采用社会和经济惯例的意愿，因此，"理性"创业行为是大企业或高利润企业成长所必需的，而建构主义或"不那么理性"的行为则会抑制企业增长和财务业绩，并在此基础上进一步提出工程师类型的创业者要比艺术、工艺和拼凑创业者获取更高层次财务绩效的命题。

3. 创新绩效

创业拼凑与创新绩效间的关系尚未定论。部分研究认为，创业拼凑对创新绩效具有积极作用；也有研究显示，过度拼凑会对创新产生消极影响。Salunke 等（2013）在关于企业服务创新的研究中发现，资源拼凑对支持性创新起直接正向促进作用，同时对交互性创新起间接促进作用。Senyard 等（2014）在检验创业拼凑对新创企业创新的影响时发现，创业拼凑对产品/服务创新、流程创新和营销方式创新有促进作用，与目标市场选择创新呈倒"U"形关系。也有学者通过实证检验，证实了拼凑与创新之间存在积极关系（Chang and Huang, 2022; Lin and Yi, 2022）。Sarkar 和 Mateus（2022）以及 Santos 等（2022）均在研究中关注了拼凑对简朴创新的影响，并得出二者之间积极相关的结论。

4. 成长绩效

有学者认为，创业拼凑可以形成独特的资源优势，进而促进新创企业成长（Fu et al., 2020）。Bojica 等（2018）认为，拼凑能为社会创业组织带来成本较低的解决方案，从而扩大组织的覆盖范围，使其受益更多或改善其产品/服务，刺激组织成长。因此，具有高资源水平、高自主性及高水平拼凑的社会创业组织能实现成长。此外，Yu 等（2020）在探索新兴经济体中新创企业如何成长和适应快速环境变化这一问题时发现，创业拼凑对新创企业成长和适应能力提高有积极影响。

5. 竞争优势

实施创业拼凑的企业，通过独特和难以模仿的资源组合，形成独特的竞争优势。基于知识基础观，企业通过创业拼凑，从战略角度意识到不同类型知识的价值，产生超越对手的竞争优势，这些优势拓宽了创造性思维，鼓励企业采用更广阔的视角，利用手头的资源产生更多的问题解决方案（Wang and Li, 2022）。Steffens 等（2009）在研究中指出，具有高水平拼凑行为的新创企业能获取更多的竞争优势，拼凑行为对核心资源优势的不可模仿性具有积极影响。近期，有许多学者提出，创业拼凑不仅是应对机制，还是企业寻求优势的引擎（Wu and Liu，2022；Steffens et al.，2023）。

21.2.4 创业拼凑的情境因素

创业拼凑对绩效产生不同影响的原因与情境条件密切相关，如组织阶段、组织氛围等组织因素以及环境不确定性和环境动荡性等环境因素。

（1）组织层面的情境因素包括组织阶段、组织结构、组织氛围等方面。Senyard 等（2009）发现，创业拼凑对新创企业和成长企业具有不同影响。对于新创企业，创业拼凑可以避免花费大量时间和成本获取"标准资源"；对成长企业来说，创业拼凑仅仅是一种过渡性策略。Ruef 等（2003）的研究关注创业拼凑、企业绩效和团队结构之间的关系，结论表明，创业拼凑与新创企业绩效之间的关系会受到创始团队人数、成员之间网络联结紧密度、成员间知识和技能异质性等因素的积极调节。Senyard 等（2010）认为，组织内部稳定性对创业拼凑与企业创新关系有影响，当公司改变核心业务时，创业拼凑对新创企业绩效存在有利影响；当核心业务创新程度改变时，会削弱创业拼凑对新创企业绩效的有利影响。Talat 和 Riaz（2020）关于团队成员间的任务相互依赖性对团队拼凑和团队弹性之间关系的权变影响的研究发现，任务相互依赖性调节团队拼凑与团队弹性之间的关系，即当任务相互依赖性高时，团队拼凑与团队弹性之间的正向效应增强；当任务相互依赖性低时，两者之间的正向效应减弱。也有学者在研究中证实了创业拼凑和双元学习能力之间的积极关系受到组织吸收能力的正向调节作用影响（Chang et al.，2022）。

（2）环境层面的权变因素主要有竞争强度、政府支持力度、环境动态性和技术动荡性等。Wang 和 Li（2022）提出，知识整合和创业拼凑的积极关系受到市场竞争强度的正向调节作用影响，即竞争强度越大，知识整合对创业拼凑的积极影响越强；此外，创业拼凑和简朴创新之间的积极关系受到政府支持的调节作用影响，即政府支持力度越大，两者之间的积极关系越显著。Senyard（2015）在关于创业拼凑对新创企业绩效影响的研究中证实，环境动态性积极调节创业拼凑与新创企业绩效之间的关系，即环境动态性越强，新创企业越有可能采用创业拼凑。除此之外，技术动荡水平也能积极调节创业拼凑与新产品开发速度之间的关系（Wu et al.，2017）。

综上，创业拼凑理论为人们理解创业者和创业企业如何突破困境，并实现创新和发展这一问题做出了重要贡献。从创业拼凑理论对创业研究的贡献来看，第一，创业拼凑理论刻画了真实的创业行为，解释了在强资源约束和高不确定创业情境特征下，构成创业行为的活动和逻辑基础，为传统创业模型分析不了的创业现象提供了有力解释。第二，创业拼凑扎根于对创业实践的深入观察，将创业从以往借鉴组织、经济、战略等相关视角的研究中区分开来，更有助于创业理论体系独特性和合法性的构建，在搭建创业研究学术版图和领域属性方面发挥着重要作用（李雪灵等，2020）。

21.3 创业拼凑理论在创新驱动创业研究中的局限与未来展望

21.3.1 局限

在数字化、生态化和新型全球化的情境下，创业拼凑理论在解释创新驱动创业活动时存在以下几个方面的局限性。

1. 创业拼凑理论的前提假设

创业拼凑理论的重要前提假设是资源约束环境。在这个环境中，创业者面临的主要挑战是如何"无中生有"（Baker and Nelson, 2005; di Domenico et al., 2010）。有研究表明，在资源约束环境中，采用创业拼凑的创业者或管理人员更有可能制定出针对完全创新产品、客户或市场的创新战略（Senyard et al., 2011）。然而在多数情况下，创业拼凑往往只是资源约束情境下一种解决问题的临时替代策略（Dutta and Banerjee, 2018）。

在数字技术赋能下，各类资源使用效率和流动性大幅提升，再加上数字资源自身具有的海量性和共享性特征，不断丰富着创新创业活动可用资源的数量、质量和种类，弱化了创业主体难以获取所需资源的环境条件，降低了环境中的资源约束程度，挑战了普遍认知中创业拼凑所适用的资源约束环境。

2. 创业拼凑理论的资源属性

手头资源作为创业拼凑理论的三个核心构念之一，是实施创业拼凑行为不可或缺的基础。早期创业拼凑研究中的手头资源包括物质、技能、人力、客户、制度和社会网络等，这些手头资源除了具有廉价、免费、闲置、废弃、被认为用途单一等属性之外，也具有一些传统战略资源的不可复制、不可共享、排他等特性（Baker et al., 2003; Baker and Nelson, 2005; Baker, 2007）。有学者将手头资源的这些属性凝练为可触达性、可用性和低成本性，并认为这三个特征能够很好地回应资源边界管理中对资源范围和控制权的关注。

如今，随着数字技术的发展和普及，数字化的知识和信息等数字资源成为重要的生产要素，是数字型企业的关键资产，其意义与作用日益凸显。另外，大数据、云计算、移动互联网等新技术的涌现及应用场景的丰富，加速了海量数据的产生，也赋予数字资源低价值密度、动态性、多样性、复用性、共享性和编辑性等特点。

从属性来看，数字资源同样具有易得性、可用性、可触达性等手头资源特有的属性，同时还具备与其他传统资源截然不同的海量性、可编辑、可复制、可共享等特征。因此，在数字生态情境下，对那些依赖于数字技术进行运营管理和商业模式创新的数字型创业企业来说，创业拼凑中手头资源的核心特征受到了挑战。

3. 创业拼凑理论的行为特征

在创业拼凑研究中，"将就"被描述为拼凑者的行为特征，表明拼凑者不会一直徘徊于"手上资源是否能够产生有价值的结果"这一问题，而是偏好快速行动起来以及积极地投入手头资源来应对问题和抓住机会（Baker and Nelson，2005）。这一行为产生的结果被称为"次优解决方案"，通常其与不完整和不完美相关联，以"杂糅的、不完美的、临时的、可能看起来不是很优雅"（hybrid, imperfect, transient artifacts, which perhaps do not look very elegant）为特征，并且有许多缺陷、摩擦和不可用的组成部分。这种行为所产生的有缺陷结果的不断积累，被认为是创业拼凑消极影响的主要来源。次优方案的产生，源于与标准方案进行比较之后产生的两类差距，一是拼凑呈现的功能绩效和使用标准资源呈现的功能绩效之间的差距，二是创业拼凑产生的能力和建立的标准资源和行为特征，在一定程度上动摇了创业拼凑理论产生的合法性和应用的有效性。

21.3.2 未来展望

针对以上创业拼凑理论在解释创新驱动创业活动时所面临的挑战，结合创新驱动创业的内涵，未来可以从以下几方面开展研究。

1. 创新驱动创业下的创业拼凑情境研究

一方面，在生态化和数字技术驱动的情境下，创业研究开始从以往关注单一主体行为的研究视角，转向多主体研究视角。例如，价值共创者共同构筑商业生态系统来实现价值的持续创造和获取，以实现价值最大化等。创业企业的战略焦点不是塑造竞争优势，而是寻求匹配的生态系统而来确保其在生态系统中的地位。创业拼凑等一系列资源理论所解释或描绘的核心，仍然是单一主体的资源行为和微观组织活动的静态视角。数字化和生态化情境从某种程度上让创新驱动创业体系结构与形成过程变得更加多元、动态和复杂，生态系统各部分之间的互动不断通过资源流动和信息交换来影响生态系统的转型与发展。这使创业现象变得难以通过单一主体和静态理论观点进行理解与阐述。因此，未来的创新驱动创业研究应该面向数字化、生态化情境，丰富创业拼凑理论的研究视角与过程机理。

另一方面，创业拼凑理论也应结合不同的行业和制度情境开展未来研究。技术或产品革新较快的行业对创新需求较高（Garud and Karnøe，2003；de Klerk，2015），创业主体需要面对竞争压力和时间压力。创业拼凑行为因为具有即刻行动、灵活多变及创新性强等特点（Baker，2007；Senyard et al.，2014），所以在技术动荡性较高、竞争激烈的行业中，创业活动可能更倾向于以创业拼凑的模式展开。此外，相较于成熟经济制度，转型经济制度情境具有更强的资源约束性、更弱的市场规范性、更高的环境不确定性和更模糊的创业前景（Ravishankar and Gurca，2016）。因此，在转型经济制度情境下，创业者的即刻行动、即兴创造和手头资源利用等行为可能更容易被激发。因此，这些情境对创业者行为模式选择的影响值得进一步探究。

2. 创新驱动创业下的手头资源研究

数字资源是创新驱动创业的核心资源，它的出现打破了以往创业拼凑研究中将手头资源划分为物质、技能、人力、客户、制度和社会网络的分类方式。在未来研究中，需要将数字资源作为新型基础资源，对创业拼凑手头资源的类型进行重新划分与概念解析。

另外，手头资源的界定一直是创业拼凑研究关注和讨论的重点。众多创业拼凑学者在各自的研究中通过白描、隐喻、借代、举例等方式对手头资源进行了界定（李雪灵等，2022），但尚未达成一致。在数字化和生态化情境下，社会网络边界得到了极大的延伸和扩张，依靠科技手段获取廉价可用资源的范围也随之扩大，对手头资源界定得到了更多关注。为了推动创业拼凑理论的发展并构建创业拼凑理论在创新驱动创业新时代背景下的合法性，未来需要对包含数字资源在内的手头资源维度进行详细界定，以及开发出测量手头资源的有效工具。

以上研究，能够在创业拼凑理论的基础上，基于创新驱动创业情境拓展手头资源类型，明晰手头资源边界，完善创业拼凑理论的内涵。

3. 创新驱动创业下的手头资源管理过程机制研究

Sirmon等（2007）提出的资源管理模型刻画了通过资源构建、捆绑和利用形成竞争优势的过程。尽管创业拼凑理论为创业活动提供了更好的解释，但手头资源的管理过程仍是尚未打开的"黑箱"。当偏好利用手头资源的创业者面临一个要实现的目标时，他们总是从现有资源库开始搜索、计划或者重新考量资源库中要素的组合。即使是不再符合当前需求或组合结构的手头资源也不会被丢掉，它们会重新回到资源库中等待下一次利用（Duymedjian and Rüling，2010）。所以，手头资源的管理过程相较于传统战略资源管理过程，更注重随时随地的资源积累，并通过修补、重构、组合、改造等方式对手头资源进行创造性开发利用，而不强调资源的获取或剥离，这些都值得未来研究进行深入探索和验证。

尽管传统资源观认为具有价值性、稀缺性、不可模仿性及组织性的战略型资源是企业竞争优势的基础（Barney，1991），但创业拼凑理论关注的则是低价值性、非稀缺性、具有易于模仿性等与战略型资源具有差异化属性的创业型资源。创业型资源和战略型资源能够帮助企业解决不同发展阶段的难题，前者主要在创业初期影响企业生存和创新绩效或帮助其寻找创业方向，后者主要在企业形成竞争优势阶段发挥作用。因此未来值得进一步研究和探索：创新驱动的创业型资源和非创新驱动的创业型资源有何异同？创业型资源是否可以升级优化成战略型资源？其转化时机和机制如何？企业从依赖创业型资源向战略型资源主导过渡时期的主要策略有哪些？

参 考 文 献

李雪灵, 李玎玎, 刘京, 等. 2020. 创业拼凑还是效果逻辑?理论适用条件与未来展望[J]. 外国经济与管理, 42(1): 17-29.

李雪灵, 龙玉洁, 刘晶. 2022. 资源约束情境下创业拼凑手边资源要素识别的扎根研究[J]. 管理学报, 19(1): 56-64.

An W W, Zhao X L, Cao Z, et al. 2018. How bricolage drives corporate entrepreneurship: the roles of opportunity identification and learning orientation[J]. Journal of Product Innovation Management, 35(1): 49-65.

Baker T. 2007. Resources in play: bricolage in the toy store(y)[J]. Journal of Business Venturing, 22(5): 694-711.

Baker T, Miner A S, Eesley D T. 2003. Improvising firms: bricolage, account giving and improvisational competencies in the founding process[J]. Research Policy, 32(2): 255-276.

Baker T, Nelson R E. 2005. Creating something from nothing: resource construction through entrepreneurial bricolage[J]. Administrative Science Quarterly, 50(3): 329-366.

Banerjee P M, Campbell B A. 2009. Inventor bricolage and firm technology research and development[J]. R&D Management, 39(5): 473-487.

Barney J B. 1986. Strategic factor markets: expectations, luck, and business strategy[J]. Management Science, 32(10): 1231-1241.

Barney J B. 1991. Firm resources and sustained competitive advantage[J]. Journal of Management, 17(1): 99-120.

Bojica A M, Ruiz J J M, Ruiz N J A, et al. 2018. Bricolage and growth in social entrepreneurship organisations[J]. Entrepreneurship and Regional Development, 30: 362-389.

Boulding K E. 1956. General systems theory—the skeleton of science[J]. Management Science, 2(3): 197-208.

Chang C W, Huang H C. 2022. How global mindset drives innovation and exporting performance: the roles of relational and bricolage capabilities[J]. Journal of Business and Industrial Makerting,

37(12): 2587-2602.

Chang C Y, Chang Y Y, Tsao Y C, et al. 2022. The power of knowledge management: how top management team bricolage boosts ambidexterity and performance[J]. Journal of Knowledge Management, 26: 188-213.

Chen M, Pu X D, Zhang M R, et al. 2022. Data analytics capability and servitization: the moderated mediation role of bricolage and innovation orientation[J]. International Journal of Operations and Production Management, 42(4): 440-470.

de Klerk S. 2015. The creative industries: an entrepreneurial bricolage perspective[J]. Management Decision, 53(4): 828-842.

Desa G, Basu S. 2013. Optimization or bricolage? Overcoming resource constraints in global social entrepreneurship[J]. Strategic Entrepreneurship Journal, 7(1): 26-49.

di Domenico M, Haugh H, Tracey P. 2010. Social bricolage: theorizing social value creation in social enterprises[J]. Entrepreneurship Theory and Practice, 34(4): 681-703.

Dutta A, Banerjee S. 2018. Does microfinance impede sustainable entrepreneurial initiatives among women borrowers? Evidence from rural Bangladesh[J]. Journal of Rural Studies, 60: 70-81.

Duymedjian R, Rüling C C. 2010. Towards a foundation of bricolage in organization and management theory[J]. Organization Studies, 31(2): 133-151.

Ferneley E, Bell F. 2006. Using bricolage to integrate business and information technology innovation in SMEs[J]. Technovation, 26(2): 232-241.

Fisher G. 2012. Effectuation, causation, and bricolage: a behavioral comparison of emerging theories in entrepreneurship research[J]. Entrepreneurship Theory and Practice, 36(5): 1019-1051.

Fu H, Chen W H, Huang X, et al. 2020. Entrepreneurial bricolage, ambidexterity structure, and new venture growth: evidence from the hospitality and tourism sector[J]. International Journal of Hospitality Management, 85: 102355.

Fuglsang L, Sørensen F. 2011. The balance between bricolage and innovation: management dilemmas in sustainable public innovation[J]. Service Industries Journal, 31: 581-595.

Garud N, Prabhu G N. 2021. Linking R&D inventors' social skills and bricolage to R&D performance in resource constrained environments in emerging markets[J]. IEEE Transactions on Engineering Management, 68(3): 713-724.

Garud R, Karnøe P. 2003. Bricolage versus breakthrough: distributed and embedded agency in technology entrepreneurship[J]. Research Policy, 32(2): 277-300.

Getnet H, O'Cass A, Ahmadi H, et al. 2019. Supporting product innovativeness and customer value at the bottom of the pyramid through context-specific capabilities and social ties[J]. Industrial Marketing Management, 83: 70-80.

Gras D, Nason R S. 2015. Bric by bric: the role of the family household in sustaining a venture in impoverished Indian slums[J]. Journal of Business Venturing, 30(4): 546-563.

Guo H, Su Z F, Ahlstrom D. 2016. Business model innovation: the effects of exploratory orientation, opportunity recognition, and entrepreneurial bricolage in an emerging economy[J]. Asia Pacific

Journal of Management, 33(2): 533-549.

Hsiao R L, Liao C H, Yang C F. 2014. Less becomes more: resource reconstruction in entrepreneurial bricolage[C]. 2014 IEEE International Conference on Management of Innovation and Technology. Singapore.

Janssen F, Fayolle A, Wuilaume A. 2018. Researching bricolage in social entrepreneurship[J]. Entrepreneurship and Regional Development, 30: 450-470.

Kollmann T, Hensellek S, Jung P B, et al. 2023. How bricoleurs go international: a European cross-country study considering the moderating role of governmental entrepreneurship support programs[J]. Journal of Technology Transfer, 48(3): 1126-1159.

Kwong C C Y, Cheung C W M, Manzoor H, et al. 2019. Entrepreneurship through bricolage: a study of displaced entrepreneurs at times of war and conflict[J]. Entrepreneurship & Regional Development: an International Journal, 31: 435-455.

Levi-Strauss C. 1967. The Savage Mind[M]. Chicago: University of Chicago Press.

Lin Q Q, Yi L F. 2022. Survival of the fittest: the multiple paths of entrepreneurial leadership driving adaptive innovation in uncertain environment[J/OL]. European Journal of Innovation Management. https://doi.org/10.1108/EJIM-10-2021-0488[2023-03-24].

Phillips N, Tracey P. 2007. Opportunity recognition, entrepreneurial capabilities and bricolage: connecting institutional theory and entrepreneurship in strategic organization[J]. Strategic Organization, 5(3): 313-320.

Ravishankar M N, Gurca A. 2016. A bricolage perspective on technological innovation in emerging markets[J]. IEEE Transactions on Engineering Management, 63(1):53-66.

Ruef M, Aldrich H E, Carter N M. 2003. The structure of founding teams: homophily, strong ties, and isolation among U.S. entrepreneurs[J]. American Sociological Review, 68(2): 195-222.

Salunke S, Weerawardena J, McColl-Kennedy J R, 2013. Competing through service innovation : the role of bricolage and entrepreneurship in project-oriented firms[J]. Journal of Business Research, 66(8): 1085-1097.

Santos L L, Borini F, de Oliveira M M, et al. 2022. Bricolage as capability for frugal innovation in emerging markets in times of crisis[J]. European Journal of Innovation Management, 25(2): 413-432.

Sarkar S, Mateus S. 2022. Value creation using minimal resources-a meta-synthesis of frugal innovation[J]. Technological Forecasting and Social Change, 179: 121612.

Senyard J M. 2015. Bricolage and early stage firm performance[D]. PhD thesis, Queensland University of Technology.

Senyard J M, Baker T, Davidsson P. 2009. Entrepreneurial bricolage: towards systematic empirical testing[J]. Frontiers of Entrepreneurship Research, 29(5): 1-14.

Senyard J M, Baker T, Steffens P P. 2010. Entrepreneurial bricolage and firm performance: moderating effects of firm change and innovativeness[C]. In 2010 Annual Meeting of the

Academy of Management-Dare to Care: Passion and Compassion in Management Practice and Research. Montreal.

Senyard J M, Baker T, Steffens P P, et al. 2014. Bricolage as a path to innovativeness for resource - constrained new firms[J]. Journal of Product Innovation Management, 31(2): 211-230.

Senyard J M, Powell E, Baker T, et al. 2011. Regional disadvantage: the role of human capital bricolage to overcome resource constraints (interactive paper)[J]. Frontiers of Entrepreneurship Research, 31(5):190-191.

Shaheen I, Azadegan A, Davis D F. 2023. Resource scarcity and humanitarian social innovation: observations from hunger relief in the context of the COVID-19 pandemic[J]. Journal of Business Ethics, 182(3): 597-617.

Sirmon D G, Hitt M A, Ireland R D. 2007. Managing firm resources in dynamic environments to create value: looking inside the black box[J]. Academy of Management Review, 32: 273-292.

Steffens P R, Baker T, Davisson P, et al. 2023. When is less more? Boundary conditions of effective entrepreneurial bricolage[J]. Journal of Management, 49(4): 1277-1311.

Steffens P R, Senyard J M, Baker T, 2009. Linking resource acquisition and development processes to resource-based advantage: bricolage and the resource-based view[R]. In 6th AGSE International Entrepreneurship Research Exchange. Adelaide.

Stenholm P, Renko M. 2016. Passionate bricoleurs and new venture survival[J]. Journal of Business Venturing, 31(5): 595-611.

Stinchfield B T, Nelson R E, Wood M S. 2013. Learning from Levi-Strauss' legacy: art, craft, engineering, bricolage, and brokerage in entrepreneurship[J]. Entrepreneurship Theory and Practice, 37(4): 889-921.

Su Z F, Yang J J, Wang Q. 2022. The effects of top management team heterogeneity and shared vision on entrepreneurial bricolage in new ventures: an attention-based view[J]. IEEE Transactions on Engineering Management, 69(4): 1262-1275.

Sun Y B, Du S A, Ding Y X. 2020. The relationship between slack resources, resource bricolage, and entrepreneurial opportunity identification-based on resource opportunity perspective[J]. Sustainability, 12(3): 1199.

Talat A, Riaz Z. 2020. An integrated model of team resilience: exploring the roles of team sensemaking, team bricolage and task interdependence[J]. Personnel Review, 49(9): 2007-2033.

Tasavori M, Kwong C, Pruthi S. 2018. Resource bricolage and growth of product and market scope in social enterprises[J]. Entrepreneurship and Regional Development, 30: 336-361.

Visscher K, Heusinkveld S, O'Mahoney J. 2018. Bricolage and identity work[J]. British Journal of Management, 29(2): 356-372.

Wang C Y, Li X L. 2022. Knowledge integration and entrepreneurial firms' frugal innovation in the service industry[J]. Journal of Business and Industrial Marketing, 38(3): 429-443.

Weick K E. 1993. The collapse of sensemaking in organizations: the Mann Gulch disaster[J]. Administrative Science Quarterly, 38(4): 628-652.

Welter C, Mauer R, Wuebker R J. 2016. Bridging behavioral models and theoretical concepts: effectuation and bricolage in the opportunity creation framework[J]. Strategic Entrepreneurship Journal, 10(1): 5-20.

Witell L, Gebauer H, Jaakkola E, et al. 2017. A bricolage perspective on service innovation[J]. Journal of Business Research, 79: 290-298.

Wu L, Liu H, Zhang J Q. 2017. Bricolage effects on new-product development speed and creativity: the moderating role of technological turbulence[J]. Journal of Business Research, 70: 127-135.

Wu L A, Liu H. 2022. How bricolage influences green management in high-polluting manufacturing firms: the role of stakeholder engagement[J]. Business Strategy and the Environment, 31(7): 3616-3634.

Yang M. 2018. International entrepreneurial marketing strategies of MNCs: bricolage as practiced by marketing managers[J]. International Business Review, 27(5): 1045-1056.

Yu J, Ma Z C, Song W H. 2022. New venture top management team's shared leadership and its indirect effect on strategic performance: findings from SEM and fsQCA[J]. Leadership and Organization Development Journal, 43(3): 435-456.

Yu X Y, Li Y J, Chen D Q, et al. 2019. Entrepreneurial bricolage and online store performance in emerging economies[J]. Electronic Markets, 29(2): 167-185.

Yu X Y, Li Y J, Su Z F, et al. 2020. Entrepreneurial bricolage and its effects on new venture growth and adaptiveness in an emerging economy[J]. Asia Pacific Journal of Management, 37(4): 1141-1163.

代表性学者简介

特德·贝克（Ted Baker）

特德·贝克1999年毕业于北卡罗来纳大学教堂山分校（University of North Carolina at Chapel Hill），获博士学位，目前任教于南非开普敦大学（University of Cape Town）。在 *Administrative Science Quarterly*、*Journal of Business Venturing*、*Journal of International Business Studies* 等著名学术期刊上发表多篇论文，其中2005年发表的"Creating something from nothing: resource construction through entrepreneurial bricolage"一文是"创业拼凑"概念的开创性文章，也是创业拼凑研究领域被引用最多的论文之一。

朱利安·M. 森尼亚德（Julienne M. Senyard）

朱利安·M. 森尼亚德2015年毕业于昆士兰科技大学（Queensland University of Technology），获博士学位，目前任教于澳大利亚格里菲斯大学（Griffith

University)。曾在 *Journal of Management* 2014 年发表的 "Bricolage as a path to innovativeness for resource‐constrained new firms"（《拼凑：资源受限新企业的创新之路》）一文中，首次开发了创业拼凑的测量工具，该工具是目前使用最为广泛的创业拼凑量表。

本章执笔人：李雪灵　李玎玎

第 22 章　组织即兴理论——探索不确定环境中新创企业应变的相关理论

组织领导者常被生动地类比为管弦乐队的指挥家，他们能够引导、协调、激励乐手发挥出最佳水平。但当外部环境开始变化时，领导者难再拥有固定的指挥模式，组织的运作也随之切换为爵士乐风格。正如著名吉他乐手派特·麦席尼（Pat Metheny）所言，"爵士乐的本质就是变化、演变及即兴改编"。对于那些置身于高度动荡和不确定环境中的组织，领导者常常没有可循的"乐谱"，他们是指挥者，亦是演奏者和作曲者，他们需要以"即兴改编"去应对一系列变化和演变。在组织和管理研究中，学者将这种应变方式形象地称为"即兴发挥"（improvisation）或"即兴行为"。

如今，世界正处于百年未有之大变局，如何应对环境中的不确定性成为重要议题。尤其对于创新驱动的创业企业，创业者、创业团队和新创企业更需要管理环境中的易变性（volatility）、不确定性（uncertainty）、复杂性（complexity）和模糊性（ambiguity），用手中有限的资源奏响一段惊艳"乐章"。过往的实践与理论研究表明，那些善于即兴发挥的组织能够更好地在变化中求生，甚至实现逆势成长。例如，面对新冠疫情的冲击，盒马鲜生、西贝莜面村等企业创造性地实施"共享员工"计划，盘活赋闲劳动力，帮助企业顺利度过重大危机。

本章将从组织即兴的爵士乐隐喻出发，梳理回顾组织即兴研究的主要阶段，重点介绍各阶段的主要理论议题和代表性工作。结合组织即兴在创业领域的探索，提出当前研究存在的局限以及具有潜力的研究方向。

22.1　组织即兴理论的发展

组织即兴理论的发展经历了萌芽阶段、拓展阶段、成熟阶段这三个阶段（Ciuchta et al.，2021）。

22.1.1　萌芽阶段（1958~1997 年）：爵士乐隐喻的序章

早在 20 世纪 50 年代，组织研究者就已观察到即兴现象。但遗憾的是，即兴最初并未得到足够的理论重视，常被简单地认为是一种组织功能失调

（dysfunctional organization）的表现（March and Simon，1958），甚至是组织设计的失败（MacKenzie，1986）。

直到20世纪90年代，在韦克（Weick）、阿奇（Hatch）等一批学者的引领下，组织即兴才开始真正进入组织理论研究的视野。作为一个新兴研究领域，组织即兴研究在萌芽阶段主要依赖爵士乐隐喻。简言之，研究者从爵士乐即兴创作与演奏中总结即兴的特征、区分即兴的程度与形式、探讨即兴的运作机理，以爵士乐表演中的即兴运作生动地隐喻组织实践。Weick 和 Roberts（1993）首先将即兴行为视为一种隐喻概念化的观点，Hatch（1997）进一步发掘了爵士乐的组织特征对21世纪组织特征的隐喻意义，指出21世纪外界环境的高速变化要求组织更加具有柔性、适应性和反应灵敏性。基于爵士乐隐喻的组织即兴研究较好地阐释了组织即兴运作的必要性和可能性，为后续进一步发展组织即兴理论奠定了基础。

22.1.2 拓展阶段（1998~2014年）：艺术隐喻的突破

1998年，《组织科学》（*Organizational Science*）出版了一期探讨组织即兴问题的专刊，极大地推动了组织即兴在组织管理中的研究。代表性学者 Weick（1998）描述了爵士乐队在秩序和控制被打破情况下进行即兴演奏的过程，并就此归纳出即兴的自发性（spontaneity）、直觉性（intuition）和创新性（innovativeness）特征，提出了由低到高四种程度的组织即兴，并描述了其具体形式。Barrett（1998）分析了爵士乐即兴创作中创造性与组织即兴的关系，从中隐喻出有利于学习与创新的组织设计，具体包括包容错误、有意地破坏惯性行为模式、通过沟通进行协同等。研究者也意识到，爵士乐即兴创作并非总是成功的，组织即兴亦是如此。针对这一议题，Mirvis（1998）提出，可以通过"排练的自发性"（rehearsed spontaneity）、"焦虑的自信"（anxious confidence）、"集体个性"（collective individuality）和"有计划的意外发现"（planned serendipity）来提高组织即兴的成功率。

尽管爵士乐隐喻极大地推动了组织即兴研究的发展，但学者也发现早期研究往往过度强调爵士乐即兴创作对组织即兴的隐喻意义，而在一定程度上忽视了组织系统复杂性引致的隐喻适用性问题，并且也没有解释在组织环境下即兴运作形成与作用的内在机理。Kamoche等（2003）也表达了隐忧，基于单一爵士乐隐喻构建理论存在诸多风险。这是因为，在爵士俱乐部的即兴演奏会上，大多数听众都是音乐家同行，即兴表演者依靠听众的注意力和反应，即兴创作的程度亦取决于谁在见证即兴创作的过程，以及即兴创作者的放松程度。这与组织即兴发生的环境并不一致，因为在组织情境下不同行动者之间常常是竞争关系。

很快，戏剧作为一种新的隐喻方式逐渐受到学者关注（Vera and Crossan，2004）。由于戏剧互动是基于剧本预设，而剧本的基础是文字，其抽象水平较低，且戏剧的受众更广泛。因此，戏剧即兴创作比音乐即兴创作更容易被人们理解，与组织情境的类比也更加契合。

随着研究的深入,学者逐渐意识到,基于艺术隐喻而初步构建的组织即兴理论面临发展困境,进一步提升组织即兴理论的解释力需要更多地关注具体的组织情境。据此,学者开始明确组织即兴的概念内涵和探索在具体情境下的组织即兴问题。

与 Weick 和 Roberts (1993) 的隐喻概念化不同,Moorman 和 Miner (1998) 推进了组织即兴的概念研究,他们指出,即兴行为是新的"创作"(composition) 和"执行"(execution) 在时间上的融合。随后,Miner 等 (2001) 认为即兴是一种具有目的性、计划外、实时的行动方式;Vera 和 Crossan (2005) 对定义进一步完善,认为即兴是一种依赖直觉、用具有自发性与创造性的新方法解决客观问题的行为。学者在此基础上对组织即兴的概念进行不断丰富和完善,基本认同即兴主要包括以下特征。

(1) 即兴的核心是计划和执行在时间上的同步 (simultaneous) 或重合,强调即兴在时间维度的紧迫性。

(2) 即兴是一种积极的反应,是自发性地、创造性地打破组织惯例的过程和活动。

(3) 时间的紧迫性导致即兴发挥利用现有资源(包括组织及其成员利用可获得的物质、认知、情感和社会资源等)来开展行动以解决未知的问题。

学者在对组织即兴内涵进行深入探析的同时,也不断推进组织即兴的实证研究。团队无疑是与爵士乐最相近的组织形式,也符合组织结构最小化要求,因而研究者率先从团队视角切入,考察团队即兴行为对团队结果(或组织结果)的影响,随后将研究层次上升到组织层面,不断深化组织管理情境下的即兴研究。

本章对此阶段组织即兴的相关研究进行整合和提炼,如图 22.1 所示。在团队层面,学者重点关注创业和研发团队,发现团队行为(如团队沟通、团队整合及知识共享)会影响团队的即兴发挥 (Vera and Crossan,2005),团队属性(如团队凝聚力、团队和谐激情和团队效能感)亦是团队即兴的主要影响因素 (Zheng and Mai,2013)。此外,团队成员拥有的知识以及相互之间知识共享是构成团队认知的基础。也有少数学者意识到团队内不同成员之间可能拥有不同领域的经验、知识和技能,能够为团队在应对突发事件时提供大量稀缺的、高价值且不可替代和难以模仿的相关资源 (Zheng and Mai,2013)。

在组织层面,学者聚焦即兴行为所导致的结果,即兴发挥可能为企业带来新颖性和新知识,从而影响知识创造、创新及企业绩效等(Lyles et al.,2014;Lamberg and Pajunen,2010)。同时,即兴行为也被视为组织学习的重要前因 (Parida et al.,2013)。此外,少数学者意识到个体层面因素也是塑造即兴行为的重要因素,如 Hmieleski 和 Corbett (2008) 发现有创业经验的创业者的即兴水平高于新手创业者，但 Prashantham 和 Floyd（2012）却发现缺乏重大国际经验的决策者在新项目上会更好地促进即兴行为。

组织层面
- 组织战略
  胡望斌等（2014）
- 组织结构
  Medcof 和 Song（2013）
- 组织资源
  Hmieleski 和 Corbett（2008）
- 组织行为
  Lyles 等（2014）

团队层面
- 团队行为
  Vera 和 Crosson（2005）
- 团队属性
  Zheng 和 Mai（2013）
- 团队认知
  Zheng 和 Mai（2013）

个体层面
- 人力资本
  Hmieleski 和 Corbett（2008）
  Prashantham 和 Floyd（2012）
  Ferriani 等（2012）

- 自我效能感
  Hmieleski 和 Corbett（2008）
- 先前经验
  Hmieleski 和 Corbett（2006）
- 交互记忆系统
  Zheng 和 Mai（2013）
- 知识共享
  Smets 等（2012）

即兴行为

- 情境（制度、市场、文化）
  Prashantham 和 Floyd（2012）
  Baker 等（2003）
- 环境动荡性
  Zahra 等（2006）

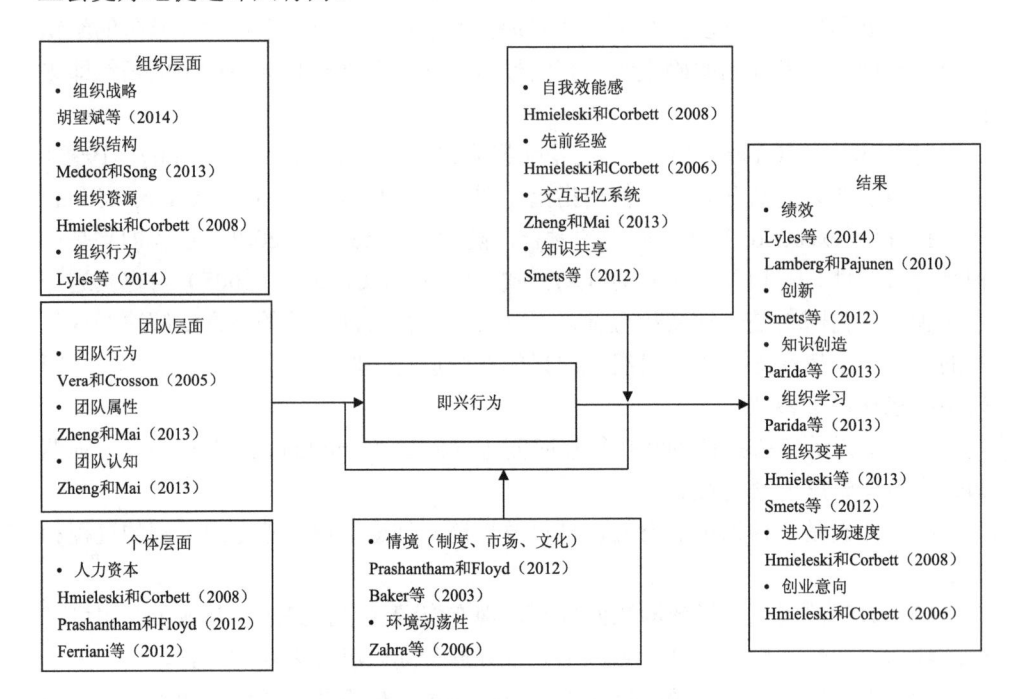

结果
- 绩效
  Lyles 等（2014）
  Lamberg 和 Pajunen（2010）
- 创新
  Smets 等（2012）
- 知识创造
  Parida 等（2013）
- 组织学习
  Parida 等（2013）
- 组织变革
  Hmieleski 等（2013）
  Smets 等（2012）
- 进入市场速度
  Hmieleski 和 Corbett（2008）
- 创业意向
  Hmieleski 和 Corbett（2006）

图 22.1　组织即兴行为研究框架

资料来源：基于 Ciuchta 等（2021）、Hadida 等（2015）及马鸿佳等（2021）综述，作者自绘

22.1.3　成熟阶段（2015 年至今）：隐喻范式的超越

随着对组织即兴研究的深入，学者逐步反思隐喻范式背后的隐忧。无论是运用最为广泛的爵士乐隐喻，还是音乐、戏剧隐喻等后来者，都以艺术团队为隐喻对象，难以弥合其与商业组织间的"鸿沟"。然而，由于组织即兴所涉及现象的复杂性，超越隐喻范式的组织即兴研究也被渐渐拓展至高风险事件（如珠穆朗玛峰探险）（Suarez and Montes，2019）、新产品开发（Vera et al.，2016）、日常工作生活（Patriotta and Gruber，2015）、创业（O'Toole et al.，2021）等具体情境中。当前组织即兴的研究在研究层次和研究内容方面不断推进隐喻的超越，且已经逐渐融合多个学科的理论和实践，包括商业和社会科学，以及医学、信息技术和工程学等（Ciuchta et al.，2021）。

在研究层次上，个体层面的即兴研究逐渐兴起，尤其关注创业者如何在高不确定环境下利用即兴帮助企业捕捉创业机会。学者检验了个体层面即兴行为对个体创业意向、创造力等方面的影响，还探讨了其对企业绩效、企业成长甚至社会制度变革的作用。面对瞬息万变的外部环境，创业者即兴发挥有助于企业把握稍纵即逝的创业机会，帮助新企业获取相关资源，进而影响新企业绩效。但由于即兴行为的结果具有不确定性，有研究指出，创业者即兴行为对新企业绩效无直接影响，其作用效果可能取决于行动者的特性及所处的环境（Hu et al.，2018）。

在研究内容上，传统观点认为组织即兴是一种偏离计划或惯例的自发行为，在新创企业中尤其常见，研究者因此呼吁重视日常的即兴。一方面，即兴能力的相关研究逐渐受到重视。Vera 等（2016）认为通过组织能力的"即兴发挥"可以增强企业的环境适应力，保障企业创新活动的持续开展。另一方面，组织即兴的"阴暗面"开始受到关注。Flach（2014）指出在组织中滥用即兴是即兴具有"阴暗面"的重要原因。Prashantham 和 Floyd（2019）的研究进一步分析了过度和草率的即兴亦会给组织带来隐患。

22.2 组织即兴理论在创业领域的应用与发展

在不确定性高且资源匮乏的环境中，组织事前精心设计的计划常常无用武之地，面对各种突发情况，即兴行为这种无事先计划的应变策略成为组织赖以生存的关键途径。然而过往研究大多集中于成熟企业的即兴行为上，事实上，对于创业企业而言，面对复杂多变的外部环境，其相比于成熟企业更加敏感，从而更加需要通过即兴行为来提高企业的快速反应能力，以应对挑战并抓住潜在机遇（Baker et al.，2003）。因此，创业领域也成为应用和发展组织即兴理论的主阵地之一。

为了更好地梳理组织即兴理论在创业领域的发展脉络，我们首先检索了创业及管理领域的 12 种重要期刊[①]，其次交叉对比代表性中文文献（马鸿佳等，2021；叶竹馨和买忆媛，2018）和英文文献中有关组织即兴的综述（Ciuchta et al.，2021；Hadida et al.，2015）的参考文献，补充初步检索中疏漏的重要文献，最后以"创业+即兴"为关键词在中文社会科学引文索引（Chinese Social Sciences Citation Index，CSSCI）数据库中进行检索，兼顾分析中国学者在创业领域的研究进展，截至 2022 年 8 月，最终获得 43 篇文献。

总体而言，创业情境下的即兴行为具有鲜明特点，表现出情境性、目的性、即时性、新颖性和资源依赖性（马鸿佳等，2021）。从研究历程看，创业领域的组织即兴研究可以划分为三个阶段。

---

① 各期刊为 *ETP*、*JBV*、*SBE*、*SEJ*、*AMJ*、*AMR*、*JOM*、*MS*、*OS*、*SMJ*、*ASQ*、*JMS*。

22.2.1 第一阶段（2001~2007 年）：初识组织即兴

Miner 等（2001）和 Baker 等（2003）在组织即兴概念进入创业领域的过程中做出了重要贡献。Miner 等（2001）敏锐地意识到，即兴行为在创业研究中将会是一个新兴且独特的理论视角。Baker 等（2003）指出创业情境下的即兴具有一定的特殊性，相较于成熟企业，创业者、创业团队及新创企业作为即兴的行为主体，面临着更为严重的资源匮乏。

在该探索阶段，学者主要对组织即兴与创业领域其他重要概念进行辨析。

1. 组织即兴与资源拼凑

组织即兴与资源拼凑密不可分。即兴是面对不确定的环境，利用现有资源将计划和执行融合的自发性过程；拼凑则是将手边资源进行重新组合以应对新机会或新问题的过程（Baker and Nelson，2005）。组织即兴与资源拼凑有相似之处：首先，二者都强调基于现有资源构建解决方案；其次，在即兴的过程中往往伴随着即时性的资源拼凑，以应对问题或抓住机会。一些学者将即兴看作拼凑的一个维度，认为即兴可以帮助创业者在资源有限的情况下打破束缚，找到最佳的解决办法（Baker and Nelson，2005）。而另一些学者则将拼凑看作即兴的一个维度，认为即兴是非计划性的，资源拼凑有助于在即兴中利用手边资源迅速采取行动，从而使创业者可以及时制订有效方案来应对突发情况（Miner et al.，2001）。

随着研究的深入，更多的研究开始关注即兴和拼凑二者之间的细微差异。事实上，当创业者采取拼凑策略时，即兴行为不一定发生，反之亦然。因此，将二者描述为彼此嵌套的包含关系是不准确的。虽然即兴与拼凑都产生于组织对不确定环境的应对行动之中，但两者产生的具体情境略有差异。即兴的产生往往是由于发生了重要的意外事件，组织需要采取快速行动进行应对；资源拼凑则是组织在资源约束的情况下，为抓住机会或解决问题而进行的资源解构和重组的行为。

2. 组织即兴与创业转型

创业转型并不局限于技术、产品或市场的变化，而是从战略层面要求企业在资源承诺的基础上，通过重新分配或重新安排业务、资源和注意力等方式进行战略的重新定位（Kirtley and O'Mahony，2020）。而即兴则不一定涉及企业战略的调整。另外，从计划与行动的同步性来看，即兴具有即时性，即兴行为在执行时往往来不及做出计划或计划与行动之间的时间间隔较短（Baker et al.，2003）。而创业转型则意味着企业的业务和资源都要进行重新安排或重新分配，未必是一次性的短期决策过程，而是在多次战略决策中实现战略要素调整的长期过程。

目前学术界对即兴行为与创业转型之间的关系尚未形成一致的见解。一些研究者认为，即兴行为要求组织具备创业转型的能力（Baker et al., 2003）。创业转型通过在企业内部形成大胆创新和变革、敢于冒险的组织文化，为组织发挥即兴能力提供良好的制度环境和组织基础；同时通过快速扫描和识别市场机会、适时调整战略行动以及有效整合和配置资源为即兴的发挥提供资源支撑。其他研究指出，创业转型离不开组织即兴。新创企业在转型中缺乏可遵循的组织惯例且资源有限，需要通过即兴行为形成竞争优势。因此，即兴与创业转型成败息息相关，即兴发挥时常能够帮助处于动荡环境中的企业迅速调整战略，把握先机。

3. 组织即兴与创新

创新是在组织内成功实施创造性想法的过程（Vera and Crossan, 2005）。作为一个创造性的过程，即兴重点关注对新方法与新情况的开发和实验。这些都与创新文献中所强调的"创新是对现有方法和实践的突破"的观点不谋而合（van de Ven and Polley, 1992）。因此，部分研究者将创新的概念融入对组织即兴的解释中（Miner et al., 2001；Vera and Crossan, 2005）。

然而，即兴并不一定会带来创新的结果。一方面，虽然即兴强调对现状的突破和新方案的开发，但并非在所有情况下即兴发挥都会带来创新性的产出（Baker et al., 2003）。事实上，即兴具有不同的创新程度，一些即兴产出只涉及对组织先前惯例较少程度的偏离（Vera and Crossan, 2005）。此外，创新有时也不需要即兴的发挥，而是周密计划的产物（Miner et al., 2001）。

22.2.2 第二阶段（2008~2017年）：探索组织即兴的"阳光面"

即兴发挥是复杂多变环境下企业应对快速变化和获取意外机会的有效途径（Hmieleski and Corbett, 2008）。因此，即兴引入创业研究领域后，受到了学者的广泛关注。在这一阶段，研究聚焦探索组织即兴的作用效果。

组织即兴对组织绩效的影响是最受关注的议题之一。虽然即兴行为在本质上没有好坏之分，但是即兴能提高组织灵活性、学习能力以及富有创造性的新产品的出现概率，进而影响组织绩效。例如，Bergh 和 Lim（2008）认为组织即兴是一种即时的、短期的学习形式，管理者可以利用丰富的组织记忆（organizational memory）与隐性知识（tacit knowledge）将相关经验应用于即兴决策中，从而做出更高质量的即兴创作，获得更高的组织绩效。此外，大多数新创企业面临着资源匮乏、时间压力增加、缺乏可参考的惯例和经验等问题，即兴可以帮助企业进行自发的资源、知识和过程的实时重组，带来创造性的问题解决方案（Mahmood and Bakar, 2016）。

即兴对组织创新的影响亦备受关注。创造性和即时性是即兴概念的核心要素，即兴的创造性意味着即兴可以为组织带来创新性的结果，虽然这种创造性不强调结果的好坏，但能为组织创造新方法、新思想、新知识提供条件（Valaei et al.，2017）。即时性则有利于组织在面临突发事件时快速响应，运用组织成员的创造力和经验应对挑战或发现机会，促进创新绩效的提升（Hmieleski and Corbett, 2008）。特别地，在新产品开发方面，组织即兴会影响新产品开发的产品产出和过程产出，从而有效推动新产品的开发和满足市场需求，加速产品创新（Magni et al., 2013）。

22.2.3　第三阶段（2018年至今）：揭示组织即兴的复杂性

在创业情境下，新创企业时常面临着环境动荡、资源短缺、不确定性高的挑战。即兴是新创企业应对变化的有效行为策略，新创企业如果不能及时采取即兴行为，将极有可能错失良机，但如果过度或者错误地采取即兴行为则可能造成资源浪费，陷入更大的组织危机（马鸿佳等，2021）。因此，近期的研究开始探讨即兴的复杂性以及如何降低即兴的失败率。研究表明，组织即兴"过犹不及"，即兴行为对组织的影响存在曲线效应；此外，即兴的影响也取决于即兴类型、行动者特质和外部环境等边界条件。

首先，研究发现即兴对组织的影响并非简单的线性关系。例如，O'Toole等（2021）的研究发现，当新创企业在应对意外事件时，试图将即兴发挥与惯例或计划相结合的行为模式会对组织的协调能力产生不利影响，从而带来较差的组织表现；而在高度计划或高度即兴的行为模式下，新创企业往往可以集中资源和注意力在优先事项上，从而提高组织行动的有效性。该研究提供了一个新视角：事先计划与即兴相结合的行为模式并不一定是新创企业应对意外事件的有效途径，在一些情况下，单纯的即兴创作或预先计划比二者混合的行为模式更加有效。

其次，新创企业即兴行为的作用还取决于一系列边界条件，其中，即兴行为的类型是关键因素。新创企业的即兴行为可以分为探索式即兴和开发式即兴（熊立等，2021）。探索式即兴强调对未知领域的深入挖掘，它可以拓宽企业即兴发挥时手边资源的广度；开发式即兴则强调对企业既有业务的巩固与拓展，它能够增强组织资源的深度。企业绩效的提升需要两类即兴的均衡协调，过度的探索式或开发式即兴反而会使企业陷入投机取巧或故步自封的陷阱之中（熊立等，2019）。因此，创业者不仅应学会即兴，更应重点关注即兴行为的类型，权变地利用即兴去适应创业情境需要，培养平衡运用上述两类即兴的能力。

除了即兴的类型，现有研究还广泛探讨了个体特质和组织因素的调节效应。在个体特质方面，学者重点检验了行动者的自我效能感（Hmieleski and Corbett, 2008）、情绪（Valaei et al., 2017）、经验（Parida et al., 2013）等因素。其中，Hmieleski和Corbett（2008）发现，自我效能感有助于增强创业者即兴发挥时的信心，从而有利于即兴表现；而过高的自我效能感可能会通过驱使行为者在即兴发挥时追求更高的工作挑战而增加心理压力和职业倦怠，从而降低工作满意度。

在组织层面，新创企业所拥有的资源水平是重要的边界条件。Fultz 和 Hmieleski（2021）发现，当新创企业面临的资源约束越大时，组织即兴越能帮助企业寻找到预料之外的机会（unexpected opportunity）。

22.3 组织即兴理论在创新驱动创业研究中的局限与未来展望

22.3.1 局限

围绕组织即兴的研究已经取得了一系列重要成果，但伴随着新一轮科技革命和产业变革的加速演进，越来越多的组织和企业呈现创新驱动创业的新范式，创业活动呈现跨层面、多主体和相互交织三大特征（蔡莉等，2021），这对组织即兴理论提出了新的挑战。

从即兴行为的性质看，过往组织即兴研究普遍认为，即兴是非常态化的，是一种低频的"被动反应"。这种观点构建于外部环境相对稳定的假设之上，认为能够打破组织既定计划、引发即兴的剧烈变化并不常见（Zheng and Mai，2013）。然而，随着数字技术的广泛应用，环境变得高度不确定和不可预测；同时，在新型全球化背景下，组织也面临着更为多样化和复杂化的制度约束（蔡莉等，2022）。在此背景下，对于创新驱动的创业实践，组织的"剧本"更加难以预设，偏离计划的即兴已经成为一种高频甚至是常态化的行为。近期研究也指出，不应将即兴矮化为一种组织的被动反应，即兴不仅是一种能力，还可以是组织的一种战略（Young et al.，2017）。因此，过往将组织即兴理解为一种低频"被动反应"的认知正在受到挑战，这种认知也会在一定程度上阻碍研究者了解当下组织即兴所展现的新特征，更不利于组织"未雨绸缪"，为随时可能到来的即兴提供资源基础。

从即兴的实施主体看，在过往爵士乐隐喻下，研究者主要关注单个行动者。但遗憾的是，这一研究取向导致即兴过程中行动主体的社会身份被消解，也未能展现即兴行为在更大生态系统下的过程和后效。蔡莉等（2022）指出，当下的个体、团队和组织都深深嵌入于生态系统之中，创新驱动创业的实践是一个多主体互动的过程，即兴行为也不可避免地受到主体社会身份以及主体所处生态系统的影响。以个体层面的即兴行为为例，个体的组织身份会影响即兴行为的合法性。较高管理层级者的即兴行为或许更具合法性，因为组织管理活动通常难以预设，"随机应变"被认为是管理者应该具备的能力；而基层员工的即兴行为则难以得到认可，因为基层员工常被要求按照计划或既定的脚本和程序（routine）执行工作。除了组织内成员间的差异，置身于更大社会结构中的组织也不是孤立的个体，研究组织层面的即兴行为也需考虑该组织在生态中所扮演的角色，以及这种社会身份对其即兴行为的约束或赋能。综上，过往围绕单个行动者的即兴研究忽视了行动主体所嵌入的生态网络，随着各个主体间联系的进一步紧密，即兴不再是孤立行为，如今的即兴过程涉及多个行动主体间跨层面的互动。

从即兴与计划的关系看，过往研究倾向于将"即兴"和"计划"对立，认为即兴是一种偏离预设计划的行为，或认为即兴就是同时开展行动和计划。但创新驱动创业的理论视野指出，创业过程中的即兴与计划往往相互交织。一方面，创业过程中即兴的发生会受到计划的影响。Frese 和 Gielnik（2014）指出，如果没有计划，创业者将不会采取行动，更遑论行动过程中涌现的即兴行为。更为重要的是，组织做出何种即兴行为也会受到先前计划的影响。例如，对突发情况制定的紧急预案可能会成为一种组织记忆，即兴行为便会受到这类记忆的影响（Parida et al.，2013）。另一方面，即兴也会重塑和优化组织计划。面对当今世界百年未有之大变局，虽然组织计划的有效性受到了极大挑战，但这并不意味着要摒弃计划。组织通过即兴行为把握涌现的机会、建立新的竞争优势，都将成为组织动态调整组织计划的新基础。基于此，过往将即兴和计划对立的认识已不再适用。对于创新驱动的创业实践而言，即兴和计划不应该"左右互搏"，更可能是应对不确定性的"一体两面"，这要求研究者以更为动态的角度进一步探究即兴和计划的深层关联。

综上，借助创新驱动创业的理论视角，本章重新审视过往即兴行为研究文献。有别于既有理解，创新驱动创业视野下的即兴是一种高频行为，是一个多主体互动的过程，并且与组织计划呈现出相互交织的关系。

22.3.2 未来展望

在数字化、生态化和新型全球化背景下，即兴行为的传统观点受到了冲击，本章建议从以下三方面拓展对当下创业者与创业企业即兴行为的研究。

第一，不同"触发"条件下的即兴行为及其过程。技术创新、制度创新、商业模式创新等触发了创新驱动创业的实践（蔡莉等，2021）。即兴行为作为一种有效应变策略，有助于创业者和创业企业把握由触发条件引发的机会，实现价值创造，但过往即兴研究对外部"触发"条件的关注还十分有限。既有文献虽然已探讨种类多样的外部变化冲击，包括极端事件（如地震、火山爆发、经济大衰退等）和企业经营中的"日常"事件（如计划外的客户诉求、设备故障、投诉事件等），但还未系统对比分析不同变化冲击下的即兴行为。例如，由技术创新触发的即兴与由制度创新触发的即兴有何差异。鉴于即兴在高度不确定性的环境中已成为一种高频行为，笔者建议从触发点的类型出发，对即兴行为进行更为深入的探究。例如，Ciuchta 等（2021）指出，外部变化（触发条件）可以被视为阻碍企业的问题，也可以理解为潜在的发展机会。面对不同触发点，个体、团队和组织对变化认知理解的内在机制是什么？类似地，研究还可以进一步考察不同触发条件引发的即兴行为的形式、过程和后效有哪些异同。

第二，生态系统视角下即兴行为的互动机制。正如前文所言，即兴行为不再是一种孤立行为，数字技术的应用正在逐渐融通个体之间、团队之间、组织之间的边界，未来的个人、团队和组织都将进入由数字技术编织的生态系统中（蔡莉等，2022）。即兴过程涉及多主体、跨层面的互动，因而也需要在更大的生态视野下对其进行理解。Mannucci等（2021）的研究揭示了这一趋势。该研究关注个体层面的即兴行为，研究者发现，真正富有创造性的优秀"即兴者"通常是那些擅长与其他个体合作的人，因为来自社会网络中的支持和信任能够为其即兴行为提供相对安全的环境。Mannucci等（2021）的研究工作具有启示性，生态系统视角下的即兴行为还有诸多亟待探索的理论问题。例如，单个行动者的即兴行为如何影响生态系统下的其他主体？身为旁观者的成员对他人的即兴行为如何认知与应对？生态系统中的集体即兴如何创造更大的机会集？生态系统中的平台主需要扮演何种角色？如何才能搭建平台成员从容即兴的"舞台"？

第三，不同文化情境下的即兴行为。即兴行为的效果取决于一系列边界条件，除了个体、团队和组织层面的因素，组织还不可避免地受到社会/国家文化的影响。但遗憾的是，当前研究者对国家层面文化因素的关注还非常有限。霍夫斯泰德的文化维度理论提出了衡量不同国家文化差异的六个维度：权力距离、不确定性规避、个人主义/集体主义、男性化/女性化、长期导向/短期导向、放纵/约束（Hofstede，1980）。仅以即兴行为的合法性为例，人们对即兴行为的认知可能会受到不确定性规避的塑造。不确定性规避反映的是不同文化对不可预测性或不确定性的容忍度。在高不确定性规避的文化中（如德国），人们抵触变化，希望能够通过严密的计划来控制不确定性。因此，偏离计划的即兴行为在这类文化中是需要被极力规避的。而在低不确定性规避的文化中（如新加坡），人们习惯于变化，并不渴求对未来的计划和控制，即兴行为的接受程度也更高。由此可见，全面理解即兴行为需要考察组织所处的文化环境，跨文化研究将有助于研究者考察文化因素如何影响即兴行为的发生，以及文化因素如何作为边界调节影响即兴行为的效果。

参 考 文 献

蔡莉, 高欣, 王永正, 等. 2022. 数字经济下创新驱动创业的研究范式[J]. 吉林大学社会科学学报, 62(4): 5-20, 233.

蔡莉, 张玉利, 蔡义茹, 等. 2021. 创新驱动创业：新时期创新创业研究的核心学术构念[J]. 南开管理评论, 24(4): 217-226.

胡望斌, 张玉利, 杨俊. 2014. 同质性还是异质性：创业导向对技术创业团队与新企业绩效关系的调节作用研究[J]. 管理世界, (6): 92-109, 187-188.

马鸿佳, 吴娟, 郭海, 等. 2021. 创业领域即兴行为研究：前因、结果及边界条件[J]. 管理世界,

37(5): 15, 211-229.

熊立, 贾建锋, 朱建斌, 等. 2021. 何以触发即兴？基于创业者行为的社会学调查研究[J]. 南开管理评论. https://kns.cnki.net/kcms/detail/12.1288.F.20210909.1435.008.html[2023-03-24].

熊立, 杨勇, 贾建锋. 2019. "能做"和"想做": 基于内驱力的双元创业即兴对双创绩效影响研究[J]. 管理世界, 35(12): 137-151.

叶竹馨, 买忆媛. 2018. 探索式即兴与开发式即兴: 双元性视角的创业企业即兴行为研究[J]. 南开管理评论, 21(4): 15-25.

Baker T, Miner A S, Eesley D T. 2003. Improvising firms: bricolage, account giving and improvisational competencies in the founding process[J]. Research Policy, 32(2): 255-276.

Baker T, Nelson R E. 2005. Creating something from nothing: resource construction through entrepreneurial bricolage[J]. Administrative Science Quarterly, 50(3): 329-366.

Barrett F J. 1998. Coda—creativity and improvisation in jazz and organizations: implications for organizational learning[J]. Organization Science, 9: 605-622.

Bergh D D, Lim E N K. 2008. Learning how to restructure: absorptive capacity and improvisational views of restructuring actions and performance[J]. Strategic Management Journal, 29(6): 593-616.

Ciuchta M P, O'Toole J, Miner A S. 2021. The organizational improvisation landscape: taking stock and looking forward[J]. Journal of Management, 47(1): 288-316.

Ferriani S, Garnsey E, Lorenzoni G. 2012. Continuity and change in a spin-off venture: the process of reimprinting[J]. Industrial and Corporate Change, 21(4): 1011-1048.

Flach L. 2014. Use or abuse of improvisation in organizations?[J]. Creativity and Innovation Management, 23(4): 374-385.

Frese M, Gielnik M M. 2014. The psychology of entrepreneurship[J]. Annual Review of Organizational Psychology and Organizational Behavior, 1: 413-438.

Fultz A E F, Hmieleski K M. 2021. The art of discovering and exploiting unexpected opportunities: the roles of organizational improvisation and serendipity in new venture performance[J]. Journal of Business Venturing, 36(4): 106121.

Hadida A L, Tarvainen W, Rose J. 2015. Organizational improvisation: a consolidating review and framework[J]. International Journal of Management Reviews, 17(4): 437-459.

Hatch M J. 1997. Jazzing up the theory of organizational improvisation[J]. Advances in Strategic Management, 14: 181-191.

Hmieleski K M, Corbett A C. 2006. Proclivity for improvisation as a predictor of entrepreneurial intentions[J]. Journal of Small Business Management, 44(1): 45-63.

Hmieleski K M, Corbett A C. 2008. The contrasting interaction effects of improvisational behavior with entrepreneurial self-efficacy on new venture performance and entrepreneur work satisfaction[J]. Journal of Business Venturing, 23(4): 482-496.

Hmieleski K M, Corbett A C, Baron R A. 2013. Entrepreneurs' improvisational behavior and firm performance: a study of dispositional and environmental moderators[J]. Strategic

Entrepreneurship Journal, 7(2): 138-150.

Hofstede G. 1980. Culture's Consequences: International Differences in Work-Related Values[M]. London: SAGE Publications.

Hu L Y, Gu J B, Wu J L, et al. 2018. Regulatory focus, environmental turbulence, and entrepreneur improvisation[J]. International Entrepreneurship and Management Journal, 14(1): 129-148.

Kamoche K, Cunha M P E, da Cunha J V. 2003. Towards a theory of organizational improvisation: looking beyond the jazz metaphor[J]. Journal of Management Studies, 40(8): 2023-2051.

Kirtley J, O'Mahony S. 2020. What is a pivot? Explaining when and how entrepreneurial firms decide to make strategic change and pivot[J]. Strategic Management Journal, 44(1): 197-230.

Lamberg J, Pajunen K. 2010. Agency, institutional change, and continuity: the case of the Finnish Civil War[J]. Journal of Management Studies, 47(5): 814-836.

Liu Y, Lv D W, Ying Y, et al. 2018. Improvisation for innovation: the contingent role of resource and structural factors in explaining innovation capability[J]. Technovation, 74/75: 32-41.

Lyles M, Li D, Yan H. 2014. Chinese outward foreign direct investment performance: the role of learning[J]. Management and Organization Review, 10(3): 411-437.

MacKenzie K D. 1986. Virtual positions and power[J]. Management Science, 32(5): 622-642.

Magni M, Maruping L M, Hoegl M, et al. 2013. Managing the unexpected across space: improvisation, dispersion, and performance in NPD teams[J]. Journal of Product Innovation Management, 30(5): 1009-1026.

Mahmood R, Bakar H A. 2016. Examining strategic improvisation and performance relationship in the SMES: moderating role of entrepreneurial self-efficacy[J]. International Business Management, 10(13): 2535-2540.

Mannucci P V, Orazi D C, de Valck K. 2021. Developing improvisation skills: the influence of individual orientations[J]. Administrative Science Quarterly, 66(3): 612-658.

March J, Simon H. 1958. Organizations[M]. New York: Wiley.

Medcof J W, Song L J. 2013. Exploration, exploitation and human resource management practices in cooperative and entrepreneurial HR configurations[J]. International Journal of Human Resource Management, 24(15): 2911-2926.

Miner A S, Bassof P, Moorman C. 2001. Organizational improvisation and learning: a field study[J]. Administrative Science Quarterly, 46(2): 304-337.

Mirvis P H. 1998. Variations on a theme: practice improvisation[J]. Organization Science, 9(5): 586-592.

Moorman C, Miner A S. 1998. Organizational improvisation and organizational memory[J]. Academy of Management Review, 23(4): 698-723.

O'Toole J, Gong Y, Baker T, et al. 2021. Startup responses to unexpected events: the impact of the relative presence of improvisation[J]. Organization Studies, 42(11): 1741-1765.

Parida V, Wincent J, Kohtamäki M. 2013. Offshoring and improvisational learning: empirical insights into developing global R&D capabilities[J]. Industry and Innovation, 20(6): 544-562.

Patriotta G, Gruber D A. 2015. Newsmaking and sensemaking: navigating temporal transitions between planned and unexpected events[J]. Organization Science, 26(6): 1574-1592.

Prashantham S, Floyd S W. 2012. Routine microprocesses and capability learning in international new ventures[J]. Journal of International Business Studies, 43(6): 544-562.

Prashantham S, Floyd S W. 2019. Navigating liminality in new venture internationalization[J]. Journal of Business Venturing, 34(3): 513-527.

Smets M, Morris T, Greenwood R. 2012. From practice to field: a multilevel model of practice-driven institutional change[J]. Academy of Management Journal, 55(4): 877-904.

Suarez F F, Montes J S. 2019. An integrative perspective of organizational responses: routines, heuristics, and improvisations in a mount Everest expedition[J]. Organization Science, 30(3): 573-599.

Valaei N, Rezaei S, Ismail W K W. 2017. Examining learning strategies, creativity, and innovation at SMEs using fuzzy set qualitative comparative analysis and PLS path modeling[J]. Journal of Business Research, 70: 224-233.

van de Ven A H, Polley D. 1992. Learning while innovating[J]. Organization Science, 3(1): 92-116.

Vera D, Crossan M. 2004. Theatrical improvisation: lessons for organizations[J]. Organization Studies, 25(5): 727-749.

Vera D, Crossan M. 2005. Improvisation and innovative performance in teams[J]. Organization Science, 16(3): 203-224.

Vera D, Nemanich L, Vélez-Castrillón S, et al. 2016. Knowledge-based and contextual factors associated with R&D teams' improvisation capability[J]. Journal of Management, 42(7): 1874-1903.

Weick K E. 1998. Introductory essay: improvisation as a mindset for organizational analysis[J]. Organization Science, 9(5): 543-555.

Weick K E, Roberts K H. 1993. Collective mind in organizations: heedful interrelating on flight decks[J]. Administrative Science Quarterly, 38(3): 357-381.

Young S, Kumar S, Jeffrey C. 2017. Beyond improvisation? The rise and rise of youth entrepreneurs in North India[J]. Transactions of the Institute of British Geographers, 42(1): 98-109.

Zahra S A, Sapienza H J, Davidsson P. 2006. Entrepreneurship and dynamic capabilities: a review, model and research agenda[J]. Journal of Management Studies, 43(4): 917-955.

Zheng Y F, Mai Y Y. 2013. A contextualized transactive memory system view on how founding teams respond to surprises: evidence from China[J]. Strategic Entrepreneurship Journal, 7(3): 197-213.

代表性学者简介

卡尔·E. 维克（Karl E. Weick）

卡尔·E. 维克教授在俄亥俄州立大学获得哲学博士学位，现任密歇根大学心理学教授，被评为伦西斯·利克特杰出教授。维克教授的研究兴趣包括即兴行为，以及通过意义创造和正念行动管理不确定性，他曾担任 *Administrative Science Quarterly* 主编和 *Organizational Behavior and Human Performance*（《组织形为学与人类绩效》）副主编。

安妮·S. 米内尔（Anne S. Miner）

安妮·S. 米内尔在斯坦福大学获得商学博士学位，是福特汽车公司管理和人力资源特聘教授，也是威斯康星大学麦迪逊分校科技创业研究项目（Integrated Startup Toolkit for Innovation and Entrepreneurship，INSITE）的执行主任。米内尔教授的研究重点是组织学习和创业，在 *Administrative Science Quarterly*、*Academy of Management Review* 等著名学术期刊上发表多篇论文。

基思·M. 米耶列斯基（Keith M. Hmieleski）

基思·M. 米耶列斯基在伦斯勒理工学院获得管理学博士学位，是得克萨斯克里斯汀大学的创业学副教授，在 *Academy of Management Journal*、*Journal of Business Venturing* 等著名学术期刊上发表多篇论文。

本章执笔人：王　斌　马晓书　张　岳　于晓宇

第三篇 枝 理 论

第 23 章 演化理论——透视创新驱动创业过程的核心理论

演化理论关注组织产生、成长、成熟或走向衰亡的动态过程，强调环境因素的能动性：组织在绝大多数情况下需要被动接受环境选择，只有那些变异、保留了适宜环境的结构与特性的组织，才能够在竞争中获得生存资源，从而被环境所选择。演化理论经过多个实证研究的检验，极具普适性与简洁性，对于创业实践而言具有极高的指导意义。然而，这一理论视角在数据、信息、知识、人力等资源高度流通、创业生态系统支持作用显著增强、新型全球化背景给创业环境带来高度不确定性的创新驱动创业情境下面临着许多全新挑战。

与传统创业相比，创新驱动创业企业在资源需求、成长轨迹、环境交互上均体现出较大差异，具体表现在以下方面：首先，创新驱动创业企业在初创期通常需要较高的资源投入但表现出较低的绩效产出，呈现出"高投入，慢成长"的初期成长模式（Aulet and Murray，2013）；其次，创新驱动创业主体通常依存于既有组织所搭建的生态平台或生态系统（Spigel and Harrison，2018），如小米的生态链催生了一大批创新型企业，创新驱动创业实践与环境高度交互、高度共生。因此，在创新驱动创业情境下，通过演化的思想能够更好地理解与演绎创业组织的新特征，创业组织的产生、成长与成熟，创业组织与环境的交互动态。

本章通过回顾演化理论的发展脉络与其在创业领域中的运用，结合创新驱动创业新情境的实践发展与理论探索，希望进一步地充实演化理论，并为创新驱动创业提供实践指导。

23.1 演化理论的发展

演化理论的发展经历了三个阶段：演化理论的起源阶段、演化理论的成长——经济演化阶段、演化理论的成熟——组织演化阶段。

23.1.1 演化理论的起源阶段

演化理论的思想最早可追溯到 Lamarck（1809）的著作 *Philosophie Zoologique*。Lamarck 认为生物体的进化遵从"用进废退"的原则，即生物体会根据生存环境的需求，主动地保留并逐渐演化出生存所需要的生物性状，而那些不被需要的生物性状会渐渐消失。在此之后，Spencer（1851）出版的 Social Statics 指出，生物进化主要是由于生物个体在后天所获得的特性及其遗传决定了生物的进化，而非"自然选择"的客观作用。Spencer 之后，达尔文在 On the Origins of Species（《物种起源》）中提出，"每一个物种的出现，不是因为最初是被独立创造而来，而是通过复制于遗传而来，如同其他生物的变种一样"（Darwin，1859）。达尔文扬弃了 Spencer 的生物"适者生存"进化的思想，并指出是自然选择造成了生物的变异，而非生物主动地适应自然环境，形成生物性状的进化。同时，达尔文提出了生物进化的过程，即变异、选择、转移、生存竞争。

自此，演化理论的核心思想已经基本呈现出来。演化理论关注环境对于生物或社会个体或群体的影响作用过程。个体在变异、转移、竞争的过程中，能够主动适应或者被动接受环境选择的过程，从而得以生存或趋于灭亡，这一过程，即生物进化或人类社会的发展过程。

23.1.2 演化理论的成长——经济演化阶段

在经济学视角中，演化思想滥觞于古典经济学派的重要研究主题——经济增长的研究。对于这一问题，在经济学领域中，主要由以下几位经济学家进行了发展：Veblen，Schumpeter，Alchian，Nelson 与 Winter。

Veblen 在 1898 年首先将演化思想引入经济学研究，提出"累积性因果"（cumulative causation）的概念。他认为经济系统的演化具有"极高的不确定性"和"强烈的历史积累"，演化没有"目的性"，任何结果都是循着以往的原因次序展开的；人的行为是由其积累的以往的经历和所处的文化、宗教等多种因素决定的，而当前的行为又会影响其下一步行为（Veblen，1898）。

Schumpeter 对于经济演化理论的贡献，始于其对于创新这一经济功能的提出。在 The Theory of Economic Development: An Inquiry into Profits, Capital, Credit, Interest, and the Business Cycle（《经济发展理论：对于利润、资本、信贷、利息和经济周期的考察》）中，Schumpeter（1934）极力强调"演化"的观点，他认为经济中的均衡状态是罕见的，更多的是处在一个不均衡的状态，因为企业家的创新能够经常打破均衡，实现经济发展。Schumpeter 的演化思想致力于解释创新如何使得经济获得向前发展的动力。他认为，社会中的惰性，如社会信仰、惯例等是阻碍经济发展的主要因素，而只有那些敢于打破常规的奋斗者，才最终能够使得经济向前发展。

Alchian 的演化思想始于其对于企业"利润最大化"行为这一经济假设的质疑。他提出企业没有足够的理性与信息能够事先做出利润最大化决策，而是根据对于先前成功决策的模仿或是一些机会主义行为来进行经济决策，而经济系统则作为一个外界的强制力量去选择适宜的企业决策。因而，企业对未来的预见由于可观测到的"成功的"企业行为而变得有规律可循，即可以通过成功的模仿和惯例的遵循来解释，而创新可以是源于有意识的企业行为，但也可以源于企业在适应环境时的模仿、复制或试错（Alchian，1950）。

Nelson 与 Winter 同样认为企业无法拥有足够的先见之明做出利润最大化的决策，企业家是"有限理性"的。Nelson 和 Winter（1982）在 *An Evolutionary Theory of Economic Change*（《经济变迁的演化理论》）中，指出企业能够主动搜寻信息，企业的任何决策，无论是生产决策还是创新决策，都是"历史依赖的"。他们采用"惯例"（routine）这一概念替代新古典经济学中的最大化行为，惯例起着类似于基因在生物进化理论中的作用。他们的演化思想综合了拉马克范式和达尔文范式的进化，即企业能够主动性地去搜寻信息支持决策，但同时也要接受环境的选择。

23.1.3 演化理论的成熟——组织演化阶段

演化理论最终在组织理论的研究脉络中发展成熟。组织理论中演化思想的运用，主要源自组织理论中探讨的"组织与环境的关系"这一问题。针对这一问题，有两种不同的解释视角。

一种视角是适应性视角（adaptive perspective）。在这一视角下，组织中的决策者能够"扫描"环境中存在的机会与威胁，从而制定相应的战略、调整组织结构以适应环境。在这种视角下，组织中的决策者通过对环境的扫描、先前知识或经验及学习做出决策，从而适应环境的要求，并利用环境中的机会。例如，权变理论学者认为企业中的管理者能够通过对环境信息的获取，制定有效的对策来应对环境中的不确定性（Fiedler，1964）。

但是组织是否有足够的灵活性来适应环境仍有待探讨。在适应性视角中，Selznick（1996）通过对田纳西河流域管理局（Tennessee Valley Authority）与列宁主义组织方法（Leninist organizational methods）的研究指出，管理者能够主动地适应环境，从而使组织获取某些特征与能力，而这会极大地提高组织应对环境的能力。这里，组织中的有效惯例、政策被制度化形成组织活动的准则，已经显现出组织惰性（inertia）的端倪。之后，Hannan 和 Freeman（1977）指出，虽然组织中的管理者可以在一定程度上适应环境，但是由于组织"结构惰性"（structural inertia）的存在，组织能够灵活适应环境的观点就"不再恰当"。自此，引出了组织与环境关系的另一种视角，即选择视角（selective perspective）。

选择视角认为环境会选择与其相适应的组织特征。自然选择模型有三个阶段：第一阶段是变异，在这一阶段中，组织因结构惰性遗传之前的组织特征，或通过学习过程对环境做出相应组织结构变异；第二阶段是选择，在这一阶段中，环境会选择与其相适应的组织特征，从而选择某些种群，而使得其他种群趋于灭亡；第三阶段是保留，在这一过程中，那些被环境选择的组织变异被组织保留与复制（Aldrich and Pfeffer，1976）。在上述三个阶段模型提出后，Aldrich 于 1979 年将自然选择模型中隐含的竞争机制加入模型中，自此，形成了组织演化的四机制"变异、选择、保留、竞争"。需要注意的是，上述机制并不是线性演进的，而是呈现出非线性的复杂动态过程（Aldrich，1979）。

竞争机制在组织演化中扮演着重要角色，因为环境对于组织的选择主要是通过竞争来实现的。各种组织需要通过竞争获取资源，进而生存。具有与环境相适特征与能力的组织在竞争中更具有优势，从而在竞争中倾向于获取更多资源从而生存，而那些没有这些特征的组织则在竞争中处于劣势并趋于灭亡，从而完成环境选择进程（Hannan and Freeman，1977）。对于组织竞争理论，Hannan 和 Freeman（1987）继续对其进行了研究，发现种群内的生存竞争是密度依赖（density dependence）的，并使用 1836~1985 年美国工会数量数据对其进行了研究，提出了种群内组织演化的"S"形曲线，如图 23.1 所示。他们认为，前期种群内组织数量的缓慢增长是由于缺少合法性，组织难以获得组织生存所需要的相应资源，因此导致高死亡率；而后期种群内组织数量的停滞，则是由于竞争机制与环境承载力的影响：种群内资源在一定时期内近乎恒定，因此种群内部组织间对于资源的竞争导致种群内部组织数量趋于不变。

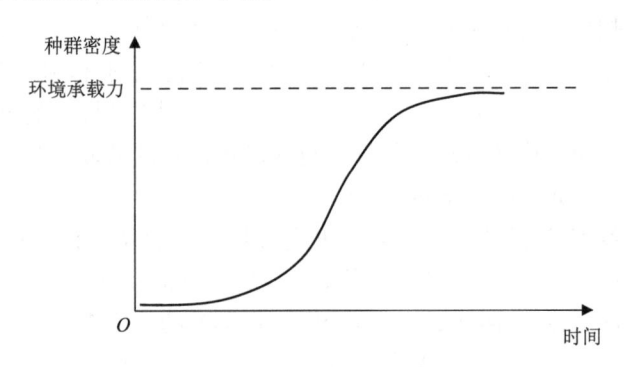

图 23.1　种群内组织演化的"S"形曲线

资料来源：改编自 Hannan 和 Freeman（1987）

除此之外，演化理论还关注生态位的竞争。生态位指某一种群较其他种群有相对竞争优势的资源空间。对于生态位的竞争，演化理论学者主要关注组织规模对于生态位竞争的影响，因为组织规模在一定程度上反映了组织生存需要的生态位宽度（Hannan and Freeman，1977），并反映了组织生存所需要的资源数量。在 Hannan 和 Freeman（1977）的分析中，同等规模的组织会首先相互竞争，因为它们所面临的环境选择机制相同，所占生态位亦相同。同时，大组织与中等组织会相互竞争，进而使得中等组织的数量减少，因为中等组织生态位的扩张会与大组织的生态位相重合,而大组织由于其生态位优势,通常具有更多"冗余资源"(excess resource),从而在与中等组织的竞争中具有相对优势,使得中等组织的数量减少。但这并不会影响小组织的存在,因为其生态位与其他组织并未重叠。在此之后,Carroll 和 Swaminathan(2000)提出了资源分割理论来系统化地解释这一现象,并提出了种群内部不同规模的组织如何竞争与演化。他们通过对美国啤酒业的两个种群[面对大众口感的大型通用型厂商(generalist)和专精于精酿特殊口味的小型专精型厂商(specialist)]研究发现:通用型厂商之间的不断竞争与合并会逐渐缩小其占据的生态位,因为此时他们通常通过规模经济来提高效率,所需资源会相应减少,而此时空余出来的生态位则会便于小型专精型厂商的进入,因为这类厂商通常规模小从而需要的资源较少。因此,随着行业演化,通用型厂商所占据的生态位会逐渐缩小,而专精型厂商则会逐渐进入行业。行业资源分割与种群演化的示意图如图 23.2 所示。

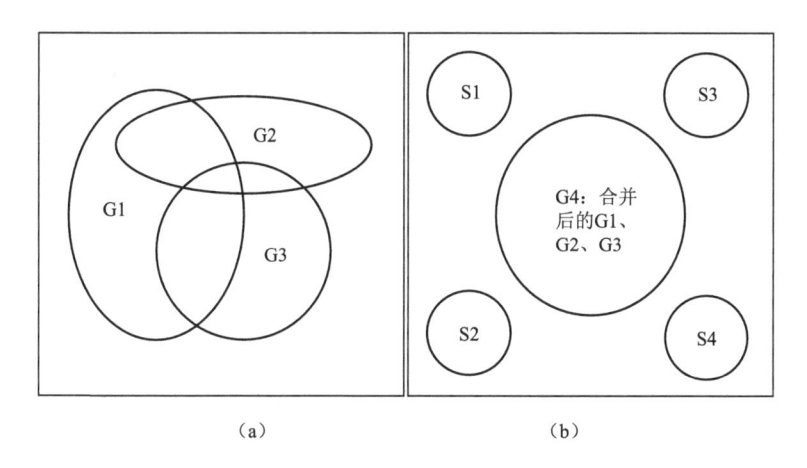

图 23.2 行业资源分割与种群演化示意图

资料来源:Aldrich 和 Ruef(2006)

G 代表通用型厂商,S 代表专精型厂商

23.2 演化理论在创业领域的应用与发展

演化理论实际上否定了先前战略管理研究中"组织均为既有的"的假设,并认为组织实际上是经过演化过程逐步由刚刚创立走向成熟。而创业组织由于刚刚建立,与拥有冗余资源的既有组织相比更加脆弱,在环境的筛选中通常处于劣势。对于创业组织的演化现象与相关性质,本节在创业领域进行了更进一步的研究,具体包括创业组织与创业环境、创业组织的演化过程与相应行为特征、创业组织的生存与成长三部分内容。

23.2.1 创业组织与创业环境

在演化理论视角下，创业组织与创业环境的研究可以分为两部分：一是对于创业组织与创业环境关系的研究，二是对于创业组织在与创业环境的相互作用下逐渐"产生"（emerging）的研究。

1. 创业组织与创业环境关系的研究

演化理论视角下对于创业组织和创业环境本身的研究引申自既有组织与环境关系的研究。在选择性视角中，创业学者讨论了外部环境中诸如政策因素（Bruton 等，2010）、文化因素（Griffin-EL and Olabisi, 2018）等对于创业活动的影响。在适应性视角下，创业学者主要讨论了创业组织与其环境的"共演化"（co-evolution）。例如，Dieleman 和 Sachs（2008）认为在新兴经济体中大型家族创业企业能够主动地改变其所处环境中的制度，使得其家族创业企业向前演化，并进一步形成制度与创业组织的共演化。通过对荷兰无人机行业的实证研究，Smolka 和 Heugens（2020）认为，对于科技型新创企业而言，该种群的成熟与种群所处的制度环境是相辅相成的，新创企业的演化与制度的演化是同步进行、相互促进的。

近年来，学者逐渐使用创业生态系统来描述在一个地区内或是一个产业部门内创业企业在创业过程中所面临的外部环境与条件。对于创业生态系统的研究最早可追溯到 Saxenian（1996）对于美国 128 公路和硅谷的比较研究，他认为创业社区中的产业结构、当地制度与文化以及公司的组织形式（corporate organization）是影响该创业社区中新创企业演化的重要因素，而 128 公路对当地文化与公司组织形式的影响使得其在员工特征、创业组织特征、创业组织网络与创业组织结构等方面与硅谷形成显著差异，最终形成了不同的生态系统演化路径。事实上，创业生态系统不仅包括广义上创业组织所面临的外部环境，还包括创业组织与其外部环境所有的交互行为（Spigel, 2017）。其中，最主要的是创业生态系统为该系统中的创业组织提供相应的创业支持，包括资源支持及社会支持等。Theodoraki 等（2018）探究了大学在创业生态系统中的创业支持作用，他们认为为了让大学在创业生态系统中能够可持续地提供创业支持，需要强化整个创业生态系统中的信任与一致认知。Spigel 和 Harrison（2018）提出了创业生态系统的过程观，即创业生态系统实质上是在创业组织演化过程中不断为其创造资源、流通资源、循环资源和维持资源的过程，而创业生态系统为创业组织循环资源的功能则依赖于生态系统内网络的密集度；同时，一个创业生态系统是否能够实现自身的动态演化，则在于是否推崇信任、学习、发展网络关系以及是否有富有创业精神的地区文化和地区有利政策。

2. 创业组织在与创业环境的相互作用下逐渐"产生"的研究

这一支文献流主要从将既有组织的组织理论拓展到创业组织中来，主要关注创业组织如何通过组织设计生成创业意愿、聚拢创业资源、构建组织边界以及建立交易规则等步骤演化为创业组织的过程（Katz and Gartner，1988）。Cardinal 等（2004）发现，创业组织的组织控制设计对于组织随后的演化过程至关重要，他们认为创业组织的控制系统需要在正式控制和非正式控制中寻求平衡，因为非正式控制通常会导致员工自由散漫的行为，而过多的正式控制则会导致创业团队内部的不信任，这均会对组织产生负向影响。Qian 等（2012）关注了新创企业的组织边界选择问题，他们认为具有某价值链活动先前经验的组织会倾向于把该活动纳入组织边界内。Marion 等（2015）通过对创业组织产品开发过程的研究，发现创业组织为获取相关资源，在产品开发的不同阶段对于形成组织间关系的倾向不同：如在产品的初步开发阶段，相关的成本、需要的技术相对较少，组织不会倾向于形成组织间关系从而获取外界资源，而这在产品的开发阶段则恰恰相反。

23.2.2 创业组织的演化过程与相应行为特征

对于创业组织演化过程的探究，主要分为创业组织的演化过程本身和创业组织演化过程中的相应行为特征两部分内容。

1. 创业组织的演化过程本身

对于创业组织的演化过程本身的研究，脱胎于组织生命周期的研究。Kazanjian 和 Drazin（1989）最早将组织生命周期引入创业领域，提出了创业组织概念化与发展、商业化、成长及稳定的四阶段模型，并采用计算机与电子行业的 71 家新创企业的数据进行实证检验。随后，对于创业组织生命周期鲜有研究，学者将更多精力投入更细致的演化过程中，探讨演化理论视角下组织行为特征与组织演化过程的关系。

2. 创业组织演化过程中的相应行为特征

创业组织演化过程中的相应行为特征，主要表现为创业企业的路径依赖（path dependence）与"烙印"（imprinting）影响。

对于组织演化中组织特征的探讨，最初可追溯到 Schumpeter、Alchian 等经济学家的研究，但他们均关注既有企业的"历史依赖"，并未涉及对于创业企业的讨论。因此在组织创建初期面临外部环境剧烈的选择时，是表现出更多的"适应性"并能够做出"利润最大化"决策，还是表现出更多的"惰性"从而形成历史依赖？

演化理论中，组织通常表现为历史依赖，而这首先表现为路径依赖，指组织过去的决策能够形成"一条路径"，从而对于现在甚至未来的决策施加惰性影响，使得组织决策偏离"最优决策"（Sydow et al.，2020）。例如，Beckman 和 Burton（2008）通过对于新创企业从创建到上市的观察中发现，若创业团队的先前职能经验相近，则在后续雇用职能领域人员时会产生一系列问题，从而使得公司成果受到负向影响；同时，若组织在初创时组织职能职位设置不完善，则在后续亦难以补全。Vanacker 等（2014）运用案例研究方法，发现在科技型新创企业中，对于某一企业而言，投资关系是路径依赖的，并不随着时间而变化，因为科技型新创企业的创始人通常"习惯于"找固定的投资人获取资金。

在演化视角下，组织惰性除了表现为路径依赖外，还会受到"烙印"的影响。与路径依赖强调先前决策会局限后续决策从而形成一条决策路径（Sydow et al.，2020）不同，"烙印"理论认为，在某实体（entity）处于一个易受外界环境影响的敏感时期时，外部环境中的元素会给该实体打下"烙印"，从而会对该实体的各个时期产生"烙印"影响（Marquis and Tilcsik，2013）。"烙印"影响在一定程度上是具有动态性的，可以随后续敏感期的出现而形成"烙印"增强或衰减（田莉和张劼浩，2022）。Stinchcombe（2000）在 *Social Structure and Organizations* 中指出组织能被初创期"烙印"从而对后续组织行为产生影响。组织的初创期通常为一个敏感时期，因为此时组织需要与外界频繁交互获得资源和合法性来使得组织生存与进一步发展。因此，在演化理论视角下，组织在初创期留下的"烙印"，会对后续组织演化进程产生重要影响。例如，Boeker（1989）使用美国半导体行业 1958~1985 年的数据进行实证分析后指出，组织初创期的外界环境影响会持续影响该组织的次级组织（subunit）的演化，同时也会影响该组织内部的制度化过程。

同时，不仅是组织会形成"烙印"，个人也会在敏感时期形成"烙印"，企业创始人的"烙印"也会影响新创企业的演化过程。Kisfalvi（2002）指出，创业者的个人性格特征与人生经历能够影响其在新创企业中做出的战略决策，如产品创新、财务控制等，而这又会对之后的企业发展产生影响。同时，Baron 和 Hannan（2002）发现，创始 CEO 留下的组织结构模式若经过继任 CEO 的更改，会对整个创业企业产生很大的负影响。Alexy 等（2021）的研究指出，虽然对于组织设计的最终结果会受到内部或外部的因素影响经常改变，但是这些改变在本质上仍是渐进的与短视的；然而组织创始人留下的组织设计的原则，则很难被改变。

23.2.3 创业组织的生存与成长

创业组织具有"新进入缺陷"，即创业组织相对于成熟组织通常有着高死亡率，因为创业者通常面临各项资本如人力资本、财务资本、社会资本等的缺乏；同时面临着更低的合法性，难以与成熟组织有效竞争（Stinchcombe，2000）。因此，如何提高新创企业的成活率是创业学者长久以来关注的问题。创业组织主要受到两种生存威胁，分别来自创立初期特别是处于新种群建立初期的合法性威胁与在创业企业成长中日益凸显的竞争威胁。由此，在演化理论框架下，创业学者对于创业组织成活率的研究主要分为两部分，即创业组织合法性的研究与创业组织竞争策略的研究。

关于创业组织合法性的研究，主要关注社会压力对于创业组织生存的影响。Aldrich和Fiol（1994）提出，种群合法性会沿着两个维度增长，从而提升创业组织个体的合法性程度进而提高成活率。这两个维度分别为认知维度与社会政治（sociopolitical）维度。因而创业组织需要分别进行两种合法化，即认知合法化与社会政治合法化，才能够继续生存乃至发展。针对这两种合法化，他们提出了在组织内、产业内、产业间及制度层面的相应创业战略来促进创业组织自身与整个种群的合法化进程。

在此基础之上，Zimmerman和Zeitz（2002）将创业组织合法性的种类再次细化并拓展。他们将社会政治合法性分为规制性（regulatory）和规范性（normative）；在新创企业的战略方面，他们提出了"服从""选择""控制""创造"四种新创企业可以采取的合法化战略手段。此外，他们认为创业企业需要跨过合法性阈值（legitimacy threshold），才能真正地生存下来，而没有跨过合法性门槛的创业组织最终会在环境的选择中趋于灭亡，因为合法性阈值代表着制度环境中关键组成者所能接受的最低合法性。

演化理论视角下对于创业组织竞争策略的研究来源于组织演化理论中的生态位理论与继其之后提出的资源分割理论。创业组织具有"新进入缺陷"，在面临竞争时，应当通过调整自身的生态位来尽量避免与种群内或种群间的大组织相竞争（Carroll and Swaminathan，2000）。同时，根据种群演化动态权变地选择空余生态位，这能够在很大程度上提高创业组织的成活率。随着种群演化，通用型组织通过不断竞争与合并能够逐渐空余出充足的生态位空间；新创小组织则可以选择通过成为专精型组织来占据空余生态位，从而减少与通用型组织的直接竞争，提高成活率。

23.3　演化理论在创新驱动创业研究中的局限与未来展望

23.3.1　局限

创新驱动创业是在数字化、生态化和新型全球化的情境下提出的。该情境下演化理论在解释创新驱动创业活动时存在以下几个方面的局限性。

首先是基于理论前提的局限性。演化理论认为资源在一定时期内是恒定不变的，并以此形成了在环境承载力一定的前提下的资源分割。然而这种竞争模式在创新驱动创业中是有局限的：因为在数字化背景下，数字技术具有高连通性等特征（Nambisan et al.，2018），数据、知识等资源能够在各个创业主体之间自由流动（Amit and Zott，2001），这样的流动特性使得创新驱动创业情境下各个种群不再相互孤立，而是会进行频繁的资源流动，在这种情况下，对于单一种群而言的环境承载力界限被打破；同时，单一种群内部的资源分割过程也会发生改变，资源的高度流通使得创新驱动创业情境下的创业企业不仅能够分割种群内的资源，也可以依靠数字技术的高流通性获得种群外的可替代资源，从而加深资源分割的动态性与复杂性。

其次是基于核心假设的局限性。演化理论认为在环境选择下的生存竞争是种群演化的不竭动力，生存竞争是环境选择过程的最终手段（Darwin，1859）。然而，在创新驱动创业情境下，这一核心假设在很大程度上会受到挑战，因为创新驱动创业情境具有高度的生态性特征意味着种群内个体不仅是为生存而进行资源竞争，而同时存在为了"共生"与"共演化"从而进行的生存合作。高度的生态性特征意味着创新驱动创业情境下创业生态系统的共建、互利共赢的生存法则可能会成为这个情境的突出特征。因此，种群内大组织不再因为具有相对竞争优势而吞并中型组织，因为二者生态位资源的高度流动性与互补性足以让二者能够良性共存、共同发展；同时，种群内的小组织不必因为大组织在其生态位上建立的高壁垒而退避三舍，选择边缘生态位而成为"专精"型组织，而是可以良性地融入大组织所创立的创业生态系统或平台中，依靠大组织内部资源的高度流动性从而生存，而大组织也可以依靠小组织的"专精"知识、数据、人力等资源的流动性，进一步增强自身能力以应对创新驱动创业情境下高度不确定性的环境选择。

最后是基于理论视角的局限性。演化理论研究普遍采用后视的历史视角研究种群与组织动态，即从演化结果倒推演化动态过程这样的视角进行研究（Hannan and Freeman，1987）。虽然这样的历史视角能够对于演化过程与动态进行更加翔实的描述，建构更加具有普适性的动态竞争理论，但是对于创新驱动创业组织而言，这种理论视角过于客观，难以对创新驱动创业实践主体进行理论层面上的指导；且演化理论过于随机性的变异与带有宿命论色彩的自然选择也难以契合在创新驱动创业现象发生的时点使用其进行研究，因为创新驱动创业现象中数字技术的深度融合、生态系统内外部深度交互以及新型全球化背景带来的数据、信息、知识、人力等资源流动与新机遇使得变异、保留、选择的结果难以预测。虽然创新驱动创业情境可能会对于演化理论动态产生一定程度的改变，但是生存竞争、变异保留与自然选择仍会在很大程度上发挥作用，资源分割与生态位选择与竞争仍然存在，站在创新驱动创业现象的"进行时"，运用演化理论的动态选择、保留与变异则会使得演化理论站在后视视角下的解释力下降。

23.3.2 未来展望

针对演化理论在创新驱动创业情境下所面临的局限和挑战，结合创新驱动创业的内涵与演进趋势，可从以下几个方面开展研究。

1. 基于数字资源新特性的组织演化研究

如前所述，演化理论假定资源在一定时期内具有稳定性，并由此引出企业将围绕资源分割展开激烈竞争的一系列理论推导。然而，数字化转型战略的广泛开展使得企业逐渐积累起更多的数字化资源。区别于常规的物理资源、技术资源、知识资源及人力资源等传统组织资源，数字资源超越了物质性、跨部门、多层级等限制，并使得组织内部的连接性大幅提升。因此，在数字时代下，将数字资源新特性纳入组织演化研究中，更包容地将有关组织资源基础、资源桥接方式及资源构造原型在新时代中所展现出的新兴变化吸纳进演化理论的研究假设中，成为演化理论能够继续在数字经济下的创新驱动创业情境中焕发理论光彩的一个必然选择。

从资源属性上来看，数字资源表现出了明显的可再生性、可重复利用性及流通性，这意味着其不仅可以跨部门、跨层级、跨设备地流动，还在流动过程中表现出可低成本乃至无成本复制的特征，成为支撑多样化、动态化、定制化业务发展的新型资源基础。从资源互动方面来看，数字资源的强渗透性与嵌入性则为新旧资源互动、资源配置等提供了更多可能。进一步地，企业的资源分割方式和竞争基础也可能随之发生改变，并由此引发组织发展与演化过程中的异质性选择，从而为组织演化研究中有关企业如何在数字技术驱动与激烈竞争中动态、灵活地适应情境变化等问题提供更多理论见解。

对此，新近研究已经有所推进。有研究关注了企业如何在数字化背景下基于组织结构变革实现组织内外部资源匹配进而完成组织数字化转型与变异的演化过程（王冰和毛基业，2021）。也有研究从资源配置设计的角度，模拟了企业在数字时代可能设计或运用的资源编排原型。这些跟随市场需求、竞争环境及产业变动不断发生组合与演化的资源构造原型持续勾画出了企业发展演化的主线路图（Amit and Han，2017）。不难看出，数字经济驱动下的组织转型和成长实质上对企业传统的成长演化方式提出了新的挑战。当组织可以更加有创造性地调用内外部资源，或设计出基于新型资源构成的竞争原型时，组织响应外部市场需求高频变化的姿态也会变得更加具有"自适应性"，这些都为演化理论在数字时代中发展出更强劲的理论生命力提供了方向。

2. 围绕竞争形态变异的生态系统共演研究

传统上，依托于环境的生存竞争形态是演化理论核心假设的重要构成。基于此，先前研究大多聚焦于创业生态系统中的支持机构（如大学、科研院所等）为创业活动提供的机会（Theodoraki et al., 2018），以及国家与地区通过相关政策保障为创业活动提供的制度支撑，突出了外部主体对创业生态系统形成与演化的单向支持作用，较少关注创业主体、创业活动与创业生态系统的协同演化过程。然而，当前组织间及种群间的竞争形态和模式已然发生变化，这具体表现在以下方面：其一，生态边界日益模糊、交融，各类型、各体量的企业在同一生态位上共生、共演，导致系统内的生态位选择机制与演化路径发生分化。其二，生态内外的竞争与合作频繁交互，多主体间耦合与解耦现象频发，导致资源分割、竞争或共享机制发生重构。因此，立足于演化理论的核心假设外延，围绕创新驱动创业的生态系统内是否存在具有高频"共演化"特征的竞争模式，以及生态内不同细分的竞争形态如何影响创新驱动创业过程与行为的探讨，可能进一步增强演化理论在创新驱动创业情境下对探究创业生态系统的动态演化阶段和价值主张进阶过程的解释力度。

此外，随着数字经济的快速发展以及部分领先平台/生态系统管理实践的加速变异，一些文献还指出，诸如企业间联盟、传统产业集群、供应链系统等多组织系统已经受到了较大冲击。而新兴的平台生态系统等则由于多方参与者的异质性和能动性呈现出更多变的生态位占据方式与成长演化模式，变得日趋复杂。显然，传统的以生存竞争为主的生态演化观点已经难以周全地解释这些基于新兴实践情境的现象。基于此，在生态内多主体战略共演、生态内外多方向协同演化等研究情境中，如果能围绕组织间竞争形态的变异展开理论探讨和构建，演化理论的解释边界将可能得到扩展，从而在揭示生态系统运行、边界演化和治理等研究领域中发挥重要的理论引导作用。

3. 融入多时态视角的组织成长与生存研究

创新驱动创业的数字化、生态化及新型全球化情境，正使得创业组织的生存资源竞争及成长演化过程呈现出较大变化。其主要原因在于，高速迭代的数字化技术在促进资源相互流通的同时，又创造出新的知识、数据、信息等资源，组织竞争资源的积累、迭代与转化生生不息；生态化情境促使创业组织的成长与演化逐步内嵌于创业生态系统之中，个体与系统的成长演化相互交织，共生共荣；新型全球化带来了环境不确定性的加剧和市场竞争格局的此消彼长。以上这些都为曾经普遍采用"后视"历史视角研究种群与组织演化动态的演化理论带来了新的理论挑战和机遇。对此，尝试在演化理论中纳入组织与生态演化的"进行时"观测视角，通过实验、系统仿真模拟等研究手段，考察在市场规模动态情况下的组织与生态的选择、成长、变异、保留机制，将会更契合创新驱动创业现象的多时点、多路径特征，进而扩展理论解释边界。

参 考 文 献

田莉, 张劼浩. 2022. CEO 创业经验与企业资源配置：基于烙印理论的实证研究[J/OL]. 南开管理评论. http: //kns.cnki.net/kcms/detail/12.1288.f.20220623.1421.002.html[2023-03-24].

王冰, 毛基业. 2021. 传统企业如何通过内部创业实现数字化转型?——基于资源匹配的战略演化视角[J]. 管理评论, 33(11): 43-53.

Alchian A A. 1950. Uncertainty, evolution, and economic theory[J]. Journal of Political Economy, 58(3): 211-221.

Aldrich H E. 1979. Organizations and Environments[M]. Englewood Cliffs: Prentice-Hall.

Aldrich H E, Fiol C M. 1994. Fools rush in? The institutional context of industry creation[J]. Academy of Management Review, 19(4): 645-670.

Aldrich H E, Pfeffer J. 1976. Environments of organizations[J]. Annual Review of Sociology, 2: 79-105.

Aldrich H E, Ruef M. 2006. Organizations Evolving[M]. London: SAGE Publications.

Alexy O, Poetz K, Puranam P, et al. 2021. Adaptation or persistence? Emergence and revision of organization designs in new ventures[J]. Organization Science, 32(6): 1439-1472.

Amit R, Han X. 2017. Value creation through novel resource configurations in a digitally enabled world[J]. Strategic Entrepreneurship Journal, 11(3): 228-242.

Amit R, Zott C. 2001. Value creation in E-business[J]. Strategic Management Journal, 22: 493-520.

Aulet W K, Murray F. 2013. A tale of two entrepreneurs: understanding differences in the types of entrepreneurship in the economy[J].SSRN Electronic Journal: 2259740.

Baron J N, Hannan M T. 2002. Organizational blueprints for success in high-tech start-ups: lessons from the Stanford project on emerging companies[J]. California Management Review, 44(3): 8-36.

Beckman C M, Burton M D. 2008. Founding the future: path dependence in the evolution of top management teams from founding to IPO[J]. Organization Science, 19(1): 3-24.

Boeker W. 1989. The development and institutionalization of subunit power in organizations[J]. Administrative Science Quarterly, 34(3): 388-410.

Bruton G D, Ahlstrom D, Li H L. 2010. Institutional theory and entrepreneurship: where are we now and where do we need to move in the future?[J]. Entrepreneurship Theory and Practice, 34(3): 421-440.

Cardinal L B, Sitkin S B, Long C P. 2004. Balancing and rebalancing in the creation and evolution of organizational control[J]. Organization Science, 15(4): 411-431.

Carroll G R, Swaminathan A. 2000. Why the microbrewery movement? Organizational dynamics of resource partitioning in the U.S. brewing industry[J]. American Journal of Sociology, 106(3): 715-762.

Darwin C. 1859. On the Origin of Species[M]. London: Routledge.

Dieleman M, Sachs W M. 2008. Coevolution of institutions and corporations in emerging economies: how the Salim group morphed into an institution of Suharto's crony regime[J]. Journal of Management Studies, 45(7): 1274-1300.

Fiedler F E. 1964. A Contingency Model of Leadership Effectiveness[M]. Pittsburgh: Academic Press.

Griffin-EL E W, Olabisi J. 2018. Breaking boundaries: exploring the process of intersective market activity of immigrant entrepreneurship in the context of high economic inequality[J]. Journal of Management Studies, 55(3): 457-485.

Hannan M T, Freeman J. 1977. The population ecology of organizations[J]. American Journal of Sociology, 82(5): 929-964.

Hannan M T, Freeman J. 1987. The ecology of organizational founding: American labor unions, 1836-1985[J]. American Journal of Sociology, 92(4): 910-943.

Katz J, Gartner W B. 1988. Properties of emerging organizations[J]. Academy of Management Review, 13(3): 429-441.

Kazanjian R K, Drazin R. 1989. An empirical test of a stage of growth progression model[J]. Management Science, 35(12): 1489-1503.

Kisfalvi V. 2002. The entrepreneur's character, life issues, and strategy making: a field study[J]. Journal of Business Venturing, 17(5): 489-518.

Lamarck J B. 1809. Philosophie Zoologique[M]. Jardin des Plantes: Musée d'Histoire Naturelle.

Marion T J, Eddleston K A, Friar J H, et al. 2015. The evolution of interorganizational relationships in emerging ventures: an ethnographic study within the new product development process[J]. Journal of Business Venturing, 30(1): 167-184.

Marquis C, Tilcsik A. 2013. Imprinting: toward a multilevel theory[J]. Academy of Management Annals, 7(1): 195-245.

Meyer J W, Rowan B. 1977. Institutionalized organizations: formal structure as myth and ceremony[J]. American Journal of Sociology, 83(2): 340-363.

Nambisan S, Siegel D, Kenney M. 2018. On open innovation, platforms, and entrepreneurship[J]. Strategic Entrepreneurship Journal, 12(3): 354-368.

Nelson R R, Winter S G. 1982. An Evolutionary Theory of Economic Change[M]. Cambridge: Harvard University Press.

Ozcan P. 2018. Growing with the market: how changing conditions during market growth affect formation and evolution of interfirm ties[J]. Strategic Management Journal, 39(2): 295-328.

Qian L H, Agarwal R, Hoetker G. 2012. Configuration of value chain activities: the effect of pre-entry capabilities, transaction hazards, and industry evolution on decisions to internalize[J]. Organization Science, 23(5): 1330-1349.

Saxenian A L. 1996. Regional Advantage: Culture and Competition in Silicon Valley and Route 128, with a New Preface by the Author[M]. Cambridge: Harvard University Press.

Schumpeter J A. 1934.The Theory of Economic Development: An Inquiry into Profits, Capital, Credit, Interest, and the Business Cycle[M]. Cambridge: Harvard University Press.

Selznick P. 1996. Institutionalism "old" and "new" [J]. Administrative Science Quarterly, 41(2): 270-277.

Smolka K M, Heugens P P M A R. 2020. The emergence of proto-institutions in the new normal business landscape: dialectic institutional work and the Dutch drone industry[J]. Journal of Management Studies, 57(3): 626-663.

Sørensen J B, Stuart T E. 2000. Aging, obsolescence, and organizational innovation[J]. Administrative Science Quarterly, 45(1): 81-112.

Spencer H. 1851. Social Statics[M]. London: John Chapman.

Spigel B. 2017. The relational organization of entrepreneurial ecosystems[J]. Entrepreneurship Theory and Practice, 41(1): 49-72.

Spigel B, Harrison R. 2018. Toward a process theory of entrepreneurial ecosystems[J]. Strategic Entrepreneurship Journal, 12(1): 151-168.

Stinchcombe A L. 2000. Social Structure and Organizations[M]. Bradford: Emerald Group Publishing Limited.

Sydow J, Schreyögg G, Koch J. 2020. On the theory of organizational path dependence: clarifications, replies to objections, and extensions[J]. Academy of Management Review, 45(4): 717-734.

Theodoraki C, Messeghem K, Rice M P. 2018. A social capital approach to the development of sustainable entrepreneurial ecosystems: an explorative study[J]. Small Business Economics, 51(1): 153-170.

Vanacker T, Manigart S, Meuleman M. 2014. Path-dependent evolution versus intentional management of investment ties in science-based entrepreneurial firms[J]. Entrepreneurship Theory and Practice, 38(3): 671-690.

Veblen T. 1898. Why is economics not an evolutionary science?[J]. Quarterly Journal of Economics, 12(4): 373-397.

Zimmerman M A, Zeitz G J. 2002. Beyond survival: achieving new venture growth by building legitimacy[J]. Academy of Management Review, 27(3): 414-431.

代表性学者简介

迈克尔·汉南（Michael Hannan）

迈克尔·汉南在北卡罗来纳大学教堂山分校（University of North Carolina at Chapel Hill）获得博士学位，斯坦福大学商学院（Stanford Graduate School of Business）荣休教授（Professor，Emeritus）。在 *American Journal of Sociology*、*Organization Science* 等期刊发表多篇论文，其中1977年发表的"The population ecology of organizations"(《组织的种群生态学》)一文丰富了组织生态学理论,对于组织理论做出了巨大理论贡献。

约翰·弗里曼(John Freeman)

约翰·弗里曼在北卡罗来纳大学教堂山分校(University of North Carolina at Chapel Hill)获得博士学位,曾任加利福尼亚大学伯克利分校商学院(University of California-Berkeley,Haas School of Business)教授。在 *American Journal of Sociology*、*Organization Science* 等期刊发表多篇论文,其中 1977 年发表的"The population ecology of organizations"(《组织的种群生态学》)一文完善了组织生态学理论,对于组织理论做出了巨大理论贡献。约翰·弗里曼于 2008 年逝世。

本章执笔人: 田 莉 牛明俊

第 24 章 混沌与复杂科学——对创业的迁移解释和拓展研究

本章简要介绍复杂科学和混沌现象的核心观点在创业领域的研究成果，结合数字化转型背景下创新创业的新特征，探索复杂科学与混沌现象在创新创业情境中的解释力和应用前景，凝练有研究价值的科学问题。

24.1 混沌与复杂科学的核心观点

24.1.1 混沌

混沌（chaos）泛指数学中的一类非线性动态过程（Krakauer et al.，2019）。其主要特征包括系统状态对初始条件的敏感性依赖——某个初始条件的细微变化会导致系统出现巨大、超出预期的变化；在形态上具有如分形几何等模式。

混沌现象正式进入科学研究视野得益于计算机的发明，计算能力的提升使得混沌现象可以被描述和记录（Churchill and Bygrave，1990）。1961 年，麻省理工学院的数学家和气象学家爱德华·诺顿·洛伦茨（Edward Norton Lorenz）在使用计算机预测天气时进行了一次重复计算——将之前已经得到的数据直接输入计算机——结果发现：重新得到的天气预测结果与之前的结果在初期大致保持相同，但随着预测时间的延长，则二者之间的差距变大。经过仔细检查，洛伦茨发现在输入之前的数据时，将原有的数字"0.506 127"简化为"0.506"，其他条件不变，正是这一细微差距，导致了后续结果出现了巨大差异。洛伦茨基于这一发现发表了世界上第一篇描述混沌现象的论文（Lorenz，1963）。洛伦茨总结了混沌现象的三个特征：①看起来是随机过程，没有秩序；②对初始条件存在敏感性依赖；③对初始条件的内在变化十分敏感。

此前，科学研究的主要对象是线性系统。在线性系统中，初始条件的微小变化只会引起最终运算结果的微小差异，这种细微差异经常可以忽略不计，稳定且能够预测。然而，还存在着很多不能直接用线性模型描述的系统，不满足线性条件并不意味着无序，而是体现某种更复杂的非线性关系和秩序的非线性系统，混沌描述的就是非线性系统。

随着混沌概念的提出，科学工作者在物理、生物、地质、大气等多个自然科学领域发现了特征高度近似的现象，甚至有学者将其引入经济学、管理学、社会学等学科，如股票市场的波动、社会网络及创业过程等非线性系统（Churchill and Bygrave，1990；Ireland and Gorod，2016）。但直到1975年，混沌的数学概念及存在性才由李天岩和他的导师詹姆斯·A.约克（James A. Yorke）首次提出，并给出了严格的数学证明。这篇论文的主要贡献在于证明了关于混沌存在性的命题：比全体自然数还要多的"初始点"，从各自的初始位置开始运动并进行迭代，所产生的无穷点列，其最终结果是无法预测的状态。基于这一结论，Li和Yorke（1975）第一次提出了"混沌"这个数学术语。自此，混沌正式走出天气研究领域，成为一类受到各科研领域广泛关注的现象。陈平（2004）认为，混沌是非线性动力系统在可控参数范围内产生的、对初始条件存在敏感性依赖的非周期行为的状态，处于这种状态的系统可称为混沌系统，其中非线性动力系统是出现混沌行为最根本的条件，是系统必然要具备的因素。

尽管体现混沌特征的系统的运动规律和轨迹无法预测，但是"相空间"与"吸引子"（attractor）的引入有助于缩小预测范围并预测系统受到外生扰动后的可能运动轨迹。复杂系统通常受到多元参数的共同影响。奇异吸引子（strange attractor）是比利时数学物理学家达维德·吕埃勒（David Ruelle）在研究了洛伦茨的图形后，于1971年首次提出的概念（Ruelle and Takens，1971）。奇异吸引子的特征是在内部处处不稳定，但是奇异吸引子本身却是稳定的。为了研究系统的性质，研究者特别是数学家会将一个系统中的由所有独立变量构成的空间称为系统的相空间。相空间中的任意一个点对应着一组确定的独立变量特征值，并单一对应着系统的一个状态。吸引子是指相空间中一片区域，吸引子可能是一个点、一个环形或一个环面，一个稳定的相空间会快速向吸引子靠近，达到系统的稳定状态，任何动力系统总是趋于其稳定状态，这也就是吸引子发展的趋势（Krakauer et al.，2019）。混沌系统也会向吸引子移动，不过是以奇异吸引子的形式移动。例如，Lorenz（1963）中展示的混沌现象就是奇异吸引子的特征——呈现类似蝴蝶翅膀的形状，并且呈现出两个奇异吸引子，如图24.1所示。

图24.1显示，天气预测方程组的数值解组成了一个具有双中心的有限范围运动轨迹图。轨迹线表明系统上的每一个点都被限制在一个确切的边界内，而非发散，但每一次绕周运动都不会与前面运行过的轨迹重合，这意味着系统的运动路线是非周期性的，没有重复，这样一个轨迹图是通过一组具有确定系数、方程形式和初始值的方程组得到的相空间解：整体上呈现一定规则而有序的类似蝴蝶翅膀形态，但在微观层面上却呈现随机特征的复杂系统。

计算机算力的提升帮助学者观察到了混沌现象的更多特征，总结起来包括以下几项。

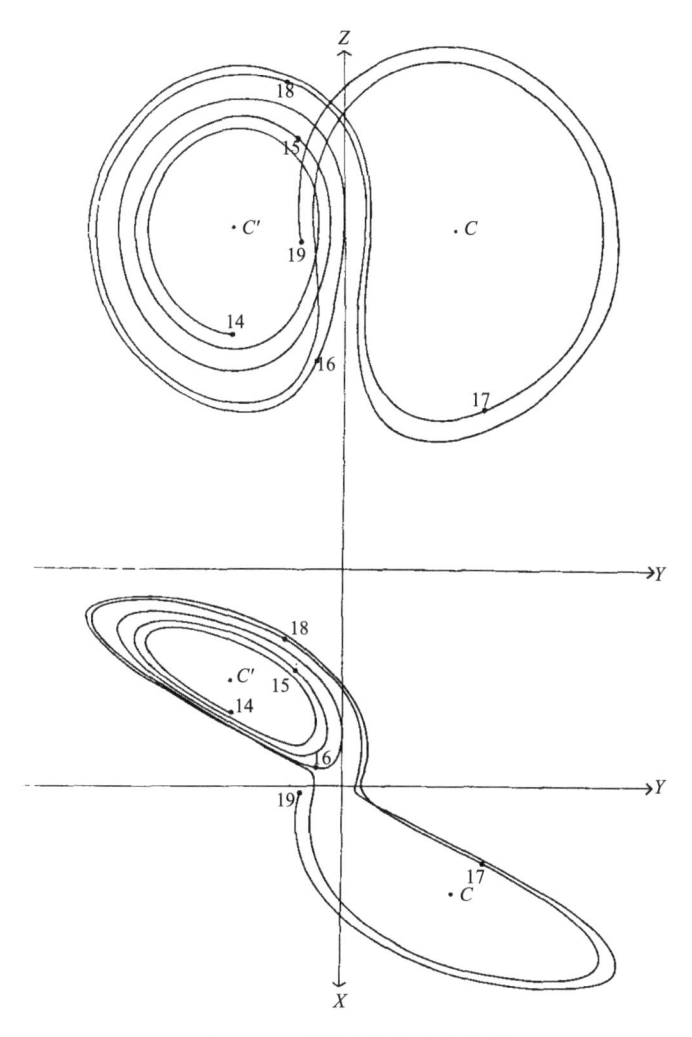

图 24.1　对流方程组的数值解

资料来源：Lorenz（1963）

运动轨迹片段在相空间 X-Y 平面和 Y-Z 平面的投影；对流的稳定状态用 C 和 C' 表示

（1）混沌并非无序。简单、确定系统不仅可以产生简单、确定性的结果，还可以产生貌似随机的不确定结果，即混沌现象。

（2）混沌对初始条件存在敏感性依赖。初始条件的细微变化会对最终结果产生巨大的影响。

（3）长期不可预测性和不可重复性。混沌的非线性动力学特性决定了混沌是不可以被精准预测的，混沌现象对初始条件的敏感性依赖导致预测对初始条件变化的测量要求极高，如果测量精度不足，可能会丢失重要信息，随着测量误差的累积，丢失的信息会逐渐增加，导致预测结果误差过大。因此，对体现混沌特征的系统不适合做长期预测。与此同时，由于测量精度问题，混沌现象也是无法被精确重复或复制的（Stevenson and Harmeling，1990）。

（4）分形特征。分形是指混沌的运动轨线在相空间中的行为特征，体现为多叶和多层结构，且叶层越分越细，通过放大观察发现，叶层通常都呈现出无限层次的自相似结构特征（Mandelbrot，1983）。

（5）有界性。混沌系统的运动轨线始终局限于一个确定区域，而非无尽发散。奇异吸引子是混沌系统有界性的典型证明。

（6）遍历性（ergodicity）。混沌系统的运动轨迹在奇异吸引子域内覆盖每一个点，在有限时间内混沌轨迹不重复地遍历吸引子内每一个状态点的邻域（Krakauer et al.，2019）。

24.1.2 复杂科学

复杂科学（complexity science）兴起于 20 世纪 80 年代，是一门跨学科、整体性上不断发展更新的综合学科。复杂科学的研究对象是复杂系统结构与功能之间的关系，以及复杂系统演化的内在驱动因素。复杂科学深刻影响了思考的范式，将思考范式从还原论提升到了复杂整体论，从穿透式关注事物本身发展到相互作用的关系网络，从线性思维拓展至非线性思维，从均衡思想扩展至非均衡思想（陈平，2004；黄欣荣，2006），复杂科学带来的是一种全新的思维方式和视角。

复杂系统科学的发展，不仅能带来自然科学的变革，弥补人类对自己所处宏观尺度科学规律认识的不足，而且可以渗透到社会复杂系统及社会科学的研究中（陈晓松和樊京芳，2022）。2021 年，由于对复杂科学领域的突出贡献，三位从事复杂科学的物理学家（真锅淑郎、克劳斯·哈塞尔曼、乔治·帕里西）、共同获得了诺贝尔物理学奖。

1. 复杂科学的研究对象

复杂科学的研究对象是复杂系统，复杂科学试图通过研究多种类型的复杂系统，提取出一般规律。对于复杂系统，目前尚无共识的定义，但复杂系统普遍存在一些共同的特征：自组织（self-organizing），系统由大量相互作用的成员（agent）组成，不存在一个处于控制层级的核心成员；涌现（emergence），系统成员通过简单运作的规则和秩序就能产生出复杂的集体协作行为和信息处理能力，这是任一单一成员所不具备的能力；适应性（adaptivity），复杂系统通过涌现，不断适应外部的环境变化，进化产生适应性，具备这样适应性的复杂系统也被称为复杂适应系统（complex adaptive system，CAS）。

Mitchell（2009）发现，复杂系统中，大量成员之间的联系是以非线性方式展开的。非线性的复杂系统无法用还原论解释。在还原论思维体系中,复杂的整体等于每个部件的总和,充分掌握了每个组成个体的规律和情况后,自然就能掌握并预测整体特征和规律。但在现实中,复杂系统会体现出任一部件均没有的特征和规律,最明显的例子就是人的智能和情感。在缺少一个中枢控制机制的情况下,凭着复杂系统自身的特征和功能,就可能出现"自我适应""自发组织"等全新的现象,以"涌现"的形式出现并被观测到。"整体大于部分之和"的现实表明,造成这种差异的原因,只能来自非线性作用关系。

Mitchell(2009)在《复杂》一书中写道,"复杂系统科学家想要理解在蚁群、细胞、大脑、免疫系统、社会团体和经济市场中,这些集体复杂性是如何产生的……它们虽截然不同,但却似乎存在着某种相似性:全都呈现出自组织性,系统成员通过自行组织,在没有任何核心或外部'控制者'的情况下,表现出一个连贯整体的行为方式。复杂系统能够以个体成分无法实现的复杂程度,实现信息的编码与处理……复杂系统会演化,它们以一种开放的状态,持续发生着改变,逐渐学习并适应。这类系统无法被精确预测,也不会呈现出便于科学家理解的平衡态"。

2. 复杂科学的跨学科特征

复杂科学从一开始就体现出学科互涉(inter-discipline)的特征,覆盖多个学科领域(黄欣荣,2006)。20世纪80年代初,包括1969年诺贝尔物理学奖获得者默里·盖尔曼(Murray Gell-Mann)在内的一批不同领域杰出科学家在美国新墨西哥州成立了从事跨学科研究的圣塔菲研究所(Santa Fe Institute,SFI),这是复杂科学兴起的一个标志性事件。圣塔菲研究所一直聚集大批从事物理、经济、生物和计算机科学的研究人员,他们一起合作开展跨学科的复杂科学研究。

早期的复杂科学主要包括一般系统论、控制论和人工智能,后期逐渐纳入了耗散结构理论、协同论、超循环理论、突变理论、混沌理论,再后来纳入了系统理论、非线性动力学、博弈论、集体行为、复杂网络、演化和适应性、模式(pattern)形成等研究领域。

复杂科学以不同领域的复杂系统为研究对象,从系统和整体的角度,探索复杂系统的性质和演化规律,以揭示各种系统的共性及演化过程遵循的共同规律为目标,在实现这一目标过程中,不断探索、发展、优化和调控系统的新工具和新方法,为复杂科学在整合物理系统、地球系统、人文社会系统、生物系统及医学等领域的应用提供理论依据,促使人们从更加整体的视角寻求特定领域问题的最优解决方案。

3. 复杂科学研究的核心问题

1)自组织临界态

"自组织"是指某一状态的形成完全来自系统内部成员间的相互作用,而不是来自任何外界因素的冲击或扰动。"临界态"是指系统处于一种特殊敏感状态，微小的局部变化可以不断放大、扩延至整个系统，如雪崩的发生。自组织临界态（self-organized criticality，SOC）指的是复杂系统经过一定时期的自组织过程，逐渐演化到一个临界态，处于临界态的一个微小的局域扰动就可能会通过类似"多米诺效应"的机制被放大，其效应不会停留在局域，而是会扩散到整个系统，形成一个全局的突变（Bak et al., 1987）。复杂系统同时具有"长时间的小规模渐变"和"短时间大规模变迁"的特征。

2）复杂适应系统和涌现

复杂适应系统是一类具有代表性的复杂系统，其复杂性来自活跃成员（active agent）的适应性，这些活跃成员与其他成员以及环境间的相互作用，不断改变着它们自身及周边环境。复杂适应系统最重要的特征是适应性：体现在系统中的成员能够与环境以及其他成员进行交流，在这种交流的过程中通过适应，不断进行演化，并且根据交流和适应反馈改变自身的结构与行为方式。各个底层成员通过相互间的交互、交流，可以形成上一层级乃至整体层面上涌现出新的结构、现象和更复杂的行为。在这个过程中，系统成员与环境不断交流、相互作用、相互演化，这反映出复杂适应系统是一个基于系统成员内在适应性不断演化发展的系统。在这个演化过程中，成员的特征、性能在不断改变，变化的成员特征使得系统的功能和结构不断发生变化。

综上所述，混沌是复杂科学研究对象——复杂系统——所体现的一种形态特征。从严格意义上说，混沌是一个很早就得到证明的非线性数学概念（Li and Yorke, 1975）。混沌真正的重要性在于，它非常清楚地说明了非线性系统的动态特征，而不是创立了一个新的科学领域。相比之下，复杂科学的研究对象——复杂性的涵盖范围要比混沌大得多（Krakauer et al., 2019），而且，复杂科学已经从一门跨学科、不断更新的综合学科上升至一种科学思维范式和研究方法。混沌现象推动了复杂科学的诞生和不断发展，复杂科学则为人们理解混沌等非线性系统的特征、运动规律提供了一种基于跨学科思考问题的研究框架。

24.2 混沌与复杂科学应用于创业领域的研究

詹姆斯·格雷克（James Gleick）出版的《混沌：开创新科学》（*Chaos: Making a New Science*）一书影响了很多学科的研究思维体系（Gleick, 1987），学者开始用非线性、非稳定、非均衡的视角看待包括多种元素的系统。受格雷克的影响，Bygrave 及其合作者率先将突变理论和混沌引入创业研究，用以下八个特征来描述创业过程（Churchill and Bygrave, 1990）：创业事件是非连续性的；在规模体量上，非连续性体现范围从微小增量（tiny increment）到巨大跃迁（quantum jump）；

事件的前因（antecedent）包含许多因素；事件前因的变化会触发（trigger）事件；触发变化通常是微小增量而非巨大突破（large breakthrough）；每一个事件都是独一无二的，无法精准复刻；创业过程是非稳定的（unstable），事件的结果对输入因素的微小变化极端敏感；创业过程是一个整体过程——聚焦于各个组成部分的还原论无法解释创业全景过程。Churchill 和 Bygrave（1990）认为：混沌特征对创业者或风险投资者有一定的启示作用：在线性思维的基础上要保留非线性思考的空间，对各种可能的机会或风险保持开放性态度，对创业过程不必做过度预期，因为根本无法对其进行预测。此外，创业结果对投入要素初始条件的敏感性依赖使得创业过程无法精确复制，因此，先前的创业成功经验不可完全依赖。

复杂性是复杂科学研究的重要问题。Lichtenstein（2011）将创业领域中的复杂性分为四类：第一类，利用复杂性特征的比喻，主要是基于复杂系统的某些特征对创业过程中的现象进行的认知迁移和类比，主要引用了复杂科学的一些名词或概念，并未真正涉及特定理论或将理论应用于具体场景，这类复杂性研究包括自组织、远离均衡、非线性动力学、初始条件的敏感性依赖及混沌边缘等概念的比喻和特征迁移。第二类，发现并描述复杂性，主要通过对时间序列数据进行事后分析来描述秩序、形态并确定涌现（emergence）现象的存在性，这类研究往往应用复杂科学中的具体理论将创业过程视为复杂系统进行特征描述（Churchill and Bygrave，1990）。第三类，复杂性建模，运用计算模型和模拟手段，让研究者观察在一个完全由人工开发建立的环境中激活涌现现象，并通过计算机算法的调试，观察随着时间发展，特定规则是如何导致意想不到的新秩序涌现。这类复杂性研究通过设计一个实验环境，排除外界的干扰并过滤一些伪涌现现象，使得研究者观察系统内部某些关键变量的变化如何影响涌现的形成和结果，对理解涌现和创业提供了重要的场景分析工具（McKelvey，2004）。复杂性建模的一个应用例子是 Ganco 和 Agarwal（2009），在这篇文章中，作者通过设定扩张市场的特性，比较采取多样化策略的大公司进入扩张市场和新创企业进入这一类市场的表现差异，通过调节、控制扩张市场的情境复杂性，来比较两类企业对特定市场要素的反应以及各自表现的影响。第四类，生成式复杂性（generative complexity），Crutchfield（1994）将这类复杂性定义为系统内成员自发生成、赋予系统额外功能和能力的新秩序。这一类复杂性是系统内新生成的事物，显著区别于涌现秩序描述（第二类复杂性）和基于成员建立的涌现结构模型（第三类复杂性）。只有当系统成员具备充分利用涌现模式（pattern）所必要的信息处理能力时，生成式复杂性才会发生（Crutchfield，2008）。由于这类秩序的出现取决于系统内成员的能力，而不是外部观测者基于数据的事后分析得出，生成式复杂性也称为内生涌现（Crutchfield，1994），这是一个复杂系统源源不断发展的内生动力。

最近的复杂性研究、复杂性建模主要集中在企业层面和特定市场层面，检验复杂市场背景下企业决策与市场的互动反馈（Huarng and Yu, 2021），通过案例描述复杂适应性系统和创业生态（Han et al., 2021; Daniel et al., 2022）以及市场复杂性与创业密度的关系（Nguyen et al., 2021）。生成式复杂性只在企业层面有一篇文献，基于案例描述科技驱动经济场景下创业、复杂性与涌现型秩序的关系（Mazzoni et al., 2021）。

创业充满了混沌性、复杂性和无序性，使得人们对创业过程的理解、认知和影响因素与作用机制知之甚少，导致政府出台支持创业的相关政策难以奏效（Smilor and Feeser, 1991）。混沌理论有助于理解和客观看待创业过程中普遍存在的不确定性和不可预测性（Churchill and Bygrave, 1990），并有助于解释关于创业描述的研究中出现的误差及预测偏误。混沌理论颠覆了传统研究路径——提出预测，通过实验或实证数据检验预测，并总结出理论。相反，如果一个现象表现出混沌的特征，那么长期预测就不可能实现，如果意识到这一点，对创业的认知将会更加客观。例如，混沌理论认为，一个系统永远不会完美地自我重复，这意味着过去创业成功的经验未必可以复制；初始条件的细微差异可能导致同类或相似对比的结论出现巨大偏差等。与此同时，混沌理论强调，在看似无序的活动中潜藏着一种结构，表面的随机性和不可预测实际是一种更为复杂的秩序的伪装。此外，对新创企业这样不存在一个稳定状态的系统而言，仍然存在可以被人为干预、控制和指导的模式（Smilor and Feeser, 1991）。

混沌理论应用于创业领域带来一系列的启示：首先，有助于解释创业企业面临的风险的性质；其次，混沌理论表明，旨在挑选赢家和输家、定向扶植企业的公共政策注定失败；再次，在创业过程中的中间时点，不能完全地识别变量会在长期产生无法掌控的结果；最后，为创业研究的认知提供了线性关系以外的一种新的理论框架。

Mason（2006）认为，企业所处的外部环境普遍存在复杂性和动荡，这样的环境为创业者带来了机遇（Russell and Faulkner, 2004），小型企业的创业路径使得他们在这样的环境中具有更强的竞争力（Morris and Lewis, 1995），因此，Dess 和 Lumpkin（2005）建议将创业导向（entrepreneurial orientation）作为应对复杂、动荡环境的一种方法。由于复杂、动荡环境构成了一个复杂的、适应性系统，基于混沌理论的视角理解创业行为、创业导向与复杂、动荡环境之间的关系更为恰当，由于复杂体系内存在着不确定性和不稳定性，根据现有条件预测未来情况的方法在复杂、动荡环境中的作用有限，企业可采用创业导向的方式，针对复杂、动态环境中出现的具体情况和约束要求发挥创业过程中的自主、创新、风险计算、先发制人和主动竞争的方式，学会在"非均衡中下注，从不确定性和不稳定中获利"（Stacey, 1995），创业导向可作为企业应对复杂、动荡环境的一般方法（Mason, 2006）。

Ireland 和 Gorod（2016）综述了复杂科学中的幂律定律、涌现和复杂性系统中的领导力在创业领域的研究进展，并列举了代表性文献。Crawford 等（2015）论述了创业与幂律定律的直接相关性，创业要遵守幂律定律，同时应积极按照幂律定律来发展壮大。Lichtenstein 和 Plowman（2009）将涌现过程识别为四个连续阶段——脱离均衡状态、放大活动（amplifying actions）、自组织的重组和稳定性反馈。Plowman 等（2007）认为，涌现是间断均衡（punctuated equilibrium）的一个方面。新秩序的产生来自自发性波动（spontaneous fluctuation），正向强化（positive reinforcement）会放大并增强这些波动，而负向反馈是稳定涌现秩序的协同机制，有助于将涌现现象置于可控状态并重组存量资源构建新秩序。Lichtenstein 等（2006）提出，涌现现象是通过积极的领导力和将变化放大的行动支持实现的。领导力体现在领导者解读变化并采取具有象征意义的行动将改变合理化的反应能力和判断力。Lichtenstein 和 Plowman（2009）认为，涌现现象和创业都是强有力变革领导力（leadership of change）支持的结果，并据此总结出关于变革领导力的十条原则。此外，在新生创业者（nascent entrepreneurs）方面，Lichtenstein 等（2007）发现，在复杂系统特征的创业情境中，初期创业者对于效果的专注、行动时机的把控及初期行动等都是相关的变量，其中高频率、低专注度和均衡的时机被证明是成功组合，而高度专注和过早的行动被证明是不成功的。

24.3 从混沌与复杂科学角度分析创新驱动创业研究的科学问题

以上回顾和分析显示，混沌与复杂科学在创业领域的研究已经取得了一系列成果而且应用价值明显，国内的研究相对滞后。本节在已经取得的研究成果基础上，结合创新驱动创业的内涵，梳理出以下有价值的研究课题。

24.3.1 创新驱动创业的前置因素及非线性系统演化规律

创业活动所具有的高不确定性、高强度的资源约束及高失败率等本质特征本身就意味着很高的学术研究价值，并吸引了越来越多的学者投入其中。解析创业过程是主流的研究方法，不仅分解了创业活动的不同阶段，如识别机会、组建创业团队、融资、产品服务设计、商业模式创新等，还不断地纵向延伸，如不断地延伸前置因素，包括创新、创意、发明、新的知识、科学发现、基础研究等。学术界已经结合混沌与复杂科学理论对创业过程进行迁移解释，进一步明确了创业过程所具有的混沌与复杂系统特征，今后有必要把前置因素纳入研究框架，把混沌与复杂科学理论及研究方法迁移到创新驱动创业，依据对初始条件的敏感性依赖、涌现等，挖掘更初始的动力和复杂系统的演化规律。

德鲁克（2018）在其名著《创新与企业家精神》中提出的创新机遇的7种来源，成为创新可以被管理的重要证据。其中第7种是新知识。德鲁克这样阐述：基于知识的创新是企业家精神中的"超级明星"，它既能变得家喻户晓，也能获得财富。这才是人们通常所说的创新。知识并不一定就意味着科学和技术。基于知识的社会创新也同样能产生相同或更大的影响。基于知识的创新都是风云莫测、善变且难以驾驭的。一方面，时间跨度相当长。从新知识的出现到成为可应用于实际生产生活的技术之间，从新技术转变为上市的产品、程序或服务又需要很长一段时间。所需要的间隔时间为25~35年。另一方面，多种知识的融合程度和兼容性，多种知识并不局限于科学知识或技术知识，也可能来自生产生活经验或偶然发现。基于科技新知识的创新，风险最高，潜在的回报也更高。其他创新者可能会发财致富，而基于知识的创新者则有望名利双收。从科学成果向技术创新创业的转型探索，不仅是科技成果的转化，在创新驱动发展国家战略的全面实施中的实践，在解决"卡脖子"技术、产业链安全等时空情境中的经验，也值得深入研究。

基于创业的本质，如高失败率，已经积累出一些很有效的方法论，如精益、基于最小化产品的快速迭代等，如果能够运用混沌与复杂科学的理论和研究方法，针对创新驱动创业复杂系统展开研究，不仅对创业本身，对管理理论也会有贡献。

24.3.2 难以预测与不确定性的应对研究

复杂系统特别是混沌现象因其对初始条件的敏感性依赖及初始条件的细微变化会导致系统出现超出预期的变化等而难以甚至无法预测，实质上，复杂系统的这一特点是对不确定性的警告和尊重，而且更加激发人们对科学应对不确定性的探索。张维迎教授在2019年中国发展高层论坛热点前瞻沙龙第二期的报告《从创新的不确定性看产业政策面临的挑战》中，提出了创新的四个不确定性，分别是技术可行性的不确定性，商业价值的不确定性，相关技术的不确定性，政治、文化和政策带来的不确定性。基于客观的不确定性，张维迎教授强调不要用计划的方法管理创新，应该大力研究企业家决策，并就企业家决策与管理决策、科学决策的差异做长期深入的研究。

不确定性客观存在，不同的群体和个体因为资源基础、能力、认知等多方面的差异又形成对不确定性的主观认知差异，这进一步放大了不确定性。应对不确定性的措施有很多，区分风险与不确定性，转移风险都是办法。创业者自身及创业情境的作用更能应对不确定性，甚至表现出独特的行为，对此有不少的研究成果，对实践产生了很好的指导意义和应用价值。例如，奏效理论中的可承担损失、非预测控制等，借鉴科学方法开展假设驱动的创业（Eisenmann et al.，2012），降低试错的成本，等等。科学方法、精益创业等都是在试图寻找一个更系统的办法来应对不确定性。

这些研究中有大量的问题难以解决。例如，假设验证、精益创业等思想和方法越来越多地被证明有效，背后的逻辑是科学验证。创业的本质是创新，创新的核心是基于科学的方法，发展一个假说，测试并证明，测试难免有失败，关键是快速且低成本的失败，快速的低成本的测试。科学家创业者更熟悉科学方法，也更擅长于假设验证，但事实却是科学家创业者失败率更高。

混沌与复杂科学理论源于自然科学的研究发现，有助于揭示内在的规律，创业研究天生就具有跨学科的特点，围绕不确定性的应对，应该有很多值得深入研究的课题。

24.3.3 专题深入研究

顺着对初始条件敏感性依赖的规律，值得从混沌和复杂系统的角度审视创业领域看似已经得到结论的研究课题，如创业特质论的研究。尽管伴随着创业过程研究的兴起，创业成败取决于创业者天赋的创业特质论变得过时。但是，谁也无法否认创业者及其团队或者说企业家群体中的个体差异对于创业活动的重要作用甚至决定性作用，而且，随着企业家精神研究被重视，以及创业者群体年轻化，创业特质仍然值得研究，但需要改变以往的研究路径和范式。

一个典型的研究领域是创业动机的多样化问题。全球创业观察项目团队把创业分为机会型和生存型两大类，这是创业分类中使用范围相对更宽的分类，但有些新的研究动向仍难以涵盖，爱好和兴趣驱动的创业就是例子。机会型创业动机受机会驱动、创业者想证明自己、想成就事业，生存型企业主要指不得不创业、别无他途，爱好和兴趣完全从自身出发，出发点是"好玩"，机会型创业动机受机会驱动、创业者证明自己、想成就事业；生存型创业主要指不得不创业、别无他途的行为。但在实践中，还存在一类创业活动——爱好和兴趣型创业，这类创业活动的特征是创业者的出发点是爱好和兴趣，是好奇心（curiosity）驱动下的行为，这类创业活动，既不属于机会型也不属于生存型。深入研究这样的创业活动也许会对机会学派、价值学派等创业领域的主流研究形成补充甚至挑战，有助于丰富理论。

另一个典型的研究领域是数字技术。数字技术已广泛渗透到人类生产生活的各个领域，自然包括创业，数字创业也成为热点。但不能就数字化谈数字化，也不能停留于数字化转型等课题。数字科学早已产生，其在经济发展水平、计算能力、信息化等一系列条件逐渐具备的情况下才得以呈现爆发式的发展，研究数字科学、数字技术、数字产业、数字创业这个系统，也会很有价值。

机会集、场景驱动的机会、创新创业生态系统中的涌现、自组织、自适应等课题的研究，值得深化。考虑到创新驱动创业的研究主题处于数字化和生态化等情境，复杂性、不可预测性和不确定性构成了创新创业情境的主要特征，未来可在深入挖掘这三个情境特征的基础上，深入探究复杂情境特征对创新创业机会识别、竞争对手、价值创造过程、效果分析等理论的修正和补充，进而探讨复杂情境下的创新驱动创业特征。

24.3.4 交叉及研究方法创新

研究方法的多元化是一门学科走向成熟的重要标志，创业研究中方法多样性的快速涌现与日益呼吁的创业研究情境化密切相关。一方面，创业研究的情境化促进跨学科的融合；另一方面，创业研究的情境化提升了研究问题的复杂性。从早期关注的创业者特质研究，到后续的创业行为过程研究，再到现如今的创业生态系统研究，尽管它们对情境化的关注极大提升了创业作为一门独立学科的科学性与合法性，但情境研究的复杂性也对创业研究方法提出了更高要求（杨俊等，2022）。

复杂科学并不是一门特定学科的科学，而是由不同学科领域构成的研究群，复杂科学研究者应该具备共同的跨学科关注点、方式方法，以及看待科学问题的一致理念：想要理解复杂系统，不仅需要整合力学、信息科学、统计物理学和进化论的概念，还需要高度依赖计算机建模和算力，计算科学是传统科学理论和实验的重要补充。在数字时代的创新驱动创业的背景下，除了自然科学的跨学科整合以外，关于商业规则、市场环境解构、社会活动规律及心理学的理论也应纳入思维建立的框架之中。

参 考 文 献

陈平. 2004. 文明分岔、经济混沌和演化经济动力学[M]. 北京: 北京大学出版社.
陈晓松, 樊京芳. 2022. 复杂性科学的机遇: 2021年诺贝尔物理学奖解读[J]. 物理, 51(1):1-9.
德鲁克 P. 2018. 创新与企业家精神[M]. 蔡文燕译. 北京: 机械工业出版社.
黄欣荣. 2006. 复杂性科学的方法论研究[M]. 重庆: 重庆大学出版社.
杨俊, 朱沆, 于晓宇. 2022. 创业研究前沿: 问题、理论与方法[M]. 北京: 机械工业出版社.
张维迎. 2022. 重新理解企业家精神[M]. 海口: 海南出版社.
Abbott A. 2001. Time Matters: On Theory and Method[M]. Chicago: University of Chicago Press.
Aeeni Z, Saeedikiya M. 2019. Complexity theory in the advancement of entrepreneurship ecosystem research: future research directions[J]. Eurasian Business Perspectives, 10(1): 19-37.
Andriani P, McKelvey B. 2011. From skew distributions to power-law science[M]//Allen P, Maguire S, McKelvey B. The Sage Handbook of Complexity and Management. Los Angeles: SAGE Publications: 254-274.
Bak P, Tang C, Wiesenfeld K. 1987. Self-organized criticality: an explanation of the 1/f noise[J].

Physical Review Letters, 59: 381-384.
Brock W A. 2000. Some Santa Fe scenery[M]//Colander D. The Complexity Vision and the Teaching of Economics. Cheltenham: Edward Elgar: 29-49.
Carter N M, Gartner W B, Shaver K G, et al. 2003. The career reasons of nascent entrepreneurs[J]. Journal of Business Venturing, 18(1): 13-39.
Cheng Y T, van de Ven A H. 1996. Learning the innovation journey: order out of chaos?[J]. Organization Science, 7(6): 593-614.
Churchill N C, Bygrave W D. 1990. The entrepreneurship paradigm (II): chaos and catastrophes among quantum jumps?[J]. Entrepreneurship Theory and Practice, 14(2): 7-30.
Crawford G C, Aguinis H, Lichtenstein B, et al. 2015. Power law distributions in entrepreneurship: implications for theory and research[J]. Journal of Business Venturing, 30(5): 696-713.
Crutchfield J P. 1994. The calculi of emergence: computation, dynamics and induction[J]. Physica D: Nonlinear Phenomena, 75(1/2/3): 11-54.
Crutchfield J. 2008. Is anything ever new? Considering emergence[M]//Bedau M, Humphreys P. Emergence: Contemporary Readings in Philosophy and Science. Cambridge: MIT Press.
Daniel L J, de Villiers Scheepers M J, Miles M P, et al. 2022. Understanding entrepreneurial ecosystems using complex adaptive systems theory: getting the big picture for economic development, practice, and policy[J]. Entrepreneurship & Regional Development, 34(9/10): 911-934.
Dess G G, Lumpkin G T. 2005. The role of entrepreneurial orientation in stimulating effective corporate entrepreneurship[J]. Academy of Management Perspectives, 19(1): 147-156.
Eisenmann T, Ries E, Dillard S. 2012. Hypothesis-driven entrepreneurship: the lean startup[R]. Boston: Harvard Business School Entrepreneurial Management.
Ganco M, Agarwal R. 2009. Performance differentials between diversifying entrants and entrepreneurial start-ups: a complexity approach[J]. Academy of Management Review, 34(2): 228-252.
Gleick J. 1987. Chaos: Making a New Science[M]. New York: Viking Adult.
Han J, Ruan Y, Wang Y M, et al. 2021. Toward a complex adaptive system: the case of the Zhongguancun entrepreneurship ecosystem[J]. Journal of Business Research, 128: 537-550.
Huarng K H, Yu T H K. 2021. Complexity theory of entrepreneur characteristics[J]. International Entrepreneurship and Management Journal, 17(3): 1037-1048.
Ireland V, Gorod A. 2016. Contribution of complex systems to entrepreneurship[J]. Entrepreneurship Research Journal, 6(1): 1-41.
Jayanthi S, Sinha K K. 1998. Innovation implementation in high technology manufacturing: a chaos-theoretic empirical analysis[J]. Journal of Operations Management, 16(4): 471-494.
Kaye B. 1999. Chaos & Complexity[M]. New York: Wiley-VCH.
Krakauer D, Gell-Mann M, Arrow K, et al. 2019. Worlds Hidden in Plain Sight: The Evolving Idea of Complexity at the Santa Fe Institute, 1984–2019[M]. New Mexico: SFI Press.

Lartey F M. 2020. Chaos, complexity, and contingency theories: a comparative analysis and application to the 21st century organization[J]. Journal of Business Administration Research, 9(1): 44-51.

Li T Y, Yorke J A. 1975. Period three implies chaos[J]. American Mathematical Monthly, 82(10): 985-992.

Lichtenstein B B. 2011. Complexity science contributions to the field of entrepreneurship[M]//Peter A, Steve M, Bill M. The Sage Handbook of Complexity and Management. Los Angeles: SAGE Publications: 471-493.

Lichtenstein B B, Carter N M, Dooley K J, et al. 2007. Complexity dynamics of nascent entrepreneurship[J]. Journal of Business Venturing, 22(2): 236-261.

Lichtenstein B B, Dooley K J, Lumpkin G T. 2006. Measuring emergence in the dynamics of new venture creation[J]. Journal of Business Venturing, 21(2): 153-175.

Lichtenstein B B, Plowman D A. 2009. The leadership of emergence: a complex systems leadership theory of emergence at successive organizational levels[J]. Leadership Quarterly, 20(4): 617-630.

Lorenz E N. 1963. Deterministic nonperiodic flow[J]. Journal of the Atmospheric Sciences, 20(2): 130-141.

Mandelbrot B B. 1983. The Fractal Geometry of Nature[M]. New York: W.H. Freeman.

Mason R B. 2006. Coping with complexity and turbulence: an entrepreneurial solution[J]. Journal of Enterprising Culture, 14(4): 241-266.

Mazzoni L, Lazzeretti L, Innocenti N. 2021. Entrepreneurship, complexity and the emergent order in the techno-economic scenario of the twenty-first century. Evidence from a field study in Tuscany[J]. Industry and Innovation, 28(5): 570-593.

McKelvey B. 2004. Toward a complexity science of entrepreneurship[J]. Journal of Business Venturing, 19(3): 313-341.

Mitchell M. 2009. Complexity: A Guided Tour[M]. Oxford: Oxford University Press.

Morris M H, Lewis P S. 1995. The determinants of entrepreneurial activity[J]. European Journal of Marketing, 29(7): 31-48.

Nguyen C P, Nguyen B, Tung B D, et al. 2021. Economic complexity and entrepreneurship density: a non-linear effect study[J]. Technological Forecasting and Social Change, 173: 121107.

Plowman D A, Baker L T, Beck T E, et al. 2007. Radical change accidentally: the emergence and amplification of small change[J]. Academy of Management Journal, 50(3): 515-543.

Ruelle D, Takens F. 1971.On the nature of turbulence[J]. Communications in Mathematical Physics, 20(3): 167-192.

Russell R, Faulkner B. 2004. Entrepreneurship, chaos and the tourism area lifecycle[J]. Annals of Tourism Research, 31(3): 556-579.

Schumpeter J. 1934. Theory of Economic Development[M]. Boston: Harvard University Press.

Smilor R W, Feeser H R. 1991. Chaos and the entrepreneurial process: patterns and policy implications for technology entrepreneurship[J]. Journal of Business Venturing, 6(3): 165-172.

Stacey R D. 1995. The science of complexity: an alternative perspective for strategic change processes[J]. Strategic Management Journal, 16(6): 477-495.

Stanley M H R, Amaral L A N, Buldyrev S V, et al. 1996. Scaling behaviour in the growth of companies[J]. Nature, 379(6568): 804-806.

Stevenson H, Harmeling S. 1990. Entrepreneurial management's need for a more "chaotic" theory[J]. Journal of Business Venturing, 5(1): 1-14.

代表性学者简介

爱德华·诺顿·洛伦茨（Edward Norton Lorenz）

爱德华·诺顿·洛伦茨是美国气象学家。美国科学院院士。1948年获得麻省理工学院气象学博士学位。1961年发现混沌现象，1963年首次从确定的方程（后被称为洛伦茨方程）中计算模拟得到非周期现象，得出从事长期天气不可预测的结论，他发表的论文"Deterministic nonperiodic flow"被认为是研究混沌现象的第一篇论文。

詹姆斯·格雷克（James Gleick）

詹姆斯·格雷克是美国畅销书作家和科技史学家，毕业于哈佛大学，主要代表作包括《混沌：开创新科学》(*Chaos: Making a New Science*)和《时间旅行：一段历史》(*Time Travel: A History*)。

梅拉妮·米歇尔（Melanie Mitchell）

梅拉妮·米歇尔是圣塔菲研究所的讲席教授，她的主要研究包括复杂系统和遗传算法。她的科普代表作有《复杂》(*Complexity*)。

威廉·D. 拜格雷夫（William D. Bygrave）

拜格雷夫教授是巴布森学院（Babson College）创业学研究的奠基人之一，也是一位连续创业成功者。

本章执笔人：张玉利　黄　鹤

第 25 章 创新创业生态系统理论——创新驱动创业理论的生态系统视角

党的十八大以来，我国深入实施创新驱动发展战略，开辟发展新领域新赛道，不断塑造发展新动能新优势，创新和创业的关系比以往任何时候都要紧密。创新驱动创业这一学术概念的提出为理解新形势下创新创业实践提供了重要的理论切口（蔡莉等，2021）。近年来，随着数字经济的发展，企业不断向平台化和生态化转型。创新生态系统（innovation ecosystem）和创业生态系统（entrepreneurial ecosystem）研究，因其特有的生态系统观，为理解与预测创新驱动创业理论和实践提供关键支撑。

创新生态系统和创业生态系统虽然在理论起源上不尽相同，在研究问题和理论机制上也各有特色，但二者都从多主体互动视角为如何实现创新驱动创业、创业促进创新提供理论借鉴和参考。本章通过理论回顾，阐释创新生态系统和创业生态系统研究的演化，对比了创新生态系统与创业生态系统的异同，探讨二者融合发展的趋势，提出创新创业生态系统在创新驱动创业研究中的应用与展望。

25.1 创新生态系统理论的发展

借助 Web of Science 核心合集数据库，对 SSCI 论文进行索引，截至 2022 年 11 月 15 日共得到 453 篇题目中包含创新生态系统的文献。基于文献梳理，创新生态系统的研究大致可以分为三个阶段。起源阶段（1985~1992 年）：学者提出"创新系统"的概念，并从系统的视角审视国家、区域、产业层次的创新活动。发展阶段（1993~2014 年）：学者引入生态学的"生态系统"概念，关注创新系统内形如生态般的主体、要素与环境之间的交互，创新生态系统的概念被正式提出并不断发展。突破阶段（2015 年至今）：随着数字技术的发展，越来越多的企业利用数字技术自主构建或者加入生态系统，企业创新生态系统成为该领域的研究前沿。

25.1.1 起源阶段（1985~1992 年）：创新系统

创新生态系统的研究起源于学者对创新系统的讨论，包括产品创新系统、国家创新系统、区域创新系统、产业创新系统。创新系统关于要素、关系、结构和互动的集合思想奠定了创新生态系统的基础。

创新系统思想的形成可追溯至 Lundvall（1985）的著作 *The Learning Economy and the Economics of Hope*，Lundvall 着重讨论了产品创新与用户和生产商互动的关系，其认为产品创新的本质是用户和生产商互动以整合各类要素的过程，即创新系统意指一系列影响创新的要素组合及其关系。

随后，Freeman（1987）结合日本发展的经验提出了"国家创新系统"的概念，认为是国家公共和私营部门中的创新机构相互作用，推动了新技术的引入、激发、完善与扩散，实现了日本在第二次世界大战后的快速追赶。后续，学者从多角度开展国家创新系统的研究，如 Lundvall（1992）提出了国家创新系统的交互学习理论，将交互学习和创新置于国家经济分析的核心位置，认为知识是现代经济的基础性资源，国家在支持交互学习上扮演了重要角色。Nelson（1993）超越了以往国家技术创新研究仅关注单一或者部分因素的局限，通过对比全球 15 个国家创新系统的差异，指出研发配置、资金来源、公司特征、重点产业、大学角色、政府政策等都会影响一国技术创新和经济表现。1994 年，经济合作与发展组织启动了"国家创新体系研究项目"，并发表了《以知识为基础的经济》和《国家创新体系》两个报告，国家创新系统的概念被广泛传播，国家创新系统被各国政府广泛采用。

国家创新系统概念提出之后，区域创新系统、产业创新系统的研究日益得到关注。世界经济全球化趋势逐渐增强的同时，呈现出很强的区域性特征，区域取代国家成为参与全球竞争的焦点。为此，Cooke（1992）提出"区域创新系统"的重要性，指出区域创新能力是区域经济获取国际竞争优势的决定性因素。成功的经济区域大多存在着完整的产业集群。产业集群的优势不仅体现在产业价值链中单个企业的竞争能力方面，更在于产业集群中大量异质性企业之间紧密联系、协同创新。基于此，以产业为基础、整合产业链上下游创新要素的"产业创新系统"，以及聚集在特定区域、发挥集群创新优势的"集群创新系统"等概念相继提出（Carlsson et al.，2002；Malerba，2002；魏江和申军，2003）。产业集群的优势不仅体现在产业价值链中单个企业竞争能力的加总，更在于产业集群中大量异质性企业间紧密联系、协同创新。魏江和申军（2003）提出本地网络和超本地网络双重嵌入的集群创新能力轨迹跃迁模型。魏江和周泯非（2009）提出了基于地方规制、经济层级、社区规范、协会自治的"四位一体"产业集群治理模式。

25.1.2 发展阶段（1993~2014 年）：创新生态系统

1993 年，Moore 等学者率先将生态学的"生态系统"概念引入创新系统研究，启蒙了创新生态系统的发展。生态系统是一定时间空间范围内，由生物种群及其所处环境构成的物质循环和能量流动系统，是具备自调节性和自适应性的整体

(Moore, 1993)。创新生态系统包含了生态学的隐喻，其与自然生态系统之间存在概念上的可比性和延续性，具体如表 25.1 所示。

表 25.1　创新生态系统的生态学隐喻

类别	创新生态系统	自然生态系统
参与个体	创新活动单元（企业等）	物种
参与群体	某类创新单元集合（集群等）	种群
共生关系	多种创新单元的共生关系	群落
延续机制	学习、模仿、跟进创新	繁殖
应答机制	创新思想、模式等	变异
淘汰机制	市场竞争	自然选择
环境要素	制度、市场、技术体制	生态环境

资料来源：作者整理

20 世纪 90 年代以来，日本经济长期低迷，而美国制造业却表现出强大生命力，硅谷更成为持续创新的代表，美国的"创新生态"受到广泛关注。2004 年，美国总统科技顾问委员会（President's Council of Advisors on Science and Technology）发表了《维护国家的创新生态体系、信息技术制造和竞争力》的研究报告，"创新生态系统"作为一个独立的概念被提出来，成为创新主体间、主体与环境间交互的重要表征。

后续研究进一步完善了创新生态系统的概念与内涵。Adner（2006）从技术协同视角出发，将创新生态系统定义为由围绕某种核心技术/产品周围的相互依赖的供应商和客户组成的网络，网络内部成员通过互动合作实现协同创新。Zahra 和 Nambisan（2011）则从系统结构视角出发，将创新生态系统看作基于不同价值定位进行架构的系统结构，关注不同位置上参与者的创新功能。在特征方面，已有研究表明创新生态系统具有内部成员异质性、开放式协同、自组织发展等特征（de Vasconcelos Gomes et al.，2018；Jacobides et al.，2018；Luo，2018）。成员异质性是指系统内创新主体的异质性要丰富，利用互补优势开展协同创新，与创新环境之间频繁进行试错和应答；开放式协同是指生态系统逐渐突破地理边界，凝聚整个创新链、产业链和价值链进行技术创新，形成多边依赖；自组织演化是指系统内部要素、个体群落等都是在相互作用、相互适应中不断发展演化的。生态系统的发展演化过程是自发的、非系统科层可控制的。

25.1.3　突破阶段（2015 年至今）：企业创新生态系统

以往对于创新生态系统的研究多基于地理和产业关联性展开，其分类大体与创新系统理论对应，分为国家、区域、产业等不同层次（Spigel and Harrison，2018）。

随着数字技术的发展，越来越多的企业以自身为主体，探索构建企业创新生态系统。企业创新生态系统成为创新生态系统研究中的前沿议题。

蒋石梅等（2015）在综合网络视角、技术协同、共生战略和创新平台等理论的基础上（表25.2），正式提出企业创新生态系统的概念，指出企业创新生态系统是企业为了满足客户日益多样化和复杂化需求，在产品或服务的创新过程中，与影响其创新活动的其他组织或个人建立各种合作关系，形成协同演化、相互依赖、共存共亡的具有开放性和动态性的网络系统。在企业创新生态系统中，核心企业通过对技术产业发展的理解与商业合作关系的建立，以共同的利益追求、资源共享、价值实现为手段吸引创新参与者加入，围绕自身目标和需求成立企业创新生态系统（Scaringella and Radziwon，2018）。

表 25.2　企业创新生态系统定义的奠基研究

定义视角	文献	对企业创新生态系统的描述
网络视角	Iansiti 和 Levien（2004），Ginsberg 等（2010）	企业与影响该企业创新和发展的所有个体与组织等构成的、具有松散性和开放性的网络系统，系统内部的各主体彼此影响、相互依赖、共存共亡
技术协同	Adner（2006）	为了满足客户需求，企业需要通过与其他企业进行互补性协作来促进技术创新、提供有价值的产品和服务，这种互补性组织就是企业创新生态系统
技术协同	陈斯琴和顾立刚（2008）	在一定时期和一定空间内，企业技术创新复合组织与企业技术创新复合环境通过创新物质、能量和信息流动而相互作用、相互依存形成的整体系统
技术协同	张运生（2008）	以技术标准为纽带，基于配套技术，由高科技企业在全球范围内形成的共存共亡、共同进化的创新体系
共生战略	靳洪（2011）	企业以开发新的发展领域、实现新客户价值为共同战略目标，以一定的利益机制为纽带，形成相互依存、共同进化的企业战略创新体系
创新平台	Nambisan 和 Zahra（2011）	各企业围绕某种创新或者创新平台来协同合作而形成的一种松散互联、相互依赖的企业网络

资料来源：蒋石梅等（2015）

不同于传统的国家、产业、区域创新生态系统，企业创新生态系统的核心主体是焦点企业，其不具有法律规范、行政命令等自上而下贯穿的强制性和权威性，而是通过独特的价值主张与优势的创新资源吸引互补者加入（Prashantham，2020），通过知识基拓展、生态目标更新等应对环境不确定性（杨升曦等，2022），通过多边耦合、模块协同等手段实现整个生态系统的创新价值最大化（孙聪和魏江，2019）。企业创新生态系统中的参与者类型多样，形成了定向式、协作式、响应式等多种资源获取方式（杨升曦和魏江，2021）。企业创新生态系统更具有自组织和自循环的特征，在一定时期内处于动态平衡状态（魏江等，2022）。

25.2 创业生态系统理论的发展

相较于创新生态系统，创业生态系统研究起步较晚，但近年来发展快速。借助 Web of Science 核心合集数据库，对 SSCI 论文进行索引，截至 2022 年 11 月 15 日共得到 386 篇相关文献。基于文献梳理，创业生态系统研究同样可划分为起源、发展和突破三个阶段。起源阶段（2005~2017 年）：学者侧重于揭示创业生态系统的构成要素与概念内涵。发展阶段（2017~2019 年）：学者对创业生态系统独有的运行机制和治理模式展开探讨。突破阶段（2019 年至今）：学者将数字情境和数字新要素融入创业生态系统研究，催生了数字创业生态系统和平台企业主导的创业生态系统研究。

25.2.1 起源阶段（2005~2017 年）：构成要素与概念内涵

创业生态系统研究的起源阶段，学者先是侧重探讨创业生态系统的构成要素，继而分析创业生态系统的概念内涵。创业生态系统的概念最早提出于 2005 年。Dunn（2005）基于对大学创业生态系统构建的研究描绘了创业生态系统的基本轮廓。该研究并没有对创业生态系统进行明确定义，但带动了其他学者对创业生态系统的研究热情。例如，Cohen（2006）指出，创业生态系统是特定区域内相互作用的主体形成的群落，通过支持和促进新企业的创建与成长来实现可持续发展，创造社会和经济价值。又如，Isenberg（2010）提出构建创业生态系统的九大原则，指出政府可以通过构建具有区域特色的创业生态系统来改善创业环境，提高当地的创业水平。

与创新生态系统相似，创业生态系统的早期研究大多以地理为边界，探讨国家、区域创业活力与创业水平差异的原因。经过十余年的发展，创业生态系统的概念逐渐成熟。其中，最具代表性的定义来自 Stam（2015）和 Spigel（2017）的研究。Stam（2015）将创业生态系统定义为"一系列相互依赖的行动者和要素，通过使能富有成效的创业活动的方式进行协调"；Spigel（2017）认为创业生态系统是"一个区域内社会、政治、经济及文化等要素的组合，目的是支持创新创业企业的发展和鼓励创业者以及其他行动者承担和应对新创企业建立、融资、成长过程中的风险"。上述二者都表明创业生态系统以提升整体创业质量为目的的多主体、多要素的互动特征。

此后，诸多学者对创业生态系统的构成要素和理论内涵展开探讨。

在构成要素方面，学者依托不同情境提出不同构成要素（Vogel, 2013; Stam, 2015），其中 Stam（2015）的观点较为经典，认为创业生态系统作为有机整体涵盖了框架要素与系统要素（图 25.1）。框架要素包括正式制度、文化、基础设施和需求等，系统要素包括网络、领导力、金融、才能、知识、支持等。两类构成要素之间相互融通，共同支持创业活动，最终实现整体价值创造。

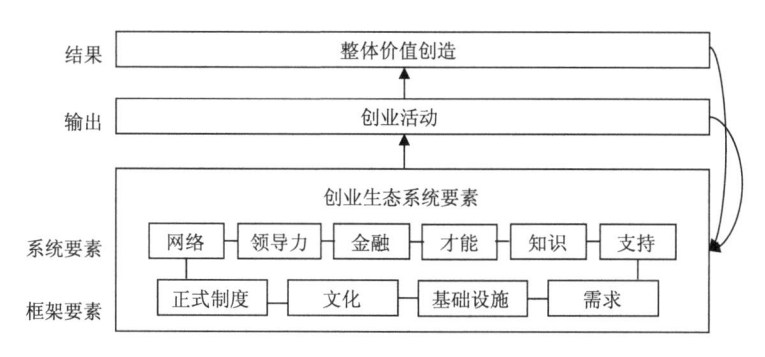

图 25.1 创业生态系统的构成要素、输出与结果

资料来源：Stam（2015）

在理论内涵方面，创业生态系统的研究主要起源于三个视角：集群和经济地理视角、创新管理视角和战略管理视角。不同视角催生了对创业生态系统理论内涵的不同理解。集群和经济地理视角扎根于区域产业集群理论（Porter，2000），强调创业生态系统内不同要素的专业化分工，以及要素间互补与协调等内容，重点探讨创业生态系统对于区域发展、就业等的影响（Stam，2015）。创新管理视角借鉴区域创新系统理论相关文献（Cooke et al.，1997），强调创业生态系统内部的知识流动、社会网络、社会资本等对创业企业成长的影响（Brown and Mason，2017）。战略管理视角来源于商业生态系统文献（Adner，2017），强调创业生态系统中主导者的作用，以及创业生态系统中的价值创造和价值获取等。

25.2.2 发展阶段（2017~2019 年）：运行机制和治理模式

创业生态系统研究的发展阶段，学者强化了创业生态系统与经典组织管理理论的对话，并就创业生态系统的运行机制和治理模式等问题展开了广泛讨论，逐渐将其拓展到不同类型的创业生态系统中。

首先，创业生态系统的运行机制是创业生态系统研究的内核。基于生态系统多主体协同与资源共享的特征，本节归纳出三种创业生态系统运行机制：一是知识溢出机制。创业生态系统内参与主体交互协同，使知识呈现出横向、自愿溢出模式（Autio et al.，2018）。系统内部知识的溢出和转移能够为创业主体提供所需知识，提高创业绩效，促进创业生态系统发展。二是社会资本机制。在社会资本的结构维度下，创业生态系统内参与主体间的联系有助于增加创业资源；在认知维度下，参与主体间形成的共同规范和价值观有助于多主体协同发展；在关系维度下，参与主体间的信任可以减少机会主义行为。三个维度的过程机制相互支持，提升了创业生态系统的可持续性（Theodoraki et al.，2018）。三是制度逻辑机制。创业生态系统包括了共存的市场逻辑和社区逻辑（Roundy，2017）。在市场逻辑下，创业企业聚焦于优质创业资源和机会，与创业生态系统中多主体交互，共同开发和利用新市场、商业模式和新技术。在社区逻辑下，创业企业与创业生态系统内的多主体互动可以获得创业必需的知识和人力资本，增强社区意识，推动整个创业社区的价值创造。

其次，基于创业生态系统构建路径的差异，创业生态系统治理模式大致分为关系治理（relational governance）和等级治理（hierarchical governance）两大模式（Colombelli et al.，2019）。第一，关系治理模式。自发形成的创业生态系统以关系治理为主，通过共享的规范和惯例等非正式制度协调与激励系统内参与主体。系统内的规范和惯例在创业生态系统的形成及发展过程中不断调整与完善（Colombelli et al.，2019）。第二，等级治理模式。人为设计形成的创业生态系统以等级治理为主，依赖于相对明确的权威模式。政府或行业协会发挥主导作用，制定各方互动的规则并提供合法性（Colombo et al.，2019）。这两种治理模式均存在一定的局限性。关系治理将创业生态系统视为可自我调节的网络，成员间的相互作用能够实现整个系统的自我维持，但这种方式难以为政策的制定与实施提供合理性；等级治理强调政策对创业生态系统的干预，但政策干预容易过度，使其失去生态系统的自组织功能，无法充分激活系统内创业主体的活力。因此，如何实现两种治理模式的平衡是创业生态系统可持续发展的关键（Colombo et al.，2019）。

最后，学者基于不同研究情境探究创业生态系统的内涵。例如，依托区域特征区分的城市创业生态系统（Sarma and Sunny，2017）、乡村创业生态系统（Roundy，2017）；依托主导者角色区分的大学创业生态系统（Miller and Acs，2017）、学术创业生态系统（Schillo，2018）等。虽然其概念各异，但内涵和解释框架仍遵循创业生态系统的逻辑。

25.2.3 突破阶段（2019年至今）：数字时代下的创业生态系统

近年来，数字技术发展催生了创业生态系统新范式，即数字创业生态系统和平台企业主导的创业生态系统。随着数字技术融合创业生态系统日益深入，"数字创业生态系统"概念被提出（Sussan and Acs，2017）。Song（2019）完善了数字创业生态系统的概念，搭建了数字创业生态系统概念框架（图25.2）。

数字创业生态系统为数字技术创业提供了新的平台和基础设施，使原有的创业生态系统的地域性限制被打破。个体和组织可以通过数字创业生态系统在全球范围内获得更多的创业机会和资源，不拘泥于地理边界开展数字创业（Nambisan and Baron，2021）。

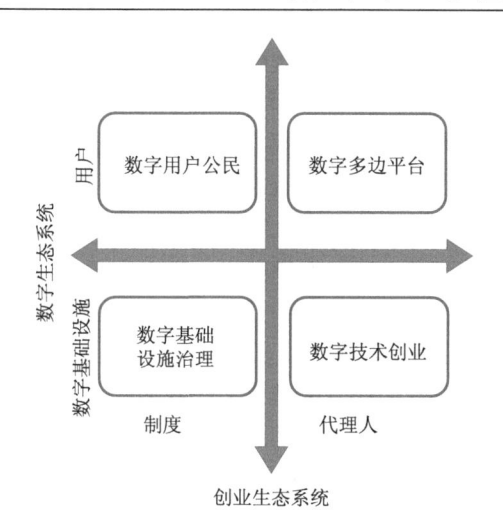

图 25.2 数字创业生态系统概念框架

资料来源：Song（2019）

数字技术的发展催生了越来越多的平台企业，平台凭借其网络效应及生态优势所产生的规模经济、范围经济和速度经济对经济社会产生了深刻影响（魏江等，2022）。平台犹如一个元组织，创造了新的创业情境和机会（Kretschmer et al.，2022）。平台企业主导的创业生态系统指由平台企业提供基础设施和边界资源的、多参与主体协同共生的、价值共创共享的创业生态系统（魏江等，2022）。平台企业主导的创业生态系统的要素可以归为三类，分别是平台企业及其提供的基础设施与制度安排、用户及供应商等互补者及其创新创业活动、价值创造支持者及其资源支撑作用，这三类要素之间有机结合，不断催生新的创业机会和资源。同时，平台企业主导的创业生态系统具有系统性、超区域性、互补性、平台企业主导性等四大特征，使得创业活动能够超越传统创业生态系统的地理边界束缚，搜寻到范围更广的资源，获得更多创业机会并有能力对其进行开发和利用，最终各主体以协同共创的方式进行创新创业（Battisti et al.，2022）。

25.3 创新生态系统与创业生态系统的区分与融合

25.3.1 创新生态系统与创业生态系统的区分

创新生态系统是创新要素集聚并聚合反应、创新价值链和网络形成并拓展的开放系统（曾国屏等，2013）。创新生态系统研究将创新置于生态系统分析的中心位置。创新生态系统由核心组件构成，这些核心组件不具备独占性而能被互补者共享使用，互补者通过边界资源（接口、接入工具、标准、规则等）接入核心组件，得以高效便捷地为消费者开发有价值的互补组件（Cusumano et al.，2019；Gawer，2014；Jacobides et al.，2018；Tiwana et al.，2010）。创新生态系统的关键要素包括互补者面向消费者需求利用核心组件进行互补创新所涉及的要素，包括生态系统核心企业、核心组件、边界资源、互补企业。

创业生态系统则是特定区域内相互作用的主体形成的群落，通过支持和促进新企业的创建与成长来实现可持续发展，创造社会和经济价值（Cohen，2006），创业生态系统将创业置于生态系统分析的中心位置（Acs et al.，2013）。在区域特定制度和企业家个体及企业的影响下，追求机会的创业家通过创立新企业，从而对区域经济产生影响。创业活动对区域经济的影响是深远的，不仅是成功的创业企业能够带来区域经济的增长，成功的创业家通过共享和投入其经验、资金、精神等也会进一步影响区域的其他创业活动，进而影响区域经济发展（Isenberg，2010）。创业生态系统的关键要素包括创业者、创业机会、创业资源、制度环境。

创新生态系统和创业生态系统的研究在理论视角与关系结构的转变上都存在共同之处。在理论视角方面，两者超越了过去关注单个企业特性对创新创业的影响，而采用基于情境的方法（context-based approach）分析创新创业活动（Shane and Venkataraman，2000）。同时，两者突破了新古典经济主义关于产出是各类要素之组合函数的思想，侧重于从演化、社会互动和非线性方法的视角去审视创新创业活动（Hwang and Mabogunje，2013；Song，2019）。在关系结构方面，创新生态系统和创业生态系统关注内部复杂的多主体互动关系，生态系统主导者都趋向于激活生态系统参与者的潜力以及整合利益相关者的能量，对生态系统进行共治共享。创新生态系统和创业生态系统的对比分析如表 25.3 所示。

表 25.3　创新生态系统和创业生态系统的对比

对比项	创新生态系统	创业生态系统
定义	创新生态系统是支撑企业与其他企业进行互补性协作来促进技术创新、提供有价值的产品和服务以满足消费者需求的互补性组织（Adner，2006）	创业生态系统本质上是一个由创建的新企业以实现个体层面机会追求所驱动的资源分配系统（Cohen，2006）
关键要素	核心企业、核心组件、边界资源、互补企业	创业者、创业机会、创业资源、制度环境
研究焦点	创新活动、创新产出	创业活动、价值创造
核心观点	互补企业通过边界资源接入，利用创新生态系统主导者提供的核心组件进行互补组件的创新，满足消费者需求	区域特定的制度、个体/企业特有的属性等因素都影响着专注机会识别和开发利用的主体投入创业，也影响其价值创造
共同之处	①超越了过去关注单个企业特性对创新创业的影响，突破了新古典经济主义关于产出是各类要素之组合函数的思想，侧重于从演化、社会互动和非线性方法的视角去审视创新创业活动 ②关注内部复杂的多主体互动关系，趋向生态系统所有参与者和利益相关者的共治共享	

资料来源：作者整理

25.3.2 创新生态系统与创业生态系统的融合

无论是创新和创业实践的现实使然,还是创新和创业研究的理论发展需要,创新生态系统和创业生态系统朝着融合方向发展,并最终形成创新驱动创业的新情境,我们将此种融合结果称为创新创业生态系统(Feldman et al.,2019)。

在实践层面,一方面,我国经济发展进入高质量发展阶段,创新驱动成为国家战略[①],过往生存型创业、投机型创业失去活力,创新驱动创业获得前所未有的关注。另一方面,技术进步使得创新生态系统和创业生态系统的边界交叉重合,所涵盖的要素及其内涵也趋同一致,创新和创业讨论的现实重叠性不断提高。这从现象层面推动了创新生态系统研究和创业生态系统研究迈向一体化。

在学术层面,学者开始将创新创业作为整体进行考察,推动了创新生态系统与创业生态系统的研究迈向创新创业生态系统的融合。创新创业研究不再割裂地看待创新和创业,而是转向关注创新和创业的紧密关系(Jelonek,2015;Schmitz et al.,2017),并将创新型创业、创新驱动创业等视为完整的概念,置于创新创业生态系统框架的中心位置进行探讨。

25.4 创新创业生态系统理论在创新驱动创业研究中的应用、局限与展望

25.4.1 应用

1. 创新创业生态系统成为创新驱动创业的新情境

当学术研究尝试将创新驱动创业作为一个完整的概念进行考察时,应该秉承创新研究的传统还是创业研究的主线?这或许一时间无法定论,但皈依创新驱动创业的现实情境,可以为此中争论提供一套整合的逻辑,即从生态系统视角审视创新驱动创业的产生、形成和结果。继承创新生态系统和创业生态系统的核心观点,创新创业生态系统本质上是融合了多要素、多主体、多重角色、多重关系的生态系统,其主导者和互补者提供了创新驱动创业的源动力,即互补者借助边界资源接入核心组件,运用自身资源和能力优势进行互补组件的创新,而此种互补性创新不直接满足消费者的需求,而是通过启发创业并最终创业成功的方式来完成价值实现。受创新启发的创业活动可能是由主导者发起的,也可能是由互补者发起的,只是在创业形成和产出结果的过程中存在分工与互动的不同,并且创新

---

① 《政府工作报告——2019 年 3 月 5 日在第十三届全国人民代表大会第二次会议上》,https://www.gov.cn/premier/2019-03/16/content_5374314.htm[2019-03-16]。

驱动创业的成果是由创新创业生态系统的所有关联主体共享的。

具体而言，从创新创业生态系统视角审视创新创业活动，可将创新创业活动所涉及的创新主体、创业主体以及包括政府部门、大学、投资机构等在内的创新创业支持者视为生命有机体，其周围的企业或组织连同社会、经济、技术、文化等宏观环境构成了其生存的外部条件，类似自然生态系统的无机环境。这些生命有机体与其外部环境进行物质、能量、信息等的交换，构成一个相互影响、彼此依赖、共同发展的共同体。创新创业生态系统成为创新驱动创业的新情境，创新驱动创业可以从其中的生命有机体中获取发展的动力，而其中的无机生命体则是创新驱动创业的直接能量来源。

如前所述，创新创业生态系统是技术发展和国家战略导向的新实践对新理论的呼唤，当回归创新驱动创业的现实，可以根据创新驱动创业的动力来源（制度创业、技术创新、商业模式创新）归纳创新创业生态系统的独特情境特征，如平台技术使得创新创业生态系统所产生的平台合法性、平台网络效应等特征，但究竟如何刻画此种情境的新特征以及这些特征如何影响创新驱动创业活动，还需要诸位同仁的共同努力。

2. 创新创业生态系统提供创新驱动创业的关键要素

创新创业生态系统可以为创新驱动创业提供某些特定的资源（Alvedalen and Boschman，2017），这些资源深化了创新创业生态系统作为创新驱动创业新情境的独特性。尽管 Timmons（1999）提供的经典创业模型至今仍被创业学者广泛应用（Grégoire et al.，2006；葛宝山等，2013），但在数字化、平台化、生态化和新型全球化情境下，创新创业生态系统提供了数据这一新的基本生产要素，数据成为企业获取竞争优势的关键资源（Erevelles et al.，2016；苏钟海，2022）。同时，创新驱动创业活动呈现出新范式，使传统 Timmons 模型中涉及的创业要素在数量、内涵和结构等方面发生了根本性变化，而数据资源具有海量性、共享性和高度流动性等特征（魏江和刘洋，2020），创新驱动创业范式基本告别封闭模式的单一企业行动，更加强调开放、协作和共享，这给创新驱动创业研究和创新驱动创业实践带来了巨大挑战，同时也提供了新的机遇，如创新驱动创业主导者在轻松获得外部其他资源和能力支持的同时，需要设计更加高效的资源获取、过程协作、成果分享规则，以避免创新驱动创业活动陷入无序。

在数字情境下，创新创业生态系统为创新驱动创业带来了新的构成要素和情境要素，如生态系统数据、平台网络效应、生态主导企业创建的核心组件模块和边界资源、生态治理机制等要素，都能对创新驱动创业产生影响（贺锦江等，2019；朱晓红等，2019），但这些要素具体为何以及如何影响创新驱动创业暂且没有统一的结论，未来可以通过对不同类型创新驱动创业的归纳分析，提炼创新驱动创业的关键要素。在明晰关键要素的基础上，进一步分析创新驱动创业的关键要素在数量、质量和结构等方面与传统 Timmons 模型的差异，以及情境因素对创新驱动创业关键要素的影响路径及作用机理（蔡莉等，2021）。

25.4.2 局限与未来展望

1. 创新创业生态系统视角下创新驱动创业的特征

在创新创业生态系统视角下，创新驱动创业是一个复杂现象，具有跨层面、多主体的特征。为了更好地揭示复杂现象背后的科学规律，开展创新创业生态系统下创新驱动创业的分类研究，明确不同类型创新驱动创业的特征十分有必要，但这种特征具体是什么，已有研究尚未给出明确的刻画。

未来研究可以从创新类型、关键主体和区域/国家情境三个维度对创新驱动创业进行组合分类研究，在不同类型创新驱动创业机理研究的基础上，比较差异性、提炼共性，提出创新驱动创业的边界条件及内在逻辑，促进理论创新（蔡莉等，2021）。首先，考虑到创新驱动创业过程中创新的主导作用，且涉及技术创新、制度创新和商业模式创新等不同类型的创新，因此基于创新的分类是对创新驱动创业进行类型划分的前提。其次，考虑到创新驱动创业处于由不同层面多主体与情境相互作用构成的系统，其所涉及的关键主体，如新企业、大企业和平台企业等企业，高校/科研机构、政府、孵化器/园区等都是不同的。最后，创新驱动创业所处的情境，如区域/国家制度、技术情境等也是不同的，因此创新驱动创业的机制也会有所差异。

2. 创新创业生态系统视角下创新驱动创业的动力体系

已有研究从个体和创业情境层面探讨了创新创业生态系统下创新驱动创业的动机与条件（Nambisan，2017；Cantu-Ortiz et al.，2017），但创新创业生态系统中创新驱动创业的动力体系研究仍存在诸多缺失，如高创新性和高成长性创新驱动创业的内在动力体系是什么？如何确保创新驱动创业的动力体系在创新创业生态系统动态演化过程中的自我更新？不同形态创新创业生态系统的创新驱动创业动力差异及更新机制是什么？

未来研究可从资源视角将创业生态系统视为资源持续创造、流动和转化的系统（Spigel and Harrison，2018），从资源要素集合、资源流动机制、资源回收机制、资源吸纳机制等维度对创新创业生态系统进行解构，揭示创新驱动创业的动力体系。首先，识别创新创业生态系统的独特"资源池"；其次，分析创新创业生态系统的关系、结构、治理及运行机制或特征对内部资源流动、转化、回收及新资源吸纳的影响；最后，分析创新创业生态系统主导者如何通过正式和非正式制度设计及竞争引入机制，引导创新创业生态系统中的创新驱动创业企业充分利用机会和资源进行有效创新，同时分析创新驱动创业企业的创新反馈及其对创新创业生态系统制度和竞争机制的影响，以及对创新创业生态系统中资源池和资源流的影响。

3. 创新创业生态系统中的创新驱动创业赋能机制

创新创业生态系统中的创新驱动创业活动受到创新创业生态系统的特质及资源特征的影响，创新创业生态系统主导者因其主导地位在此过程中扮演了赋能者的角色（Elia et al., 2016; Autio and Levie, 2017; Torres and Godinho, 2021）。然而，现有研究对创新创业生态系统赋能创新驱动创业的内在机制研究还十分有限：创新创业生态系统赋能创新驱动创业的内在路径和机制主要有哪些？创新创业生态系统的异质性特征如何影响创新创业生态系统对创新驱动创业的赋能水平？影响创新创业生态系统对创新驱动创业赋能水平的关键情境因素主要有哪些？这些关键问题都有待回答。

未来研究可以立足创新创业生态系统的发展实际，揭示创新创业生态系统赋能创新驱动创业的内在机制，从宏观、微观多层次识别影响创新创业生态系统赋能创新驱动创业水平的因素，构建创新创业生态系统赋能创新驱动创业的相关理论（魏江等，2022）。其中，要特别关注创新创业生态系统如何协同各类参与者赋能创新驱动创业活动的有效策略组合和机制。同时，由于不同创新创业生态系统存在开放性和互补性差异及产业属性差异，未来研究可以打开不同类型创新创业生态系统的赋能分异机制。

4. 创新创业生态系统赋能创新驱动创业的治理机制

当前关于创新创业生态系统治理研究主要关注具体的治理策略和治理机制（Tiwana，2013），仍旧存在一些研究困境尚未打开，如不同类型创新创业生态系统如何设计和选择不同层次的治理制度，进而赋能创新驱动创业的发展？

未来研究可以考虑从微观层次揭示创新创业生态系统的治理体系设计与选择逻辑。首先，基于创新创业生态系统的"结构—关系—功能"特征，明确不同类型创新创业生态系统赋能创新驱动创业所面临的治理挑战，探索不同类型创新创业生态系统的多元复合治理机制；其次，综合科层治理、市场治理、关系治理、自组织治理的优劣势，凝练总结不同形态创新创业生态系统赋能创新驱动创业的多元化治理机制，揭示创新创业生态系统类型与治理体系的复杂耦合关系；最后，提出创新创业生态系统赋能创新驱动创业的外部制度设计。

参 考 文 献

蔡莉, 张玉利, 蔡义茹, 等. 2021. 创新驱动创业: 新时期创新创业研究的核心学术构念[J]. 南开管理评论, 24(4): 217-226.

葛宝山, 高洋, 蒋大可. 2013. Timmons 的思想演变及其贡献:对创业学的再思考[J]. 科学学研究, 31(8): 1207-1215.

贺锦江, 王节祥, 蔡宁. 2019. 场域转变视角下互联网平台企业的制度创业研究[J]. 科学学研究, 37(12): 2231-2240.

蒋石梅, 吕平, 陈劲. 2015. 企业创新生态系统研究综述: 基于核心企业的视角[J]. 技术经济, 34(7): 18-23, 91.

苏钟海. 2022. 数字赋能: 数字时代的企业创新逻辑[M]. 杭州: 浙江大学出版社.

孙聪, 魏江. 2019. 企业层创新生态系统结构与协同机制研究[J]. 科学学研究, 37(7): 1316-1325.

魏江, 刘洋. 2020. 数字创新[M]. 北京: 机械工业出版社.

魏江, 申军. 2003. 产业集群学习模式和演进路径研究[J]. 研究与发展管理, 15(2): 44-48.

魏江, 杨洋, 陈亮, 等. 2022. 数字战略[M]. 杭州: 浙江大学出版社.

魏江, 苏钟海, 路云飞, 等. 2022. 平台企业主导的创业生态系统研究：回顾与展望[J/OL]. 科学学研究. https://doi.org/10.16192/j.cnki.1003-2053.20220906.005[2023-03-24].

魏江, 周泯非. 2009. 产业集群治理：理论来源、概念与机制[J]. 管理学家(学术版), 2(6): 50-59, 78.

杨升曦, 魏江. 2021. 企业创新生态系统参与者创新研究[J]. 科学学研究, 39(2): 330-346.

杨升曦, 杨佳铭, 魏江. 2022. 企业创新生态系统资源互补不确定性及策略[J]. 科学学研究, 40(12): 2272-2280.

曾国屏, 苟尤钊, 刘磊. 2013. 从"创新系统"到"创新生态系统"[J]. 科学学研究, 31(1): 4-12.

朱晓红, 陈寒松, 张腾. 2019. 知识经济背景下平台型企业构建过程中的迭代创新模式: 基于动态能力视角的双案例研究[J]. 管理世界, 35(3): 142-156, 207-208.

Adner R. 2006. Match your innovation strategy to your innovation ecosystem[J]. Harvard Business Review, 84(4): 98-107, 148.

Adner R. 2017. Ecosystem as structure: an actionable construct for strategy[J]. Journal of Management, 43(1): 39-58.

Alvedalen J, Boschman R. 2017. A critical review of entrepreneurial ecosystems research: towards a future research agenda[J]. European Planning Studies, 25, 887-903.

Autio E, Levie J. 2017. Management of entrepreneurial ecosystems[M]//Ahmetoglu G, Chamorro-Premuzic T, Klinger B, et al. The Wiley Handbook of Entrepreneurship. Chichester: John Wiley & Sons, Ltd: 423-449.

Autio E, Nambisan S, Thomas L D W, et al. 2018. Digital affordan ces, spatial affordances, and the genesis of entrepreneurial ecosystems[J]. Strategic Entrepreneurship Journal, 12(1): 72-95.

Battisti S, Agarwal N, Brem A. 2022. Creating new tech entrepreneurs with digital platforms:

meta-organizations for shared value in data-driven retail ecosystems[J]. Technological Forecasting and Social Change, 175: 121392.

Brown R, Mason C. 2017. Looking inside the spiky bits: a critical review and conceptualisation of entrepreneurial ecosystems[J]. Small Business Economics, 49(1): 11-30.

Cantu-Ortiz F J, Galeano N, Mora-Castro P, et al. 2017. Spreading academic entrepreneurship: made in Mexico[J]. Business Horizons, 60(4): 541-550.

Carlsson B, Jacobsson S, Holmén M, et al. 2002. Innovation systems: analytical and methodological issues[J]. Research Policy, 31(2): 233-245.

Cohen B. 2006. Sustainable valley entrepreneurial ecosystems[J]. Business Strategy and the Environment, 15(1): 1-14.

Colombelli A, Paolucci E, Ughetto E. 2019. Hierarchical and relational governance and the life cycle of entrepreneurial ecosystems[J]. Small Business Economics, 52(2): 505-521.

Colombo M G, Dagnino G B, Lehmann E E, et al. 2019. The governance of entrepreneurial ecosystems[J]. Small Business Economics, 52(2): 419-428.

Cooke P. 1992. Regional innovation systems: competitive regulation in the new Europe[J]. Geoforum, 23(3): 365-382.

Cooke P, Gomez Uranga M, Etxebarria G. 1997. Regional innovation systems: institutional and organisational dimensions[J]. Research Policy, 26(4/5): 475-491.

Corrente S, Greco S, Nicotra M, et al. 2019. Evaluating and comparing entrepreneurial ecosystems using SMAA and SMAA-S[J]. Journal of Technology Transfer, 44(2): 485-519.

de Vasconcelos Gomes L A, Facin A L F, Salerno M S, et al. 2018. Unpacking the innovation ecosystem construct: evolution, gaps and trends[J]. Technological Forecasting and Social Change, 136: 30-48.

Dunn K. 2005. The entrepreneurship ecosystem[J]. MIT Technology Review, 42(99): 33-41.

Elia G, Margherita A, Petti C. 2016. An operational model to develop technology entrepreneurship "EGO-system" [J]. International Journal of Innovation and Technology Management, 13(5): 1640008.

Erevelles S, Fukawa N, Swayne L. 2016. Big data consumer analytics and the transformation of marketing[J]. Journal of Business Research, 69(2): 897-904.

Feldman M, Siegel D S, Wright M. 2019. New developments in innovation and entrepreneurial ecosystems[J]. Industrial and Corporate Change, 28(4): 817-826.

Freeman C. 1987. Technology, policy, and economic performance: lessons from Japan[M]. London: Pinter Publishers.

Gawer A. 2014. Bridging differing perspectives on technological platforms: toward an integrative framework[J]. Research Policy, 43(7): 1239-1249.

Grégoire D A, Noël M X, Déry R, et al. 2006. Is there conceptual convergence in entrepreneurship research? A co-citation analysis of frontiers of entrepreneurship research 1981-2004[J]. Entrepreneurship Theory and Practice, 30(3): 333-373.

Hwang V W, Mabogunje A. 2013. The new economics of innovation ecosystems[J]. Stanford Social Innovation Review, 8(6): 123-125.

Isenberg Daniel J. 2010. The big idea how to start an entrepreneurial revolution[J]. Harvard Business Review, 88(6): 40-50.

Jacobides M G, Cennamo C, Gawer A. 2018. Towards a theory of ecosystems[J]. Strategic Management Journal, 39(8): 2255-2276.

Jelonek D. 2015. The role of open innovations in the development of e-entrepreneurship[J]. Procedia Computer Science, 65: 1013-1022.

Kretschmer T. Leiponen A. Schilling M. et al. 2022. Platform ecosystems as meta-organizations: implications for platform strategies[J]. Strategic Management Journal, 43(3): 405-424.

Lundvall B A. 1985. The Learning Economy and the Economics of Hope[M]. Aalborg: Anthem Press.

Lundvall B A. 1992. National Innovation Systems: Towards a Theory of Innovation and Interactive Learning[M]. London: Pinter.

Luo J X. 2018. Architecture and evolvability of innovation ecosystems[J]. Technological Forecasting and Social Change, 136: 132-144.

Malerba F. 2002. Sectoral systems of innovation and production[J]. Research Policy, 31(2): 247-264.

McIntyre D, Srinivasan A, Afuah A, et al. 2021. Multisided platforms as new organizational forms[J]. Academy of Management Perspectives, 35(4): 566-583.

Miller D, Acs Z. 2017. The campus as entrepreneurial ecosystem: the University of Chicago[J]. Small Business Economics, 49(1): 75-95.

Moore J. 1993. Predators and prey: a new ecology of competition[J]. Harvard Business Review, 71(3): 75-87.

Nambisan S. 2017. Digital entrepreneurship: toward a digital technology perspective of entrepreneurship[J]. Entrepreneurship Theory and Practice, 41(6): 1029-1055.

Nambisan S, Baron R A. 2021. On the costs of digital entrepreneurship: role conflict, stress, and venture performance in digital platform-based ecosystems[J]. Journal of Business Research, 125: 520-532.

Nelson R R. 1993. National Innovation Systems: a Comparative Analysis[M]. New York: Oxford University Press.

Porter M E. 2000. Location, competition, and economic development: local clusters in a global economy[J]. Economic Development Quarterly, 14(1): 15-34.

Prashantham S. 2020. New ventures as value cocreators in digital ecosystems[J]. Industrial Management and Data Systems, 121(1): 111-122.

Roundy P T. 2017. Hybrid organizations and the logics of entrepreneurial ecosystems[J]. International Entrepreneurship and Management Journal, 13(4): 1221-1237.

Sarma S, Sunny S. 2017. Civic entrepreneurial ecosystems: smart city emergence in Kansas City[J]. Business Horizons, 60(6): 843-853.

Scaringella L, Radziwon A. 2018. Innovation, entrepreneurial, knowledge, and business ecosystems: old wine in new bottles?[J]. Technological Forecasting and Social Change, 136: 59-87.

Schmitz A, Urbano D, Dandolini G A, et al. 2017. Innovation and entrepreneurship in the academic setting: a systematic literature review[J]. International Entrepreneurship and Management Journal, 13(2): 369-395.

Schillo R. 2018. Research-based spin-offs as agents in the entrepreneurial ecosystem[J]. Journal of Technology Transfer, 43(1): 222-239.

Shane S, Venkataraman S. 2000. The promise of entrepreneurship as a field of research[J]. Academy of Management Review, 25(1): 217-226.

Song A K. 2019. The digital entrepreneurial ecosystem: a critique and reconfiguration[J]. Small Business Economics, 53(3): 569-590.

Spigel B, Harrison R. 2018. Toward a process theory of entrepreneurial ecosystems[J]. Strategic Entrepreneurship Journal, 12(1): 151-168.

Spigel B. 2017. The relational organization of entrepreneurial ecosystems[J]. Entrepreneurship Theory and Practice, 41(1): 49-72.

Stam E. 2015. Entrepreneurial ecosystems and regional policy: a sympathetic critique[J]. European Planning Studies, 23(9): 1759-1769.

Sussan F, Acs Z J. 2017. The digital entrepreneurial ecosystem[J]. Small Business Economics, 49(1): 55-73.

Theodoraki C, Messeghem K, Rice M P. 2018. A social capital approach to the development of sustainable entrepreneurial ecosystems: an explorative study[J]. Small Business Economics, 51(1): 153-170.

Timmons M. 1999. New Venture Creation: Entrepreneurship for the 21st Century[M]. 5th ed. Boston: Irwin/McGraw-Hill.

Tiwana A. 2013. Platform Ecosystems: Aligning Architecture, Governance, and Strategy[M]. Waltham: MK.

Torres P, Godinho P. 2021. Levels of necessity of entrepreneurial ecosystems elements[J]. Small Business Economics, 59(1): 29-45.

Vogel P. 2013. The employment outlook for youth: building entrepreneurship ecosystems as a way forward[R].Conference Proceedings of the G20 Youth Forum.

Zahra S A, Nambisan S. 2011. Entrepreneurship in global innovation ecosystems[J]. AMS Review, 1(1): 4-17.

代表性学者简介

罗恩·阿德纳（Ron Adner）

罗恩·阿德纳于宾夕法尼亚大学获得博士学位，现为达特茅斯大学塔克商学院教授。他的研究兴趣是创新生态系统及组织间协作。他曾任 Management Science 副主编，担任 Academy of Management Review 及 Strategic Management Journal 编委。他在 Academy of Management Journal、Strategic Management Journal、Management Science 等期刊发表多篇论文。

本·斯皮吉尔（Ben Spigel）

本·斯皮吉尔于多伦多大学获得博士学位，现为爱丁堡大学商学院创业与创新系高级讲师。他的研究兴趣是创业生态系统，以及当地社会和经济结构对创业过程和企业战略的影响。他在 Entrepreneurship Theory and Practice、Strategic Entrepreneurship Journal、Small Business Economics 等期刊发表多篇论文。

本章执笔人：王　颂　沈　睿　魏　江

第 26 章 数字技术可供性理论——解析创新驱动创业数字能动性的理论

全球范围内企业数字化趋势的迅速蔓延，既推动了经典理论不断拓展，丰富了原有的数字化内涵和边界，又催生出新的数字化理论，亟待对创新驱动创业这一议题在数字新时代下的表现和应用进行理论总结与归纳。随着新一轮技术革命的深入推进，数字技术作为企业创新创业的关键战略资源，正在全面影响创新驱动创业活动。针对数字技术如何影响创新驱动创业的问题，数字技术可供性理论提供了一个新兴且有力的理论视角。数字技术可供性理论主要用来理解与数字化相关的技术和技术使用者互动的可供性问题（Robey et al., 2013），即不同的行为主体使用同样的数字技术可能实现不一样的目标。研究者利用数字技术可供性理论能够很好地融合技术决定论和社会决定论，基于中间立场将数字技术的使用问题进行理论化处理，以解释数字技术的功能及其对主体行为的影响（Majchrzak et al., 2016; Senyo et al., 2021）。因此，数字技术可供性理论能够帮助研究者讨论如何利用数字技术赋能创新驱动创业的问题，可以作为解析数字经济背景下创新驱动创业问题的基础理论。

26.1 数字技术可供性理论的起源和发展

26.1.1 数字技术可供性理论的发展脉络

数字技术可供性理论的演化过程大致分为三个阶段：起源阶段（1977~2006年）、引入阶段（2007~2017年）和发展阶段（2018年至今）。

1. 起源阶段（1977~2006年）：基于生态心理学的可供性研究雏形

可供性（affordance）概念最初起源于生态心理学研究。Gibson（1977）的研究具有开创性，他在研究动物对周围环境的感知时首次提出了可供性，将可供性概念化为环境中的物体（如岩石、河流、树木）和生态主体（即动物、人类）之间的互补关系。根据这一观点，自然生态中的行为主体根据环境中的物体提供的行动可能性来解释、联系和了解这些物体。例如，河流可以为狮子提供饮用水源，又可以为鱼的生存提供必要环境，还可以为人类种植粮食提供灌溉水源。可见早期的可供性主要基于生态学视角提出，用于解释自然生态中自然环境对行为主体的赋能，揭示客观环境和主观行为主体之间的依存关系，自然环境对行为主体赋能的产生依赖于行为主体对环境的基本感知，对可供性的接受相对被动，尚未达到通过深层次认知而对赋能主体进行改造的程度。因此，早期的可供性概念侧重于生态学视角的解释，而心理学体现不足，对于环境与行为主体之间如何通过认知互动而强化赋能效果的问题引发进一步的思考。所以，自 Gibson 关于可供性的开创性研究面世以来，其他生态心理学家进一步发展和完善了可供性的概念，更关注从生态心理学视角研究客观环境与主观行为主体之间如何进行有效的认知互动，以使环境的赋能效果最大化（Chemero，2003；Hutchby，2001；Michaels，2000；Turvey，1992）。

2. 引入阶段（2007~2017 年）：技术可供性的出现

以生态心理学对可供性理论的研究为基础，信息系统领域的学者逐渐将可供性纳入他们对信息技术与新组织形式关系的研究框架中（Zammuto et al.，2007；Leonardi and Barley，2008；Markus and Silver，2008）。其中，Zammuto 等（2007）率先提出技术可供性理论，并将其引入经济管理领域。Markus 和 Silver（2008）、Goh 等（2011）和 Leonardi（2011）等信息系统领域的学者进一步关注组织中信息系统的可供性问题。这些学者旗帜鲜明地提出技术可供性关注技术使用者利用技术实现预期目标的行动潜力，用来解释新技术为什么、如何以及何时被纳入并影响组织行动（Tim et al.，2018）。由此，可供性理论由关注环境和动物或人类之间的互补关系发展到关注技术和技术使用者之间的关系，并逐渐发展出技术可供性理论，且技术可供性理论成为生态心理学可供性理论的变体。此后，更多学者利用技术可供性解释信息技术对组织的赋能作用，为信息技术在组织中的使用及其所产生的效果提供了新的洞见（Volkoff and Strong，2013；Strong et al.，2014；Bygstad et al.，2016；Leonardi and Vaast，2017；Autio et al.，2018；Leidner et al.，2018；Liu et al.，2022）。

其中，Diane M. Strong 的研究具有很高的学术影响力，是技术可供性理论研究中最具代表性的学者之一。她与合作者在 2014 年发表于 *Journal of the Association for Information Systems*（《信息系统杂志》）的 "A theory of organization-EHR affordance actualization"（《组织理论：电子病历服务实现理论》）一文是技术可供性理论的代表性研究（Strong et al.，2014）。这篇文章聚焦医疗保健行业，将急诊医院内临床医生使用的电子病历系统视为信息技术工件，讨论信息技术工件为技术使用者（医生）提供的行动潜力。在这篇文章中，技术可供性被定义为所实施的潜在行动与目标实现的相关程度。Strong 教授提出已有可供性理论研究存在的三个缺口，即尚未注意到可供性转化为实际行动和结果的过程、缺少在组织环境中的讨论、忽视了可供性集的相互关联性。为了回应和解决以上问题,她在文章中研究了可供性转化为实际行动和结果的"实现"过程,并解释了可供性如何应用于组织中个人、团体、整个组织的各个层次,同时阐明可供性集合内部不同可供性之间的关系。

3. 发展阶段(2018年至今):数字技术可供性理论在新时代下的新进展

生态心理学和信息系统等领域的学者不断完善与发展技术可供性理论,随着以数字化为代表的新一轮技术革命的推进而不断丰富技术可供性的内涵、维度和场景。研究对象由各类信息技术延伸至数字技术。根据技术的具体类型,技术可供性又演化出大数据可供性(de Luca et al., 2021)、人工智能可供性(Trocin et al., 2021)等新变体。

研究层次上由个体层面延伸至组织和生态层面。数字技术可供性理论在个人和组织等多个层次均有应用。现有研究通常将数字技术可供性置于具体的情境中,紧密结合数字技术在具体情境中的作用划分维度进行研究。这是因为不同的技术使用者在不同情境或技术组织背景下会产生不同的数字技术可供性。其中个体层面的研究涉及企业人员、消费者、个人等。例如,Lee等(2021)对406名游戏玩家的调查显示,游戏能够为游戏玩家提供成就可供性、社会可供性和沉浸可供性。在组织层面的研究涉及信息技术、软件平台、工业等领域的企业。例如,de Luca等(2021)针对瑞士公司的高级经理的访谈和问卷调查发现大数据市场营销可供性包括客户行为模式识别、实时市场响应和数据驱动的市场灵活性三个维度。Autio等(2018)将数字技术可供性理论引入创业生态系统的研究,并提出解耦、去中心化和生成性三个生态系统层面的数字可供性。

研究方法上由理论和案例研究逐渐延伸到实证分析。过去的研究大部分以案例和深度访谈等定性研究为主,近些年以问卷调查数据和二手数据为来源的实证研究增长明显,这有利于数字技术可供性理论的验证和发展。

26.1.2 数字技术可供性理论的研究视角

可供性作用于行为主体的过程有所不同,形成了不同视角的研究。从现有文献来看,数字技术可供性理论的研究主要基于三个视角展开,即功能可供性、关系可供性和行为可供性等视角(Senyo et al., 2021;谢卫红等,2022)。

第一,功能可供性视角。数字技术可供性是在设计过程中嵌入的(Majchrzak et al., 2016)。功能可供性侧重于阐明在产品设计过程中,数字技术如何嵌入产品当中,并产生了什么样的数字化功能,以及技术使用者如何理解和接受数字技术嵌入所实现的产品功能与使用价值的变化(Strong et al., 2014;Tim et al., 2018)。Markus 和 Silver(2008)使用"功能可供性"来指代信息技术等相关技术所产生的可供性。

第二，关系可供性视角。数字技术可供性源于技术使用者和数字化产品的交互（Zheng and Yu，2016）。关系可供性强调技术对象（如信息技术人工制品）和具有特定目标导向的技术使用者之间的关联关系是技术可供性产生的基础，这一观点得到了广泛的认可和应用。从关系的角度来看，技术可供性理论并不确定技术将如何使用，同时也承认技术的局限性（Thapa and Sein，2018）。Nambisan等（2017）提出在数字创新环境中，可供性强调具有某些特征的技术与使用者使用该技术的意图或目的之间的关系，重点不在于数字工具或工件具有什么样的特性，而在于技术使用者的目标和能力如何与技术特性所提供的内在潜力相关联。

第三，行为可供性视角。行为可供性视角更加注重行为主体的具体目标和开展某种行为之间的因果关系（谢卫红等，2022）。Carlo等（2012）指出信息技术可供性是指组织为实现特定技术使用者的特定目标，而使用信息技术开展一系列组织变革行为的可能性。可供性代表了目标实现的潜在可能性，只有采取特定行为，这种潜在可能性才能转化为现实。Strong等（2014）将可供性的实现定义为参与者通过利用一种或多种技术所产生的可供性，而实现组织特定目标的行动集合。Du等（2019）在对新兴金融技术区块链的研究中进一步发展和完善了可供性实现的概念，提出可供性实现是参与者在使用技术实现结果时采取的面向目标的行动。

以上三个视角均强调可供性是基于数字技术与技术使用者之间的有效匹配而产生的，不能仅关注技术的特性，也不能仅关注技术使用者的目标和特征，两者是一体的，不可割裂的（Leidner et al.，2018）。技术可供性的研究需要综合考虑技术对象、行为主体、交互关系、目标、情境等关键要素及关键要素之间的关系（谢卫红等，2022）。

总的来看，数字技术可供性理论同时考虑了技术与主体因素，既重视技术的物理属性，也强调技术使用者的主体属性。值得注意的是，可供性提供了行动的潜在可能性，并不意味着行动一定能够发生，需要研究能够将这种潜在转化为现实的驱动因素（Vaast and Kaganer，2013；Vaast et al.，2017），如个人能力和偏好、技术特征、工作环境特征等（Strong et al.，2014）。技术可供性结果与可供性的产生之间形成反馈循环，一种行为结果的产生有助于形成新的数字技术可供性，进而促进技术工具和主体能力与认知持续更新（Volkoff and Strong，2013），数字技术可供性理论框架如图26.1所示。

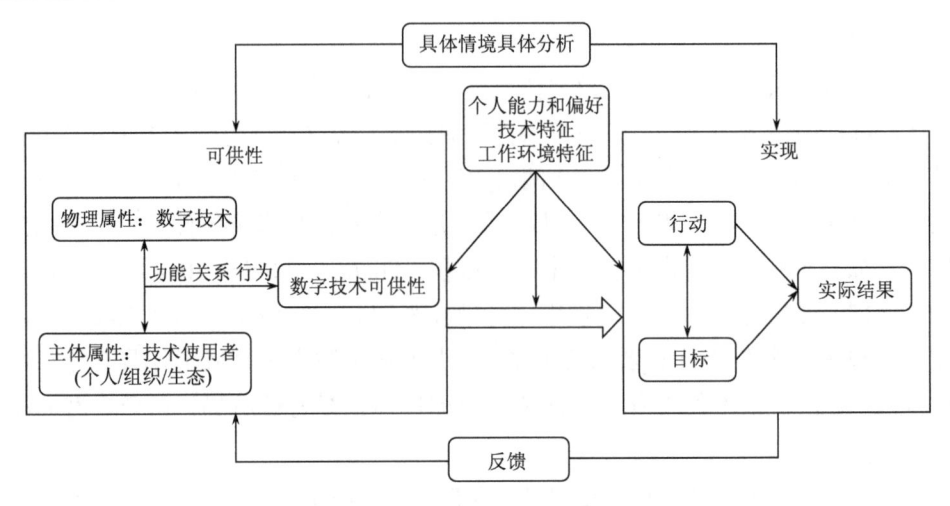

图 26.1 数字技术可供性理论框架

资料来源：改编自 Du 等（2019）

26.2 数字技术可供性理论在创新创业领域的应用

数字技术可供性理论与创新驱动创业具有天然的紧密联系，这是因为数字时代创新的实现难以离开数字技术的支撑和赋能。依赖数字技术的自生长性、融合性、可再生性、可编辑性、可扩展性、开放性、关联性等，提供工作流程可视化、产品定制化、客户流程自动化等可供性，支持资源要素进行重新嵌套和作用，构建新的资源要素组合，帮助企业家抓住机会创造价值（Holmström，2018；蔡莉等，2019）。因此，数字技术能够在触发、催化和聚变等创新驱动创业的不同阶段提供可供性。根据研究对象和研究层次，可以将数字技术可供性理论在创新创业领域的应用划分为三个方面：数字技术可供性与数字新企业创建和发展，数字技术可供性与传统企业数字化转型，数字技术可供性与平台企业和数字创业生态系统。下面将主要基于这三个方面梳理已有研究。

26.2.1 数字技术可供性与数字新企业创建和发展

数字技术包括数字组件、数字平台和数字基础设施，是数字创业的底层技术，也是数字创业团队有效开展创业活动的技术支撑（朱秀梅等，2020）。少数数字创业文献应用了数字技术可供性理论。例如，Meurer 等（2022）调查了创业者如何与在线社区互动，并基于新冠疫情期间创业者在线社区的对话数据进行了定性分析，发现在线社区为创业者提供了四个方面的可供性，包括解决问题、重构问题、反思现状、重新聚焦思考和努力，从而围绕在线社区中的创业支持形成了一个理论框架；Upadhyay 等（2022）关注数字创业者人工智能使用意愿的影响因素，发现人工智能可供性影响人工智能使用意愿。

事实上，数字技术与创业的现有研究更多地采用数字赋能的视角讨论数字技术对创业活动、过程和成果的影响，数字技术与创业的交叉诞生了"数字创业"这一新现象和新问题（Nambisan，2017）。数字技术影响数字创业特征的内在机制可以用 BREAK 理论框架表示：B、R、E、A、K 分别代表建立（build）数字性、重塑（reconfigure）创新性、增强（enhance）开放性、放大（amplify）价值性和保持（keep）灵活性五个方面（郭海和杨主恩，2021）。在经典的蒂蒙斯创业模型中，创业机会、创业资源和创业团队是促进创业成功的关键要素，而数字技术深刻影响着这些关键要素。

数字组件的可再编程性和可重组性打破了创业的边界，有助于识别和开发创业机会（Nambisan，2017）；数字基础设施对创业活动时间和地点产生影响，为技术功能和价值的发挥提供了可能，促进了创业机会开发的有效性（Hsieh and Wu，2019）。数字技术不仅扩大了创业资源的类型，还改变了创业资源整合利用的方式。数据成为一种新的创业资源要素，在数字技术赋能下数据资源被快速地分析和利用，形成描述性、预测性、规范性的洞察力（Ghasemaghaei and Calic，2019），从而指导创业资源配置，避免资源冗余与资源闲置，提升创业资源的转化率和利用率（Amit and Han，2017）。数字技术嵌入商业模式的三种新配置：混合的价值主张、集成的价值创造、多维的价值捕捉。创业者利用这三种新配置结合社会和环境价值实现可持续创业（Gregori and Holzmann，2020）。相较于传统创业团队，数字技术赋能的创业团队，通常具有构成开放化、团队认知能动化、团队决策趋于最优化、团队管理手段智能化和团队运作连通化等特征（贾建锋和刘梦含，2021）。

另外，有些研究探讨了数字技术对新企业创建的影响。Fossen 和 Sorgner（2021）研究证实了数字化经验与个体的数字创业活动具有显著关联，原岗位属于信息和通信技术行业的高技能员工更有可能进行数字创业。Chalmers 等（2021）构建了人工智能对新创企业发展影响的研究框架，提出人工智能的使用会影响新企业创建阶段创意的产生、发展阶段的组织设计和运营以及开发阶段的销售与快速扩张。von Briel 等（2018）提出了数字技术的专用性和关系性两个基本属性，并将其与压缩、保存、扩展、替代、组合和生成六种使能机制联系起来，明确了信息技术硬件部门的新创企业在创立过程中数字技术所发挥的作用。Orlandi 等（2021）强调了数字技术和个人的数字技能在数字化背景下对新企业创建与发展的支持作用，这两个条件的缺失将会导致数字创业失败。

26.2.2 数字技术可供性与传统企业数字化转型

传统企业数字化转型涉及重大战略变更、新事业创建和企业创业投资，本质上属于公司创业问题。数字技术是企业数字化转型的源头和主要手段（Nambisan et al.，2017；Nambisan et al.，2019），为组织转型、流程转型、产品和服务转型，及商业模式转型提供可供性。

对于组织转型而言，企业数字化转型需要广泛深入的组织再造。Gurbaxani 和 Dunkle（2019）指出数字时代企业的竞争优势需要编入软件并与数字平台相结合才能被拓展，而通过软件创造价值首先需要组织转型。数字技术可供性为重新定义愿景和战略、识别和编纂有价值的知识产权与专有技术、创新组织文化、培育技术人才和数字技术能力提供了重要支撑。

对于流程转型而言，基于人工智能、区块链等数字技术，企业可以创建智慧工厂，构建柔性供应链，实现智能制造、柔性生产和流程的自主优化（倪克金和刘修岩，2021）；基于数据价值挖掘、技术使用者画像和模拟调试，可以实现精准营销和市场智能响应（陈剑等，2020）。de Luca 等（2021）将大数据营销可供性定义为大数据技术为执行特定营销行动所提供的实现可能性，并将其概念化为客户行为模式发现、实时市场响应和数据驱动的市场双元性三个方面，这些可供性捕获了大数据技术与分析对特定参与者的营销行为所产生的赋能作用。

对于产品和服务转型而言，数字技术已经深入许多组织的产品和服务的核心，从根本上改变了产品和服务的本质（Yoo et al.，2012）。产品和服务转型主要体现为产品数字化和数字产品化两种模式。前者是将数字技术嵌入已有产品及服务，通过在线化、智能化、移动化改造，提供智能化产品或服务；后者强调企业依托数字技术和数据资源，为技术使用者提供纯数字化的产品或服务（刘洋等，2020；戚聿东等，2021）。数字技术的可编程性和数据同质化为产品与服务转型等提供了开放、灵活的支持环境（Yoo et al.，2012），通过提高效率放大了与研发费用相关的潜力，通过封闭式和开放式研发产生的独特知识，帮助企业获得可持续竞争优势，并顺利完成产品和服务转型。但与此同时，数字技术可供性也推动了知识的标准化，从而侵蚀了企业的创造力，阻碍了企业的价值创造（Usai et al.，2021）。因此，企业应该关注数字技术可供性的"双刃"作用，才能有效促进产品和服务转型。

对于商业模式转型而言，Verhoef 等（2021）认为企业利用数字技术开发一种新的数字商业模式来创造和利用更多价值，从而实现数字化转型，其间要经历数据化、数字化和数字化转型三个阶段。数据化是利用数字技术将企业内外部信息转变为数据存储起来的过程；数字化是利用数字技术优化改进业务流程，以节省成本、增强技术使用者体验的过程；经过上述两个增量阶段，企业最终能够实施新的数字商业模式，实现全公司范围的数字化转型。数字技术可以激活商业模式的新颖性、效率性、互补性或锁定性，这些将共同影响企业的商业模式转型。数字技术可供性通过影响商业模式创新促进企业创造新经济价值，这有效地解释了技术型企业比其他企业数字化转型表现更好这一现象（Climent and Haftor，2021）。

26.2.3 数字技术可供性与平台企业和数字创业生态系统

数字技术可供性是平台企业发展的基石。第一，数字技术可供性使生产元素得以重新组合与匹配，减少了企业对特定资源的依赖，促进了平台的构建（Bonina et al.，2021）。第二，数字技术可供性支持模块化，通过提供接口扩展平台外围，形成多层次模块化的平台架构（Gawer，2021），而且平台的发展过程也是数字技术组件的设计与治理过程（Tiwana et al.，2010）。第三，数字技术可供性能够赋予主体更多的能动性，为用户共创提供更多的机会，提升平台企业的可持续竞争优势。数字技术使得创新驱动创业的环境更具开放性和复杂性（Broekhuizen et al.，2021），数字技术可供性使创新的轨迹和异质性不断扩大（Yoo et al.，2012），加快了平台创新的步伐。

数字技术可供性与数字创业生态系统密切相关。第一，数字技术可供性加快了要素集聚。要素是创新创业活动的基础，生态系统是要素流通的渠道。数字技术使得传统组织、产业甚至产品的边界变得模糊，多主体通过协同互动进行跨组织边界的要素流动与增生，通过内外部要素的重新配置与升级实现要素集聚（Nambisan，2017），扩大多主体生态种群，形成要素流动集聚的良性循环，实现数字创业生态系统的迭代扩展（Nambisan et al.，2019）。第二，数字技术可供性体现出数字技术（作为环境）为主体所带来的可能性（机会），强调机会的识别与创造受主体认知和情境的共同作用（苏郁锋和周翔，2023），多主体可以利用数字技术提供的各种可能性进行机会共生。一方面，数字技术能够以低成本、高速度实现机会的快速评估，构建机会集（Overholm，2015）；另一方面，数字技术可供性揭示了"数字技术—创业者"之间的关系，多主体的协同互动允许机会和主体之间进行不同的组合与扩展，实现机会共生（Autio et al.，2018）。数字技术可供性允许功能的组装、扩展和再分配，以此提高数字创业生态系统价值共创的潜力（Dattée et al.，2018）。

26.3 数字技术可供性理论在创新驱动创业研究中的局限与未来展望

26.3.1 局限

数字技术可供性理论在创新驱动创业领域研究中具有天然的适用性和融合性。因为在数字经济时代，高质量创业成为创业活动的主流和必然趋势，而数字技术成为高质量创业的最关键引擎和驱动因素。正是数字技术的"创新"驱动了"高质量创业"。但目前数字技术可供性理论与创新驱动创业研究的应用尚不深入，相关研究仍处于初级阶段。表现为以下几个方面的研究局限：第一，对数字技术的特性、数字技术创新的路径缺少深入研究。数字技术创新是数字可供性的基础（Autio et al., 2018），然而关于数字技术的讨论大多集中于信息管理、计算机等领域（Yoo et al., 2010），当前管理学研究对此仍缺少关注，对关键问题缺少探索，这极大地影响了数字可供性理论的发展，从而影响了其在创新创业领域的应用。第二，数字可供性的概念、维度和量表开发不足，在与创新创业领域的有效融合过程中，缺乏有效的研究工具，阻碍了深入的实证研究。不同的数字技术能够产生不同的可供性，同一数字技术针对不同的组织目标也会产生不同的可供性，因此，数字技术和组织目标的组合能够产生各种各样的可供性。当前对此问题尚缺少明确的认知和关注，亟待深入研究。第三，目前数字技术可供性的研究对象相对笼统，需要区分不同技术使用对象的特征差异和其数字可供性的差异，针对不同组织深入揭示数字技术可供性的影响。数字新企业、传统企业数字化转型、数字创业生态系统是数字可供性在创新驱动创业领域应用的重要载体，可以分别针对这三个主体展开深入的研究。

26.3.2 未来展望

针对上述研究局限，以下议题值得深入研究。这些议题研究的不断深入开展将勾勒出未来数字可供性理论与创新驱动创业领域深度融合的研究版图。

1. 数字技术创新对数字可供性的前因作用研究

组织数字化发展源于数字技术创新，数字技术创新是产生数字可供性的基础和前提。首先，数字技术是数字可供性的基础支撑，现有关于数字技术的研究多从技术角度关注技术的升级，而数字技术本身是一个"社会技术系统"（Kapoor et al., 2021），未来需要探究数字技术的治理问题。其次，现有数字技术的研究关注于企业层面、产业层面、国家层面甚至全球层面（Setia et al., 2013），未来可进一步讨论不同层面数字技术之间的跨层影响，以及不同层面数字技术对数字可供性的影响有何不同？最后，数字技术本身是一把"双刃剑"，其在带来广泛积极效益的同时也存在负面影响。目前信息系统学研究已经承认需要积极地解决数字技术的负面效应，未来需要研究如何通过数字技术进一步保障隐私性、公平性，减少数字技术带来的垄断效应，从更多维度全方位探索数字技术创新对数字可供性的影响。

2. 数字可供性概念、维度和量表的研究

数字技术可供性理论的情境特征非常明显，其应用的步骤是将理论嵌入具体的情境中，结合独特的情境特征探寻数字技术可供性的具体维度和表现，从而建立研究框架和研究关系。目前，以数字技术可供性理论为理论视角的研究多归属于信息系统领域，未来研究应深入更广泛的创新驱动创业领域的情境中，讨论数字技术可供性在具体情境中的概念和维度，并开发量表，从而扩大数字技术可供性理论的应用广度，提升理论深度。

3. 数字可供性对数字新企业创建和快速成长影响的进一步研究

在创业领域，数字技术带来的不仅是简单、快速、有效的沟通和工作方式，以及便捷的创业服务，而且为新创企业带来颠覆性的技术、创新性的商业机会和数字商业模式，这也是数字创业企业内核的重要组成部分（朱秀梅等，2020）。数字技术可供性将潜在行为、实际行为和行为结果进行区分，有助于清晰地了解如何更有效地利用数字技术创建和发展新企业。在数字创业研究中，围绕数字技术在塑造创业机会、决策、行动和结果方面的具体作用研究已经取得了一定的成果，但多为理论层面的探讨，这也导致了数字技术与创新驱动创业的关系仍不明晰。数字技术可供性理论为解决这一问题提供了很好的研究视角。后续学者可以利用数字技术可供性理论深入讨论数字技术对机会、资源和团队等创业要素的影响，以及数字技术可供性与数字创业商业模式的关系问题（汪志红和周建波，2022）。

4. 数字可供性对企业数字化转型影响的进一步研究

数字技术是企业数字化转型的根本驱动因素和主要手段（Nambisan et al., 2019），对企业数字化转型过程影响深远。目前关于数字可供性对企业数字化转型的影响研究尚处于初步探索阶段，存在较大研究空间，未来可以从以下方面展开进一步研究。第一，可以构建多视角、多维度的多层次影响机制。例如，从单一技术可供性视角细化其对企业数字化转型全维度的影响；或聚焦于产品和服务转型等单一数字化转型场景探析多种数字技术的相关影响与乘数效应；或基于数字可供性维度和数字化转型维度构建数字可供性对企业数字化转型的矩阵模型等。

第二，企业数字化转型并非一蹴而就的，而是一个逐层深入、持续深耕的复杂过程，而数字可供性也并非一成不变，而是随着组织认知和行为能力的增强不断迭代，因此可以采用纵向案例研究和仿真模拟等研究方法，深化数字可供性对企业数字化转型影响的动态演化研究。例如，细化数字可供性在不同数字化转型阶段和场景中的具体维度、测量和作用机制；基于企业数字化转型的不同阶段，分析数字可供性的动态作用机制及跃迁机制；探索企业数字化转型和数字可供性的双螺旋动态演进机理等。第三，鉴于企业数字化转型的长期性和复杂性，数字可供性虽然为企业数字化转型提供了起点和动力，仍需要其他多方面因素的共同作用，因此，可以采用案例、定性比较分析等混合研究方法识别企业数字化转型过程中的其他必要因素，以及数字可供性在其中的作用机理。

5. 数字可供性对数字创业生态系统影响的进一步研究

数字可供性在数字创业生态系统的概念体系中占据中心地位，亟须进一步探索数字技术和相关可供性对数字创业生态系统的作用。首先，未来需要更加了解数字化所提供的技术设计与制度安排是什么，它们在数字创业生态系统中扮演什么角色（Torres and Godinho，2022）？数字化的独特结构元素如何与传统的生态系统结构相互作用？数字技术可供性如何影响数字创业生态系统中的多层级网络架构？其次，未来还需要考虑数字化如何塑造数字创业生态系统（Sussan and Acs，2017），如数字技术质量如何影响数字创业生态系统中创业活动的数量和质量？数字可供性如何提升生态系统的学习速度？最后，未来可对特定的数字技术和数字基础设施进行更细致的考虑，探索不同数字技术可供性对数字创业生态系统形成和发展的影响。

参 考 文 献

蔡莉，杨亚倩，卢珊，等. 2019. 数字技术对创业活动影响研究回顾与展望[J]. 科学学研究，37(10): 1816-1824, 1835.

陈剑，黄朔，刘运辉. 2020. 从赋能到使能：数字化环境下的企业运营管理[J]. 管理世界，36(2): 117-128, 222.

程聪，缪泽锋，严璐璐，等. 2022. 数字技术可供性与企业数字创新价值关系研究[J]. 科学学研究，40(5): 915-926.

郭海，杨主恩. 2021. 从数字技术到数字创业：内涵、特征与内在联系[J]. 外国经济与管理，43(9): 3-23.

贾建锋，刘梦含. 2021. 数字创业团队：内涵、特征与理论框架[J]. 研究与发展管理，33(1): 101-109.

刘洋，董久钰，魏江. 2020. 数字创新管理：理论框架与未来研究[J]. 管理世界，36(7): 198-217, 219.

倪克金, 刘修岩. 2021. 数字化转型与企业成长：理论逻辑与中国实践[J]. 经济管理, 43(12): 79-97.

戚聿东, 杜博, 温馨. 2021. 国有企业数字化战略变革：使命嵌入与模式选择：基于3家中央企业数字化典型实践的案例研究[J]. 管理世界, 37(11): 10, 137-158.

苏郁锋, 周翔. 2023. "直播电商"情境下数字机会共创机制研究：基于数字可供性视角的质性研究[J]. 南开管理评论, 26(1):106-119.

汪志红, 周建波. 2022. 数字技术可供性对企业商业模式创新的影响研究[J]. 管理学报, 19(11): 1666-1674.

谢卫红, 曾思敏, 彭铁鹏, 等. 2022. 技术可供性：概念内涵、理论框架及展望[J]. 科技管理研究, 42(5): 210-218.

朱秀梅, 刘月, 陈海涛. 2020. 数字创业：要素及内核生成机制研究[J]. 外国经济与管理, 42(4): 19-35.

Amit R, Han X. 2017. Value creation through novel resource configurations in a digitally enabled world[J]. Strategic Entrepreneurship Journal, 11(3): 228-242.

Autio E, Nambisan S, Thomas L D W, et al. 2018. Digital affordances, spatial affordances, and the genesis of entrepreneurial ecosystems[J]. Strategic Entrepreneurship Journal, 12(1): 72-95.

Bonina C, Koskinen K, Eaton B, et al. 2021. Digital platforms for development: foundations and research agenda[J]. Information Systems Journal, 31(6): 869-902.

Broekhuizen T L J, Emrich O, Gijsenberg M J, et al. 2021. Digital platform openness: drivers, dimensions and outcomes[J]. Journal of Business Research, 122: 902-914.

Bygstad B, Munkvold B E, Volkoff O. 2016. Identifying generative mechanisms through affordances: a framework for critical realist data analysis[J]. Journal of Information Technology, 31(1): 83-96.

Carlo J L, Lyytinen K, Boland R J. 2012. Dialectics of collective minding: contradictory appropriations of information technology in a high-risk project[J]. MIS Quarterly, 36(4): 1081-1108.

Chalmers D, MacKenzie N G, Carter S. 2021. Artificial intelligence and entrepreneurship: implications for venture creation in the fourth industrial revolution[J]. Entrepreneurship Theory and Practice, 45(5): 1028-1053.

Chemero A. 2003. An outline of a theory of affordances[J]. Ecological Psychology, 15(2): 181-195.

Climent R C, Haftor D M. 2021. Business model theory-based prediction of digital technology use: an empirical assessment[J]. Technological Forecasting and Social Change, 173: 121174.

Dattée B, Alexy O, Autio E. 2018. Maneuvering in poor visibility: how firms play the ecosystem game when uncertainty is high[J]. Academy of Management Journal, 61(2): 466-498.

de Luca L M, Herhausen D, Troilo G, et al. 2021. How and when do big data investments pay off? The role of marketing affordances and service innovation[J]. Journal of the Academy of Marketing Science, 49(4): 790-810.

Du W Y, Pan S L, Leidner D E, et al. 2019. Affordances, experimentation and actualization of fintech:

a blockchain implementation study[J]. Journal of Strategic Information Systems, 28(1): 50-65.

Fossen F M, Sorgner A. 2021. Digitalization of work and entry into entrepreneurship[J]. Journal of Business Research, 125: 548-563.

Gawer A. 2021. Digital platforms' boundaries: the interplay of firm scope, platform sides, and digital interfaces[J]. Long Range Planning, 54(5): 102045.

Ghasemaghaei M, Calic G. 2019. Does big data enhance firm innovation competency? The mediating role of data-driven insights[J]. Journal of Business Research, 104: 69-84.

Gibson J J. 1977. The Theory of affordances[M]. London: Psychology Press.

Goh J M, Gao G G, Agarwal R. 2011. Evolving work routines: adaptive routinization of information technology in healthcare[J]. Information Systems Research, 22(3): 565-585.

Gregori P, Holzmann P. 2020. Digital sustainable entrepreneurship: a business model perspective on embedding digital technologies for social and environmental value creation[J]. Journal of Cleaner Production, 272: 122817.

Gurbaxani V, Dunkle D. 2019. Gearing up for successful digital transformation[J]. MIS Quarterly Executive, 18(3): 209-220.

Holmström J. 2018. Recombination in digital innovation: challenges, opportunities, and the importance of a theoretical framework[J]. Information and Organization, 28(2): 107-110.

Hsieh Y J, Wu Y J. 2019. Entrepreneurship through the platform strategy in the digital era: insights and research opportunities[J]. Computers in Human Behavior, 95: 315-323.

Hutchby I. 2001. Technologies, texts and affordances[J]. Sociology, 35(2): 441-456.

Kapoor K, Ziaee Bigdeli A, Dwivedi Y K, et al. 2021. A socio-technical view of platform ecosystems: systematic review and research agenda[J]. Journal of Business Research, 128: 94-108.

Lee Z W Y, Cheung C M K, Chan T K H. 2021. Understanding massively multiplayer online role-playing game addiction: a hedonic management perspective[J]. Information Systems Journal, 31(1): 33-61.

Leidner D E, Gonzalez E, Koch H. 2018. An affordance perspective of enterprise social media and organizational socialization[J]. Journal of Strategic Information Systems, 27(2): 117-138.

Leonardi P M. 2011. When flexible routines meet flexible technologies: affordance, constraint, and the imbrication of human and material agencies[J]. MIS Quarterly, 35(1): 147-168.

Leonardi P M, Barley S R. 2008. Materiality and change: challenges to building better theory about technology and organizing[J]. Information and Organization, 18(3): 159-176.

Leonardi P M, Vaast E. 2017. Social media and their affordances for organizing: a review and agenda for research[J]. Academy of Management Annals, 11(1):150-188.

Liu Y, Wang W, Zhang J. 2022. The dual drivetrain model of digital transformation: role of industrial big data-based affordance[J]. Management Decision, 60(2): 344-367.

Majchrzak A, Markus M L, Wareham J. 2016. Designing for digital transformation: lessons for information systems research from the study of ICT and societal challenges[J]. MIS Quarterly, 40(2): 267-277.

Markus M L, Silver M S. 2008. A foundation for the study of IT effects: a new look at DeSanctis and poole's concepts of structural features and spirit[J]. Journal of the Association for Information Systems, 9(10): 609-632.

Meurer M M, Waldkirch M, Schou P K, et al. 2022. Digital affordances: how entrepreneurs access support in online communities during the COVID-19 pandemic[J]. Small Business Economics, 58(2): 637-663.

Michaels C F. 2000. Information, perception, and action: what should ecological psychologists learn from Milner and Goodale (1995)?[J]. Ecological Psychology, 12(3): 241-258.

Nambisan S. 2017. Digital entrepreneurship: toward a digital technology perspective of entrepreneurship[J]. Entrepreneurship Theory and Practice, 41(6): 1029-1055.

Nambisan S, Lyytinen K, Majchrzak A, et al. 2017. Digital innovation management: reinventing innovation management research in a digital world[J]. MIS Quarterly, 41(1): 223-238.

Nambisan S, Wright M, Feldman M. 2019. The digital transformation of innovation and entrepreneurship: progress, challenges and key themes[J]. Research Policy, 48(8): 103773.

Orlandi L B, Zardini A, Rossignoli C. 2021. Highway to hell: cultural propensity and digital infrastructure gap as recipe to entrepreneurial death[J]. Journal of Business Research, 123: 188-195.

Overholm H. 2015. Collectively created opportunities in emerging ecosystems: the case of solar service ventures[J]. Technovation, 39-40: 14-25.

Robey D, Anderson C, Raymond B. 2013. Information technology, materiality, and organizational change: a professional odyssey[J]. Journal of the Association for Information Systems, 14(7): 379-398.

Senyo P K, Effah J, Osabutey E L C. 2021. Digital platformisation as public sector transformation strategy: a case of Ghana's paperless port[J]. Technological Forecasting and Social Change, 162: 120387.

Setia P, Venkatesh V, Joglekar S, et al. 2013. Leveraging digital technologies: how information quality leads to localized capabilities and customer service performance[J]. MIS Quarterly, 37(2): 565-590.

Shaw R E, Bransford J. 1977. Perceiving, Acting and Knowing[M]. Hillsdale: Lawrence Erlbaum Associates.

Strong D M, Volkoff O, Johnson S A, et al. 2014. A theory of organization-EHR affordance actualization[J]. Journal of the Association for Information Systems, 15(2): 53-85.

Sussan F, Acs Z J. 2017. The digital entrepreneurial ecosystem[J]. Small Business Economics, 49(1): 55-73.

Thapa D, Sein M K. 2018. Trajectory of affordances: insights from a case of telemedicine in Nepal[J]. Information Systems Journal, 28(5): 796-817.

Tim Y, Pan S L, Bahri S, et al. 2018. Digitally enabled affordances for community-driven environmental movement in rural Malaysia[J]. Information Systems Journal, 28(1): 48-75.

Tiwana A, Konsynski B, Bush A A. 2010. Research commentary: platform evolution: coevolution of platform architecture, governance, and environmental dynamics[J]. Information Systems Research, 21(4): 675-687.

Torres P, Godinho P. 2022. Levels of necessity of entrepreneurial ecosystems elements[J]. Small Business Economics, 59(1): 29-45.

Trocin C, Hovland I V, Mikalef P, et al. 2021. How artificial intelligence affords digital innovation: a cross-case analysis of Scandinavian companies[J]. Technological Forecasting and Social Change, 173: 121081.

Turvey M T. 1992. Affordances and prospective control: an outline of the ontology[J]. Ecological Psychology, 4(3): 173-187.

Upadhyay N, Upadhyay S, Dwivedi Y K. 2022. Theorizing artificial intelligence acceptance and digital entrepreneurship model[J]. International Journal of Entrepreneurial Behavior & Research, 28(5):1138-1166.

Usai A, Fiano F, Messeni Petruzzelli A, et al. 2021. Unveiling the impact of the adoption of digital technologies on firms' innovation performance[J]. Journal of Business Research, 133: 327-336.

Vaast E, Kaganer E. 2013. Social media affordances and governance in the workplace: an examination of organizational policies[J]. Journal of Computer-Mediated Communication, 19: 78-101.

Vaast E, Safadi H, Lapointe L, et al. 2017. Social media affordances for connective action: an examination of microblogging use during the gulf of Mexico oil spill[J]. MIS Quarterly, 41(4):1179-1205.

Verhoef P C, Broekhuizen T, Bart Y, et al. 2021. Digital transformation: a multidisciplinary reflection and research agenda[J]. Journal of Business Research, 122: 889-901.

Volkoff O, Strong D M. 2013. Critical realism and affordances: theorizing IT-associated organizational change processes[J]. MIS Quarterly, 37(3): 819-834.

von Briel F, Davidsson P, Recker J. 2018. Digital technologies as external enablers of new venture creation in the IT hardware sector[J]. Entrepreneurship Theory and Practice, 42(1): 47-69.

Yoo Y J, Henfridsson O, Lyytinen K. 2010. Research commentary: the new organizing logic of digital innovation: an agenda for information systems research[J]. Information Systems Research, 21(4): 724-735.

Yoo Y J, Boland Jr R J, Lyytinen K, et al. 2012. Organizing for innovation in the digitized world[J]. Organization Science, 23(5): 1398-1408.

Zammuto R F, Griffith T L, Majchrzak A, et al. 2007. Information technology and the changing fabric of organization[J]. Organization Science, 18(5): 749-762.

Zheng Y Q, Yu A. 2016. Affordances of social media in collective action: the case of free lunch for children in China[J]. Information Systems Journal, 26(3): 289-313.

代表性学者简介

黛安·M. 斯特朗（Diane M. Strong）

黛安·M. 斯特朗为伍斯特理工学院（Worcester Polytechnic Institute）商学院教授。她的研究领域涉及医疗保健信息系统和技术、企业信息系统及其在组织中的使用、数据信息质量与数据分析、批判现实主义和可供性、任务技术匹配等。近年来，她通过跨学科研究小组合作研究了商业、医疗保健和非营利性组织如何更好地利用计算技术。她与合作者在 2014 年发表于 *Journal of the Association for Information Systems* 的"A theory of organization-EHR affordance actualization"文章被引用 478 次。他们扩展了可供性理论，指出可供性的"实现"是一个过程。该研究引燃了学术界对数字技术可供性理论的研究热潮。

本章执笔人：朱秀梅　林晓玥

第 27 章　道德理论——创新驱动创业机制的道德内涵

2020年7月，习近平在企业家座谈会上指出：企业既有经济责任、法律责任，也有社会责任、道德责任。任何企业存在于社会之中，都是社会的企业。社会是企业家施展才华的舞台。只有真诚回报社会、切实履行社会责任的企业家，才能真正得到社会认可，才是符合时代要求的企业家[①]。

特别地，在全球科技创新进入空前密集活跃的时期，如何善用科技，将在极大程度上影响人类的福祉[②]。科技的快速发展深刻影响着人类的生活，也带来了一系列挑战，其中就包括科技伦理方面的挑战。回看历史，科技伦理的重要性在2016年4月的魏则西事件中得到了显著的反映，让公众意识到创新创业活动应有道德之义。李彦宏指出，百度能影响的人比以往任何时候都更多，信息的流动比以往任何时候都更快，市场的环境比以往任何时候都更复杂，好的、坏的、美的、丑的、真的、假的，在网上都有。这些问题时刻考验着我们的商业道德和行为规范。尤其，随着我国以新产业、新业态、新商业模式为核心内容的经济活动的快速崛起以及其成为我国经济发展的重要组成部分，企业与社会之间的关系发生着深刻的变化。这也是创新和创业驱动的产业结构与经济结构变化所带来的直接影响。与传统的经济机会驱动创业不同，创新驱动创业需要重点关注的是创业者和创新者在机会搜寻过程中如何兼顾经济行为与道德行为，并认识到创新驱动创业活动的多重主体性和治理复杂性。

2022年3月20日，中共中央办公厅、国务院办公厅印发了《关于加强科技伦理治理的意见》，该意见指出：当前，我国科技创新快速发展，面临的科技伦理挑战日益增多，但科技伦理治理仍存在体制机制不健全、制度不完善、领域发展不均衡等问题，已难以适应科技创新发展的现实需要。在这一新形势下，创新创业活动逐渐开始警惕其在道德层面的潜在风险，即伦理风险。本章通过回顾道德理论的发展以及其在创业创新领域中的应用，试图厘清道德理论与创新创业活动的互动关系。

---

① 《习近平：在企业家座谈会上的讲话》，http://tga.mofcom.gov.cn/article/zyjh/202008/20200802991873.shtml [2020-07-30]。

② 《科技是一种能力，向善是一种选择》，https://tisi.org/14723 [2020-07-03]。

27.1 道德理论的发展

道德理论是理解企业在竞争和发展过程中，企业该如何分配注意力和资源的重要理论，也是揭示创新驱动创业机制的相关理论之一。由于道德观主要应用在对成熟企业及其管理的分析中，学者对道德观在创新创业以及创新驱动创业的相关领域的应用相对匮乏。通过回顾道德观，尤其是其在创业和创新研究领域的发展，综合道德观视角下的创新驱动创业理论探索，将进一步丰富甚至重构道德观的相关理论。道德理论的发展过程大致可以分为两个阶段：理论引入阶段（1781~1983 年）、概念拓展阶段（1984 年至今）。

27.1.1 理论引入阶段（1781~1983 年）：道德理论的核心观点

道德理论有三个核心要素需要识别，包括道德问题（moral issue）、道德主体（moral agent）和道德决定（ethical decision）。道德问题是指，一个人的行为在执行时，可能会伤害或有利于他人。该行为或者行动必须对他人产生影响，而且必须涉及行为人或决策者的选择或意志力。道德主体是指，做出道德决定的人。需要特别指出的是，道德主体可能并没有意识到道德问题的存在。道德决定是指一个兼具合法性和被大多数人接受的决定。相反地，如果一个决定不具有合法性或者不被社会上的大多数人所接受，就不能称为道德决定。从这三个要素可以看出道德理论拥有广阔的应用场景，创新和创业实践就是这些场景之一。在数字化、生态化和新型全球化背景下，具有跨层面、多主体和迭代性特征的创新驱动创业实践不断涌现。在这些创新驱动创业的实践中，公众、政府及其他利益相关者越来越关注其中的道德问题。特别地，道德观研究随着商业伦理研究的兴起而进一步得到扩展。在评判组织活动的道德属性问题上，学者有比较大的分歧，主要存在三种观点（Bentham，1781；Dancy，1983），包括功利主义（consequentialism）、义务论（deontology）、美德伦理。

功利主义主张对一种行为的道德评价应基于其导致的正面效应抵消负面效应后的净效应。简单来说，一个行为在道德上的对错要看该行为能否达到最高内在的价值。功利主义被进一步区分为行动型功利主义（act consequentialism）和规则型功利主义（rule consequentialism）。根据行动型功利主义，道德上正确的行为是基于该行为的最大化正面产出是多少来评判的。因此，行动型功利主义允许并鼓励牺牲少部分人的利益来拯救更多人来指导道德决策。在这种情况下，个人或者组织可以通过成本函数来计算每个道德选择的后果，并在这些道德决策中选择成本最低的一个，如在自动驾驶领域，政府监管者、学者和实务工作者就是否应该以最大限度减少车祸受害者人数指导自动驾驶的未来发展方向和策略制定。根据规则型功利主义,道德行为应该给社会带来尽量多的正面效应,正面效应取决于其是否符合既定的社会准则。社会准则是社会上广泛认可和遵守的。义务论主张,一种行为的道德价值主要是取决于其自身道德属性,而非其结果,即一个行为是否有正面的道德价值取决于其是否符合基本的道德特征。美德伦理是以道德主体为中心的,而不是将行为看作主体。换言之,美德伦理主要回答的问题是"我们应该成为什么样的人",而不是"我们应该做什么"。美德伦理最早可以追溯到柏拉图和亚里士多德,他们倾向于将道德行为作为一个品德来评判。人类基本的美德有谨慎、勇气、节制和正义。

27.1.2 概念拓展阶段(1984年至今):社会责任理念对道德理论的拓展

在商业世界中,道德理论的重要体现是企业社会责任。企业社会责任概念的提出可以划分为早期(1916~1959年)、中期(1960~1980年)和后期(1981年至今)三个阶段。企业社会责任的概念最早由克拉克于1916年提出。他呼吁"有责任感"的经济,认为企业承担的社会责任按照利益相关方不同,可以分为环境责任、员工责任、伙伴责任等。随后,霍华德·鲍恩于1956年撰写《商人的社会责任》一书,这本书被认为是现代公司社会责任的奠基之作,其中明确了现代公司社会责任的实施者是公司经营管理者,且公司社会责任的原则是自愿。这一概念更加贴近实际,并具有操作性。

企业社会责任的概念在20世纪60年代不断获得发展,Frederick(1960)等在企业社会责任研究的基础上,关于企业社会责任的描述逐渐清晰,但是尚未形成企业社会责任的明确边界。20世纪70年代后,关于企业社会责任的研究飞速发展,弗里德曼提出企业的社会责任是提升企业价值,创造收益。1971年美国经济发展委员会提出了"三个同心圆"的观点,最内圈是明确的有效履行经济职能的基本责任;中圈是企业在发展经济的同时,对可能会影响的社会和环境承担责任,外圈是企业要促进社会的进步,消除贫困。

20世纪80年代,企业社会责任的概念蓬勃发展(Jones,1991)。Freeman(1984)提出的利益相关者理论不仅为企业社会责任的研究提供了理论基础,且从20世纪90年代至今都一直是企业社会责任研究领域的主流理论。利益相关者理论认为企业本质上是各利益相关者缔结的"一组契约",企业不单是股东的企业,更是各利益相关者的利益共同体,企业发展的物质基础是各利益相关者投入的资本(资源),因而企业不仅要对股东负责,还应该对债权人、员工、供应商和客户、政府、社区及环境负责。进入21世纪,企业社会责任已经逐渐提升到战略层次,关于社会责任的文献大都强调要将企业社会责任融入企业的战略中(McAlister and Ferrell,2002)。

相关地,学者围绕企业社会责任的范畴和经济价值也产生了很多有益的讨论。对于企业社会责任，弗里德曼在1970年《纽约时报》刊登的《商业的社会责任是增加利润》一文中表达了自身的看法，即在法律和基本道德规则下，企业的社会责任是利用资源从事增加利润的活动。为了进一步从理论上支撑自身的观点，弗里德曼给出了两条主要理由。第一，股东是企业的所有者，而管理者是股东的雇员，股东与管理者是委托-代理关系。这一关系决定了管理者必须对股东负责，满足他们的利益和需要。而事实上，股东追求公司利润的最大化，因而管理者为满足股东的需要而追求利润最大化。第二，企业社会责任的目的不在于促进社会福利，因为他们并非这方面的专家，也未必能够做好。可见，弗里德曼的观点是以股东视角为基础的，从经济学角度来看待企业社会责任，坚决反对政府和社会向企业施加的种种限制，认为这是对自由社会根基的自由企业制度的破坏。

进一步地，Carroll（1991）提出社会责任的金字塔模型。该模型指出企业的社会责任包括四个维度：经济责任（economic responsibility）、法律责任（legal responsibility）、伦理责任（ethical responsibility）和慈善责任（philanthropic responsibility）。就经济责任而言，作为经济实体，它的主要责任是为社会提供服务和商品，利润动机是其行为（企业创立和存续）的主要驱动因素。换句话说，经济实体的主要作用是生产消费者需要的服务和商品，并在此过程中赚取利润。这个观点也指出经济责任是其他责任的前提，其与弗里德曼在《纽约时报》的观点是一致的。法律责任的核心观点是，企业和社会之间有"社会契约"的存在，企业被期望和要求在法律框架内去追求其经济目标。法律责任反映了最基本的道德规范，其与经济责任是共存的，也是同等重要的。伦理责任是那些没有被编入法律框架的道德要求，但这些道德要求反映了利益相关者（如消费者、员工、社区和股东）的期望和关注。但值得特别关注的是，伦理责任往往存在界限不清的问题，甚至会陷入利益相关者对其合法性的争论。学者进一步指出，伦理责任是企业社会责任的重要组成部分，会通过与利益相关者的动态互动得到演进和确立。慈善责任强调的是让企业成为"好公民"，敦促企业尽量减少和避免对利益相关者的伤害，同时也要为利益相关者积极投入资源去改进其生存状况和生存质量。

其后，部分研究对以股东视角为基础的社会责任观以及以利益相关者视角为基础的社会责任观进行了探讨。Kacperczyk（2009）提出两个相互矛盾的假设。基于股东视角，较强的收购保护将导致企业减少对股东和其他利益相关者的关注，这是因为管理者将资源从股东那里转移到对私人利益的追求上。与此相反，利益相关者视角则认为，较强的收购保护将增加公司对其他利益相关者的关注，这是因为迎合这些利益相关者有助于提升公司的长期价值。

另外，部分研究对企业社会责任与企业价值之间的关系展开了探讨。基于股东利益最大化视角的观点认为企业承担社会责任有利于提高声誉，提升价值（Navarro，1988；Brown et al.，2006）。而基于代理理论的观点则认为，企业承担社会责任往往反映了股东和管理者之间的利益冲突，管理者用企业资金支持自己的慈善或社会责任偏好，并提高自己的个人声誉和社交网络（Monks and Minow，2004）。这些往往会使管理者转移公司资源，而损失公司的价值。Ferrell 等（2016）为了进一步厘清这两种不同观点，全面地审视了全球范围内的企业社会责任机构和良好治理的观点。通过覆盖全球多个国家、由数千家最大的公司组成的丰富且部分专有的企业社会责任数据集，检验了这两种观点，检验了企业代理问题的传统企业融资代理，如资本支出现金流、管理层薪酬安排、所有权结构和国家层面的投资者保护法等能否解释企业社会责任活动。研究没有找到证据表明企业社会责任是企业代理问题的体现。相反，与良好公司治理观点一致，治理较好的公司（表现为较低的现金囤积和资本支出，较高的派息和杠杆率，以及更强的绩效薪酬）更有可能承担社会责任，也有更高的企业社会责任评级。

27.2 道德理论在创新创业领域的应用与发展

人是创新和创业行为的实践主体，人与人之间不同的道德价值标准不可避免地会对个体是否从事创新和创业以及具体的创新和创业行为等产生影响。本节通过对以往相关研究资料进行回顾和梳理，指出道德价值标准具体作用于创新和创业行为的内在机制及对创新和创业行为的一些具体影响。

首先，本节对中国知网中文期刊中有关道德和创新、创业的相关文献进行梳理和初步分析。作者选取道德和创新、创业作为主题对管理学、企业经济和宏观经济管理与可持续发展等学科中的文献进行检索。图 27.1 分别展示了以创新和道德、创业和道德相关文献的年度变化趋势。从图中我们可以看出，关于创新和道德、创业和道德的研究文献在发表数量上整体呈现出先增后减的趋势，两部分文献均在 2012 年左右达到发表的高峰，2020 年后总体上趋于回落态势。

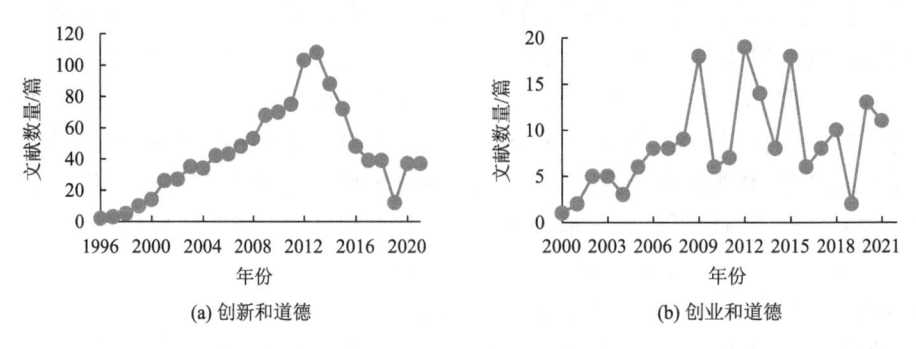

图 27.1　创新和道德、创业和道德相关文献的年度变化趋势

资料来源：作者自行整理

其次，我们通过 EBSCO 与 Google Scholar 等网站对英文期刊中有关创新和道德、创业和道德的相关文献进行梳理与初步分析。我们选取管理学和经济学的 10 种顶级期刊将 "innovation + ethics" 和 "entrepreneurship + ethics" 作为主题词进行筛选，1996~2021 年仅有 15 篇相关文献，且这些文献同样像中文文献一样表现出先增后减的趋势，在 2015 年左右达到峰值。因此，我们在后续论述中将搜索范围扩大，选取 Google Scholar 为工具对相关文献进行检索，进而归纳总结。

27.2.1 道德理论作用于创新和创业的内在机制

道德理论如何影响个体的创新和创业行为？关于这一主题的研究最早来自人们的实践观察：一方面，在现实中的创新和创业活动呈现出地理范围上的集聚现象，如美国硅谷、日本筑波和中国中关村等；另一方面，这种大范围的集聚现象使得人们考虑从文化等的宏观角度对该现象进行解释（Klepper，2010；Glaeser and Kerr，2009；Rosenthal and Strange，2003；Stuetzer et al.，2016）。因而，关于道德理论对创新和创业影响的研究较早出现在文化与创新相关的研究中。例如，韦伯（2006）在其《新教伦理与资本主义精神》一书中指出，基督新教的道德体系和资本主义发展之间的正向关系。韦伯关于基督新教和资本主义发展的洞见为我们揭示了道德体系与创新创业之间的相关关系，但是进一步厘清其内在机制需要微观层面理论的介入。

西蒙（Simon）关于人是有限理性（bounded rationality）的理论的提出，为进一步分析个体道德理论如何影响个体创新和创业决策与行为提供了理论的基础和分析手段。March 和 Simon（1958）指出，每一个人在决策时都不可避免地带有一些自身的特征，如个体的道德价值标准，不同的道德价值标准能够影响个体对于决策结果和可能替代方案的排序，进而能够对个体的决策产生影响。Hambrick 和 Mason（1984）进一步发展了 March 和 Simon 的想法，提出了在有限理性的情况下个体的决策模型。Hambrick 和 Mason（1984）认为个体的认知基础和价值观能够对个体的战略决策和战略行为产生影响（图 27.2）。陶建宏等（2013）将他们的思想总结为"高层管理者会对他/她所面临的组织情境做出高度个性化的诠释和选择，其行为是认知、价值观、经验等个性特征的反映，高层管理者决定着组织战略和行为的形成"。类似地，个体的行为也是其认知、价值观和经验等特征的反映。对于一个创业机会或者新的创意而言，道德作为个体价值观的一部分能够影响其如何诠释和是否选择进行该项创意或者创业行为。

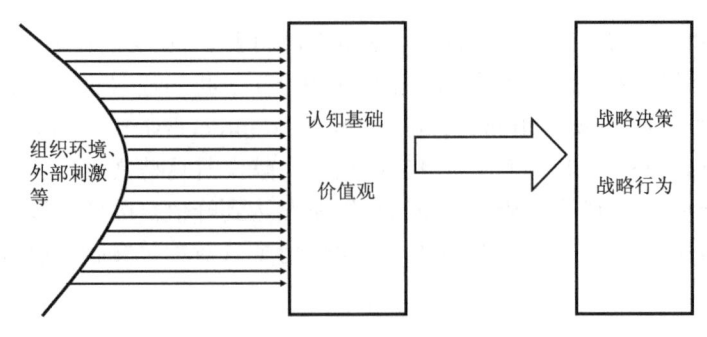

图 27.2　有限理性下的个人决策模型

资料来源：Hambrick 和 Mason（1984）

27.2.2　道德理论与创新行为关系研究

道德理论会如何影响创新决策和行为？关于这个问题的研究大致可以按照时间先后分为两个阶段：在研究的早期阶段，学者更多地强调道德对于创新的负向影响，认为道德和创新之间有内在冲突；近年来，不断有学者提出新的观点，考察在特定情境下道德对员工创新和创造力的积极影响。

道德被认为是个体生活中一个重要且普遍的组成部分，以往的研究表明个体在工作或执行相关任务时常常会考虑它的道德影响（Bunderson and Thompson，2009；Kundro，2022；Reid and Ramarajan，2022）。创新是企业持续获得市场竞争优势的关键，也是很多个体工作的重要组成部分，因此个体创新活动也会受到其道德标准的影响。从概念定义上来分析，道德和创新之间存在冲突，"创新强调打破规则和敢于冒险，而道德则强调遵守规则和保守"（刘鑫等，2022）。以往的研究更多地发现和强调了道德与创新之间的负向关系，认为道德会阻碍个体的创造力（Gino and Wiltermuth，2014；Kundro，2022），相应的创造力能够导致更多的不道德行为（Gino and Ariely，2012；Hunter et al.，2022；Keem et al.，2018）。例如，Baucus 等（2008）发现有更强道德感的员工会表现得更加合乎道德，在出现违背道德的想法时他们会感到更多的压力和焦虑，这会阻碍他们投入更多的努力和精力在创造力方面。同样，Liu 等（2020）发现将道德和工作联系起来的员工会觉得自己的工作更有威胁性和负担，这会降低员工的创造力。

近些年来，一些学者逐渐得出了不一样的观点，他们认为道德并不总是对员工创造力有负向的影响，相反地，它也能够提升员工的创造力。例如，Zhang 等（2018）发现深陷在道德困境中的个体会拥有更高水平的发散式思维，而发散式思维是产生创造力的一个重要前提条件。通过对个体和组织之间的道德价值进行比较，Kundro（2022）发现，当员工意识到自身的职业道德标准与组织一致时，员工将发挥出他们更高水平的创造力。

27.2.3 道德理论与创业行为关系研究

道德理论会如何影响创业决策和行为？关于这个问题的研究大致分为两个部分，一部分研究着重考察道德价值标准和创业决策之间的关系，另一部分研究关注创业活动的道德合法性。

（1）道德价值标准和创业决策之间的关系。韦伯在其《新教伦理与资本主义精神》一书中最早给出回应，他认为基督新教道德体系的兴起驱动了以新经济形式为主的资本主义的发展。近些年来，越来越多的学者尝试从心理学的角度去理解和认识创业过程，将道德作为心理学机制去研究其对个体创业的重要作用。例如，关于创业机会的研究表明个体认知能够帮助对创业机会进行识别和评估（Cardon et al., 2012; Baron and Tang, 2011; Baron, 2008），已知道德能够影响个体对事物的认知，因此道德也能够帮助个体塑造创业机会的识别和评估。陈良勇等（2022）使用道德认知倾向来考察年少贫苦经历和企业家社会创业导向的关系，发现年少贫苦经历会让企业家使用"道德认知框架思考社会问题，以此反映并检验自身过往的经历，这样的个体通常也会呈现出较高的亲社会性，进而促进社会创业导向的生成"。

（2）创业活动的道德合法性。创业是一个开发新产品或服务并将其推向市场的过程（Buchholz and Rosenthal, 2005）。创业活动在改善人们生活，为社会发展带来福祉的同时，也引发了环境污染、科学伦理等问题。道德认知塑造个体对于创新机会和想法的选择，而企业家的道德认知则决定了企业的创新战略与方向，缺乏道德感的企业或许可以一时取巧，获得短期的经济利益，却难以符合用户的长期需求，从而不能在激烈的市场竞争中长期存续、成为基业长青的企业。近年来，随着经济文化的发展，消费者自身的环保和责任意识不断觉醒，对企业的决策和行为合法性的要求越来越高（Hannafey, 2003），创业活动是否符合社会道德规范也受到了消费者更多的监督和要求。比如，Ji等（2021）发现在创业过程中的道德不合法行为（裁员）不仅会增加创业者的心理负担还容易让公众对企业形成负面印象。李欣等（2022）指出公众对于企业污染排放会有更多的环境诉求，"公众环境诉求所引发的舆论压力通过对政府环境规制行为施加影响进而减少企业污染排放"。李欣等（2017）发现公众对雾霾污染的网络舆论压力能够起到非正式环境规制的作用，帮助减少和缓解雾霾污染。

27.2.4 道德与社会创业行为关系研究

由于创业是一个打破规则的过程，其往往会引发道德甚至伦理冲突问题（Brenkert, 2009）。道德理论应用于创业领域的这一阶段的重要研究话题，是创业过程与社会议题的有机融合，即社会创业。社会创业的基本理念是社会议题是可以通过商业化的方式来解决的。尽管当下社会创业引起了学术界的注意，但学者至今并未就社会创业的定义达成一致（Nicholls，2010）。类似地，Choi 和 Majumdar（2014）指出，社会创业本质上是一个有争议的概念，很难用一个通用的定义来对其进行解释。人们往往会将社会创业的定义和其他相关现象混淆，如慈善（Acs et al.，2013）、可持续发展和社会责任（Nicolopoulou，2014）、商业驱动的创业（Austin et al.，2006；Lurtz and Kreutzer，2017；Mair and Martí，2006）。结合 Saebi 等（2019）和 Dacin 等（2010）的相关资料，我们总结了社会创业的相关定义（表 27.1）。

表 27.1　社会创业的相关定义

文献来源	社会创业定义
Alvord 等（2004）	提出用创造性方案来解决社会问题，并调动创意、能力、资源和社会部署来实现可持续社会发展
Austin 等（2006）	发生在非营利性组织、商业组织或者政府部门的创造性的社会价值创造活动
Perrini 和 Vurro（2006）	由个人或团队（创新型社会企业家）创造和管理的动态过程。创业者创造和管理的动态过程，他们以创业的心态和对成就的强烈需求，努力利用社会创新，为市场和社区创造新的社会价值。以在市场和整个社区中创造新的社会价值
Doherty（2014）	社会企业有别于私营部门为个人利益追求利润最大化的组织，它将社会变革置于私人财富创造之上。社会变革高于私人财富创造。典型的社会目标包括减少贫困、不平等、无家可归、碳排放和失业率
Bacq 和 Janssen（2011）	识别、评估和利用旨在通过商业手段创造社会价值的过程。市场活动和使用广泛的资源来确定、评估和利用各种机会的过程
Acs 等（2013）	包括在创造经济价值之外的社会价值方面进行商业创业的可能性

在此基础上，Saebi 等（2019）进一步提出关于社会创业的矩阵模型。在社会使命（social mission）维度，一些社会创业公司会将受益人（beneficiaries）看作商品或者服务的接收者，而另一些社会创业公司会将受益人纳入价值创造过程中（Dohrmann et al.，2015；Ebrahim et al.，2014；Santos et al.，2015）。在经济使命维度（economic mission），有的社会创业公司是通过经济活动产生的收益去补贴社会使命的，这也被称为"buy one，give one"（买一赠一）模型，如 TOMS 鞋业公司；而其他社会创业公司的经济活动和社会价值是有机结合的，如 Grameen Bank。基于此，Saebi 和其同事提出 2×2 矩阵来展现社会企业的多种类型：双边价值模型（two-sided value model）、市场驱动工作模型（market-oriented work model）、单边价值模型（one-sided value model）和社会驱动工作模型（social-oriented work model）。

27.3 道德理论在创新驱动创业研究中的局限与未来展望

27.3.1 局限

蔡莉等（2021）指出，创新驱动创业需要通过"多要素迭代互动，实现多主体共同开发机会、创造价值"来实现。与传统创新创业研究领域相比，创新驱动创业研究强调了"多主体"互动的重要性。在这种理念下，道德问题显得尤为重要，但现有道德理论在揭示创新创业理论机制时存在以下几个方面的局限性。

第一，从道德理论的研究层次看，现有的道德理论研究更倾向于将个人的道德决定作为研究对象，将主要注意力放在如何影响个人的道德决定上，并认为个人的道德价值标准和素养是推动组织甚至更大范围的道德遵守的核心驱动力（Baucus et al.，2008）。但是，通过回顾相关的文献可以发现，创新和创业研究领域不能仅关注个人（如企业家这个单一主体），而更应该意识到"无论是创新过程还是创业过程均涉及多主体的共同参与，特别是在数字经济时代，开放式创新和平台创业的兴起更加强调多主体间的有效协同"（蔡莉等，2021）。

第二，从道德理论发挥影响的动态过程看，现有的道德理论倾向于假设道德标准是既定的和静态的。也就是说，道德标准是容易被识别和界定的，基于现有的社会运行秩序和文化制度内涵。例如，Reynolds（2006）用以下几个问题来衡量道德意识（moral awareness），如"这里有非常重要的道德层面的问题""这些议题有道德内容和后果"。可以看出，现有研究倾向于假设个人或者组织能够清晰地意识到道德标准和识别出道德伦理问题。但在当今科技高速发展的大背景下，道德争议问题引人深思，如人工智能伦理和基因剪辑问题争议等。

第三，从道德理论和创新、创业间关系的动态过程看，现有的关于道德理论和创新、创业的相关研究较多地关注于道德理论对创新、创业的机制效应，也就是说将道德理论作为创新、创业行为的解释因素。这固然有其存在的合理性，但却忽略了创新或者创业行为本身能够对个体道德价值标准产生的影响。例如，Ji等（2021）发现私有化创业过程中的裁员事件影响了企业主的道德价值标准，增加了他们的内疚情绪和对社会回馈的道德情感。

27.3.2 未来展望

针对道德理论在解释创新创业活动时所面临的挑战，结合创新驱动创业的内涵，未来可以从以下几个方面对道德理论开展研究。

1. 创新驱动创业研究中道德问题的层次研究

创新驱动创业是一个充满复杂性的系统过程，涉及多主体和多方位的协同作用。因此，要想揭示创新驱动创业过程中的道德理论体系，我们就不能仅仅聚焦于某一个局部，而是应该从多视角系统性地对道德理论的概念边界进行厘清和扩展。这里提供一种拓展道德理论在创新创业研究应用的思路——将研究范式从个人扩展到组织、社区等其他主体，同时应该关注到这些主体之间的交互活动、关系迭代过程和复杂系统建构，以便学者将注意力放在多层次甚至复杂性范式转变上来（席酉民和张晓军，2017）。

特别地，在数字经济时代背景下，人工智能、大数据、云计算、机器学习、物联网及区块链等技术促使新型组织（如平台企业）的迅速崛起和壮大。因为这些新型组织的存在，道德问题出现了多主体性、强危害性和治理复杂性等特征。因此，未来研究应该关注道德问题的边界模糊性问题。就平台治理问题而言，道德问题的责任主体往往是不明确的，平台企业对于特定道德问题的责任边界也往往是模糊的。学者未来也应该关注如何界定道德问题的概念边界，甚至挑战传统的道德相关概念的基本假设。

2. 创新驱动创业中道德议题的动态性

在创新驱动创业研究情境下，道德问题往往是动态演化的，或者有非常强的边界效应。但是现有研究往往聚焦于创新或者创业过程中的关键要素的道德要素和关系链条，对创新驱动创业研究的过程，即时间序列视角的关注比较欠缺。对此，本文建议学者未来可以考虑对创新驱动创业的全过程道德议题展开研究。例如，可以参照创业过程中的机会存在、机会发现和机会利用的框架，或者创业过程中的新组织创建前、创建中和创业后的三阶段模型，对道德议题展开研究（Shane，2003；Baron，2007）。此外，由于创新或者创业过程往往涉及个体、组织、过程和环境等要素的互动，学者也可以关注创新驱动创业过程中的外部环境要素变化，并进一步将注意力从横截面视角（如要素及要素间关系）转移到系统过程中来。

3. 道德和创新、创业的互动性

创新、创业活动遵循着一定的道德理论，而道德理论本身也在不断的创新、创业实践中被发展和完善。例如，以前被视为先进象征的工厂大烟囱被不断涌现的节能、环保的创新和创业活动定义为对社会道德的违背。现有的研究多关注于道德理论对创新和创业行为的解释力度，而忽略了两者之间的互动性，尤其是创新、创业行为对道德理论的发展、改进和塑造。以后的研究可以多关注创新、创业行为对道德理论的发展和改进，从而更加全面和深刻地认识这两者之间的关系。

参 考 文 献

陈劲, 国容毓. 2020. 方太: 幸福常青的企业[J]. 清华管理评论, (9): 115-120.

陈良勇, 阮荣彬, 万文海, 等. 2022. 童年贫困经历对企业家社会创业导向的影响机制研究[J]. 管理评论, 34(3): 153-162, 219.

李欣, 顾振华, 徐雨婧. 2022. 公众环境诉求对企业污染排放的影响: 来自百度环境搜索的微观证据[J]. 财经研究, 48(1): 34-48.

李欣, 杨朝远, 曹建华. 2017. 网络舆论有助于缓解雾霾污染吗?: 兼论雾霾污染的空间溢出效应[J]. 经济学动态, (6): 45-57.

刘鑫, 李丽源, 郑晓明. 2022. 守正创新, 行稳致远: 企业如何兼顾创新与道德？[J]. 清华管理评论, (6): 26-33.

陶建宏, 师萍, 段伟宇. 2013. 高阶理论研究综述: 基于跨层次整合视角[J]. 科技管理研究, 33(10): 224-229, 242.

韦伯 M. 2006. 新教伦理与资本主义精神[M]. 于晓, 陈维纲, 译. 西安: 陕西师范大学出版社.

席酉民, 张晓军. 2017. 从实践者视角看管理研究的价值和范式[J]. 管理学报, 14(3): 335-338.

Acs Z J, Boardman M C, McNeely C L. 2013. The social value of productive entrepreneurship[J]. Small Business Economics, 40(3): 785-796.

Alvord S H, Brown L D, Letts C W. 2004. Social entrepreneurship and societal transformation: an exploratory study[J]. The Journal of Applied Behavioral Science, 40(3): 260-282.

Austin J, Stevenson H, Wei-Skillern J. 2006. Social and commercial entrepreneurship: same, different, or both?[J]. Entrepreneurship Theory and Practice, 30(1): 1-22.

Bacq S, Janssen F. 2011. The multiple faces of social entrepreneurship: a review of definitional issues based on geographical and thematic criteria[J]. Entrepreneurship & Regional Development, 23(5/6): 373-403.

Baron R A. 2007. Behavioral and cognitive factors in entrepreneurship: entrepreneurs as the active element in new venture creation[J]. Strategic Entrepreneurship Journal, 1(1/2): 167-182.

Baron R A. 2008. The role of affect in the entrepreneurial process[J]. Academy of Management Review, 33(2): 328-340.

Baron R A, Tang J T. 2011. The role of entrepreneurs in firm-level innovation: joint effects of positive affect, creativity, and environmental dynamism[J]. Journal of Business Venturing, 26(1): 49-60.

Baucus M S, Norton W I, Baucus D A, et al. 2008. Fostering creativity and innovation without encouraging unethical behavior[J]. Journal of Business Ethics, 81, 97-115.

Bentham J. 1781. An introduction to the principles of morals and legislation[M]//Cohen M, Fermon N. Princeton Readings in Political Thought. Princeton: Princeton University Press: 365-368

Brenkert G G. 2009. Innovation, rule breaking and the ethics of entrepreneurship[J]. Journal of

Business Venturing, 24(5): 448-464.

Brown W O, Helland E, Smith J K. 2006. Corporate philanthropic practices[J]. Journal of Corporate Finance, 12(5): 855-877.

Buchholz R A, Rosenthal S B. 2005. The spirit of entrepreneurship and the qualities of moral decision making: toward a unifying framework[J]. Journal of Business Ethics, 60(3): 307-315.

Bunderson J S, Thompson J A. 2009. The call of the wild: zookeepers, callings, and the double-edged sword of deeply meaningful work[J]. Administrative Science Quarterly, 54(1): 32-57.

Cardon M S, Foo M D, Shepherd D, et al. 2012. Exploring the heart: entrepreneurial emotion is a hot topic[J]. Entrepreneurship Theory and Practice, 36(1): 1-10.

Carroll A B. 1991. The pyramid of corporate social responsibility: toward the moral management of organizational stakeholders[J]. Business Horizons, 34(4): 39-48.

Choi N, Majumdar S. 2014. Social entrepreneurship as an essentially contested concept: opening a new avenue for systematic future research[J]. Journal of Business Venturing, 29(3): 363-376.

Dacin P A, Dacin M T, Matear M. 2010. Social entrepreneurship: why we don't need a new theory and how we move forward from here[J]. Academy of Management Perspectives, 24(3): 37-57.

Dancy J. 1983. Ethical particularism and morally relevant properties[J]. Mind, (368): 530-547.

Doherty B. 2014. Social enterprise journal: annual review[J]. Social Enterprise Journal, 10(3). https://doi.org/10.1108/SEJ-09-2014-0038[2023-03-24].

Dohrmann S, Raith M, Siebold N. 2015. Monetizing social value creation: a business model approach[J]. Entrepreneurship Research Journal, 5(2): 127-154.

Ebrahim A, Battilana J, Mair J. 2014. The governance of social enterprises: mission drift and accountability challenges in hybrid organizations[J]. Research in Organizational Behavior, 34: 81-100.

Ferrell A, Liang H, Renneboog L. 2016. Socially responsible firms[J]. Journal of Financial Economics, 122(3): 585-606.

Frederick W C. 1960. The growing concern over business responsibility[J]. California Management Review, 2(4): 54-61.

Freeman R E. 1984. Strategic Management: A Stakeholder Approach[M]. Boston: Pittman Pub.

Geisslinger M, Poszler F, Betz J, et al. 2021. Autonomous driving ethics: from trolley problem to ethics of risk[J]. Philosophy & Technology, 34(4): 1033-1055.

Gino F, Ariely D. 2012. The dark side of creativity: original thinkers can be more dishonest[J]. Journal of Personality and Social Psychology, 102(3): 445-459.

Gino F, Wiltermuth S S. 2014. Evil genius? How dishonesty can lead to greater creativity[J]. Psychological Science, 25(4): 973-981.

Glaeser E L, Kerr W R. 2009. Local industrial conditions and entrepreneurship: how much of the spatial distribution can we explain?[J]. Journal of Economics & Management Strategy, 18(3): 623-663.

Hambrick D C, Mason P A. 1984. Upper echelons: the organization as a reflection of its top managers[J]. Academy of Management Review, 9(2): 193-206.

Hannafey F T. 2003. Entrepreneurship and ethics: a literature review[J]. Journal of Business Ethics, 46(2): 99-110.

Hunter S T, Walters K, Nguyen T, et al. 2022. Malevolent creativity and malevolent innovation: a critical but tenuous linkage[J]. Creativity Research Journal, 34(2), 123-144.

Ji J K, Huang Z, Li Q. 2021. Guilt and corporate philanthropy: the case of the privatization in China[J]. Academy of Management Journal, 64(6): 1969-1995.

Jones T M. 1991. Ethical decision making by individuals in organizations: an issue-contingent model[J]. Academy of Management Review, 16(2): 366-395.

Kacperczyk A. 2009. With greater power comes greater responsibility? Takeover protection and corporate attention to stakeholders[J]. Strategic Management Journal, 30(3): 261-285.

Keem S, Shalley C E, Kim E, et al. 2018. Are creative individuals bad apples? A dual pathway model of unethical behavior[J]. Journal of Applied Psychology, 103(4): 416-431.

Klepper S. 2010. The origin and growth of industry clusters: the making of Silicon Valley and Detroit[J]. Journal of Urban Economics, 67(1): 15-32.

Kundro T G. 2022. The benefits and burdens of work moralization on creativity[J/OL]. New York: Academy of Management Journal, https://doi.org/10.5465/amj.2021.0273[2022-12-30].

Liu X, Liao H, Derfler-Rozin R, et al. 2020. In line and out of the box: how ethical leaders help offset the negative effect of morality on creativity[J]. Journal of Applied Psychology, 105(12): 1447-1465.

Lurtz K, Kreutzer K. 2017. Entrepreneurial orientation and social venture creation in nonprofit organizations: the pivotal role of social risk taking and collaboration[J]. Nonprofit and Voluntary Sector Quarterly, 46(1): 92-115.

Mair J, Martí I. 2006. Social entrepreneurship research: a source of explanation, prediction, and delight[J]. Journal of World Business, 41(1): 36-44.

March J G, Simon H A. 1958. Organizations[M]. New York: Wiley.

McAlister D T, Ferrell L. 2002. The role of strategic philanthropy in marketing strategy[J]. European Journal of Marketing, 36(5/6): 689-705.

Monks R, Minow N. 2004. Corporate Governance[M]. Chichester: John Wiley and Sons Ltd.

Navarro P. 1988. Why do corporations give to charity?[J]. Journal of Business, 61(1): 65-93.

Nicholls A. 2010. The legitimacy of social entrepreneurship: reflexive isomorphism in a pre-paradigmatic field[J]. Entrepreneurship Theory and Practice, 34(4): 611-633.

Nicolopoulou K. 2014. Social entrepreneurship between cross-currents: toward a framework for theoretical restructuring of the field[J]. Journal of Small Business Management, 52(4): 678-702.

Perrini F, Vurro C. 2006. Social entrepreneurship: innovation and social change across theory and practice[M]//Mair J, Robinson J, Hockerts K. Social Entrepreneurship. London: Palgrave Macmillan UK: 57-85.

Reid E, Ramarajan L. 2022. Seeking purity, avoiding pollution: strategies for moral career building[J].

Organization Science, 33(5): 1909-1937.

Reynolds S J. 2006. Moral awareness and ethical predispositions: investigating the role of individual differences in the recognition of moral issues[J]. Journal of Applied Psychology, 91(1): 233-243.

Rosenthal S S, Strange W C. 2003. Geography, industrial organization, and agglomeration[J]. The Review of Economics and Statistics, 85(2): 377-393.

Saebi T, Foss N J, Linder S. 2019. Social entrepreneurship research: past achievements and future promises[J]. Journal of Management, 45(1): 70-95.

Santos F, Pache A C, Birkholz C. 2015. Making hybrids work: aligning business models and organizational design for social enterprises[J]. California Management Review, 57(3): 36-58.

Shafer-Landau R. 2012. Ethical Theory: An Anthology[M]. Hoboken: Wiley-Blackwell.

Shane S A. 2003. A General Theory of Entrepreneurship: The Individual-Opportunity Nexus[M]. Cheltenham, Northampton: Edward Elgar Publishing.

Stuetzer M, Obschonka M, Audretsch D B, et al. 2016. Industry structure, entrepreneurship, and culture: an empirical analysis using historical coalfields[J]. European Economic Review, 86: 52-72.

Vallor S. 2018. Technology and the virtues: a response to my critics[J]. Philosophy & Technology, 31(2): 305-316.

Zhang T, Gino F, Margolis J D. 2018. Does "could" lead to good? On the road to moral insight[J]. Academy of Management Journal, 61(3): 857-895.

代表性学者简介

托马斯·琼斯（Thomas Jones）

托马斯·琼斯为华盛顿大学福斯特商学院教授。曾任 *Business & Society*（《商业与社会》）主编、*Journal of Contemporary Business*（《当代商业杂志》）主编、*Academy of Management Review* 编委会成员。托马斯·琼斯教授在 *Academy of Management Review*、*Academy of Management Journal*、*Organization Science* 上发表多篇论文。

R. 爱德华·弗里曼（R. Edward Freeman）

R. 爱德华·弗里曼为弗吉尼亚大学达顿商学院的大学教授和奥尔森工商管理教授，以及弗吉尼亚大学达顿商学院社会商业研究所的学术主任。他也是丹麦哥本哈根商学院利益相关者管理学科的兼职教授，荷兰奈耶诺德大学的访问教授，莫纳什大学（墨尔本）的管理学兼职教授。他曾获得世界资源研究所和阿斯彭研究所、洪堡大学企业社会责任会议、管理学院和商业道德协会颁发的终身成就奖。他曾与世界各地的许多高管和公司合作，他关于利益相关者理论的文章被翻译成多种语言出版。

弗兰西斯卡·吉诺（Francesca Gino）

弗兰西斯卡·吉诺专注于研究人们为什么在工作中做出这样的决定，以及领导者和员工如何拥有更多的生产力、创造力和充实的生活。她是哈佛商学院谈判、组织和市场部门的坦顿家族工商管理教授，还出版了《反叛的人才》一书。她主持了哈佛大学高管教育项目：行为经济学（专注于如何将行为洞察力应用于组织问题）和驱动利润增长。她的研究还被《经济学人》《纽约时报》《新闻周刊》《科学美国人》《今日心理学》《华尔街日报》报道，美国全国公共广播电台和哥伦比亚广播公司也报道过她的研究工作。

本章执笔人：童　立　姬俊抗　张　莹

第 28 章　情绪理论——创新驱动创业过程机理的个体视角

社会与组织生活中充满了情绪体验。Baron（2008）就情绪在创业中的作用比喻道："我们可能了解和认识一个真理，但在我们从情绪上感受到它的力量之前，它不属于我们。"诚如斯言，如果说认知过程是创业这个复杂过程的"大脑"，那么情绪作为"心脏"则在这个过程中为创业者和企业提供了灵魂。许多创新和创业相关活动都受到情绪的影响，如情绪已被证明对创造力、说服力、决策和判断、社交网络等有很强的影响（Cardon et al.，2012）。而当前在数字化情境下，基于技术、制度、商业模式创新驱动的创业过程往往是高度不可预测并充满快速变化的（蔡莉等，2022）。因此，在这样的环境中，个体的行为不可能遵循写好的脚本或一套既定程序。相反，正如许多企业家所说，他们必须经常"边做边走"。在涉及创业情境下的高不确定性和不可预测性时，情绪可能是影响个体决策和行为的关键要素。

本章旨在通过回顾现有文献以揭示情绪在创新驱动创业中发挥的潜在作用。为了实现这一目标，本章的做法如下：首先，简要回顾情绪理论在组织和管理情境下的发展脉络；其次，从两个理论视角解读情绪理论在创业研究中的应用；最后，基于这些对已有文献的讨论，就情绪在创新驱动创业过程中几个关键方面的作用提供未来可能的研究方向。

28.1　情绪理论在组织和管理领域的发展脉络

我们在研究中谈论的"情绪"第一步就是要区分情绪涉及的三种不同的概念和定义。首先是情绪（emotion），它指的是相对稳定的感觉状态和反应倾向（Watson et al.，1988），涉及短暂的感觉状态，而且是对特定原因或目标的反应。其次是心情（mood），心情则指的是一种没有已知原因的状态，其强度比情绪弱，持续时间可能更长（Frijda，1993）。最后是情感（affect），情感是一个笼统的概念，可以指情绪、感觉和心情，情感通常作为积极和消极的情感来研究（Staw et al.，1986）。对于情绪在组织与管理情境下的研究，本章按照时间轴梳理为三个阶段。

28.1.1　萌芽阶段（1931~1979 年）

在这一时期的组织行为研究塑造了其后 40 年的研究方向和风格。也正是在这一时期，对工作中的情绪的研究从工作满意度逐渐展开。狭义上把工作中的情感定义为工作满意度可以追溯到 Kornhauser 和 Sharp（1932）的研究。该文章介绍了 1930 年在 Kimberly Clark 公司进行的一项研究。其研究目标是确定个人"感情和态度"的主要影响因素。在其后的 50 年里，情绪和工作满意度被等量齐观。

20 世纪 50~60 年代是工作满意度研究的"黄金时代"。Vroom（1964）的 *Work and Motivation* 一书可以被认为是那个时代的原型。对于 Vroom 来说，工作满意度是一种态度。而 1969 年，Locke 提出了"什么是工作满意度？"的反问。Locke（1969）提出的"情感"概念在大多数关于工作满意度的讨论中缺席。Locke 将满意度定义为一种情感事件，并明确提出了评价和情感之间的联系（即后者是前者的产物，评价和情绪之间的联系亦然）。

在理解员工情绪方面，20 世纪 70 年代的研究取得的进展更小，只有 Salancik 和 Pfeffer（1978）提供了一个真正不同的前景，他们指出了社会环境在组织中的重要性，特别是提出了与工作满意度相关的社会信息加工（social information processing，SIP）理论。首先，SIP 理论认为态度可以直接受到社会信息的影响，而不受工作环境感知的影响。换言之，一个人的满意度可以直接受到他/她的同事所表现的态度的影响，后来他/她的感知会逐渐与其态度相一致。其次，他们认为工作满意度不应该被视作相对稳定的、由环境驱动的，而应被视作一种"按需"做出的判断，并且这种感知受制于短暂的影响。

28.1.2　发展阶段（1980~1999 年）

这一时期是组织中的情绪研究的关键时期。组织行为学者对情绪更广泛的兴趣被重新唤醒，情绪理论出现了"百家争鸣"的盛况。首先，Organ 和 Near（1985）就工作满意度与情感等同的观点提出了质疑。他们借鉴了人们对主观幸福感的测量方法，推测工作满意度的标准测量方法更多的是认知意义，而不是情感意义。Brief 和 Roberson（1989）受 Organ 和 Near 的影响，对三种常用的工作满意度测量方法的情感和认知内容进行了经验性的探索。他们的结论是，只有"面孔"量表比较好地反映了工人的情感。因此，Brief 和 Roberson 揭开了一个具有一定意义的悖论：研究者将工作满意度概念化为一种情感反应，但他们对工作满意度的测量往往没有反映出情感。

从 20 世纪 90 年代开始，对于情绪的讨论已经逐渐脱离了工作满意度的范式，并转向了更加具有解释力的情绪理论构建。1996 年，Weiss 和 Cropanzano 提出了情感事件理论（affective event theory，AET），它的重点是将情绪与满意度系统地区分开来，然后对工作中的情绪体验方式进行讨论。AET 认为，人们在工作中遭遇各种各样的事情，这些事件往往有情绪上的影响，情绪状态进而会影响人们的态度和行为，也就是说情绪的影响是直接的（即当人处于某种情绪时，会直接影响表现）。此外，AET 还讨论了哪些类型的工作行为可能是情绪驱动的，哪些类型的工作行为可能是判断驱动的。

在这一时期对情绪的分类理论也在逐渐成熟。基本情绪理论认为情绪可分为不同类别，情绪的环状模型（circumplex model of affect）试图将这些类别映射到一个二维空间（Russell，1980），如图 28.1 所示。在该模型的第一个版本中，一个轴指价值（valence）或享乐（hedonic tone），即愉快的和不愉快的，另一个轴指激活的强度水平（arousal），即动力的和非动力的（Russell and Barrett，1999）。该模型的第二个版本是将这些轴旋转 45°，使四个半轴分别指低且消极的、高且消极的、高且积极的和低且积极的，它们被定义为体验积极或消极状态的倾向（Watson et al.，1988）。旋转模型是后续情绪研究的基础，在组织环境中依此产生了大量的经验工作。例如，情绪高且积极的人在外部更注重促进积极结果，而情绪高且消极的人在内部更注重防止消极结果（Higgins，1998）。

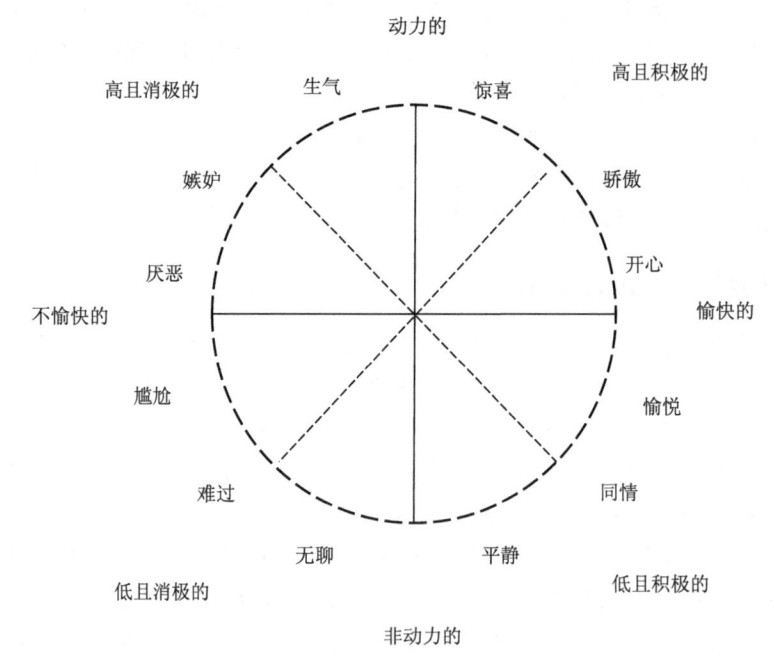

图 28.1 情绪的环状模型

与此同时，学者也开始对情绪的功能性展开理论探讨。情绪传达信息（affect-as-information）模型（Schwarz and Clore，1983）表明，没有明确原因的情绪被归因于情境。消极的情绪表明任务有问题，因此需要系统的和彻底的处理决策（Forgas，1998）；积极的情绪表明情况是安全的，因此积极的情绪可能萌生更多的启发式的和灵活的认知（Isen and Baron，1991）。作为这些过程的延伸，情感注入模型（affect infusion model）（Forgas，1995）提出，如若处理是自动的或模糊的，情感最有可能注入认知，而如若处理是有动机的或系统的，情感注入的可能性较小。

另外，社会功能理论（social function theory）长期以来认为，即使是不愉快的情绪，对社会和工作生活也有宝贵的作用（Fridlund，1994；Keltner and Haidt，1999）。积极情绪对日常运作和合作至关重要，消极情绪对生存状况的反应至关重要。Keltner 和 Haidt（1999）概述了情绪的社会功能的三种机制，通过这些机制，情绪的交流演变为对社会生活的适应性反应。第一，情绪表达有效地传达了关于对我们共同环境的反应、信仰、社会意图和对他人行为的反馈。第二，情绪表达倾向于唤起他人的情绪反应，帮助解决群体生活的问题。例如，尴尬可以引起宽恕；痛苦可以引起同情；愤怒是为了诱导他人调整刺激性行为——如果接受了隐含的责备评价，一系列的情绪可以被唤起，包括恐惧和内疚。第三，情绪在操作性条件反射中可以作为奖励或惩罚，以及对未来可能的奖励或惩罚的承诺或威胁。

最后，根据自我调节（self-regulation）的自我消耗（ego depletion）模型，调节情绪（emotional regulation）本身会消耗个人资源（Baumeister et al.，1998）。这一观点表明，调节情绪会减少资源（如体力、注意力和意志力）的可用性。这个理论观点解释了为什么情绪调节在短期内可能是有效的，但对长期的任务表现有负面影响（Richards and Gross，1999）。此外，Hatfield 及其同事研究了一种他们称为情绪传染（emotional contagion）的现象。"情绪传染"一词实际上指的是基于群体的情绪的过程，被定义为"自动模仿和同步面部表情、发声、姿势与动作的倾向"（Hatfield et al.，1993）。因此，我们观察到的事实是：我们观察别人的情绪时，会无意识地在我们自己身上产生类似的情绪。

28.1.3 调整阶段（2000 年至今）

一般来说，更加主流的对组织中情绪的研究，往往是在西方文化背景下展开的。这也许是因为相比于集体主义文化下的员工，对于个人主义文化下的员工来说，情绪的价值更加反直觉。情绪理论在 2000 年后的发展也受益于更多在不同背景下进行的研究。具体来说，不同文化群体的差异被注入情绪过程的每个阶段（Elfenbein and Shirako，2006）。例如，集体主义文化下的员工更喜欢强调与他人联系的情绪状态（Kitayama et al.，2000）。文化在情感表达风格上也有微妙的差异，因此当目标来自不熟悉的文化群体时，对情绪的识别就会下降（Elfenbein et al.，2007）。个人主义的文化规范坚持认为情绪应该被排除在工作场所之外，这就降低了个人对他人情绪的敏感性（Sanchez-Burks，2002）。

群体情绪是一种集体层面的情绪状态——一种可以用个体成员的平均值、最小值、最大值和/或方差来衡量的属性（Barsade and Knight，2015）。Menges 和 Kilduff（2015）将群体情绪不仅定义为发生在群体内部的感受，还定义为从群体经验涌现的感受。Barsade 和 Knight（2015）通过自我报告调查和客观编码回顾了群体内情感相似性的证据，其结论是工作小组倾向于同质性的平衡。根据 Barsade 和 Knight（2015）的结果，群体情绪的影响用绩效指标衡量，如创造力、决策、销售业绩、主管评级、新企业业绩、客户满意度等。

如果没有关于情绪智力的部分，对组织中的情绪的理论回顾也不完整。Côté（2014）将情绪智力定义为一种个体差异，"一套与情绪和情感信息有关的能力"。Elfenbein 和 MacCann（2017）回顾了现有的模型，描述了四个情绪智力分支的分类法：情绪识别、情绪表达、自我调节和对他人的调节。情绪智力的有效性一直受到激烈的争论，尤其是在评估情绪智力有效性时，必须认真对待智力的部分（Côté，2014）。这意味着情绪智力的各个分支相互之间以及其与认知能力之间应存在正相关关系，它们在很大程度上确实如此（Elfenbein and MacCann，2017）。

28.2　情绪理论在创业研究中的应用

创业提供了显著的情感背景，该领域为研究者提供了独特的机会，使其不仅可以从心理学等学科引进情绪理论，还可以发展和扩展这些理论，并回馈给这些核心学科。本章将回顾管理领域知名期刊 *AMJ*、*AMR*、*JOM*、*OS*、*SMJ*、*ASQ*、*JMS*、*ETP*、*JBV*、*SEJ* 发表的创业研究的相关文章。我们按照时间段，将相关研究划分为三个阶段，选取每一个阶段的代表作来分析情绪理论在创业研究中的应用与发展。

28.2.1　第一阶段（2004~2009 年）：引入个体情绪体验视角

第一阶段的研究聚焦于从个体内部的角度（intra-personal）来探索创业中创业者的情绪体验。由此出发，创业场景中的情绪，可以是创业过程，即机会的识别、创造、评估、重新制定和利用的前因，也可能与创业过程同时发生，并且/或者是创业过程的结果。

情绪的类别模型，即积极的和消极的情感，一直是创业中的热门话题。Baron（2008）的理论模型是首次对创业过程中情绪的作用进行的系统讨论（图 28.2），而 Foo 和其合作者则是第一次通过实证研究发现了积极和消极的情感对创业者的投入（effort）的影响（Foo and Uy，2009）。他们结合了情绪的类别模型以及情绪传达信息理论发现消极的情感会直接影响创业者增加对手头任务的投入；与之对应地，积极的情感则会通过增加对未来状态的关注间接地提高创业者对比较长远非紧急任务的投入（Foo et al.，2009）。更进一步地，Baron 等（2012）关注积极情感在创业过程中的正反两面。他们发现积极情绪对认知表现、感知的准确性、任务动机和自我调节有积极影响。然而，他们发现这种关系是曲线形的，即积极情绪在拐点之前具有正向的影响，超过拐点，影响就变成了负向的。具体而言，过高程度的积极情绪会增加创业中的风险，如在对机会评估和选择中增加冲动性。

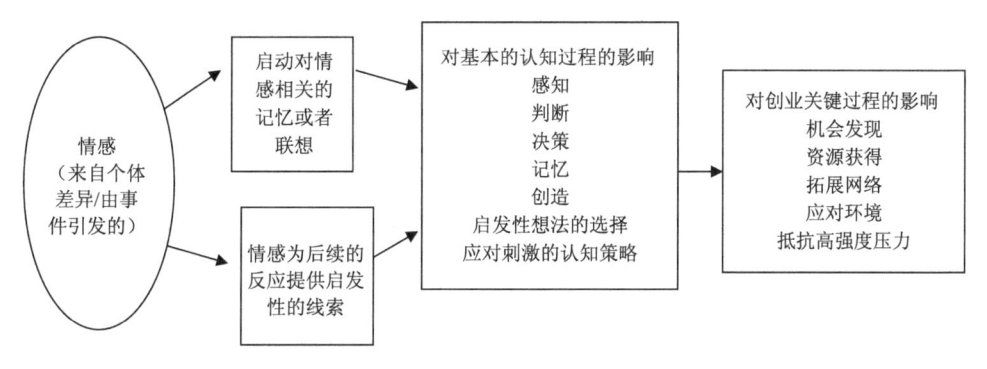

图 28.2　情感在创业过程中的作用理论模型

资料来源：Baron（2008）

此外，研究表明，积极的情感体验对认知带来的影响也能解释企业家的乐观对企业绩效的影响。虽然企业家通常都很乐观，即倾向于期待积极的结果，即使这种期望并不理性：企业家的乐观和其新企业的绩效（收入和就业增长）之间存在负相关关系。并且过去的创业经验和行业动态环境会影响这一相关程度，并加强企业家乐观与创业绩效之间的负相关关系（Hmieleski and Baron，2009）。但是结合创新驱动创业的过程，有的研究表明积极的情感会通过其对创新的影响而对创新驱动的创业有积极的作用：具体而言，研究者发现积极情感会促进企业家的个人创造力进而影响企业引入更多以及更加新颖的产品/服务上的创新。

与情绪的二维模型相对应，有研究对一种具体的情绪在创业中的作用进行了深入的探索，即创业激情。创业激情被定义为对创业任务和活动的强烈积极感受，这些任务和活动与创业者的自我认同相关（Cardon et al.，2009）。早在 2004 年，Baum 和 Locke（2004）已经从个体差异（性格）的角度第一次概念化创业激情并将其具体到对创业工作的热爱。激情意味着强烈的感情和高度的动机。大多数创业者将他们的坚持，尤其是将在创办公司的起始阶段的坚持，归功于他们的巨大激情。因此，创业激情应该是努力工作的动力和能量来源，是长时间的努力和坚持之始（Baum and Locke，2004）。

根据 Cardon 等（2009）的理论，创业激情在创业过程中的所有阶段都应具有激励功能，原因有两个：首先，在情感二维结构中，激情令人愉快和充满活力。愉快和激活的感觉是动机的来源，并因此对人们的努力有影响（Seo et al.，2004）。体验到愉快的、激活的感觉会使人产生行动倾向，走向一个对象（与回避一个对象相反），这种感觉也与生理反应有关，为积极努力的行动提供能量基础（Elliot，2006）。其次，创业激情通过目标设定对创业努力产生积极影响（Baum and Locke 2004；Cardon et al.，2009）。高水平的创业激情应该会导致创业者设定更具挑战性的目标，因为与创业激情相关的积极感觉会增加创业者对在与这种积极感觉相关的活动中取得成功的期望和需求（Seo et al.，2004）。充满激情的创业者不会满足于只实现低目标或中目标（Locke and Latham，2002），他们应该设定高目标。此外，创业激情会产生更高水平的目标承诺。有经验证据表明，在创业过程的后期阶段，激情也有积极作用（Baum and Locke，2004）。

创业的过程常常被视为情感的过山车，但对创业者如何最有效地驾驭它以增加企业的生存机会，我们知之甚少。从情绪调节角度出发，有学者研究了创业者习惯性使用的"认知再评价"和"表达性抑制"——两种已被证实的情绪调节类型——如何影响他们企业生存的可能性。对于一种具体的情绪的调节如何影响创业过程，有研究也做了深入的探讨。例如，当文献在讨论悲伤管理的两种方法（悲伤调节和悲伤正常化）时，指出这两种方法都有望帮助公司企业家应对项目失败所引发的负面情绪。如果组织成员具备从项目失败的悲伤中恢复过来的较高自我效能感，或者可以通过组织环境所提供的社会支持来建立起这种自我效能感，那么通过正常化调节过程可以解释卓越的学习和激励结果，而不是通过消除悲伤（Shepherd et al.，2009）来解释卓越的学习和激励结果。

28.2.2　第二阶段（2010~2016 年）：验证性的实地研究发展

该阶段中，涌现出了较多对于先前理论的验证性工作，这些工作的共同特点在于其实地意义，且具有相对较大的规模。需要指出，该阶段以实地研究的发展为其特征，而并不意味着该阶段外实地研究发展停滞。

譬如就创业激情领域，学者对来自 122 家高科技公司的两波创始人样本进行了路径分析，发现培养激情对企业增长有直接的积极影响，以及对目标承诺而非目标挑战有间接的积极影响（Drnovsek et al.，2016）。

除此之外，验证性的实地研究指明：创业激情可能是创业者行动的结果。大多数创业的理论框架都强调，创业激情会推动创业努力，也有研究假设相反的效果，并研究激情变化的结果。基于自我调节和自我认知的理论，有研究对 54 名创业者进行了每周一次的实地研究，他们记录了 8 周以来的创业努力和激情变化（进行了 341 次观察）。结果显示，创业努力预测了创业激情的变化。该研究团队接下来进行了一个实验，在实验室环境中研究努力对激情的影响和基本的心理过程，结果显示，关于创业努力对激情的影响，新企业的进展有中介作用，而自由选择对中介作用有调节作用。总的来说，创业努力和激情之间的关系已经被证实为是良性循环的（Gielnik，2015）。

而从情感信息理论出发，关于情绪如何影响企业家的努力，研究者也做了实证研究的探索。例如，Foo（2011）实施了经验抽样方法，研究中有46名企业家使用手机对他们的情感、未来工作焦点和风险努力进行记录，每天两次，持续24天。该研究发现，企业家的负面情感直接预测了企业家在任务上付出的努力，当天和次日时间滞后的结果相一致。此外，Foo（2011）还表明，以愤怒为形式的负面情绪可能对机会评估产生积极影响。愤怒与高信心和高控制力的评价倾向有关，从而导致较低的风险认知和更积极的机会评估。

最后，就情绪调节角度而言，通过对183家科技企业的抽样调查，研究发现这两种调节类型通常与较低的生存可能性有关，但这些影响取决于企业的表现。

28.2.3 第三阶段（2017年至今）：情绪感知的人际关系视角

第三阶段的研究思路与第一阶段的个体视角相呼应，集中探讨了情绪对创业过程中的人际关系和社会作用（interpersonal）的影响。

首先，在情绪的表达和接受的动态过程中，情绪的社会功能理论被应用在预测投资者的行为中。在融资过程中，表现出积极的情绪（如快乐）是否有助于企业家获得更多的经济支持？研究者（Jiang et al.，2019）曾采取一种动态的方法来检查企业家显示的"快乐高峰"时刻——具体来说，检测他们在路演的不同阶段显示的"快乐高峰"的强度和持续时间，并使用最新的面部表情分析技术，分析了1460个路演视频中超过800万帧的数据。研究结果揭示了以更高峰值的快乐展示路演的好处，特别是在路演的开始和结束阶段。此外，企业家的快乐抵达巅峰水平所花费的时间与融资表现呈倒"U"形关系。

在众筹情境中，研究者发现了寻求资源时表现出的创业激情的重要性（Li et al.，2017）。他们提出，企业家在众筹项目的介绍视频中表现出的热情会增加观众对该项目的体验激情（即激情传染），从而促使他们做出财务贡献并通过社交媒体渠道分享活动信息。这种分享进一步促进了商业竞争的成功。此外，可感知的项目创新性增强了表现出的激情对社交媒体曝光和项目获得的资金总额的积极影响。

情绪的人际关系视角不仅可以体现在创业者和投资者之间，也可以体现在创业者之间。大多数的企业都是由团队而非个人创立的，大多数关于创业情感的研究却都集中在创始人个例的情感上。一些学者则开始探索有关创业团队情绪的问题。基于情绪感染理论，Cardon等（2017）率先引入了团队创业激情的概念——团队层面的一种构建，代表了对新创业团队的集体和核心团队认同的强烈积极感受——并开发了一个动态理论模型,解释了有关团队创业激情的三个问题:其一,新创业团队成员的创业激情如何组合;其二,它如何影响团队和个人成员的结果;其三,在不同创业阶段,它产生和影响过程的相对重要性如何(Cardon et al.,2017)。

团队创业激情是新企业团队成员基于共享的创业身份,并且是开展新企业创建和成长等创业活动的过程中形成的共享积极情感,因此团队创业激情成为团队持续进行创业活动的关键驱动因素。然而,团队创业激情近几年才被学者关注。作为一个新兴研究领域,有关团队创业激情的形成和作用仍存在许多尚未解答的研究问题。朱秀梅等(2021)回顾了团队创业激情的现有研究文献,构建了团队创业激情自下而上形成的激情涌现模型,以及自上而下的团队创业激情作用模型。自下而上的激情涌现模型打开了团队创业激情形成的情感共享和身份共享机制,自上而下的团队创业激情作用模型揭示了团队创业激情对团队绩效影响的三个路径。该研究细化了团队创业激情形成和作用的情感与身份共享过程,对于进一步推进团队层面的创业激情研究具有重要的理论意义。

28.3　情绪理论在创新驱动创业研究中的局限与应用展望

在许多社会生活场景中,人们会伪装或隐藏自己的情绪,这对于创业场景同样适用,也使得研究创业中的情绪变得困难。情绪理论在创业研究中的应用起步较晚,大多结合了情绪理论的创业文献遵循了经典的情绪的研究范式来探讨创业情境下的适用性。例如,情绪研究中的大多数都倾向于使用自我报告量表。虽然实验方法也很有用,但是情绪是复杂的,创业过程中许多和情绪相关的事件(如对危机情况或负面事件的反应)不能在实验室里创造出来。因此现有的创业中的情绪研究对创新驱动的创业本质的理解以及情绪在其过程当中的独特作用探讨较少。

此外,已有的情绪与创新创业的研究也更多关注创业者这一单一层面和单一主体的情绪与行为之间的作用机制,欠缺对情绪的跨层面模型的构建。例如,首先,研究创新驱动创业的过程中在个体层面上的情绪如何从创业者和投资者向其社交网络、团队、组织跨越。其次,创新驱动的创业过程中触发、催化和聚变三个重要的阶段拥有与传统创业过程不尽相同的理论内涵,而情绪理论在每一阶段中如何解释创业者和创业团队及组织的行为结果在当前的研究中尚未涉及。

创新驱动创业是指在技术、制度和商业模式的创新触发之下的创业过程(蔡莉等,2021)。而基于对创新驱动创业概念的剖析,创新驱动创业的第一大特征即其过程中的跨层次,包括个体层次、组织和生态系统层次的互动。与此同时,作为创业及创新过程中的重要心理机制,个体的情绪体验以及其对创新和创业的作用的涌现则为了解创新驱动创业这一复杂现象提供了微观基础。因此未来对于创新驱动创业过程中情绪视角的更加深入的探讨可以有助于打开企业在创新驱动的创业的过程"黑箱"以及揭示创新驱动创业背后的科学规律。具体而言可以从以下几个方面展开研究。

28.3.1 创新驱动创业过程与情绪之间的因果动态关系研究

传统的创业过程可以被视为机会识别、评估和利用等一系列行为。对于创新驱动的创业，从机会的视角来看，在这一过程中"创业"充当了更多涉及多主体的机会开发的过程（蔡莉等，2021）。但到目前为止，我们还不知道具体的某一情绪或者积极和消极情感是如何影响这些与机会开发相关的行为的。例如，在机会开发中，情感对机会的认知影响是有用的还是反作用的？当创业者决定利用机会时，情感是否会影响他们对充裕的资源组合的选择，又如何影响？例如，积极（消极）情绪是否导致企业家低估（高估）对人力或财力的需求？情绪是否根据所考虑的绩效衡量标准而产生不同的影响？未来的实验研究可能有助于分析这些问题。

进一步地，是情绪影响了创业机会的开发，还是创业机会开发的过程改变了创业者和员工的情绪？理论和经验上对情绪的后果的过度关注，需要新的研究来分析创新驱动创业过程中的情绪产生的前因与后果之间的动态关系（于晓宇等，2018）。与此同时，大多数关于创业情绪产生的前因的研究都集中在商业失败上。未来的研究也可以考虑在创新驱动创业过程中，甚至是意识到创新的机会之前就关注创业者情绪的前因。情绪和认知之间的循环关系可能会在创新驱动创业过程中的每个阶段和不同阶段表现出来。例如，对某一创新的想法进行负面的机会评价可能会导致创业者负面的情感状态，而这种情感状态又可能会影响创业者对新机会的认可。

28.3.2 扩大对创新驱动创业过程中情绪的研究范围

迄今为止，除了关于商业失败和悲伤的研究外（Shepherd，2003），大多数研究都集中在积极情绪方面。这种不对称的情况可能是由于企业家作为一个乐观和热情的个体的形象（Cardon et al.，2009），或者是由于积极情绪的潜在有益影响（Baron，2008）。然而，这会造成情绪理论在创业中应用的挑战，原因有以下几个：第一，企业家通常会遇到障碍并经历高度消极的情感状态（Doern and Goss，2014）；第二，相对于积极情绪和事件，消极情绪和事件的影响更大（Baumeister et al.，2001）；第三，积极和消极情绪对认知的影响并不总是对称的（Hayton and Cholakova，2012）；第四，一些研究者认为，积极的情感并不总是具有有益的影响（Baron et al.，2012）。因此，关于情感的创业研究将受益于对负面情感的关注。

为了达到目的，未来关于创新驱动的创业研究也可以考虑解决以下问题。例如，某一种具体的情绪（如自豪感）在创新驱动的创业过程中的哪些阶段对创业者的认知产生了作用？由于创新驱动创业过程中的不断迭代性，创业者是否会频繁地经历混合情绪（ambivalence）？混合情感在创新驱动创业的过程中如何影响创业企业中的其他个体？例如，愤怒和恐惧（或对愤怒和恐惧的处置）等情绪类型可能影响创业者对员工提出的创新的负面评价。

28.3.3 动态情绪对创新驱动创业过程影响的研究

对于创新驱动创业，其过程中创业活动会反作用于创新并进一步产生新的机会，因此创新驱动的创业中的创新活动和属性对创业过程的作用更加突出。与此同时，当前对情绪在创新驱动的创业中的研究很大程度上落后于情绪在创新中的作用的研究。例如，创造力学者早就已经脱离了对某种情绪的状态的研究而开始关注情绪的动态发展如何影响创造力。Bledow 等（2011，2013）提出了情绪转移（affective shift）模型来描述一个积极情绪的增长和消极情绪的消退过程。这些研究者发现这种消极和积极情绪的动态变化过程的结合很重要。首先，负面情绪必须存在；其次，它需要减少；最后，这种负面情绪的减少及积极情绪的增加的结合结果比单独的积极（或负面）情绪所产生的创造力和参与度高得多。因此正如创造力和创新领域正在推动研究情绪的动态发展的过程那样，未来创业学者也可以探讨这些情绪的变化对创新驱动的创业过程的影响。

参 考 文 献

蔡莉, 张玉利, 蔡义茹, 等. 2021. 创新驱动创业: 新时期创新创业研究的核心学术构念[J]. 南开管理评论, 24(4): 217-226.

蔡莉, 杨亚倩, 詹天悦, 等. 2022. 数字经济下创新驱动创业过程中认知、行为和能力的跨层面作用机制: 基于三一集团的案例研究[J/OL]. 南开管理评论. https://kns.cnki.net/kcms/detail/12.1288.F.20221027.0959.002.html[2023-03-24].

于海晶, 蔡莉, 詹天悦, 等. 2022. 创业中的情绪调节过程模型: 基于情感事件理论[J/OL]. 南开管理评论. https://kns.cnki.net/kcms/detail/12.1288.f.20220822.1014.002.html[2023-03-24].

于晓宇, 孟晓彤, 蔡莉, 等. 2018. 创业与幸福感: 研究综述与未来展望[J]. 外国经济与管理, 40(8): 30-44.

朱秀梅, 裴育, 费宇鹏, 等. 2021. 团队创业激情形成与作用机制研究[J]. 外国经济与管理, 43(1): 121-135.

Baron R A. 2008. The role of affect in the entrepreneurial process[J]. Academy of Management Review, 33(2): 328-340.

Baron R A. 2009. Effectual versus predictive logics in entrepreneurial decision making: differences between experts and novices: does experience in starting new ventures change the way entrepreneurs think? Perhaps, but for now,"caution" is essential[J]. Journal of Business Venturing, 24(4): 310-315.

Baron R A, Hmieleski K M, Henry R A. 2012. Entrepreneurs' dispositional positive affect: the potential benefits–and potential costs–of being "up"[J]. Journal of Business Venturing, 27(3): 310-324.

Baron R A, Tang J T. 2011. The role of entrepreneurs in firm-level innovation: joint effects of positive affect, creativity, and environmental dynamism[J]. Journal of Business Venturing, 26(1): 49-60.

Barrett L F, Russell J A. 1999. The structure of current affect: controversies and emerging consensus[J]. Current Directions in Psychological Science, 8(1): 10-14.

Barsade S G, Knight A P. 2015. Group affect[J]. Annual Review of Organizational Psychology and Organizational Behavior, 2: 21-46.

Baum J R, Locke E A. 2004. The relationship of entrepreneurial traits, skill, and motivation to subsequent venture growth[J]. Journal of Applied Psychology, 89(4): 587-598.

Baumeister R F, Bratslavsky E, Finkenauer C, et al. 2001. Bad is stronger than good[J]. Review of General Psychology, 5(4): 323-370.

Baumeister R F, Bratslavsky E, Muraven M, et al. 1998. Ego depletion: is the active self a limited resource?[J] Journal of Personality and Social Psychology, 74: 1252-1265.

Bledow R, Rosing K, Frese M. 2013. A dynamic perspective on affect and creativity[J]. Academy of Management Journal, 56(2): 432-450.

Bledow R, Schmitt A, Frese M, et al. 2011. The affective shift model of work engagement[J]. Journal of Applied Psychology, 96(6): 1246-1257.

Brief A P, Roberson L. 1989. Job attitude organization: an exploratory study[J]. Journal of Applied Social Psychology, 19(9): 717-727.

Cardon M S, Foo M D, Shepherd D, et al. 2012. Exploring the heart: entrepreneurial emotion is a hot topic[J]. Entrepreneurship Theory and Practice, 36(1): 1-10.

Cardon M S, Post C, Forster W R. 2017. Team entrepreneurial passion: its emergence and influence in new venture teams[J]. Academy of Management Review, 42(2): 283-305.

Cardon M S, Wincent J, Singh J, et al. 2009. The nature and experience of entrepreneurial passion[J]. Academy of Management Review, 34(3): 511-532.

Côté S. 2014. Emotional intelligence in organizations[J]. Annual Review of Organizational Psychology and Organizational Behavior, 1: 459-488.

de Cock R, Denoo L, Clarysse B. 2020. Surviving the emotional rollercoaster called entrepreneurship: the role of emotion regulation[J]. Journal of Business Venturing, 35(2): 105936.

Doern R, Goss D. 2014. The role of negative emotions in the social processes of entrepreneurship: power rituals and shame–related appeasement behaviors[J]. Entrepreneurship Theory and Practice, 38(4): 863-890.

Drnovsek M, Cardon M S, Patel P C. 2016. Direct and indirect effects of passion on growing technology ventures[J]. Strategic Entrepreneurship Journal, 10(2): 194-213.

Elfenbein H A, Beaupré M, Lévesque M, et al. 2007. Toward a dialect theory: cultural differences in the expression and recognition of posed facial expressions[J]. Emotion, 7(1): 131-146.

Elfenbein H A, MacCann C. 2017. A closer look at ability emotional intelligence (EI): what are its component parts, and how do they relate to each other?[J]. Social and Personality Psychology Compass, 11(7): e12324.

Elfenbein H A, Shirako A. 2006. An emotion process model for multicultural teams[M]//Chen Y R. Research on Managing Groups and Teams. Bingley: Emerald (MCB UP): 263-297.

Elliot A J. 2006. The hierarchical model of approach-avoidance motivation[J]. Motivation and Emotion, 30(2): 111-116.

Foo M D. 2011. Emotions and entrepreneurial opportunity evaluation[J]. Entrepreneurship Theory and Practice, 35(2): 375-393.

Foo M D, Uy M A, Baron R A. 2009. How do feelings influence effort? An empirical study of entrepreneurs' affect and venture effort[J]. Journal of Applied Psychology, 94(4): 1086-1094.

Forgas J P. 1995. Mood and judgment: the affect infusion model (AIM)[J]. Psychological Bulletin, 117(1): 39-66.

Forgas J P. 1998. On being happy and mistaken: mood effects on the fundamental attribution error[J]. Journal of Personality and Social Psychology, 75(2): 318-331.

Fridlund A J. 1994. Human Facial Expression: an Evolutionary View[M]. San Diego: Academic Press.

Frijda N H. 1993. Moods, Emotion Episodes, and Emotions[M]. New York: The Guilford Press.

Gielnik M M, Spitzmuller M, Schmitt A, et al. 2015. "I put in effort, therefore I am passionate": investigating the path from effort to passion in entrepreneurship[J]. Academy of Management Journal, 58(4): 1012-1031.

Han S, Lerner J S, Keltner D. 2007. Feelings and consumer decision making: the appraisal-tendency framework[J]. Journal of Consumer Psychology, 17(3): 158-168.

Hatfield E, Cacioppo J T, Rapson R L. 1993. Emotional contagion[J]. Current Directions in Psychological Science, 2(3): 96-100.

Hayton J C, Cholakova M. 2012. The role of affect in the creation and intentional pursuit of entrepreneurial ideas[J]. Entrepreneurship Theory and Practice, 36(1): 41-67.

Higgins E T. 1998. Promotion and prevention: regulatory focus as a motivational principle[J]. Advances in Experimental Social Psychology, 30: 1-46.

Hmieleski K M, Baron R A. 2009. Entrepreneurs' optimism and new venture performance: a social cognitive perspective[J]. Academy of Management Journal, 52(3): 473-488.

Hochschild A. 1983. Comment on Kemper's "social constructionist and positivist approaches to the sociology of emotions"[J]. American Journal of Sociology, 89(2): 432-434.

Isen A M, Baron R A. 1991. Positive affect as a factor in organizational-behavior[J]. Research in Organizational Behavior, 13: 1-53.

Jiang L, Yin D Z, Liu D. 2019. Can joy buy you money? The impact of the strength, duration, and phases of an entrepreneur's peak displayed joy on funding performance[J]. Academy of Management Journal, 62(6): 1848-1871.

Keltner D, Haidt J. 1999. Social functions of emotions at four levels of analysis[J]. Cognition & Emotion, 13(5): 505-521.

Kitayama S, Markus H R, Kurokawa M. 2000. Culture, emotion, and well-being: good feelings in Japan and the United States[J]. Cognition and Emotion, 14(1): 93-124.

Kornhauser A W, Sharp A A. 1932. Employee attitudes; suggestions from a study in a factory[J]. Personnel Journal, 10: 393-404.

Lerner J S, Keltner D. 2000. Beyond valence: toward a model of emotion-specific influences on judgement and choice[J]. Cognition and Emotion, 14(4): 473-493.

Li J J, Chen X P, Kotha S, et al. 2017. Catching fire and spreading it: a glimpse into displayed entrepreneurial passion in crowdfunding campaigns[J]. Journal of Applied Psychology, 102(7): 1075-1090.

Locke E A. 1969. What is job satisfaction?[J]. Organizational Behavior and Human Performance, 4(4): 309-336.

Locke E A, Latham G P. 2002. Building a practically useful theory of goal setting and task motivation: a 35-year odyssey[J]. American Psychologist, 57(9): 705-717.

Martin L L, Ward D W, Achee J W, et al. 1993. Mood as input: people have to interpret the motivational implications of their moods[J]. Journal of Personality and Social Psychology, 64(3): 317-326.

Menges J I, Kilduff M. 2015. Group emotions: cutting the gordian knots concerning terms, levels of analysis, and processes[J]. Academy of Management Annals, 9(1): 845-928.

Organ D W, Near J P. 1985. Cognition vs affect in measures of job satisfaction[J]. International Journal of Psychology, 20(2): 241-253.

Podoynitsyna K, van der Bij H, Song M. 2012. The role of mixed emotions in the risk perception of novice and serial entrepreneurs[J]. Entrepreneurship Theory and Practice, 36(1): 115-140.

Richards J M, Gross J J. 1999. Composure at any cost? The cognitive consequences of emotion suppression[J]. Personality and Social Psychology Bulletin, 25(8): 1033-1044.

Russell J A. 1980. A circumplex model of affect[J]. Journal of Personality and Social Psychology, 39(6), 1161-1178.

Russell J A, Barrett L F. 1999. Core affect, prototypical emotional episodes, and other things called emotion: dissecting the elephant[J]. Journal of personality and social psychology, 76(5): 805-819.

Salancik G R, Pfeffer J. 1978. A social information processing approach to job attitudes and task design[J]. Administrative Science Quarterly, 23(2): 224-253.

Sanchez-Burks J. 2002. Protestant relational ideology and (in) attention to relational cues in work settings[J]. Journal of Personality and Social Psychology, 83(4): 919-929.

Schwarz N, Clore G L. 1983. Mood, misattribution, and judgments of well-being: informative and directive functions of affective states[J]. Journal of Personality and Social Psychology, 45(3): 513-523.

Seo M G, Barrett L F, Bartunek J M. 2004. The role of affective experience in work motivation[J]. Academy of Management Review, 29(3): 423-439.

Shepherd D A. 2003. Learning from business failure: propositions of grief recovery for the self-employed[J]. Academy of Management Review, 28(2): 318-328.

Shepherd D A. 2015. Party on! A call for entrepreneurship research that is more interactive, activity based, cognitively hot, compassionate, and prosocial[J]. Journal of Business Venturing, 30(4): 489-507.

Shepherd D A, Covin J G, Kuratko D F. 2009. Project failure from corporate entrepreneurship: managing the grief process[J]. Journal of Business Venturing, 24(6): 588-600.

Staw B M, Bell N E, Clausen J A. 1986. The dispositional approach to job attitudes: a lifetime longitudinal test[J]. Administrative Science Quarterly, 31(1): 56-77.

Vohs K D, Schmeichel B J. 2003. Self-regulation and extended now: controlling the self alters the subjective experience of time[J]. Journal of Personality and Social Psychology, 85(2): 217-230.

Vroom V H. 1964. Work and Motivation[M]. San Francisco: Jossey-Bass.

Watson D, Clark L A, Tellegen A. 1988. Development and validation of brief measures of positive and negative affect: the PANAS scales[J]. Journal of Personality and Social Psychology, 54(6): 1063-1070.

Weiss H M, Cropanzano R. 1996. Affective events theory: a theoretical discussion of the structure, causes and consequences of affective experiences at work[J]. Research in Organizational Behavior, 18(1): 1-74.

代表性学者简介

罗伯特·艾伦·巴伦（Robert A. Baron）

罗伯特·艾伦·巴伦为俄克拉荷马州立大学斯皮尔斯商学院教授，同时也是斯皮尔斯商学院创业主席。曾在伦斯勒理工学院、普渡大学、明尼苏达大学、南卡罗来纳大学、华盛顿大学、普林斯顿大学和牛津大学等大学担任教职。曾为 *Social Psychology*（第13版）、*Behavior in Organizations*（第9版）共同作者。

梅丽莎·卡登（Melissa Cardon）

梅丽莎·卡登为田纳西大学诺克斯维尔分校教授。主要研究方向为企业家心理学。她是 *Journal of Management* 的副主编，也是 *Academy of Management Review*、*Entrepreneurship Theory and Practice*、*Journal of Management Studies* 和 *Human Resource Management Review* 的编辑。在 *Academy of Management Review*、*Journal of Business Venturing* 等期刊发表多篇论文。

马德福（Maw Der Foo）

马德福为南洋理工大学商学院教授，在吉林大学和南开大学担任名誉/客座教授，同时也是 Startup@Singapore 的共同创办人、麻省理工学院 10 万美元商业计划书竞赛的主要组织者。曾担任 *Journal of Business Venturing*、*Entrepreneurship Theory and Practice* 的编辑。在 *Academy of Management Journal*、*Journal of Business Venturing* 等期刊发表多篇论文。

本章执笔人：金孟子

第 29 章 认知理论——阐释创新驱动创业的思维模式

党的二十大提出,"加快实施创新驱动发展战略""弘扬企业家精神"。蓬勃发展的数字经济与数字技术在给创业者带来创新创业机会的同时,也加剧了其把握并利用创业机会的难度。如何在数字经济动态环境中识别并成功利用创业机会,在很大程度上取决于创业者的创业心智(entrepreneurial mindset)和其识别机会的能力。

认知理论是理解创业者创业心智的核心理论。创业者的认知与知识、动机、注意力、身份认同及情绪等相关,从认知视角出发能很好地理解创业者的思维模式和心智对创业过程及结果的影响(Shepherd and Patzelt,2018)。通过回顾认知理论在经济管理领域的发展尤其是在创业研究领域的进展,将进一步丰富和推动创新驱动创业理论的体系发展。

29.1 认知理论及其在经济管理领域的发展

认知是指人们获得知识,应用知识或加工信息的过程,这是人最基本的心理过程。认知理论于 1920~1960 年在心理学领域开始起源和发展。由于人类的行为和决策中存在不可视因素(心理过程),学者提出认知的差异导致了行为的差异,并尝试使用各类模型和理论来解释认知过程。其中的核心认知过程包括信息处理、知识和记忆、注意力、感知、思维和决策(Barsalou,2014)。

认知理论,并不是指某个单一心理学理论,而是对认知心理学(cognitive psychology)(Barsalou,2014)和认知科学(cognitive science)(Stillings et al.,1995)体系中大量与认知过程相关理论的总称。这些理论涉及广泛,其应用覆盖心理学、社会学、经济学、生物学等多个领域。其中,认知理论在经济管理领域的应用大致可以分为两个阶段:引入阶段(1957~1988 年)和发展阶段(1989 年至今)。

29.1.1 引入阶段(1957~1988 年)

传统经济学认为人是理性的,这一认知的局限在于预测经济行为和结果时极大忽视了人内在的多元和动态的心理活动。之后，学者基于对微观经济学的研究发现人的决策有可能受到有限理性（bounded rationality）的影响，而这种有限理性往往来自人类的认知差异（Arrow，1986；Simon，1957）。因此，越来越多的学者开始从心理学的角度探讨人类和人类组织的经济行为与决策。这些研究发现人的理性程度在很大程度上取决于认知资源、认知能力和认知过程（Conlisk，1996）。认知的差异会影响人在面对经济问题时的判断和决策，导致相对"理性"或"非理性"的行为，从而造成结果的差异。因此经济管理领域学者开始越来越重视认知理论，并将该理论应用于经济管理研究。

29.1.2 发展阶段（1989年至今）

随着管理学研究的兴起，认知理论开始被应用于管理决策尤其是战略决策（Stubbart，1989；Wood and Bandura，1989）。其中核心部分是研究认知资源和能力如何影响企业及管理者对于外部信息的判断和决策，以及后续对企业绩效的影响。例如，有研究发现企业管理者会根据自己的认知将竞争对手分为不同类型的战略团体，并对其采取相应的战略决策和行为（Kaplan，2011）。有学者则发现企业会根据自己的认知来定义和分类主要竞争对手，而对竞争对手的主观分类则会影响企业的后续战略行为和结果（Porac et al.，1995）。除此之外，管理者对竞争对手的感知会影响企业的战略决策，而竞争对手的可视性则会影响管理者的感知。感知上的偏见和认知过程的偏差可能会导致判断错误与对竞争对手的忽视（Zajac and Bazerman，1991）。

在对管理者认知过程的研究中，学者尤其关注的是对高层管理团队的研究。由于高层管理团队对于战略决策起到关键的作用，其思维模式和认知差异通常会对企业整体的战略动作和战略变化产生重大影响（Barr et al.，1992）。有研究指出企业高层注意力的分配以及相应的认知过程是企业发现机会并进行创新的关键，这种由注意力主导的认知过程可以是自下而上的也可以是自上而下的（Ocasio，2011；Shepherd et al.，2017）。此外，通过深入剖析认知对企业身份、战略框架、企业惯例（routine）等企业结构相关因素的影响，有学者认为战略的形成和应用是集体认知过程的体现（Narayanan et al.，2011）。

29.2 认知理论在创业领域的应用与发展

创业者的认知能力和认知过程对创业活动有至关重要的作用，因此越来越多的学者将认知理论应用于创业研究中。本章回顾4种创业领域知名期刊 *ETP*、*JBV*、*SBE* 和 *SEJ* 以及9种管理领域知名期刊 *AMJ*、*AMR*、*JOM*、*MS*、*OS*、*SMJ*、*ASQ*、*JMS*、*JAP*（*Journal of Applied Psychology*）发表的认知与创业研究，截至2023年

1月，相关文献共 190 篇。本节基于关键学者的重点文献，将认知理论在创业领域的应用与发展大致分为三个阶段，并对每个阶段的重点研究内容进行总结。

29.2.1 第一阶段（1988~2002 年）

早期创业领域的研究多集中于创业者，且提出了一个基本问题："什么样的人是创业者？"学者通过特质方法（trait approach），即通过寻找创业者特征和人格特质的方法来区分创业者与其他人员（Gartner，1988）。但是对于相关人格特质的研究并未得到一致结果，导致学者未能明确区别创业者与一般管理者特征的差异性。对创业者人格特征研究的失败让学者开始从认知角度出发，强调认知因素和过程在创业中的潜在作用，研究的问题也随之转变为"为什么创业者的思维模式和其他人不同？"以及"为什么创业者可以发现并利用机会而其他人不行？"（Baron，1998）。学者从认知心理学的角度，通过研究创业者与其他人思维方式的不同来回答上述问题，并将认知理论视为探索和解释创业研究领域中特定现象的重要理论（Mitchell et al.，2002）。

具体而言，Gatewood 等（1995）首先将社会心理学中的归因理论（attribution theory）应用于创业研究。归因理论认为行动成功或失败取决于认知能力和努力以及任务难度和运气之间的关系。通过对 142 名创业者的纵向研究，Gatewood 等（1995）发现对于女性创业者来说，内部和稳定的归因（认知能力）对于创业更重要。而对于男性创业者来说，外部和稳定的归因（创业难度）则在创业过程中更重要。Baron（1998）探讨认知机制是如何潜在影响创业者思维和决策的，并由此提出创业者更可能进行假设性的思维模式并后悔过往错失的机会。这些发现为后续研究提供了有益的理论启示，确立了对创业者思维模式和认知过程进行探索的重要性。该阶段，学者重点聚焦于对在创业场景中认知理论运用的探索，较少涉及实证研究。

29.2.2 第二阶段（2003~2014 年）

随着认知理论在创业领域的发展，学者开始关注各类心理因素对创业认知过程的影响。例如，围绕认知、动机和情绪之间的关系，学者从认知角度探索了创业过程中创业者的先验知识、动机、注意力、身份认同和情绪是如何影响认知过程及后果的（Cosmides and Tooby，2013；Lazarus，1991）。这些概念与认知的关系如表 29.1 所示。通过分析创业者的这些特性对认知过程的影响，可进一步研究其对创业行为、决策和绩效的影响。

表 29.1　创业者心理因素与认知过程的关系

认知的前置因素	对认知过程的影响
先验知识	认知过程的基础框架和基础资源
动机	影响认知过程的发起和持续
注意力	影响对环境刺激的反应和认知资源的分配
身份认同	影响认知过程的出发点和侧重点
情绪	影响信息处理，瞬间想法和动作指令库（thought-action repertoires）

资料来源：根据 Shepherd 和 Patzelt（2018）整理

1. 先验知识

无论是在个体层面还是在组织层面，先验知识都对创业机会的识别起着重要作用。具体而言，由于个体在先验知识的存储方面存在差异，对同样的环境变化可能出现不同的解读和思考。例如，特定外部技术的革新可能只会激发具有相应知识积累的创业者对新机会的识别。先验知识在机会识别中的作用超越了个体与其他人相比的特质优势（Fiet，1996）：作为高级认知处理过程的重要资源，先验知识能够使人们思考那些与原始技术市场拥有较少相同表面特征的机会。例如，先验知识可以帮助创业者以更成熟的心智来评估潜在机会，更容易判断抓住机会的可能性（Shepherd and Patzelt，2018）。

2. 动机

在机会识别过程中，动机对发起和维持认知过程发挥着重要作用。例如，已有研究认为经济回报可以提供外在动机，帮助个体产生更多创新性的想法。机会伴随着不确定性和风险，创业者避免失败的动机也会激励创业行为（Conroy et al.，2002）。动机还有助于识别和利用特殊类型（如社会创业机会）的机会。例如，Patzelt 和 Shepherd（2011）强调了保护自然或社区机会，提出拥有上述动机的创业者更有可能为自己及他人创造价值。

其中，创业自我效能感（entrepreneurial self-efficacy）与动机直接相关，在激励和使个人建立新企业方面发挥着关键作用。自我效能感是个人相信自己完成一项工作或一组特定任务的个人能力（Bandura，1993）。Chen 等（1998）希望通过构建自我效能感来预测创业者进行创业的可能性，并在此基础上发展了创业自我效能的概念，同时将其引入创业领域中。McGee 等（2009）在 Chen 等（1998）的基础上进一步完善了创业自我效能的定义与维度，将创业自我效能的测量方法标准化。这些研究为后续创业自我效能的研究提供了基础。

3. 注意力

注意力分配也会对创业的过程产生极大的影响（Shepherd and Patzelt，2018）。创业者的注意力可以被外部环境变化所吸引，并且专注于解释外部环境变化所带来的潜在机会（Shepherd et al.，2017）。注意力的分配和类型的转换也会导致机会类型的转换，而这种转换是机会信念形成的关键。机会来源于环境的变化，创业者需要保持关注、探索环境、克服疑虑以抓住机会。

Shepherd 等（2007）指出，在不同的注意力分配模式下，机会信念的形成有可能遵循自下而上和自上而下的过程。具体而言，自下而上的过程促进他人机会信念（third-person opportunity belief）的快速形成，即认识到有一个机会，可以让拥有正确的知识和动机的人发现机会并获得收益。自上而下的过程促使自我机会信念的快速形成（first-person opportunity belief），即发现一个自己能够利用的机会，但这一过程对外部信息有可能存在更大的盲目性。

4. 身份认同

基于"创业者是不同且独特的"这一核心观点，学者认为创立和发展企业也许能够满足人们寻求独特性的心理需要，从而让人形成独特的自我认同。通过对创始人的访谈，Fauchart 和 Gruber（2011）发现不同类型身份认同的创始人在建立新公司时的决定不同。具体而言，创始人身份认同可以划分为三类：达尔文主义者、社群主义者和传教士。其中达尔文主义者希望在行业中占主导地位，社群主义者将企业视为社会对象，而传教士则将自己的企业视为政治对象。

创业者可能拥有多重身份认同，因此如何解决身份认同的冲突变得尤为重要。有的学者从制度理论出发，探讨创业者身份认同如何在合法性和独特性之间寻求平衡。具体来说，当创业者的身份认同具有合法的独特性时是最合理的状态，既不偏离制度化惯例产生的期望，又拥有偏离制度化惯例变得有意义的独特性（Navis and Glynn，2011）。而对于同时拥有家族身份和创业身份的创业者来说，身份冲突的共同根源在于家族身份和创业者身份的交叉点。这种家庭和创业的元身份是解决身份冲突并加速创业过程的核心，创业者从家族身份快速转变其元身份的能力越强，就越有能力解决家族和企业身份之间的冲突（Shepherd and Haynie，2009）。

5. 情绪

创业过程中存在着大量的不确定性，因此创业往往被描绘成"情绪过山车"。心理学家早已证明情绪会影响个人的认知，而创业情绪则是指个人和集体的情感、情绪或感觉。创业情绪决定了创业的发生、过程及结果（Cardon et al.，2012）。

例如，有学者发现情绪会影响创业者在创业中的努力。消极和积极情绪都会增加创业者在接下来创业中付出的努力；但积极情绪对创业者努力程度的影响还受到创业者未来时间焦点的中介作用影响（Foo et al.，2009）。除此之外，情绪还会影响创业机会评估。具体而言，由愤怒或幸福诱导的个体的风险感知得分低于恐惧或希望诱导的个体，而对于稳定的特质情绪而言，幸福和愤怒程度越高的创业者更愿意选择高度不确定的投资项目（Foo，2011）。Shepherd 等（2011）从负面情绪的来源出发，探讨项目失败对创业者情绪和认知的影响。研究发现，项目失败所带来的负面情绪会随着时间的持续而减少，而那些因为失败而经历更多负面情绪的创业者对组织的情感承诺较低。情绪还会影响创业绩效，虽然之前的研究认为创业者的乐观主义会导致一些正面效果，但学者通过对美国一千家新企业的调查发现创业者的乐观会对新企业的业绩产生负面影响。同时，创业者以往的创业经验和行业动态性会加强创业者的乐观主义与企业绩效之间的负向关系（Hmieleski and Baron，2009）。

除了这些积极或者消极的情绪外，创业激情（entrepreneurial passion）也是影响创业者进行创业的认知因素。Cardon 等（2009）指出，创业激情本质上是一种有意识的，强烈的积极感觉，通过参加与创业者自我认同有意义和突出的角色相关的创业活动而被感知。创业激情不仅会影响创业者个人的创业过程，也会影响创业中其他人对于其的看法。例如，已有研究发现，创业者在展示商业计划书时，通过面部表情、肢体动作、语气和其他非语言线索表现出来的激情并不会影响风险投资者进行投资的意愿，而在口头演讲中表现出的激情则会强化风险投资者的投资意愿（Chen et al.，2009）。这为后续学者研究激情的类型以及创业者与风险投资者的互动奠定了基础。例如，研究发现激情并不总能带来好的财务绩效，和谐型激情能为创业者带来更好的财务绩效，而偏执型激情则会对企业绩效产生负面影响（Ho and Pollack，2014）。

29.2.3 第三阶段（2015 年至今）

这一阶段认知理论更加强调互动，如更加突出创业者与社区或利益相关者之间的互动以及创业心智的互动过程等。研究更深入地探究情绪与创业认知过程之间的相互影响，特别是创业过程和行为如何影响创业认知与情绪的变化（Shepherd，2015）。

1. 进一步挖掘注意力分配

注意力是有限的认知资源，发现机会的过程的核心在于创业者对注意力的分配。其中，创业者的注意力分配有两种模式：自上而下的分配和自下而上的分配。自下而上的分配可以帮助创业者更多地关注预期之外的环境变化，而高度的自上而下的分配可以帮助创业者发现渐进式环境变化，但阻碍他们发现非连续性环境变化。Shepherd 等（2017）建立了一个企业高层管理者发现机会的注意力模型。具体而言，该注意力模型提出了高层管理者的注意力如何分配才能发现环境变化中的潜在机会，并解释了不同的注意力分配模式如何影响激进和渐进机会信念的形成。

2. 集体创业认知和集体创业情绪

之前的研究大多聚焦于创业者个人层面，然而，也有研究强调新的商业理念是在团队中形成和评估的。因此，学者开始关注集体认知和情绪对于创业过程的影响。Cardon 等（2017）引入了团队创业激情（team entrepreneurial passion）的概念，将其定义为"集体对于团队身份共同的、强烈的且积极的感受"，并试图从团队层面解释团队创业激情是如何通过影响个体成员的激情、团队成员的进入和退出、风险投资过程和风险投资团队表现来影响创业的过程与结果。除此之外，创业团队如何评估创业机会也吸引了学者的关注。Healey 等（2021）将机会评估概念化为一个整体过程，认为团队社会认知机制会影响团队对于机会的评价。研究发现，团队的起源和团队组建策略都会影响机会评估，但具有核心作用的创业者领导的团队更有可能有效地评估机会。此外，风险投资团队的共同幽默还会调节环境不确定性和新企业绩效之间的关系（Hmieleski and Cole，2022）。

3. 创业者与社区间的互动

随着对创业互动关注的增加，学者开始关注创业者与利益相关者或社区直接的互动对认知过程的影响。在共同创造阶段，一个领头创业者通常会组建一个创始团队，这个团队利用其社会关系和认知，与其社区共同构建一个新企业，并吸引潜在利益相关者加入进来（Shepherd et al.，2021）。新创企业通过与创始团队、社区和外部环境的互动来增强合法性（legitimacy）、形成并改善组织体系。这些为我们在未来探究社区中不同子社区的认知和行为如何直接影响创始团队的集体认知和行动，以及不同类型组织如何影响创始人退出等问题提供了思路。例如，已有研究通过对 116 名创业者的分析发现，如果潜在的联合创始人意识到创始人对发展企业有着偏执的激情，他们就更有可能加入；如果感知到创始人对创建企业有着偏执的激情，那么他们加入的可能性较小（Fu et al.，2022）。还有学者通过对七个社区企业的资源调动过程的分析发现，企业家只有参加旨在使社区参与多样化的具体活动，才能成功地从社区中调动经济资源、人力、物力和社会资源等（Hertel et al.，2021）。

29.3 认知理论在创新驱动创业研究中的局限与未来展望

29.3.1 局限

Shepherd 等（2021）指出，创建新企业有三个阶段：①新创企业的共创阶段，创业者组建团队，通过与社区的互动和社会认知（social cognition）的过程来发现机会并创办企业；②新创企业的组织阶段，创业者设计新创企业的商业模式并组织运营活动，以执行企业的战略行为；③新创企业的表现阶段，前两个阶段所导致的结果对企业的其他阶段产生反馈，影响企业的共创和组织行为。而在这三个阶段中，创业者的认知过程都起到了关键的作用。考虑到创新驱动创业在新时代下的特殊属性以及与其他创业形式的区别，目前的认知理论在用于解释各个阶段中的创新驱动创业过程时可能存在以下局限性。

1. 新创企业的共创阶段

首先，数字场景和网络互联是当代创新驱动创业的大背景。虽然目前的认知理论强调并解释创业者与社区及其他利益相关者的交流互动过程，以及这种互动过程对共创的影响，但是目前的理论前提主要是空间层面的社区互动。而在创新驱动创业的场景下，创业者往往通过数字虚拟社区与人互动交流，或者直接与数字虚拟社区或人工智能等非人类个体本身进行虚拟互动。目前的认知理论并不能很好地解释创业者和虚拟社区之间的互动，以及这类互动对于认知过程的影响。Nambisan（2017）也特别提出，未来研究需要更深入地探索数字创新代理人（非创业者本身）的集体认知类型，以及数字技术本身如何影响数字创新驱动创业中机会的形成和演变。

其次，在新时代下创新驱动创业往往需要创业团队成员具有动态的能力、多元的背景以及多种专业特征的有机融合（Klotz et al.，2014）。因此对于创新驱动创业来说，创业团队成员的互动可能比以往更为重要。但目前的认知理论研究却极大忽视了创业团队内部成员之间的互动，因此没有给出清晰的理论框架以解释这类互动的前因后果。同时，在创业决策领域，现有研究也几乎完全忽视了联合创始人在创新驱动创业过程中起到的重要作用和做出的独特决策（Shepherd et al.，2015）。现有的认知理论不能很好地解释创业团队成员间的认知互动和冲突会如何导致机会识别过程的差异、创业行为的变化及创业模式的转变。尤其是创业领袖和其他团队成员之间的互动过程，如领导风格和领袖情绪会如何增强或削弱集体认知的形成与发展。

最后，创新驱动创业的外部环境和内部冲突是更加动态与高度不确定的，创业者也因此面对更为复杂的事件。但目前的认知理论研究却很少关注特殊事件对创业者个体认知变化及企业发展造成的影响。现有研究也极大地忽视了潜在关键事件对于集体创业认知形成和发展的影响。关键事件（critical events）指的是个人、团队、组织或环境中发生的特殊事件，通常具有新颖性或颠覆性（Morgeson et al.，2015）。相比于其他类型的创业，在创新驱动创业的过程中如投资人的介入、产品的爆火、创业团队成员间激烈冲突等关键事件可能会更为高频地出现，这些事件在实践中往往会对创业团队的认知过程产生极大的影响。因此，未来的研究需要进一步思考关键事件是否以及如何推动或阻碍创新驱动的过程。

2. 新创企业的组织阶段

首先，在创新驱动创业的数字时代背景下，环境和技术的动态变化对创业的过程、企业的组织行为以及商业模式的形成都产生了极大的影响（Nambisan，2017）。但现有认知理论研究并没有深入解析数字技术的普及和动态发展对创业者在组织企业运营过程中的认知过程与结果造成的影响。虽然最新的研究已经提出，数字技术和人工智能会极大影响创业者对机会和企业运营情况的判断，并造成企业组织形式的改变（Shepherd and Majchrzak，2022），但是目前认知理论对相关创业过程的解释仍十分模糊。

其次，创业者可以通过利用不同类型的数字技术［数字制品（digital artifact）、数字平台（digital platform）、数字基础建设（digital infrastructure）（Nambisan，2017）]来设计商业模式并运营企业。但创业认知的差异会如何影响不同类型数字技术的开发和应用仍不明确。尤其重要的是数字创新的代理人往往不仅是创业者本身，而更多的是产品的用户及其他利益相关者（Nambisan，2017）。特别是当集体行为和互动产生时，不同类型的认知行为和结果会如何变化，目前的研究十分有限。

最后，在数字时代下，技术和市场的变革会更为频繁，高度不确定性是创业者所需要面对的常态。而传统的经验和知识可能会导致思维固着，束缚创业者的认知过程和思维方式，并阻碍企业创新型的组织形态的构建。但是目前的认知理论还没有关注创业者的经验和知识在动态数字环境下的作用。例如，现有的经验和知识会如何影响创业者在数字环境下的认知过程，以及所造成的行为和结果。特别是，在何种情况下充分的经验和知识会造成思维固着？以及其对创业者的创新创业行为构成何种阻碍？目前的认知理论对这些问题还没有进行很好的解答。

3. 新创企业的表现阶段

首先，创新驱动创业特别是基于数字技术的创业由于其高新技术的特性，创业过程和创业结果在边界上存在模糊性（Nambisan，2017）。但目前的认知理论不能很好地解释在此过程中的创业者认知的影响。具有何种认知特性的创业者会更倾向于创建对企业未来创业过程产生不确定性的产品,如开放性的软件系统、可以由用户自由塑造的数字产品等。

其次,目前的认知理论主要用于解释创业者的经济行为以及企业的经济绩效,但对于在创新驱动创业过程中出现的社会责任相关行为和企业可持续发展的表现却缺乏相关研究。在创新驱动创业的实践中,企业社会责任问题已日益凸显,如大数据带来的隐私问题和人工智能推送带来的社会伦理矛盾。新技术企业的社会责任已经是目前创业学界重点关注的研究方向之一,但认知的差异和认知的过程仍没有很好地与企业社会责任相关的行为与表现进行联系。当创业团队在进行创新并面临经济价值与社会价值间的冲突时,创业团队成员之间的认知差异会如何导致创业过程的差异,并如何影响最终的权衡和决策?目前的认知理论还无法很好地解答这些问题。

最后,元认知能力已经引起了学者的注意(Haynie and Shepherd,2009),但目前针对元认知能力如何具体影响创新驱动创业结果的相关研究相对较少。元认知能力与企业绩效、合法性及团队成员更替之间的联系需要学者进一步挖掘。同时,已有研究对于元认知能力与其他创业认知过程中重要因素的联系也未做出全面阐释。例如,元认知与情绪、注意力、创业身份之间的相互关系和影响,元认知能力对创业机会识别过程中机会信念转变的影响机制等。

29.3.2 未来展望

1. 共创阶段的认知特性和创新驱动创业

首先,未来研究可以通过对数字社区和数字创业平台中的创业者进行多种方式调研来分析创业者的认知差异如何影响其与虚拟社区的互动,以及特定互动模式对于创新驱动的影响。例如,何种互动模式会对创业者的认知过程产生积极影响,并推动创新驱动型创业的产生?何种互动模式会导致创业者选择模仿驱动型创业?研究也可以进一步扩展调研对象,进而分析数字社区和平台中各类利益相关者的集体认知对创新驱动过程和结果的影响。

其次,未来的研究可以通过对创新驱动创业团队及团队的各个成员进行跟踪调查,捕捉其在创业过程中团队成员的互动行为、认知的形成以及导致的创新驱动行为和创业结果,进而探明团队成员互动与认知过程的相互作用机制。尤其是探索创新驱动创业的团队集体认知的形成和改变,以及认知过程对于集体情绪、集体身份、集体注意力的影响,并进一步分析这些影响对于创新驱动创业过程和结果所造成的改变。

最后,未来可以通过纵向案例研究或实验研究来探索创新驱动创业的结果和特殊事件对于认知过程的反馈作用。研究可以探明创业的成败、创业团队成员的更替、经济和社会价值的创造,以及各类冲突、情绪、沟通等关键创业事件对于认知过程和创业过程造成的影响。例如,何种事件会推动创新驱动创业行为的产生,何种事件会诱导创业者选择模仿或保守型的创业行为。

2. 组织阶段的认知特性和创新驱动创业

首先,研究可以深入分析数字技术类型和创业者认知特性之间的独特联系,以及这种联系会如何影响创新驱动创业中的商业模式构建。例如,学者可以通过对数字创业团队进行追踪调查,探明创业者在通过数字产品、数字平台和数字基础建设进行创新驱动创业时,不同的认知特性会如何影响创新型和模仿型的商业模式构建,并最终影响企业绩效。

其次,未来可以通过纵向研究或实验分析创业认知、情绪、注意力等行为因素对于创新驱动创业过程造成的独特影响及其交互作用。例如,创业认知和情绪如何交互影响数字机会的识别与发展过程,以及不同类型数字技术如何与创业认知和情绪进行交互影响,进而造成数字商业模式的转变。

最后,未来研究可以进一步深入研究数字时代下创新驱动创业团队的知识和经验构成对于集体认知形成产生的影响,以及对组织的行为和结构产生的作用。尤其可以挖掘知识和经验对于集体认知、集体情绪等创业团队要素带来的正向和负向作用,以及对于创新驱动行为产生的积极或消极影响。

3. 表现阶段的认知特性和创新驱动创业

未来研究可以深入挖掘造成创新驱动创业过程中的社会责任和可持续发展表现差异的认知因素。

首先,未来研究可以通过问卷或实验研究探明何种认知能力能提高创业者对于社会责任的关注度,进而改变新创企业的商业模式设计以提高社会绩效表现。未来研究可以深入调查与社会责任相关的集体认知过程的形成要素和环境条件,也可以进一步剖析经济导向的创新驱动创业行为和社会导向的创新驱动创业行为之间的差异。

其次,未来可以通过定性分析和定量分析相结合的研究方法,来探索创新驱动创业团队成员之间针对经济价值和社会价值进行权衡的集体认知过程。特别是当团队成员在认知上存在差异时,会导致何种创新驱动选择的冲突,并对企业的发展和绩效造成影响。研究同样也可以构建最佳差异模型,来解释团队成员在认知过程和价值权衡上可以达到的最佳平衡点。

最后,未来研究还可以结合数字技术背景来进一步改进现有的元认知量表,更好地测量各类元认知能力,并测试元认知能力对于创新驱动创业过程和结果的影响。元认知对创业者的认知行为起到监控、管理和控制的作用,因此可以通过进一步深化对元认知的研究来强化关于创业者在经济价值和社会价值间权衡行为的理解。

参 考 文 献

蔡莉, 张玉利, 蔡义茹, 等. 2021. 创新驱动创业: 新时期创新创业研究的核心学术构念[J]. 南开管理评论, 24(4): 217-226.

陈晓红, 蔡莉, 王重鸣, 等. 2020. 创新驱动的重大创业理论与关键科学问题[J]. 中国科学基金, 34(2): 228-236.

Arrow K J. 1986. Rationality of self and others in an economic system[J]. Journal of Business, 59(S4): S385.

Bandura A. 1993. Perceived self-efficacy in cognitive development and functioning[J]. Educational Psychologist, 28(2): 117-148.

Baron R A. 1998. Cognitive mechanisms in entrepreneurship: why and when enterpreneurs think differently than other people[J]. Journal of Business Venturing, 13(4): 275-294.

Barr P S, Stimpert J L, Huff A S. 1992. Cognitive change, strategic action, and organizational renewal[J]. Strategic Management Journal, 13(S1): 15-36.

Barsalou L W. 2014. Cognitive Psychology: an Overview for Cognitive Scientists[M]. London: Psychology Press.

Cardon M S, Foo M D, Shepherd D, et al. 2012. Exploring the heart: entrepreneurial emotion is a hot topic[J]. Entrepreneurship Theory and Practice, 36(1): 1-10.

Cardon M S, Post C, Forster W R. 2017. Team entrepreneurial passion: its emergence and influence in new venture teams[J]. Academy of Management Review, 42(2): 283-305.

Cardon M S, Wincent J, Singh J, et al. 2009. The nature and experience of entrepreneurial passion[J]. Academy of Management Review, 34(3): 511-532.

Chen C C, Greene P G, Crick A. 1998. Does entrepreneurial self-efficacy distinguish entrepreneurs from managers?[J]. Journal of Business Venturing, 13(4): 295-316.

Chen X P, Yao X, Kotha S. 2009. Entrepreneur passion and preparedness in business plan presentations: a persuasion analysis of venture capitalists' funding decisions[J]. Academy of Management Journal, 52(1): 199-214.

Conlisk J. 1996. Why bounded rationality?[J]. Journal of Economic Literature, 34(2): 669-700.

Conroy D E, Willow J P, Metzler J N. 2002. Multidimensional fear of failure measurement: the performance failure appraisal inventory[J]. Journal of Applied Sport Psychology, 14(2): 76-90.

Cosmides L, Tooby J. 2013. Evolutionary psychology: new perspectives on cognition and motivation[J]. Annual Review of Psychology, 64(1): 201-229.

Fauchart E, Gruber M. 2011. Darwinians, communitarians, and missionaries: the role of founder identity in entrepreneurship[J]. Academy of Management Journal, 54(5): 935-957.

Fiet J O. 1996. The informational basis of entrepreneurial discovery[J]. Small Business Economics,

8(6): 419-430.

Foo M D. 2011. Emotions and entrepreneurial opportunity evaluation[J]. Entrepreneurship Theory and Practice, 35(2): 375-393.

Foo M D, Uy M A, Baron R A. 2009. How do feelings influence effort? An empirical study of entrepreneurs' affect and venture effort[J]. Journal of Applied Psychology, 94(4): 1086-1094.

Fu Y Z, Tietz M A, Delmar F. 2022. Obsessive passion and the venture team: when co-founders join, and when they don't[J]. Journal of Business Venturing, 37(4): 106219.

Gartner W B. 1988. "Who is an entrepreneur?" is the wrong question[J]. American Journal of Small Business, 12(4): 11-32.

Gatewood E J, Shaver K G, Gartner W B. 1995. A longitudinal study of cognitive factors influencing start-up behaviors and success at venture creation[J]. Journal of Business Venturing, 10(5): 371-391.

Haynie M, Shepherd D A. 2009. A measure of adaptive cognition for entrepreneurship research[J]. Entrepreneurship Theory and Practice, 33(3): 695-714.

Healey M P, Bleda M, Querbes A. 2021. Opportunity evaluation in teams: a social cognitive model[J]. Journal of Business Venturing, 36(4): 106128.

Hertel C, Binder J, Fauchart E. 2021. Getting more from many: a framework of community resourcefulness in new venture creation[J]. Journal of Business Venturing, 36(3): 106094.

Hmieleski K M, Baron R A. 2009. Entrepreneurs' optimism and new venture performance: a social cognitive perspective[J]. Academy of Management Journal, 52(3): 473-488.

Hmieleski K M, Cole M S. 2022. Laughing all the way to the bank: the joint roles of shared coping humor and entrepreneurial team-efficacy in new venture performance[J]. Entrepreneurship Theory and Practice, 46(6): 1782-1811.

Ho V T, Pollack J M. 2014. Passion isn't always a good thing: examining entrepreneurs' network centrality and financial performance with a dualistic model of passion[J]. Journal of Management Studies, 51(3): 433-459.

Kaplan S. 2011. Research in cognition and strategy: reflections on two decades of progress and a look to the future[J]. Journal of Management Studies, 48(3): 665-695.

Klotz A C, Hmieleski K M, Bradley B H, et al. 2014. New venture teams a review of the literature and roadmap for future research[J]. Journal of Management, 40(1): 226-255.

Lazarus R S. 1991. Cognition and motivation in emotion[J]. American Psychologist, 46(4): 352-367.

McGee J E, Peterson M, Mueller S L, et al. 2009. Entrepreneurial self‐efficacy: refining the measure[J]. Entrepreneurship Theory and Practice, 33(4): 965-988.

Mitchell R K, Busenitz L, Lant T, et al. 2002. Toward a theory of entrepreneurial cognition: rethinking the people side of entrepreneurship research[J]. Entrepreneurship Theory and Practice, 27(2): 93-104.

Morgeson F P, Mitchell T R, Liu D. 2015. Event system theory: an event-oriented approach to the organizational sciences[J]. Academy of Management Review, 40(4): 515-537.

Nambisan S. 2017. Digital entrepreneurship: toward a digital technology perspective of entrepreneurship[J]. Entrepreneurship Theory and Practice, 41(6): 1029-1055.

Narayanan V K, Zane L J, Kemmerer B. 2011. The cognitive perspective in strategy: an integrative review[J]. Journal of Management, 37(1): 305-351.

Navis C, Glynn M A. 2011. Legitimate distinctiveness and the entrepreneurial identity: influence on investor judgments of new venture plausibility[J]. Academy of Management Review, 36(3): 479-499.

Ocasio W. 2011. Attention to attention[J]. Organization Science, 22(5): 1286-1296.

Patzelt H, Shepherd D A. 2011. Recognizing opportunities for sustainable development[J]. Entrepreneurship Theory and Practice, 35(4): 631-652.

Porac J F, Thomas H, Wilson F, et al. 1995. Rivalry and the industry model of Scottish knitwear producers[J]. Administrative Science Quarterly, 40(2): 203-227.

Shepherd D A. 2015. Party On! A call for entrepreneurship research that is more interactive, activity based, cognitively hot, compassionate, and prosocial[J]. Journal of Business Venturing, 30(4): 489-507.

Shepherd D A, Majchrzak A. 2022. Machines augmenting entrepreneurs opportunities (and threats) at the nexus of artificial intelligence and entrepreneurship[J]. Journal of Business Venturing, 37(4): 106227.

Shepherd D A, McMullen J S, Jennings P D. 2007. The formation of opportunity beliefs: overcoming ignorance and reducing doubt[J]. Strategic Entrepreneurship Journal, 1(1/2): 75-95.

Shepherd D A, McMullen J S, Ocasio W. 2017. Is that an opportunity? An attention model of top managers' opportunity beliefs for strategic action[J]. Strategic Management Journal, 38(3): 626-644.

Shepherd D A, Patzelt H. 2018. Entrepreneurial Cognition: Exploring the Mindset of Entrepreneurs[M]. Berlin: Springer Nature.

Shepherd D A, Patzelt H, Wolfe M. 2011. Moving forward from project failure: negative emotions, affective commitment, and learning from the experience[J]. Academy of Management Journal, 54(6): 1229-1259.

Shepherd D A, Sattari R, Patzelt H. 2022. A social model of opportunity development: building and engaging communities of inquiry[J]. Journal of Business Venturing, 37(1): 106033.

Shepherd D A, Souitaris V, Gruber M. 2021. Creating new ventures: a review and research agenda[J]. Journal of Management, 47(1): 11-42.

Shepherd D A, Williams T A, Patzelt H. 2015. Thinking about entrepreneurial decision making review and research agenda[J]. Journal of Management, 41(1): 11-46.

Shepherd D, Haynie J M. 2009. Family business, identity conflict, and an expedited entrepreneurial process: a process of resolving identity conflict[J]. Entrepreneurship Theory and Practice, 33(6): 1245-1264.

Simon H A. 1957. Models of Man, Social and Rational[M]. New York: Wiley.

Stillings N A, Weisler S W, Chase C H, et al. 1995. Cognitive Science: An Introduction[M]. Massachusetts: MIT Press.

Stubbart C I. 1989. Managerial cognition: a missing link in strategic management research[J]. Journal of Management Studies, 26(4): 325-347.

Wood R, Bandura A. 1989. Social cognitive theory of organizational management[J]. Academy of Management Review, 14(3): 361-384.

Zajac E J, Bazerman M H. 1991. Blind spots in industry and competitor analysis: implications of interfirm (mis) perceptions for strategic decisions[J]. Academy of Management Review, 16(1): 37-56.

代表性学者简介

迪安·谢泼德（Dean Shepherd）

迪安·谢泼德在澳大利亚邦德大学获得博士学位，曾任兰达尔·L. 托拜厄斯（Randall L. Tobias）企业家领导力学会会长、印第安纳大学凯利商学院企业家素质学教授。曾获美国管理学会创业分部的导师奖，是 21 世纪创业研究的院士（fellow）。曾任 *Journal of Business Venturing* 主编，是多种刊物编委会委员及美国国家科学基金会（创新与组织科学）成员。

丹尼斯·格莱戈尔（Denis Grégoire）

丹尼斯·格莱戈尔在科罗拉多大学获得博士学位，是蒙特利尔高等商学院的企业家精神和创新学教授。自 2017 年起担任 The Rogers-J.A.-Bombardier 创业研究主席，并担任 CDL-Montréal 和 NEXT AI-Montréal 商业课程的副主任和学术主任。他的研究成果发表在 *Academy of Management Journal* 和其他 FT50 的创业和管理杂志上。现任 *Academy of Management Journal* 副主编。

罗伯特·巴隆（Robert Baron）

罗伯特·巴隆在爱荷华大学获得博士学位，是俄克拉荷马州立大学创业学的教授。他曾被法国研究部任命为高级访问研究员（2001~2002 年），曾任 *Academy of Management Journal*、*Journal of Business Venturing* 和 *Journal of Management* 的编辑，曾任 *Strategic Entrepreneurship Journal* 的副主编。

本章执笔人：傅颖竹　黄　陈　田敬宇

第 30 章　前景理论——探索创新驱动创业微观决策的基础理论

随着信息技术及其应用的普及，创业与创新的融合更加紧密，创业活动更富有创新味道。在技术创新、制度创新、商业模式创新等触发下，不少创业活动依赖多要素迭代互动、实现多主体共同开发机会来实现价值创造，学术界将其归纳为创新驱动创业（蔡莉等，2021）。创新驱动创业更强调创新驱动，面临的不确定性更加突出，创业者在创业过程中面临的决策情境更加极端，决策过程更可能偏离经典意义上的理性决策模型（Baron，1998）。

前景理论（prospect theory）是解释个体在不确定性情境下如何判断和决策的重要理论，特别是揭示在高度不确定性条件下创业者看似非理性行为的理性规律的基础理论。通过回顾前景理论的起源和发展，梳理前景理论在主流管理领域特别是在创业领域的应用和进展，融合创新驱动创业的独特情境展望新的研究问题和研究挑战，不仅有助于进一步丰富并拓展前景理论的应用空间，而且有助于为解释创新驱动创业如何发生的微观机制提供借鉴和参考。

30.1　前景理论的起源和发展

前景理论起源于有关个体在不确定性条件下判断和决策的系列化实验研究（Kahneman and Tversky，1979；Tversky and Kahneman，1974，1981，1986，1991，1992；Tversky et al.，1990），这些研究从根本上挑战了期望效用理论（expected utility theory）的假设和逻辑。基于突出理论贡献，Kahneman 教授于 2002 年获得诺贝尔经济学奖。

30.1.1　个体在不确定性情境下如何判断和决策

人的行为复杂而有趣，决策与行为之间密切关联，决策问题或者说从个体决策角度的理论探索自然成为解释个体行为的主流逻辑，未来导向是决策的基本属性，未来会如何？尽管有确定性存在，但更普遍的是不确定性。Knight（1921）系统阐释了风险和不确定性诱发的决策问题，20 世纪 40 年代，沿袭理性人假设，经济学家提出期望效用理论来解释个体如何做出风险性决策的规范和机制（von

Neumann and Morgenstern，1947）：描述各种可能方案结果的效用函数、确定各种可能方案的风险概率，再比较不同方案的期望效用，选择效用值最大的行动方案。

20 世纪 50 年代，理性人假设遭遇有限理性挑战（March and Simon，1958；Simon，1957），个体可能并不遵循期望效用理论的逻辑开展"理性"判断和"理性"决策。Tversky 和 Kahneman（1974）在《科学》(*Science*) 杂志发表"Judgement under uncertainty: heuristics and biases"（《不确定状况下的判断：启发式和偏差》）一文，发现在不确定性情境下，个体往往会表现出一些看似偏颇的判断，而这些偏颇判断往往来自启发式决策，如代表性偏差。这一研究可以说是前景理论诞生的思想起点，论证了心理情感等非理性因素对风险和不确定性决策的影响力度可能超乎我们的想象。这些非理性因素的作用机制是否存在必然的规律性？前景理论对此做出了系统解答。

30.1.2　前景理论的基本原理和解释逻辑

20 世纪 70 年代，前景理论诞生于大量实验室成果，这些成果相悖于期望效用理论对个体判断和决策的预测，其理论构建主要集中于两篇奠基性文献。Kahneman 和 Tversky（1979）在《计量经济学》(*Econometrica*) 杂志上发表"Prospect theory: an analysis of decision under risk"（《前景理论：风险下的决策分析》）一文，基于对大量实验研究结果系统偏离期望效用理论预测的理论阐释，阐述了前景理论的基本原理和解释逻辑。Tversky 和 Kahneman（1981）继续在《科学》杂志发表"The framing of decisions and the psychology of choice"（《决策框架与选择心理学》）一文，构建了描述并解释个体在不确定性条件下的一般性决策框架（decision frame）。

前景理论没有否认个体依据效用来做出判断和选择的基本判断，这与期望效用理论相一致，但与之不同的是，前景理论认为决策并不完全取决于其发生的客观概率，也不取决于对期望效用的理性分析，而是取决于个体的心理感知风险（Kahneman，2003）。前景理论提出并论证了个体判断和决策的三个心理效应（Kahneman and Tversky，1979；Tversky and Kahneman，1981）。第一，确定效应（certainty effect），与确定性收益相比，即使是概率性收益的期望效用可能会更高，人们往往还是更愿意高估确定性收益的价值。例如，与"51%的概率收益 200 元"和"49%的概率一分不得"相比，更多人会选择"收益 100 元"。第二，反射效应（reflection effect），与确定性损失相比，即使是概率性损失的期望损失可能会更高，人们往往还是会高估确定性损失的期望成本。例如，与"损失 100 元"相比，更多人会选择"有 51%的概率损失 200 元""49%的概率不损失"。第三，孤立效应（isolation effect），个体存在着将复杂选择简单化倾向，不会遵循理性的全盘分析策略，这导致个体往往会忽视可能选择共同的要素或前提。关于孤立效应，

Kahneman 和 Tversky（1979）给出了一个下面的经典实验。

这是一个两阶段游戏。在第一阶段，有 75%的概率会终止游戏并一无所获，有 25%的概率进入游戏的第二阶段。如果你进入第二阶段，你必须要在下面做出选择。A 方案：80%的概率赢得 4000 元。B 方案：拿到 3000 元。你必须在游戏开始之前就做出选择。

如果从全局判断，A 方案的真实情况是 20%的概率赢得 4000 元，B 方案的真实情况是 25%的概率赢得 3000 元。但在 141 个被试中，78%的被试选择了 B 方案。为什么会这样？他们忽视了第一阶段游戏的概率影响，仅依据第二阶段的选择和概率分布做出判断和决策,如前所述,确定效应让他们选择 B 方案(Kahneman and Tversky，1979）。

基于上述心理效应，前景理论发展出了解释逻辑，推导并论证了个体风险性决策的价值函数（value function），见图 30.1。首先，个体会对选择结果做出收益（gain）或损失（loss）的价值判断，收益或损失判定取决于个体的效用参照点（Kahneman and Tversky，1979），高于效用参照点的就是收益，低于效用参照点则为损失。收益和损失之间，个体价值函数会发生根本性变化（Kahneman and Tversky，1979；Tversky and Kahneman，1992）。在收益情境下，个体往往会产生风险规避倾向，更偏好"确定的收益"而放弃"赌一把可能带来的高收益"。而在损失情境下，个体往往会产生风险偏好倾向，在"确定的损失"和"赌一把但可能产生更大损失之间"往往选择赌一把。其次，从心理层面看，个体存在着损失厌恶（loss averse）倾向（Edwards，1954），也就是说，每单位损失带来的痛苦远

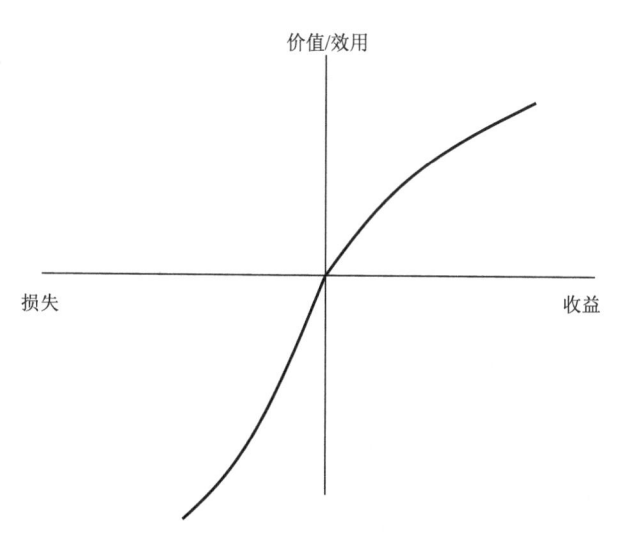

图 30.1　收益与损失情境下的价值函数

资料来源：Kahneman 和 Tversky（1979）

远大于每单位收益带来的愉悦。例如，与"同等概率的损失100元和收益300元"相比较，更多的人会偏好"同等概率的零收益和收益200元"。因此，在损失和收益情境下的价值函数并不对称，与收益情境相比，损失情境下的价值函数更加陡峭。最后，价值或效用并不取决于选择产生的绝对价值，而是取决于价值变化，同时以决定损失或收益的参照点为基准，这一变化产生的价值或效用大小具有边际效应递减效应。如果以"0"为参照点，收益从100元增加到200元所带来的价值或效用增量会大于收益从10 100元增加到10 200元。无论是收益端还是损失端，在无限远离参照点的区间里，价值函数就很可能呈现为线性，换句话说，在无限远离参照点的区间，个体对于选择背后的潜在风险漠不关心，呈现为风险中性状态（Holmes et al.，2011）。例如，在赌博中，仅有很少人能做到见好就收，大多数人却容易陷入越输越赌的境地。

除了价值函数，前景理论还发展了基于概率权重函数（probability weighting function）的解释逻辑，通过概率权重函数，个体将可能结果的客观概率转化为行为选择的决策权重。在前景理论看来，决策权重尽管与行为结果发生的客观概率之间存在着关联性，但个体的决策权重却在根本上不同于行为结果发生的客观概率（Kahneman and Tversky，1979）。具体而言，对于客观意义上的大概率事件，个体往往会低估其决策权重；而对于客观上逼近于"0"的小概率事件，个体往往会高估其决策权重，往往会对小概率事件赋予更高的决策权重而产生冒险行动。例如，彩票中奖是小概率事件，但买的人却很多，因为人人都可能觉得自己是小概率事件的幸运儿。而在客观概率不高不低时，人们往往对事件概率差异并不十分敏感，决策权重也不会因概率差异而发生敏感性改变（Fennema and Wakker，1997）。例如，相对于多轮次的赌博，大多数人都不喜欢单轮的抛硬币赌博。基于此，决策权重与客观概率之间尽管呈现为正相关关系，但概率权重函数却是非线性的，呈现为倒置的"S"形曲线。

必须指出的是，参照点依赖是前景理论的基本前提，也是个体/群体差异产生的深层次原因，也为我们引导或改变个体/群体行为提供了重要参考和工具（Tversky and Kahneman，1991）。值得注意的是，正收益并不一定是收益，仍然可能是损失情境，换句话说，价值为正并不一定就是收益情境，关键在于参照点。Kahneman和Tversky（1979）举了一个例子，假设一位创业者因损失了2000元，面临一个决策，采取行动A有50%的概率收益2000元，采取行动B收获1000元。价值函数并不是2000元与1000元及其概率之间的比较，以损失2000元作为参照点，其决策可能是在50%的概率损失2000元与损失1000元之间做出选择。参照点变化，可能做出完全相反的决策，后者的决策可能会更具有冒险性。一般看，参照点可能是现状（status quo）或者是当前资产，还可能是期望水平，参照点也可以被操纵和改变（Kahneman and Tversky，1979；Tversky and Kahneman，1991）。

30.1.3 前景理论在组织和战略领域的应用与发展

为了勾勒并梳理前景理论在战略、组织和创业领域的应用与进展，我们以 UTD24 和 FT50 期刊为基础，补充 *SBE* 和 *JSBM* 两种创业领域重要期刊[①]，以"题目、摘要、关键词"中任意一处包含"prospect theory"为检索依据[②]展开文献检索。检索结果显示，1986 年至 2022 年 7 月，管理领域顶级刊物发表了前景理论相关研究文献 64 篇，涉及战略、组织（组织理论与组织行为）和创业等具体领域。尽管所检索的文献数量相对于 Holmes 等（2011）检索到的文献数量更少，但关注管理和创业领域的顶级期刊，更有助于把握研究主线、研究进展和研究前沿。

前景理论在管理领域日益受到重视，文献数量呈现为增长态势，40.6%的文献（26 篇）是在 2013~2022 年发表的，2016~2022 年的文献发表量占到了 34.4%（22 篇），见图 30.2（a）。从研究领域看，前景理论被越来越多的战略学者用于分析战略领域相关议题（Bromiley，2010），其次是组织领域相关议题，共 17 篇。近年来在创业领域内的前景理论相关研究文献占据主导地位，2006 年至 2022 年，创业领域的相关文献占 29%（14 篇），2016 年至 2022 年，创业领域的相关文献占 41%（9 篇）。

前景理论被用于研究和解释哪些管理现象？前景理论可以与哪些理论结合起来用于研究这些管理现象？如图 30.3 所示，首先，前景理论被用于解释个体层次和企业层次的科学问题，主要涉及损失厌恶、参照依赖和框架效应（损失还是收益）等前景理论。其次，直观判断，前景理论关乎个体决策和行为，在组织领域特别是组织行为领域应该会得到广泛应用。但耐人寻味的是，相关研究在组织领域仅涉及离职行为、再就业行为、工作晋升、程序公正性、员工创造力等领域（Alessandri et al.，2021；Jiang et al.，2019；Kwong and Wong，2014）。

[①] 检索期刊：*AMJ*、*ASQ*、*ETP*、*HR*（*Human Relations*，《人际关系》）、*HRM*（*Human Resource Management*，《人力资源管理》）、*JAP*、*JBE*（*Journal of Business Ethics*，《商业伦理学杂志》）、*JBV*、*Journal of International Business Studies*（《国际商业研究杂志》）、*JOM*、*JMS*、*JSBM*、*OS*、*Organization Studies*（《组织研究》）、*OBHDP*（*Organizational Behavior and Human Decision Processes*，《组织行为和人类决策过程》）、*RP*、*SBE*、*SEJ*、*SMJ*。

[②] Holmes 等（2011）回顾了基于前景理论的战略、组织和人力资源管理领域研究文献。他们的检索依据是 "prospect theory" 或 "loss aversion" 两个关键词，理由在于损失厌恶是前景理论的基本假设。损失厌恶与前景理论密切相关但与其他理论仍然相关，为了更突出理论关联性，我们仅选择了 "prospect theory" 作为检索词。与 Holmes 等（2011）相类似，我们重点关注前景理论在战略、组织和创业领域的应用，故并没有检索市场营销和消费者行为相关的期刊。

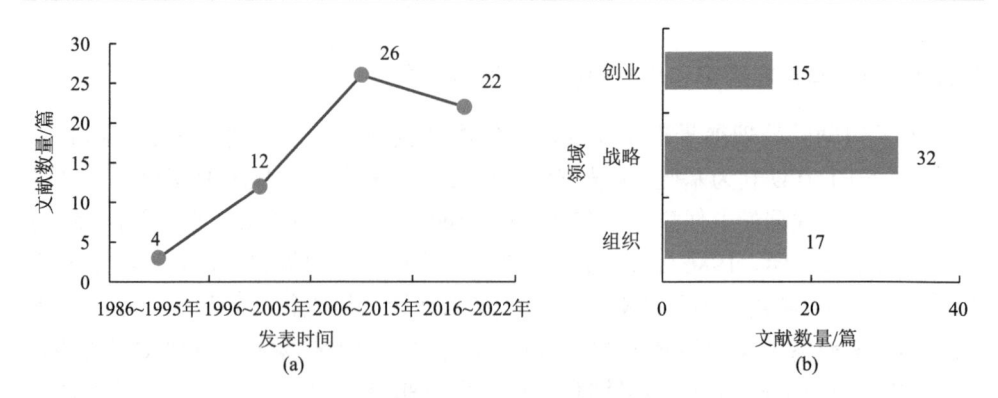

图 30.2　1986~2022 年前景理论相关文献的时间和领域分布

资料来源：作者整理

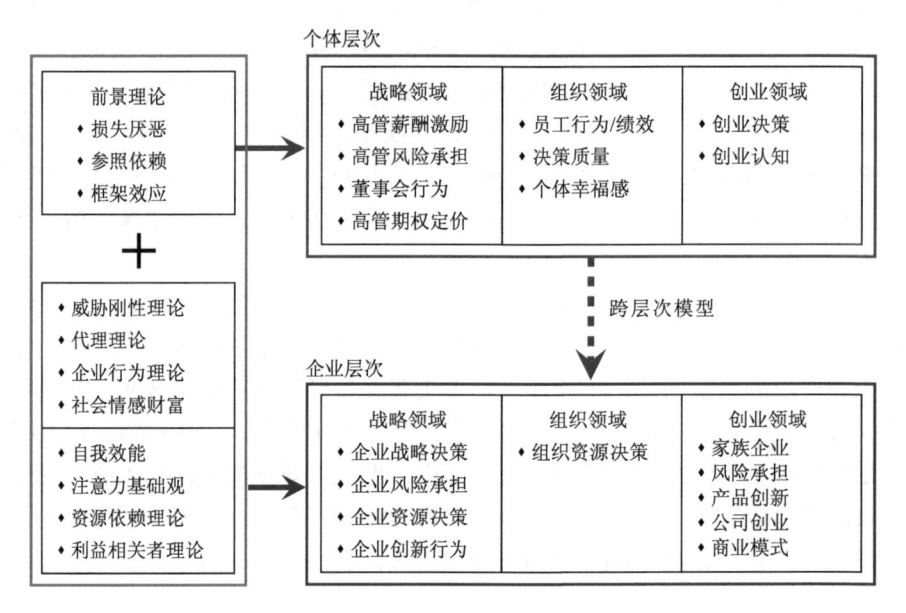

图 30.3　前景理论在战略、组织和创业领域关注的科学问题

资料来源：作者整理

反观战略领域，前景理论被应用于解释战略领域的主流问题。首先是高管人员薪酬激励问题，融合代理理论和前景理论的解释逻辑，从不同问题角度探索了高管人员薪酬计划、公司股票价值（估值）、高管人员行为之间的复杂关系（Devers et al.，2008；Krause et al.，2014；Zhang et al.，2008）。其次是解释企业层次的战略决策。前景理论关乎风险和不确定性，这类研究往往与威胁刚性理论（threat-rigidity theory）或企业行为理论（behavior theory of firm）结合起来解释环境变化（诱发机会或威胁）甚至在变革（技术和市场等突变）情境下企业如何做

出选择以及结果是什么（Chattopadhyay et al.，2001；Shimizu，2007；Li et al.，2017）。最后是企业风险承担行为。企业风险承担行为是战略研究的重要话题（Hoskisson et al.，2017；Pablo et al.，1996；Sitkin and Pablo，1992），这一决策与企业业绩水平和外部环境之间高度关联，根据前景理论的基本逻辑，这一关联不仅取决于客观事实，还取决于高管团队的主观感知（Chen，2008；Sobrepere i Profitós et al.，2022），而高管人员主观感知与薪酬激励政策密切相关（Devers et al.，2008；Matta and Beamish，2008；Wiseman and Gomez-Mejia，1998）。前景理论还被用于解释企业创新行为，基于前景理论的研究更强调企业创新行为的环境感知驱动而不是客观环境压力驱动（Latham and Braun，2009；Schubert et al.，2018）。

30.2 前景理论在创业领域的应用与发展

21世纪初，前景理论逐渐被引入创业研究领域（Simon et al.，2003）。创业与不确定性关联密切，前景理论与创业研究的结合非常重要，近年来相关研究开始得到进一步重视，但还很不够，研究前景相当广阔。聚焦到创业领域，相关研究表现出两个鲜明态势：一是前景理论在家族企业情境下的应用较为普遍，15篇文献中，有7篇文献聚焦于家族企业或展开家族企业与非家族企业的比较分析（Chrisman and Patel，2012；Fang et al.，2021）。二是研究问题呈现出两头重、中间轻的态势。从创业过程角度看，前景理论相关研究侧重于分析并解释是否创业的创业决策以及面向创业企业的"战略决策"，具体见图30.4。

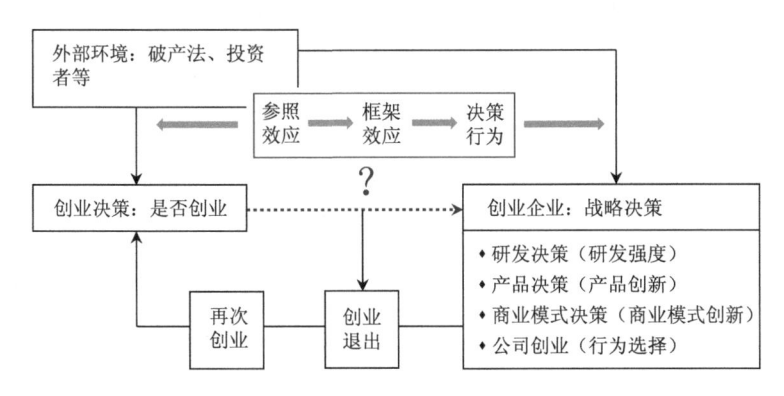

图 30.4　前景理论在创业领域的主要进展
资料来源：作者整理

关于是否创业的创业决策，经典创业研究强调机会吸引力的作用，认为个体是否决定创业在很大程度上取决于其认知偏见（Busenitz and Barney，1997），尽管这些研究提供了可参考的事实证据，但并没有揭示出为什么创业者对成功概率过度自信等偏见诱发冒险创业的微观机理。基于前景理论的参照效应，Hack 等（2016）通过实验研究发现了创业者往往会选择更高的参照点（如基于机会价值，产生比现有收入水平更高的回报预期作为参照点），创业者在创业决策中往往会产生损失感知错觉（相对于更高的参照点，不创业意味着必然损失参照点价值；创业可能会有概率性失败损失），创业者往往会基于损失情境下的风险偏好而去赌一把。这意味着，创业者的成功概率偏见起作用的微观机制并不是因高估成功而弱化创业失败的损失概率，而是因为高估成功概率使心理设定的高参照点（非当前状况）变得更加"真实可信"，强化了损失情境下的风险偏好效应。

对于创新性创业活动而言，在创业决策过程中，高失败风险诱发的成本仍然可能会起作用。基于前景理论，以尚未创业的状态作为参照点，高概率失败成本自然会意味着损失，损失厌恶意味着这一成本很可能会产生阻碍效应，这一阻碍效应是否发生作用则在很大程度上取决于失败后的经济、社会和心理损失水平（Estrin et al.，2017）。近期研究将创业失败的概率性成本纳入理论分析框架，论证并验证了破产法的债务制度设计是否以及如何对于创业特别是高成长创业的阻碍作用（Estrin et al.，2017；Schulz et al.，2021）。

关于创业企业的战略决策问题，已有研究强调预期绩效的参照效应以及引发的框架效应，这些效应进而影响创业企业在决策和行为方面的风险偏好（Osiyevskyy and Dewald，2015；Simon et al.，2003）。但与战略领域研究不同的是，这些研究发现了因对创业企业高度期望而产生的认知偏见，创业者可能会做出"错误"决策，不利于创业企业成功甚至导致创业企业失败，这也可能是诱发创业高失败率的心理机制。例如，Simon 等（2003）发现在产品销售没有达到预期时，因损失情境下的风险偏好效应，创业者往往会尝试"产品-市场"组合创新，将产品引入不熟悉的新市场的同时投入更多的资源来开发市场，但开发新市场的客观风险有可能加剧绩效落差，绩效落差有可能进一步促进其在"产品-市场"组合中的创新与资源投入，这很可能让创业企业的绩效变得更差。换句话说，在高度不确定性情境下，如何引导并规避创业者因业绩波动等因素而产生"不良"的损失框架效应，就成为未来研究需要予以关注的重点问题。

前景理论还被用于分析创业退出问题，认为创业者将创业项目视为收益或损失的框架效应不仅影响退出可能性，而且会影响退出路径选择，更为重要的是，创业退出不仅是创业失败的结果，创业成功也可能诱发创业退出（Wennberg et al.，2010）。创业退出与再次创业紧密关联，基于创业成功或失败的心理感知不同，Hsu 等（2017）比较了自我效能和框架效应对再次创业决策的作用力度大小，研究发现自我效能较高时，无论是在损失还是收益情境下，个体都会选择再次创业，但在自我效能感适中或较低时，成功创业者往往选择见好就收，失败创业者更可能快速开启再次创业历程,因为失败创业者更可能出现损失感知而诱发风险偏好,相对于"不创业肯定损失之前失败成本",失败创业者更愿意赌一把,开启新一轮创业,尽管新一轮创业仍然可能会诱发新的失败损失。这些结论很具有启发性,如果说专家型创业者需要多次创业实践的成功与失败的交织体验来塑造(Sarasvathy,2001),那么如何培育并提升创业者自我效能,同时抑制损失效应的风险偏好可能就显得尤为重要,因为从前景理论来看,创业新手陷入"屡败屡战、屡战屡败"恶性循环的可能性并不小。

综上,基于前景理论的已有研究成果增添了有关创业活动如何发生和成长的心理风险感知机制的理论认识。但现有研究刚处于起步阶段,取得了不少有趣结论,其局限性主要体现在对创业活动异质性重视不够。不少研究和实践表明,创业活动具有高度异质性,这种异质性除了表现为机会价值不同,还表现为资源投入和失败风险等方面的差异(Eckhardt and Shane,2003;Kirzner,1997;Shane and Venkataraman,2000)。这些因素都可能诱发不同的参照效应和框架效应,但已有研究对此没有足够重视,大都忽视了创业活动之间的差异,这可能构成了未来研究进一步丰富和探索的基本方向。创新驱动创业是近年来创业实践的新变化,具有高度异质性,为此,下面重点展望前景理论可能用于分析创新驱动创业的关键科学问题。

30.3　前景理论在创新驱动创业研究中的应用展望

创新驱动创业强调创新和创业的融合,更强调创业活动的创新属性(蔡莉等,2021)。在工业时代,尽管创业也注重创新,但资源约束导致其创新程度不高,步入信息社会数字经济时代,创业活动的创新探索变得更加普遍,不再拘泥于个体/团队行为,大公司也积极通过创业活动来寻求创新突破;创业活动创新探索的影响力也在加大,不再拘泥于技术和产品创新,商业模式、生态系统等更加复杂系统的创新活动也被纳入创业活动的创新范畴。因为创新和创业的高度融合互促,大胆判断,创新驱动创业的情境和行为可能不同于一般创业活动,基于创新驱动,高不确定性诱发高失败率(Hyytinen et al.,2015),同时高价值潜力又可能诱发高收益(Schumpeter,1942),这一差异可以概括为"小概率高收益与大概率高损失"并存的极端情境,这一极端情境显然会给前景理论带来机会和挑战,未来前景理论研究至少可以在以下三个领域进一步深化拓展。

1. 创新驱动创业的创业决策机制研究

创业决策已有研究主要关注为什么有的人选择创业而有些人却没有选择创业(Busenitz and Barney,1997),前景理论对创业决策的解释基本上是沿袭这一问题展开，认为创业者以未来收益而不是当前状态为参照点，进而导致其损失感知错觉而冒险创业（Hack et al.，2016）。但是，如果将创业活动异质性纳入创业决策框架，前景理论能否以及如何解释"为什么有的人选择创新性创业而有些人却选择模仿"，这一问题显然更富有挑战性和时代性。

如果说"是否创业"决策的基本逻辑是当下和未来比较，创业者往往对未来更加乐观，会高估未来机会和优势（Palich and Ray Bagby，1995），因此创业者往往以未来而不是现在为决策参照。但是在选择不同创业机会时，创业决策的焦点就是面向未来的行动方案选择，基本逻辑是未来和未来比较，参照点不太可能是未来收益。假设创业者发现了两个有利可图的机会，机会 A 高度创新，机会 B 高度模仿，机会 A 的收益更高但概率更低，机会 B 的收益更低但概率更高，决策点究竟应选择 A 还是选择 B 呢？如果创业者以当前状态为参照点，基于 Kahneman 和 Tversky（1979）问题 7 和问题 8 的实验结果，创业者会更倾向于机会 B，只有在机会 A 和机会 B 均为极端概率且概率相当（或者都同等地逼近 0 概率，又或者都同等地逼近 1 概率）的情况下，创业者才会倾向于选择机会 A。这意味着创业者选择创新性机会在很大程度上是高估机会 A 的收益概率（但不一定低估机会 B 的收益概率）的结果。对此，创业研究已给出了充分的理论解释，除了来自创业决策的过度自信等的认知偏差（Busenitz and Barney，1997），还包括来自第一人称机会的机会信念（McMullen and Shepherd，2006）。未来研究可能很有必要进一步探索和分析创业者高估成功概率的微观认知机制。

尽管以当前状态为参照似乎能解释创业者的机会选择，但问题是不同创业者对相似机会不确定性的感知具有很强的主观性（McMullen and Shepherd，2006），并非所有选择机会 A 的创业者都会高估机会 A 的收益概率。在参照效应方面，除了以当前状态为参照而产生的高估，还可能存在创业者以创业成就期望为参照点的可能性。因为尽管创业者在风险偏好特质上与管理者无异，但创业者在风险承担行为上的表现明显优于管理者，主要原因是创业者往往会比管理者设置更高的成就期望作为决策参照（Hack et al.，2016）。假设创业者以创业成就期望为参照点，如果创业者的主观成就期望低于机会 B 的收益，那么他显然不会选择机会 A；但如果成就期望高于机会 B，那么基于损失厌恶及其损失情境下的风险偏好，创业者很可能会选择机会 A。未来研究很有必要与行为科学、人力资本、社会资本、创业动机和身份等领域、理论与主题的研究成果融合起来，探索并讨论创业者创业成就期望成因，特别是微观的心理认知成因。

聚焦创新驱动创业的创业决策微观机制展开研究，有助于为前景理论面向极端决策情境（如高度不确定性）的应用提供新的可能性，同时也为我们从创业者角度理解并解释创新驱动创业如何发生的微观机制提供重要知识，这有助于弥补创业研究领域以机会为核心同时仅将创业者归结为认知偏差的局限和不足。

2. 创新驱动创业的成长机制研究

创新驱动创业强调商业模式创新，其成长也不再局限于组织规模扩张，而是基于新商业模式的生态化和平台化成长（韩炜等，2021）。其中，焦点企业面临的关键问题是如何以低成本方式快速吸引并维持参与者规模（Rietveld and Schilling，2021），这一问题关乎治理机制，是破解创新驱动创业成长机制的基础性问题。前景理论的框架效应（收益还是损失）很可能为这一基础问题提供新的洞见。

站在参与者角度来看，前景理论的确定效应可以在很大程度上解释为什么越来越多的创业者选择加入平台或生态系统开展创业活动。与独立开发的概率性收益相比，参与者显然会选择加入平台或生态，因为加入平台和生态能"相对确定"地获取信息和用户等关键资源价值。这一观点已得到不少研究重视，已有研究发现焦点企业可以通过控制商品或服务流通、掌控信息交易等多种途径，在客观上塑造平台或生态系统的确定收益效应（Baldwin，2020；Cusumano et al.，2019）。

但是，从焦点企业角度看，平台或生态系统之间存在激烈竞争，如何在竞争不确定性条件下吸引并维持参与者更加重要（Kretschmer et al.，2022），换句话说，焦点企业管理难点就是让参与者在多种选择并存的条件下选择加入并留在自己的平台或生态系统。依据前景理论，焦点企业可以通过提供高于竞争对手的确定收益效应来争取参与者（如补贴），但参与者的确定收益对于焦点企业来说往往意味着确定损失，诸如补贴等简单粗暴的竞争策略可能难以持续。如何让吸引参与者的确定收益效应更有效、更可持续就成为未来研究值得关注的重点问题。参与者能力和动机的异质性假设就显得尤为重要（Zhang et al.，2022），未来研究很有必要将平台异质性（技术架构、资源属性等）与参与者异质性结合起来探索不同的激励政策所诱发确定收益效应的可能性及其边界条件。

从动态角度看，时间的推移会诱发参与者的资源、能力和绩效发生变化，参与者决策参照也会发生相应的变化（Wennberg et al.，2016），最初吸引参与者的确定效应可能会面临新问题，在此时，焦点企业激励政策的有效性在很大程度上就取决于激励政策收益与参与者决策参照比对所产生的决策框架效应（损失还是收益）。一旦出现损失情境，关键性参与者很可能会冒险与平台或生态脱钩，这对焦点企业来说显然不是好事。从可持续角度看，未来研究有必要借鉴前景理论的分析框架，探索焦点企业激励政策动态性以及其与关键参与者的互动方式是否及如何塑造关键参与者的留守动机。

3. 宏观层次创新驱动创业差异及其宏观影响因素研究

不少研究发现，不同国家的创业质量和结构存在差异，其中最重要的差异就是创新性创业的比重不同，那么，为什么有的国家或区域相对于高度活跃的技术创新而言，创新性创业活动的比例相对偏低？尽管国家或区域间创业活跃度差异很早就开始得到学者关注，但基于创业异质性的结构差异是近年来创业研究予以关注的热点话题（Tang et al.，2021）。融合前景理论，近期研究提出并检验了破产法的债务设计如何诱发潜在创业者的损失效应，进而阻碍个体开展高成长创业的内在机理（Estrin et al.，2017；Schulz et al.，2021），此外，国家或区域文化差异可能会诱发个体对不确定性的不同态度。未来研究可以进一步融合前景理论，探索并检验其他与创新驱动创业高度相关，同时又可能诱发潜在损失的制度因素（如产权制度、专利和知识产权保护、税率制度）以及文化因素（如松-紧文化）影响个体在识别到高潜质机会后开展创新驱动创业的内在机理。以往研究强调了创业友好的营商环境的作用，站在创业异质性角度来看，未来开展这方面研究的重要价值在于为营造并优化有利于创新驱动创业的营商环境提供科学参考和依据，显然这有助于提高相关政策的针对性和有效性。

参 考 文 献

蔡莉, 张玉利, 蔡义茹, 等. 2021. 创新驱动创业：新时期创新创业研究的核心学术构念[J]. 南开管理评论, 24(4): 217-226.

韩炜, 杨俊, 胡新华, 等. 2021. 商业模式创新如何塑造商业生态系统属性差异？——基于两家新创企业的跨案例纵向研究与理论模型构建[J]. 管理世界, 37(1): 7, 88-107.

Alessandri G, Cortina J M, Sheng Z T, et al. 2021. Where you came from and where you are going: the role of performance trajectory in promotion decisions[J]. Journal of Applied Psychology, 106(4): 599-623.

Baldwin C Y. 2020. Ecosystems and complementarity[R]. Harvard Business School Working Paper.

Baron R A. 1998. Cognitive mechanisms in entrepreneurship: why and when enterpreneurs think differently than other people[J]. Journal of Business Venturing, 13(4): 275-294.

Bromiley P. 2010. Looking at prospect theory[J]. Strategic Management Journal, 31(12): 1357-1370.

Busenitz L W, Barney J B. 1997. Differences between entrepreneurs and managers in large organizations: biases and heuristics in strategic decision-making[J]. Journal of Business Venturing, 12(1): 9-30.

Chattopadhyay P, Glick W H, Huber G P. 2001. Organizational actions in response to threats and opportunities[J]. Academy of Management Journal, 44(5): 937-955.

Chen W R. 2008. Determinants of firms' backward-and forward-looking R&D search behavior[J]. Organization Science, 19(4): 609-622.

Chrisman J J, Patel P C. 2012. Variations in R&D investments of family and nonfamily firms: behavioral agency and myopic loss aversion perspectives[J]. Academy of Management Journal, 55(4): 976-997.

Cusumano M A, Gawer A, Yoffie D B. 2019. The Business of Platforms: Strategy in the Age of

Digital Competition, Innovation, and Power[M]. New York: Harper Business.

Cyert R M, March J G. 1963. A Behavioral Theory of the Firm[M]. Englewood Cliffs: Prentice Hall.

Devers C E, McNamara G, Wiseman R M, et al. 2008. Moving closer to the action: examining compensation design effects on firm risk[J]. Organization Science, 19(4): 548-566.

Eckhardt J T, Shane S A. 2003. Opportunities and entrepreneurship[J]. Journal of Management, 29(3): 333-349.

Edwards W. 1954. The theory of decision making[J]. Psychological Bulletin, 51(4): 380-417.

Estrin S, Mickiewicz T, Rebmann A. 2017. Prospect theory and the effects of bankruptcy laws on entrepreneurial aspirations[J]. Small Business Economics, 48(4): 977-997.

Fang H Q, Memili E, Chrisman J J, et al. 2021. Narrow-framing and risk preferences in family and non-family firms[J]. Journal of Management Studies, 58(1): 201-235.

Fennema H, Wakker P. 1997. Original and cumulative prospect theory: a discussion of empirical differences[J]. Journal of Behavioral Decision Making, 10(1): 53-64.

George E, Chattopadhyay P, Sitkin S B, et al. 2006. Cognitive underpinnings of institutional persistence and change: a framing perspective[J]. Academy of Management Review, 31(2): 347-365.

Hack A, von Bieberstein F, Kraiczy N D. 2016. Reference point formation and new venture creation[J]. Small Business Economics, 46(3): 447-465.

Holmes R M Jr, Bromiley P, Devers C E, et al. 2011. Management theory applications of prospect theory: accomplishments, challenges, and opportunities[J]. Journal of Management, 37(4): 1069-1107.

Hoskisson R E, Chirico F, Zyung J D, et al. 2017. Managerial risk taking: a multitheoretical review and future research agenda[J]. Journal of Management, 43(1): 137-169.

Hsu D K, Wiklund J, Cotton R D. 2017. Success, failure, and entrepreneurial reentry: an experimental assessment of the veracity of self-efficacy and prospect theory[J]. Entrepreneurship Theory and Practice, 41(1): 19-47.

Hyytinen A, Pajarinen M, Rouvinen P. 2015. Does innovativeness reduce startup survival rates?[J]. Journal of Business Venturing, 30(4): 564-581.

Jensen M C, Meckling W H. 1976. Theory of the firm: managerial behavior, agency costs and ownership structure[J]. Journal of Financial Economics, 3(4): 305-360.

Jiang W, Gu Q X, Tang T L P. 2019. Do victims of supervisor bullying suffer from poor creativity? Social cognitive and social comparison perspectives[J]. Journal of Business Ethics, 157(3): 865-884.

Kahneman D. 2003. A perspective on judgment and choice: mapping bounded rationality[J]. American Psychologist, 58: 697-720.

Kahneman D, Tversky A. 1979. Prospect theory: an analysis of decision under risk[J]. Econometrica, 47(2): 263-292.

Kirzner I M. 1997. Entrepreneurial discovery and the competitive market process: an austrian approach[J]. Journal of Economic Literature, 35(1): 60-85.

Knight F H. 1921. Risk, Uncertainty and Profit[M]. New York: Augustus Kelley.

Krause R, Whitler K A, Semadeni M. 2014. Power to the principals! An experimental look at shareholder say-on-pay voting[J]. Academy of Management Journal, 57(1): 94-115.

Kretschmer T, Leiponen A, Schilling M, et al. 2022. Platform ecosystems as meta-organizations: implications for platform strategies[J]. Strategic Management Journal, 43(3): 405-424.

Kwong J Y Y, Wong K F E. 2014. Fair or not fair? The effects of numerical framing on the perceived justice of outcomes[J]. Journal of Management, 40(6): 1558-1582.

Latham S F, Braun M. 2009. Managerial risk, innovation, and organizational decline[J]. Journal of Management, 35(2): 258-281.

Li H Y, Yi X W, Cui G. 2017. Emerging market firms' internationalization: how do firms' inward activities affect their outward activities?[J]. Strategic Management Journal, 38(13): 2704-2725.

Matta E, Beamish P W. 2008. The accentuated CEO career horizon problem: evidence from international acquisitions[J]. Strategic Management Journal, 29(7): 683-700.

McMullen J S, Shepherd D A. 2006. Entrepreneurial action and the role of uncertainty in the theory of the entrepreneur[J]. Academy of Management Review, 31(1): 132-152.

Minniti M, Bygrave W. 2001. A dynamic model of entrepreneurial learning[J]. Entrepreneurship Theory and Practice, 25(3): 5-16.

Osiyevskyy O, Dewald J. 2015. Inducements, impediments, and immediacy: exploring the cognitive drivers of small business managers' intentions to adopt business model change[J]. Journal of Small Business Management, 53(4): 1011-1032.

Pablo A L, Sitkin S B, Jemison D B. 1996. Acquisition decision-making processes: the central role of risk[J]. Journal of Management, 22(5): 723-746.

Palich L E, Ray Bagby D. 1995. Using cognitive theory to explain entrepreneurial risk-taking: challenging conventional wisdom[J]. Journal of Business Venturing, 10(6): 425-438.

Pierson P. 1994. Dismantling the Welfare State? Reagan, Thatcher, and the Politics of Retrenchment[M]. Cambridge: Cambridge University Press.

Rietveld J, Schilling M A. 2021. Platform competition: a systematic and interdisciplinary review of the literature[J]. Journal of Management, 47(6): 1528-1563.

Rietveld J, Schilling M A, Bellavitis C. 2019. Platform strategy: managing ecosystem value through selective promotion of complements[J]. Organization Science, 30(6): 1232-1251.

Sarasvathy S D. 2001. Causation and effectuation: toward a theoretical shift from economic inevitability to entrepreneurial contingency[J]. Academy of Management Review, 26(2): 243-263.

Schubert T, Baier E, Rammer C. 2018. Firm capabilities, technological dynamism and the internationalisation of innovation: a behavioural approach[J]. Journal of International Business Studies, 49(1): 70-95.

Schulz M, Schwens C, Fisch C. 2021. Bankruptcy regulation and self-employment entry: the moderating roles of income share, parenthood, and hybrid entrepreneurship[J]. Entrepreneurship Theory and Practice, 45(6): 1522-1549.

Schumpeter J A. 1942. Capitalism, Socialism, and Democracy[M]. New York: Harper Perennial.

Shane S, Venkataraman S. 2000. The promise of entrepreneurship as a field of research[J]. Academy of Management Review, 25(1): 217-226.

Shimizu K. 2007. Prospect theory, behavioral theory, and the threat-rigidity thesis: combinative effects on organizational decisions to divest formerly acquired units[J]. Academy of Management Journal, 50(6): 1495-1514.

Simon H A. 1957. Models of Man: Social and Rational[M]. New York: John Wiley & Sons.

Simon M, Houghton S M, Savelli S. 2003. Out of the frying pan? Why small business managers introduce high-risk products[J]. Journal of Business Venturing, 18(3): 419-440.

Sitkin S B, Pablo A L. 1992. Reconceptualizing the determinants of risk behavior[J]. Academy of Management Review, 17(1): 9-38.

Sobrepere i Profitós X, Keil T, Kuusela P. 2022. The two blades of the scissors: performance feedback and intrinsic attributes in organizational risk taking[J]. Administrative Science Quarterly, 67(4):1012-1048.

Tang J T, Yang J, Ye W P, et al. 2021. Now is the time: the effects of linguistic time reference and national time orientation on innovative new ventures[J]. Journal of Business Venturing, 36(5): 106142.

Tversky A, Kahneman D. 1974. Judgment under uncertainty: heuristics and biases[J]. Science, 185: 1124-1131.

Tversky A, Kahneman D. 1981. The framing of decisions and the psychology of choice[J]. Science, 211: 453-458.

Tversky A, Kahneman D. 1986. Rational choice and the framing of decisions[J]. Journal of Business, 59: 251-278.

Tversky A, Kahneman D. 1991. Loss aversion in riskless choice: a reference-dependent model[J]. Quarterly Journal of Economics, 106(4): 1039-1061.

Tversky A, Kahneman D. 1992. Advances in prospect theory: cumulative representation of uncertainty[J]. Journal of Risk and Uncertainty, 5(4): 297-323.

Tversky A, Slovic P, Kahneman D. 1990. The causes of preference reversal[J]. American Economic Review, 80(1): 204-217.

von Neumann J, Morgenstern O. 1947. Theory of Games and Economic Behavior [M].2nd ed. Princeton: Princeton University Press.

Wennberg K, Delmar F, McKelvie A. 2016. Variable risk preferences in new firm growth and survival[J]. Journal of Business Venturing, 31(4): 408-427.

Wennberg K, Wiklund J, deTienne D R, et al. 2010. Reconceptualizing entrepreneurial exit: divergent exit routes and their drivers[J]. Journal of Business Venturing, 25(4): 361-375.

Weyland K. 2002. The Politics of Market Reform in Fragile Democracies: Argentina, Brazil, Peru, and Venezuela[M]. Princeton: Princeton University Press.

Whyte G. 1986. Escalating commitment to a course of action: a reinterpretation[J]. Academy of Management Review, 11(2): 311-321.

Wiseman R M, Gomez-Mejia L R. 1998. A behavioral agency model of managerial risk taking[J]. Academy of Management Review, 23(1): 133-153.

Zhang X M, Bartol K M, Smith K G, et al. 2008. CEOs on the edge: earnings manipulation and stock-based incentive misalignment[J]. Academy of Management Journal, 51(2): 241-258.

Zhang Y C, Li J J, Tong T W. 2022. Platform governance matters: how platform gatekeeping affects knowledge sharing among complementors[J]. Strategic Management Journal, 43(3): 599-626.

代表性学者简介

丹尼尔·卡尼曼（Daniel Kahneman）

丹尼尔·卡尼曼在美国加利福尼亚大学获得心理学博士学位，现任美国普林斯顿大学心理学教授和伍德罗·威尔逊公共与国际事务学院公共事务名誉教授，因"把心理学研究和经济学研究结合在一起，特别是与在不确定情况下的决策机制有关的研究"而获得2002年诺贝尔经济学奖，是少数获得诺贝尔经济学奖的心理学家。除了基于前景理论的经典论文，代表性著作包括《思考，快与慢》等，2021年又出版《噪声》一书。

阿莫斯·特沃斯基（Amos Tversky）

阿莫斯·特沃斯基在美国密歇根州立大学获得心理学博士学位，1996年辞世。先后在密歇根州立大学、希伯来大学、哈佛大学及斯坦福大学任教，在个体决策过程研究方面贡献突出。他与卡尼曼共同提出并发展了前景理论，1982年获美国心理学会颁发的杰出科学贡献奖，1985年当选为美国国家科学院院士。2002年卡尼曼获得诺贝尔经济学奖时，他曾这样说："因为诺贝尔奖不颁给已去世的人，要不然于1996年辞世的阿莫斯·特沃斯基博士也应该分享这一荣誉。"

本章执笔人：杨　俊